Zur 150. Wiederkehr von Goethes Todestag am 22. März 1982 legt der Insel Verlag Goethes Gedichte in einem Band als Sonderausgabe vor. Die in zeitlicher Folge gebrachte Sammlung ergibt eine Lebensgeschichte in Gedichten, beginnend im Jahr 1756 in Frankfurt am Main und endend 1832 in Weimar. Die Formulierung ›in zeitlicher Folge‹ trifft auch insofern zu, »als wir hier wirklich alle Verse, die Goethe jemals gemacht hat, beisammen finden. Darunter befinden sich neben den vielzitierten Meistergedichten Hunderte von Gelegenheitsversen und Versspielereien, namentlich des alten Dichters.« *Bücherei und Bildung*

GOETHES GEDICHTE IN ZEITLICHER FOLGE

INSEL

Herausgegeben von Heinz Nicolai
Die Gedichte folgen der revidierten Ausgabe
von 1958, ohne Berücksichtigung
der »Epischen Dichtungen«.

Zehnte Auflage 1997
der Sonderausgabe zum 150. Todestag
© dieser Ausgabe
Insel Verlag Frankfurt am Main und Leipzig 1982
Alle Rechte vorbehalten
Druck: Biblia-Druck GmbH, Stuttgart
Printed in Germany
ISBN 3-458-14013-1

INHALT

1756–1765	Frankfurt	7
1765–1768	Leipzig	19
1768–1770	Frankfurt	71
1770–1771	Straßburg	87
1771–1772	Frankfurt	99
1772	Wetzlar	115
1772–1774	Frankfurt	123
1774	Rheinreise	149
1774–1775	Frankfurt	157
1775	Reise in die Schweiz	175
1775	Sommer-Herbst Frankfurt	181
1775–1786	Weimar	193
1786–1788	Reise nach Karlsbad und Italien	289
1788–1793	Weimar. Reise nach Venedig, nach Schlesien und in die Rheinlande	297
1794–1797	Weimar	343
1797	Reise in die Schweiz	461
1798–1805	Weimar	479
1806–1810	Weimar	557
1810	Reise nach Böhmen	599
1810–1812	Weimar	609
1812	Reise nach Böhmen	643
1812–1813	Weimar	653
1813	Reise nach Böhmen	661
1813	Weimar und Reise nach Ilmenau	669
1814	Weimar	681
1814	Reise an den Main, Rhein und Neckar	723
1814–1815	Weimar	743
1815	Reise an den Main, Rhein und Neckar	803
1815–1818	Weimar und Jena	835
1818	Reise nach Karlsbad	897
1818–1819	Weimar und Jena	905
1819	Reise nach Karlsbad	919
1819–1820	Weimar und Jena	923
1820	Reise nach Karlsbad	935
1820–1822	Weimar und Jena	945
1822	Reise nach Marienbad	1005

1822-1823	Weimar und Jena	1011
1823	Reise nach Marienbad	1017
1823-1828	Weimar	1029
1828	Dornburg	1147
1828-1832	Weimar	1153

Anhang

Undatierbares 1173
Alphabetisches Verzeichnis der Überschriften und Gedicht-
anfänge 1179

1756–1765 Frankfurt

[An die Großeltern Textor]

Bei dem erfreulichen Anbruche
Des 1757. Jahres
wollte
Seinen
Hochgeehrtesten und Herzlichgeliebten
Groß-Eltern
Die Gesinnungen Kindlicher Hoch-
achtung und Liebe
durch
Folgende Segens-Wünsche
zu erkennen geben
Deroselben
Treugehorsamster Enkel
Johann Wolfgang Goethe.

Erhabner *Groß-Papa!* Ein Neues Jahr erscheint,
Drum muß ich meine Pflicht und Schuldigkeit entrichten,
Die Ehrfurcht heißt mich hier aus reinem Herzen dichten,
So schlecht es aber ist, so gut ist es gemeint.
Gott, der die Zeit erneut, erneure auch *Ihr* Glück,
Und kröne *Sie* dies Jahr mit stetem Wohlergehen;
Ihr Wohlsein müsse lang so fest wie Zedern stehen,
Ihr Tun begleite stets ein günstiges Geschick;
Ihr Haus sei wie bisher des Segens Sammelplatz,
Und lasse *Sie* noch spät Möninens Ruder führen,
Gesundheit müsse *Sie* bis an *Ihr* Ende zieren,
Dann diese ist gewiß der allergrößte Schatz.

Erhabne Groß-Mama! Des Jahres erster Tag
Erweckt in meiner Brust ein zärtliches Empfinden,

Und heißt mich ebenfalls *Sie* jetzo anzubinden
Mit Versen, die vielleicht kein Kenner lesen mag;
Indessen hören *Sie* die schlechte Zeilen an,
Indem sie wie mein Wunsch aus wahrer Liebe fließen.
Der Segen müsse sich heut über *Sie* ergießen,
Der Höchste schütze *Sie*, wie *Er* bisher getan.
Er wolle *Ihnen* stets, was *Sie* sich wünschen, geben,
Und lasse *Sie* noch oft ein Neues Jahr erleben.
Dies sind die Erstlinge, die *Sie* anheut empfangen,
Die Feder wird hinfort mehr Fertigkeit erlangen.

[An die Großeltern Textor]
Bei
diesem neuen Jahres Wechsel
überreichet
Seinen
Verehrungswürdigen
Groß-Eltern
dieses Opfer
aus kindlicher Hochachtung
Joh. Wolfg. Goethe
den 1. Jenner 1762.

Groß-Eltern, da dies Jahr heut seinen Anfang nimmt,
So nehmt auch dieses an, das ich vor *Euch* bestimmt,
Und ob *Apollo* schon mir nicht geneigt gewesen,
So würdiget es doch nur einmal durchzulesen.
Ich wünsch aus kindlichem gehorsamen Gemüte
Euch alles Glück und Heil von Gottes Hand und Güte,
Sein guter Engel sei bei *Euch* in aller Zeit.
Er geb *Euch* das Geleit in Widerwärtigkeit,
Sowohl als in dem Glück, und laß *Euch* lang noch leben,
Daß *Ihr* Urenklen noch den Segen könnet geben.
Dies schreibt der älteste von *Eurer* Töchter Söhnen,
Um sich auch nach und nach zu denken angewöhnen,
Und zeigt ingleichen hier mit diesen Zeilen an,
Was er dies Jahr hindurch im Schreiben hat getan.

Wenn mich bis übers Jahr die Parzen schonen täten,
Wie gerne wollt ich denn mit fremder Zunge reden.

[In das Stammbuch von Johann Christoph Clarus]

Ces lignes, mon ami, que je vais Vous écrire,
Vous marquent mon amour, quand Vous irez les lire.
Le seul de mes souhaits c'est: jusqu'à mon trepas,
Ami, m'aimez toujours, et ne m'oubliez pas.

ce 18. Avril 1764. JWGoethe.

POETISCHE GEDANKEN
ÜBER DIE HÖLLENFAHRT JESU CHRISTI
AUF VERLANGEN ENTWORFEN VON J. W. G.

Welch ungewöhnliches Getümmel!
Ein Jauchzen tönet durch die Himmel.
Ein großes Heer zieht herrlich fort.
Gefolgt von tausend Millionen,
Steigt Gottes Sohn von Seinen Thronen
Und eilt an jenen finstern Ort.
Er eilt, umgeben von Gewittern;
Als Richter kommt Er und als Held.
Er geht, und alle Sterne zittern.
Die Sonne bebt. Es bebt die Welt.

Ich seh Ihn auf dem Siegeswagen,
Von Feuerrädern fortgetragen,
Den, der für uns am Kreuze starb.
Er zeigt den Sieg auch jenen Fernen,
Weit von der Welt, weit von den Sternen,
Den Sieg, den Er für uns erwarb.
Er kommt, die Hölle zu zerstören,
Die schon Sein Tod darniederschlug;
Sie soll von Ihm ihr Urteil hören.
Hört! Jetzt erfüllet sich der Fluch.

Die Hölle sieht den Sieger kommen,
Sie fühlt sich ihre Macht genommen.
Sie bebt und scheut Sein Angesicht.
Sie kennet Seines Donners Schrecken.
Sie sucht umsonst sich zu verstecken.
Sie sucht zu fliehn und kann es nicht.
Sie eilt vergebens, sich zu retten
Und sich dem Richter zu entziehn,
Der Zorn des Herrn, gleich ehrnen Ketten,
Hält ihren Fuß, sie kann nicht fliehn.

Hier lieget der zertretne Drache,
Er liegt und fühlt des Höchsten Rache,
Er fühlet sie und knirscht vor Wut.
Er fühlt der ganzen Hölle Qualen,
Er ächzt und heult bei tausend Malen:
Vernichte mich, o heiße Glut!
Da liegt er in dem Flammen-Meere,
Ihn foltern ewig Angst und Pein.
Er flucht, daß ihn die Qual verzehre,
Und hört, die Qual soll ewig sein.

Auch hier sind jene große Scharen,
Die mit ihm gleichen Lasters waren,
Doch lange nicht so bös als er.
Hier liegt die ungezählte Menge,
In schwarzem, schröcklichen Gedränge,
Im Feuer-Orkan um ihn her.
Er sieht, wie sie den Richter scheuen,
Er sieht, wie sie der Sturm zerfrißt.
Er siehts und kann sich doch nicht freuen,
Weil seine Pein noch größer ist.

Des Menschen Sohn steigt im Triumphe
Hinab zum schwarzen Höllen-Sumpfe
Und zeigt dort Seine Herrlichkeit.
Die Hölle kann den Glanz nicht tragen,
Seit ihren ersten Schöpfungs-Tagen

1756–1765 FRANKFURT

Beherrschte sie die Dunkelheit.
Sie lag entfernt von allem Lichte,
Erfüllt von Qual im Chaos hier.
Den Strahl von Seinem Angesichte
Verwandte Gott auf stets von ihr.

Jetzt siehet sie in ihren Grenzen
Die Herrlichkeit des Sohnes glänzen,
Die fürchterliche Majestät.
Sie sieht mit Donnern Ihn umgeben,
Sie sieht, daß alle Felsen beben,
Wie Gott im Grimme vor ihr steht.
Sie siehts: Er kommet, sie zu richten,
Sie fühlt den Schmerzen, der sie plagt;
Sie wünscht umsonst, sich zu vernichten.
Auch dieser Trost bleibt ihr versagt.

Nun denkt sie an ihr altes Glücke,
Voll Pein an jene Zeit zurücke,
Da dieser Glanz ihr Lust gebar;
Da noch ihr Herz im Stand der Tugend,
Ihr froher Geist in frischer Jugend
Und stets voll neuer Wonne war.
Sie denkt mit Wut an ihr Verbrechen,
Wie sie die Menschen kühn betrog.
Sie dachte sich an Gott zu rächen,
Jetzt fühlt sie, was es nach sich zog.

Gott ward ein Mensch. Er kam auf Erden.
Auch Dieser soll mein Opfer werden,
Sprach Satanas und freute sich.
Er suchte Christum zu verderben,
Der Welten Schöpfer sollte sterben.
Doch weh dir, Satan, ewiglich!
Du glaubtest, Ihn zu überwinden,
Du freutest dich bei Seiner Not.
Doch siegreich kommt Er, dich zu binden.
Wo ist dein Stachel hin, o Tod?

Sprich, Hölle! Sprich, wo ist dein Siegen?
Sieh nur, wie deine Mächte liegen.
Erkennst du bald des Höchsten Macht?
Sieh, Satan! Sieh dein Reich zerstöret.
Von tausendfacher Qual beschweret,
Liegst du in ewig finstrer Nacht.
Da liegst du wie vom Blitz getroffen.
Kein Schein vom Glück erfreuet dich.
Es ist umsonst. Du darfst nichts hoffen,
Messias starb allein für mich!

Es steigt ein Heulen durch die Lüfte,
Schnell wanken jene schwarze Grüfte,
Als Christus Sich der Hölle zeigt.
Sie knirscht aus Wut; doch ihrem Wüten
Kann unser großer Held gebieten;
Er winkt, die ganze Hölle schweigt.
Der Donner rollt vor Seiner Stimme.
Die hohe Siegesfahne weht.
Selbst Engel zittern vor dem Grimme,
Wann Christus zum Gerichte geht.

Jetzt spricht Er; Donner ist Sein Sprechen,
Er spricht, und alle Felsen brechen.
Sein Atem ist dem Feuer gleich.
So spricht Er: Zittert, ihr Verruchte!
Der, der in Eden euch verfluchte,
Kommt und zerstöret euer Reich.
Seht auf! Ihr waret Meine Kinder,
Ihr habt euch wider Mich empört.
Ihr fielt und wurdet freche Sünder,
Ihr habt den Lohn, der euch gehört.

Ihr wurdet Meine größten Feinde,
Verführtet Meine liebsten Freunde.
Die Menschen fielen so wie ihr.
Ihr wolltet ewig sie verderben,
Des Todes sollten alle sterben,

Doch, heulet! Ich erwarb sie Mir.
Für sie bin Ich herabgegangen,
Ich litt, Ich bat, Ich starb für sie.
Ihr sollt nicht euren Zweck erlangen.
Wer an Mich glaubt, der stirbet nie.

Hier lieget ihr in ewgen Ketten,
Nichts kann euch aus dem Pfuhl erretten,
Nicht Reue, nicht Verwegenheit.
Da liegt, krümmt euch in Schwefel-Flammen!
Ihr eiltet, euch selbst zu verdammen.
Da liegt und klagt in Ewigkeit!
Auch ihr, so Ich Mir auserkoren,
Auch ihr verscherztet Meine Huld;
Auch ihr seid ewiglich verloren.
Ihr murret? Gebt Mir keine Schuld.

Ihr solltet ewig mit Mir leben,
Euch war hierzu Mein Wort gegeben,
Ihr sündigtet und folgtet nicht.
Ihr lebtet in dem Sünden-Schlafe.
Nun quält euch die gerechte Strafe,
Ihr fühlt Mein schreckliches Gericht. –
So sprach Er, und ein furchtbar Wetter
Geht von Ihm aus. Die Blitze glühn.
Der Donner faßt die Übertreter
Und stürzt sie in den Abgrund hin.

Der Gott-Mensch schließt der Höllen Pforten,
Er schwingt Sich aus den dunklen Orten
In Seine Herrlichkeit zurück.
Er sitzet an des Vaters Seiten,
Er will noch immer für uns streiten.
Er wills! O, Freunde! Welches Glück?
Der Engel feierliche Chöre,
Die jauchzen vor dem großen Gott,
Daß es die ganze Schöpfung höre:
Groß ist der Herr Gott Zebaoth!

LYRISCHE DICHTUNGEN

[Von Goethe ?]

Ich möcht mich, könnt ich nur, zu einem Stutzer machen,
 Denn man gefällt sonst nicht. Es ist nun so die Zeit.
 Doch fehlet mir noch viel, ein bißchen Artigkeit,
Ein feiner Witz, ein Scherz und tausend andre Sachen.
Ich kann das Tändeln nicht, nicht scherzen und nicht lachen.
 Da sieh nur meinen Rock, ach! der ist viel zu weit,
 Die Weste gar zu lang, mein Hut erschrecklich breit,
Ich kann kein Pharao, nicht damen und nicht schachen.
Das Frauenzimmer, Freund, weiß ich nicht recht zu führen,
 Nimmt man den Handschuh denn, wie sonst noch in die Hand?
 Mir fehlt ein kleiner Hut, mir fehlt ein Degenband,
Es mangelt mir sogar an Flüchen und an Schwüren.
 Wie lern ich alles dies? Ist es dir nicht bekannt?
 Ein süßer Herr zu sein, verlier nur den Verstand.

<div align="right">–e.</div>

DER AUTOR

[Von Goethe ?]

Wenn in den ersten Augenblicken,
Da kaum ein Jüngling schreibt, Kritiken
Den nahen Fall ihm prophezein,
Da mag ich nicht ein Autor sein.
Doch, lobt man ihn nach seinen Jahren,
Und spornt ihn an so fortzufahren,
Mischt man auch gleichwohl Tadel ein,
Dann möcht ich gern ein Autor sein.

Wenn mich ein dummer Mensch erhöhet,
Der nichts von meiner Schrift verstehet,
Und spricht: ich schreibe witzig, fein,
Da mag ich nicht ein Autor sein.
Wenn aber Kluge sich verbinden,
Die Fehler meines Werks zu finden,
Und macht mich auch ihr Tadel klein,
Da möcht ich doch ein Autor sein.

Wenn unsre schlechte teutsche Bühnen
Sich noch des Lipperleins bedienen,
Ist Buffon, Harlekin darein,
Da mag ich nicht ein Autor sein.
Doch wenn in echten Trauerspielen
Wir nachgeahmte Schmerzen fühlen,
Nimmt uns die Sara Samson ein,
Da möcht ich so ein Autor sein.

Wenn S. stolz Epopeen machet,
Daß jeder, statt zu weinen, lachet,
Rühmt ihn gleich G. als schön, als rein,
Da mag ich nicht ein Autor sein.
Doch wenn ich im Virgil gelesen,
Und sehe, daß er groß gewesen,
Dann denkt mein Geist voll Gram und Pein:
Ach! so kein Autor kannst du sein.

Wenn junge Herren, die nichts denken,
Mir ihren ganzen Beifall schenken,
Und immer »Artig, artig« schrein,
Da mag ich doch kein Autor sein.
Doch wenn mich kluge Mädchen preisen
Und meine Schriften rührend heißen,
Da nimmt mich schnell die Schreibsucht ein,
Da möcht ich gleich ein Autor sein.

$- - - $ e.

*[In das Stammbuch
von Friedrich Maximilian Moors]*

Dieses ist das Bild der Welt,
Die man für die beste hält:
Fast wie eine Mördergrube,
Fast wie eines Burschen Stube,
Fast so wie ein Opernhaus,
Fast wie ein Magisterschmaus,
Fast wie Köpfe von Poeten,
Fast wie schöne Raritäten,

Fast wie abgesetztes Geld
Sieht sie aus, die beste Welt.
(*Risum teneatis amici! Horatius.*)

Es hat der Autor, wenn er schreibt,
So was Gewisses, das ihn treibt.
Der Trieb zog auch den Alexander
Und alle Helden miteinander.
Drum schreib ich auch allhier mich ein:
Ich möcht nicht gern vergessen sein.

Frankfurt am Main Goethe
den 28. August 1765. d. s. W. Liebhaber.

[*In das güldne Schatzkästlein der Mutter*]

Das ist mein Leib, nehmt hin und esset.
Das ist mein Blut, nehmt hin und trinkt.
Auf daß ihr meiner nicht vergesset,
Auf daß nicht euer Glaube sinkt.
Bei diesem Wein, bei diesem Brot
Erinnert euch an meinen Tod.

 Zum Zeichen der Hochachtung
 und Ehrfurcht setzte dieses
 seiner geliebtesten Mutter
Frankfurt
den 30. September 1765. J. W. Goethe.

1765–1768 Leipzig

[Aus einem Briefe an Riese]

Ich lebe hier wie – wie – ich weiß selbst nicht recht wie.
Doch so ohngefähr

So wie ein Vogel, der auf einem Ast
Im schönsten Wald sich, Freiheit atmend, wiegt,
Der ungestört die sanfte Lust genießt,
Mit seinen Fittichen von Baum zu Baum,
Von Busch auf Busch sich singend hinzuschwingen.

[Aus einem Briefe an Riese]

Die Versart, die dem Mädchen wohl gefiel,
Der ich allein, Freund! zu gefallen wünschte,
Die Versart, die der große Schlegel selbst
Und meist die Kritiker fürs Trauerspiel
Die schicklichste und die bequemste halten,
Die Versart, die den meisten nicht gefällt,
Den meisten, deren Ohr sechsfüßige
Alexandriner noch gewöhnt, Freund! die,
Die ists, die ich erwählt, mein Trauerspiel
Zu enden. Doch was schreib ich viel davon!
Die Ohren gellten dir gar manchesmal
Von meinen Versen wider; drum, mein Freund,
Erzähl ich dir was Angenehmeres.
Ich schaute Gellerten, Gottscheden auch,
Und eile jetzt sie treu dir zu beschreiben.

Gottsched, ein Mann, so groß, als wär er vom alten Geschlechte
Jenes, der, zu Gad im Land der Philister geboren,
Zu der Kinder Israels Schrecken zum Eichgrund hinabkam.

Ja, so sieht er aus, und seines Körperbaus Größe
Ist, er sprach es selbst, sechs ganze Parisische Schuhe.
Wollt ich recht ihn beschreiben, so müßt ich mit einem Exempel
Seine Gestalt dir vergleichen; doch dieses wäre vergebens.
Wandeltest du, Geliebter, auch gleich durch Länder und Länder,
Von dem Aufgang herauf bis zu dem Untergang nieder,
Würdest du dennoch nicht einen, der Gottscheden ähnlichte,
Lange hab ich gedacht und endlich Mittel gefunden, [finden.
Dir ihn zu beschreiben; doch lache nicht meiner, Geliebter.
Humano capiti cervicem jungens equinam
Derisus a Flacco non sine jure fuit.
Hinc ego Koelbeliis imponens pedibus magnis,
Immane corpus crassasque scapulas Augsti
Et magna magni brachiaque manusque Rolandi,
Addensque tumidum morosi Rostii caput.
Ridebor forsan? Ne rideatis amici.
Dies ist das wahre Bild von diesem großen Mann,
So gut, als ich es nur durchs Beispiel geben kann.
Nun nimm, geliebter Freund, die jetzt beschriebnen Stücke,
So zeiget, glaub es mir, sich Gottsched deinem Blicke.
Ich sah den großen Mann auf dem Katheder stehn,
Ich hörte, was er sprach, und muß es dir gestehn,
Es ist sein Fürtrag gut, und seine Reden fließen
So wie ein klarer Bach. Doch steht er gleich den Riesen
Auf dem erhabnen Stuhl. Und kennte man ihn nicht,
So wüßte man es gleich, weil er stets prahlend spricht.
Genug, er sagte viel von seinem Kabinette,
Wie vieles Geld ihn das und jens gekostet hätte.

Und andre Dinge mehr, genug mein Freund –

*

Apropos. Hast Du nicht gehört? Der Hofrat [Ludwig Moors]
beklagt sich über den Mangel der Mädchen zu Göttingen.

 Zu was will er ein Mädchen?
Um die rhetorischen Figuren auszuüben
Und nach der neusten Art recht Hübnerisch zu lieben,
Zu sehn, ob die Protase ein hartes Herz erweicht,

1765–1768 LEIPZIG 23

Zu sehn, ob man durch Reglen der Liebe Zweck erreicht,
Zu sehn, ob Mimesis, die Ploke, die Sarkasmen
So voller Reizung sind wie Neukirchs Pleonasmen,
Und ob er in dem Tone, wie er den Ulfo singt,
Mit des Corvinus Versen das Herz der Schönen zwingt,
Und ob – mein Blatt ist voll, ich werde schließen müssen.
Die Mädchen eurer Stadt und Kehren sollt ihr grüßen.

[Aus einem Briefe an seine Schwester]

Wenn man sie in ein Kloster steckte
Und ihr Gesicht mit einem Schleier deckte,
 Dies könnte wohl zu ihrem Vorteil sein.
Den Reiz, der ihr jetzt fehlt, kann neue Tracht ihr geben.
Da kann sie immer einsam leben,
 Sie ist ja gern allein.

*

Das Ende krönt jetzt die vergangne Zeiten,
Wer einmal glitt, wird leichte zweimal gleiten.
Kind, die Exequien, die waren würklich schön,
Wer wird nicht den Verstand der klugen Domherrn sehn?
Er, der aus Sparsamkeit oft, was er war, vergaß,
Der Wasser trank und harte Eier aß,
Der, dessen Lehre
War: daß der Fürsten Ehre
Allein im vollen Beutel wäre,
Er, der gesparet statt gekriegt,
Er, den kein leerer Pracht vergnügt,
Der würde sich im Grabe wenden,
Wollt man nach seinem Tod so ohne Not verschwenden.

*

Ich schreibe jetzt von meinem Belsazer.
Fast ist der letzte Aufzug auch so weit,
Als wie die andern sind. Doch wiss du das:
In Versen, wie hier die, verfertigt ich
Die fünfte Handlung. Dieses, Schwester, ist

Das Versmaß, das der Brite braucht, wenn er
Auf dem Kothurn im Trauerspiele geht.
Jetzt steh ich still und denk den Fehlern nach,
Den Fehlern, die so häufig sind, wie hier
Studenten sind. Da denk ich nach, und die
Verbeßr ich. Dir schick ich vielleicht einmal
Etwas davon, wie auch von dem, was ich
Sonst noch in Versen schrieb. Jetzt lebe wohl.
Grüß mir die Mutter, sprich, sie soll verzeihn,
Daß ich sie niemals grüßen ließ, sag ihr
Das, was sie weiß, – daß ich sie ehre. Sags,
Daß nie mein kindlich Herz, von Liebe voll,
Die Schuldigkeit vergißt. Und ehe soll
Die Liebe nicht erkalten, eh ich selbst
Erkalte.

[Aus einem Briefe an Riese]

Es ist mein einziges Vergnügen,
Wenn ich, entfernt von jedermann,
Am Bache, bei den Büschen liegen,
An meine Lieben denken kann.

So vergnügt ich aber auch da bin,.. ich seufze
nach meinen Freunden und meinem Mädchen,
und wenn ich fühle, daß ich vergebens seufze,

Da wird mein Herz von Jammer voll,
Mein Aug wird trüber,
Der Bach rauscht jetzt im Sturm vorüber,
Der mir vorher so sanft erscholl.
Kein Vogel singt in den Gebüschen,
Der grüne Baum verdorrt,
Der Zephir, der, mich zu erfrischen,
Sonst wehte, stürmt und wird zum Nord
Und trägt entrißne Blüten fort.
Voll Zittern flieh ich dann den Ort,
Ich flieh und such in öden Mauern
Einsames Trauern.

… Horn … wundert sich, daß ich so verändert bin.

Er sucht die Ursach zu ergründen,
Denkt lächelnd nach und sieht mir ins Gesicht.
Doch wie kann er die Ursach finden,
Ich weiß sie selbsten nicht.

*

Ganz andre Wünsche steigen jetzt als sonst,
Geliebter Freund, in meiner Brust herauf.
Du weißt, wie sehr ich mich zur Dichtkunst neigte,
Wie großer Haß in meinem Busen schlug,
Mit dem ich die verfolgte, die sich nur
Dem Recht und seinem Heiligtume weihten
Und nicht der Musen sanften Lockungen
Ein offnes Ohr und ausgestreckte Hände
Voll Sehnsucht reichten. Ach du weißt, mein Freund,
Wie sehr ich (und gewiß mit Unrecht) glaubte,
Die Muse liebte mich und gäb mir oft
Ein Lied. Es klang von meiner Leier zwar
Manch stolzes Lied, das aber nicht die Musen
Und nicht Apollo reihten. Zwar mein Stolz,
Der glaubt' es, daß so tief zu mir herab
Sich Götter niederließen, glaubte, daß
Aus Meisterhänden nichts Vollkommners käme,
Als es aus meiner Hand gekommen war.
Ich fühlte nicht, daß keine Schwingen mir
Gegeben waren, um emporzurudern,
Und auch vielleicht mir von der Götter Hand
Niemals gegeben werden würden. Doch
Glaubt ich, ich hab sie schon und könnte fliegen.
Allein kaum kam ich her, als schnell der Nebel
Von meinen Augen sank, als ich den Ruhm
Der großen Männer sah und erst vernahm,
Wie viel dazu gehörte, Ruhm verdienen.
Da sah ich erst, daß mein erhabner Flug,
Wie er mir schien, nichts war als das Bemühn
Des Wurms im Staube, der den Adler sieht
Zur Sonn sich schwingen und wie der hinauf

Sich sehnt. Er sträubt empor und windet sich,
Und ängstlich spannt er alle Nerven an
Und bleibt am Staub. Doch schnell entsteht ein Wind,
Der hebt den Staub in Wirbeln auf, den Wurm
Erhebt er in den Wirbeln auch. Der glaubt
Sich groß, dem Adler gleich, und jauchzet schon
Im Taumel. Doch auf einmal zieht der Wind
Den Odem ein. Es sinkt der Staub hinab,
Mit ihm der Wurm. Jetzt kriecht er wie zuvor.

A SONG
OVER THE UNCONFIDENCE
TOWARD MYSELF

TO DR. SCHLOSSER

Thou knowst how happily thy friend
 Walks upon florid ways;
Thou knowst how heavens bounteous hand
 Leads him to golden days.

But hah! a cruel enemy
 Destroies all that bless;
In moments of melancholy
 Flies all my happiness.

Then fogs of doubt do fill my mind
 With deep obscurity;
I search my self, and cannot find
 A spark of worth in me.

When tender friends, to tender kiss,
 Run up with open arms,
I think I merit not that bliss,
 That like a kiss me warmeth.

Hah! when my child »I love thee« said
 And gave the kiss I sought,

Then I – forgive me, tender maid –
 She is a false one, thought.

She cannot love a peevish boy,
 She with her godlike face.
O could I, friend, that thought destroy,
 It leads the golden days.

Another thought is misfortune,
 Is death and night to me:
I hum no supportable tune,
 I can no poet be.

When to the Altar of the Nine
 A triste incense I bring,
I beg let Poetry be mine,
 O Sistres, let me sing.

But when they then my prayer not hear,
 I break my whispring lyre,
Then from my eyes runs down a tear,
 Extinguish th' incensed fire.

Then curse I, friend, the fated sky,
 And from th' Altar I fly;
And to my friends aloud I cry:
 Be happier than I.

[*Aus einem Briefe an Trapp*]

Muller! je suis fâché de ce malicieux.
Ce n'est plus cet ami si tendre en ses adieux,
Qui m'aimant autrefois, relevoit ma foiblesse,
Se joignit à ma joie et chassa ma tristesse.
Aujourd'hui tout changé, il rit de mes soupirs,
Et dans un noir chagrin fait changer mes plaisirs.
Jamais il ne m'écrit des nouvelles agréables,
Sans qu'il y fasse entrer un récit qui m'accable,

Et qui d'un coup méchant, adroitement porté,
Ne m'ôte le bonheur que lui-même a donné.
Le cruel! Il connoît mon coeur sensible et tendre,
Il connoît le repos qu'il y pourroit répandre,
Il scait bien qu'un ami s'il ne peut nous aider,
Devroit en nous plaignant pourtant nous soulager.
Le fait-il? Oh que non! ma douleur est extrême;
Je suis faible, il est vrai. Est-on fort quand on aime?
Mais il ne cherche rien que de combler mes maux,
Et me dit en riant: Ha, tu as des rivaux.
Je ne le scais que trop, sans qu'il le dise encore.
Tout qui la vit l'admire, qui la connoît l'adore.
Mais faut-il éveiller l'idée pleine d'effroi,
Un rival est plus digne de cet enfant que moi?
Soit! Si je ne le suis, je vais chercher de l'être.
Chassons le vil honneur! Que l'amour soit mon maître!
J'écouterai lui seul, lui seul doit me guider,
Au sommet du bonheur par lui je vais monter.
Au sommet de la science monté par l'industrie,
Je reviens, cher ami, pour revoir ma patrie,
Et viens voir, en dépit de tout altier censeur,
Si elle est en état d'achever mon bonheur.–
Mais il faut jusque-là que votre main m'assiste.
Laissez parler toujours ce docte moraliste.
Ecrivez-moi! Que fait l'enfant autant aimé?
Se souvient-il de moi? ou m'a-t-il oublié?
Ah, ne me cachez rien, qu'il m'élève ou m'accable.
Un poignard de sa main me seroit agréable.
Ecrivez, c'est alors que de mon coeur chéri,
Comme elle est mon amante, vous serez mon ami.

ANNETTE AN IHREN GELIEBTEN

Ich sah, wie Doris bei Damöten stand,
Er nahm sie zärtlich bei der Hand;
Lang sahen sie einander an,
Und sahn sich um, ob nicht die Eltern wachen,

Und da sie niemand sahn,
Geschwind–Genug, sie machtens, wie wirs machen.

VAUDEVILLE À MR. PFEIL

Otez-moi la grammaire!
 Dit autrefois Monsieur le Sot.
Si le Poitevin et son frère
Le Peplier veulent me plaire,
 Il faut qu'ils me laissent en repos.

Les règles de ces drôles
 Si sottement barbouillées
Sont bonnes dans les écoles,
Pour exercer les épaules
 Et la tête des pauvres écoliers.

Madame Déesse grammaire
 En entendant ces discours,
Me dicta dans sa colère
L'arrêt, l'arrêt si sévère,
 Que j'aurai à pleurer toujours:

Que ta prose de fautes fertile,
 Que sans attraits soient tes vers
Et que ton maigre style
Te rende ridicule
 A la belle à laquelle tu sers.

Grandprêtre de cette Déesse,
 Pfeil! viens me prêter ton secours,
Afin que ma maîtresse
En vengeant ta Déesse
 Ne me fasse finir mes jours.

Va t'en porter à la Dame
 Avec des dus encens

Le repentir de mon âme.
Dis-lui que je me blâme
De l'avoir haïe céans.

Et lorsqu'elle me pardonne,
Va demander en mon nom,
Qu'elle soit la façon la plus bonne,
De firmer de ma personne
Avec elle la plus forte union.

À MONSIEUR
LE MAJOR GÉNÉRAL DE HOFFMANN

Au sujet de la mort de Madame son épouse

La mort, en sortant du Tartare,
Voulant que l'univers sentît
La pesanteur de son courroux barbare,
Se mit
A dépeupler du fléau de la guerre
La terre,
Et vit
Avec plaisir tous les champs inondés
De sang, et dans le sang baignés
Les malheureux,
Frondés par le tonnerre
Dans la poussière.
Les feux
Du meurtre et du carnage
Eteints enfin,
La mort frémit de rage,
Voyant le genre humain
En sûreté
De n'être pas fauché
Comme autrefois par millions.
Otons,
Dit-elle, ôtons leur
Ce bonheur.

Si autrefois je frappois mille,
Frappons à l'avenir un seul qui vaudra mille.
 Elle le dit,
 On vit
Bientôt familles désolées
Pleurer autour d'un mausolée
 D'un père vertueux,
 D'un fils l'espoir de sa patrie
Et d'autres dont la vie
Ne dut que tard être finie.
 Combien vit-on de malheureux!
 Et ce spectre hideux,
Tout content de sa proie,
 Va dedans les enfers
 Aux ennemis de l'univers
 Porter sa joie.
D'un tel coup ton Epouse tomba,
 Et ce trépas
 Désola Sa Famille.
Mais Elle n'en eut point d'effroi:
Car en perdant ici le monde et Toi
Elle trouve là-haut et le Ciel et Sa Fille.

[Aus einem Briefe an Behrisch]

What pleasure, God! of like a flame to burn,
A virteous fire, that ne'er to vice can turn.
What volupty! when trembling in my arms,
The bosom of my maid, my bosom warmeth!
Perpetual kisses of her lips o'erflow,
In holy embrace mighty virtue shew.
When I then, rapt, in never felt extase,
My maid! I say, and she, my dearest! says.
When then, my heart, of love and virtue hot,
Cries: come ye angels! Come! See and envy me not.

AN DEN SCHLAF

Der du mit deinem Mohne
Selbst Götteraugen zwingst,
Und Bettler oft zum Throne,
Zum Mädchen Schäfer bringst,
Vernimm: Kein Traumgespinste
Verlang ich heut von dir,
Den größten deiner Dienste,
Geliebter, leiste mir.

An meines Mädchens Seite
Sitz ich, ihr Aug spricht Lust,
Und unter neidscher Seide
Steigt fühlbar ihre Brust;
Oft hatte meinen Küssen
Sie Amor zugebracht,
Dies Glück muß ich vermissen,
Die strenge Mutter wacht.

Am Abend triffst du wieder
Mich dort, o tritt herein,
Sprüh Mohn von dem Gefieder,
Da schlaf die Mutter ein:
Bei blassem Lichterscheinen
Von Lieb Annette warm
Sink, wie Mama in deinen,
In meinen giergen Arm.

DIE LIEBHABER

Mein Mädchen im Schatten der Laube,
Umhangen von purpurner Traube,
Bekränzte mit Rebenlaub sich
Und wartete schmachtend auf mich.
Da wallte der Herrscher der Träume
Durch zitternde Wipfel der Bäume,

1765–1768 LEIPZIG

Erblickte das liebliche Kind,
Sank nieder, umarmt es geschwind.

Sie schlummert, er küßte die Wangen,
Sie glühten von heißem Verlangen,
Erhitzet, o Gottheit, von dir,
Nach sterblichen Küssen von mir.
Da saugte mit atmenden Zügen
Annette das größte Vergnügen
Der Träume, die Mädchen erfreun,
Vom Munde des Göttlichen ein.

Schnell war sie von Leuten umgeben,
Die schmachteten seufzend nach Leben,
Und harreten zitternd aufs Glück
Von einem beseelenden Blick.
Da lag nun auf Knien die Menge,
Mein Mädchen erblickt das Gedränge,
Und hörte der Bittenden Schrein,
Und dünkte sich Venus zu sein.

Erst sah sie den schrecklichen Sieger,
Da lag er gebückt, wie ein Krieger,
Den stärkerer Streitenden Macht
In schimpfliche Fesseln gebracht.
So sprach er: »Die mächtigen Waffen,
Den Ruhm zu erobern geschaffen,
Erheben, erwählest du mich,
Auf deine Befehle nur sich.

Da fürcht ich nicht Wäll nicht Kanonen,
Nicht Tonnen, die Minen bewohnen,
Nicht Feinde, die scharenweis ziehn,
Du sprichst nur: Entflieht!–sie entfliehn.
Doch mußt du für Eisen nicht beben,
Mein Arm, den jetzt Waffen umgeben,
Schließt sich in entwaffneter Ruh
Auch sanften Umarmungen zu.«

Der Kaufmann mit Putzwerk und Stoffen,
Was eitele Mädchen nur hoffen,
Trat näher und beugte sein Knie,
Verbreitet es hoffend vor sie; –
»Erhöre mich, werde die Meine«,
So sprach er, »dies alles ist deine,
Dich kleid ich in herrlicher Pracht
Dann, wenn du mich glücklich gemacht.«

Der Stutzer im scheckigen Kleide
Von Samt und von Gold und von Seide
Kam summend, wie Käfer im Mai,
Mit künstlichen Sprüngen herbei –
»Du glänzest bei Ball und Konzerten,
Du herrschest beim Spiel und in Gärten,
Mein Dressenrock schimmert auf dich,
Geliebteste, wähle du mich.«

Noch andere kamen. Geschwinde
Wies da mich dem göttlichen Kinde
Der Traumgott. Sie schaute mich kaum:
»Den lieb ich« – so rief sie im Traum,
»Komm, eile! o komm mich zu küssen« –
Ich eilte sie fest zu umschließen;
Denn ich war ihr wachend schon nah,
Und küssend erwachte sie da.

Kein Pinsel malt unser Entzücken,
Da sank sie mit sterbenden Blicken,
O welche unsterbliche Lust!
An meine hochfliegende Brust.
So lag einst Vertumn und Pomone,
Als er auf dem grünenden Throne
Das sprödeste Mädchen bekehrt,
Zuerst sie die Liebe gelehrt.

ZIBLIS

EINE ERZÄHLUNG

Mädchen, setzt euch zu mir nieder,
Niemand stört hier unsre Ruh,
Seht, es kommt der Frühling wieder,
Weckt die Blumen und die Lieder,
Ihn zu ehren, hört mir zu.

Weise, strenge Mütter lehren:
Mädchen, flieht der Männer List.
Und doch laßt ihr euch betören!
Hört, ihr sollt ein Beispiel hören,
Wer am meisten furchtbar ist.

Ziblis jung und schön, zur Liebe,
Zu der Zärtlichkeit gemacht,
Floh aus rauhem wilden Triebe,
Nicht aus Tugend alle Liebe,
Ihre Freude war die Jagd.

Als sie einst tief im Gesträuche
Sorglos froh ein Liedchen sang,
Ward sie blaß wie eine Leiche,
Da aus einer alten Eiche
Ein gehörnter Waldgott sprang.

Zärtlich lacht das Ungeheuer,
Ziblis wendet ihr Gesicht,
Läuft, doch der gehörnte Freier
Springt ihr wie ein hüpfend Feuer
Nach, und ruft: Oh flieh mich nicht.

Schrein kann niemals überwinden.
Sie lief schneller, er ihr nach.
Endlich kam sie zu den Gründen,
Da, wo unter jungen Linden
Emiren am Wasser lag.

Hilf mir! rief sie. Er voll Freude,
Daß er so die Nymphe sah,
Stand bewaffnet zu dem Streite
Mit dem Ast der nächsten Weide,
Als der Waldgott kam, schon da.

Der trat näher, ihn zu höhnen,
Und ging schnell den Zweikampf ein.
Sie erbebt für Emirenen.
Immer wird das Herz der Schönen
Auf des Schönen Seite sein.

Seinen Feind im Sand zu höhnen,
Regt sich Fuß, und Arm, und Hand,
Bald mit Stoßen, bald mit Dehnen.
Liebe stärkt die Kraft der Sehnen,
Beide waren gleich entbrannt.

Endlich sinkt der Faun zur Erden,
Denn ihn traf ein harter Streich.
Gräßlich zerrt er die Gebärden;
Emiren, ihn los zu werden,
Wirft ihn in den nächsten Teich.

Ziblis lag mit matten Blicken,
Da der Sieger kam, im Gras.
Wirds ihm ihr zu helfen glücken?
Leicht sind Mädchen zu erquicken,
Oft ist ihre Krankheit Spaß.

Sie erhebt sich. Neues Leben
Gibt ein heißer Kuß ihr gleich.
Doch, der einen schon gegeben,
Sollte nicht nach mehrern streben?
Das sieht einem Märchen gleich.

Wartet nur. Es folgten Küsse
Hundertweis; sie schmeckten ihr.

Ja die Mäulchen schmecken süße.
Und bei Ziblis waren diese
Gar die ersten. Glaubt es mir.

Darum sog mit langen Zügen
Sie begierig immer mehr.
Endlich trunken von Vergnügen,
Ward dem Emiren das Siegen,
Wie ihr denken könnt, nicht schwer.

Mädchen, fürchtet rauher Leute
Buhlerische Wollust nie.
Die im ehrfurchtsvollen Kleide
Viel von unschuldsvoller Freude
Reden, Mädchen, fürchtet die.

Wacht, denn da ist nichts zu scherzen.
Seid viel lieber klug als kalt.
Zittert stets für eure Herzen.
Hat man einmal diese Herzen,
Ha! Das andre hat man bald.

LYDE

EINE ERZÄHLUNG

Euer Beifall macht mich freier,
Mädchen, hört ein neues Lied.
Doch verzeiht, wenn meine Leier
Nicht von jenem heilgen Feuer
Der geweihten Dichter glüht.

Hört von mir, was wenig wissen,
Hörts, und denket nach dabei:
Daß, wenn zwei sich zärtlich küssen,
Gern sich sehn, und ungern missen,
Es nicht stets aus Liebe sei.

Lyde brannt von einem Blicke
Für Aminen, er für sie;
Doch ein widriges Geschicke
Hinderte noch beider Glücke,
Ihre Eltern schliefen nie.

Wachsamkeit wird euch nichts taugen,
Wenn die Töchter unser sind;
Eltern, habet hundert Augen,
Mädchen, wenn sie List gebrauchen,
Machen hundert Augen blind.

Listig hofft sie, eine Stunde
Ihre Wächter los zu sein.
Endlich kommt die Schäferstunde,
Und von ihrem heißen Munde
Saugt Amin die Wollust ein.

So genoß entfernt vom Neide
Er noch manchen süßen Kuß.
Doch er ward so vieler Beute
Überdrüssig. Jede Freude
Endigt sich mit dem Genuß.

Ist wohl bei des Blutes Wallen,
Denkt er, immer Liebe da?
Liebt sie mich denn wohl vor allen?
Oder hab ich ihr gefallen,
Weil sie mich am ersten sah?

Einst spricht er, dies auszuspüren:
Ach, wie quält mein Vater mich!
Fern soll ich die Herde führen –
Himmel! Dich soll ich verlieren!
Ha! Das Leben ehr als dich.

Liebste, nein, ich komme wieder,
Doch, der beste Freund von mir

(Hier sah sie zur Erde nieder)
Singet angenehme Lieder,
Diesen Freund, den laß ich dir.

Lyde denkt an keine Tücke,
Weint, und geht es weinend ein.
Ungern flieht Amin sein Glücke,
Listig bleibt der Freund zurücke,
Oft ist er mit ihr allein.

Viel singt er von Glut und Liebe,
Sie wird feurig, er wird kühn.
Sie empfindet neue Triebe,
Und Gelegenheit macht Diebe.
Endlich – Gute Nacht, Amin.

Kinder, seht, da müßt ihr wachen,
Euch von Irrtum zu befrein.
Glaubet nie den Schein der Sachen,
Sucht euch ja gewiß zu machen,
Eh ihr glaubt geliebt zu sein.

PYGMALION
EINE ROMANZE

Es war einmal ein Hagenstolz,
Der hieß Pygmalion;
Er machte manches Bild von Holz,
Von Marmor und von Ton.

Und dieses war sein Zeitvertreib
Und alle seine Lust.
Kein junges, schönes, sanftes Weib
Erwärmte seine Brust.

Denn er war klug und furchte sehr
Der Hörner schwer Gewicht;

Denn schon seit vielen Jahren her
Traut man den Weibern nicht.

Doch es sei einer noch so wild,
Gern wird er Mädchen sehn.
Drum macht' er sich gar manches Bild
Von Mädchen jung und schön.

Einst hatt er sich ein Bild gemacht,
Es staunte, wer es sah;
Es stand in aller Schönheit Pracht
Ein junges Mädchen da.

Sie schien belebt, und weich, und warm,
War nur von kaltem Stein;
Die hohe Brust, der weiße Arm
Lud zur Umarmung ein.

Das Auge war emporgewandt,
Halb auf zum Kuß der Mund.
Er sah das Werk von seiner Hand,
Und Amor schoß ihn wund.

Er war von Liebe ganz erfüllt,
Und was die Liebe tut!
Er geht, umarmt das kalte Bild,
Umarmet es mit Glut.

Da trat ein guter Freund herein,
Und sah dem Narren zu,
Sprach: Du umarmest harten Stein,
O welch ein Tor bist du!

Ich kauft ein schönes Mädchen mir
Willst du, ich geb dir sie?
Und sie gefällt gewißlich dir
Weit besser, als wie die.

1765–1768 LEIPZIG

Sag, ob du es zufrieden bist –
Er sah es nun wohl ein,
Ein Mädchen, das lebendig ist,
Sei besser als von Stein.

Er spricht zu seinem Freunde: Ja.
Der geht und holt sie her.
Er glühte schon, eh er sie sah,
Jetzt glüht er zweimal mehr.

Er atmet tief, sein Herze schlug
Er eilt, und ohne Trau
Nimmt er – man ist nicht immer klug–
Nimmt er sie sich zur Frau.

Flieht, Freunde, ja die Liebe nicht,
Denn niemand flieht ihr Reich:
Und wenn euch Amor einmal kriegt,
Dann ist es aus mit euch.

Wer wild ist, alle Mädchen flieht,
Sich unempfindlich glaubt,
Dem ist, wenn er ein Mädchen sieht,
Das Herze gleich geraubt.

Drum seht oft Mädchen, küsset sie,
Und liebt sie auch wohl gar,
Gewöhnt euch dran, und werdet nie
Ein Tor, wie jener war.

Nun, lieben Freunde, merkt euch dies,
Und folget mir genau;
Sonst straft euch Amor ganz gewiß,
Und gibt euch eine Frau.

KUNST, DIE SPRÖDEN ZU FANGEN

Erste Erzählung

Verzweifelt nicht, ihr Jünglinge, wenn eure Mädchen spröde
sind. Niemals hat noch die Kälte der mütterlichen Lehren ein
weibliches Herze so zu Eise gehärtet, daß es der alles erwär-
mende Hauch der Liebe nicht hätte zerschmelzen sollen.
Hört, was mir mein Freund erzählte, dem ich sonst viel glaube.
Ich liebte ein Mädchen recht feurig, recht zärtlich; aber sie
floh die Jünglinge und die Liebe, weil ihr die Mutter die
Jünglinge und die Liebe sehr fürchterlich gemalt hatte. Das
schreckte mich nicht ab, es machte mich nur behutsam.

 Ich sehs, du kennst sie nicht, die Liebe,

dacht ich,

 Denn wer sie kennt, der flieht sie nicht.
 Wie leicht wirds sein, dich zu entzünden,
 Da du so unerfahren bist?
 Die Liebe sollst du bald empfinden,
 Und sollst nicht wissen, daß sie's ist.

Wenn ich sie im Haine antraf, redete ich sie ganz trocken an.
Meine Kälte betrog sie, daß sie nicht floh und mit sich reden
ließ. Ich sagte ihr viel von erhabnen Empfindungen, die ich
Freundschaft nannte, leicht gewann ich da ihre Vertraulichkeit.

 Dem Mädchen ward nebst andern Gaben
 Viel feuriges Gefühl geschenkt,
 Da meints, es denke gleich erhaben.
 Da es doch nichts als feurig denkt.

Ich ward ihr Freund, sie meine Freundin. Mein Umgang fing
an ihr täglich weniger gleichgültig zu werden. Sie freuete
sich, wenn ich kam, und betrübte sich, wenn ich ging.

 Was bei des Jünglings Blicken
 Ein jedes Mädchen fühlt,
 War das, was mit Entzücken
 Sie nur für Freundschaft hielt.

Ich war oft mit ihr alleine gewesen, doch hatte ich es nicht
wagen dürfen, die Lehren der Mutter mit Gewalt anzu-
greifen. Nach und nach suchte ich sie mit List zu untergra-
ben. Seit einiger Zeit war ich ihr Lehrer geworden, hatte sie

1765–1768 LEIPZIG

viel Gutes gelehrt; und dem Liebhaber glaubt ein Mädchen
immer mehr als der Mutter. Da fing sie an zu zweifeln, ob
auch die Mutter immer möchte wahr geredet haben. Das
merkte ich und wußte ihre Zweifel zu nähren.

 Einst saß sie meinen Lehren
 Aufmerksam zuzuhören;
 Da sprach ich: Du mußt wissen,
 Daß auch die Freunde küssen,
 Die Freunde so wie ich und du –
 Ich wagt es – und sie ließ es zu.

Da ich den ersten so leicht erhalten hatte, konnte ich noch
eher auf den zweeten hoffen.

 Nie schmeckt ein Mädchen einen Kuß,
 Die sich nicht nach dem zweeten sehnte.
 Oft wiederholt ich meinen Kuß,
 Daß sie sich bald daran gewöhnte.
 Wenn ich sie sah und sie nicht küßte,
 Sprach gleich ihr Blick, daß sie etwas vermißte.

Der glückliche Fortgang meiner Eroberungen machte mich
stolz, und wer stolz ist, ist kühn.

 So schwer ists nicht, wie ich geglaubt,
 Dem Mädchen eine Gunst zu rauben;
 Hat sie uns nur erst eins erlaubt,
 Das andre wird sie schon erlauben.

Sobald ich sie wiedersah, redete ich feuriger, küßte ich sie
feuriger als sonst. Ich sah, daß sie bewegt ward.

 Da wagt's mein Arm, sie zu umschließen.
 Sie ließ es zu.
 Da wagt's mein Mund, die weiße Brust zu küssen.
 Sie ließ es zu.
 Doch eilends sprang sie auf. Dich werd ich
 [fliehen müssen,
 Gefährlicher! rief sie, und ließ nichts weiter zu,
 Und floh. So weit gelang mir mein Bemühen.
 Ich folg ihr langsam, da sie flieht;
 Denn eher wird sie bei dem Fliehen,
 Als ich bei dem Verfolgen müd.

Zwote Erzählung

Es ist kein Mädchen so listig, so vorsichtig, das nicht von einem listigen Jünglinge könnte gefangen werden. Hört, wie es Charlotten erging. Charlotte, ein weises Mädchen, die wohl wußte, warum die Jünglinge zu fürchten waren, liebte mich recht zärtlich, aber mehr noch sich selbst. Drum war sie immer zurückhaltend, immer streng gegen mich, wie es meine Annette jetzt ist, wenn sie ihre Mutter beobachtet. Wäre sie ganz klug gewesen, so hätte sie mich ganz gemieden; doch sie war zu dieser Tat zu sehr Mädchen.

<div align="center">

Oft führt ich sie zum Haine,
Und war mit ihr alleine,
O wie war ich erfreut!
Ist je ein Paar alleine,
Ist Amor niemals weit.

</div>

Einst saßen wir unter dem Schatten einer überhangenden Myrte, ein Becher mit Weine und ein Körbchen mit Obst stand vor uns; wir redeten von Freundschaft. Schnell flog Amor aus einer jungen Rose heraus, die, halb aufgeblüht, wie ein Mädchen von funfzehn Jahren, sich die Myrte hinaufgeschlungen hatte. Ich sah ihn, das Mädchen nicht. Wie freuete ich mich, da ich seinen Bogen gespannt und seinen Köcher gefüllt sah. Nun wird er mir helfen und einen Pfeil auf ihre Brust schicken; er wird nicht abspringen, der spitzige Pfeil!

<div align="center">

Du brauchst nicht scharf zu zielen,
Die Brust ist ohnbewehrt.
Ich hab ihr, wie im Spielen,
Gar manches schon gelehrt,
Was, ohne sich zu fühlen,
Kein junges Mädchen hört.

</div>

Aber er bleibt doch immer ein Kind, Amor. Kaum sah er die Trauben, als er schnell hinflog, eine Beere nach der andern mit einem Pfeile aufstach und aussog, wie die Bienen ihren Stachel in die Blumen stechen und Honig saugen. Da er sich satt gesogen hatte, ward er mutwillig, flog auf den Becher und schaukelte auf dem Rande. Aber einmal versah ers, der gute Amor, und fiel mit einem lauten Schrei in den

Wein. Possierlich schwamm er auf dem goldnen Meere,
plätscherte mit den Flügeln, ruderte mit Händen und Füßen,
und schrie immer. Da jammerte er mich, daß ich ihn heraus-
hub. Was machst du, fragte das Mädchen – Eine Biene war
in den Wein gefallen, sagte ich. Freudig dankte mir Amor,
und hüpfte in den Sonnenschein, da schüttelte er seine Flü-
gel und trocknete sich. Ich sah ihm zu, und bemerkte, daß
sein Köcher von Pfeilen leer war. Wo sind sie? dacht ich –
Indem fielen meine Blicke auf den Becher; da zogen sich
Bläschen vom Boden herauf, wie sie der Wein aus dem Zuk-
ker zieht. Amor hatte die Pfeile im Schwimmen verloren,
und nun sog der Wein das Gift aus den Spitzen. Ich habe
deiner Hülfe nicht mehr nötig, Amor! – jauchzete ich, und
reichte ihr den Becher, und sah starr auf sie. Sie trank, und
sah mich an, und trank mit starken Zügen. Wie süße! seuf-
zete sie tief, da sie den Becher niedersetzte. Ich beobachtete
sie genau; eine sanfte Mattigkeit schlich durch alle ihre
Glieder. Und kraftlos sank ihr Haupt zurücke.

<div style="text-align:center">

Erst irrten unbestimmt die Blicke
Umher, und fielen dann auf mich,
Und eilten weg, und kamen wieder.
Sie lächelte und schlug die Augen nieder,
Ihr fühlbar Herz empörte sich,
Und schickte brennendes Verlangen
In ihren Busen, auf die Wangen,
Die Wangen glühten, und der Busen stieg.
Da rief ich: Sieg! Sieg, Amor, Sieg!

</div>

Und der kleine getrocknete Prahler, als wenn er noch so viel
bei der Sache getan hätte,

<div style="text-align:center">

Rief, als er in die Lüfte stieg:
Sieg! Sieg!

</div>

TRIUMPH DER TUGEND

Erste Erzählung

Von stiller Wollust eingeladen
Drang in den Tempel der Dryaden

Mit seinem Mädchen Daphnis ein,
Um zärtlich ohnbemerkt zu sein.
Des Taxus Nacht umgab den Fuß der Eichen,
Nur Vögel hüpften auf den Zweigen,
Rings um sie her lag feierliches Schweigen,
Als wären sie auf dieser Welt allein.

Sie saßen tändelnd in dem Kühlen.
Allein, dem Herzen nah, das uns so zärtlich liebt –
Wem Amor solch ein Glücke gibt,
Wird der nicht mehr als sonsten fühlen?
Und unser Paar fing bald an mehr zu fühlen.

Des Mädchens zärtlich Herz lag ganz in ihrem Blicke,
Halblächelnd nennt sie ihn ihr bestes größtes Glücke.
Sein Herz, von heißem Blut erfüllt,
Drückt sich an ihrs, läßt nach, drückt wieder;
Und wenn das Blut einmal von Liebe schwillt,
Reißt es gar leicht der Ehrfurcht Grenzen nieder.

Konnt Daphnis wohl dem Reiz des Busens widerstehn?
Bei jedem Kuß durchglüht ihn neues Feuer,
Bei jedem Kusse ward er freier,
Und sie – und sie – ließ es geschehn.
Der Schäfer fühlt ein taumelndes Entzücken,
Und da sie schweigt, da jetzt in ihren Blicken
Anstatt der Munterkeit ein sanfter Kummer liegt,
Glaubt er sie auf dem Grad von feurigem Entzücken,
Wo man die Mädchen leicht besiegt.

Sie war an seine Brust gesunken,
Und er, zuletzt von Wollust trunken,
Erbat sich, Amor, Sieg von dir.
Doch schnell entriß sie sich den Armen,
Die sie umfaßten: Aus Erbarmen,
Rief sie, komm, eile weg von hier.
Bestürzt und zitternd folgt er ihr.

Da sprach sie zärtlich: Laß nicht mehr
Dich die Gelegenheit verführen;
O Freund, ich liebe dich zu sehr,
Um dich unwürdig zu verlieren.

Zwote Erzählung

Ich fand mein Mädchen einst allein
Am Abend so, wie ich sie selten finde.
Entkleidet sah ich sie; dem guten Kinde
Fiel es nicht ein,
Daß ich so nahe bei ihr sein,
Neugierig sie betrachten könnte.
Was sie mir nie zu sehn vergönnte,
Des Busens volle Blüten wies
Sie dem verschwiegnen kalten Spiegel, ließ
Das Haar geteilt von ihrem Scheitel fallen,
Wie Rosenzweig' um Knospen, um den Busen wallen.

Ganz außer mir vom niegefundnen Glück
Sprang ich hervor. Jedoch wie schmollte
Sie, da ich sie umarmen wollte.
Zorn sprach ihr furchtsam wilder Blick,
Die eine Hand stieß mich zurück,
Die andre deckte das, was ich nicht sehen sollte.
Geh, rief sie, soll ich deine Kühnheit dir
Verzeihen; eile weg von hier.

Ich, fliehn? Von heißer Glut durchdrungen –
Ohnmöglich – Diese schöne Zeit
Von sich zu stoßen! Die Gelegenheit
Kömmt nicht so leicht zurück. Voll Zärtlichkeit
Den Arm um ihren Hals gezwungen, stand
Ich neben ihrem Sessel, meine warme Hand
Auf ihrem heißen Busen, den zuvor
Sie nie berührt. Hoch empor
Stieg er und trug die Hand mit sich empor,
Dann sank mit einem tiefen Atemzug er wieder,

Und zog die Hand mit sich hernieder.
So stand Dianens Jäger mutig da,
Triumph gen Himmel hauchend, als er sah,
Was ungestraft kein Sterblicher noch sah.

Mein Mädchen schwieg, und sah mich an; ein Zeichen,
Die Grausamkeit fing' an sich zu erweichen,
Geschmolzen durch die Fühlbarkeit.
O Mädchen, soll mit listgen Streichen
Kein Jüngling seinen Zweck erreichen,
So müßt ihr niemals ruhig schweigen,
Wenn ihr mit ihm alleine seid.

Mein Arm umschlang mit angestrengten Sehnen
Die weiche Hüfte. Fast – fast - doch des Sieges Lauf
Hielt schnell ein glühnder Strom von Tränen
Unwiderstehlich auf.

Sie stürzt mir um den Hals, rief schluchzend: Rette
Mich Unglückselige, die niemand retten kann
Als du, Geliebter. Gott! ach hätte
Dir nie dies Herz gebrannt! Ich sah dich, da begann
Mein Elend; bald, bald ists vollendet.
O Mutter, welchen Lohn
Gab ich den treuen Lehren, die du mir verschwendet,
Dies Herz zu bilden! Mußte sich dein Drohn
So fürchterlich erfüllen:
Würd ich eine Tat
Vor dir verhüllen,
Deinen Rat
Verachten, selbst mich weise dünken,
Würd ich versinken.
Ich sinke schon; o rette mich! –
Sei stark, mein Freund, o rette dich!
Wir beide sind verloren – Freund, Erbarmen!

Noch hielt ich sie in meinen Armen.
Sie sah voll Angst rings um sich her.

1765–1768 LEIPZIG

Wie Wellen auf dem Meer,
Dess Grund erbebte, schlug die Brust, dem Munde
Entrauscht' ein Sturm. Sie seufzte: Unschuld – ach wie klang
Dies Wort so lieblich, wenn in mitternächtger Stunde
An meinem Haupt es mir mein Engel sang.
Jetzt rauschts wie ein Gewitterton vorüber.
Sie riefs. Es ward ihr Auge trüber,
Sah sternenan. Sie betet: Sieh
Aus deiner Unschuldswohnung, Herr, auf mich herüber,
Erbarme dich! Entzieh
Der reißenden Gefahr mich. Du
Vermagsts allein; der ist zu schwach dazu,
Der Mensch, zu dem ich vor dir betete.

Naht euch, Verführer, deren Wange nie
Von heilgem Graun errötete,
Wenn eure Hand gefühllos, wie
Die Schnitter Blumen, Unschuld tötete,
Und euer Siegerfuß, darüber tretend, sie
Durch Hohn zum zweiten Male tötete,
Naht euch. Betrachtet hie
Der Vielgeliebten Tränen rollen;
Hört ihre Seufzer, hört die feuervollen
Gebete. Wehe dem, der dann
Noch einen Wunsch zu ihrem Elend wollen,
Noch einen Schritt zum Raube wagen kann!

Es sank mein Arm, aus ihm zur Erd sie nieder,
Ich betet, weint, und riß mich los und floh.

Den nächsten Tag fand ich sie wieder
Bei ihrer Mutter, als sie froh
Der freudbetränten Mutter Unschuldslieder
Mit Engelstimmen sang.

O Gott, wie drang ein Wonnestrahl durchs Herz
Zur Erde blickend stand [mir! Nieder
Ich da. Sie faßt' mich bei der Hand,

Führt' mich vertraulich auf die Seite,
Und sprach: Dank es dem harten Streite,
Daß du zur Sonn unschuldig blickst,
Beim Anblick jener Heilgen nicht erschrickst,
Mich nicht verachtend von dir schickst.
Freund, dieses ist der Tugend Lohn;
O, wärst du gestern tränend nicht entflohn,
Du sähst mich heute
Und ewig nie mit Freude .

AN EINEN JUNGEN PRAHLER

Dir hat, wie du mir selbst erzählt,
Es nie an Phillis Gunst gefehlt.
Du sprichst, dir hab sie viel erlaubt,
Und du ihr noch weit mehr geraubt.
Doch jetzt kommt sie, es wird sehr viel davon
In wenig Tagen in die Wochen. [gesprochen,
Was könnte nun vom Argwohn dich befrein,
Der Vater dieses Kinds zu sein?
Wärst du nicht gar zu klein!

MADRIGAL

Mein Mädchen sagte mir: Wie schön
Ist nicht Olind! ich hab ihn heut gesehn,
Lang sah ich ihn bewundernd an;
Wer hätt ihn nicht bewundern sollen?
Geliebter, du wirst doch nicht schmollen,
Daß ichs getan?
Ich sprach: Mein Herz fühlt nichts vom Neide,
Was auch dein Mund für Lob der Schönheit gibt;
Denn liebtest du die schönen Leute,
Sprich, hättest du mich je geliebt?

ELEGIE

Auf den Tod des Bruders meines Freundes

Im düstern Wald, auf der gespaltnen Eiche,
Die einst der Donner hingestreckt,
Sing ich um deines Bruders Leiche,
Die fern von uns ein fremdes Grab bedeckt.

Nah schon dem Herbste seiner Jahre,
Hofft' er getrost der Taten Lohn;
Doch unaufhaltsam trug die Bahre
Ihn schnell davon.

Du weinest nicht? – Dir nahm ein langes Scheiden
Die Hoffnung, ihn hier noch einmal zu sehn.
Gott ließ vor dir ihn zu dem Himmel gehn;
Du sahsts, und konntest nichts als ihn beneiden.

Doch horch – welch eine Stimm voll Schmerz
Tönt in mein Ohr von seinem Grabe?
Ich eil, ich seh, sie ists! Ihr Herz
Liegt mit in seinem Grabe.

Verlassen, ohne Trost liegt hie,
Mit ängstlicher Gebärde
Zu Gott gekehrt, als hoffte sie,
Das schönste Mädchen an der Erde.

Nie hat ein Herz so viel gelitten,
Herr, sieh herab auf ihre Not,
Und schenke gnädig ihren Bitten
Sein Leben, oder ihren Tod.

O Gott, bestrafest du die Liebe,
Du Wesen voller Lieb und Huld?
Denn nichts als eine heilge Liebe
War dieser Unglückselgen Schuld.

Sie hofft im hochzeitlichen Kleide
Bald mit ihm zum Altar zu ziehn;
Da riß sein Fürst von ihrer Seite
Tyrannisch ihn.

O Fürst, du kannst die Menschen zwingen,
Für dich allein ihr Leben zuzubringen,
Das wird man deinem Stolz verzeihn;
Doch willst du ihre Seelen binden,
Durch dich zu denken, zu empfinden,
Das muß zu Gott um Rache schrein.

Wie ward sein großes Herz durchstochen,
Als er, der nie sein Wort gebrochen,
Sein Wort zum ersten Male brach,
Zum ersten Mal es der Geliebten brach,
Der, eh es noch sein Mund versprach,
Sein Herz ein ewig Band versprochen.

Als Bürger der bedrängten Erde,
Sprach er, kann ich nie deine sein;
Doch von der Furcht, daß ich dir untreu werde,
Soll dich mein Tod befrein.
Leb wohl, es wein bei meinem Grabe
Jed zärtlich Herz gerührt von meiner Treu,
Dann eil die stolze Tyrannei,
Der ich schon längst vergeben habe,
Daß sie des Grabes Ursach sei,
Unwillig fühlend, schnell vorbei.

ODE
AN HERRN PROFESSOR ZACHARIAE

Schon wälzen schnelle Räder rasselnd sich und
Dich von dem unbedaurten Ort, [tragen
Und angekettet fest an deinem Wagen
Die Freude mit dir fort.

Du bist uns kaum entwichen, und schwermütig ziehen
Aus dumpfen Höhlen (denn dahin
Flohn sie bei deiner Ankunft, wie für'm Glühen
Der Sonne Nebel fliehn)

Verdruß und Langeweile. Wie die Stymphaliden
Umschwärmen sie den Tisch, und sprühn
Von ihren Fittichen Gift unserm Frieden
Auf alle Speisen hin.

Wo ist sie zu verscheuchen unser gütger Retter,
Der Venus vielgeliebter Sohn,
Apollos Liebling, Liebling aller Götter?
Bebt! Er ist uns entflohn.

O gäb er mir die Stärke, seine mächtge Leier
Zu schlagen, die Apoll ihm gab;
Ich rührte sie, dann flöhn die Ungeheuer
Erschröckt zur Höll hinab.

O leih mir, Sohn der Maja, deiner Ferse Schwingen,
Die du sonst Sterblichen gelichn;
Sie reißen mich aus diesem Elend, bringen
Mich nach der Ocker hin.

Dann folg ich ohnerwartet einstens ihm am Flusse;
Jedoch so wenig staunet er,
Als ging' ihm, angeheftet seinem Fuße,
Sein Schatten hinterher.

Von ihm dann unzertrennlich wärmt den jungen Busen
Der Glanz, der glorreich ihn umgibt.
Er liebet mich, dann lieben mich die Musen,
Weil mich ihr Liebling liebt.

[An Caroline Schulze. Von Goethe?]

O du, die in dem Heiligtum
Der Grazien verdient zu glänzen,
Auch ohngebeten krönt der Ruhm
Dich mit den besten Kränzen;
Doch soll des Lobes Melodie
Dir immer gleich erschallen,
So gib dir nicht vergebne Müh,
Durch Tanzen zu gefallen.

[Aus einem Briefe an seine Schwester]

Von kalten Weisen rings umgeben
Sing ich, was heiße Liebe sei;
Ich sing vom süßen Saft der Reben,
Und Wasser trink ich oft dabei.

*

En fait d'amour un favori des Muses
Est un astre, vers qui le sentiment humain
Dresseroit d'ici bas son télescope en vain.
Sa sphère est au-dessus de toute intelligence,
L'illusion nous frappe autant que l'existence,
Et par le sentiment suffisamment heureux,
De l'amour seulement nous sommes amoureux.
Ainsi le fantastique a droit sur notre hommage,
Et nos feux pour objet ne veulent qu'une image.

Oui, nous l'aimons avec autant de volupté,
Que le vulgaire en trouve à la réalité,
La réalité même est moins satisfaisante.
Sous une même forme elle se représente.
Mais une Iris en l'air en prend mille en un jour,
Et la mienne est bergère et Nymphe tour à tour.
Brune ou blonde, coquette ou prude, fille ou veuve,
Et, comme tu crois bien, fidèle à toute épreuve.

AN MEINE MUTTER

Obgleich kein Gruß, obgleich kein Brief von mir
So lang dir kömmt, laß keinen Zweifel doch
Ins Herz, als wär die Zärtlichkeit des Sohns,
Die ich dir schuldig bin, aus meiner Brust
Entwichen. Nein, so wenig als der Fels,
Der tief im Fluß vor ewgem Anker liegt,
Aus seiner Stätte weicht, obwohl die Flut
Mit stürmschen Wellen bald, mit sanften bald
Darüber fließt und ihn dem Aug entreißt,
So wenig weicht die Zärtlichkeit für dich
Aus meiner Brust, obgleich des Lebens Strom,
Vom Schmerz gepeitscht, bald stürmend drüber fließt,
Und von der Freude bald gestreichelt, still
Sie deckt, und sie verhindert, daß sie nicht
Ihr Haupt der Sonne zeigt und ringsumher
Zurückgeworfne Strahlen trägt und dir
Bei jedem Blicke zeigt, wie dich dein Sohn verehrt.

AN ANNETTEN

Es nannten ihre Bücher
Die Alten sonst nach Göttern,
Nach Musen und nach Freunden,
Doch keiner nach der Liebsten;
Warum sollt ich, Annette,
Die du mir Gottheit, Muse
Und Freund mir bist und alles,
Dies Buch nicht auch nach deinem
Geliebten Namen nennen?

AN MEINE LIEDER

Seid, geliebte kleine Lieder,
Zeugen meiner Fröhlichkeit;

Ach, sie kömmt gewiß nicht wieder,
Dieser Tage Frühlingszeit.

Bald entflieht der Freund der Scherze,
Er, dem ich euch sang, mein Freund.
Ach, daß auch vielleicht dies Herze
Bald um meine Liebste weint!

Doch, wenn nach der Trennung Leiden
Einst auf euch ihr Auge blickt,
Dann erinnert sie der Freuden,
Die uns sonst vereint erquickt.

AN DEN KUCHENBÄCKER HÄNDEL

O Händel, dessen Ruhm vom Süd zum Norden reicht,
Vernimm den Päan, der zu deinen Ohren steigt!
Du bäckst, was Gallier und Briten emsig suchen,
Mit schöpfrischem Genie, originelle Kuchen.
Des Kaffees Ozean, der sich vor dir ergießt,
Ist süßer als der Saft, der vom Hymettus fließt.
Dein Haus, ein Monument, wie wir den Künsten lohnen,
Umhangen mit Trophän, erzählt den Nationen:
Auch ohne Diadem fand Händel hier sein Glück,
Und raubte dem Kothurn gar manch Achtgroschenstück.
Glänzt deine Urn dereinst in majestätschem Pompe,
Dann weint der Patriot an deiner Katakombe.
Doch leb! dein Torus sei von edler Brut ein Nest,
Steh hoch wie der Olymp, wie der Parnassus fest!
Kein Phalanx Griechenlands mit römischen Ballisten
Vermög Germanien und Händeln zu verwüsten.
Dein Wohl ist unser Stolz, dein Leiden unser Schmerz,
Und Händels Tempel ist der Musensöhne Herz.

BRAUTNACHT

Im Schlafgemach, entfernt vom Feste,
Sitzt Amor dir getreu und bebt,
Daß nicht die List mutwilger Gäste
Des Brautbetts Frieden untergräbt.
Es blinkt mit mystisch heilgem Schimmer
Vor ihm der Flammen blasses Gold;
Ein Weihrauchswirbel füllt das Zimmer,
Damit ihr recht genießen sollt.

Wie schlägt dein Herz beim Schlag der Stunde,
Der deiner Gäste Lärm verjagt!
Wie glühst du nach dem schönen Munde,
Der bald verstummt und nichts versagt!
Du eilst, um alles zu vollenden,
Mit ihr ins Heiligtum hinein;
Das Feuer in des Wächters Händen
Wird wie ein Nachtlicht still und klein.

Wie bebt vor deiner Küsse Menge
Ihr Busen und ihr voll Gesicht!
Zum Zittern wird nun ihre Strenge,
Denn deine Kühnheit wird zur Pflicht.
Schnell hilft dir Amor sie entkleiden
Und ist nicht halb so schnell als du;
Dann hält er schalkhaft und bescheiden
Sich fest die beiden Augen zu.

LE VÉRITABLE AMI

Va te sévrer des baisers de ta belle,
Me dit un jour l'ami; par son air séduisant,
Ses yeux perçants, par son teint éclatant,
Sa taille mince, son langage amusant
Elle te pourroit bien déranger la cervelle;

Fuis de cette beauté le dangereux amour!
Mais pour te faire voir à quel degré je t'aime,
Je veux t'ôter tout espoir du retour
En m'en faisant aimer moi-même.

DREI ODEN
AN MEINEN FREUND BEHRISCH

Erste Ode

Verpflanze den schönen Baum,
Gärtner, er jammert mich.
Glücklicheres Erdreich
Verdiente der Stamm.

Noch hat seiner Natur Kraft
Der Erde aussaugendem Geize,
Der Luft verderbender Fäulnis,
Ein Gegengift, widerstanden.

Sieh, wie er im Frühling
Lichtgrüne Blätter schlägt,
Ihr Orangenduft
Ist dem Geschmeiße Gift.

Der Raupen tückischer Zahn
Wird stumpf an ihnen,
Es blinkt ihr Silberglanz
Im Sonnenscheine.

Von seinen Zweigen
Wünscht das Mädchen
Im Brautkranze,
Früchte hoffen Jünglinge.

Aber sieh, der Herbst kömmt,
Da geht die Raupe,

Klagt der listigen Spinne
Des Baums Unverwelklichkeit.

Schwebend zieht sich
Von ihrer Taxuswohnung
Die Prachtfeindin herüber
Zum wohltätigen Baume

Und kann nicht schaden.
Aber die Vielkünstliche
Überzieht mit grauem Ekel
Die Silberblätter,

Sieht triumphierend,
Wie das Mädchen schaurend,
Der Jüngling jammernd
Vorübergeht.

Verpflanze den schönen Baum,
Gärtner, er jammert mich.
Baum, danke dem Gärtner,
Der dich verpflanzt!

Zwote Ode

Du gehst! Ich murre.
Geh! Laß mich murren.
Ehrlicher Mann,
Fliehe dieses Land.

Tote Sümpfe,
Dampfende Oktobernebel
Verweben ihre Ausflüsse
Hier unzertrennlich.

Gebärort
Schädlicher Insekten,
Mörderhülle
Ihrer Bosheit.

Am schilfichten Ufer
Liegt die wollüstige,
Flammengezüngte Schlange,
Gestreichelt vom Sonnenstrahl.

Fliehe sanfte Nachtgänge
In der Mondendämmerung,
Dort halten zuckende Kröten
Zusammenkünfte auf Kreuzwegen.

Schaden sie nicht,
Werden sie schrecken.
Ehrlicher Mann,
Fliehe dieses Land!

Dritte Ode

Sei gefühllos!
Ein leichtbewegtes Herz
Ist ein elend Gut
Auf der wankenden Erde.

Behrisch, des Frühlings Lächeln
Erheitre deine Stirne nie;
Nie trübt sie dann mit Verdruß
Des Winters stürmischer Ernst.

Lehne dich nie an des Mädchens
Sorgenverwiegende Brust,
Nie auf des Freundes
Elendtragenden Arm.

Schon versammelt
Von seiner Klippenwarte
Der Neid auf dich
Den ganzen luchsgleichen Blick,

Dehnt die Klauen,
Stürzt und schlägt

Hinterlistig sie
Dir in die Schultern.

Stark sind die magern Arme,
Wie Pantherarme;
Er schüttelt dich
Und reißt dich los.

Tod ist Trennung,
Dreifacher Tod
Trennung ohne Hoffnung,
Wiederzusehn.

Gerne verließest du
Dieses gehaßte Land,
Hielte dich nicht Freundschaft
Mit Blumenfesseln an mir.

Zerreiß sie! Ich klage nicht.
Kein edler Freund
Hält den Mitgefangnen,
Der fliehn kann, zurück.

Der Gedanke
Von des Freundes Freiheit
Ist ihm Freiheit
Im Kerker.

Du gehst, ich bleibe.
Aber schon drehen
Des letzten Jahrs Flügelspeichen
Sich um die rauchende Achse.

Ich zähle die Schläge
Des donnernden Rads,
Segne den letzten,
Da springen die Riegel, frei bin ich wie du.

DER WAHRE GENUSS

Umsonst, daß du, ein Herz zu lenken,
Des Mädchens Schoß mit Golde füllst.
O Fürst, laß dir die Wollust schenken,
Wenn du sie wahr empfinden willst.
Gold kauft die Zunge ganzer Haufen,
Kein einzig Herz erwirbt es dir;
Doch willst du eine Tugend kaufen,
So geh und gib dein Herz dafür.

Was ist die Lust, die in den Armen
Der Buhlerin die Wollust schafft?
Du wärst ein Vorwurf zum Erbarmen,
Ein Tor, wärst du nicht lasterhaft.
Sie küsset dich aus feilem Triebe,
Und Glut nach Gold füllt ihr Gesicht.
Unglücklicher! Du fühlst nicht Liebe,
Sogar die Wollust fühlst du nicht.

Sei ohne Tugend, doch verliere
Den Vorzug eines Menschen nie!
Denn Wollust fühlen alle Tiere,
Der Mensch allein verfeinert sie.
Laß dich die Lehren nicht verdrießen,
Sie hindern dich nicht am Genuß,
Sie lehren dich, wie man genießen
Und Wollust würdig fühlen muß.

Soll dich kein heilig Band umgeben,
O Jüngling, schränke selbst dich ein.
Man kann in wahrer Freiheit leben,
Und doch nicht ungebunden sein.
Laß nur für Eine dich entzünden,
Und ist ihr Herz von Liebe voll,
So laß die Zärtlichkeit dich binden,
Wenn dich die Pflicht nicht binden soll.

Empfinde, Jüngling, und dann wähle
Ein Mädchen dir, sie wähle dich,
Von Körper schön und schön von Seele,
Und dann bist du beglückt wie ich!
Ich, der ich diese Kunst verstehe,
Ich habe mir ein Kind gewählt,
Daß uns zum Glück der schönsten Ehe
Allein des Priesters Segen fehlt.

Für nichts besorgt als meine Freude,
Für mich nur schön zu sein bemüht,
Wollüstig nur an meiner Seite,
Und sittsam, wenn die Welt sie sieht.
Daß unsrer Glut die Zeit nicht schade,
Räumt sie kein Recht aus Schwachheit ein,
Und ihre Gunst bleibt immer Gnade,
Und ich muß immer dankbar sein.

Ich bin genügsam und genieße
Schon da, wenn sie mir zärtlich lacht,
Wenn sie beim Tisch des Liebsten Füße
Zum Schemel ihrer Füße macht,
Den Apfel, den sie angebissen,
Das Glas, woraus sie trank, mir reicht
Und mir, bei halbgeraubten Küssen,
Den sonst verdeckten Busen zeigt.

Wenn in gesellschaftlicher Stunde
Sie einst mit mir von Liebe spricht,
Wünsch ich nur Worte von dem Munde,
Nur Worte, Küsse wünsch ich nicht.
Welch ein Verstand, der sie beseelet,
Mit immer neuem Reiz umgibt!
Sie ist vollkommen, und sie fehlet
Darin allein, daß sie mich liebt.

Die Ehrfurcht wirft mich ihr zu Füßen,
Die Wollust mich an ihre Brust.

Sieh, Jüngling, dieses heißt genießen!
Sei klug und suche diese Lust.
Der Tod führt einst von ihrer Seite
Dich auf zum englischen Gesang,
Dich zu des Paradieses Freude,
Und du fühlst keinen Übergang.

[*An Corona Schröter. Von Goethe?*]

Unwiderstehlich muß die Schöne uns entzücken,
Die frommer Andacht Reize schmücken.
Wenn jemand diesen Satz durch Zweifeln noch entehrt,
So hat er dich niemals als Helena gehört.

DIE SCHÖNE NACHT

Nun verlaß ich diese Hütte,
Meiner Liebsten Aufenthalt,
Wandle mit verhülltem Schritte
Durch den öden finstern Wald.
Luna bricht durch Busch und Eichen,
Zephir meldet ihren Lauf,
Und die Birken streun mit Neigen
Ihr den süßten Weihrauch auf.

Wie ergötz ich mich im Kühlen
Dieser schönen Sommernacht!
O wie still ist hier zu fühlen,
Was die Seele glücklich macht!
Läßt sich kaum die Wonne fassen!
Und doch wollt ich, Himmel, dir
Tausend solcher Nächte lassen,
Gäb mein Mädchen Eine mir.

SCHADENFREUDE

In des Papillons Gestalt
Flattr ich, nach den letzten Zügen,
Zu den vielgeliebten Stellen,
Zeugen himmlischer Vergnügen,
Über Wiesen, an die Quellen,
Um den Hügel, durch den Wald.

Ich belausch ein zärtlich Paar;
Von des schönen Mädchens Haupte
Aus den Kränzen schau ich nieder.
Alles, was der Tod mir raubte,
Seh ich hier im Bilde wieder,
Bin so glücklich, wie ich war.

Sie umarmt ihn lächelnd stumm,
Und sein Mund genießt der Stunde,
Die ihm gütge Götter senden,
Hüpft vom Busen zu dem Munde,
Von dem Munde zu den Händen,
Und ich hüpf um ihn herum.

Und sie sieht mich Schmetterling.
Zitternd vor des Freunds Verlangen,
Springt sie auf, da flieg ich ferne.
»Liebster, komm, ihn einzufangen!
Komm! ich hätt es gar zu gerne.
Gern das kleine bunte Ding.«

AN VENUS

Große Venus, mächtge Göttin!
Schöne Venus, hör mein Flehn.
Nie hast du mich
Über Krügen vor dem Bacchus
Auf der Erden liegen sehn.

Keinen Wein hab ich getrunken,
Den mein Mädchen nicht gereicht,
Nie getrunken,
Daß ich nicht voll gütger Sorge
Deine Rosen erst gesäugt.

Und dann goß ich auf dies Herze,
Das schon längst dein Altar ist,
Von dem Becher
Güldne Flammen, und ich glühte,
Und mein Mädchen ward geküßt.

Dir allein empfand dies Herze,
Göttin, gib mir einen Lohn.
Aus dem Lethe
Soll ich trinken, wenn ich sterbe,
Ach, befreie mich davon.

Laß mir, Gütige – dem Minos
Sei's an meinem Tod genung –
Mein Gedächtnis!
Denn es ist ein zweites Glücke
Eines Glücks Erinnerung.

GLÜCK UND TRAUM

Du hast uns oft im Traum gesehen
Zusammen zum Altare gehen,
Und dich als Frau, und mich als Mann.
Oft nahm ich wachend deinem Munde
In einer unbewachten Stunde,
So viel man Küsse nehmen kann.

Das reinste Glück, das wir empfunden,
Die Wollust mancher reichen Stunden
Floh wie die Zeit mit dem Genuß.
Was hilft es mir, daß ich genieße?

Wie Träume fliehn die wärmsten Küsse,
Und alle Freude wie ein Kuß.

WUNSCH
EINES JUNGEN MÄDCHENS

O fände für mich
Ein Bräutigam sich!
Wie schön ists nicht da,
Man nennt uns Mama.
Da braucht man zum Nähen,
Zur Schul nicht zu gehen;
Da kann man befehlen,
Hat Mägde, darf schmälen,
Man wählt sich die Kleider,
Nach Gusto den Schneider;
Da läßt man spazieren,
Auf Bälle sich führen,
Und fragt nicht erst lange
Papa und Mama.

DIE FREUDEN

Es flattert um die Quelle
Die wechselnde Libelle,
Mich freut sie lange schon;
Bald dunkel und bald helle,
Wie der Chamäleon,
Bald rot, bald blau,
Bald blau, bald grün.
O daß ich in der Nähe
Doch ihre Farben sähe!

Sie schwirrt und schwebet, rastet nie!
Doch still, sie setzt sich an die Weiden.
Da hab ich sie! Da hab ich sie!

Und nun betracht ich sie genau,
Und seh ein traurig dunkles Blau –

So geht es dir, Zergliedrer deiner Freuden!

LIEBE UND TUGEND

Wenn einem Mädchen, das uns liebt,
Die Mutter strenge Lehren gibt
Von Tugend, Keuschheit und von Pflicht,
Und unser Mädchen folgt ihr nicht
Und fliegt mit neu verstärktem Triebe
Zu unsern heißen Küssen hin,
Da hat daran der Eigensinn
So vielen Anteil als die Liebe.

Doch wenn die Mutter es erreicht,
Daß sie das gute Herz erweicht,
Voll Stolz auf ihre Lehren sieht,
Daß uns das Mädchen spröde flieht,
So kennt sie nicht das Herz der Jugend;
Denn wenn das je ein Mädchen tut,
So hat daran der Wankelmut
Gewiß mehr Anteil als die Tugend.

WECHSEL

Auf Kieseln im Bache da lieg ich, wie helle!
Verbreite die Arme der kommenden Welle,
Und buhlerisch drückt sie die sehnende Brust;
Dann führt sie der Leichtsinn im Strome danieder,
Es naht sich die zweite, sie streichelt mich wieder:
So fühl ich die Freuden der wechselnden Lust.

Und doch, und so traurig, verschleifst du vergebens
Die köstlichen Stunden des eilenden Lebens,

Weil dich das geliebteste Mädchen vergißt!
O ruf sie zurücke, die vorigen Zeiten,
Es küßt sich so süße die Lippe der Zweiten,
Als kaum sich die Lippe der Ersten geküßt.

KINDERVERSTAND

In großen Städten lernen früh
Die jüngsten Knaben was;
Denn manche Bücher lesen sie
Und hören dies und das
Vom Lieben und vom Küssen,
Sie brauchtens nicht zu wissen.
Und mancher ist im zwölften Jahr
Fast klüger, als sein Vater war,
Da er die Mutter nahm.

Das Mädchen wünscht von Jugend auf
Sich hochgeehrt zu sehn,
Sie ziert sich klein und wächst herauf
In Pracht und Assembleen.
Der Stolz verjagt die Triebe
Der Wollust und der Liebe;
Sie sinnt nur drauf, wie sie sich ziert,
Ein Aug entzückt, ein Herze rührt,
Und denkt ans andre nicht.

Auf Dörfern siehts ganz anders aus,
Da treibt die liebe Not
Die Jungen auf das Feld hinaus
Nach Arbeit und nach Brot.
Wer von der Arbeit müde,
Läßt gern den Mädchen Friede.
Und wer noch obendrein nichts weiß,
Der denkt an nichts, den macht nichts heiß;
So gehts den Bauern meist.

Die Bauermädchen aber sind
In Ruhe mehr genährt,
Und darum wünschen sie geschwind,
Was jede Mutter wehrt.
Oft stoßen schäkernd Bräute
Den Bräutigam in die Seite;
Denn von der Arbeit, die sie tun,
Sich zu erholen, auszuruhn,
Das können sie dabei.

DER MISANTHROP

A.

Erst sitzt er eine Weile,
Die Stirn von Wolken frei;
Auf einmal kömmt in Eile
Sein ganz Gesicht der Eule
Verzerrtem Ernste bei.

B.

Sie fragen, was das sei?
Lieb oder lange Weile?

C.

Ach, sie sinds alle zwei.

[In das Stammbuch von Georg Gröning]

Was unterm Monde liegt, ist eitel!
Sprach Salomo und Phanias;
Und Goethe spricht heut abend eben das.

Leipzig, am Abend vor dem 28. August,
dem Tage seiner Abreise, 1768.

1768–1770 Frankfurt

DIE LIEBE WIDER WILLEN

Ich weiß es wohl und spotte viel:
Ihr Mädchen seid voll Wankelmut!
Ihr liebet, wie im Kartenspiel,
Den David und den Alexander;
Sie sind ja Forcen miteinander,
Und die sind miteinander gut.

Doch bin ich elend wie zuvor,
Mit misanthropischem Gesicht,
Der Liebe Sklav, ein armer Tor!
Wie gern wär ich sie los, die Schmerzen!
Allein es sitzt zu tief im Herzen,
Und Spott vertreibt die Liebe nicht.

LEBENDIGES ANDENKEN

Der Liebsten Band und Schleife rauben,
Halb mag sie zürnen, halb erlauben,
Euch ist es viel, ich will es glauben
Und gönn euch solchen Selbstbetrug:
Ein Schleier, Halstuch, Strumpfband, Ringe
Sind wahrlich keine kleinen Dinge;
Allein mir sind sie nicht genug.

Lebendgen Teil von ihrem Leben,
Ihn hat nach leisem Widerstreben
Die Allerliebste mir gegeben,

Und jene Herrlichkeit wird nichts.
Wie lach ich all der Trödelware!
Sie schenkte mir die schönen Haare,
Den Schmuck des schönsten Angesichts.

Soll ich dich gleich, Geliebte, missen,
Wirst du mir doch nicht ganz entrissen:
Zu schaun, zu tändeln und zu küssen
Bleibt die Reliquie von dir. –
Gleich ist des Haars und mein Geschicke:
Sonst buhlten wir mit Einem Glücke
Um sie, jetzt sind wir fern von ihr.

Fest waren wir an sie gehangen;
Wir streichelten die runden Wangen,
Uns lockt' und zog ein süß Verlangen,
Wir gleiteten zur vollern Brust.
O Nebenbuhler, frei von Neide,
Du süß Geschenk, du schöne Beute,
Erinnre mich an Glück und Lust!

GLÜCK DER ENTFERNUNG

Trink, o Jüngling! heilges Glücke
Taglang aus der Liebsten Blicke;
Abends gaukl ihr Bild dich ein.
Kein Verliebter hab es besser;
Doch das Glück bleibt immer größer,
Fern von der Geliebten sein.

Ewge Kräfte, Zeit und Ferne,
Heimlich wie die Kraft der Sterne,
Wiegen dieses Blut zur Ruh.
Mein Gefühl wird stets erweichter;
Doch mein Herz wird täglich leichter,
Und mein Glück nimmt immer zu.

Nirgends kann ich sie vergessen,
Und doch kann ich ruhig essen,
Heiter ist mein Geist und frei;
Und unmerkliche Betörung
Macht die Liebe zur Verehrung,
Die Begier zur Schwärmerei.

Aufgezogen durch die Sonne
Schwimmt im Hauch ätherscher Wonne
So das leichtste Wölkchen nie
Wie mein Herz in Ruh und Freude.
Frei von Furcht, zu groß zum Neide,
Lieb ich, ewig lieb ich sie!

AN LUNA

Schwester von dem ersten Licht,
Bild der Zärtlichkeit in Trauer!
Nebel schwimmt mit Silberschauer
Um dein reizendes Gesicht;
Deines leisen Fußes Lauf
Weckt aus tagverschloßnen Höhlen
Traurig abgeschiedne Seelen,
Mich und nächtge Vögel auf.

Forschend übersieht dein Blick
Eine großgemeßne Weite.
Hebe mich an deine Seite!
Gib der Schwärmerei dies Glück!
Und in wollustvoller Ruh
Säh der weitverschlagne Ritter
Durch das gläserne Gegitter
Seines Mädchens Nächten zu.

Des Beschauens holdes Glück
Mildert solcher Ferne Qualen,
Und ich sammle deine Strahlen,

Und ich schärfe meinen Blick;
Hell und heller wird es schon
Um die unverhüllten Glieder,
Und nun zieht sie mich hernieder,
Wie dich einst Endymion.

AN MADEMOISELLE OESER ZU LEIPZIG

Mamsell,
 So launisch wie ein Kind, das zahnt,
Bald schüchtern wie ein Kaufmann, den man mahnt,
Bald still wie ein Hypochondrist,
Und sittig wie ein Mennonist,
Und folgsam wie ein gutes Lamm,
Bald lustig wie ein Bräutigam,
Leb ich und bin halb krank und halb gesund,
Am ganzen Leibe wohl, nur in dem Halse wund;
Sehr mißvergnügt, daß meine Lunge
Nicht so viel Atem reicht, als meine Zunge
Zu manchen Zeiten braucht, wenn sie mit Stolz erzählt,
Was ich bei euch gehabt, und was mir jetzt hier fehlt.

Da sucht man nun mit Macht mir neues Leben
Und neuen Mut und neue Kraft zu geben;
Drum reichet mir mein Doktor Medicinä
Extrakte aus der Cortex Chinä,
Die junger Herrn erschlaffte Nerven
An Augen, Fuß und Hand
Aufs neue stärken, den Verstand
Und das Gedächtnis schärfen.

Besonders ist er drauf bedacht,
Durch Ordnung wieder einzubringen,
Was Unordnung so schlimm gemacht,
Und heißt mich meinen Willen zwingen.

1768–1770 FRANKFURT

»Bei Tag, und sonderlich bei Nacht,
Nur an nichts Reizendes gedacht!«
Welch ein Befehl für einen Zeichnergeist,
Den jeder Reiz bis zum Entzücken reißt!
Des Bouchers Mädchen nimmt er mir
Aus meiner Stube, hängt dafür
Mir eine abgelebte Frau,
Mit riesigem Gesicht, mit halbzerbrochnem Zahne,
Vom fleißig kalten Gerhard Dow
An meine Wand; langweilige Tisane
Setzt er mir statt des Weins dazu.

O sage du,
Kann man was Traurigers erfahren?
Am Körper alt und jung an Jahren,
Halb siech und halb gesund zu sein?
Das gibt so melancholsche Laune,
Und ihre Pein
Würd ich nicht los, und hätt ich sechs Alraune.
Was nützte mir der ganzen Erde Geld?
Kein kranker Mensch genießt die Welt.

Und dennoch wollt ich gar nicht klagen,
Denn ich bin schon im Leiden sehr geübt,
Hätt ich nur das, was uns, die Plagen,
Die Last der Krankheit zu ertragen,
Mehr Kraft als selbst die Tugend gibt,
Verkürzung grauer Regenstunden,
Balsamsches Pflaster aller Wunden:
Gesellschaftsgeister, die man liebt.

Zwar hab ich hier an meiner Seite
Beständig rechte gute Leute,
Die mit mir leiden, wenn ich leide;
Sie sorgen mir für manche Freude,
Es fehlt mir nur an mir, um recht beglückt zu sein.
Und dennoch kenn ich niemand, der die Pein

Des Schmerzens so behende stillt, die Ruh
Mit Einem Blick der Seele schenkt, wie du.

Ich kam zu dir, ein Toter aus dem Grabe,
Den bald ein zweiter Tod zum zweiten Mal begräbt;
Und wem er nur einmal recht nah ums Haupt geschwebt,
Der bebt
Bei der Erinnerung gewiß, solang er lebt.
Ich weiß, wie ich gezittert habe;
Doch machtest du mit deiner süßen Gabe
Ein Blumenbeet mir aus dem Grabe,
Erzähltest mir, wie schön, wie kummerfrei,
Wie gut, wie süß dein selig Leben sei,
Mit einem Ton von solcher Schmeichelei,
Daß ich, was mir das Elend jemals raubte,
Weil du's besaßt, selbst zu besitzen glaubte.
Zufrieden reist ich fort und, was noch mehr ist, froh,
Und ganz war meine Reise so.

Ich kam hierher und fand das Frauenzimmer
Ein bißchen – ja man sagts nicht gern – wie immer;
Gnug, bis hierher hat keine mich gerührt.
Zwar sag ich nicht, was einst Herr Schübler
Von Hamburgs Schönen prädiziert,
Doch bin ich auch ein starker Grübler,
Seitdem ihr Mädchen mich verführt,
Die ich wohl schwerlich je vergesse;
Und da begreifst du wohl, daß jede leicht verliert,
Die ich nach *eurem* Maßstab messe.
Du lieber Gott! an Munterkeit ist hie,
An Einsicht und an Witz dir keine einzge gleich;
Und deiner Stimme Harmonie,
Wie käme die heraus ins Reich.

So ein Gespräch, wie unsers war, im Garten,
Und in der Loge noch, mit diesem seltnen Zug,
So aufgeweckt und doch so klug,
Ja, darauf kann ich warten.

1768–1770 FRANKFURT

Bin ich bei Mädchen launisch froh,
So sehn sie sittenrichtrisch sträflich;
Da heißt: Der Herr ist wohl aus Bergamo?
Sie sagens nicht einmal so höflich.
Zeigt man Verstand, so ist auch das nicht recht.
Denn will sich einer nicht bequemen,
Des Grandisons ergebner Knecht
Zu sein und alles blindlings anzunehmen,
Was der Diktator spricht,
Den lacht man aus, den hört man nicht.

Wie seid ihr nicht so gut, so euch zu bessern willig,
Auf eigne Fehler streng, und gegen fremde billig,
Und zum Gefallen ohnbemüht,
Ist niemand, den ihr nicht gewönnet.
Ah, man ist euer Freund, so wenig man euch kennet,
Man liebt euch, eh mans sich versieht.
Mit einem Mädchen hier zu Lande
Ists aber ein langweilig Spiel,
Zur Freundschaft fehlts ihr am Verstande,
Zur Liebe fehlts ihr am Gefühl.

Drauf ging' ich ganz gewiß, hätt ich nicht so viel Laune,
Bräch ich mir nicht gar manche Lust vom Zaune,
Lacht ich nicht da, wo keine Seele lacht;
Und dächt ich nicht, daß ihr schon oft an mich gedacht.

Ja, denken müßt ihr oft an mich, das sage
Ich euch, besonders an dem Tage,
Wenn ihr auf euerm Landgut seid,
Dem Ort, der mir so manche Plage
Gemacht, dem Ort, der mich so sehr erfreut.

Doch du verstehst mich nicht; ich will es dir erklären,
Ich weiß doch, du verzeihst es mir.
Die Lieder, die ich dir gegeben, die gehören
Als wahres Eigentum dem schönen Ort und dir.

Wenn mich mein böses Mädchen plagte,
Wenn der Verdruß mich aus den Mauern jagte,
War ich verwegen gnug und wagte
Dich aufzusuchen, eh es tagte,
Auf deinen Feldern, die du liebst,
Die du mir oft so schön beschriebst.

Da ging ich nun in deinem Paradiese,
In jedem Holz, auf jeder Wiese,
Am Fluß, am Bach, das hoffende Gesicht
Vom Morgenstrahl geschminkt, und sucht und –
 fand dich nicht.

Dann schlug ich, angereizt von launischem Verdrusse,
Den armen Frosch am sonnbestrahlten Flusse,
Dann jagt ich ringsumher und fing
Bald einen Reim, bald einen Schmetterling.

Und mancher Reim und mancher Schmetterling
Entging
Der ausgestreckten Hand, die mitten
In ihrem Haschen stille stand,
Wenn aus dem Wald von Stimmen oder Tritten
Den Schall mein lauschend Ohr empfand.

Am Tage sang ich diese Lieder,
Am Abend ging ich wieder heim,
Nahm meine Feder, schrieb sie nieder,
Den guten und den schlechten Reim.

Oft kehrt ich noch mit immer schlechterm Glücke
Auf die fatale Flur zurücke,
Bis mir zuletzt das günstige Geschicke
Noch einen Tag, den ich nicht hoffte, gab.
Doch ich genoß sie kaum, die süßen letzten Stunden,
Sie waren gar zu nah am Grab.
Ich sage nicht, was ich empfunden,
Denn mein prosaisches Gedicht
Stimmt dieses Mal sehr zur Empfindung nicht.

Du hast die Lieder nun, und zur Belohnung
Für alles, was ich für dich litt:
Besuchst du deine selge Wohnung,
So nimm sie mit
Und sing sie manchmal an den Orten
Mit Lust, wo ich aus Schmerz sie sang;
Dann denk an mich und sage: Dorten
Am Flusse wartete er lang,
Der Arme, der so oft mit ungewognem Glücke
Die schönen Felder fühllos sah!
Käm er in diesem Augenblicke,
Eh nun, jetzt wär ich da.

Jetzt, dächt ich nun, wärs hohe Zeit zum Schließen;
Denn wenn man so zwei Bogen Reime schreibt,
Da wollen sie zuletzt nicht fließen.
Doch warte nur, wenn mich die Laune treibt,
Und deine Gunst mir sonst versichert bleibt,
So schreib ich dir noch manchen Brief wie diesen.

Willst du mir die Geschwister grüßen,
So schließe Richtern auch mit ein.
Leb wohl! Und wird das Glück dein Freund beständig sein
Wie ich, so wirst du stets des schönsten Glücks genießen.

NEUJAHRSLIED

Wer kömmt! Wer kauft von meiner War!
Devisen auf das neue Jahr,
Für alle Stände.
Und fehlt auch einer hie und da,
Ein einzger Handschuh paßt sich ja
An zwanzig Hände.

Du Jugend, die du tändelnd liebst,
Ein Küßchen um ein Küßchen gibst,
Unschuldig heiter,

Jetzt lebst du noch ein wenig dumm
Geh nur erst dieses Jahr herum,
So bist du weiter.

Die ihr schon Amors Wege kennt
Und schon ein bißchen lichter brennt,
Ihr macht mir bange.
Zum Ernst, ihr Kinder, von dem Spaß!
Das Jahr! zur höchsten Not noch das,
Sonst währts zu lange.

Du junger Mann, du junge Frau,
Lebt nicht zu treu, nicht zu genau
In enger Ehe.
Die Eifersucht quält manches Haus,
Und trägt am Ende doch nichts aus
Als doppelt Wehe.

Der Witwer wünscht in seiner Not,
Zur selgen Frau durch schnellen Tod
Geführt zu werden.
Du guter Mann, nicht so verzagt!
Das, was dir fehlt, das, was dich plagt,
Findst du auf Erden.

Ihr, die ihr Misogyne heißt,
Der Wein heb euern großen Geist
Beständig höher.
Zwar Wein beschweret oft den Kopf,
Doch der tut manchem Ehetropf
Wohl zehnmal weher.

Der Himmel geb zur Frühlingszeit
Mir manches Lied voll Munterkeit,
Und euch gefall es.
Ihr lieben Mädchen singt sie mit,
Dann ist mein Wunsch am letzten Schritt,
Dann hab ich alles.

UNSCHULD

Schönste Tugend einer Seele,
Reinster Quell der Zärtlichkeit!
Mehr als Byron, als Pamele
Ideal und Seltenheit!
Wenn ein andres Feuer brennet,
Flieht dein zärtlich schwaches Licht;
Dich fühlt nur, wer dich nicht kennet,
Wer dich kennt, der fühlt dich nicht.

Göttin, in dem Paradiese
Lebtest du mit uns vereint;
Noch erscheinst du mancher Wiese
Morgens, eh die Sonne scheint.
Nur der sanfte Dichter siehet
Dich im Nebelkleide ziehn;
Phöbus kommt, der Nebel fliehet,
Und im Nebel bist du hin.

ZUEIGNUNG

Da sind sie nun! Da habt ihr sie!
Die Lieder, ohne Kunst und Müh
Am Rand des Bachs entsprungen.
Verliebt und jung und voll Gefühl
Trieb ich der Jugend altes Spiel,
Und hab sie so gesungen.

Sie singe, wer sie singen mag!
An einem hübschen Frühlingstag
Kann sie der Jüngling brauchen.
Der Dichter blinzt von ferne zu,
Jetzt drückt ihm diätetsche Ruh
Den Daumen auf die Augen.

Halb scheel, halb weise sieht sein Blick
Ein bißchen naß auf euer Glück
Und jammert in Sentenzen.
Hört seine letzten Lehren an!
Er hats so gut wie ihr getan
Und kennt des Glückes Grenzen.

Ihr seufzt und singt und schmelzt und küßt,
Und jauchzet, ohne daß ihrs wißt,
Dem Abgrund in der Nähe.
Flieht Wiese, Bach und Sonnenschein,
Schleicht, solls euch wohl im Winter sein,
Bald zu dem Herd der Ehe.

Ihr lacht mich aus und ruft: Der Tor!
Der Fuchs, der seinen Schwanz verlor,
Verschnitt' jetzt gern uns alle.
Doch hier paßt nicht die Fabel ganz,
Das treue Füchslein ohne Schwanz
Das warnt euch für der Falle.

AM FLUSSE

Verfließet, vielgeliebte Lieder,
Zum Meere der Vergessenheit!
Kein Knabe sing entzückt euch wieder,
Kein Mädchen in der Blütenzeit.

Ihr sanget nur von meiner Lieben;
Nun spricht sie meiner Treue Hohn.
Ihr wart ins Wasser eingeschrieben,
So fließt denn auch mit ihm davon.

MIT EINEM GOLDNEN
HALSKETTCHEN

Dir darf dies Blatt ein Kettchen bringen,
Das, ganz zur Biegsamkeit gewöhnt,
Sich mit viel hundert kleinen Schlingen
Um deinen Hals zu schmiegen sehnt.

Gewähr dem Närrchen die Begierde!
Sie ist voll Unschuld, ist nicht kühn;
Am Tag ists eine kleine Zierde,
Am Abend wirfst du's wieder hin.

Doch bringt dir einer jene Kette,
Die schwerer drückt und ernster faßt,
Verdenk ich dir es nicht, Lisette,
Wenn du ein klein Bedenken hast.

DER ABSCHIED

Laß mein Aug den Abschied sagen,
Den mein Mund nicht nehmen kann!
Schwer, wie schwer ist er zu tragen!
Und ich bin doch sonst ein Mann.

Traurig wird in dieser Stunde
Selbst der Liebe süßtes Pfand,
Kalt der Kuß von deinem Munde,
Matt der Druck von deiner Hand.

Sonst, ein leicht gestohlnes Mäulchen,
O wie hat es mich entzückt!
So erfreuet uns ein Veilchen,
Das man früh im März gepflückt.

Doch ich pflücke nun kein Kränzchen,
Keine Rose mehr für dich.

Frühling ist es, liebes Fränzchen,
Aber leider Herbst für mich!

GUTE NACHT AN ANNETTEN,

DA SIE HEURATETE

Wenn man zwanzig Freier zählet
Keinen liebt und alle quälet,
Alle liebt und keinen wählet,
Das ist eine stolze Lust
Für so eines Mädchens Brust.
Wenn so zwanzig bettlend stehn,
O wie lebt sichs da so schön!
Ist wohl eine Wollust größer?
Doch im Ehstand sitzt man besser.

Zwar mit Freuden und mit Scherzen
In zwei kopulierten Herzen
Ists wie mit den Hochzeitkerzen.
Glänzend leuchten sie im Saal
Und verherrlichen das Mahl,
Aber so nach zehen Uhr
Bleiben kleine Stümpfchen nur;
Damit leuchte dir zu Bette!
Gute Nacht! Schlaf wohl, Annette!

1770–1771 Straßburg

STIRBT DER FUCHS, SO GILT DER BALG

Nach Mittage saßen wir
Junges Volk im Kühlen;
Amor kam, und *Stirbt der Fuchs*
Wollt er mit uns spielen.

Jeder meiner Freunde saß
Froh bei seinem Herzchen;
Amor blies die Fackel aus,
Sprach: Hier ist das Kerzchen!

Und die Fackel, wie sie glomm,
Ließ man eilig wandern,
Jeder drückte sie geschwind
In die Hand des andern.

Und mir reichte Dorilis
Sie mit Spott und Scherze;
Kaum berührt mein Finger sie,
Hell entflammt die Kerze,

Sengt mir Augen und Gesicht,
Setzt die Brust in Flammen,
Über meinem Haupte schlug
Fast die Glut zusammen.

Löschen wollt ich, patschte zu,
Doch es brennt beständig;
Statt zu sterben, ward der Fuchs
Recht bei mir lebendig.

BLINDE KUH

O liebliche Therese!
Wie wandelt gleich ins Böse
Dein offnes Auge sich!
Die Augen zugebunden,
Hast du mich schnell gefunden,
Und warum fingst du eben mich?

Du faßtest mich aufs beste
Und hieltest mich so feste,
Ich sank in deinen Schoß.
Kaum warst du aufgebunden,
War alle Lust verschwunden;
Du ließest kalt den Blinden los.

Er tappte hin und wider,
Verrenkte fast die Glieder,
Und alle foppten ihn.
Und willst du mich nicht lieben,
So geh ich stets im Trüben
Wie mit verbundnen Augen hin.

[Von Goethe?]

Ob ich dich liebe, weiß ich nicht.
Seh ich nur einmal dein Gesicht,
Seh dir ins Auge nur einmal,
Frei wird mein Herz von aller Qual.
Gott weiß, wie mir so wohl geschicht!
Ob ich dich liebe, weiß ich nicht.

Ein grauer, trüber Morgen
Bedeckt mein liebes Feld,
Im Nebel tief verborgen
Liegt um mich her die Welt.

O liebliche Friedricke,
Dürft ich nach dir zurück!
In einem deiner Blicke
Liegt Sonnenschein und Glück.

Der Baum, in dessen Rinde
Mein Nam bei deinem steht,
Wird bleich vom rauhen Winde,
Der jede Lust verweht.
Der Wiesen grüner Schimmer
Wird trüb wie mein Gesicht,
Sie sehen die Sonne nimmer,
Und ich Friedricken nicht.

Bald geh ich in die Reben
Und herbste Trauben ein;
Umher ist alles Leben,
Es strudelt neuer Wein.
Doch in der öden Laube,
Ach, denk ich, wär sie hier!
Ich brächt ihr diese Traube,
Und sie – was gäb sie mir?

[An die Schwestern Brion]

Ich komme bald, ihr goldnen Kinder,
Vergebens sperret uns der Winter
In unsre warmen Stuben ein.
Wir wollen uns zum Feuer setzen
Und tausendfältig uns ergötzen,
Uns lieben wie die Engelein.
Wir wollen kleine Kränzchen winden,
Wir wollen kleine Sträußchen binden
Und wie die kleinen Kinder sein.

*

Nun sitzt der Ritter an dem Ort,
Den ihr ihm nanntet, liebe Kinder;

Sein Pferd ging ziemlich langsam fort,
Und seine Seele nicht geschwinder.
Da sitz ich nun vergnügt bei Tisch
Und endige mein Abenteuer
Mit einem Paar gesottener Eier
Und einem Stück gebacknem Fisch.
Die Nacht war wahrlich ziemlich düster,
Mein Falke stolperte wie blind;
Und doch fand ich den Weg so gut, als ihn der [Küster
Des Sonntags früh zur Kirche findt.

Jetzt fühlt der Engel, was ich fühle.
Ihr Herz gewann ich mir beim Spiele,
Und sie ist nun von Herzen mein.
Du gabst mir, Schicksal, diese Freude,
Nun laß auch Morgen sein wie Heute
Und lehr mich ihrer würdig sein.

WILLKOMMEN UND ABSCHIED

Es schlug mein Herz, geschwind zu Pferde!
Es war getan fast eh gedacht.
Der Abend wiegte schon die Erde,
Und an den Bergen hing die Nacht:
Schon stand im Nebelkleid die Eiche,
Ein aufgetürmter Riese, da,
Wo Finsternis aus dem Gesträuche
Mit hundert schwarzen Augen sah.

Der Mond von einem Wolkenhügel
Sah kläglich aus dem Duft hervor,
Die Winde schwangen leise Flügel,
Umsausten schauerlich mein Ohr;
Die Nacht schuf tausend Ungeheuer,
Doch frisch und fröhlich war mein Mut:

In meinen Adern welches Feuer!
In meinem Herzen welche Glut!

Dich sah ich, und die milde Freude
Floß von dem süßen Blick auf mich;
Ganz war mein Herz an deiner Seite
Und jeder Atemzug für dich.
Ein rosenfarbnes Frühlingswetter
Umgab das liebliche Gesicht,
Und Zärtlichkeit für mich – ihr Götter!
Ich hofft es, ich verdient es nicht!

Doch ach, schon mit der Morgensonne
Verengt der Abschied mir das Herz:
In deinen Küssen welche Wonne!
In deinem Auge welcher Schmerz!
Ich ging, du standst und sahst zur Erden,
Und sahst mir nach mit nassem Blick:
Und doch, welch Glück, geliebt zu werden!
Und lieben, Götter, welch ein Glück!

MIT EINEM GEMALTEN BAND

Kleine Blumen, kleine Blätter
Streuen mir mit leichter Hand
Gute junge Frühlings-Götter
Tändelnd auf ein luftig Band.

Zephir, nimms auf deine Flügel,
Schlings um meiner Liebsten Kleid!
Und so tritt sie vor den Spiegel
All in ihrer Munterkeit.

Sieht mit Rosen sich umgeben,
Selbst wie eine Rose jung.
Einen Blick, geliebtes Leben!
Und ich bin belohnt genung.

Fühle, was dies Herz empfindet,
Reiche frei mir deine Hand,
Und das Band, das uns verbindet,
Sei kein schwaches Rosenband!

Balde seh ich Rickchen wieder,
Balde bald umarm ich sie,
Munter tanzen meine Lieder
Nach der süßten Melodie.

Ach, wie schön hats mir geklungen,
Wenn sie meine Lieder sang!
Lange hab ich nicht gesungen,
Lange, liebe Liebe, lang.

Denn mich ängsten tiefe Schmerzen,
Wenn mein Mädchen mir entflieht,
Und der wahre Gram im Herzen
Geht nicht über in ein Lied.

Doch jetzt sing ich, und ich habe
Volle Freude süß und rein.
Ja, ich gäbe diese Gabe
Nicht für aller Klöster Wein.

MAILIED

Wie herrlich leuchtet
Mir die Natur!
Wie glänzt die Sonne!
Wie lacht die Flur!

Es dringen Blüten
Aus jedem Zweig
Und tausend Stimmen
Aus dem Gesträuch,

Und Freud und Wonne
Aus jeder Brust.
O Erd, o Sonne!
O Glück, o Lust!

O Lieb, o Liebe!
So golden schön,
Wie Morgenwolken
Auf jenen Höhn!

Du segnest herrlich
Das frische Feld,
Im Blütendampfe
Die volle Welt.

O Mädchen, Mädchen,
Wie lieb ich dich!
Wie blickt dein Auge!
Wie liebst du mich!

So liebt die Lerche
Gesang und Luft,
Und Morgenblumen
Den Himmelsduft,

Wie ich dich liebe
Mit warmem Blut,
Die du mir Jugend
Und Freud und Mut

Zu neuen Liedern
Und Tänzen gibst.
Sei ewig glücklich,
Wie du mich liebst!

HEIDENRÖSLEIN

[Volkslied - Umdichtung]

Sah ein Knab ein Röslein stehn,
Röslein auf der Heiden,
War so jung und morgenschön,
Lief er schnell, es nah zu sehn,
Sahs mit vielen Freuden.
Röslein, Röslein, Röslein rot,
Röslein auf der Heiden.

Knabe sprach: Ich breche dich,
Röslein auf der Heiden!
Röslein sprach: Ich steche dich,
Daß du ewig denkst an mich,
Und ich wills nicht leiden.
Röslein, Röslein, Röslein rot,
Röslein auf der Heiden.

Und der wilde Knabe brach
's Röslein auf der Heiden;
Röslein wehrte sich und stach,
Half ihm doch kein Weh und Ach,
Mußt es eben leiden.
Röslein, Röslein, Röslein rot,
Röslein auf der Heiden.

Erwache, Friedericke,
Vertreib die Nacht,
Die einer deiner Blicke
Zum Tage macht.
Der Vögel sanft Geflüster
Ruft liebevoll,
Daß mein geliebt Geschwister
Erwachen soll.

Es zittert Morgenschimmer
Mit blödem Licht
Errötend durch dein Zimmer
Und weckt dich nicht.
Am Busen deiner Schwester,
Der für dich schlagt,
Entschläfst du immer fester,
Je mehr es tagt.

Die Nachtigall im Schlafe
Hast du versäumt;
So höre nun zur Strafe,
Was ich gereimt.
Schwer lag auf meinem Busen
Des Reimes Joch;
Die schönste meiner Musen,
Du – schliefst ja noch.

Dem Himmel wachs entgegen
Der Baum, der Erde Stolz.
Ihr Wetter, Stürm und Regen,
Verschont das heilge Holz!
Und soll ein Name verderben,
So nehmt die obern in acht!
Es mag der Dichter sterben,
Der diesen Reim gemacht.

1771–1772 Frankfurt

[Von Goethe?]

Ach, wie sehn ich mich nach dir,
Kleiner Engel! Nur im Traum,
Nur im Traum erscheine mir!
Ob ich da gleich viel erleide,
Bang um dich mit Geistern streite
Und erwachend atme kaum.
Ach, wie sehn ich mich nach dir,
Ach, wie teuer bist du mir
Selbst in einem schweren Traum.

WANDERERS STURMLIED

Wen du nicht verlässest, Genius,
Nicht der Regen, nicht der Sturm
Haucht ihm Schauer übers Herz.
Wen du nicht verlässest, Genius,
Wird dem Regengewölk,
Wird dem Schloßensturm
Entgegensingen,
Wie die Lerche,
Du da droben.

Den du nicht verlässest, Genius,
Wirst ihn heben übern Schlammpfad
Mit den Feuerflügeln.
Wandeln wird er
Wie mit Blumenfüßen
Über Deukalions Flutschlamm,

Python tötend, leicht, groß,
Pythius Apollo.

Den du nicht verlässest, Genius,
Wirst die wollnen Flügel unterspreiten,
Wenn er auf dem Felsen schläft,
Wirst mit Hüterfittichen ihn decken
In des Haines Mitternacht.

Wen du nicht verlässest, Genius,
Wirst im Schneegestöber
Wärmumhüllen;
Nach der Wärme ziehn sich Musen,
Nach der Wärme Charitinnen.

Umschwebet mich, ihr Musen,
Ihr Charitinnen!
Das ist Wasser, das ist Erde,
Und der Sohn des Wassers und der Erde,
Über den ich wandle
Göttergleich.

Ihr seid rein wie das Herz der Wasser,
Ihr seid rein wie das Mark der Erde,
Ihr umschwebt mich, und ich schwebe
Über Wasser, über Erde,
Göttergleich.

Soll der zurückkehren,
Der kleine, schwarze, feurige Bauer?
Soll der zurückkehren, erwartend
Nur deine Gaben, Vater Bromius,
Und helleuchtend umwärmend Feuer?
Der kehren mutig?
Und ich, den ihr begleitet,
Musen und Charitinnen alle,
Den alles erwartet, was ihr,
Musen und Charitinnen,

Umkränzende Seligkeit,
Rings ums Leben verherrlicht habt,
Soll mutlos kehren?

Vater Bromius!
Du bist Genius,
Jahrhunderts Genius,
Bist, was innre Glut
Pindarn war,
Was der Welt
Phöbus Apoll ist.

Weh! Weh! Innre Wärme,
Seelenwärme,
Mittelpunkt!
Glüh entgegen
Phöb Apollen!
Kalt wird sonst
Sein Fürstenblick
Über dich vorübergleiten,
Neidgetroffen
Auf der Zeder Kraft verweilen,
Die zu grünen
Sein nicht harrt.

Warum nennt mein Lied dich zuletzt?
Dich, von dem es begann,
Dich, in dem es endet,
Dich, aus dem es quillt,
Jupiter Pluvius!
Dich, dich strömt mein Lied,
Und kastalischer Quell
Rinnt ein Nebenbach,
Rinnet Müßigen,
Sterblich Glücklichen
Abseits von dir,
Der du mich fassend deckst,
Jupiter Pluvius!

Nicht am Ulmenbaum
Hast du ihn besucht,
Mit dem Taubenpaar
In dem zärtlichen Arm,
Mit der freundlichen Ros umkränzt,
Tändelnden ihn, blumenglücklichen
Anakreon,
Sturmatmende Gottheit!

Nicht im Pappelwald
An des Sybaris Strand,
An des Gebirgs
Sonnebeglänzter Stirn nicht
Faßtest du ihn,
Den Blumen-singenden,
Honig-lallenden,
Freundlich winkenden
Theokrit.

Wenn die Räder rasselten,
Rad an Rad rasch ums Ziel weg,
Hoch flog
Siegdurchglühter
Jünglinge Peitschenknall,
Und sich Staub wälzt',
Wie vom Gebirg herab
Kieselwetter ins Tal,
Glühte deine Seel Gefahren, Pindar,
Mut. – Glühte? –
Armes Herz!
Dort auf dem Hügel,
Himmlische Macht!
Nur so viel Glut,
Dort meine Hütte,
Dorthin zu waten!

ADLER UND TAUBE

Ein Adlersjüngling hob die Flügel
Nach Raub aus;
Ihn traf des Jägers Pfeil und schnitt
Der rechten Schwinge Sennkraft ab.
Er stürzt' hinab in einen Myrtenhain,
Fraß seinen Schmerz drei Tage lang,
Und zuckt' an Qual
Drei lange, lange Nächte lang;
Zuletzt heilt' ihn
Allgegenwärtger Balsam
Allheilender Natur.
Er schleicht aus dem Gebüsch hervor
Und reckt die Flügel – ach!
Die Schwingkraft weggeschnitten! –
Hebt sich mühsam kaum
Am Boden weg
Unwürdgem Raubbedürfnis nach,
Und ruht tieftrauernd
Auf dem niedern Fels am Bach;
Er blickt zur Eich hinauf,
Hinauf zum Himmel,
Und eine Träne füllt sein hohes Aug.

Da kommt mutwillig durch die Myrtenäste
Dahergerauscht ein Taubenpaar,
Läßt sich herab und wandelt nickend
Über goldnen Sand am Bach
Und ruckt einander an;
Ihr rötlich Auge buhlt umher,
Erblickt den Innigtrauernden.
Der Tauber schwingt neugiergesellig sich
Zum nahen Busch und blickt
Mit Selbstgefälligkeit ihn freundlich an.
Du trauerst, liebelt er;
Sei gutes Mutes, Freund!
Hast du zur ruhigen Glückseligkeit

Nicht alles hier?
Kannst du dich nicht des goldnen Zweiges freun,
Der vor des Tages Glut dich schützt?
Kannst du der Abendsonne Schein
Auf weichem Moos am Bache nicht
Die Brust entgegenheben?
Du wandelst durch der Blumen frischen Tau,
Pflückst aus dem Überfluß
Des Waldgebüsches dir
Gelegne Speise, letzest
Den leichten Durst am Silberquell –
O Freund, das wahre Glück
Ist die Genügsamkeit,
Und die Genügsamkeit
Hat überall genug.
O Weise! sprach der Adler, und tief ernst
Versinkt er tiefer in sich selbst,
O Weisheit! Du redst wie eine Taube!

ZIGEUNERLIED

Im Nebelgeriesel, im tiefen Schnee,
Im wilden Wald, in der Winternacht,
Ich hörte der Wölfe Hungergeheul,
Ich hörte der Eulen Geschrei.
 Wille wau wau wau!
 Wille wo wo wo!
 Wito hu!

Ich schoß einmal eine Katz am Zaun,
Der Anne, der Hex, ihre schwarze liebe Katz.
Da kamen des Nachts sieben Werwölf zu mir,
Waren sieben sieben Weiber vom Dorf.
 Wille wau wau wau!
 Wille wo wo wo!
 Wito hu!

Ich kannte sie all, ich kannte sie wohl,
Die Anne, die Ursel, die Käth,
Die Liese, die Barbe, die Ev, die Beth,
Sie heulten im Kreise mich an.
 Wille wau wau wau!
 Wille wo wo wo!
 Wito hu!

Da nannt ich sie alle bei Namen laut:
Was willst du, Anne? was willst du, Beth?
Da rüttelten sie sich, da schüttelten sie sich,
Und liefen und heulten davon.
 Wille wau wau wau!
 Wille wo wo wo!
 Wito hu!

Ein zärtlich jugendlicher Kummer
Führt mich ins öde Feld; es liegt
In einem stillen Morgenschlummer
Die Mutter Erde. Rauschend wiegt
Ein kalter Wind die starren Äste. Schauernd
Tönt er die Melodie zu meinem Lied voll Schmerz.
Und die Natur ist ängstlich still und trauernd,
Doch hoffnungsvoller als mein Herz.

Denn sieh, bald gaukelt dir, mit Rosenkränzen
In runder Hand, du Sonnengott, das Zwillingspaar
Mit offnem blauen Aug, mit krausem goldnen Haar
In deiner Laufbahn dir entgegen. Und zu Tänzen
Auf neuen Wiesen schickt
Der Jüngling sich und schmückt
Den Hut mit Bändern, und das Mädchen pflückt
Die Veilchen aus dem jungen Gras, und bückend sieht
Sie heimlich nach dem Busen, sieht mit Seelenfreude
Entfalteter und reizender ihn heute,
Als er vorm Jahr am Maienfest geblüht;
Und fühlt und hofft.

Gott segne mir den Mann
In seinem Garten dort! Wie zeitig fängt er an,
Ein lockres Bett dem Samen zu bereiten!
Kaum riß der März das Schneegewand
Dem Winter von den hagern Seiten,
Der stürmend floh und hinter sich aufs Land
Den Nebelschleier warf, der Fluß und Au
Und Berg in kaltes Grau
Versteckt, da geht er ohne Säumen,
Die Seele voll von Ernteträumen,
Und sät und hofft.

DER WANDRER

Wandrer

Gott segne dich, junge Frau,
Und den säugenden Knaben
An deiner Brust!
Laß mich an der Felsenwand hier,
In des Ulmbaums Schatten,
Meine Bürde werfen,
Neben dir ausruhn.

Frau

Welch Gewerbe treibt dich
Durch des Tages Hitze
Den staubigen Pfad her?
Bringst du Waren aus der Stadt
Im Land herum?
Lächelst, Fremdling,
Über meine Frage?

Wandrer

Keine Waren bring ich aus der Stadt.
Kühl wird nun der Abend;
Zeige mir den Brunnen,
Draus du trinkest,
Liebes junges Weib!

Frau

Hier den Felsenpfad hinauf.
Geh voran! Durchs Gebüsche
Geht der Pfad nach der Hütte,
Drin ich wohne,
Zu dem Brunnen,
Den ich trinke.

Wandrer

Spuren ordnender Menschenhand
Zwischen dem Gesträuch!
Diese Steine hast du nicht gefügt,
Reichhinstreuende Natur!

Frau

Weiter hinauf!

Wandrer

Von dem Moos gedeckt ein Architrav!
Ich erkenne dich, bildender Geist!
Hast dein Siegel in den Stein geprägt.

Frau

Weiter, Fremdling!

Wandrer

Eine Inschrift, über die ich trete!
Nicht zu lesen!
Weggewandelt seid ihr,
Tiefgegrabne Worte,
Die ihr eures Meisters Andacht
Tausend Enkeln zeigen solltet.

Frau

Staunest, Fremdling,
Diese Stein' an?

Droben sind der Steine viel
Um meine Hütte.

Wandrer

Droben?

Frau

Gleich zur Linken
Durchs Gebüsch hinan;
Hier.

Wandrer

Ihr Musen und Grazien!

Frau

Das ist meine Hütte.

Wandrer

Eines Tempels Trümmer!

Frau

Hier zur Seit hinab
Quillt der Brunnen,
Den ich trinke.

Wandrer

Glühend webst du
Über deinem Grabe,
Genius! Über dir
Ist zusammengestürzt
Dein Meisterstück,
O du Unsterblicher!

Frau

Wart, ich hole das Gefäß
Dir zum Trinken.

Wandrer

Efeu hat deine schlanke
Götterbildung umkleidet.
Wie du emporstrebst
Aus dem Schutte,
Säulenpaar!
Und du, einsame Schwester dort,
Wie ihr,
Düstres Moos auf dem heiligen Haupt,
Majestätisch trauernd herabschaut
Auf die zertrümmerten
Zu euern Füßen,
Eure Geschwister!
In des Brombeergesträuches Schatten
Deckt sie Schutt und Erde,
Und hohes Gras wankt drüber hin.
Schätzest du so, Natur,
Deines Meisterstücks Meisterstück?
Unempfindlich zertrümmerst du
Dein Heiligtum?
Säest Disteln drein?

Frau

Wie der Knabe schläft!
Willst du in der Hütte ruhn,
Fremdling? willst du hier
Lieber in dem Freien bleiben?
Es ist kühl! Nimm den Knaben,
Daß ich Wasser schöpfen gehe.
Schlafe, Lieber! schlaf!

Wandrer

Süß ist deine Ruh!
Wie's, in himmlischer Gesundheit
Schwimmend, ruhig atmet!
Du, geboren über Resten
Heiliger Vergangenheit,

Ruh ihr Geist auf dir!
Welchen der umschwebt,
Wird in Götterselbstgefühl
Jedes Tags genießen.
Voller Keim, blüh auf,
Des glänzenden Frühlings
Herrlicher Schmuck,
Und leuchte vor deinen Gesellen!
Und welkt die Blütenhülle weg,
Dann steig aus deinem Busen
Die volle Frucht
Und reife der Sonn entgegen!

Frau

Gesegne's Gott! – Und schläft er noch?
Ich habe nichts zum frischen Trunk
Als ein Stück Brot, das ich dir bieten kann.

Wandrer

Ich danke dir.
Wie herrlich alles blüht umher
Und grünt!

Frau

Mein Mann wird bald
Nach Hause sein
Vom Feld. O bleibe, bleibe, Mann!
Und iß mit uns das Abendbrot.

Wandrer

Ihr wohnet hier?

Frau

Da, zwischen dem Gemäuer her.
Die Hütte baute noch mein Vater
Aus Ziegeln und des Schuttes Steinen
Hier wohnen wir.
Er gab mich einem Ackersmann

1771–1772 FRANKFURT

Und starb in unsern Armen. –
Hast du geschlafen, liebes Herz!
Wie er munter ist und spielen will!
Du Schelm!

Wandrer

Natur! du ewig keimende,
Schaffst jeden zum Genuß des Lebens,
Hast deine Kinder alle mütterlich
Mit Erbteil ausgestattet, einer Hütte.
Hoch baut die Schwalb an das Gesims,
Unfühlend, welchen Zierat
Sie verklebt;
Die Raup umspinnt den goldnen Zweig
Zum Winterhaus für ihre Brut;
Und du flickst zwischen der Vergangenheit
Erhabne Trümmer
Für deine Bedürfniss'
Eine Hütte, o Mensch,
Genießest über Gräbern! –
Leb wohl, du glücklich Weib!

Frau

Du willst nicht bleiben?

Wandrer

Gott erhalt euch,
Segn euern Knaben!

Frau

Glück auf den Weg!

Wandrer

Wohin führt mich der Pfad
Dort übern Berg?

Frau

Nach Cuma.

Wandrer

Wie weit ists hin?

Frau

Drei Meilen gut.

Wandrer

Leb wohl!
O leite meinen Gang, Natur!
Den Fremdlings-Reisetritt,
Den über Gräber
Heiliger Vergangenheit
Ich wandle.
Leit ihn zum Schutzort,
Vorm Nord gedeckt,
Und wo dem Mittagsstrahl
Ein Pappelwäldchen wehrt.
Und kehr ich dann
Am Abend heim
Zur Hütte,
Vergoldet vom letzten Sonnenstrahl,
Laß mich empfangen solch ein Weib,
Den Knaben auf dem Arm!

1772 Wetzlar

FELS-WEIHEGESANG

AN PSYCHE

Veilchen bring ich getragen,
Junge Blüten zu dir,
Daß ich dein moosig Haupt
Ringsum bekränze,
Ringsum dich weihe,
Felsen des Tals.

Sei du mir heilig,
Sei den Geliebten
Lieber als andre
Felsen des Tals.

Ich sah von dir
Der Freunde Seligkeit,
Verbunden Edle
Mit ewgem Band.

Ich irrer Wandrer
Fühlt erst auf dir
Besitztums-Freuden
Und Heimats-Glück.

Da, wo wir lieben,
Ist Vaterland;
Wo wir genießen,
Ist Hof und Haus.

Schrieb meinen Namen
An deine Stirn;

Du bist mir eigen,
Mir Ruhe-Sitz.

Und aus dem fernen
Unlieben Land
Mein Geist wird wandern
Und ruhn auf dir.

Sei du mir heilig,
Sei den Geliebten
Lieber als andre
Felsen des Tals.

Ich sehe sie versammelt
Dort unten um den Teich;
Sie tanzen einen Reihen
Im Sommerabendrot.
Und warme Jugendfreude
Webt in dem Abendrot,
Sie drücken sich die Hände
Und glühn einander an.
Und aus den Reihn verlieret
Sich Psyche zwischen Felsen
Und Sträuchen weg, und traurend
Um den Abwesenden
Lehnt sie sich über den Fels.
Wo meine Brust hier ruht,
An das Moos mit innigem
Liebesgefühl sich
Atmend drängt,
Ruhst du vielleicht dann, Psyche.
Trübe blickt dein Aug
In den Bach hinab,
Und eine Träne quillt
Vorbeigequollnen Freuden nach;
Hebst dann zum Himmel
Dein bittend Aug,
Erblickest über dir

Da meinen Namen.
– Auch der –
Nimm des verlebten Tages Zier,
Die bald welke Rose, von deinem Busen,
Streu die freundlichen Blätter
Übers düstre Moos,
Ein Opfer der Zukunft.

PILGERS MORGENLIED

AN LILA

Morgennebel, Lila,
Hüllen deinen Turn um.
Soll ich ihn zum
Letzten Mal nicht sehn!
Doch mir schweben
Tausend Bilder
Seliger Erinnerung
Heilig warm ums Herz.
Wie er so stand,
Zeuge meiner Wonne,
Als zum ersten Mal
Du dem Fremdling
Ängstlich liebevoll
Begegnetest,
Und mit einem Mal
Ewge Flammen
In die Seel ihm warfst.
Zische, Nord,
Tausend-schlangenzüngig
Mir ums Haupt!
Beugen sollst du's nicht!
Beugen magst du
Kindscher Zweige Haupt,
Von der Sonne
Muttergegenwart geschieden.

Allgegenwärtge Liebe!
Durchglühst mich,
Beutst dem Wetter die Stirn,
Gefahren die Brust,
Hast mir gegossen
Ins früh welkende Herz
Doppeltes Leben,
Freude, zu leben,
Und Mut.

ELYSIUM

AN URANIEN

Uns gaben die Götter
 Auf Erden Elysium.
Wie du das erste Mal
Liebahndend dem Fremdling
Entgegentratst
Und deine Hand ihm reichtest,
Fühlt' er alles voraus,
Was ihm für Seligkeit
Entgegen keimte.

 Uns gaben die Götter
 Auf Erden Elysium.
Wie du den liebenden Arm
Um den Freund schlangst,
Wie ihm Lilas Brust
Entgegen bebte,
Wie ihr, euch rings umfassend,
In heilger Wonne schwebtet,
Und ich, im Anschaun selig,
Ohne sterblichen Neid
Darneben stand!

 Uns gaben die Götter
 Auf Erden Elysium.

1772 WETZLAR

Wie durch heilige Täler wir
Händ in Hände wandelten,
Und des Fremdlings Treu
Sich euch versiegelte,
Daß du dem liebenden,
Stille sehnenden
Die Wange reichtest
Zum himmlischen Kuß!

Uns gaben die Götter
Auf Erden Elysium.
Wenn du fern wandelst
Am Hügelgebüsch,
Wandeln Liebesgestalten
Mit dir den Bach hinab;
Wenn mir auf dem Felsen
Die Sonne niedergeht,
Seh ich Freundegestalten
Mir winken durch
Wehende Zweige
Des dämmernden Hains.

Uns gaben die Götter
Auf Erden Elysium.
Seh ich, verschlagen
Unter schauernden Himmels
Öde Gestade,
In der Vergangenheit
Goldener Myrtenhainsdämmerung-
Lilan an deiner Hand,
Seh mich Schüchternen
Eure Hände fassen –
Bittend blicken,
Eure Hände küssen –
Eure Augen sich begegnen,
Auf mich blicken, seh ich,
Werfe den hoffenden Blick
Auf Lila; sie nähert sich mir,

Himmlische Lippe!
Und ich wanke, nahe mich,
Blicke, seufze, wanke –
Seligkeit! Seligkeit!
Eines Kusses Gefühl!

Mir gaben die Götter
Auf Erden Elysium!
Ach, warum nur Elysium!

*[Zu einer eigenen Zeichnung, die den Grafen im Kerker
und den Zuspruch erteilenden Geistlichen darstellt.]*

Propst Hee

Bald leuchtest du, o Graf, in engelheiterm Schimmer.

Graf Brandt

Mein lieber Pastor, desto schlimmer.

1772–1774 Frankfurt

MAHOMETS GESANG

Seht den Felsenquell,
Freudehell,
Wie ein Sternenblick!
Über Wolken
Nährten seine Jugend
Gute Geister
Zwischen Klippen im Gebüsch.

Jünglingfrisch
Tanzt er aus der Wolke
Auf die Marmorfelsen nieder,
Jauchzet wieder
Nach dem Himmel.

Durch die Gipfelgänge
Jagt er bunten Kieseln nach,
Und mit frühem Führertritt
Reißt er seine Bruderquellen
Mit sich fort.

Drunten werden in dem Tal
Unter seinem Fußtritt Blumen,
Und die Wiese
Lebt von seinem Hauch.

Doch ihn hält kein Schattental,
Keine Blumen,
Die ihm seine Knie umschlingen,
Ihm mit Liebes-Augen schmeicheln:

Nach der Ebne dringt sein Lauf
Schlangenwandelnd.

Bäche schmiegen
Sich gesellig an. Nun tritt er
In die Ebne silberprangend,
Und die Ebne prangt mit ihm,
Und die Flüsse von der Ebne
Und die Bäche von den Bergen
Jauchzen ihm und rufen: Bruder!
Bruder, nimm die Brüder mit,
Mit zu deinem alten Vater,
Zu dem ewgen Ozean,
Der mit ausgespannten Armen
Unser wartet,
Die sich, ach! vergebens öffnen,
Seine Sehnenden zu fassen;
Denn uns frißt in öder Wüste
Gierger Sand; die Sonne droben
Saugt an unserm Blut; ein Hügel
Hemmet uns zum Teiche! Bruder,
Nimm die Brüder von der Ebne,
Nimm die Brüder von den Bergen
Mit, zu deinem Vater mit!

Kommt ihr alle! –
Und nun schwillt er
Herrlicher; ein ganz Geschlechte
Trägt den Fürsten hoch empor!
Und im rollenden Triumphe
Gibt er Ländern Namen, Städte
Werden unter seinem Fuß.

Unaufhaltsam rauscht er weiter,
Läßt der Türme Flammengipfel,
Marmorhäuser, eine Schöpfung
Seiner Fülle, hinter sich.

Zedernhäuser trägt der Atlas
Auf den Riesenschultern; sausend
Wehen über seinem Haupte
Tausend Flaggen durch die Lüfte,
Zeugen seiner Herrlichkeit.

Und so trägt er seine Brüder,
Seine Schätze, seine Kinder
Dem erwartenden Erzeuger
Freudebrausend an das Herz!

SPRACHE

Was reich und arm! Was stark und schwach!
Ist reich vergrabner Urne Bauch?
Ist stark das Schwert im Arsenal?
Greif milde drein, und freundlich Glück
Fließt, Gottheit, von dir aus!
Faß an zum Siege, Macht, das Schwert,
Und über Nachbarn Ruhm!

KATECHISATION

Lehrer

Bedenk, o Kind! woher sind diese Gaben?
Du kannst nichts von dir selber haben.

Kind

Ei! Alles hab ich vom Papa.

Lehrer

Und der, woher hats der?

Kind

Vom Großpapa.

Lehrer

Nicht doch! Woher hats denn der Großpapa bekommen?

Kind

Der hats genommen.

GENIALISCH TREIBEN

So wälz ich ohne Unterlaß,
Wie Sankt Diogenes, mein Faß.
Bald ist es Ernst, bald ist es Spaß;
Bald ist es Lieb, bald ist es Haß;
Bald ist es dies, bald ist es das;
Es ist ein Nichts und ist ein Was.
So wälz ich ohne Unterlaß,
Wie Sankt Diogenes, mein Faß.

AUTOREN

Über die Wiese, den Bach herab,
Durch seinen Garten,
Bricht er die jüngsten Blumen ab:
Ihm schlägt das Herz vor Erwarten.
Sein Mädchen kommt – O Gewinst! o Glück!
Jüngling, tauschest deine Blüten um einen Blick!

Der Nachbar Gärtner sieht herein
Über die Hecke: »So ein Tor möcht ich sein!
Hab Freude, meine Blumen zu nähren,
Die Vögel von meinen Früchten zu wehren;
Aber, sind sie reif: Geld! guter Freund!
Soll ich meine Mühe verlieren?«

Das sind Autoren, wie es scheint.
Der eine streut seine Freuden herum

Seinen Freunden, dem Publikum;
Der andre läßt sich pränumerieren.

REZENSENT

Da hatt ich einen Kerl zu Gast,
Er war mir eben nicht zur Last;
Ich hatt just mein gewöhnlich Essen,
Hat sich der Kerl pumpsatt gefressen,
Zum Nachtisch, was ich gespeichert hatt.
Und kaum ist mir der Kerl so satt,
Tut ihn der Teufel zum Nachbar führen,
Über mein Essen zu räsonieren:
»Die Supp hätt können gewürzter sein,
Der Braten brauner, firner der Wein.«
Der Tausendsackerment!
Schlagt ihn tot, den Hund! Es ist ein Rezensent.

EIN REICHER,
DEM GEMEINEN WESEN ZUR NACHRICHT

Wollt ihr wissen, woher ichs hab,
Mein Haus und Hab?
Hab allerlei Pfiff ersonnen,
Es mit Müh, Schweiß und Angst gewonnen.
Genug, ich bin reich,
Und drum scheiß ich auf euch!

Mel. O Vater der Barmherzigkeit

O Vater alles wahren Sinns
Und des gesunden Lebens,
Du Geber köstlichen Gewinns,
Du Fördrer treuen Strebens,
Sprich in mein Herz dein leises Wort,
Bewahre mich so fort und fort
Für Heuchlern und für Huren.

[Spottgedicht auf Gleim und J. G. Jacobi]

Flieh, Täubchen, flieh!
Er ist nicht hie!
Der dich an dem schönsten Frühlingsmorgen
Fand im Wäldchen, wo du dich verborgen.
Flieh, Täubchen, flieh!
Er ist nicht hie!
Böser Laurer Füße rasten nie.

Horch, Flötenklang,
Liebesgesang
Wallt auf Lüftchen hin zu Liebchens Ohren,
Findt im zarten Herzen offne Toren.
Horch, Flötenklang,
Liebesgesang!
Horch – es wird der süßen Lieb zu bang.

Hoch ist sein Schritt,
Fest ist sein Tritt,
Schwarzes Haar auf runder Stirne webet,
Auf den Wangen ewger Frühling lebet.
Hoch ist sein Schritt,
Fest ist sein Tritt,
Edler Deutschen Füße gleiten nit.

Wonn ist die Brust,
Keusch seine Lust.
Schwarz seine Augen unter runden Bogen
Sind mit zarten Falten schön umzogen.
Wonn ist die Brust,
Keusch seine Lust,
Gleich beim Anblick du ihn lieben mußt.

Rot ist der Mund,
Der mich verwundt,
Auf den Lippen träufeln Morgendüfte,
Auf den Lippen säuseln kühle Lüfte.

1772–1774 FRANKFURT 131

Rot ist sein Mund,
Der mich verwundt,
Nur ein Blick von ihm macht mich gesund.

Treu ist sein Blut,
Stark ist sein Mut,
Schutz und Stärke wohnt in weichen Armen,
Auf dem Antlitz edeles Erbarmen.
Treu ist sein Blut,
Stark ist sein Mut,
Selig, wer in seinen Armen ruht.

So ist der Held,
Der mir gefällt!
Und so soll mein deutsches Herz weich flöten,
Rasches Blut in meinen Adern röten?
So ist der Held,
Der mir gefällt!
Ich vertausch ihn nicht um eine Welt.

Singt, Schäfer, singt,
Wie's euch gelingt!
Wieland soll nicht mehr mit seinesgleichen
Edlen Mut von unsrer Brust verscheuchen.
Singt, Schäfer, singt,
Wie's euch gelingt,
Bis ihr deutschen Glanz zu Grabe bringt.

DAS VEILCHEN

Ein Veilchen auf der Wiese stand
Gebückt in sich und unbekannt;
Es war ein herzigs Veilchen.
Da kam eine junge Schäferin
Mit leichtem Schritt und munterm Sinn
Daher, daher,
Die Wiese her, und sang.

Ach! denkt das Veilchen, wär ich nur
Die schönste Blume der Natur,
Ach, nur ein kleines Weilchen,
Bis mich das Liebchen abgepflückt
Und an dem Busen matt gedrückt!
Ach nur, ach nur
Ein Viertelstündchen lang!

Ach! aber ach! das Mädchen kam
Und nicht in acht das Veilchen nahm,
Ertrat das arme Veilchen.
Es sank und starb und freut' sich noch:
Und sterb ich denn, so sterb ich doch
Durch sie, durch sie,
Zu ihren Füßen doch.

[An Johann Heinrich Merck]

Schicke dir hier in altem Kleid
Ein neues Kindlein wohl bereit,
Und ists nichts weiters auf der Bahn,
Hats immer alte Hosen an.
Wir Neuen sind ja solche Hasen,
Sehn immer nach den alten Nasen,
Und hast ja auch, wie's jeder schaut,
Dir Neuen ein altes Haus gebaut.
Darum, wie's steht sodann geschrieben
Im Evangelium da drüben,
Daß sich der neu Most so erweist,
Daß er die alten Schläuch zerreißt –
Ist fast das Gegenteil so wahr:
Das Alt' die jungen Schläuch reißt gar.
Und können wir nicht tragen mehr
Krebs, Panzerhemd, Helm, Schwert und Speer
Und erliegen darunter tot
Wie Ameis unterm Schollenkot,
So ist doch immer unser Mut
Wahrhaftig wahr und bieder gut.
Und allen Perückeurs und Fratzen

Und allen literarschen Katzen
Und Räten, Schreibern, Maidels, Kindern
Und wissenschaftlich schönen Sündern
Sei Trotz und Hohn gesprochen hier
Und Haß und Ärger für und für.
Weisen wir so diesenPhilistern,
Kritikastern und ihren Geschwistern
Wohl ein jeder aus seinem Haus
Seinen Arsch zum Fenster hinaus.

DILETTANT UND KRITIKER

Es hatt ein Knab eine Taube zart,
Gar schön von Farben und bunt,
Gar herzlich lieb, nach Knabenart,
Geätzet aus seinem Mund,
Und hatte so Freud am Täubchen sein,
Daß er nicht konnte sich freuen allein.

Da lebte nicht weit ein Alt-Fuchs herum,
Erfahren und lehrreich und schwätzig darum;
Der hatte den Knaben manch Stündlein ergetzt,
Mit Wundern und Lügen verprahlt und verschwätzt.

»Muß meinem Fuchs doch mein Täubelein zeigen!«
Er lief und fand ihn strecken in Sträuchen.
»Sieh, Fuchs, mein lieb Täublein, mein Täubchen so schön!
Hast du dein Tag so ein Täubchen gesehn?« [schön!

Zeig her! – Der Knabe reichts. – Geht wohl an;
Aber es fehlt noch manches dran.
Die Federn, zum Exempel, sind zu kurz geraten. –
Da fing er an, rupft' sich den Braten.
Der Knabe schrie. – Du mußt stärkre einsetzen,
Sonst ziert's nicht, schwinget nicht. –
Da wars nackt – Mißgeburt! – und in Fetzen.
Dem Knaben das Herze bricht.

Wer sich erkennt im Knaben gut,
Der sei vor Füchsen auf seiner Hut.

DER WELT LOHN

[Von Goethe ?]

Was du dem Publikum gesagt,
Hat ihnen drum nicht alles behagt.
Sie sollten nicht vergessen:
Einem geschenkten Gaul
Sieht man nicht ins Maul;
Und wer einen Korb voll Äpfel verschenkt,
Nicht just dran denkt,
Ob einen der Wurm hat angefressen.

[An Johann Christian Kestner]

Wenn dem Papa sein Pfeifchen schmeckt,
Der Doktor Hofrat Grillen heckt
Und sie Karlinchen für Liebe verkauft,
Die Lotte herüber hinüber lauft,
Lenchen treuherzig und wohlgemut
In die Welt hinein lugen tut,
Mit dreckigen Händen und Honigschnitten,
Mit Löcher im Kopf nach deutschen Sitten
Die Buben jauchzen mit hellem Hauf
Tür ein Tür aus, Hof ab Hof auf,
Und Ihr mit den blauen Äugelein
Gucket so ganz gelassen drein,
Als wärt Ihr Männlein von Porzellan,
Seid innerlich doch ein wackrer Mann,
Treuer Liebhaber und warmer Freund:
So laß des Reichs und Christen Feind,
Und Russ und Preuß und Belial
Sich teilen in den Erdenball,
Und nur das liebe Teutsche Haus
Nehmt von der großen Teilung aus.

Und daß der Weg von hier zu Euch
Wie Jakobs Leiter sei sicher und gleich,
Und unser Magen verdau gesund.
So segnen wir Euch mit Herz und Mund:
Gott allein die Ehr,
Mir mein Weib allein,
So kann ich und Er
Wohl zufrieden sein.

KÜNSTLERS MORGENLIED

Der Tempel ist euch aufgebaut,
Ihr hohen Musen all,
Und hier in meinem Herzen ist
Das Allerheiligste.

Wenn morgens mich die Sonne weckt,
Warm, froh ich schau umher,
Steht rings ihr Ewiglebenden
Im heilgen Morgenglanz.

Ich bet hinan, und Lobgesang
Ist lauter mein Gebet,
Und freudeklingend Saitenspiel
Begleitet mein Gebet.

Ich trete vor den Altar hin
Und lese, wie sichs ziemt,
Andacht liturgscher Lektion
Im heiligen Homer.

Und wenn er ins Getümmel mich
Von Löwenkriegern reißt,
Und Göttersöhn auf Wagen hoch
Rachglühend stürmen an,

Und Roß dann vor dem Wagen stürzt,
Und drunter und drüber sich

Freund', Feinde wälzen in Todesblut –
Er sengte sie dahin

Mit Flammenschwert, der Heldensohn,
Zehntausend auf einmal,
Bis dann auch er, gebändiget
Von einer Götterhand,

Ab auf den Rogus niederstürzt,
Den er sich selbst gehäuft,
Und Feinde nun den schönen Leib
Verschändend tasten an:

Da greif ich mutig auf, es wird
Die Kohle zum Gewehr,
Und jene meine hohe Wand
In Schlachtfeld-Wogen braust.

Hinan! Hinan! Es heulet laut
Gebrüll der Feindeswut,
Und Schild an Schild, und Schwert auf Helm,
Und um den Toten Tod!

Ich dränge mich hinan, hinan,
Da kämpfen sie um ihn,
Die tapfern Freunde, tapferer
In ihrer Tränenwut.

Ach rettet! Kämpfet! Rettet ihn!
Ins Lager tragt ihn fort,
Und Balsam gießt dem Toten auf
Und Tränen Toten-Ehr!

Und find ich mich zurück hierher,
Empfängst du, Liebe, mich,
Mein Mädchen, ach, im Bilde nur,
Und so im Bilde warm!

Ach, wie du ruhtest neben mir
Und schmachtetest mich an,
Und mirs vom Aug durchs Herz hindurch
Zum Griffel schmachtete!

Wie ich an Aug und Wange mich
Und Mund mich weidete,
Und mirs im Busen jung und frisch,
Wie einer Gottheit, war!

O kehre doch und bleibe dann
In meinen Armen fest,
Und keine, keine Schlachten mehr,
Nur dich in meinem Arm!

Und sollst mir, meine Liebe, sein
Alldeutend Ideal,
Madonna sein, ein Erstlingskind,
Ein heiligs, an der Brust;

Und haschen will ich, Nymphe, dich
Im tiefen Waldgebüsch;
O fliehe nicht die rauhe Brust,
Mein aufgerecktes Ohr!

Und liegen will ich Mars zu dir,
Du Liebesgöttin stark,
Und ziehn ein Netz um uns herum
Und rufen dem Olymp,

Wer von den Göttern kommen will,
Beneiden unser Glück,
Und solls die Fratze Eifersucht,
Am Bettfuß angebannt.

[An Friedrich Wilhelm Gotter]

Schicke dir hier den alten Götzen,
Magst ihn zu deinen Heilgen setzen
Oder magst ihn in die Zahl
Der Ungeblätterten stellen zumal.
Habs geschrieben in guter Zeit,
Tags, Abends und Nachts Herrlichkeit,
Und find nicht halb die Freud so mehr,
Da nun gedruckt ist ein großes Heer.
Find, daß es wie mit den Kindern ist,
Da doch wohl immer die schönste Frist
Bleibt, wenn man in der schönen Nacht
Sie hat der lieben Frau gemacht.
Das andre geht dann seinen Gang,
Und Rechnen, Wehn und Tauf und Sang.
Mögt euch nun auch ergötzen dran,
So habt ihr doppelt wohlgetan.
Magst, wie ich höre, dann allda
Agieren, tragieren Komödia
Vor Stadt und Land und Hof und Herrn,
Die sähn das Schattenspiel wohl gern.
So such dir denn in deinem Haus
Einen rechten tüchtigen Bengel aus
Und gib ihm die Roll von meinem Götz,
In Panzer, Blechhaub und Geschwätz.
Dann nimm den Weisling vor dich hin,
In Pumphos, Kragen und stolzem Kinn,
Und Spada wohl nach Spanier Art,
Und Weitnaslöchern, Stützleinbart,
Und sei ein Falscher an den Frauen,
Laß dich zuletzt vergiftet schauen.
Und bring, da hast du meinen Dank,
Mich vor die Weiblein ohn Gestank.
Mußt alle garstgen Worte lindern,
Aus Scheißkerl Schurken, aus Arsch mach [Hintern,
Und gleich' das alles so fortan,
Wie du's wohl ehmals schon getan.

[An Johann Christian Kestner]

Wenn einst nach überstandnen Lebens Müh und Schmerzen
Das Glück dir Ruh und Wonnetage gibt,
Vergiß nicht den, der – ach! von ganzem Herzen,
Dich und mit dir geliebt.

DAS GARSTIGE GESICHT

Wenn einen würdigen Biedermann,
Pastorn oder Ratsherrn lobesan,
Die Wittib läßt in Kupfer stechen
Und drunter ein Verslein radebrechen,
Da heißts: Seht hier mit Kopf und Ohren
Den Herrn, Ehrwürdig, Wohlgeboren!
Seht seine Augen und seine Stirn;
Aber sein verständig Gehirn,
So manch Verdienst ums gemeine Wesen,
Könnt ihr ihm nicht an der Nase lesen.

So, liebe Lotte! heißts auch hier:
Ich schicke da mein Bildnis dir.
Magst wohl die ernste Stirne sehen,
Der Augen Glut, der Locken Wehen;
's ist ungefähr das garstge Gesicht –
Aber meine Liebe siehst du nicht.

DER AUTOR

Was wär ich
Ohne dich,
Freund Publikum!
All mein Empfinden Selbstgespräch,
All meine Freude stumm.

CHRISTEL

Hab oft einen dumpfen düstern Sinn,
Ein gar so schweres Blut!
Wenn ich bei meiner Christel bin,
Ist alles wieder gut.
Ich seh sie dort, ich seh sie hier
Und weiß nicht auf der Welt,
Und wie und wo und wann sie mir,
Warum sie mir gefällt.

Das schwarze Schelmenaug dadrein,
Die schwarze Braue drauf,
Seh ich ein einzig Mal hinein,
Die Seele geht mir auf.
Ist eine, die so lieben Mund,
Liebrunde Wänglein hat?
Ach, und es ist noch etwas rund,
Da sieht kein Aug sich satt!

Und wenn ich sie denn fassen darf
Im luftgen deutschen Tanz,
Das geht herum, das geht so scharf,
Da fühl ich mich so ganz!
Und wenns ihr taumlig wird und warm,
Da wieg ich sie sogleich
An meiner Brust, in meinem Arm;
's ist mir ein Königreich!

Und wenn sie liebend nach mir blickt
Und alles rund vergißt,
Und dann an meine Brust gedrückt
Und weidlich eins geküßt,
Das läuft mir durch das Rückenmark
Bis in die große Zeh!
Ich bin so schwach, ich bin so stark,
Mir ist so wohl, so weh!

Da möcht ich mehr und immer mehr,
Der Tag wird mir nicht lang;
Wenn ich die Nacht auch bei ihr wär,
Davor wär mir nicht bang.
Ich denk, ich halte sie einmal
Und büße meine Lust;
Und endigt sich nicht meine Qual,
Sterb ich an ihrer Brust!

RETTUNG

Mein Mädchen ward mir ungetreu,
Das machte mich zum Freudenhasser;
Da lief ich an ein fließend Wasser,
Das Wasser lief vor mir vorbei.

Da stand ich nun, verzweiflend, stumm;
Im Kopfe war mirs wie betrunken,
Fast wär ich in den Strom gesunken,
Es ging die Welt mit mir herum.

Auf einmal hört ich was, das rief –
Ich wandte just dahin den Rücken –
Es war ein Stimmchen zum Entzücken:
»Nimm dich in acht! der Fluß ist tief.«

Da lief mir was durchs ganze Blut,
Ich seh, so ists ein liebes Mädchen;
Ich frage sie: Wie heißt du? »Käthchen!«
O schönes Käthchen! Du bist gut.

Du hältst vom Tode mich zurück,
Auf immer dank ich dir mein Leben;
Allein das heißt mir wenig geben,
Nun sei auch meines Lebens Glück!

Und dann klagt ich ihr meine Not,
Sie schlug die Augen lieblich nieder;
Ich küßte sie und sie mich wieder,
Und – vor der Hand nichts mehr von Tod.

DER NEUE AMADIS

Als ich noch ein Knabe war,
Sperrte man mich ein,
Und so saß ich manches Jahr
Über mir allein
Wie in Mutterleib.

Doch du warst mein Zeitvertreib,
Goldne Phantasie,
Und ich ward ein warmer Held,
Wie der Prinz Pipi,
Und durchzog die Welt.

Baute manch kristallen Schloß
Und zerstört' es auch,
Warf mein blinkendes Geschoß
Drachen durch den Bauch,
Ja, ich war ein Mann!

Ritterlich befreit ich dann
Die Prinzessin Fisch;
Sie war gar zu obligeant,
Führte mich zu Tisch,
Und ich war galant.

Und ihr Kuß war Götterbrot,
Glühend wie der Wein.
Ach! ich liebte fast mich tot!
Rings mit Sonnenschein
War sie emailliert.

1772–1774 FRANKFURT

Ach! wer hat sie mir entführt?
Hielt kein Zauberband
Sie zurück vom schnellen Fliehn?
Sagt, wo ist ihr Land?
Wo der Weg dahin?

DER UNTREUE KNABE

Es war ein Knabe frech genung,
War erst aus Frankreich kommen,
Der hatt ein armes Mädel jung
Gar oft in Arm genommen
Und liebgekost und liebgeherzt,
Als Bräutigam herumgescherzt,
Und endlich sie verlassen.

Das braune Mädel das erfuhr,
Vergingen ihr die Sinnen.
Sie lacht' und weint' und bet't' und schwur;
So fuhr die Seel von hinnen.
Die Stund, da sie verschieden war,
Wird bang dem Buben, graust sein Haar,
Es treibt ihn fort zu Pferde.

Er gab die Sporen kreuz und quer
Und ritt auf alle Seiten,
Herüber, hinüber, hin und her,
Kann keine Ruh erreiten;
Reit't sieben Tag und sieben Nacht:
Es blitzt und donnert, stürmt und kracht,
Die Fluten reißen über.

Und reit't in Blitz und Wetterschein
Gemäuerwerk entgegen,
Bindts Pferd hauß' an und kriecht hinein
Und duckt sich vor dem Regen.
Und wie er tappt, und wie er fühlt,

Sich unter ihm die Erd erwühlt;
Er stürzt wohl hundert Klafter.

Und als er sich ermannt vom Schlag,
Sieht er drei Lichtlein schleichen.
Er rafft sich auf und krabbelt nach;
Die Lichtlein ferne weichen,
Irrführen ihn die Quer und Läng,
Trepp auf, Trepp ab, durch enge Gäng,
Verfallne wüste Keller.

Auf einmal steht er hoch im Saal,
Sieht sitzen hundert Gäste,
Hohläugig grinsen allzumal
Und winken ihm zum Feste.
Er sieht sein Schätzel untenan
Mit weißen Tüchern angetan,
Die wend't sich –

DER KÖNIG IN THULE

Es war ein König in Thule
Gar treu bis an das Grab,
Dem sterbend seine Buhle
Einen goldnen Becher gab.

Es ging ihm nichts darüber,
Er leert' ihn jeden Schmaus;
Die Augen gingen ihm über,
Sooft er trank daraus.

Und als er kam zu sterben,
Zählt' er seine Städt' im Reich,
Gönnt' alles seinen Erben,
Den Becher nicht zugleich.

1772–1774 FRANKFURT 145

Er saß beim Königsmahle,
Die Ritter um ihn her,
Auf hohem Vätersaale,
Dort auf dem Schloß am Meer.

Dort stand der alte Zecher,
Trank letzte Lebensglut,
Und warf den heilgen Becher
Hinunter in die Flut.

Er sah ihn stürzen, trinken
Und sinken tief ins Meer.
Die Augen täten ihm sinken;
Trank nie einen Tropfen mehr.

KENNER UND KÜNSTLER

Kenner

Gut! Brav, mein Herr! Allein
Die linke Seite
Nicht ganz gleich der rechten;
Hier scheint es mir zu lang,
Und hier zu breit;
Hier zuckts ein wenig,
Und die Lippe
Nicht ganz Natur,
So tot noch alles!

Künstler

O ratet! helft mir,
Daß ich mich vollende!
Wo ist der Urquell der Natur,
Daraus ich schöpfend
Himmel fühl und Leben
In die Fingerspitzen hervor?

Daß ich mit Göttersinn
Und Menschenhand
Vermöge zu bilden,
Was bei meinem Weib
Ich animalisch kann und muß!

Kenner

Da sehen Sie zu.

Künstler

So!

MONOLOG DES LIEBHABERS

Was nutzt die glühende Natur
Vor deinen Augen dir,
Was nutzt dir das Gebildete
Der Kunst rings um dich her,
Wenn liebevolle Schöpfungskraft
Nicht deine Seele füllt
Und in den Fingerspitzen dir
Nicht wieder bildend wird?

GUTER RAT

Geschieht wohl, daß man einen Tag
Weder sich noch andre leiden mag,
Will nichts dir nach dem Herzen ein;
Sollts in der Kunst wohl anders sein?
Drum hetze dich nicht zur schlimmen Zeit,
Denn Füll und Kraft sind nimmer weit:
Hast in der bösen Stund geruht,
Ist dir die gute doppelt gut.

AUF MSLL. N. N.

Ihr Herz ist gleich
Dem Himmelreich:
Weil die geladenen Gäste
Nicht kamen,
Ruft sie zum Feste
Krüppel und Lahmen.

[Bruchstück]

Und fand, als ich mich aufgerafft,
Verschüttet, ach, in meinem Bette
Des Lebens Balsams Füllekraft,
Womit ein Fürstenkind sich wohl begnüget hätte.

GANYMED

Wie im Morgenglanze
Du rings mich anglühst,
Frühling, Geliebter!
Mit tausendfacher Liebeswonne
Sich an mein Herz drängt
Deiner ewigen Wärme
Heilig Gefühl,
Unendliche Schöne!

Daß ich dich fassen möcht
In diesen Arm!

Ach, an deinem Busen
Lieg ich, schmachte,
Und deine Blumen, dein Gras
Drängen sich an mein Herz.
Du kühlst den brennenden
Durst meines Busens,
Lieblicher Morgenwind!

Ruft drein die Nachtigall
Liebend nach mir aus dem Nebeltal.

Ich komm, ich komme!
Wohin? Ach, wohin?
Hinauf! Hinauf strebts.
Es schweben die Wolken
Abwärts, die Wolken
Neigen sich der sehnenden Liebe.
Mir! Mir!
In euerm Schoße
Aufwärts!
Umfangend umfangen!
Aufwärts an deinen Busen,
Alliebender Vater!

MIT EINER ZEICHNUNG

Sieh in diesem Zauberspiegel
Einen Traum, wie lieb und gut
Unter ihres Gottes Flügel
Unsre Freundin leidend ruht.

Schaue, wie sie sich hinüber
Aus des Lebens Woge stritt;
Sieh dein Bild ihr gegenüber
Und den Gott, der für euch litt.

Fühle, was ich in dem Weben
Dieser Himmelsluft gefühlt,
Als mit ungeduldgem Streben
Ich die Zeichnung hingewühlt.

1774 Rheinreise

Zwischen Lavater und Basedow
Saß ich bei Tisch des Lebens froh.
Herr Helfer, der war gar nicht faul,
Setzt' sich auf einen schwarzen Gaul,
Nahm einen Pfarrer hinter sich
Und auf die Offenbarung strich,
Die uns Johannes der Prophet
Mit Rätseln wohl versiegeln tät;
Eröffnet' die Siegel kurz und gut,
Wie man Theriaksbüchsen öffnen tut,
Und maß mit einem heiligen Rohr
Die Kubusstadt und das Perlentor
Dem hocherstaunten Jünger vor.
Ich war indes nicht weit gereist,
Hatte ein Stück Salmen aufgespeist.

Vater Basedow, unter dieser Zeit,
Packt einen Tanzmeister an seiner Seit
Und zeigt ihm, was die Taufe klar
Bei Christ und seinen Jüngern war;
Und daß sichs gar nicht ziemet jetzt,
Daß man den Kindern die Köpfe netzt.
Drob ärgert sich der andre sehr
Und wollte gar nichts hören mehr,
Und sagt: es wüßte ein jedes Kind,
Daß es in der Bibel anders stünd.
Und ich behaglich unterdessen
Hätt einen Hahnen aufgefressen.

*

Und, wie nach Emmaus, weiter gings
Mit Geist- und Feuerschritten,
Prophete rechts, Prophete links,
Das Weltkind in der Mitten.

[Diktat Goethes in Lavaters Tagebuch]

II. SURA

Sist so viel Heimweh in der Welt, daß eins dem andern
die Waage hält;
Da streckt er sich in seinem Bett – denkt, o daß ich mein
Weibchen hätt.
Ich kröne mich in meinem Sinn; fort ist die gute Meyerin!

Doch hoffen wir wieder Maien-Freud,
Er lehret und bekehrt die Leut,
Ich fahr zum schönen Liesel heut.

explicit Sura.

[Auf die Wand des Wirtshauses in Ems]

Wenn du darnach was fragst,
Wir waren hier.
Du, der du nach uns kommen magst,
Hab wenigstens so frisches Blut,
Und sei so leidlich fromm und gut
Und leidlich glücklich, als wie wir!

[Aus Lavaters Tagebuch]

Wir werden nun recht gut geführt,
Weil Basedow das Ruder rührt.

[In das Stammbuch des Zeichners Georg Friedrich Schmoll]

Gelacht! Geschrieben!
Die Zeit vertrieben!

Die Zeit gehalten
Heißt wohl verwalten.

Auf der Lahn *ut supra*
 Goethe.

*

Auch was die Quer,
So gehts auf der Welt her.
Auch etwas grad
Wie die Allee im Bad.
Auch etwas ringsherum,
Geht alles um und um.

GEISTES-GRUSS

Hoch auf dem alten Turme steht
Des Helden edler Geist,
Der, wie das Schiff vorübergeht,
Es wohl zu fahren heißt.

»Sieh, diese Senne war so stark,
Dies Herz so fest und wild,
Die Knochen voll von Rittermark,
Der Becher angefüllt;

Mein halbes Leben stürmt ich fort,
Verdehnt die Hälft in Ruh,
Und du, du Menschen-Schifflein dort,
Fahr immer, immer zu!«

[In den Kalender der Frau Hofrat Kämpf]

Sarah kocht' unserm Herre Gott,
Elisabeth Götzen in der Not,
Nahmen sich ihres Hauses an,
Waren Gott lieb, waren lieb dem Mann.

Du sorgtest für die Freunde hier,
Drum, liebes Weibchen, dank ich dir.

DEM PASSAVANT-
UND SCHÜBLERISCHEN BRAUTPAARE

DIE GESCHWISTER DES BRÄUTIGAMS

Er fliegt hinweg, dich zu umfangen,
Und unsre Seele jauchzt ihm laut;
Mit innig heißerem Verlangen
Flog nie der Bräutigam zur Braut.
O Schwester, willst du länger weilen?
Auf, bring uns doppelt ihn zurück!
Wir wollen alles mit dir teilen
Und unser Herz und unser Glück.

Die besten Eltern zu verlassen,
Die Freunde, denen du verschwindst,
Ist traurig. Doch, um dich zu fassen,
Bedenke, was du wiederfindst.
Dein Glück, o Freundin, wird nicht minder,
Und unsers wird durch dich vermehrt.
Sieh, dich erwarten muntre Kinder,
Die werten Eltern Gott beschert.

Komm zu dem täglich neuen Feste,
Wo warme Liebe sich ergießt,
Ringsum die brüderlichen Gäste,
Da eins des andern Glück genießt.
Im langgehofften Sommerregen
Reicht Gott dem früchtevollen Land
Erquickung, tausendfältgen Segen;
Reich du dem Bruder deine Hand.

Und mit der Hand ein künftig Glücke
Für ihn und dich und uns zugleich;
Dann werden jede Augenblicke

An neuen Lebensfreuden reich.
Ja, es sind wonnevolle Schmerzen,
Was aus der Eltern Auge weint;
Sie sehen dich mit warmem Herzen
Mit deiner Schwester neu vereint.

Wie Freud und Tanz ihn dir ergeben
Und Jugendwonne euch verknüpft,
So seht einst euer ganzes Leben
Am schönen Abend hingeschlüpft.
Und war das Band, das euch verbunden,
Gefühlvoll, warm und heilig rein,
So laßt die letzte eurer Stunden
Wie eure erste heiter sein.

1774–1775 Frankfurt

KENNER UND ENTHUSIAST

Ich führt einen Freund zum Maidel jung,
Wollt ihm zu genießen geben,
Was alles es hätt, gar Freud genung,
Frisch junges warmes Leben.
Wir fanden sie sitzen an ihrem Bett,
Tät sich auf ihr Händlein stützen.
Der Herr, der macht' ihr ein Kompliment,
Tät gegen ihr über sitzen.
Er spitzt die Nase, er sturt sie an,
Betracht't sie herüber, hinüber;
Und um mich wars gar bald getan,
Die Sinnen gingen mir über.

Der liebe Herr für allen Dank
Führt mich drauf in eine Ecken
Und sagt, sie wär doch allzu schlank
Und hätt auch Sommerflecken.
Da nahm ich von meinem Kind Adieu,
Und scheidend sah ich in die Höh:
Ach Herre Gott, ach Herre Gott,
Erbarm dich doch des Herren!

Da führt ich ihn in die Galerie
Voll Menschenglut und Geistes;
Mir wirds da gleich, ich weiß nicht wie,
Mein ganzes Herz zerreißt es.
O Maler! Maler! rief ich laut,
Belohn dir Gott dein Malen!
Und nur die allerschönste Braut
Kann dich für uns bezahlen.

Und sieh, da ging mein Herr herum
Und stochert' sich die Zähne,
Registriert' in Katalogum
Mir meine Göttersöhne.
Mein Busen war so voll und bang,
Von hundert Welten trächtig;
Ihm war bald was zu kurz, zu lang,
Wägt' alles gar bedächtig.
Da warf ich in ein Eckchen mich,
Die Eingeweide brannten.
Um ihn versammelten Männer sich,
Die ihn einen Kenner nannten.

AN SCHWAGER KRONOS

Spude dich, Kronos!
Fort den rasselnden Trott!
Bergab gleitet der Weg;
Ekles Schwindeln zögert
Mir vor die Stirne dein Haudern.
Frisch, holpert es gleich,
Über Stock und Steine den Trott
Rasch ins Leben hinein!

Nun schon wieder
Den eratmenden Schritt
Mühsam Berg hinauf!
Auf denn! nicht träge denn!
Strebend und hoffend hinan!

Weit, hoch, herrlich der Blick
Rings ins Leben hinein!
Vom Gebirg zum Gebirg
Schwebet der ewige Geist,
Ewigen Lebens ahndevoll.

Seitwärts des Überdachs Schatten
Zieht dich an
Und ein Frischung verheißender Blick
Auf der Schwelle des Mädchens da.
Labe dich! – Mir auch, Mädchen,
Diesen schäumenden Trank,
Diesen frischen Gesundheitsblick!

Ab denn, rascher hinab!
Sieh, die Sonne sinkt!
Eh sie sinkt, eh mich Greisen
Ergreift im Moore Nebelduft,
Entzahnte Kiefer schnattern
Und das schlotternde Gebein:

Trunknen vom letzten Strahl
Reiß mich, ein Feuermeer
Mir im schäumenden Aug,
Mich Geblendeten, Taumelnden
In der Hölle nächtliches Tor!

Töne, Schwager, ins Horn,
Raßle den schallenden Trab,
Daß der Orkus vernehme: wir kommen!
Daß gleich an der Türe
Der Wirt uns freundlich empfange! [1]

PROMETHEUS

Bedecke deinen Himmel, Zeus,
Mit Wolkendunst
Und übe, dem Knaben gleich,
Der Disteln köpft,

1. Die letzten drei Verse in älterer Fassung:
Daß der Orkus vernehme: ein Fürst kommt,
Drunten von ihren Sitzen
Sich die Gewaltigen lüften.

An Eichen dich und Bergeshöhn!
Mußt mir meine Erde
Doch lassen stehn
Und meine Hütte, die du nicht gebaut,
Und meinen Herd,
Um dessen Glut
Du mich beneidest.

Ich kenne nichts Ärmeres
Unter der Sonn als euch, Götter!
Ihr nähret kümmerlich
Von Opfersteuern
Und Gebetshauch
Eure Majestät
Und darbtet, wären
Nicht Kinder und Bettler
Hoffnungsvolle Toren.

Da ich ein Kind war,
Nicht wußte, wo aus noch ein,
Kehrt ich mein verirrtes Auge
Zur Sonne, als wenn drüber wär
Ein Ohr, zu hören meine Klage,
Ein Herz wie meins,
Sich des Bedrängten zu erbarmen.

Wer half mir
Wider der Titanen Übermut?
Wer rettete vom Tode mich,
Von Sklaverei?
Hast du nicht alles selbst vollendet,
Heilig glühend Herz?
Und glühtest jung und gut,
Betrogen, Rettungsdank
Dem Schlafenden da droben?

Ich dich ehren? Wofür?
Hast du die Schmerzen gelindert

Je des Beladenen?
Hast du die Tränen gestillet
Je des Geängsteten?
Hat nicht mich zum Manne geschmiedet
Die allmächtige Zeit
Und das ewige Schicksal,
Meine Herrn und deine?

Wähntest du etwa,
Ich sollte das Leben hassen,
In Wüsten fliehen,
Weil nicht alle
Blütenträume reiften?

Hier sitz ich, forme Menschen
Nach meinem Bilde,
Ein Geschlecht, das mir gleich sei,
Zu leiden, zu weinen,
Zu genießen und zu freuen sich,
Und dein nicht zu achten,
Wie ich!

IN DAS STAMMBUCH
JOHANN PETER DE REYNIERS

Ein teures Büchlein siehst du hier,
Voll Pergament und weiß Papier,
Das wohl schon an die hundert Jahr
Zum Stammbuch eingeweihet war.
Prädestination ist ein Wunderding;
Wie es dem lieben Büchlein ging,
So ging es auch, wie's jeder schaut,
Dem König von Garbe seiner Braut.
Davon ich die Historiam
Hier nicht erzähl aus Sitt und Scham,
Wie solches auf dem vorgen Blatt
Herr Reynier sich ausgebeten hat.

Möcht er wohl vorgesehen haben,
Was drüber kämen für seine Knaben;
Gnug, er das Buch für gutes Geld
Für seine Freunde weiß bestellt.
Drei, vier Blätter, die sind beschrieben,
Die andern sind auch weiß geblieben,
Hat sie das Geschick mir zudacht.
Nach Erbschafts Moder und langer Nacht
Zog es endlich der Jungfrauen Flor
Aus Schutt und Staub und Graus hervor
Und gab es mir und schenkt' es mir,
Als wohlbekannt wegen viel Geschmier,
Daß ich Papier und Pergament
Erfüllt mit Werken meiner Händ;
Dazu bei Schnee und Winternacht
Der Anfang alsobald gemacht,
Da wir wohl hinterm Ofen saßen,
Borsdorfer Äpfel weidlich fraßen.
Zugegen war die Jungfrau lieb,
Von Post und Kirch zwei große Dieb,
Dadurch Weihung nicht gering
Ihre rechte Würdigkeit empfing,
Da es nach Christ Eintausend Jahr
Siebenhundert und vier und siebzig war,
Zwei Tage nach Martini Tag,
Abends mit'm achten Glockenschlag.
Frankfurt am Main, des Witzes Flor,
Nicht weit vom Eschenheimer Tor,
Findest das Haus nach dem ABC:
Hundert sieben und funfzig Litera D.
Und hiermit mach ich den Beschluß.
Hab freilich alles nicht beschrieben,
Genug, was wir zusammen trieben,
War nicht *Actus continuus*.

*

Den Abend drauf, nach Schrittschuhfahrt,
Mit Jungfräulein von edler Art,
Staats-Kirschen-Tort, gemeinem Bier

Den Abend zugebracht allhier.
Und Äugelein schön und Lichter Glanz,
Ram, Sitha, Hannemann und sein Schwanz.

[*An Hieronymus Peter Schlosser*]

Du, dem die Musen von den Akten-Stöcken
Die Rosenhände willig strecken,
Der zweener Herren Diener ist,
Die ärgre Feinde sind als Mammonas und Christ,
Den Weg zum Römer selbst mit Blumen dir bestreust,
Dem Winter Lieblichkeit und Dichterfreuden leihst:
Kein Wunder, daß auch deine Gunst
Zu meinem Vorteil diesmal schwärmet,
Das flache Denkmal unsrer Kunst
Mit freundlicher Empfindung wärmet.
Laß es an deiner Seite stehn,
Schenk ihm, auch unverdient, die Ehre,
Und möchtest du an dem Versuche sehn,
Was ich gern dir und gern den Musen wäre.

SENDSCHREIBEN

[*An Johann Heinrich Merck*]

Mein altes Evangelium
Bring ich dir hier schon wieder;
Doch ist mirs wohl um mich herum,
Darum schreib ich dirs nieder.

Ich holte Gold, ich holte Wein,
Stellt alles da zusammen;
Da, dacht ich, da wird Wärme sein,
Geht mein Gemäld in Flammen!
Auch tät ich bei der Schätze Flor
Viel Glut und Reichtum schwärmen;
Doch Menschenfleisch geht allem vor,
Um sich daran zu wärmen.

Und wer nicht richtet, sondern fleißig ist,
Wie ich bin und wie du bist,
Denn belohnt auch die Arbeit mit Genuß;
Nichts wird auf der Welt ihm Überdruß.
Denn er blecket nicht mit stumpfem Zahn
Lang Gesottnes und Gebratnes an,
Das er, wenn er noch so sittlich kaut,
Endlich doch nicht sonderlich verdaut;
Sondern faßt ein tüchtig Schinkenbein,
Haut da gut taglöhnermäßig drein,
Füllt bis oben gierig den Pokal,
Trinkt, und wischt das Maul wohl nicht einmal.

Sieh, so ist Natur ein Buch lebendig,
Unverstanden, doch nicht unverständlich;
Denn dein Herz hat viel und groß Begehr,
Was wohl in der Welt für Freude wär,
Allen Sonnenschein und alle Bäume,
Alles Meergestad und alle Träume
In dein Herz zu sammeln miteinander,
Wie die Welt durchwühlend Banks, Solander.

Und wie muß dirs werden, wenn du fühlest,
Daß du alles in dir selbst erzielest,
Freude hast an deiner Frau und Hunden,
Als noch keiner in Elysium gefunden,
Als er da mit Schatten lieblich schweifte
Und an goldne Gottgestalten streifte.
Nicht in Rom, in Magna Gräcia,
Dir im Herzen ist die Wonne da!
Wer mit seiner Mutter, der Natur, sich hält
Findt im Stengelglas wohl eine Welt.

KÜNSTLERS ABENDLIED

Ach, daß die innre Schöpfungskraft
Durch meinen Sinn erschölle!

Daß eine Bildung voller Saft
Aus meinen Fingern quölle!

Ich zittre nur, ich stottre nur,
Und kann es doch nicht lassen;
Ich fühl, ich kenne dich, Natur,
Und so muß ich dich fassen.

Bedenk ich dann, wie manches Jahr
Sich schon mein Sinn erschließet,
Wie er, wo dürre Heide war,
Nun Freudenquell genießet;

Wie sehn ich mich, Natur, nach dir,
Dich treu und lieb zu fühlen!
Ein lustger Springbrunn wirst du mir
Aus tausend Röhren spielen.

Wirst alle meine Kräfte mir
In meinem Sinn erheitern
Und dieses enge Dasein hier
Zur Ewigkeit erweitern.

[In ein Exemplar der ›Leiden des jungen Werthers‹]

In jammervolle Seelenfreuden
Sei bei des Armen Not entzückt,
Ihm schuf sein Herz die bittre Leiden –
Deins mache, Doron, dich beglückt.

Bleibe, bleibe bei mir,
Holder Fremdling, süße Liebe,
Holde süße Liebe,
Und verlasse die Seele nicht!
Ach, wie anders, wie schön
Lebt der Himmel, lebt die Erde,
Ach, wie fühl ich, wie fühl ich
Dieses Leben zum ersten Mal!

SALOMONS, KÖNIGS VON ISRAEL UND JUDA,
GÜLDNE WORTE VON DER ZEDER
BIS ZUM YSOP

1

Es stand eine herrliche Zeder auf Libanon in ihrer Kraft vor
dem Antlitz des Himmels. Und daß sie so strack dastund,
des ergrimmten die Dornsträuche umher und riefen: Wehe
dem Stolzen, er überhebt sich seines Wuchses! Und wie die
Winde die Macht seiner Äste bewegten, und Balsamgeruch
das Land erfüllte, wandten sich die Dörner und schrien:
Wehe dem Übermütigen, sein Stolz braust auf wie Wellen
des Meers; verdirb ihn, Heiliger vom Himmel!

2

Eine Zeder wuchs auf zwischen Tannen, sie teilten mit ihr
Regen und Sonnenschein. Und sie wuchs, und wuchs über
ihre Häupter und schaute weit ins Tal umher. Da riefen die
Tannen: Ist das der Dank, daß du dich nun überhebest, dich,
die du so klein warest, dich, die wir genährt haben! Und die
Zeder sprach: Rechtet mit dem, der mich wachsen hieß.

3

Und um die Zeder stunden Sträucher. Da nun die Männer
kamen vom Meer und die Axt ihr an die Wurzel legten, da
erhub sich ein Frohlocken: Also strafet der Herr die Stolzen,
also demütigt er die Gewaltigen!

4

Und sie stürzte und zerschmetterte die Frohlocker, die ver-
zettelt wurden unter dem Reisig.

5

Und sie stürzte und rief: Ich habe gestanden, und ich werde
stehen! Und die Männer richteten sie auf zum Maste im
Schiffe des Königs, und die Segel wehten von ihm her, und
brachte die Schätze aus Ophir in des Königs Kammer.

6

Eine junge Zeder wuchs schlank auf und schnell und drohte die andern zu überwachsen. Da beneideten sie alle. Und ein Held kam und hieb sie nieder, und stutzte ihre Äste, sich zur Lanze wider die Riesen. Da riefen ihre Brüder: Schade! Schade!

7

Die Eiche sprach: Ich gleiche dir, Zeder! Tor! sagte die Zeder, als wollt ich sagen, ich gleiche dir.

8

Zwei Birken stritten: wer der Zeder am nächsten käme. Birken seid ihr! sagte die Zeder.

9

Uns ist wohl, sagte ein brüderlich gleicher Tannenwald zur Zeder, wir sind so viel, und du stehst allein. Ich habe auch Brüder, sagte die Zeder, wenngleich nicht auf diesem Berge.

10

Ein Wald ward ausgehauen, die Vögel vermißten ihre Wohnungen, flatterten umher und klagten: Was mag der Fürst für Absichten haben! den Wald! den schönen Wald! Unsre Nester! Da sprach einer, der aus der Residenz kam, ein Papagei: Absicht, Brüder? Er weiß nichts drum.

11

Ein Mädchen brach Rosen vom Strauch und kränzte ihr Haupt mit. Das verdroß die Zeder und sprach: Warum nimmt sie nicht von meinen Zweigen? Stolzer, sagte der Rosenstock, laß mir die meinen!

12

Ein Wandrer, der unter der Eiche Mittagsruh gehalten hatte, erwachte, streckte sich, stand auf und wollte weiter. Der Baum rief ihm zu: Undankbarer! Hab ich dir nicht meinen

Schatten ausgebreitet? und nun nicht einen Blick! Du! mir!
lächelte der Wandrer zurückschauend.

13

Das Gräslein, da der Wind drüber spielte, ergötzte sich und
rief: Bin ich doch auch da, bin ich doch auch gebildet, klein,
aber schön, und bin! – Gräslein in Gottes Namen, sagte die
Zeder.

14

Ein Waldstrom stürzte die Tannen drunter und drüber ins
Tal herab und Sträucher und Sprößling' und Gräser und
Eichen. Ein Prophete rief zuschauend vom Fels: Alles ist
gleich vor dem Herrn.

15

Ha, sagte die Zeder, wer von meinen Zweigen brechen will,
muß hoch steigen! Ich, sagte die Rose, habe Dornen.

NEUE LIEBE NEUES LEBEN

Herz, mein Herz, was soll das geben?
Was bedränget dich so sehr?
Welch ein fremdes, neues Leben!
Ich erkenne dich nicht mehr.
Weg ist alles, was du liebtest,
Weg, warum du dich betrübtest,
Weg dein Fleiß und deine Ruh –
Ach, wie kamst du nur dazu!

Fesselt dich die Jugendblüte,
Diese liebliche Gestalt,
Dieser Blick voll Treu und Güte
Mit unendlicher Gewalt?
Will ich rasch mich ihr entziehen,
Mich ermannen, ihr entfliehen,
Führet mich im Augenblick,
Ach, mein Weg zu ihr zurück.

Und an diesem Zauberfädchen,
Das sich nicht zerreißen läßt,
Hält das liebe, lose Mädchen
Mich so wider Willen fest;
Muß in ihrem Zauberkreise
Leben nun auf ihre Weise.
Die Verändrung, ach, wie groß!
Liebe! Liebe! laß mich los!

AN BELINDEN

Warum ziehst du mich unwiderstehlich,
Ach, in jene Pracht?
War ich guter Junge nicht so selig
In der öden Nacht?

Heimlich in mein Zimmerchen verschlossen,
Lag im Mondenschein,
Ganz von seinem Schauerlicht umflossen,
Und ich dämmert ein;

Träumte da von vollen goldnen Stunden
Ungemischter Lust,
Hatte schon dein liebes Bild empfunden
Tief in meiner Brust.

Bin ichs noch, den du bei so viel Lichtern
An dem Spieltisch hältst?
Oft so unerträglichen Gesichtern
Gegenüber stellst?

Reizender ist mir des Frühlings Blüte
Nun nicht auf der Flur;
Wo du, Engel, bist, ist Lieb und Güte,
Wo du bist, Natur.

[Widmung von ›Erwin und Elmire‹.
An Lili Schönemann]

Den kleinen Strauß, den ich dir binde,
Pflückt ich aus diesem Herzen hier.
Nimm ihn gefällig auf, Belinde,
Der kleine Strauß, er ist von mir.

[Auf Nicolai]

Mag jener dünkelhafte Mann
Mich als gefährlich preisen;
Der Plumpe, der nicht schwimmen kann,
Er wills dem Wasser verweisen!
Was schiert mich der Berliner Bann,
Geschmäcklerpfaffenwesen!
Und wer mich nicht verstehen kann,
Der lerne besser lesen.

FREUDEN
DES JUNGEN WERTHERS

Ein junger Mensch, ich weiß nicht, wie,
Starb einst an der Hypochondrie
Und ward denn auch begraben.
Da kam ein schöner Geist herbei,
Der hatte seinen Stuhlgang frei,
Wie's denn so Leute haben.
Der setzt' notdürftig sich aufs Grab
Und legte da sein Häuflein ab,
Beschaute freundlich seinen Dreck,
Ging wohl eratmet wieder weg
Und sprach zu sich bedächtiglich:
»Der gute Mensch, wie hat er sich verdorben!
Hätt er geschissen so wie ich,
Er wäre nicht gestorben!«

STOSSGEBET

Vor Werthers Leiden,
Mehr noch vor seinen Freuden
Bewahr uns, lieber Herre Gott!

DEN MÄNNERN ZU ZEIGEN

1. Samuelis 16. Kap. 11. Vers.
Und Samuel sprach zu Isai: Sind das die Knaben alle?

Ach! ich war auch in diesem Falle:
Als ich die Weisen hört und las,
Da jeder diese Welten alle
Mit seiner Menschenspanne maß,
Da fragt ich: aber – sind sie das,
Sind das die Knaben alle?

SEHNSUCHT

Melodie: O Vater der Barmherzigkeit etc.

Dies wird die letzte Trän nicht sein,
Die glühend herzauf quillet,
Das mit unsäglich neuer Pein
Sich schmerzvermehrend stillet.

O! laß doch immer hier und dort
Mich ewig Liebe fühlen,
Und möcht der Schmerz auch also fort
Durch Nerv' und Adern wühlen.

Könnt ich doch ausgefüllt einmal
Von dir, o Ewger! werden –
Ach, diese lange, tiefe Qual,
Wie dauert sie auf Erden!

[An Johann Heinrich Merck]

Hier schick ich dir ein teures Pfand,
Das ich mit eigner hoher Hand,
Mit Zirkel rein und Lineal
Gefertigt dir zur Zeichen-Schal
Und auch zu festem Kraft und Grund
In einer guten Zeichen-Stund.
Nimms, lieber Alter, auf dein Knie
Und denke mein, wenns um dich schwebt,
Wie es in Sympathien hie
Um mein verschwirbelt Hirnchen lebt.
Geb Gott dir Lieb zu deinem Pantoffel,
Ehr jede krüpplige Kartoffel,
Erkenne jedes Dings Gestalt,
Sein Leid und Freud, Ruh und Gewalt,
Und fühle, wie die ganze Welt
Der große Himmel zusammenhält.
Dann du ein Zeichner, Kolorist,
Haltungs und Ausdrucks Meister bist.

1775 Reise in die Schweiz

AN LOTTCHEN

Mitten im Getümmel mancher Freuden,
Mancher Sorgen, mancher Herzensnot,
Denk ich dein, o Lottchen, denken dein die beiden,
Wie beim stillen Abendrot
Du die Hand uns freundlich reichtest,
Da du uns auf reich bebauter Flur,
In dem Schoße herrlicher Natur,
Manche leicht verhüllte Spur
Einer lieben Seele zeigtest.
Wohl ist mirs, daß ich dich nicht verkannt,
Daß ich gleich dich in der ersten Stunde,
Ganz den Herzensausdruck in dem Munde,
Dich ein wahres, gutes Kind genannt.

Still und eng und ruhig auferzogen
Wirft man uns auf einmal in die Welt;
Uns umspülen hunderttausend Wogen,
Alles reizt uns, mancherlei gefällt,
Mancherlei verdrießt uns, und von Stund zu [Stunden
Schwankt das leichtunruhige Gefühl;
Wir empfinden, und was wir empfunden,
Spült hinweg das bunte Weltgewühl.

Wohl, ich weiß es, da durchschleicht uns innen
Manche Hoffnung, mancher Schmerz.
Lottchen, wer kennt unsre Sinnen?
Lottchen, wer kennt unser Herz?
Ach, es möchte gern gekannt sein, überfließen
In das Mitempfinden einer Kreatur,

Und vertrauend zwiefach neu genießen
Alles Leid und Freude der Natur.

Und da sucht das Aug oft so vergebens
Ringsumher und findet alles zu;
So vertaumelt sich der schönste Teil des Lebens
Ohne Sturm und ohne Ruh,
Und zu deinem ewgen Unbehagen
Stößt dich heute, was dich gestern zog.
Kannst du zu der Welt nur Neigung tragen.
Die so oft dich trog
Und bei deinem Weh, bei deinem Glücke
Blieb in eigenwillger, starrer Ruh?
Sieh, da tritt der Geist in sich zurücke,
Und das Herz – es schließt sich zu.

So fand ich dich und ging dir frei entgegen.
O sie ist wert, zu sein geliebt!
Rief ich, erflehte dir des Himmels reinsten Segen,
Den er dir nun in deiner Freundin gibt.

[In das Stammbuch
von Jakob Michael Reinhold Lenz]

Zur Erinnerung guter Stunden,
Aller Freuden, aller Wunden,
Aller Sorgen, aller Schmerzen
In zwei tollen Dichter-Herzen,
Noch im letzten Augenblick
Laß ich Lenzchen dies zurück.

[Auf dem Züricher See]

Ohne Wein kanns uns auf Erden
Nimmer wie dreihundert werden,
Ohne Wein und ohne Weiber
Hol der Teufel unsre Leiber.

AUF DEM SEE

Und frische Nahrung, neues Blut
Saug ich aus freier Welt;
Wie ist Natur so hold und gut,
Die mich am Busen hält!
Die Welle wieget unsern Kahn
Im Rudertakt hinauf,
Und Berge, wolkig himmelan,
Begegnen unserm Lauf.

Aug, mein Aug, was sinkst du nieder?
Goldne Träume, kommt ihr wieder?
Weg, du Traum! so gold du bist;
Hier auch Lieb und Leben ist.

Auf der Welle blinken
Tausend schwebende Sterne,
Weiche Nebel trinken
Rings die türmende Ferne;
Morgenwind umflügelt
Die beschattete Bucht,
Und im See bespiegelt
Sich die reifende Frucht.

VOM BERGE

Wenn ich, liebe Lili, dich nicht liebte,
Welche Wonne gäb mir dieser Blick!
Und doch, wenn ich, Lili, dich nicht liebte,
Fänd ich hier und fänd ich dort mein Glück?

*[An die Wand von Lavaters Stube
im Pfarrhaus zu Oberried]*

Bist du hier,
Bin ich dir

Immer gegenwärtig;
Machst du hier,
Machst mit mir
Deine Werke fertig.

ALS AUF EINEM LANDGUT BEI KOPENHAGEN DREI URNEN GEFUNDEN WURDEN

[Von Goethe?]

In Siegesfrieden ruhe
Heldengebein
Dreier Edlen, freier Vorzeit Söhne.
Fromme fanden dich, gaben dich wieder,
Mit Ehrfurcht segnend,
Dem kühlen Hügel, der auch ihrer harrt.

1775 Sommer–Herbst Frankfurt

[Titelstrophen für ›Die Leiden des jungen Werthers‹,
Zweite Auflage. Zum ersten Teil]

Jeder Jüngling sehnt sich, so zu lieben,
Jedes Mädchen, so geliebt zu sein;
Ach, der heiligste von unsern Trieben,
Warum quillt aus ihm die grimme Pein?

[Zum zweiten Teil]

Du beweinst, du liebst ihn, liebe Seele,
Rettest sein Gedächtnis von der Schmach;
Sieh, dir winkt sein Geist aus seiner Höhle:
Sei ein Mann, und folge mir nicht nach.

BUNDESLIED

In allen guten Stunden,
Erhöht von Lieb und Wein,
Soll dieses Lied verbunden
Von uns gesungen sein!
Uns hält der Gott zusammen,
Der uns hierher gebracht.
Erneuert unsre Flammen,
Er hat sie angefacht.

So glühet fröhlich heute,
Seid recht von Herzen eins!
Auf, trinkt erneuter Freude
Dies Glas des echten Weins!
Auf, in der holden Stunde
Stoßt an und küsset treu,

Bei jedem neuen Bunde,
Die alten wieder neu!

Wer lebt in unserm Kreise,
Und lebt nicht selig drin?
Genießt die freie Weise
Und treuen Brudersinn!
So bleibt durch alle Zeiten
Herz Herzen zugekehrt;
Von keinen Kleinigkeiten
Wird unser Bund gestört.

Uns hat ein Gott gesegnet
Mit freiem Lebensblick,
Und alles, was begegnet,
Erneuert unser Glück.
Durch Grillen nicht gedränget,
Verknickt sich keine Lust;
Durch Zieren nicht geenget,
Schlägt freier unsre Brust.

Mit jedem Schritt wird weiter
Die rasche Lebensbahn,
Und heiter, immer heiter
Steigt unser Blick hinan.
Uns wird es nimmer bange,
Wenn alles steigt und fällt,
Und bleiben lange, lange!
Auf ewig so gesellt.

HERBSTGEFÜHL

Fetter grüne, du Laub,
Am Rebengeländer
Hier mein Fenster herauf!
Gedrängter quellet,
Zwillingsbeeren, und reifet

Schneller und glänzend voller!
Euch brütet der Mutter Sonne
Scheideblick, euch umsäuselt
Des holden Himmels
Fruchtende Fülle;
Euch kühlet des Mondes
Freundlicher Zauberhauch,
Und euch betauen, ach!
Aus diesen Augen
Der ewig belebenden Liebe
Vollschwellende Tränen.

WONNE DER WEHMUT

Trocknet nicht, trocknet nicht,
Tränen der ewigen Liebe!
Ach, nur dem halbgetrockneten Auge
Wie öde, wie tot die Welt ihm erscheint!
Trocknet nicht, trocknet nicht,
Tränen unglücklicher Liebe!

LILIS PARK

Ist doch keine Menagerie
So bunt als meiner Lili ihre!
Sie hat darin die wunderbarsten Tiere
Und kriegt sie 'rein, weiß selbst nicht wie.
O wie sie hüpfen, laufen, trappeln,
Mit abgestumpften Flügeln zappeln,
Die armen Prinzen allzumal,
In nie gelöschter Liebesqual!

»Wie hieß die Fee? – Lili?« – Fragt nicht nach ihr!
Kennt ihr sie nicht, so danket Gott dafür.

Welch ein Geräusch, welch ein Gegacker,
Wenn sie sich in die Türe stellt

Und in der Hand das Futterkörbchen hält!
Welch ein Gequiek, welch ein Gequacker!
Alle Bäume, alle Büsche
Scheinen lebendig zu werden:
So stürzen sich ganze Herden
Zu ihren Füßen; sogar im Bassin die Fische
Patschen ungeduldig mit den Köpfen heraus.
Und sie streut dann das Futter aus
Mit einem Blick – Götter zu entzücken,
Geschweige die Bestien. Da gehts an ein Picken,
An ein Schlürfen, an ein Hacken;
Sie stürzen einander über die Nacken,
Schieben sich, drängen sich, reißen sich,
Jagen sich, ängsten sich, beißen sich,
Und das all um ein Stückchen Brot,
Das, trocken, aus den schönen Händen schmeckt,
Als hätt es in Ambrosia gesteckt.

Aber der Blick auch! der Ton,
Wenn sie ruft: »Pipi! Pipi!«
Zöge den Adler Jupiters vom Thron!
Der Venus Taubenpaar,
Ja der eitle Pfau sogar,
Ich schwöre, sie kämen,
Wenn sie den Ton von weitem nur vernähmen.
Denn so hat sie aus des Waldes Nacht
Einen Bären, ungeleckt und ungezogen,
Unter ihren Beschluß herein betrogen,
Unter die zahme Kompanie gebracht
Und mit den andern zahm gemacht:
Bis auf einen gewissen Punkt, versteht sich!
Wie schön und ach! wie gut
Schien sie zu sein! Ich hätte mein Blut
Gegeben, um ihre Blumen zu begießen.

»Ihr sagtet: *ich!* Wie? Wer?«
Gut denn, ihr Herrn, gradaus: *Ich* bin der Bär!
In einem Filetschurz gefangen,

1775 SOMMER/HERBST FRANKFURT 187

An einem Seidenfaden ihr zu Füßen.
Doch wie das alles zugegangen,
Erzähl ich euch zur andern Zeit;
Dazu bin ich zu wütig heut.

Denn ha! steh ich so an der Ecke
Und hör von weitem das Geschnatter,
Seh das Geflitter, das Geflatter,
Kehr ich mich um
Und brumm,
Und renne rückwärts eine Strecke,
Und seh mich um
Und brumm,
Und laufe wieder eine Strecke,
Und kehr doch endlich wieder um.

Dann fängts auf einmal an zu rasen,
Ein mächtger Geist schnaubt aus der Nasen,
Es wildzt die innere Natur.
Was, du ein Tor, ein Häschen nur!
So ein Pipi! Eichhörnchen, Nuß zu knacken!
Ich sträube meinen borstgen Nacken,
Zu dienen ungewöhnt.
Ein jedes aufgestutzte Bäumchen höhnt
Mich an! ich flieh vom Boulingreen,
Vom niedlich glatt gemähten Grase;
Der Buchsbaum zieht mir eine Nase,
Ich flieh ins dunkelste Gebüsche hin,
Durchs Gehege zu dringen,
Über die Planken zu springen!
Mir versagt Klettern und Sprung,
Ein Zauber bleit mich nieder,
Ein Zauber häkelt mich wider,
Ich arbeite mich ab, und bin ich matt genung,
Dann lieg ich an gekünstelten Kaskaden
Und kau und wein und wälze halb mich tot,
Und ach! es hören meine Not
Nur porzellanene Oreaden.

Auf einmal! Ach, es dringt
Ein seliges Gefühl durch alle meine Glieder!
Sie ists, die dort in ihrer Laube singt!
Ich höre die liebe, liebe Stimme wieder,
Die ganze Luft ist warm, ist blütevoll.
Ach, singt sie wohl, daß ich sie hören soll?
Ich dringe zu, tret alle Sträuche nieder,
Die Büsche fliehn, die Bäume weichen mir,
Und so – zu ihren Füßen liegt das Tier.

Sie sieht es an: »Ein Ungeheuer! doch drollig!
Für einen Bären zu mild,
Für einen Pudel zu wild,
So zottig, täpsig, knollig!«
Sie streicht ihm mit dem Füßchen übern Rücken;
Er denkt im Paradiese zu sein.
Wie ihn alle sieben Sinne jücken!
Und sie – sieht ganz gelassen drein.
Ich küß ihre Schuhe, kau an den Sohlen,
So sittig, als ein Bär nur mag;
Ganz sachte heb ich mich und schmiege mich verstohlen
Leis an ihr Knie – am günstgen Tag
Läßt sie's geschehn und kraut mir um die Ohren
Und patscht mich mit mutwillig derbem Schlag;
Ich knurr, in Wonne neu geboren.
Dann fordert sie mich mit süßem, eitlem Spotte:
»*Allons tout doux! eh la menotte!*
Et faites Serviteur,
Comme un joli Seigneur.«
So treibt sie's fort mit Spiel und Lachen!
Es hofft der oft betrogne Tor;
Doch will er sich ein bißchen unnütz machen,
Hält sie ihn kurz als wie zuvor.

Doch hat sie auch ein Fläschchen Balsam-Feuers,
Dem keiner Erde Honig gleicht,
Wovon sie wohl einmal, von Lieb und Treu erweicht,

Um die verlechzten Lippen ihres Ungeheuers
Ein Tröpfchen mit der Fingerspitze streicht
Und wieder flieht und mich mir überläßt,
Und ich dann, losgebunden, fest
Gebannt bin, immer nach ihr ziehe,
Sie suche, schaudre, wieder fliehe –
So läßt sie den zerstörten Armen gehn,
Ist seiner Lust, ist seinen Schmerzen still;
Ha! manchmal läßt sie mir die Tür halb offen stehn,
Seitblickt mich spottend an, ob ich nicht fliehen will.

Und ich! – Götter, ists in euren Händen,
Dieses dumpfe Zauberwerk zu enden:
Wie dank ich, wenn ihr mir die Freiheit schafft!
Doch sendet ihr mir keine Hilfe nieder –
Nicht ganz umsonst reck ich so meine Glieder:
Ich fühls! Ich schwörs! Noch hab ich Kraft.

[An Johann Georg und Rahel d'Orville]

Lieber Herr Dorville, liebe Frau,
Ich bitt euch, nehmts nicht so genau;
Ihr kennt nun doch einmal den Affen,
Wißt, ist nichts Gescheuts mit ihm zu schaffen.
Lauft da, was kann wohl tollers sein!
Wie Kain in die Welt hinein.
Dafür sitzt er auch auf dem Sand,
Die Stadt ist ihm ein ödes Land,
Und ist ihm halt die Welt so leer,
Als wenn er erst 'nein gekommen wär.
Ihm ist so weh, er schauet nicht
Des liebsten Buben Angesicht,
Hängt nicht dem Mann um Hals und Leib,
Küßt nicht das liebe treue Weib,
Spaziert nicht mehr im Frauenschlepp,
Und hört, ach, nicht mehr das Beb! Bepp!
Was hilft mir nun das Glockengebrumm,

Das Kutschengerassel und Leut-Gesumm!
Was tät ich in der Kirche gar?
Da ich schon einmal im Himmel war,
Ich Hand in Hand mit Engeln saß,
Mich in dem Himmels-Blau vergaß,
Das aus dem süßen Auge winkt,
Drinn Lieb und Treu wie Sternlein blinkt.
Was hört ich an des Pfarrers Lehr,
Die doch nicht halb so kräftig wär,
Als wenn ihr Mündlein lieb und mild
Mich über Fluch und Unart schilt.

Was lachst du Sonne daherein?
Ich bitte dich, laß mich allein.
Du lächelst ihren Laden an,
Der heut mir nicht wird aufgetan.
Aha! Du bist so freundlich hier,
Blickst durch die Ritzen schlau nach ihr,
Und meinst, du hättst wohl nie so schön
Da droben einen Engel ruhen sehn.

Der Tag rückt weiter nun heran.
Besuch! – Ach, was geht der mich an!
Ich bilde mir so freundlich ein,
Ich säß noch drauß' mit euch allein.
Der Mann raucht seine Pfeif Tobak,
Man fuschelt in dem Arbeitssack,
Man wickelt Seide, es läßt sich an,
Als würden Wunderstreich' getan.
Ein medizinisch Dejeuné,
Mit Selzer Wasser und Kaffee;
Nach Fastenbrezeln, wohlgeschmiert,
Kommt Has und Wein hereinspaziert.
Lili muß jeden Lusten stillen,
Das all um ihres Magens willen.

Die Kinder kommen angehuppt,
Man wird zur Türe 'naus geschwuppt!

Ist allen so wohl ohn Unterlaß;
Ach lieber Gott, mir auch so was!

Frau Dorville, wo mag Lili sein?
Ist sie in ihrer Stub allein? –
Sie hat die Stirn in ihrer Hand!
Was ist ihr in dem Freudenland?
Soll das ein böses Kopfweh sein?
Oder ach! ists etwan andre Pein?

Geh, liebes Mufti, ich bitte dich,
Klettr ihr auf den Schoß, küß sie für mich.
Scheich Daher, Hanne Buzzi du,
Küß ihr die Hand, laß ihr nicht Ruh.
Mach, Ali Bey, dich auch an sie,
Schmieg dich ihr liebend an das Knie.
Und Abu Dahab, komm getrollt,
Sei freundlich, bis sie sagt: Du Gold!
Dich herzlich auf dem Arme küßt,
Und hoffend allen Schmerz vergißt.

Der alte Friedrich kommt und fragt:
Was heut den Damen wohl behagt?
Er soll Kapaun und Wildbret tragen!
Lili, hast du ihm nichts zu sagen?
Schon wart ich auf das alte Gesicht,
Ich bin untröstlich, kömmt er nicht.

War der Herr Doktor noch nicht da?
Sang André noch kein Trallallra?
Oho, da drauß' gehts bunt ja her,
Als ob der Teufel ledig wär.
Eins, zwei, drei! Kling! Klang! Krack! *en garde*
Kling! *Rompes!* Klang! *paies ma quarte.*

So mag es wohl dem Teufel sein,
Wenn er, in seiner Höll allein,
Nach Himmels Freuden seufzt und klagt,

Daß ihn der Unmut rausgejagt.
Doch hab ich weit ein besser Los,
Die Kluft ist lange nicht so groß;
Bin euch mit Leib und Seele nah
Pliz! Plaz! So bin ich wieder da.

1775–1786 Weimar

AN EIN GOLDNES HERZ,
DAS ER AM HALSE TRUG

Angedenken du verklungner Freude,
Das ich immer noch am Halse trage,
Hältst du länger als das Seelenband uns beide?
Verlängerst du der Liebe kurze Tage?

Flieh ich, Lili, vor dir! Muß noch an deinem Bande
Durch fremde Lande,
Durch ferne Täler und Wälder wallen!
Ach, Lilis Herz konnte so bald nicht
Von meinem Herzen fallen.

Wie ein Vogel, der den Faden bricht
Und zum Walde kehrt,
Er schleppt des Gefängnisses Schmach,
Noch ein Stückchen des Fadens nach;
Er ist der alte freigeborne Vogel nicht,
Er hat schon jemand angehört.

JÄGERS ABENDLIED

Im Felde schleich ich still und wild,
Gespannt mein Feuerrohr.
Da schwebt so licht dein liebes Bild,
Dein süßes Bild mir vor.

Du wandelst jetzt wohl still und mild
Durch Feld und liebes Tal,

Und ach, mein schnell verrauschend Bild,
Stellt sich dirs nicht einmal?

Des Menschen, der die Welt durchstreift
Voll Unmut und Verdruß,
Nach Osten und nach Westen schweift,
Weil er dich lassen muß.

Mir ist es, denk ich nur an dich,
Als in den Mond zu sehn;
Ein stiller Friede kommt auf mich,
Weiß nicht, wie mir geschehn.

Holde Lili, warst so lang
All mein Lust und all mein Sang!
Bist, ach, nun all mein Schmerz, und doch
All mein Sang bist du noch.

[Aus einem Briefe an den Herzog Karl August]

Gehab dich wohl bei den hundert Lichtern,
Die dich umglänzen,
Und all den Gesichtern,
Die dich umschwänzen
Und umkredenzen.
Findst doch nur wahre Freud und Ruh
Bei Seelen grad und treu wie du.

[Auf eine Forsttafel geschrieben]

Nur Luft und Licht
Und Freundeslieb!
Ermüde nicht,
Wem dies noch blieb.

LEGENDE

In der Wüsten ein heiliger Mann
Zu seinem Erstaunen tät treffen an
Einen ziegenfüßigen Faun, der sprach:
»Herr, betet für mich und meine Gefährt,
Daß ich zum Himmel gelassen werd,
Zur seligen Freud; uns dürstet darnach.«
Der heilige Mann dagegen sprach:
»Es sieht mit deiner Bitte gar gefährlich,
Und gewährt wird sie dir schwerlich.
Du kommst nicht zum englischen Gruß,
Denn du hast einen Ziegenfuß.«
Da sprach hierauf der wilde Mann:
»Was hat euch mein Ziegenfuß getan?
Sah ich doch manche strack und schön
Mit Eselsköpfen gen Himmel gehn.«

MUT

Sorglos über die Fläche weg,
Wo vom kühnsten Wager die Bahn
Dir nicht vorgegraben du siehst,
Mache dir selber Bahn!

Stille, Liebchen, mein Herz!
Krachts gleich, brichts doch nicht!
Brichts gleich, brichts nicht mit dir!

HOFFNUNG

Schaff, das Tagwerk meiner Hände,
Hohes Glück, daß ichs vollende!
Laß, o laß mich nicht ermatten!
Nein, es sind nicht leere Träume:
Jetzt nur Stangen, diese Bäume
Geben einst noch Frucht und Schatten.

SORGE

Kehre nicht in diesem Kreise
Neu und immer neu zurück!
Laß, o laß mir meine Weise,
Gönn, o gönne mir mein Glück!
Soll ich fliehen? Soll ichs fassen?
Nun, gezweifelt ist genug.
Willst du mich nicht glücklich lassen,
Sorge, nun so mach mich klug!

[An Lili.
In ein Exemplar von ›Stella. Ein Schauspiel für Liebende‹.]

Im holden Tal, auf schneebedeckten Höhen
War stets dein Bild mir nah:
Ich sahs um mich in lichten Wolken wehen,
Im Herzen war mirs da.
Empfinde hier, wie mit allmächtgem Triebe
Ein Herz das andre zieht –
Und daß vergebens Liebe
Vor Liebe flieht.

[An den Herzog Karl August]

Durchlauchtigster! Es nahet sich
Ein Bäuerlein demütiglich,
Da Ihr mit Euerm Roß und Heer
Zum Schlosse tut stolzieren sehr,
Gebt auch mir einen gnädigen Blick,
Das ist schon Untertanen-Glück;
Denn Haus und Hof und Freud und Leid
Hab ich schon seit geraumer Zeit.
Haben Euch sofern auch lieb und gern,
Wie man eben liebhat seinen Herrn,
Den man wie unsern Herr-Gott nennt
Und ihn auch meistens nicht besser kennt.
Geb Euch Gott allen guten Segen,

Nur laßt Euch sein uns angelegen;.
Denn wir bäuerisch treues Blut
Sind doch immer Euer bestes Gut,
Und könnt Euch mehr an uns erfreun
Als an Pferden und Stuterein.
Dies reich ich Euch im fremden Land,
Bliebe Euch übrigens gern unbekannt.
Zieht ein und nehmet Speis und Kraft
Im Zauberschloß in der Nachbarschaft,
Wo eine gute Fee regiert,
Die einen goldnen Scepter führt
Und um sich eine kleine Welt
Mit holdem Blick beisammenhält.

<div align="right">Seb. Simpel.</div>

WANDRERS NACHTLIED

Der du von dem Himmel bist,
Alles Leid und Schmerzen stillest,
Den, der doppelt elend ist,
Doppelt mit Erquickung füllest,
Ach, ich bin des Treibens müde!
Was soll all der Schmerz und Lust?
Süßer Friede,
Komm, ach komm in meine Brust!

[An Herder]

Hochwürdiger, 's ist eine alte Schrift,
Daß die Ehen werden im Himmel gestift.
Seid also vielmehr zu Eurem Orden
Vom Himmel grad'rab gestiftet worden.
Es uns auch allen herzlich frommt,
Daß Ihr bald mit der Peitsche kommt –
Und wie dann unser Herr und Christ
Auf einem Esel geritten ist,
So werdet Ihr in diesen Zeiten

Auf hundert und funfzig Esel reiten,
Die in Euer Herrlichkeit Diözes
Erlauern sich die Rippenstöß.
Wollten Euch nun bewillkommen baß,
Bereiten Euer Haushalt trocken und naß,
Welches fürwahr wird besser sein,
Als täten wir Euch die Kleider streun.
Derhalb zuvörderst, woran die Welt
Ihre Achse gebunden hält,
Wornach Sonn, Mond und Stern' sich drehn,
All Sinnbäu 'rüber hinüber gehn,
Wie nämlich jedes Ding sich putzt,
Vors andern Augen pfauisch stutzt,
Dran da sich zeigt eines jeden Gab,
Ein Pfau ein Pfau, ein Rab ein Rab.

Ihr, der Ihr seid in unserm Gart
Eben wie der Messias erwart,
Wo eben keiner weiß, was *der* sollt,
Aber doch immer, was *er* wollt,
Möcht sich aber immer mit leisen Schritten
Vom Messias ein Viztum erbitten.
Also *ohneracht* all der Ehr auf Erd,
Daß der Herr nicht selbst gekreuzigt werd,
Wollen erscheinen schön und züchtig,
Sind hernach zu allem andern tüchtig.
Denn, wie im Buche geschrieben steht,
Daß der Wolf in Schafskleidern geht,
So würd es Euch gar übel stehn,
Als Schaf in Wolfskleidern zu gehn.
Ihr habt darum ein schwarzes Kleid,
Einen langen Mantel von schwarzer Seid,
Ein Kräglein, wohl in Saum gelegt,
Das nun keiner läng-breiter trägt.
Schick Euch ein Muster zur nächsten Frist,
Weils immer doch die Hauptsach ist.
Dürft auch den Mantel, wie vorzeiten,
In Sack 'nein stecken vor allen Leuten.

1775–1786 WEIMAR 201

Wenn Euch nun erst der *Rat der Stadt*
Zum *Oberpfarr* berufen hat,
Werd't Ihr vom *Fürsten* dann ernennt
Hofpredger, Generalsuperndent.
Mögt auch immer Rückantwort schreiben,
Wie Ihr an den *Lyncker* tätet treiben,
Weil wir doch in der Fastnacht Spiel
Haben Ratzen und Fratzen gar viel,
Und im Grund weder Luther noch Christ
Im mindsten hier gemeinet ist,
Sondern was in dem Schöpsen-Geist
Eben lutherisch und christlich heißt.

ERKLÄRUNG EINES ALTEN HOLZSCHNITTES VORSTELLEND
HANS SACHSENS POETISCHE SENDUNG

In seiner Werkstatt Sonntags früh
Steht unser teurer Meister hie:
Sein schmutzig Schurzfell abgelegt,
Einen saubern Feierwams er trägt,
Läßt Pechdraht, Hammer und Kneipe rasten,
Die Ahl steckt an dem Arbeitskasten;
Er ruht nun auch am siebnten Tag
Von manchem Zug und manchem Schlag.

Wie er die Frühlings-Sonne spürt,
Die Ruh ihm neue Arbeit gebiert:
Er fühlt, daß er eine kleine Welt
In seinem Gehirne brütend hält,
Daß die fängt an zu wirken und leben,
Daß er sie gerne möcht von sich geben.

Er hätt ein Auge treu und klug
Und wär auch liebevoll genug,
Zu schauen manches klar und rein
Und wieder alles zu machen sein;
Hätt auch eine Zunge, die sich ergoß

Und leicht und fein in Worte floß;
Des täten die Musen sich erfreun,
Wollten ihn zum Meistersänger weihn.

Da tritt herein ein junges Weib,
Mit voller Brust und rundem Leib;
Kräftig sie auf den Füßen steht,
Grad, edel vor sich hin sie geht,
Ohne mit Schlepp und Steiß zu schwänzen,
Oder mit den Augen herum zu scharlenzen.
Sie trägt einen Maßstab in ihrer Hand,
Ihr Gürtel ist ein gülden Band,
Hätt auf dem Haupt einen Kornähr-Kranz,
Ihr Auge war lichten Tages Glanz;
Man nennt sie tätig Ehrbarkeit,
Sonst auch Großmut, Rechtfertigkeit.

Die tritt mit gutem Gruß herein;
Er drob nicht mag verwundert sein,
Denn wie sie ist, so gut und schön,
Meint er, er hätt sie lang gesehn.

Die spricht: »Ich hab dich auserlesen
Vor vielen in dem Weltwirrwesen,
Daß du sollst haben klare Sinnen,
Nichts Ungeschicklichs magst beginnen.
Wenn andre durcheinander rennen,
Sollst du's mit treuem Blick erkennen;
Wenn andre bärmlich sich beklagen,
Sollst schwankweis deine Sach fürtragen;
Sollst halten über Ehr und Recht,
In allem Ding sein schlicht und schlecht;
Frummkeit und Tugend bieder preisen,
Das Böse mit seinem Namen heißen.
Nichts verlindert und nichts verwitzelt,
Nichts verzierlicht und nichts verkritzelt;
Sondern die Welt soll vor dir stehn,
Wie Albrecht Dürer sie hat gesehn:

1775–1786 WEIMAR 203

Ihr festes Leben und Männlichkeit,
Ihre innre Kraft und Ständigkeit.
Der Natur-Genius an der Hand
Soll dich führen durch alle Land,
Soll dir zeigen alles Leben,
Der Menschen wunderliches Weben,
Ihr Wirren, Suchen, Stoßen und Treiben,
Schieben, Reißen, Drängen und Reiben;
Wie kunterbunt die Wirtschaft tollert,
Der Ameishauf durcheinander kollert;
Mag dir aber bei allem geschehn,
Als täst in einen Zauberkasten sehn.
Schreib das dem Menschenvolk auf Erden,
Obs ihm möcht eine Witzung werden.«
Da macht sie ihm ein Fenster auf,
Zeigt ihm draußen viel bunten Hauf,
Unter dem Himmel allerlei Wesen,
Wie ihrs mögt in seinen Schriften lesen.

Wie nun der liebe Meister sich
An der Natur freut wunniglich,
Da seht ihr an der andern Seiten
Ein altes Weiblein zu ihm gleiten;
Man nennet sie Historia,
Mythologia, Fabula;
Sie schleppt mit keichend-wankenden Schritten
Eine große Tafel, in Holz geschnitten:
Darauf seht ihr mit weiten Ärmeln und Falten
Gott Vater Kinderlehre halten,
Adam, Eva, Paradies und Schlang,
Sodom und Gomorras Untergang,
Könnt auch die Zwölf durchlauchtigen Frauen
Da in einem Ehren-Spiegel schauen;
Dann allerlei Blutdurst, Frevel und Mord,
Der Zwölf Tyrannen Schandenport,
Auch allerlei Lehr und gute Weis,
Könnt sehn Sankt Peter mit der Geiß,
Über der Welt Regiment unzufrieden,

Von unserm Herrn zurecht beschieden.
Auch war bemalt der weite Raum
Ihres Kleids und Schlepps und auch der Saum
Mit Weltlich Tugend- und Laster-Geschicht.

Unser Meister das all ersicht
Und freut sich dessen wundersam,
Denn es dient wohl in seinen Kram.
Von wannen er sich eignet sehr
Gut Exempel und gute Lehr,
Erzählt das eben fix und treu,
Als wär er selbst gesyn dabei.
Sein Geist war ganz dahin gebannt,
Er hätt kein Auge davon verwandt,
Hätt er nicht hinter seinem Rucken
Hören mit Klappern und Schellen spucken.

Da tät er einen Narren spüren
Mit Bocks- und Affensprüng hofieren
Und ihm mit Schwank und Narreteiden
Ein lustig Zwischenspiel bereiten.
Schleppt hinter sich an einer Leinen
Alle Narren, groß- und kleinen,
Dick und hager, gestreckt und krumb,
Allzu witzig und allzu dumb.
Mit einem großen Farrenschwanz
Regiert er sie wie ein'n Affentanz:
Bespöttet eines jeden Fürm,
Treibt sie ins Bad, schneidt ihnen die Würm
Und führt gar bitter viel Beschwerden,
Daß ihrer doch nicht wollen wenger werden.

Wie er sich sieht so um und um,
Kehrt ihm das fast den Kopf herum:
Wie er wollt Worte zu allem finden?
Wie er möcht so viel Schwall verbinden?
Wie er möcht immer mutig bleiben,
So fort zu singen und zu schreiben?

1775–1786 WEIMAR

Da steigt auf einer Wolke Saum
Herein zu's Oberfensters Raum
Die Muse, heilig anzuschauen,
Wie ein Bild unsrer lieben Frauen.
Die umgibt ihn mit ihrer Klarheit
Immer kräftig würkender Wahrheit.
Sie spricht: »Ich komm, um dich zu weihn,
Nimm meinen Segen und Gedeihn!
Ein heilig Feuer, das in dir ruht,
Schlag aus in hohe lichte Glut!
Doch daß das Leben, das dich treibt,
Immer bei holden Kräften bleibt,
Hab ich deinem innern Wesen
Nahrung und Balsam auserlesen,
Daß deine Seel sei wonnereich,
Einer Knospe im Taue gleich.«

Da zeigt sie ihm hinter seinem Haus
Heimlich zur Hintertür hinaus,
In dem eng umzäunten Garten
Ein holdes Mägdlein sitzend warten
Am Bächlein, beim Holunderstrauch;
Mit abgesenktem Haupt und Aug
Sitzts unter einem Apfelbaum
Und spürt die Welt rings um sich kaum,
Hat Rosen in ihren Schoß gepflückt
Und bindet ein Kränzlein gar geschickt,
Mit hellen Knospen und Blättern drein:
Für wen mag wohl das Kränzel sein?
So sitzt sie in sich selbst geneigt,
In Hoffnungsfülle ihr Busen steigt;
Ihr Wesen ist so ahndevoll,
Weiß nicht, was sie sich wünschen soll,
Und unter vieler Grillen Lauf
Steigt wohl einmal ein Seufzer auf.

Warum ist deine Stirn so trüb?
Das, was dich dränget, süße Lieb,

Ist volle Wonn und Seligkeit;
Die dir in Einem ist bereit,
Dem manches Schicksal wirrevoll
An deinem Auge sich lindern soll;
Der durch manch wunniglichen Kuß
Wiedergeboren werden muß.
Wie er den schlanken Leib umfaßt,
Von aller Mühe findet Rast,
Wie er ins runde Ärmlein sinkt,
Neue Lebenstag' und Kräfte trinkt;
Und dir kehrt süßes Jugendglück,
Deine Schalkheit kehret dir zurück.
Mit Necken und manchen Schelmereien
Wirst ihn bald nagen, bald erfreuen.
So wird die Liebe nimmer alt,
Und wird der Dichter nimmer kalt!

Weil er so heimlich glücklich lebt,
Da droben in den Wolken schwebt
Ein Eichkranz, ewig jung belaubt,
Den setzt die Nachwelt ihm aufs Haupt;
In Froschpfuhl all das Volk verbannt,
Das seinen Meister je verkannt.

[An Charlotte v. Stein]

Warum gabst du uns die tiefen Blicke,
Unsre Zukunft ahndungsvoll zu schaun,
Unsrer Liebe, unserm Erdenglücke
Wähnend selig nimmer hinzutraun?
Warum gabst uns, Schicksal, die Gefühle,
Uns einander in das Herz zu sehn,
Um durch all die seltenen Gewühle
Unser wahr Verhältnis auszuspähn?

Ach, so viele tausend Menschen kennen,
Dumpf sich treibend, kaum ihr eigen Herz,
Schweben zwecklos hin und her und rennen

1775–1786 WEIMAR

Hoffnungslos in unversehnen Schmerz;
Jauchzen wieder, wenn der schnellen Freuden
Unerwart'te Morgenröte tagt.
Nur uns armen liebevollen Beiden
Ist das wechselseitge Glück versagt,
Uns zu lieben, ohn uns zu verstehen,
In dem andern sehn, was er nie war,
Immer frisch auf Traumglück auszugehen
Und zu schwanken auch in Traumgefahr.

Glücklich, den ein leerer Traum beschäftigt!
Glücklich, dem die Ahndung eitel wär!
Jede Gegenwart und jeder Blick bekräftigt
Traum und Ahndung leider uns noch mehr.
Sag, was will das Schicksal uns bereiten?
Sag, wie band es uns so rein genau?
Ach, du warst in abgelebten Zeiten
Meine Schwester oder meine Frau.

Kanntest jeden Zug in meinem Wesen,
Spähtest, wie die reinste Nerve klingt,
Konntest mich mit Einem Blicke lesen,
Den so schwer ein sterblich Aug durchdringt;
Tropftest Mäßigung dem heißen Blute,
Richtetest den wilden irren Lauf,
Und in deinen Engelsarmen ruhte
Die zerstörte Brust sich wieder auf;
Hieltest zauberleicht ihn angebunden
Und vergaukeltest ihm manchen Tag.
Welche Seligkeit glich jenen Wonnestunden,
Da er dankbar dir zu Füßen lag,
Fühlt' sein Herz an deinem Herzen schwellen,
Fühlte sich in deinem Auge gut,
Alle seine Sinnen sich erhellen
Und beruhigen sein brausend Blut!

Und von allem dem schwebt ein Erinnern
Nur noch um das ungewisse Herz,

Fühlt die alte Wahrheit ewig gleich im Innern,
Und der neue Zustand wird ihm Schmerz.
Und wir scheinen uns nur halb beseelet,
Dämmernd ist um uns der hellste Tag.
Glücklich, daß das Schicksal, das uns quälet,
Uns doch nicht verändern mag!

RASTLOSE LIEBE

Dem Schnee, dem Regen,
Dem Wind entgegen,
Im Dampf der Klüfte,
Durch Nebeldüfte,
Immer zu! Immer zu!
Ohne Rast und Ruh!

Lieber durch Leiden
Möcht ich mich schlagen,
Als so viel Freuden
Des Lebens ertragen.
Alle das Neigen
Von Herzen zu Herzen,
Ach, wie so eigen
Schaffet das Schmerzen!

Wie soll ich fliehen?
Wälderwärts ziehen?
Alles vergebens!
Krone des Lebens,
Glück ohne Ruh,
Liebe, bist du!

[An Charlotte v. Stein]

Hier bildend nach der reinen stillen
Natur, ist ach, mein Herz der alten Schmerzen voll;

Leb ich doch stets um derentwillen,
Um derentwillen ich nicht leben soll.

*

Laß dir gefallen,
Aus diesem Glas zu trinken,
Und mög dir dünken,
Wir säßen neben dir;
Denn, obgleich fern, sind wir
Dir doch die Nächsten fast von allen.

*

Und ich geh meinen alten Gang
Meine liebe Wiese lang.
Tauche mich in die Sonne früh,
Bad ab im Monde des Tages Müh.
Leb in Liebes-Klarheit und -Kraft,
Tut mir wohl des Herren Nachbarschaft,
Der in Liebes-Dumpfheit und -Kraft hinlebt
Und sich durch seltnes Wesen webt.

*

Zwischen Felsen wuchsen hier
Diese Blumen, die wir treu dir reichen,
Verwelkliche Zeichen
Der ewigen Liebe zu dir.

*

Ach, so drückt mein Schicksal mich,
Daß ich nach dem Unmöglichen strebe.
Lieber Engel, für den ich nicht lebe,
Zwischen den Gebürgen leb ich für dich.

EINSCHRÄNKUNG

Ich weiß nicht, was mir hier gefällt,
In dieser engen, kleinen Welt

Mit holdem Zauberband mich hält?
Vergeß ich doch, vergeß ich gern,
Wie seltsam mich das Schicksal leitet;
Und ach, ich fühle, nah und fern
Ist mir noch manches zubereitet.
O wäre doch das rechte Maß getroffen!
Was bleibt mir nun, als eingehüllt,
Von holder Lebenskraft erfüllt,
In stiller Gegenwart die Zukunft zu erhoffen!

[An Charlotte v. Stein]

Ach, wie bist du mir,
Wie bin ich dir geblieben!
Nein, an der Wahrheit
Verzweifl ich nicht mehr.

Ach, wenn du da bist,
Fühl ich, ich soll dich nicht lieben;
Ach, wenn du fern bist,
Fühl ich, ich lieb dich so sehr.

*

Hierhergetrabt, die Brust voll tiefem Wühlen,
Planvoller Aussicht, sehnt sich nun
Mein Herz, ein Weilchen auszuruhn
Und wieder rein an der Natur zu fühlen
Und wieder was für dich zu tun.

SEEFAHRT

Lange Tag' und Nächte stand mein Schiff befrachtet;
Günstger Winde harrend, saß mit treuen Freunden,
Mir Geduld und guten Mut erzechend,
Ich im Hafen.

Und sie waren doppelt ungeduldig:
Gerne gönnen wir die schnellste Reise,

1775–1786 WEIMAR

Gern die hohe Fahrt dir; Güterfülle
Wartet drüben in den Welten deiner,
Wird Rückkehrendem in unsern Armen
Lieb und Preis dir.

Und am frühen Morgen wards Getümmel,
Und dem Schlaf entjauchzt uns der Matrose,
Alles wimmelt, alles lebet, webet,
Mit dem ersten Segenshauch zu schiffen.

Und die Segel blühen in dem Hauche,
Und die Sonne lockt mit Feuerliebe;
Ziehn die Segel, ziehn die hohen Wolken,
Jauchzen an dem Ufer alle Freunde
Hoffnungslieder nach, im Freudetaumel
Reisefreuden wähnend, wie des Einschiffmorgens,
Wie der ersten hohen Sternennächte.

Aber gottgesandte Wechselwinde treiben
Seitwärts ihn der vorgesteckten Fahrt ab,
Und er scheint sich ihnen hinzugeben,
Strebet leise sie zu überlisten,
Treu dem Zweck auch auf dem schiefen Wege.

Aber aus der dumpfen grauen Ferne
Kündet leisewandelnd sich der Sturm an,
Drückt die Vögel nieder aufs Gewässer,
Drückt der Menschen schwellend Herz darnieder;
Und er kommt. Vor seinem starren Wüten
Streckt der Schiffer klug die Segel nieder,
Mit dem angsterfüllten Balle spielen
Wind und Wellen.

Und an jenem Ufer drüben stehen
Freund' und Lieben, beben auf dem Festen:
Ach, warum ist er nicht hier geblieben!
Ach, der Sturm! Verschlagen weg vom Glücke!
Soll der Gute so zugrunde gehen?
Ach, er sollte, ach, er könnte! Götter!

Doch er stehet männlich an dem Steuer:
Mit dem Schiffe spielen Wind und Wellen,
Wind und Wellen nicht mit seinem Herzen!
Herrschend blickt er auf die grimme Tiefe
Und vertrauet, scheiternd oder landend,
Seinen Göttern.

[An Charlotte v. Stein]

Ich bin eben nirgend geborgen:
Fern an die holde Saale hier
Verfolgen mich manche Sorgen
Und meine Liebe zu dir.

AN DEN GEIST DES JOHANNES SECUNDUS

Lieber, heiliger, großer Küsser,
Der du mirs in lechzend atmender
Glückseligkeit fast vorgetan hast!
Wem soll ichs klagen, klagt ich dirs nicht!
Dir, dessen Lieder mir ein warmes Kissen
Heilender Kräuter mir unters Herz sich legten,
Daß es wieder aus dem krampfigen Starren
Erdetreibens klopfend sich erholte.
Ach, wie klag ich dirs, daß meine Lippe blutet,
Mir gespalten ist und erbärmlich schmerzet,
Meine Lippe, die so viel gewohnt ist
Von der Liebe süßtem Glück zu schwellen
Und, wie eine goldne Himmelspforte,
Lallende Seligkeit aus und ein zu stammeln.
Gesprungen ist sie! Nicht vom Biß der Holden,
Die, in voller ringsumfangender Liebe,
Mehr möcht haben von mir und möchte mich Ganzen
Ganz erküssen und fressen, und was sie könnte!
Nicht gesprungen, weil nach ihrem Hauche
Meine Lippen unheilige Lüfte entweihten.
Ach, gesprungen, weil mich Öden, Kalten,

Über beizenden Reif der Herbstwind anpackt.
Und da ist Traubensaft und der Saft der Bienen,
An meines Herdes treuem Feuer vereinigt,
Der soll mir helfen! Wahrlich, er hilft nicht,
Denn von der Liebe alles heilendem
Gift-Balsam ist kein Tröpfchen drunter.

HYPOCHONDER

Der Teufel hol das Menschengeschlecht!
Man möchte rasend werden!
Da nehm ich mir so eifrig vor:
Will niemand weiter sehen,
Will all das Volk Gott und sich selbst
Und dem Teufel überlassen!
Und kaum seh ich ein Menschengesicht,
So hab ichs wieder lieb.

GRABSCHRIFT

Ich war ein Knabe warm und gut,
Als Jüngling hatt ich frisches Blut,
Versprach einst einen Mann.
Gelitten hab ich und geliebt
Und liege nieder ohnbetrübt,
Da ich nicht weiter kann.

STOSSEUFZER

Ach, man sparte viel,
Seltner wäre verruckt das Ziel,
Wär weniger Dumpfheit, vergebenes Sehnen,
Ich könnte viel glücklicher sein –
Gäbs nur keinen Wein
Und keine Weibertränen!

SCHNEIDER-COURAGE

»Es ist ein Schuß gefallen!
Mein! sagt, wer schoß da drauß?«
Es ist der junge Jäger,
Der schießt im Hinterhaus.

Die Spatzen in dem Garten,
Die machen viel Verdruß.
Zwei Spatzen und ein Schneider,
Die fielen von dem Schuß;

Die Spatzen von den Schroten,
Der Schneider von dem Schreck,
Die Spatzen in die Schoten,
Der Schneider in den–.

VOR GERICHT

Von wem ich es habe, das sag ich euch nicht,
Das Kind in meinem Leib.–
Pfui! speit ihr aus: die Hure da! –
Bin doch ein ehrlich Weib.

Mit wem ich mich traute, das sag ich euch nicht.
Mein Schatz ist lieb und gut,
Trägt er eine goldene Kett am Hals,
Trägt er einen strohernen Hut.

Soll Spott und Hohn getragen sein,
Trag ich allein den Hohn.
Ich kenn ihn wohl, er kennt mich wohl,
Und Gott weiß auch davon.

Herr Pfarrer und Herr Amtmann ihr,
Ich bitt, laßt mich in Ruh!
Es ist mein Kind, es bleibt mein Kind,
Ihr gebt mir ja nichts dazu.

1775–1786 WEIMAR 215

BEHERZIGUNG

Ach, was soll der Mensch verlangen?
Ist es besser, ruhig bleiben?
Klammernd fest sich anzuhangen?
Ist es besser, sich zu treiben?
Soll er sich ein Häuschen bauen?
Soll er unter Zelten leben?
Soll er auf die Felsen trauen?
Selbst die festen Felsen beben.

Eines schickt sich nicht für alle!
Sehe jeder, wie ers treibe,
Sehe jeder, wo er bleibe,
Und wer steht, daß er nicht falle!

[An die Herzogin Luise.
Von Goethe?]

Wie alle dich verehren müssen,
Das kannst du, teure Fürstin, wissen,
Dir sagt es jedes Angesicht.
Allein wie wir dich alle lieben,
Das steht im Herzen tief geschrieben,
Du ahndests kaum und glaubst es nicht.

[An die Herzogin Luise.
Widmung zu dem Singspiel ›Lila‹]

Was wir vermögen,
Bringen wir
An dem geliebten Tage dir
Entgegen.
Du fühlst, daß bei dem Unvermögen
Und unter der Zaubermummerei
Doch guter Wille und Wahrheit sei.

[Aus dem Singspiel › Lila ‹]

Feiger Gedanken
Bängliches Schwanken,
Weibisches Zagen,
Ängstliches Klagen
Wendet kein Elend,
Macht dich nicht frei.

Allen Gewalten
Zum Trutz sich erhalten,
Nimmer sich beugen,
Kräftig sich zeigen,
Rufet die Arme
Der Götter herbei.

[An Charlotte v. Stein]

Was mir in Kopf und Herzen stritt
Seit manchen lieben Jahren!
Was ich da träumend jauchzt und litt,
Muß wachend nun erfahren.

[Aus einem Briefe an die Gräfin Auguste zu Stolberg]

Alles geben die Götter, die unendlichen,
Ihren Lieblingen ganz,
Alle Freuden, die unendlichen,
Alle Schmerzen, die unendlichen, ganz.

AN DEN MOND
[Erste Fassung]

Füllest wieder 's liebe Tal
Still mit Nebelglanz,
Lösest endlich auch einmal
Meine Seele ganz;

Breitest über mein Gefild
Lindernd deinen Blick,
Wie der Liebsten Auge mild
Über mein Geschick.

Das du so beweglich kennst,
Dieses Herz im Brand,
Haltet ihr wie ein Gespenst
An den Fluß gebannt,

Wenn in öder Winternacht
Er vom Tode schwillt
Und bei Frühlingslebens Pracht
An den Knospen quillt.

Selig, wer sich vor der Welt
Ohne Haß verschließt,
Einen Mann am Busen hält
Und mit dem genießt,

Was, dem Menschen unbewußt
Oder wohl veracht,
Durch das Labyrinth der Brust
Wandelt in der Nacht.

AN DEN MOND

[Letzte Fassung]

Füllest wieder Busch und Tal
Still mit Nebelglanz,
Löset endlich auch einmal
Meine Seele ganz,

Breitest über mein Gefild
Lindernd deinen Blick,
Wie des Freundes Auge mild
Über mein Geschick.

Jeden Nachklang fühlt mein Herz
Froh- und trüber Zeit,
Wandle zwischen Freud und Schmerz
In der Einsamkeit.

Fließe, fließe, lieber Fluß!
Nimmer werd ich froh,
So verrauschte Scherz und Kuß,
Und die Treue so.

Ich besaß es doch einmal,
Was so köstlich ist!
Daß man doch zu seiner Qual
Nimmer es vergißt!

Rausche, Fluß, das Tal entlang,
Ohne Rast und Ruh,
Rausche, flüstre meinem Sang
Melodien zu,

Wenn du in der Winternacht
Wütend überschwillst,
Oder um die Frühlingspracht
Junger Knospen quillst.

Selig, wer sich vor der Welt
Ohne Haß verschließt,
Einen Freund am Busen hält
Und mit dem genießt,

Was, von Menschen nicht gewußt
Oder nicht bedacht,
Durch das Labyrinth der Brust
Wandelt in der Nacht.

1775–1786 WEIMAR

*[Motto auf dem Titelblatt der ›Gesänge, mit Begleitung
des Klaviers‹ von Philipp Christoph Kayser, 1777.
Von Goethe oder Kayser?]*

Tief aus dem Herzen hingesungen
Nehmt diese Lieder herzenein,
So ist mir jeder Wunsch gelungen,
So sind auch eure Freuden mein.

GELLERTS MONUMENT VON OESER

Als Gellert, der geliebte, schied,
Manch gutes Herz im stillen weinte,
Auch manches matte, schiefe Lied
Sich mit dem reinen Schmerz vereinte;
Und jeder Stümper bei dem Grab
Ein Blümchen an die Ehrenkrone,
Ein Scherflein zu des Edlen Lohne
Mit vielzufriedner Miene gab:
Stand Oeser seitwärts von den Leuten
Und fühlte den Geschiednen, sann
Ein bleibend Bild, ein lieblich Deuten
Auf den verschwundnen werten Mann;
Und sammlete mit Geistesflug
Im Marmor alles Lobes Stammeln,
Wie wir in einen engen Krug
Die Asche des Geliebten sammeln.

HARZREISE IM WINTER

Dem Geier gleich,
Der auf schweren Morgenwolken
Mit sanftem Fittich ruhend
Nach Beute schaut,
Schwebe mein Lied!

Denn ein Gott hat
Jedem seine Bahn
Vorgezeichnet,
Die der Glückliche
Rasch zum freudigen
Ziele rennt:
Wem aber Unglück
Das Herz zusammenzog,
Er sträubt vergebens
Sich gegen die Schranken
Des ehernen Fadens,
Den die doch bittre Schere
Nur einmal löst.

In Dickichts-Schauer
Drängt sich das rauhe Wild,
Und mit den Sperlingen
Haben längst die Reichen
In ihre Sümpfe sich gesenkt.

Leicht ists folgen dem Wagen,
Den Fortuna führt,
Wie der gemächliche Troß
Auf gebesserten Wegen
Hinter des Fürsten Einzug.

Aber abseits wer ists?
Ins Gebüsch verliert sich sein Pfad,
Hinter ihm schlagen
Die Sträuche zusammen,
Das Gras steht wieder auf,
Die Öde verschlingt ihn.

Ach, wer heilet die Schmerzen
Des, dem Balsam zu Gift ward?
Der sich Menschenhaß
Aus der Fülle der Liebe trank?
Erst verachtet, nun ein Verächter,

1775–1786 WEIMAR

Zehrt er heimlich auf
Seinen eignen Wert
In ungnügender Selbstsucht.

Ist auf deinem Psalter,
Vater der Liebe, ein Ton
Seinem Ohre vernehmlich,
So erquicke sein Herz!
Öffne den umwölkten Blick
Über die tausend Quellen
Neben dem Durstenden
In der Wüste!

Der du der Freuden viel schaffst,
Jedem ein überfließend Maß,
Segne die Brüder der Jagd
Auf der Fährte des Wilds
Mit jugendlichem Übermut
Fröhlicher Mordsucht,
Späte Rächer des Unbills,
Dem schon Jahre vergeblich
Wehrt mit Knütteln der Bauer!

Aber den Einsamen hüll
In deine Goldwolken!
Umgib mit Wintergrün,
Bis die Rose wieder heranreift,
Die feuchten Haare,
O Liebe, deines Dichters!

Mit der dämmernden Fackel
Leuchtest du ihm
Durch die Furten bei Nacht,
Über grundlose Wege
Auf öden Gefilden;
Mit dem tausendfarbigen Morgen
Lachst du ins Herz ihm;
Mit dem beizenden Sturm

Trägst du ihn hoch empor;
Winterströme stürzen vom Felsen
In seine Psalmen,
Und Altar des lieblichsten Danks
Wird ihm des gefürchteten Gipfels
Schneebehangner Scheitel,
Den mit Geisterreihen
Kränzten ahnende Völker.

Du stehst mit unerforschtem Busen
Geheimnisvoll offenbar
Über der erstaunten Welt
Und schaust aus Wolken
Auf ihre Reiche und Herrlichkeit,
Die du aus den Adern deiner Brüder
Neben dir wässerst.

ERINNERUNG

Willst du immer weiter schweifen?
Sieh, das Gute liegt so nah.
Lerne nur das Glück ergreifen,
Denn das Glück ist immer da.

AN DIE ENTFERNTE

So hab ich wirklich dich verloren?
Bist du, o Schöne, mir entflohn?
Noch klingt in den gewohnten Ohren
Ein jedes Wort, ein jeder Ton.

So wie des Wandrers Blick am Morgen
Vergebens in die Lüfte dringt,
Wenn, in dem blauen Raum verborgen,
Hoch über ihm die Lerche singt:

1775–1786 WEIMAR 223

So dringet ängstlich hin und wieder
Durch Feld und Busch und Wald mein Blick;
Dich rufen alle meine Lieder:
O komm, Geliebte, mir zurück!

DER FISCHER

Das Wasser rauscht', das Wasser schwoll,
Ein Fischer saß daran,
Sah nach dem Angel ruhevoll,
Kühl bis ans Herz hinan.
Und wie er sitzt und wie er lauscht,
Teilt sich die Flut empor;
Aus dem bewegten Wasser rauscht
Ein feuchtes Weib hervor.

Sie sang zu ihm, sie sprach zu ihm:
Was lockst du meine Brut
Mit Menschenwitz und Menschenlist
Hinauf in Todesglut?
Ach wüßtest du, wie's Fischlein ist
So wohlig auf dem Grund,
Du stiegst herunter, wie du bist,
Und würdest erst gesund!

Labt sich die liebe Sonne nicht,
Der Mond sich nicht im Meer?
Kehrt wellenatmend ihr Gesicht
Nicht doppelt schöner her?
Lockt dich der tiefe Himmel nicht,
Das feuchtverklärte Blau?
Lockt dich dein eigen Angesicht
Nicht her in ewgen Tau?

Das Wasser rauscht', das Wasser schwoll,
Netzt' ihm den nackten Fuß;
Sein Herz wuchs ihm so sehnsuchtsvoll,

Wie bei der Liebsten Gruß.
Sie sprach zu ihm, sie sang zu ihm;
Da wars um ihn geschehn:
Halb zog sie ihn, halb sank er hin,
Und ward nicht mehr gesehn.

MIT EINER HYAZINTHE

[An Charlotte v. Stein]

Aus dem Zaubertal dortnieden,
Das der Regen still umtrübt,
Aus dem Taumel der Gewässer
Sendet Blume, Gruß und Frieden,
Der dich immer treu und besser,
Als du glauben magst, geliebt.

Diese Blume, die ich pflücke,
Neben mir vom Tau genährt,
Läßt die Mutter still zurücke,
Die sich in sich selbst vermehrt.
Lang entblättert und verborgen,
Mit den Kindern an der Brust,
Wird am neuen Frühlingsmorgen
Vielfach sie des Gärtners Lust.

Du bist mein und bist so zierlich,
Du bist mein und so manierlich,
Aber etwas fehlt dir noch:
Küssest mit so spitzen Lippen,
Wie die Tauben Wasser nippen;
Allzu zierlich bist du doch.

WARNUNG

So wie Titania im Feen- und Zauberland
Klaus Zetteln in dem Arme fand,

So wirst du bald zur Strafe deiner Sünden
Titanien in deinen Armen finden.

[An den Herzog Karl August]

Zwar bin ich nicht seit gestern
Im Zauberhandwerk eingeweiht,
Doch haben meine Schwestern
Dir schon das Beste prophezeit.

Drum laß mich bittend raten:
Wend uns ein gnädig Auge zu,
Laß uns in deinen Staaten
Genießen die erwünschte Ruh.

Doch stört den schönen Frieden
Des Krieges wilder rascher Tritt,
Nimm uns, die Nimmermüden,
Als Marketenderinnen mit.

[An Charlotte v. Stein]

Du machst die Alten jung, die Jungen alt;
Die Kalten warm, die Warmen kalt,
Bist ernst im Scherz, der Ernst macht dich zu lachen.
Dir gab aufs menschliche Geschlecht
Ein süßer Gott sein längst bewährtes Recht,
Aus Weh ihr Wohl, aus Wohl ihr Weh zu machen.

[An Luise v. Göchhausen]

Der Kauz, der auf Minervens Schilde sitzt,
Kann Göttern wohl und Menschen nützen;
Die Musen haben dich beschützt,
Nun magst du sie beschützen.

[An die Herzogin Luise. Von Goethe?]

Man liebt dich heut wie in den alten Tagen.
Nur darf man dirs nicht immer sagen.
Doch dieser Tag bricht allen Zwang.
O sei uns freundlich, sei es lang
Im neuen Jahr, da du uns neues Leben
In ihm willst geben.

[An Luise Adelheid v. Waldner. Von Goethe?]

Alle Tage
Lebendige Geister.
Und zu jeder Sprache
Einen neuen Meister.

[An Amalia v. Hendrich. Von Goethe?]

In deinem Herzen
Ist nicht viel Platz,
Drum alle acht Tage
Einen neuen Schatz.

[An Frau v. Felgenhauer. Von Goethe?]

Das Weib, das Gott der Herr erschuf,
Schuf er zu mancherlei Beruf;
Allein der süßeste von allen
Ist der, den Männern zu gefallen.
Wir danken Gott zu dieser Frist,
Daß du ein Weib geworden bist.

[An Frau v. Lichtenberg, geb. v. Ilten. Von Goethe?]

Daß schnell dir dieses Jahr verging,
Ist eben wohl kein Wunderding;
Mit gutem Appetit genießen,
Vom Morgen bis zum Abend küssen,

1775–1786 WEIMAR 227

Und fest sich an den Schnurrbart schließen,
Kann lange Nächte leicht versüßen.
Fast weiß man nicht bei deinem Wohl,
Was man dir weiter wünschen soll
Als etwa nach vollendeten Redouten
Einen kleinen schreienden Rekruten.

GRENZEN DER MENSCHHEIT

Wenn der uralte,
Heilige Vater
Mit gelassener Hand
Aus rollenden Wolken
Segnende Blitze
Über die Erde sät,
Küß ich den letzten
Saum seines Kleides,
Kindliche Schauer
Treu in der Brust.

Denn mit Göttern
Soll sich nicht messen
Irgendein Mensch.
Hebt er sich aufwärts
Und berührt
Mit dem Scheitel die Sterne,
Nirgends haften dann
Die unsichern Sohlen,
Und mit ihm spielen
Wolken und Winde.

Steht er mit festen,
Markigen Knochen
Auf der wohlgegründeten
Dauernden Erde,
Reicht er nicht auf,
Nur mit der Eiche

Oder der Rebe
Sich zu vergleichen.

Was unterscheidet
Götter von Menschen?
Daß viele Wellen
Vor jenen wandeln,
Ein ewiger Strom:
Uns hebt die Welle,
Verschlingt die Welle,
Und wir versinken.

Ein kleiner Ring
Begrenzt unser Leben,
Und viele Geschlechter
Reihen sich dauernd
An ihres Daseins
Unendliche Kette.

PHYSIOGNOMISCHE REISEN

Die Physiognomisten

Sollt es wahr sein, was uns der rohe Wandrer verkündet,
Daß die Menschengestalt von allen sichtlichen Dingen
Ganz allein uns lüge, daß wir, was edel und albern,
Was beschränkt und groß, im Angesichte zu suchen,
Eitele Toren sind, betrogne, betrügende Toren?
Ach! wir sind auf den dunkelen Pfad des verworrenen Lebens
Wieder zurückgescheucht, der Schimmer zu Nächten
 verfinstert.

Der Dichter

Hebet eure zweifelnden Stirnen empor, ihr Geliebten!
Und verdient nicht den Irrtum, hört nicht bald diesen, bald
 jenen.
Habet ihr eurer Meister vergessen? Auf! kehret zum Pindus,
Fraget dorten die Neune, der Grazien nächste Verwandte!
Ihnen allein ist gegeben, der edlen stillen Betrachtung

Vorzustehn. Ergebet euch gern der heiligen Lehre,
Merket bescheiden leise Worte. Ich darf euch versprechen:
Anders sagen die Musen, und anders sagt es Musäus.

[An Charlotte v. Stein]

Deine Grüße hab ich wohl erhalten.
Liebe lebt jetzt in tausend Gestalten,
Gibt der Blume Farb und Duft,
Jeden Morgen durchzieht sie die Luft,
Tag und Nacht spielt sie auf Wiesen, in Hainen,
Mir will sie oft zu herrlich erscheinen;
Neues bringt sie täglich hervor,
Leben summt uns die Biene ins Ohr.
Bleib, ruf ich oft, Frühling! man küsset dich kaum,
Engel, so fliehst du wie ein schwankender Traum;
Immer wollen wir dich ehren und schätzen,
So uns an dir wie am Himmel ergötzen.

[An Charlotte v. Stein]

Man wills den Damen übel deuten,
Daß sie wohl zu gewissen Zeiten
Ihr Herz mit mehrern teilen können!
Doch dich kann man gar glücklich nennen,
O du, des Hofes Zierd und Ehre!
Du schonst gar weislich deins
Und hast gelegentlich für jeden eins,
Und wenns auch nur von Mehl und Farben wäre.

DER VIERTE TEIL MEINER SCHRIFTEN

Berlin 1779 bei Himburg

Langverdorrte, halbverweste Blätter vorger Jahre,
Ausgekämmte, auch geweiht' und abgeschnittne Haare,
Alte Wämser, ausgetretne Schuh und schwarzes Linnen,
Was sie nicht ums leidge Geld beginnen!

Haben sie für bar und gut
Neuerdings dem Publikum gegeben.
Was man andern nach dem Tode tut,
Tat man mir bei meinem Leben.
Doch ich schreibe nicht um Porzellan noch Brot,
Für die Himburgs bin ich tot.

GESANG DER GEISTER
ÜBER DEN WASSERN

Des Menschen Seele
Gleicht dem Wasser:
Vom Himmel kommt es,
Zum Himmel steigt es,
Und wieder nieder
Zur Erde muß es,
Ewig wechselnd.

Strömt von der hohen,
Steilen Felswand
Der reine Strahl,
Dann stäubt er lieblich
In Wolkenwellen
Zum glatten Fels,
Und leicht empfangen
Wallt er verschleiernd,
Leisrauschend
Zur Tiefe nieder.

Ragen Klippen
Dem Sturz entgegen,
Schäumt er unmutig
Stufenweise
Zum Abgrund.

Im flachen Bette
Schleicht er das Wiesental hin,

1775–1786 WEIMAR

Und in dem glatten See
Weiden ihr Antlitz
Alle Gestirne.

Wind ist der Welle
Lieblicher Buhler;
Wind mischt vom Grund aus
Schäumende Wogen.

Seele des Menschen,
Wie gleichst du dem Wasser!
Schicksal des Menschen,
Wie gleichst du dem Wind!

CHRISTOPH KAUFMANN

*von Winterthur im Gefolge Lavaters, der seine frömmelnd
physiognomisierende Spionerei zu adeln sich Gottes
Spürhund zu nennen beliebte.*

Als Gottes Spürhund hat er frei
Manch Schelmenstück getrieben,
Die Gottesspur ist nun vorbei,
Der Hund ist ihm geblieben.

AXIOM

Freund, wer ein Lump ist, bleibt ein Lump,
Zu Wagen, Pferd und Fuße;
Drum glaub an keinen Lumpen je,
An keines Lumpen Buße.

ANLIEGEN

O schönes Mädchen du,
Du mit dem schwarzen Haar,

Die du ans Fenster trittst,
Auf dem Balkone stehst!
Und stehst du wohl umsonst?
O stündest du für mich
Und zögst die Klinke los,
Wie glücklich wär ich da!
Wie schnell spräng ich hinauf!

AN SEINE SPRÖDE

Siehst du die Pomeranze?
Noch hängt sie an dem Baume;
Schon ist der März verflossen,
Und neue Blüten kommen.
Ich trete zu dem Baume
Und sage: Pomeranze,
Du reife Pomeranze,
Du süße Pomeranze,
Ich schüttle, fühl, ich schüttle,
O fall in meinen Schoß!

NÄHE

Wie du mir oft, geliebtes Kind,
Ich weiß nicht wie, so fremde bist!
Wenn wir im Schwarm der vielen Menschen sind,
Das schlägt mir alle Freude nieder.
Doch ja, wenn alles still und finster um uns ist,
Erkenn ich dich an deinen Küssen wieder.

ER UND SEIN NAME

Bei allen Musen und Grazien sagt an mir, ihr Deutschen!
Euren ersten Dichter, den alle Götter geehret,
Der mit Geistesschritten von Sonne zu Sonne gewandelt,

1775–1786 WEIMAR 233

Der in die Tiefen der Liebe sich wie ein Engel gesenket,
Diesen göttlichen Mann, ihr nennt ihn Klopstock? den Namen
Gebt ihr einem Dichter, dem keiner so sanft und zu hoch wär?
Ja, dies ist der Name, den wir verehren und lieben.
Haltet hier, und widmet euch der Feier stiller Betrachtung!
Ach, der Gute hat leider endlich altshändyscher Ahndung
Böse Schuld bezahlt! aus seinen Höhen und Tiefen
Sich in das Stein- und Gebeinreich der Lettern und Silben
 begeben.
Mit dem eignen Sinne, der großen Dingen geziemte,
Heftet er sich ans Kleinste, und so klopstockt er die Sprache.

KÖNIGLICH GEBET

Ha, ich bin Herr der Welt! mich lieben
Die Edlen, die mir dienen.
Ha, ich bin Herr der Welt! ich liebe
Die Edlen, denen ich gebiete.
O gib mir, Gott im Himmel! daß ich mich
Der Höh und Lieb nicht überhebe.

MENSCHENGEFÜHL

Ach, ihr Götter! große Götter
In dem weiten Himmel droben!
Gäbet ihr uns auf der Erde
Festen Sinn und guten Mut,
O wir ließen euch, ihr Guten,
Euren weiten Himmel droben!

WECHSELLIED ZUM TANZE

Die Gleichgültigen

Komm mit, o Schöne, komm mit mir zum Tanze!
Tanzen gehöret zum festlichen Tag.

Bist du mein Schatz nicht, so kannst du es werden,
Wirst du es nimmer, so tanzen wir doch.
Komm mit, o Schöne, komm mit mir zum Tanze!
Tanzen verherrlicht den festlichen Tag.

Die Zärtlichen

Ohne dich, Liebste, was wären die Feste?
Ohne dich, Süße, was wäre der Tanz?
Wärst du mein Schatz nicht, so möcht ich nicht tanzen,
Bleibst du es immer, ist Leben ein Fest.
Ohne dich, Liebste, was wären die Feste?
Ohne dich, Süße, was wäre der Tanz?

Die Gleichgültigen

Laß sie nur lieben, und laß du uns tanzen!
Schmachtende Liebe vermeidet den Tanz.
Schlingen wir fröhlich den drehenden Reihen,
Schleichen die andern zum dämmernden Wald.
Laß sie nur lieben, und laß du uns tanzen!
Schmachtende Liebe vermeidet den Tanz.

Die Zärtlichen

Laß sie sich drehen, und laß du uns wandeln!
Wandeln der Liebe ist himmlischer Tanz.
Amor, der nahe, der höret sie spotten,
Rächet sich einmal und rächet sich bald.
Laß sie sich drehen, und laß du uns wandeln!
Wandeln der Liebe ist himmlischer Tanz.

LIEBHABER IN ALLEN GESTALTEN

Ich wollt, ich wär ein Fisch,
So hurtig und frisch;
Und kämst du zu angeln,
Ich würde nicht mangeln.
Ich wollt, ich wär ein Fisch,
So hurtig und frisch.

1775–1786 WEIMAR

Ich wollt, ich wär ein Pferd,
Da wär ich dir wert.
O wär ich ein Wagen,
Bequem dich zu tragen.
Ich wollt, ich wär ein Pferd,
Da wär ich dir wert.

Ich wollt, ich wäre Gold,
Dir immer im Sold;
Und tätst du was kaufen,
Käm ich wieder gelaufen.
Ich wollt, ich wäre Gold,
Dir immer im Sold.

Ich wollt, ich wär treu,
Mein Liebchen stets neu;
Ich wollt mich verheißen,
Wollt nimmer verreisen.
Ich wollt, ich wär treu,
Mein Liebchen stets neu.

Ich wollt, ich wär alt
Und runzlig und kalt;
Tätst du mirs versagen,
Da könnt michs nicht plagen.
Ich wollt, ich wär alt
Und runzlig und kalt.

Wär ich Affe sogleich
Voll neckender Streich;
Hätt was dich verdrossen,
So macht ich dir Possen.
Wär ich Affe sogleich
Voll neckender Streich.

Wär ich gut wie ein Schaf,
Wie der Löwe so brav;
Hätt Augen wie's Lüchschen

Und Listen wie's Füchschen.
Wär ich gut wie ein Schaf,
Wie der Löwe so brav.

Was alles ich wär,
Das gönnt ich dir sehr;
Mit fürstlichen Gaben,
Du solltest mich haben.
Was alles ich wär,
Das gönnt ich dir sehr.

Doch bin ich, wie ich bin,
Und nimm mich nur hin!
Willst du Beßre besitzen,
So laß dir sie schnitzen.
Ich bin nun, wie ich bin;
So nimm mich nur hin!

Ein jeder hat sein Ungemach:
Stein zieht den alten Ochsen nach,
Der Herzog jungen Hasen.
Der Prinz ist gutgesinnt fürs Bett,
Und ach, wenn ich ein Misel hätt,
So schwätzt ich nicht mit Basen.

*

Es fähret die poetsche Wut
In unsrer Freunde junges Blut,
Es siedet über und über.
Apollo, laß es ja dabei
Und mache sie dagegen frei
Von jedem andren Fieber.

WANDRERS NACHTLIED

Über allen Gipfeln
Ist Ruh,
In allen Wipfeln

Spürest du
Kaum einen Hauch;
Die Vögelein schweigen im Walde.
Warte nur, balde
Ruhest du auch.

MEINE GÖTTIN

Welcher Unsterblichen
Soll der höchste Preis sein?
Mit niemand streit ich,
Aber ich geb ihn
Der ewig beweglichen,
Immer neuen,
Seltsamsten Tochter Jovis,
Seinem Schoßkinde,
Der Phantasie.

Denn ihr hat er
Alle Launen,
Die er sonst nur allein
Sich vorbehält,
Zugestanden
Und hat seine Freude
An der Törin.

Sie mag rosenbekränzt
Mit dem Lilienstengel
Blumentäler betreten,
Sommervögeln gebieten
Und leichtnährenden Tau
Mit Bienenlippen
Von Blüten saugen;

Oder sie mag
Mit fliegendem Haar
Und düsterm Blicke
Im Winde sausen

Um Felsenwände,
Und tausendfarbig,
Wie Morgen und Abend,
Immer wechselnd
Wie Mondesblicke,
Den Sterblichen scheinen.

Laßt uns alle
Den Vater preisen!
Den alten, hohen,
Der solch eine schöne,
Unverwelkliche Gattin
Dem sterblichen Menschen
Gesellen mögen!

Denn uns allein
Hat er sie verbunden
Mit Himmelsband
Und ihr geboten,
In Freud und Elend
Als treue Gattin
Nicht zu entweichen.

Alle die andern
Armen Geschlechter
Der kinderreichen,
Lebendigen Erde
Wandeln und weiden
In dunkelm Genuß
Und trüben Schmerzen
Des augenblicklichen
Beschränkten Lebens,
Gebeugt vom Joche
Der Notdurft.

Uns aber hat er
Seine gewandteste,
Verzärtelte Tochter,

Freut euch! gegönnt.
Begegnet ihr lieblich,
Wie einer Geliebten!
Laßt ihr die Würde
Der Frauen im Haus!

Und daß die alte
Schwiegermutter Weisheit
Das zarte Seelchen
Ja nicht beleidge!

Doch kenn ich ihre Schwester,
Die ältere, gesetztere,
Meine stille Freundin:
O daß die erst
Mit dem Lichte des Lebens
Sich von mir wende,
Die edle Treiberin,
Trösterin Hoffnung!

[Aus einem Briefe an Charlotte v. Stein]

Um Mitternacht, wenn die Menschen erst
Dann scheinet uns der Mond, [schlafen,
Dann leuchtet uns der Stern;
Wir wandlen und singen
Und tanzen erst gern.

Um Mitternacht, wenn die Menschen erst
Auf Wiesen, an den Erlen [schlafen,
Wir suchen unsern Raum
Und wandlen und singen
Und tanzen einen Traum.

[An Charlotte v. Stein]

Zum Tanze schick ich dir den Strauß
Mit himmelfarbnem Band,

Und siehst du andern freundlich aus,
Reichst andern deine Hand,
So denk auch an ein einsam Haus
Und an ein schöner Band.

*

Aus Kötschaus Toren reichet euch
Ein alter Hexenmeister
Konfekt und süßen roten Wein
Durch einen seiner Geister.

Der sollt, wenn er nicht heiser wär,
Euch auch dies Liedchen singen;
Doch wird er einen holden Gruß
Von mir euch überbringen.

Kein Wetter kann der arme Tropf
Am hohen Himmel machen;
Sonst sollt euch Sonne, Mond und Stern
Zu eurer Reise lachen.

Genießet, weil ihr süße seid,
Auch etwas Süßes gerne,
Und denkt bei Scherz und Fröhlichkeit
An einen in der Ferne!

Der gerne möcht, mit mancher Lust
Euch Schönen zu vergnügen,
An jedem Weg, in jedem Busch
Im Hinterhalte liegen.

Den ihr drum als Oresten saht,
Als Scapin sich gebärden,
Und der nun möcht zu eurem Spaß
Auch Wirt von Kötschau werden.

*

Sag ichs euch, geliebte Bäume,
Dich ich ahndevoll gepflanzt,
Als die wunderbarsten Träume
Morgenrötlich mich umtanzt?
Ach, ihr wißt es, wie ich liebe,
Die so schön mich wiederliebt,
Die den reinsten meiner Triebe
Mir noch reiner wiedergibt.

Wachset wie aus meinem Herzen,
Treibet in die Luft hinein,
Denn ich grub viel Freud und Schmerzen
Unter eure Wurzeln ein.
Bringet Schatten, traget Früchte,
Neue Freude jeden Tag;
Nur daß ich sie dichte, dichte,
Dicht bei ihr genießen mag!

EPIPHANIASFEST

Die heilgen drei König' mit ihrem Stern,
Sie essen, sie trinken, und bezahlen nicht gern;
Sie essen gern, sie trinken gern,
Sie essen, trinken, und bezahlen nicht gern.

Die heilgen drei König' sind kommen allhier,
Es sind ihrer drei und sind nicht ihrer vier;
Und wenn zu dreien der vierte wär,
So wär ein heilger drei König mehr.

Ich erster bin der weiß und auch der schön,
Bei Tage solltet ihr erst mich sehn!
Doch ach, mit allen Spezerein
Werd ich sein Tag kein Mädchen mir erfrein.

Ich aber bin der braun und bin der lang,
Bekannt bei Weibern wohl und bei Gesang.

Ich bringe Gold statt Spezerein,
Da werd ich überall willkommen sein.

Ich endlich bin der schwarz und bin der klein
Und mag auch wohl einmal recht lustig sein.
Ich esse gern, ich trinke gern,
Ich esse, trinke und bedanke mich gern.

Die heilgen drei König' sind wohlgesinnt,
Sie suchen die Mutter und das Kind;
Der Joseph fromm sitzt auch dabei,
Der Ochs und Esel liegen auf der Streu.

Wir bringen Myrrhen, wir bringen Gold,
Dem Weihrauch sind die Damen hold;
Und haben wir Wein von gutem Gewächs,
So trinken wir drei so gut als ihrer sechs.

Da wir nun hier schöne Herrn und Fraun,
Aber keine Ochsen und Esel schaun,
So sind wir nicht am rechten Ort
Und ziehen unseres Weges weiter fort.

DIE NEKTARTROPFEN

Als Minerva, jenen Liebling,
Den Prometheus, zu begünstgen,
Eine volle Nektarschale
Von dem Himmel niederbrachte,
Seine Menschen zu beglücken
Und den Trieb zu holden Künsten
Ihrem Busen einzuflößen,
Eilte sie mit schnellen Füßen,
Daß sie Jupiter nicht sähe;
Und die goldne Schale schwankte,
Und es fielen wenig Tropfen
Auf den grünen Boden nieder.

Emsig waren drauf die Bienen
Hinterher und saugten fleißig;
Kam der Schmetterling geschäftig,
Auch ein Tröpfchen zu erhaschen;
Selbst die ungestalte Spinne
Kroch herbei und sog gewaltig.

Glücklich haben sie gekostet,
Sie und andre zarte Tierchen!
Denn sie teilen mit dem Menschen
Nun das schönste Glück, die Kunst.

[An Amalie v. Stein]

Der dieses Bild der Einsamkeit gemacht,
Hat oft an dich in Einsamkeit gedacht.

Der Reiter kommt auf weichem Grund geritten
Und gibt sein steif Persönchen uns zum besten.
Willkommen sei er bei den Winterfesten,
Der schönsten Dame reit er vor dem Schlitten.

[An den Herzog Karl August]

So groß als die Begierde war in mir,
Die altgeliebten Bilder zu erlangen,
Mit gleicher Lust geb ich sie dir
Und scheine sie dadurch erst zu empfangen.

VERSUCHUNG

Reichte die schädliche Frucht einst Mutter Eva dem Gatten,
 Ach! vom törichten Biß kränkelt das ganze Geschlecht.
Nun vom heiligen Leibe, der Seelen speiset und heilet,
 Kostest du, Lydia, fromm, liebliches büßendes Kind!
Darum schick ich dir eilig die Frucht voll irdischer Süße,
 Daß der Himmel dich nicht deinem Geliebten entzieh.

SCHLAFSEGEN

Der Segen wird gesprochen!
Die Riesin liegt in den Wochen;
Drei Wölfe sind ausgekrochen.
Sie liegt zwischen Eis und Nebel und Schnee,
Tränke gern Eicheln- und Rübenkaffee,
 Wenn sie ihn nur hätte! –
 Da läuft die Maus! –
 Kind, geh zu Bette
 Und lösche die Lichter aus!

NACHTGEDANKEN

Euch bedaur ich, unglückselge Sterne,
Die ihr schön seid und so herrlich scheinet,
Dem bedrängten Schiffer gerne leuchtet,
Unbelohnt von Göttern und von Menschen:
Denn ihr liebt nicht, kanntet nie die Liebe!
Unaufhaltsam führen ewge Stunden
Eure Reihen durch den weiten Himmel.
Welche Reise habt ihr schon vollendet!
Seit ich weilend in dem Arm der Liebsten
Euer und der Mitternacht vergessen.

DER BECHER

Einen wohlgeschnitzten vollen Becher
Hielt ich drückend in den beiden Händen,
Sog begierig süßen Wein vom Rande,
Gram und Sorg auf einmal zu vertrinken.

Amor trat herein und fand mich sitzen,
Und er lächelte bescheiden-weise,
Als den Unverständigen bedauernd:

»Freund, ich kenn ein schöneres Gefäße,
Wert, die ganze Seele drein zu senken!
Was gelobst du, wenn ich dir es gönne,
Es mit anderm Nektar dir erfülle?«

O wie freundlich hat er Wort gehalten!
Da er, Lida, dich mit sanfter Neigung
Mir, dem lange Sehnenden, geeignet.

Wenn ich deinen lieben Leib umfasse
Und von deinen einzig treuen Lippen
Langbewahrter Liebe Balsam koste,
Selig sprech ich dann zu meinem Geiste:

»Nein, ein solch Gefäß hat, außer Amorn,
Nie ein Gott gebildet noch besessen!
Solche Formen treibet nicht Vulkanus
Mit den sinnbegabten, feinen Hämmern!
Auf belaubten Hügeln mag Lyäus
Durch die ältsten, klügsten seiner Faunen
Ausgesuchte Trauben keltern lassen,
Selbst geheimnisvoller Gärung vorstehn:
Solchen Trank verschafft ihm keine Sorgfalt!«

AN LIDA

Den Einzigen, Lida, welchen du lieben kannst,
Forderst du ganz für dich, und mit Recht.
Auch ist er einzig dein.
Denn seit ich von dir bin,
Scheint mir des schnellsten Lebens
Lärmende Bewegung
Nur ein leichter Flor, durch den ich deine Gestalt
Immerfort wie in Wolken erblicke:
Sie leuchtet mir freundlich und treu,
Wie durch des Nordlichts bewegliche Strahlen
Ewige Sterne schimmern.

VERSUS MEMORIALES

Invocavit wir rufen laut,
Reminiscere o wär ich Braut!
Die *Oculi* gehn hin und her;
Laetare drüber nicht so sehr.
O *Judica* uns nicht so streng!
Palmarum streuen wir die Meng.
Auf Oster-Eier freun sich hie
Viel *Quasi modo geniti.*
Misericordias brauchen wir all,
Jubilate ist ein seltner Fall.
Cantate freut der Menschen Sinn,
Rogate bringt nicht viel Gewinn.
Exaudi uns zu dieser Frist,
Spiritus, der du der letzte bist.

HARFENSPIELER

Wer sich der Einsamkeit ergibt,
Ach! der ist bald allein;
Ein jeder lebt, ein jeder liebt,
Und läßt ihn seiner Pein.

Ja! laßt mich meiner Qual!
Und kann ich nur einmal
Recht einsam sein,
Dann bin ich nicht allein.

Es schleicht ein Liebender lauschend sacht,
Ob seine Freundin allein?
So überschleicht bei Tag und Nacht
Mich Einsamen die Pein,
Mich Einsamen die Qual.
Ach, werd ich erst einmal
Einsam im Grabe sein,
Da läßt sie mich allein!

UNGLEICHE HEIRAT

Selbst ein so himmlisches Paar fand nach der Verbindung
 sich ungleich:
Psyche ward älter und klug, Amor ist immer noch Kind.

ERKANNTES GLÜCK

Was bedächtlich Natur sonst unter viele verteilet,
 Gab sie mit reichlicher Hand alles der Einzigen, ihr.
Und die so herrlich Begabte, von vielen so innig Verehrte,
 Gab ein liebend Geschick freundlich dem Glücklichen, mir.

HEILIGE FAMILIE

O des süßen Kindes, und o der glücklichen Mutter,
 Wie sie sich einzig in ihm, wie es in ihr sich ergetzt!
Welche Wonne gewährte der Blick auf dies herrliche Bild mir,
 Stünd ich Armer nicht so heilig, wie Joseph, dabei!

DIE KRÄNZE

Klopstock will uns vom Pindus entfernen; wir sollen
 nach Lorbeer
Nicht mehr geizen, uns soll inländische Eiche genügen;
Und doch führet er selbst den überepischen Kreuzzug
Hin auf Golgathas Gipfel, ausländische Götter zu ehren!
Doch, auf welchen Hügel er wolle, versamml er die Engel,
Lasse beim Grabe des Guten verlassene Redliche weinen:
Wo ein Held und Heiliger starb, wo ein Dichter gesungen,
Uns im Leben und Tod ein Beispiel trefflichen Mutes,
Hohen Menschenwertes zu hinterlassen, da knieen
Billig alle Völker in Andachtswonne, verehren
Dorn- und Lorbeerkranz, und was ihn geschmückt
 und gepeinigt.

GEWEIHTER PLATZ

Wenn zu den Reihen der Nymphen, versammelt in heiliger
 Mondnacht,
Sich die Grazien heimlich herab vom Olympus gesellen:
Hier belauscht sie der Dichter und hört die schönen Gesänge,
Sieht verschwiegener Tänze geheimnisvolle Bewegung.
Was der Himmel nur Herrliches hat, was glücklich die Erde
Reizendes immer gebar, das erscheint dem wachenden
 Träumer.
Alles erzählt er den Musen, und daß die Götter nicht zürnen,
Lehren die Musen ihn gleich bescheiden Geheimnisse sprechen.

ERLKÖNIG

Wer reitet so spät durch Nacht und Wind?
Es ist der Vater mit seinem Kind;
Er hat den Knaben wohl in dem Arm,
Er faßt ihn sicher, er hält ihn warm.

Mein Sohn, was birgst du so bang dein Gesicht?–
Siehst, Vater, du den Erlkönig nicht?
Den Erlenkönig mit Kron und Schweif?–
Mein Sohn, es ist ein Nebelstreif. –

»Du liebes Kind, komm, geh mit mir!
Gar schöne Spiele spiel ich mit dir;
Manch bunte Blumen sind an dem Strand,
Meine Mutter hat manch gülden Gewand.«

Mein Vater, mein Vater, und hörest du nicht,
Was Erlkönig mir leise verspricht?–
Sei ruhig, bleibe ruhig, mein Kind;
In dürren Blättern säuselt der Wind. –

»Willst, feiner Knabe, du mit mir gehn?
Meine Töchter sollen dich warten schön;

Meine Töchter führen den nächtlichen Reihn,
Und wiegen und tanzen und singen dich ein.«

Mein Vater, mein Vater, und siehst du nicht dort
Erlkönigs Töchter am düstern Ort? –
Mein Sohn, mein Sohn, ich seh es genau:
Es scheinen die alten Weiden so grau. –

»Ich liebe dich, mich reizt deine schöne Gestalt;
Und bist du nicht willig, so brauch ich Gewalt.«
Mein Vater, mein Vater, jetzt faßt er mich an!
Erlkönig hat mir ein Leids getan! –

Dem Vater grausets, er reitet geschwind,
Er hält in Armen das ächzende Kind,
Erreicht den Hof mit Müh und Not;
In seinen Armen das Kind war tot.

AUF MIEDINGS TOD

Welch ein Getümmel füllt Thaliens Haus?
Welch ein geschäftig Volk eilt ein und aus?
Von hohlen Brettern tönt des Hammers Schlag,
Der Sonntag feiert nicht, die Nacht wird Tag.
Was die Erfindung still und zart ersann,
Beschäftigt laut den rohen Zimmermann.
Ich sehe Hauenschild gedankenvoll;
Ists Türk, ists Heide, den er kleiden soll?
Und Schumann froh, als wär er schon bezahlt,
Weil er einmal mit ganzen Farben malt.
Ich sehe Thielens leicht bewegten Schritt,
Der lustger wird, je mehr er euch verschnitt.
Der Jude Elkan läuft mit manchem Rest,
Und diese Gärung deutet auf ein Fest.

Allein, wie viele hab ich hererzählt,
Und nenn ihn nicht, den Mann, der nie gefehlt,

Der sinnreich schnell, mit schmerzbeladner Brust,
Den Lattenbau zu fügen wohl gewußt,
Das Brettgerüst, das, nicht von ihm belebt,
Wie ein Skelett an toten Drähten schwebt.

Wo ist er? sagt! – Ihm war die Kunst so lieb,
Daß Kolik nicht, nicht Husten ihn vertrieb.
»Er liegt so krank, so schlimm ist nie noch war!«
Ach, Freunde! Weh! Ich fühle die Gefahr;
Hält Krankheit ihn zurück, so ist es Not,
Er ist nicht krank, nein, Kinder, er ist tot!

Wie? Mieding tot? erschallt bis unters Dach
Das hohle Haus, vom Echo kehrt ein Ach!
Die Arbeit stockt, die Hand wird jedem schwer,
Der Leim wird kalt, die Farbe fließt nicht mehr;
Ein jeder steht betäubt an seinem Ort,
Und nur der Mittwoch treibt die Arbeit fort.

Ja, Mieding tot! O scharret sein Gebein
Nicht undankbar wie manchen andern ein!
Laßt seinen Sarg eröffnet, tretet her,
Klagt jedem Bürger, der gelebt wie er,
Und laßt am Rand des Grabes, wo wir stehn,
Die Schmerzen in Betrachtung übergehn.

O Weimar! dir fiel ein besonder Los!
Wie Bethlehem in Juda, klein und groß.
Bald wegen Geist und Witz beruft dich weit
Europens Mund, bald wegen Albernheit.
Der stille Weise schaut und sieht geschwind,
Wie zwei Extreme nah verschwistert sind.
Eröffne du, die du besondre Lust
Am Guten hast, der Rührung deine Brust!

Und du, o Muse, rufe weit und laut
Den Namen aus, der heut uns still erbaut!
Wie manchen, wert und unwert, hielt mit Glück

1775–1786 WEIMAR

Die sanfte Hand von ewger Nacht zurück;
O laß auch Miedings Namen nicht vergehn!
Laß ihn stets neu am Horizonte stehn!
Nenn ihn der Welt, die kriegrisch oder fein
Dem Schicksal dient und glaubt ihr Herr zu sein,
Dem Rad der Zeit vergebens widersteht,
Verwirrt, beschäftigt und betäubt sich dreht;
Wo jeder, mit sich selbst genug geplagt,
So selten nach dem nächsten Nachbar fragt,
Doch gern im Geist nach fernen Zonen eilt
Und Glück und Übel mit dem Fremden teilt.
Verkünde laut und sag es überall:
Wo Einer fiel, seh jeder seinen Fall!

Du, Staatsmann, tritt herbei! Hier liegt der Mann,
Der, so wie du, ein schwer Geschäft begann;
Mit Lust zum Werke mehr als zum Gewinn
Schob er ein leicht Gerüst mit leichtem Sinn,
Den Wunderbau, der äußerlich entzückt,
Indes der Zaubrer sich im Winkel drückt.
Er wars, der säumend manchen Tag verlor,
So sehr ihn Autor und Akteur beschwor;
Und dann zuletzt, wenn es zum Treffen ging,
Des Stückes Glück an schwache Fäden hing.

Wie oft trat nicht die Herrschaft schon herein!
Es ward gepocht, die Symphonie fiel ein,
Daß er noch kletterte, die Stangen trug,
Die Seile zog und manchen Nagel schlug.
Oft glückt's ihm, kühn betrog er die Gefahr;
Doch auch ein Bock macht' ihm kein graues Haar.

Wer preist genug des Mannes kluge Hand,
Wenn er aus Draht elastsche Federn wand,
Vielfältge Pappen auf die Lättchen schlug,
Die Rolle fügte, die den Wagen trug;
Von Zindel, Blech, gefärbt Papier und Glas,
Dem Ausgang lächelnd, rings umgeben saß?

So, treu dem unermüdlichen Beruf,
War ers, der Held und Schäfer leicht erschuf.
Was alles zarte, schöne Seelen rührt,
Ward treu von ihm, nachahmend, ausgeführt:
Des Rasens Grün, des Wassers Silberfall,
Der Vögel Sang, des Donners lauter Knall,
Der Laube Schatten und des Mondes Licht –
Ja selbst ein Ungeheur erschreckt' ihn nicht.

Wie die Natur manch widerwärtge Kraft
Verbindend zwingt und streitend Körper schafft:
So zwang er jedes Handwerk, jeden Fleiß;
Des Dichters Welt entstand auf sein Geheiß.
Und, so verdient, gewährt die Muse nur
Den Namen ihm – *Direktor der Natur.*

Wer faßt nach ihm, voll Kühnheit und Verstand,
Die vielen Zügel mit der Einen Hand?
Hier, wo sich jeder seines Wesens treibt,
Wo ein Faktotum unentbehrlich bleibt;
Wo selbst der Dichter, heimlich voll Verdruß,
Im Fall der Not die Lichter putzen muß.

O sorget nicht! Gar viele regt sein Tod!
Sein Witz ist nicht zu erben, doch sein Brot;
Und, ungleich ihm, denkt mancher Ehrenmann:
Verdien ichs nicht, wenn ichs nur essen kann.

Was stutzt ihr? Seht den schlecht verzierten Sarg,
Auch das Gefolg scheint euch gering und karg;
Wie! ruft ihr, wer so künstlich und so fein,
So wirksam war, muß reich gestorben sein!
Warum versagt man ihm den Trauerglanz,
Den äußern Anstand letzter Ehre ganz?

Nicht so geschwind! Das Glück macht alles gleich,
Den Faulen und den Tätgen, Arm und Reich.

1775–1786 WEIMAR

Zum Gütersammeln war er nicht der Mann;
Der Tag verzehrte, was der Tag gewann.
Bedauert ihn, der, schaffend bis ans Grab,
Was künstlich war, und nicht was Vorteil gab,
In Hoffnung täglich weniger erwarb,
Vertröstet lebte und vertröstet starb.

Nun laßt die Glocken tönen, und zuletzt
Werd er mit lauter Trauer beigesetzt!
Wer ists, der ihm ein Lob zu Grabe bringt,
Eh noch die Erde rollt, das Chor verklingt?

Ihr Schwestern, die ihr bald auf Thespis Karrn,
Geschleppt von Eseln und umschrien von Narrn,
Vor Hunger kaum, vor Schande nie bewahrt,
Von Dorf zu Dorf, euch feilzubieten, fahrt;
Bald wieder, durch der Menschen Gunst beglückt,
In Herrlichkeit der Welt die Welt entzückt;
Die Mädchen eurer Art sind selten karg,
Kommt, gebt die schönsten Kränze diesem Sarg!
Vereinet hier teilnehmend euer Leid,
Zahlt, was ihr ihm, was ihr uns schuldig seid!
Als euern Tempel grause Glut verheert,
Wart ihr von uns drum weniger geehrt?
Wie viel Altäre stiegen vor euch auf!
Wie manches Rauchwerk brachte man euch drauf!
An wie viel Plätzen lag, vor euch gebückt,
Ein schwer befriedigt Publikum entzückt!
In engen Hütten und im reichen Saal,
Auf Höhen Ettersburgs, in Tiefurts Tal,
Im leichten Zelt, auf Teppichen der Pracht,
Und unter dem Gewölb der hohen Nacht,
Erschient ihr, die ihr vielgestaltet seid,
Im Reitrock bald und bald im Galakleid.

Auch das Gefolg, das um euch sich ergießt,
Dem der Geschmack die Türen ekel schließt,

Das leichte, tolle, scheckige Geschlecht,
Es kam zuhauf, und immer kam es recht.

An weiße Wand bringt dort der Zauberstab
Ein Schattenvolk aus mythologschem Grab.
Im Possenspiel regt sich die alte Zeit,
Gutherzig, doch mit Ungezogenheit.
Was Gallier und Brite sich erdacht,
Ward, wohlverdeutscht, hier Deutschen vorgebracht;
Und oftmals liehen Wärme, Leben, Glanz
Dem armen Dialog – Gesang und Tanz.
Des Karnevals zerstreuter Flitterwelt
Ward sinnreich Spiel und Handlung zugesellt.
Dramatisch selbst erschienen hergesandt
Drei Könige aus fernem Morgenland;
Und sittsam bracht auf reinlichem Altar
Dianens Priesterin ihr Opfer dar.
Nun ehrt uns auch in dieser Trauerzeit!
Gebt uns ein Zeichen! denn ihr seid nicht weit.

Ihr Freunde, Platz! Weicht einen kleinen Schritt!
Seht, wer da kommt und festlich näher tritt!
Sie ist es selbst – die Gute fehlt uns nie –
Wir sind erhört, die Musen senden sie.
Ihr kennt sie wohl; sie ists, die stets gefällt:
Als eine Blume zeigt sie sich der Welt,
Zum Muster wuchs das schöne Bild empor,
Vollendet nun, sie ists und stellt es vor.
Es gönnten ihr die Musen jede Gunst,
Und die Natur erschuf in ihr die Kunst.
So häuft sie willig jeden Reiz auf sich,
Und selbst dein Name ziert, *Corona*, dich.

Sie tritt herbei. Seht sie gefällig stehn!
Nur absichtslos, doch wie mit Absicht schön.
Und hocherstaunt seht ihr in ihr vereint
Ein Ideal, das Künstlern nur erscheint.

Anständig führt die leis erhobne Hand
Den schönsten Kranz, umknüpft von Trauerband.
Der Rose frohes, volles Angesicht,
Das treue Veilchen, der Narzisse Licht,
Vielfältger Nelken, eitler Tulpen Pracht,
Von Mädchenhand geschickt hervorgebracht,
Durchschlungen von der Myrte sanfter Zier,
Vereint die Kunst zum Trauerschmucke hier;
Und durch den schwarzen, leichtgeknüpften Flor
Sticht eine Lorbeerspitze still hervor.

Es schweigt das Volk. Mit Augen voller Glanz
Wirft sie ins Grab den wohlverdienten Kranz.
Sie öffnet ihren Mund, und lieblich fließt
Der weiche Ton, der sich ums Herz ergießt.
Sie spricht: Den Dank für das, was du getan,
Geduldet, nimm, du Abgeschiedner, an!
Der Gute, wie der Böse, müht sich viel,
Und beide bleiben weit von ihrem Ziel.
Dir gab ein Gott in holder, steter Kraft
Zu deiner Kunst die ewge Leidenschaft.
Sie wars, die dich zur bösen Zeit erhielt,
Mit der du krank, als wie ein Kind, gespielt,
Die auf den blassen Mund ein Lächeln rief,
In deren Arm dein müdes Haupt entschlief!
Ein jeder, dem Natur ein Gleiches gab,
Besuche pilgernd dein bescheiden Grab!
Fest steh dein Sarg in wohlgegönnter Ruh;
Mit lockrer Erde deckt ihn leise zu,
Und sanfter als des Lebens liege dann
Auf dir des Grabes Bürde, guter Mann!

[An Charlotte v. Stein]

Das Gänslein rot im Domino
Sieht in die Welt so leicht und froh
Und zeigt sich als ein Meisterstück
Aus der hochgräflichen Fabrik.

Doch zierlich, wie das Schätzchen steht,
Gehts ihm, wie's vielen Leuten geht;
Denn es ist, ich gesteh es gern,
Die Schale bessser als der Kern.
Und viel zu loben find ich da
Den Schneider mehr als den Papa.
Doch ach, warum kommt so geputzt,
So überzierlich aufgestutzt,
Das liebe schöne Kind so weit,
So ferne her zur stillen Zeit?
Ach, wären wir noch allzumal
Im hellen, hohen Palmensaal!
Sie führte dann auf jenem Plan
Auch einen großen Aufzug an,
Wenn alle, die ihr ähnlich sein,
Pathetisch stiegen hinterdrein.
Doch diese Freuden sind nun aus,
Drum mach nur die Honneurs vom Haus
Und lad uns Freunde, wie wir sind,
Mit diesem allerliebsten Kind
In eine kleine Assemblee,
Zu einem wohlfrisierten Tee.
Dann laß uns schwätzen, laß uns sitzen,
Erzählen und die Ohren spitzen,
Und wohl solls ihr mit Groß und Klein
Au sein de sa famille sein.

[*An Luise v. Göchhausen und ihre Tee-Gesellschaft*]

O Kinder, still! reicht meinen Lehren
Ein unbefangen willig Ohr!
Das werte Gänslein zu verehren,
Setzt ihr ihm Tee und Waffeln vor.

Allein ich kanns euch nicht verstecken,
Wenn auch die Wahrheit nicht gefällt:
Das, was euch schmeckt, wird ihr nicht schmecken;
Sie kommt aus einer andern Welt.

Denn Fremde gehn auf ihrer Reise
Von Orten nur vergnügt davon,
Traktiert man sie auf ihre Weise,
Und loben dann den guten Ton.

Seht, wie sie ekel ihren Schnabel
Vor euren Leckerbissen schließt
Und, wie der Kranich in der Fabel,
Von flachen Schüsseln nichts genießt.

Drum send ich euch, sie zu beglücken,
Des Hafers goldne Körner hier.
Und richtet ja, sie zu entzücken,
Mit dem Diskurs euch auch nach ihr.

ERWÄHLTER FELS

Hier im stillen gedachte der Liebende seiner Geliebten;
 Heiter sprach er zu mir: Werde mir Zeuge, du Stein!
Doch erhebe dich nicht, du hast noch viele Gesellen;
 Jedem Felsen der Flur, die mich, den Glücklichen, nährt,
Jedem Baume des Walds, um den ich wandernd mich schlinge:
 Denkmal bleibe des Glücks! ruf ich ihm weihend und froh.
Doch die Stimme verleih ich nur dir, wie unter der Menge
 Einen die Muse sich wählt, freundlich die Lippen ihm küßt.

[An Charlotte v. Stein]

Frage nicht nach mir, und was ich im Herzen verwahre,
 Ewige Stille geziemt ohne Gelübde dem Mann.
Was ich zu sagen vermöchte, ist jetzo schon kein Geheimnis;
 Nur diesen Namen verdient, was sich mir selber verbirgt.

*

Arm an Geiste kommt heut spät dein Geliebter vor dich;
Arm an Liebe kommt er weder frühe noch spät.

EINSAMKEIT

Die ihr Felsen und Bäume bewohnt, o heilsame Nymphen,
 Gebet jeglichem gern, was er im stillen begehrt!
Schaffet dem Traurigen Trost, dem Zweifelhaften Belehrung,
 Und dem Liebenden gönnt, daß ihm begegne sein Glück.
Denn euch gaben die Götter, was sie den Menschen versagten:
 Jeglichem, der euch vertraut, tröstlich und hilflich zu sein.

LÄNDLICHES GLÜCK

Seid, o Geister des Hains, o seid, ihr Nymphen des Flusses,
 Eurer Entfernten gedenk, eueren Nahen zur Lust!
Weihend feierten sie im stillen die ländlichen Feste;
 Wir, dem gebahnten Pfad folgend, beschleichen das Glück.
Amor wohne mit uns, es macht der himmlische Knabe
 Gegenwärtige lieb, und die Entfernten euch nah.

FERNE

Königen, sagt man, gab die Natur vor andern Gebornen
 Eines längeren Arms weithinaus fassende Kraft.
Doch auch mir, dem Geringen, verlieh sie das fürstliche
 Denn ich fasse von fern, halte dich, Lida, mir fest. [Vorrecht:

DER PARK

Welch ein himmlischer Garten entspringt aus Öd und aus
 Wird und lebet und glänzt herrlich imLichte vor mir ? [Wüste,
Wohl den Schöpfer ahmet ihr nach, ihr Götter der Erde!
 Fels und See und Gebüsch, Vögel und Fisch und Gewild.
Nur, daß euere Stätte sich ganz zum Eden vollende,
 Fehlet ein Glücklicher hier, fehlt euch am Sabbat die Ruh.

PHILOMELE

Dich hat Amor gewiß, o Sängerin, fütternd erzogen;
 Kindisch reichte der Gott dir mit dem Pfeile die Kost.
So, durchdrungen von Gift die harmlos atmende Kehle,
 Trifft mit der Liebe Gewalt nun Philomele das Herz.

Man lauft, man drängt, man reißt mich mit!
 Was hat das zu bedeuten?
Sechs Pferde mit gemeßnem Schritt
 Erblick ich schon von weiten.
Ein Dichter, der so manches litt,
 Fährt her, begafft von Leuten,
Steigt aus und kommt mit stolzem Tritt,
 Begrüßt von allen Seiten.
Doch kommt ein Wurm im Herzen mit
 Und läßt ihn vieles leiden;
Er muß bei stolzem Tritt und Schritt
 Ein armes Volk beneiden.
O Pegase! o nimm ihn mit
 In der Begeistrung Weiten!
Er gibt gewiß für Einen Ritt
 Das Sechsgespann mit Freuden.

DEINEM SCHREIBTISCHE

Mich erbaute zuerst ein Denker, weihte der Liebe,
 Weihte der Freundschaft mich ein, stillem Genusse der Welt.
Doch es ward die Stadt ihm zu eng, er eilte von dannen,
 Ließ dem Freunde mich stehn, der mich nun emsig besitzt,
Der, dem schönen Gefilde, den holden Stunden entsagend,
 Sich der Mühe zu weihn, wählte die engere Stadt.

[An Herders Frau]

Dies kleine Stück gehört, so klein es ist,
Zur Hälfte dein, wie du beim ersten Blick
Erkennen wirst, gehört euch beiden zu,
Die ihr schon lang für Eines geltet. Drum
Verzeih, wenn ich so kühn und ohngefragt,
Und noch dazu vielleicht nicht ganz geschickt,
Was er dem Volke nahm, dem Volk zurück-
Gegeben habe. Denn wir andern, die
Wir jeden Tag berupft zu Bette gehn
Und dennoch kleine, ausgestopfte, bunte,
Erlogen-wahre Vögel auf den Markt
Zu bringen, von den Kunden solcher Lust
Gefordert werden, könnens wahrlich nicht
Aus eignen Mitteln immer, müssen still,
Was da ein Pfau, ein Rabe dort, und was
Ein andrer hier verloren, sammlend schleichen.

Und wenn du nun, wie man durch einen Blick
Zum Händedruck, durch den zu einem Kuß
Gelockt wird, es durch diese Blätter wirst,
Zu sehn, was man gedruckt nicht lesen kann,
Weil es gespielt und nicht gesprochen wird,
Auch wohl gesprochen wird, doch schlecht geschrieben
Sich ausnimmt, o so komm; ich lade dich
In deren Namen ein, die unserm Spiele
Den Raum gibt und die Nacht um uns erhellt.

Doch darfst du, Mütterchen, dem feuchten Reich
Des Erlenkönigs dich bei kühler Nacht
Nicht anvertrauen, so entschäge dich
Ein Zauberschatten, zeige dir im Bild
Den schönen Blick, wie Wald und Fluß im Tal
Auf einmal rege wird, und wie die Nacht
Von Feuern leuchtet um ein loses Kind.

[An Charlotte v. Stein]

Von mehr als Einer Seite verwaist,
Klag ich um deinen Abschied hier;
Nicht allein meine Liebe verreist,
Meine Tugend verreist mit dir.

Denn ach, bald wird in dumpfes Unbehagen
Die schönste Stimmung umgewandt,
Die Leidenschaft heißt mich an frischen Tagen
Nach dem und jenem Gute jagen,
Und denk ich es recht sicher heim zu tragen,
Spielt mirs der Leichtsinn aus der Hand.
Bald reizt mich die Gefahr, ein Abenteur zu wagen,
Ich stürze mich hinein und halte mutig stand;
Doch seitwärts fährt die Lust auf ihrem Taubenwagen,
Die Luft wird balsamreich, mein Herz gerät in Brand.

Mein Schutzgeist, eil, es ihr zu sagen,
Durchstreiche schnell das ferne Land.
Sie soll nicht schelten, soll den Freund beklagen;
Und bitte sie zu Lindrung meiner Plagen
Um das geheimnisvolle Band;
Sie trägts, und oft hat mirs ihr Blick versprochen pp.

Bin so in Lieb zu ihr versunken,
Als hätt ich von ihrem Blut getrunken.

DER SÄNGER

Was hör ich draußen vor dem Tor,
Was auf der Brücke schallen?
Laß den Gesang vor unserm Ohr
Im Saale widerhallen!
Der König sprachs, der Page lief;
Der Knabe kam, der König rief:
Laßt mir herein den Alten!

Gegrüßet seid mir, edle Herrn,
Gegrüßt ihr, schöne Damen!
Welch reicher Himmel! Stern bei Stern!
Wer kennet ihre Namen?
Im Saal voll Pracht und Herrlichkeit
Schließt, Augen, euch; hier ist nicht Zeit,
Sich staunend zu ergetzen.

Der Sänger drückt' die Augen ein
Und schlug in vollen Tönen;
Die Ritter schauten mutig drein,
Und in den Schoß die Schönen.
Der König, dem das Lied gefiel,
Ließ, ihn zu ehren für sein Spiel,
Eine goldne Kette holen.

Die goldne Kette gib mir nicht,
Die Kette gib den Rittern,
Vor deren kühnem Angesicht
Der Feinde Lanzen splittern;
Gib sie dem Kanzler, den du hast,
Und laß ihn noch die goldne Last
Zu andern Lasten tragen.

Ich singe, wie der Vogel singt,
Der in den Zweigen wohnet;
Das Lied, das aus der Kehle dringt,
Ist Lohn, der reichlich lohnet.
Doch darf ich bitten, bitt ich eins:
Laß mir den besten Becher Weins
In purem Golde reichen.

Er setzt' ihn an, er trank ihn aus:
O Trank voll süßer Labe!
O wohl dem hochbeglückten Haus,
Wo das ist kleine Gabe!
Ergehts euch wohl, so denkt an mich,
Und danket Gott so warm, als ich
Für diesen Trunk euch danke.

HARFENSPIELER

Wer nie sein Brot mit Tränen aß,
Wer nie die kummervollen Nächte
Auf seinem Bette weinend saß,
Der kennt euch nicht, ihr himmlischen Mächte.

Ihr führt ins Leben uns hinein,
Ihr laßt den Armen schuldig werden,
Dann überlaßt ihr ihn der Pein:
Denn alle Schuld rächt sich auf Erden.

FEIER DER GEBURTSSTUNDE
DES ERBPRINZEN KARL FRIEDRICH

den 15. Februar 1783, gegen Morgen

Vor vierzehn Tagen harrten wir
In dieser nächtlichen Stunde,
Noch zweifelhaft, auf unser Glück,
Mit zugeschloßnem Munde.

Nach vierzehn Tagen kommen wir,
Die Stimme zu erheben,
Zu rufen: Endlich ist er da!
Er lebt, und er wird leben!

Nach vierzehn Jahren wollen wir
Dies Ständchen wieder bringen,
Zu seiner ersten Jünglingszeit
Ein Segenslied zu singen.

Nach vierzehnhundert Jahren wird
Zwar mancher von uns fehlen,
Doch soll man dann Karl Friedrichs Glück
Und Güte noch erzählen.

[An Charlotte v. Stein]

Herzlich bat ich die Muse, mich liebliche Worte zu lehren
 Heute zur Feier des Tags; doch sie erhörte mich nicht.
Besser lehrt mich das Kochbuch, ein eßbares Opfer zu bringen;
 Wenn es dein Völklein genießt, mehr' es die Feier des Tags.

ILMENAU

am 3. September 1783

Anmutig Tal! du immergrüner Hain!
Mein Herz begrüßt euch wieder auf das beste;
Entfaltet mir die schwerbehangnen Äste,
Nehmt freundlich mich in eure Schatten ein,
Erquickt von euren Höhn, am Tag der Lieb und Lust,
Mit frischer Luft und Balsam meine Brust!

Wie kehrt ich oft mit wechselndem Geschicke,
Erhabner Berg! an deinen Fuß zurücke.
O laß mich heut an deinen sachten Höhn
Ein jugendlich, ein neues Eden sehn!
Ich hab es wohl auch mit um euch verdienet:
Ich sorge still, indes ihr ruhig grünet.

Laßt mich vergessen, daß auch hier die Welt
So manch Geschöpf in Erdefesseln hält,
Der Landmann leichtem Sand den Samen anvertraut
Und seinen Kohl dem frechen Wilde baut,
Der Knappe karges Brot in Klüften sucht,
Der Köhler zittert, wenn der Jäger flucht.
Verjüngt euch mir, wie ihr es oft getan,
Als fing' ich heut ein neues Leben an.

Ihr seid mir hold, ihr gönnt mir diese Träume,
Sie schmeicheln mir und locken alte Reime.
Mir wieder selbst, von allen Menschen fern,
Wie bad ich mich in euren Düften gern!

1775–1786 WEIMAR

Melodisch rauscht die hohe Tanne wieder,
Melodisch eilt der Wasserfall hernieder;
Die Wolke sinkt, der Nebel drückt ins Tal,
Und es ist Nacht und Dämmrung auf einmal.

Im finstern Wald, beim Liebesblick der Sterne,
Wo ist mein Pfad, den sorglos ich verlor?
Welch seltne Stimmen hör ich in der Ferne?
Sie schallen wechselnd an dem Fels empor.
Ich eile sacht, zu sehn, was es bedeutet,
Wie von des Hirsches Ruf der Jäger still geleitet.

Wo bin ich? ist's ein Zaubermärchen-Land?
Welch nächtliches Gelag am Fuß der Felsenwand?
Bei kleinen Hütten, dicht mit Reis bedecket,
Seh ich sie froh ans Feuer hingestrecket.
Es dringt der Glanz hoch durch den Fichten-Saal,
Am niedern Herde kocht ein rohes Mahl;
Sie scherzen laut, indessen, bald geleeret,
Die Flasche frisch im Kreise wiederkehret.

Sagt, wem vergleich ich diese muntre Schar?
Von wannen kommt sie? um wohin zu ziehen?
Wie ist an ihr doch alles wunderbar!
Soll ich sie grüßen? soll ich vor ihr fliehen?
Ist es der Jäger wildes Geisterheer?
Sinds Gnomen, die hier Zauberkünste treiben?
Ich seh im Busch der kleinen Feuer mehr;
Es schaudert mich, ich wage kaum, zu bleiben.
Ists der Ägyptier verdächtiger Aufenthalt?
Ist es ein flüchtiger Fürst wie im Ardenner-Wald?
Soll ich Verirrter hier in den verschlungnen Gründen
Die Geister Shakespeares gar verkörpert finden?
Ja, der Gedanke führt mich eben recht:
Sie sind es selbst, wo nicht ein gleich Geschlecht!
Unbändig schwelgt ein Geist in ihrer Mitten,
Und durch die Roheit fühl ich edle Sitten.

Wie nennt ihr ihn? Wer ists, der dort gebückt
Nachlässig stark die breiten Schultern drückt?
Er sitzt zunächst gelassen an der Flamme,
Die markige Gestalt aus altem Heldenstamme.
Er saugt begierig am geliebten Rohr,
Es steigt der Dampf an seiner Stirn empor.
Gutmütig trocken weiß er Freud und Lachen
Im ganzen Zirkel laut zu machen,
Wenn er mit ernstlichem Gesicht
Barbarisch bunt in fremder Mundart spricht.

Wer ist der andre, der sich nieder
An einen Sturz des alten Baumes lehnt
Und seine langen, feingestalten Glieder
Ekstatisch faul nach allen Seiten dehnt
Und, ohne daß die Zecher auf ihn hören,
Mit Geistesflug sich in die Höhe schwingt
Und von dem Tanz der himmelhohen Sphären
Ein monotones Lied mit großer Inbrunst singt?

Doch scheinet allen etwas zu gebrechen;
Ich höre sie auf einmal leise sprechen,
Des Jünglings Ruhe nicht zu unterbrechen,
Der dort am Ende, wo das Tal sich schließt,
In einer Hütte, leicht gezimmert,
Vor der ein letzter Blick des kleinen Feuers schimmert,
Vom Wasserfall umrauscht, des milden Schlafs genießt.
Mich treibt das Herz, nach jener Kluft zu wandern,
Ich schleiche still und scheide von den andern.

Sei mir gegrüßt, der hier in später Nacht
Gedankenvoll an dieser Schwelle wacht!
Was sitzest du entfernt von jenen Freuden?
Du scheinst mir auf was Wichtiges bedacht.
Was ists, daß du in Sinnen dich verlierest,
Und nicht einmal dein kleines Feuer schürest?

1775–1786 WEIMAR

»O frage nicht! denn ich bin nicht bereit,
Des Fremden Neugier leicht zu stillen;
Sogar verbitt ich deinen guten Willen:
Hier ist zu schweigen und zu leiden Zeit.
Ich bin dir nicht imstande selbst zu sagen,
Woher ich sei, wer mich hierher gesandt;
Von fremden Zonen bin ich her verschlagen
Und durch die Freundschaft festgebannt.

Wer kennt sich selbst? wer weiß, was er vermag?
Hat nie der Mutige Verwegnes unternommen?
Und was du tust, sagt erst der andre Tag,
War es zum Schaden oder Frommen.
Ließ nicht Prometheus selbst die reine Himmelsglut
Auf frischen Ton vergötternd niederfließen?
Und konnt er mehr als irdisch Blut
Durch die belebten Adern gießen?
Ich brachte reines Feuer vom Altar;
Was ich entzündet, ist nicht reine Flamme.
Der Sturm vermehrt die Glut und die Gefahr,
Ich schwanke nicht, indem ich mich verdamme.

Und wenn ich unklug Mut und Freiheit sang
Und Redlichkeit und Freiheit sonder Zwang,
Stolz auf sich selbst und herzliches Behagen,
Erwarb ich mir der Menschen schöne Gunst;
Doch ach! ein Gott versagte mir die Kunst,
Die arme Kunst, mich künstlich zu betragen.
Nun sitz ich hier, zugleich erhoben und gedrückt,
Unschuldig und gestraft, und schuldig und beglückt.

Doch rede sacht! denn unter diesem Dach
Ruht all mein Wohl und all mein Ungemach:
Ein edles Herz, vom Wege der Natur
Durch enges Schicksal abgeleitet,
Das, ahnungsvoll, nun auf der rechten Spur
Bald mit sich selbst und bald mit Zauberschatten streitet
Und, was ihm das Geschick durch die Geburt geschenkt,

Mit Müh und Schweiß erst zu erringen denkt.
Kein liebevolles Wort kann seinen Geist enthüllen
Und kein Gesang die hohen Wogen stillen.

Wer kann der Raupe, die am Zweige kriecht,
Von ihrem künftgen Futter sprechen?
Und wer der Puppe, die am Boden liegt,
Die zarte Schale helfen durchzubrechen?
Es kommt die Zeit, sie drängt sich selber los
Und eilt auf Fittichen der Rose in den Schoß.

Gewiß, ihm geben auch die Jahre
Die rechte Richtung seiner Kraft.
Noch ist, bei tiefer Neigung für das Wahre,
Ihm Irrtum eine Leidenschaft.
Der Vorwitz lockt ihn in die Weite,
Kein Fels ist ihm zu schroff, kein Steg zu schmal;
Der Unfall lauert an der Seite
Und stürzt ihn in den Arm der Qual.
Dann treibt die schmerzlich überspannte Regung
Gewaltsam ihn bald da, bald dort hinaus,
Und von unmutiger Bewegung
Ruht er unmutig wieder aus
Und düster wild an heitern Tagen,
Unbändig, ohne froh zu sein,
Schläft er, an Seel und Leib verwundet und
Auf einem harten Lager ein: [zerschlagen,
Indessen ich hier, still und atmend kaum,
Die Augen zu den freien Sternen kehre
Und, halb erwacht und halb im schweren Traum,
Mich kaum des schweren Traums erwehre.«

Verschwinde, Traum!
 Wie dank ich, Musen, euch!
Daß ihr mich heut auf einen Pfad gestellt,
Wo auf ein einzig Wort die ganze Gegend gleich
Zum schönsten Tage sich erhellet;
Die Wolke flieht, der Nebel fällt,

1775–1786 WEIMAR

Die Schatten sind hinweg. Ihr Götter, Preis und
Es leuchtet mir die wahre Sonne, [Wonne!
Es lebt mir eine schönre Welt;
Das ängstliche Gesicht ist in die Luft zerronnen,
Ein neues Leben ists, es ist schon lang begonnen.

Ich sehe hier, wie man nach langer Reise
Im Vaterland sich wiederkennt,
Ein ruhig Volk in stillem Fleiße
Benutzen, was Natur an Gaben ihm gegönnt.
Der Faden eilet von dem Rocken
Des Webers raschem Stuhle zu,
Und Seil und Kübel wird in längrer Ruh
Nicht am verbrochnen Schachte stocken;
Es wird der Trug entdeckt, die Ordnung kehrt
 zurück,
Es folgt Gedeihn und festes irdsches Glück.

So mög, o Fürst, der Winkel deines Landes
Ein Vorbild deiner Tage sein!
Du kennest lang die Pflichten deines Standes
Und schränkest nach und nach die freie Seele ein.
Der kann sich manchen Wunsch gewähren,
Der kalt sich selbst und seinem Willen lebt;
Allein wer andre wohl zu leiten strebt,
Muß fähig sein, viel zu entbehren.

So wandle du – der Lohn ist nicht gering –
Nicht schwankend hin, wie jener Sämann ging,
Daß bald ein Korn, des Zufalls leichtes Spiel,
Hier auf den Weg, dort zwischen Dornen fiel;
Nein! streue klug wie reich, mit männlich steter
Den Segen aus auf ein geackert Land; [Hand,
Dann laß es ruhn: die Ernte wird erscheinen
Und dich beglücken und die Deinen.

[In das Stammbuch von Mr. Brak]

Will der Knabe nicht hören, was der erfahrene Mann spricht?
Muß der Jüngling stets irren? und schwer betrogen die Männer
Wieder zu Knaben sich wünschen, nur um sich selber zu
 folgen?

DAS GÖTTLICHE

Edel sei der Mensch,
Hilfreich und gut!
Denn das allein
Unterscheidet ihn
Von allen Wesen,
Die wir kennen.

Heil den unbekannten
Höhern Wesen,
Die wir ahnen!
Ihnen gleiche der Mensch;
Sein Beispiel lehr uns
Jene glauben.

Denn unfühlend
Ist die Natur:
Es leuchtet die Sonne
Über Bös' und Gute,
Und dem Verbrecher
Glänzen wie dem Besten
Der Mond und die Sterne.

Wind und Ströme,
Donner und Hagel
Rauschen ihren Weg
Und ergreifen
Vorüber eilend
Einen um den andern.

Auch so das Glück
Tappt unter die Menge,
Faßt bald des Knaben
Lockige Unschuld,
Bald auch den kahlen
Schuldigen Scheitel.

Nach ewigen, ehrnen,
Großen Gesetzen
Müssen wir alle
Unseres Daseins
Kreise vollenden.

Nur allein der Mensch
Vermag das Unmögliche:
Er unterscheidet,
Wählet und richtet;
Er kann dem Augenblick
Dauer verleihen.

Er allein darf
Den Guten lohnen,
Den Bösen strafen,
Heilen und retten,
Alles Irrende, Schweifende
Nützlich verbinden.

Und wir verehren
Die Unsterblichen,
Als wären sie Menschen,
Täten im Großen,
Was der Beste im Kleinen
Tut oder möchte.

Der edle Mensch
Sei hilfreich und gut!
Unermüdet schaff er
Das Nützliche, Rechte,

Sei uns ein Vorbild
Jener geahneten Wesen!

ENTSCHULDIGUNG

Du verklagest das Weib, sie schwanke von einem zum andern!
Tadle sie nicht: sie sucht einen beständigen Mann.

NOVEMBERLIED

Dem Schützen, doch dem alten nicht,
Zu dem die Sonne flieht,
Der uns ihr fernes Angesicht
Mit Wolken überzieht;

Dem Knaben sei dies Lied geweiht,
Der zwischen Rosen spielt,
Uns höret und zur rechten Zeit
Nach schönen Herzen zielt!

Durch ihn hat uns des Winters Nacht,
So häßlich sonst und rauh,
Gar manchen werten Freund gebracht
Und manche liebe Frau.

Von nun an soll sein schönes Bild
Am Sternenhimmel stehn,
Und er soll ewig, hold und mild,
Uns auf- und untergehn.

MIGNON

Kennst du das Land, wo die Zitronen blühn,
Im dunkeln Laub die Gold-Orangen glühn,
Ein sanfter Wind vom blauen Himmel weht,

1775–1786 WEIMAR 273

Die Myrte still und hoch der Lorbeer steht,
Kennst du es wohl?
 Dahin! Dahin
Möcht ich mit dir, o mein Geliebter, ziehn!

Kennst du das Haus? Auf Säulen ruht sein Dach,
Es glänzt der Saal, es schimmert das Gemach,
Und Marmorbilder stehn und sehn mich an:
Was hat man dir, du armes Kind, getan?
Kennst du es wohl?
 Dahin! Dahin
Möcht ich mit dir, o mein Beschützer, ziehn!

Kennst du den Berg und seinen Wolkensteg?
Das Maultier sucht im Nebel seinen Weg,
In Höhlen wohnt der Drachen alte Brut,
Es stürzt der Fels und über ihn die Flut:
Kennst du ihn wohl?
 Dahin! Dahin
Geht unser Weg! o Vater, laß uns ziehn!

[Zu Herders Abhandlung ›Nemesis‹]

Jugendlich kommt sie vom Himmel, tritt vor den Priester
 und Weisen
Unbekleidet, die Göttin; still blickt sein Auge zur Erde.
Dann ergreift er das Rauchfaß und hüllt demütig verehrend
Sie in durchsichtigen Schleier, daß wir sie zu schauen ertragen.

[An Charlotte v. Stein]

Was ich leugnend gestehe und offenbarend verberge,
 Ist mir das einzige Wohl, bleibt mir ein reichlicher Schatz.
Ich vertrau es dem Felsen, damit der Einsame rate,
 Was in der Einsamkeit mich, was in der Welt mich beglückt.

*

Felsen sollten nicht Felsen und Wüsten Wüsten nicht bleiben,
 Drum stieg Amor herab, sieh, und es lebte die Welt.
Auch belebt er mir die Höhle mit himmlischem Lichte,
 Zwar der Hoffnung nur, doch ward die Hoffnung erfüllt.

ZUEIGNUNG

Der Morgen kam; es scheuchten seine Tritte
Den leisen Schlaf, der mich gelind umfing,
Daß ich, erwacht, aus meiner stillen Hütte
Den Berg hinauf mit frischer Seele ging;
Ich freute mich bei einem jeden Schritte
Der neuen Blume, die voll Tropfen hing;
Der junge Tag erhob sich mit Entzücken,
Und alles war erquickt, mich zu erquicken.

Und wie ich stieg, zog von dem Fluß der Wiesen
Ein Nebel sich in Streifen sacht hervor;
Er wich und wechselte, mich zu umfließen,
Und wuchs geflügelt mir ums Haupt empor:
Des schönen Blicks sollt ich nicht mehr genießen,
Die Gegend deckte mir ein trüber Flor;
Bald sah ich mich von Wolken wie umgossen
Und mit mir selbst in Dämmrung eingeschlossen.

Auf einmal schien die Sonne durchzudringen,
Im Nebel ließ sich eine Klarheit sehn.
Hier sank er, leise sich hinabzuschwingen,
Hier teilt' er steigend sich um Wald und Höhn.
Wie hofft ich ihr den ersten Gruß zu bringen!
Sie hofft ich nach der Trübe doppelt schön.
Der luftge Kampf war lange nicht vollendet,
Ein Glanz umgab mich, und ich stand geblendet.

Bald machte mich, die Augen aufzuschlagen,
Ein innrer Trieb des Herzens wieder kühn,
Ich konnt es nur mit schnellen Blicken wagen,

Denn alles schien zu brennen und zu glühn.
Da schwebte, mit den Wolken hergetragen,
Ein göttlich Weib vor meinen Augen hin,
Kein schöner Bild sah ich in meinem Leben,
Sie sah mich an und blieb verweilend schweben.

Kennst du mich nicht? sprach sie mit einem Munde
Dem aller Lieb und Treue Ton entfloß:
Erkennst du mich, die ich in manche Wunde
Des Lebens dir den reinsten Balsam goß?
Du kennst mich wohl, an die, zu ewgem Bunde,
Dein strebend Herz sich fest und fester schloß.
Sah ich dich nicht mit heißen Herzenstränen
Als Knabe schon nach mir dich eifrig sehnen?

Ja! rief ich aus, indem ich selig nieder
Zur Erde sank, lang hab ich dich gefühlt;
Du gabst mir Ruh, wenn durch die jungen Glieder
Die Leidenschaft sich rastlos durchgewühlt;
Du hast mir wie mit himmlischem Gefieder
Am heißen Tag die Stirne sanft gekühlt;
Du schenktest mir der Erde beste Gaben,
Und jedes Glück will ich durch dich nur haben!

Dich nenn ich nicht. Zwar hör ich dich von vielen
Gar oft genannt, und jeder heißt dich *sein*,
Ein jedes Auge glaubt auf dich zu zielen,
Fast jedem Auge wird dein Strahl zur Pein.
Ach, da ich irrte, hatt ich viel Gespielen,
Da ich dich kenne, bin ich fast allein;
Ich muß mein Glück nur mit mir selbst genießen,
Dein holdes Licht verdecken und verschließen.

Sie lächelte, sie sprach: Du siehst, wie klug,
Wie nötig wars, euch wenig zu enthüllen!
Kaum bist du sicher vor dem gröbsten Trug,
Kaum bist du Herr vom ersten Kinderwillen,
So glaubst du dich schon Übermensch genug,

Versäumst die Pflicht des Mannes zu erfüllen!
Wieviel bist du von andern unterschieden?
Erkenne dich, leb mit der Welt in Frieden!

Verzeih mir, rief ich aus, ich meint es gut;
Soll ich umsonst die Augen offen haben?
Ein froher Wille lebt in meinem Blut,
Ich kenne ganz den Wert von deinen Gaben!
Für andre wächst in mir das edle Gut,
Ich kann und will das Pfund nicht mehr vergraben!
Warum sucht ich den Weg so sehnsuchtsvoll,
Wenn ich ihn nicht den Brüdern zeigen soll?

Und wie ich sprach, sah mich das hohe Wesen
Mit einem Blick mitleidger Nachsicht an;
Ich konnte mich in ihrem Auge lesen,
Was ich verfehlt und was ich recht getan.
Sie lächelte, da war ich schon genesen,
Zu neuen Freuden stieg mein Geist heran;
Ich konnte nun mit innigem Vertrauen
Mich zu ihr nahn und ihre Nähe schauen.

Da reckte sie die Hand aus in die Streifen
Der leichten Wolken und des Dufts umher;
Wie sie ihn faßte, ließ er sich ergreifen,
Er ließ sich ziehn, es war kein Nebel mehr.
Mein Auge konnt im Tale wieder schweifen,
Gen Himmel blickt ich, er war hell und hehr.
Nur sah ich sie den reinsten Schleier halten,
Er floß um sie und schwoll in tausend Falten.

Ich kenne dich, ich kenne deine Schwächen,
Ich weiß, was Gutes in dir lebt und glimmt!
– So sagte sie, ich hör sie ewig sprechen, –
Empfange hier, was ich dir lang bestimmt!
Dem Glücklichen kann es an nichts gebrechen,
Der dies Geschenk mit stiller Seele nimmt:
Aus Morgenduft gewebt und Sonnenklarheit,
Der Dichtung Schleier aus der Hand der Wahrheit.

Und wenn es dir und deinen Freunden schwüle
Am Mittag wird, so wirf ihn in die Luft!
Sogleich umsäuselt Abendwindes Kühle,
Umhaucht euch Blumen-Würzgeruch und Duft.
Es schweigt das Wehen banger Erdgefühle,
Zum Wolkenbette wandelt sich die Gruft,
Besänftiget wird jede Lebenswelle,
Der Tag wird lieblich, und die Nacht wird helle.

So kommt denn, Freunde, wenn auf euren Wegen
Des Lebens Bürde schwer und schwerer drückt,
Wenn eure Bahn ein frischerneuter Segen
Mit Blumen ziert, mit goldnen Früchten schmückt,
Wir gehn vereint dem nächsten Tag entgegen!
So leben wir, so wandeln wir beglückt.
Und dann auch soll, wenn Enkel um uns trauern,
Zu ihrer Lust noch unsre Liebe dauern.

[An Charlotte v. Stein]

Gewiß, ich wäre schon so ferne, ferne,
So weit die Welt nur offen liegt, gegangen,
Bezwängen mich nicht übermächtge Sterne,
Die mein Geschick an deines angehangen,
Daß ich in dir nun erst mich kennen lerne.
Mein Dichten, Trachten, Hoffen und Verlangen
Allein nach dir und deinem Wesen drängt,
Mein Leben nur an deinem Leben hängt.

WARNUNG

Wecke den Amor nicht auf? Noch schläft der liebliche Knabe;
 Geh, vollbring dein Geschäft, wie es der Tag dir gebeut!
So der Zeit bedienet sich klug die sorgliche Mutter,
 Wenn ihr Knäbchen entschläft, denn es erwacht nur zu bald.

ANTWORTEN BEI EINEM
GESELLSCHAFTLICHEN FRAGESPIEL

Die Dame

Was ein weiblich Herz erfreue
In der klein- und großen Welt?
Ganz gewiß ist es das Neue,
Dessen Blüte stets gefällt;
Doch viel werter ist die Treue,
Die, auch in der Früchte Zeit,
Noch mit Blüten uns erfreut.

Der junge Herr

Paris war in Wald und Höhlen
Mit den Nymphen wohl bekannt,
Bis ihm Zeus, um ihn zu quälen,
Drei der Himmlischen gesandt;
Und es fühlte wohl im Wählen,
In der alt- und neuen Zeit,
Niemand mehr Verlegenheit.

Der Erfahrne

Geh den Weibern zart entgegen,
Du gewinnst sie, auf mein Wort;
Und wer rasch ist und verwegen,
Kommt vielleicht noch besser fort;
Doch wem wenig dran gelegen
Scheinet, ob er reizt und rührt,
Der beleidigt, der verführt.

Der Zufriedne

Vielfach ist der Menschen Streben,
Ihre Unruh, ihr Verdruß;
Auch ist manches Gut gegeben,
Mancher liebliche Genuß;
Doch das größte Glück im Leben
Und der reichlichste Gewinn
Ist ein guter leichter Sinn.

Der lustige Rat

Wer der Menschen töricht Treiben
Täglich sieht und täglich schilt
Und, wenn andre Narren bleiben,
Selbst für einen Narren gilt,
Der trägt schwerer, als zur Mühle
Irgendein beladen Tier.
Und, wie ich im Busen fühle,
Wahrlich! so ergeht es mir.

VERSCHIEDENE EMPFINDUNGEN
AN EINEM PLATZE

Das Mädchen

Ich hab ihn gesehen!
Wie ist mir geschehen?
O himmlischer Blick!
Er kommt mir entgegen;
Ich weiche verlegen,
Ich schwanke zurück.
Ich irre, ich träume!
Ihr Felsen, ihr Bäume,
Verbergt meine Freude,
Verberget mein Glück!

Der Jüngling

Hier muß ich sie finden!
Ich sah sie verschwinden,
Ihr folgte mein Blick.
Sie kam mir entgegen,
Dann trat sie verlegen
Und schamrot zurück.
Ists Hoffnung, sinds Träume?
Ihr Felsen, ihr Bäume,
Entdeckt mir die Liebste,
Entdeckt mir mein Glück!

Der Schmachtende

Hier klag ich verborgen
Dem tauenden Morgen
Mein einsam Geschick.
Verkannt von der Menge,
Wie zieh ich ins Enge
Mich stille zurück!
O zärtliche Seele,
O schweige, verhehle
Die ewigen Leiden,
Verhehle dein Glück!

Der Jäger

Es lohnet mich heute
Mit doppelter Beute
Ein gutes Geschick.
Der redliche Diener
Bringt Hasen und Hühner
Beladen zurück.
Hier find ich gefangen
Auch Vögel noch hangen.
Es lebe der Jäger,
Es lebe sein Glück!

ERSTER VERLUST

Ach, wer bringt die schönen Tage,
Jene Tage der ersten Liebe,
Ach, wer bringt nur eine Stunde
Jener holden Zeit zurück!

Einsam nähr ich meine Wunde,
Und mit stets erneuter Klage
Traur ich ums verlorne Glück.

Ach, wer bringt die schönen Tage,
Jene holde Zeit zurück!

DIE LEHRER

Als Diogenes still in seiner Tonne sich sonnte,
 Und Calanus mit Lust stieg in das flammende Grab:
Welche herrliche Lehre dem raschen Sohn des Philippus,
 Wäre der Herrscher der Welt nicht auch der Lehre zu groß!

DEM ACKERMANN

Flach bedecket und leicht den goldenen Samen die Furche,
 Guter! die tiefere deckt endlich dein ruhend Gebein.
Fröhlich gepflügt und gesät! Hier keimet lebendige Nahrung,
 Und die Hoffnung entfernt selbst von dem Grabe sich nicht.

ANAKREONS GRAB

Wo die Rose hier blüht, wo Reben um Lorbeer sich schlingen,
 Wo das Turtelchen lockt, wo sich das Grillchen ergetzt,
Welch ein Grab ist hier, das alle Götter mit Leben
 Schön bepflanzt und geziert? Es ist Anakreons Ruh.
Frühling, Sommer und Herbst genoß der glückliche Dichter;
 Vor dem Winter hat ihn endlich der Hügel geschützt.

DIE GESCHWISTER

Schlummer und Schlaf, zwei Brüder, zum Dienste der
 Götter berufen,
 Bat sich Prometheus herab, seinem Geschlechte zum
 Trost;
Aber, den Göttern so leicht, doch schwer zu ertragen der
 Menschen,
 Ward nun ihr Schlummer uns Schlaf, ward nun ihr Schlaf
 uns zum Tod.

[In das Stammbuch von?]

Alle gleichen wir uns, denn wir sind eines Geschlechtes;
 Allen gleichen wir nicht, sagt einem jeden das Herz.

ZEITMASS

Eros, wie seh ich dich hier! In jeglichem Händchen die Sanduhr!
 Wie? Leichtsinniger Gott, missest du doppelt die Zeit?
»Langsam rinnen aus einer die Stunden entfernter Geliebten;
 Gegenwärtigen fließt eilig die zweite herab.«

[An Fritz v. Stein]

Unglück bildet den Menschen und zwingt ihn, sich selber
 zu kennen;
 Leiden gibt dem Gemüt doppeltes Streben und Kraft.
Uns lehrt eigener Schmerz, der andern Schmerzen zu teilen,
 Eigener Fehler erhält Demut und billigen Sinn.
Mögest du, glücklicher Knabe, nicht dieser Schule bedürfen,
 Und nur die Fröhlichkeit dich führen die Wege des Rechts.

FÜR EWIG

Denn was der Mensch in seinen Erdeschranken
 Von hohem Glück mit Götternamen nennt:
Die Harmonie der Treue, die kein Wanken,
 Der Freundschaft, die nicht Zweifelsorge kennt;
Das Licht, das Weisen nur zu einsamen Gedanken,
 Das Dichtern nur in schönen Bildern brennt –
Das hatt ich all, in meinen besten Stunden,
In ihr entdeckt und es für mich gefunden.

Wohin er auch die Blicke kehrt und wendet,
 Je mehr erstaunt er über Kunst und Pracht;

Mit Vorsatz scheint der Reichtum hier verschwendet,
Es scheint, als habe sich nur alles selbst gemacht.
Soll er sich wundern, daß das Werk vollendet?
Soll er sich wundern, daß es so erdacht?
Ihn dünkt, als fang er erst, mit himmlischem Entzücken,
Zu leben an in diesen Augenblicken.

HERZOG LEOPOLD VON BRAUNSCHWEIG

Dich ergriff mit Gewalt der alte Herrscher des Flusses,
 Hält dich und teilet mit dir ewig sein strömendes Reich.
Ruhig schlummerst du nun beim stilleren Rauschen der Urne,
 Bis dich stürmende Flut wieder zu Taten erweckt.
Hilfreich werde dem Volke! so wie du ein Sterblicher wolltest,
 Und vollend als ein Gott, was dir als Menschen mißlang.

MIGNON

Nur wer die Sehnsucht kennt,
Weiß, was ich leide!
Allein und abgetrennt
Von aller Freude,
Seh ich ans Firmament
Nach jener Seite.
Ach! der mich liebt und kennt,
Ist in der Weite.
Es schwindelt mir, es brennt
Mein Eingeweide.
Nur wer die Sehnsucht kennt,
Weiß, was ich leide!

[In das Stammbuch der Gräfin Christine v. Brühl]

Warum siehst du Tina verdammt, den Sprudel zu trinken?
Wohl hat sie es verdient an allen, die sie beschädigt
Und zu heilen vergessen, die an der Quelle des Lethe

Becher auf Becher nun schlürfen, die gichtischen Schmerzen
der Liebe
Aus den Gliedern zu spülen und, will es ja nicht gelingen,
Bis zum Rheumatismus der Freundschaft sich zu kurieren.

*[Bänkelsängerlied
zum Geburtstage des Grafen Hans Moritz v. Brühl]*

Ein munter Lied! Dort kommt ein Chor
Von Freunden her, sich zu ergötzen;
Was säng ich ihnen Bessers vor
Als von dem Mann, den alle schätzen?
Von seinem Leben ward uns heut
Der erste frohe Tag gegeben,
Und, die ihr seine Freunde seid,
Heut fing er an, für euch zu leben.

Hier seht ihr seiner Tage Lauf,
Und was man sieht, ist leicht zu hören.
Hier geht der Sonnenstrahl ihm auf;
Wer darf des Kindes Ruhe stören?
Es ruht und wächst der teure Sohn,
Seht nur die roten, vollen Backen;
Doch glaubet mir, er hatte schon
Den Schelmen faustendick im Nacken.

Hier galoppiert er früh und spat,
Hier steht er wirklich auf dem Kopfe,
Und hier als männlicher Soldat
Mit Degen, Hut und langem Zopfe.
Ihr seht, der Feinde Macht ist groß,
Sie drohn mit Schwertern und Kanonen;
Er kommandiert, er eilt drauflos,
Er siegt und weiß nun zu verschonen.

Hier ruht er von Strapazen aus
Und denkt einmal in Ruh zu leben;
Allein Herr Amor lacht ihn aus

Und will ihm was zu wachen geben.
Er zeiget ihm das schönste Bild,
Das einem Zaubrer er gestohlen;
Es eilt der Held, entzündet wild,
Und will sich seine Schöne holen.

Wie bald sie einig worden sind,
Das kann ich nicht gewiß erzählen;
Genug, er hascht das schöne Kind
Und läßt es nicht an Küssen fehlen.
O große Lust! Doch übergroß
Läßt ihn das Glück die Lust empfinden,
Einmal auf der Geliebten Schoß
Ein artig Murmelchen zu finden.

Nun fühlt er seinen neuen Stand
Und fügt sich in den Vater-Orden,
Er gräbt und hacket frisch das Land,
Wie's Adam einst befehligt worden.
Und so versorgt er erst das Haus,
Dann bricht er allerschönste Rosen,
Er schmückt dem Weibchen Lauben aus
Und setzt sich drein, sie liebzukosen.

Bald kommt die Wißbegier ihn an:
Hier seht ihr ihn botanisch jagen,
Hier, wie Enceladus getan,
Ein echtes Kabinettstück tragen.
Doch nichts geht über seine Lust,
Wenn er den Freunden Feste feiert,
Mit freier Seele, treuer Brust
Der edlen Seelen Bund erneuert.

Hier hätt ich fast den Schluß gemacht,
Ich habe schon zu lang gesungen.
Was seh ich? Hier ist Mitternacht,
Er sitzt, vom Dichtergeist durchdrungen,
Er zählt und sinnt und reimt und flicht,

Für wen es sei, muß ich erfahren:
Es ist ein zärtliches Gedicht
Für seine Frau nach vierzehn Jahren!

Drum singen wir den braven Mann,
Den braven Vater, braven Gatten
Und braven Freund, wer singen kann,
Den Felsen, Wäldern, Fluß und Matten!
Und wer nicht singen kann, der schreit,
Und wer nicht tanzen kann, muß springen.
Hoch lebe Moritz! Lebe weit!
Nun gebet mir den Lohn fürs Singen.

[An die Gräfin Christine v. Brühl]

Auf den Auen wandlen wir
Und bleiben glücklich ohne Gedanken,
Am Hügel schwebt des Abschieds Laut,
Es bringt der West den Fluß herab
Ein leises Lebewohl.
Und der Schmerz ergreift die Brust,
Und der Geist schwankt hin und her,
Und sinkt und steigt und sinkt.
Von weiten winkt die Wiederkehr
Und sagt der Seele Freude zu.
Ist es so? Ja! Zweifle nicht.

NEUE HEILIGE

Alle schöne Sünderinnen,
Die zu Heiligen sich geweint,
Sind, um Herzen zu gewinnen,
All in Eine nun vereint.
Seht die Mutterlieb, die Tränen,
Ihre Reu und ihre Pein!
Statt Marien Magdalenen
Soll nun Sankt Oliva sein.

[Aus einem Briefe an Charlotte v. Stein]

Als der Undankbare floh, o Göttin ewiger Treue,
 Fleht ich ihn nicht zurück, fleht ich: Verzeih du ihm! nur.
Du ergriffst ihn gewaltig und hast ihn übel gebändigt;
 Graue Locke hält nun ihn, den Beweglichen, fest.

GESPRÄCH ZWISCHEN SCHILDWACHE
UND FREUND HEIN AM COBURGER TOR

[Mit einem Bilde von Kraus für Musäus]

Schildwache

Wer da?

Freund Hein

Ich bin Freund Hein.
Laß Er mich herein!

Schildwache

Er sieht so hager und so bleich,
Eher einem Toten als einem Lebenden gleich;
Er kommt von keinem gesunden Ort.
Zeig Er mir erst seinen Passeport.

Freund Hein

Mein Paß ist diese Sense hier,
Tür, Tor und Schlagbaum öffnet sie mir.
Mich hält in meinem raschen Lauf
Selbst eine Armee *en front* nicht auf.
Will Er mich noch weiter schikanieren,
Werd ich über Ihn wegmarschieren,
Kein lautes Wörtchen mit Ihm sprechen,
Den Kieler Wandrer an Ihm rächen.

[An Charlotte v. Stein]

Woher sind wir geboren?
　　Aus Lieb.
Wie wären wir verloren?
　　Ohn Lieb.
Was hilft uns überwinden?
　　Die Lieb.
Kann man auch Liebe finden?
　　Durch Lieb.
Was läßt nicht lange weinen?
　　Die Lieb.
Was soll uns stets vereinen?
　　Die Lieb.

[Auf Lavaters › Lied eines Christen an Christus ‹]

Du bist! du bist! sagt Lavater. Du bist!!
Du bist!!! du bist!!!! du bist Herr Jesus Christ!!!!!
Er wiederholte nicht so heftig Wort und Lehre,
Wenn es ganz just mit dieser Sache wäre.

1786–1788 Reise nach Karlsbad und Italien

[An Karoline v. Staupitz]

O Schöne mit dem weißen Stabe,
Du kleiner, guter, holder Schatz,
Verlasse mit der schönsten Gabe
Gesunder Freude diesen Platz.

Und denkest du an alle Stäbe,
Die schwarz und braun, so bunt als schön,
Gemodelt aus dem Holz der Rebe
Am Sprudel auf und nieder gehn –

Und denkest du an alle Schätze,
Die neben dir, geliebtes Kind,
Mit dem holdseligsten Geschwätze
Des Saales beste Zierde sind –

Dann denk auch, daß in letzten Wochen
Du einem späten Gast gelacht,
Der, wenn er im Plural gesprochen,
Sich doch den Singular gedacht.

ABSCHIED AN DEN HERZOG KARL AUGUST
IM NAMEN DER ENGELHÄUSER BÄUERINNEN

Ist es denn wahr, was man gesagt?
Dem lieben Himmel sei's geklagt!
Verlässest du die Königsstadt,
Die dir so viel zu danken hat?
Denn bis zu uns nach Engelhaus

Erschallet lang dein Ruhm heraus,
Daß deine Freundlichkeit und Gnad
Allen dreifach gesegnet das Bad;
Denn nicht der Pole freut sich dein,
Es freut sich nicht der Jud allein,
Es freut sich dein auch jeder Christ,
Daß du so mild gewesen bist.
Und wer das nicht erkennen wollt,
Für einen Heiden gelten sollt.
Doch die nach dir am meisten schaun,
Sind gewiß alle schöne Fraun,
Die du, o edler Brunnengast!
Löblich und fein gewartet hast;
Die beißen alle mit Verdruß
Aufs *Muß* als eine harte Nuß.
Es scheinet ihnen alles alt,
Das Tal zu weit, der Sprudel kalt;
Ein Strom aus ihren Augen quillt,
Der ärger als die Tepel schwillt;
Und flöß der Strom den Berg hinauf,
Er hielte dich im Reisen auf.
In deren Namen stehen wir,
Von Engelhaus die Nymphen, hier
Und wünschen dir zur frühen Zeit
Von allen Heiligen das Geleit.
So viel Kanonenschüsse geschwind
Vorm Elefanten gefallen sind,
So manchen Fall Gurofsky erzählt
Und keuscher Frauen Ohren quält,
So manche Kollatschen man früh und spat
Bei dem Kurfürsten gebacken hat:
So vielen Segen nimm mit fort
Von dem heilsamen schönen Ort;
Und wie vom heißen Sprudel-Trieb
Dir niemals was im Leibe blieb,
So laß in deines Herzens Schrein
Die Freunde desto fester sein.

COPHTISCHES LIED

Lasset Gelehrte sich zanken und streiten,
Streng und bedächtig die Lehrer auch sein!
Alle die Weisesten aller der Zeiten
Lächeln und winken und stimmen mit ein:
Töricht, auf Beßrung der Toren zu harren!
Kinder der Klugheit, o habet die Narren
Eben zum Narren auch, wie sichs gehört!

Merlin der Alte, im leuchtenden Grabe,
Wo ich als Jüngling gesprochen ihn habe,
Hat mich mit ähnlicher Antwort belehrt:
Töricht, auf Beßrung der Toren zu harren!
Kinder der Klugheit, o habet die Narren
Eben zum Narren auch, wie sichs gehört!

Und auf den Höhen der indischen Lüfte
Und in den Tiefen ägyptischer Grüfte
Hab ich das heilige Wort nur gehört:
Töricht, auf Beßrung der Toren zu harren!
Kinder der Klugheit, o habet die Narren
Eben zum Narren auch, wie sichs gehört!

EIN ANDRES

Geh! gehorche meinen Winken,
Nutze deine jungen Tage,
Lerne zeitig klüger sein:
Auf des Glückes großer Wage
Steht die Zunge selten ein;
Du mußt steigen oder sinken,
Du mußt herrschen und gewinnen,
Oder dienen und verlieren,
Leiden oder triumphieren,
Amboß oder Hammer sein.

[An den Herzog Karl August]

Du sorgtest freundlich, mir den Pfad
Mit Lieblingsblumen zu bestreun.
Still tätig danke dir mein Leben
Für alles Gute, was du mir erzeigt…
Fügst du dazu die Sorge für dich selbst,
So geh ich ohne Wünsche fröhlich hin;
Denn nur gemeinsam Wohl beglückt Verbundne.

AMOR ALS LANDSCHAFTSMALER

Saß ich früh auf einer Felsenspitze,
Sah mit starren Augen in den Nebel;
Wie ein grau grundiertes Tuch gespannet,
Deckt' er alles in die Breit und Höhe.

Stellt' ein Knabe sich mir an die Seite,
Sagte: Lieber Freund, wie magst du starrend
Auf das leere Tuch gelassen schauen?
Hast du denn zum Malen und zum Bilden
Alle Lust auf ewig wohl verloren?

Sah ich an das Kind und dachte heimlich:
Will das Bübchen doch den Meister machen!

Willst du immer trüb und müßig bleiben,
Sprach der Knabe, kann nichts Kluges werden;
Sieh, ich will dir gleich ein Bildchen malen,
Dich ein hübsches Bildchen malen lehren.

Und er richtete den Zeigefinger,
Der so rötlich war wie eine Rose,
Nach dem weiten ausgespannten Teppich,
Fing mit seinem Finger an zu zeichnen.

Oben malt' er eine schöne Sonne,
Die mir in die Augen mächtig glänzte,
Und den Saum der Wolken macht' er golden,
Ließ die Strahlen durch die Wolken dringen;
Malte dann die zarten leichten Wipfel
Frisch erquickter Bäume, zog die Hügel,
Einen nach dem andern, frei dahinter;
Unten ließ ers nicht an Wasser fehlen,
Zeichnete den Fluß so ganz natürlich,
Daß er schien im Sonnenstrahl zu glitzern,
Daß er schien am hohen Rand zu rauschen.

Ach, da standen Blumen an dem Flusse,
Und da waren Farben auf der Wiese,
Gold und Schmelz und Purpur und ein Grünes,
Alles wie Smaragd und wie Karfunkel!
Hell und rein lasiert' er drauf den Himmel
Und die blauen Berge fern und ferner,
Daß ich, ganz entzückt und neugeboren,
Bald den Maler, bald das Bild beschaute.

Hab ich doch, so sagt' er, dir bewiesen,
Daß ich dieses Handwerk gut verstehe;
Doch es ist das Schwerste noch zurücke.

Zeichnete darnach mit spitzem Finger
Und mit großer Sorgfalt an dem Wäldchen,
Grad ans Ende, wo die Sonne kräftig
Von dem hellen Boden widerglänzte,
Zeichnete das allerliebste Mädchen,
Wohlgebildet, zierlich angekleidet,
Frische Wangen unter braunen Haaren,
Und die Wangen waren von der Farbe
Wie das Fingerchen, das sie gebildet.

O du Knabe! rief ich, welch ein Meister
Hat in seine Schule dich genommen,

Daß du so geschwind und so natürlich
Alles klug beginnst und gut vollendest?

Da ich noch so rede, sieh, da rühret
Sich ein Windchen und bewegt die Gipfel,
Kräuselt alle Wellen auf dem Flusse,
Füllt den Schleier des vollkommnen Mädchens
Und, was mich Erstaunten mehr erstaunte,
Fängt das Mädchen an, den Fuß zu rühren,
Geht zu kommen, nähert sich dem Orte,
Wo ich mit dem losen Lehrer sitze.

Da nun alles, alles sich bewegte,
Bäume, Fluß und Blumen und der Schleier
Und der zarte Fuß der Allerschönsten,
Glaubt ihr wohl, ich sei auf meinem Felsen
Wie ein Felsen still und fest geblieben?

Cupido, loser, eigensinniger Knabe!
Du batst mich um Quartier auf einige Stunden.
Wie viele Tag' und Nächte bist du geblieben!
Und bist nun herrisch und Meister im Hause geworden!

Von meinem breiten Lager bin ich vertrieben;
Nun sitz ich an der Erde, Nächte gequälet;
Dein Mutwill schüret Flamm auf Flamme des Herdes,
Verbrennet den Vorrat des Winters und senget mich Armen.

Du hast mir mein Geräte verstellt und verschoben;
Ich such und bin wie blind und irre geworden.
Du lärmst so ungeschickt; ich fürchte, das Seelchen
Entflieht, um dir zu entfliehn, und räumet die Hütte.

1788–1793 Weimar

REISE NACH VENEDIG, NACH SCHLESIEN
UND IN DIE RHEINLANDE

LIEBEBEDÜRFNIS

Wer vernimmt mich? ach, wem soll ichs klagen?
Wers vernähme, würd er mich bedauern?
Ach, die Lippe, die so manche Freude
Sonst genossen hat und sonst gegeben,
Ist gespalten, und sie schmerzt erbärmlich.
Und sie ist nicht etwa wund geworden,
Weil die Liebste mich zu wild ergriffen,
Hold mich angebissen, daß sie fester
Sich des Freunds versichernd ihn genösse:
Nein, das zarte Lippchen ist gesprungen,
Weil nun über Reif und Frost die Winde
Spitz und scharf und lieblos mir begegnen.

Und nun soll mir Saft der edlen Traube,
Mit dem Saft der Bienen bei dem Feuer
Meines Herds vereinigt, Lindrung schaffen.
Ach, was will das helfen, mischt die Liebe
Nicht ein Tröpfchen ihres Balsams drunter?

DER BESUCH

Meine Liebste wollt ich heut beschleichen,
Aber ihre Türe war verschlossen.
Hab ich doch den Schlüssel in der Tasche!
Öffn ich leise die geliebte Türe!

Auf dem Saale fand ich nicht das Mädchen,
Fand das Mädchen nicht in ihrer Stube;

Endlich, da ich leis die Kammer öffne,
Find ich sie, gar zierlich eingeschlafen,
Angekleidet, auf dem Sofa liegen.

Bei der Arbeit war sie eingeschlafen:
Das Gestrickte mit den Nadeln ruhte
Zwischen den gefaltnen zarten Händen;
Und ich setzte mich an ihre Seite,
Ging bei mir zu Rat, ob ich sie weckte.

Da betrachtet ich den schönen Frieden,
Der auf ihren Augenlidern ruhte;
Auf den Lippen war die stille Treue,
Auf den Wangen Lieblichkeit zu Hause,
Und die Unschuld eines guten Herzens
Regte sich im Busen hin und wieder.
Jedes ihrer Glieder lag gefällig,
Aufgelöst vom süßen Götterbalsam.

Freudig saß ich da, und die Betrachtung
Hielte die Begierde, sie zu wecken,
Mit geheimen Banden fest und fester.

O du Liebe, dacht ich, kann der Schlummer,
Der Verräter jedes falschen Zuges,
Kann er dir nicht schaden, nichts entdecken,
Was des Freundes zarte Meinung störte?

Deine holden Augen sind geschlossen,
Die mich offen schon allein bezaubern;
Es bewegen deine süßen Lippen
Weder sich zur Rede noch zum Kusse;
Aufgelöst sind diese Zauberbande
Deiner Arme, die mich sonst umschlingen,
Und die Hand, die reizende Gefährtin
Süßer Schmeicheleien, unbeweglich.
Wärs ein Irrtum, wie ich von dir denke,

Wär es Selbstbetrug, wie ich dich liebe,
Müßt ichs jetzt entdecken, da sich Amor
Ohne Binde neben mich gestellet.

Lange saß ich so und freute herzlich
Ihres Wertes mich und meiner Liebe;
Schlafend hatte sie mir so gefallen,
Daß ich mich nicht traute, sie zu wecken.

Leise leg ich ihr zwei Pomeranzen
Und zwei Rosen auf das Tischchen nieder;
Sachte, sachte schleich ich meiner Wege.
Öffnet sie die Augen, meine Gute,
Gleich erblickt sie diese bunte Gabe,
Staunt, wie immer bei verschloßnen Türen
Dieses freundliche Geschenk sich finde.

Seh ich diese Nacht den Engel wieder,
O wie freut sie sich, vergilt mir doppelt
Dieses Opfer meiner zarten Liebe.

MORGENKLAGEN

O du loses, leidigliebes Mädchen,
Sag mir an: womit hab ichs verschuldet,
Daß du mich auf diese Folter spannest,
Daß du dein gegeben Wort gebrochen?

Drucktest doch so freundlich gestern abend
Mir die Hände, lispeltest so lieblich:
Ja, ich komme, komme gegen Morgen
Ganz gewiß, mein Freund, auf deine Stube.

Angelehnet ließ ich meine Türe,
Hatte wohl die Angeln erst geprüfet
Und mich recht gefreut, daß sie nicht knarrten.

LYRISCHE DICHTUNGEN

Welche Nacht des Wartens ist vergangen!
Wacht ich doch und zählte jedes Viertel;
Schlief ich ein auf wenig Augenblicke,
War mein Herz beständig wach geblieben,
Weckte mich von meinem leisen Schlummer.

Ja, da segnet ich die Finsternisse,
Die so ruhig alles überdeckten,
Freute mich der allgemeinen Stille,
Horchte lauschend immer in die Stille,
Ob sich nicht ein Laut bewegen möchte.

»Hätte sie Gedanken, wie ich denke,
Hätte sie Gefühl, wie ich empfinde,
Würde sie den Morgen nicht erwarten,
Würde schon in dieser Stunde kommen.«

Hüpft' ein Kätzchen oben übern Boden,
Knisterte das Mäuschen in der Ecke,
Regte sich, ich weiß nicht was, im Hause,
Immer hofft ich, deinen Schritt zu hören,
Immer glaubt ich, deinen Tritt zu hören.

Und so lag ich lang und immer länger,
Und es fing der Tag schon an zu grauen,
Und es rauschte hier und rauschte dorten.

»Ist es ihre Türe? Wärs die meine!«
Saß ich, aufgestemmt in meinem Bette,
Schaute nach der halb erhellten Türe,
Ob sie nicht sich wohl bewegen möchte.
Angelehnet blieben beide Flügel
Auf den leisen Angeln ruhig hangen.

Und der Tag ward immer hell- und heller;
Hört ich schon des Nachbars Türe gehen,
Der das Taglohn zu gewinnen eilet,
Hört ich bald darauf die Wagen rasseln,

War das Tor der Stadt nun auch eröffnet,
Und es regte sich der ganze Plunder
Des bewegten Marktes durcheinander.

Ward nun in dem Haus ein Gehn und Kommen
Auf und ab die Stiegen, hin und wieder
Knarrten Türen, klapperten die Tritte;
Und ich konnte, wie vom schönen Leben,
Mich noch nicht von meiner Hoffnung scheiden.

Endlich, als die ganz verhaßte Sonne
Meine Fenster traf und meine Wände,
Sprang ich auf und eilte nach dem Garten,
Meinen heißen, sehnsuchtsvollen Atem
Mit der kühlen Morgenluft zu mischen,
Dir vielleicht im Garten zu begegnen:
Und nun bist du weder in der Laube
Noch im hohen Lindengang zu finden.

FRECH UND FROH

Liebesqual verschmäht mein Herz,
Sanften Jammer, süßen Schmerz;
Nur vom Tüchtgen will ich wissen,
Heißem Äugeln, derben Küssen.
Sei ein armer Hund erfrischt
Von der Lust, mit Pein gemischt!
Mädchen, gib der frischen Brust
Nichts von Pein und alle Lust!

[Römische Elegien]

Saget, Steine, mir an, o sprecht, ihr hohen Paläste!
 Straßen, redet ein Wort! Genius, regst du dich nicht?
Ja, es ist alles beseelt in deinen heiligen Mauern,
 Ewige Roma; nur mir schweigt noch alles so still.
O wer flüstert mir zu, an welchem Fenster erblick ich

Einst das holde Geschöpf, das mich versengend erquickt?
Ahn ich die Wege noch nicht, durch die ich immer und immer,
Zu ihr und von ihr zu gehn, opfre die köstliche Zeit?
Noch betracht ich Kirch und Palast, Ruinen und Säulen,
Wie ein bedächtiger Mann schicklich die Reise benutzt.
Doch bald ist es vorbei; dann wird ein einziger Tempel,
Amors Tempel, nur sein, der den Geweihten empfängt.
Eine Welt zwar bist du, o Rom; doch ohne die Liebe
Wäre die Welt nicht die Welt, wäre denn Rom auch nicht Rom.

Ehret, wen ihr auch wollt! Nun bin ich endlich geborgen!
Schöne Damen und ihr, Herren der feineren Welt,
Fraget nach Oheim und Vetter und alten Muhmen und Tanten,
Und dem gebundnen Gespräch folge das traurige Spiel.
Auch ihr Übrigen fahret mir wohl, in großen und kleinen
Zirkeln, die ihr mich oft nah der Verzweiflung gebracht.
Wiederholet, politisch und zwecklos, jegliche Meinung,
Die den Wandrer mit Wut über Europa verfolgt.
So verfolgte das Liedchen *Malbrough* den reisenden Briten
Einst von Paris nach Livorn, dann von Livorno nach Rom,
Weiter nach Napel hinunter; und wär er nach Smyrna gesegelt,
Malbrough! empfing ihn auch dort! Malbrough! im Hafen
 das Lied.
Und so mußt ich bis jetzt auf allen Tritten und Schritten
Schelten hören das Volk, schelten der Könige Rat.
Nun entdeckt ihr mich nicht so bald in meinem Asyle,
Das mir Amor der Fürst, königlich schützend, verlieh.
Hier bedecket er mich mit seinem Fittich; die Liebste
Fürchtet, römisch gesinnt, wütende Gallier nicht;
Sie erkundigt sich nie nach neuer Märe, sie spähet
Sorglich den Wünschen des Manns, dem sie sich eignete, nach.
Sie ergötzt sich an ihm, dem freien, rüstigen Fremden,
Der von Bergen und Schnee, hölzernen Häusern erzählt;
Teilt die Flammen, die sie in seinem Busen entzündet,
Freut sich, daß er das Gold nicht wie der Römer bedenkt.
Besser ist ihr Tisch nun bestellt; es fehlt an Kleidern,
Fehlet am Wagen ihr nicht, der nach der Oper sie bringt.

1788–1793 WEIMAR 305

Mutter und Tochter erfreun sich ihres nordischen Gastes,
 Und der Barbare beherrscht römischen Busen und Leib.

Laß dich, Geliebte, nicht reun, daß du mir so schnell
 dich ergeben!
 Glaub es, ich denke nicht frech, denke nicht niedrig von dir.
Vielfach wirken die Pfeile des Amor: einige ritzen,
 Und vom schleichenden Gift kranket auf Jahre das Herz.
Aber mächtig befiedert, mit frisch geschliffener Schärfe
 Dringen die andern ins Mark, zünden behende das Blut.
In der heroischen Zeit, da Götter und Göttinnen liebten,
 Folgte Begierde dem Blick, folgte Genuß der Begier.
Glaubst du, es habe sich lange die Göttin der Liebe besonnen,
 Als im Idäischen Hain einst ihr Anchises gefiel?
Hätte Luna gesäumt, den schönen Schläfer zu küssen,
 O, so hätt ihn geschwind, neidend, Aurora geweckt.
Hero erblickte Leandern am lauten Fest, und behende
 Stürzte der Liebende sich heiß in die nächtliche Flut.
Rhea Sylvia wandelt, die fürstliche Jungfrau, der Tiber
 Wasser zu schöpfen, hinab, und sie ergreifet der Gott.
So erzeugte die Söhne sich Mars! – Die Zwillinge tränket
 Eine Wölfin, und Rom nennt sich die Fürstin der Welt.

Fromm sind wir Liebende, still verehren wir alle Dämonen,
 Wünschen uns jeglichen Gott, jegliche Göttin geneigt.
Und so gleichen wir euch, o römische Sieger! Den Göttern
 Aller Völker der Welt bietet ihr Wohnungen an,
Habe sie schwarz und streng aus altem Basalt der Ägypter,
 Oder ein Grieche sie weiß, reizend, aus Marmor geformt.
Doch verdrießet es nicht die Ewigen, wenn wir besonders
 Weihrauch köstlicher Art Einer der Göttlichen streun.
Ja, wir bekennen euch gern: es bleiben unsre Gebete,
 Unser täglicher Dienst Einer besonders geweiht.
Schalkhaft, munter und ernst begehen wir heimliche Feste,
 Und das Schweigen geziemt allen Geweihten genau.
Eh an die Ferse lockten wir selbst durch gräßliche Taten

Uns die Erinnyen her, wagten es eher, des Zeus
 Hartes Gericht am rollenden Rad und am Felsen zu dulden,
 Als dem reizenden Dienst unser Gemüt zu entziehn.
Diese Göttin, sie heißt *Gelegenheit*, lernet sie kennen!
 Sie erscheinet euch oft, immer in andrer Gestalt.
Tochter des Proteus möchte sie sein, mit Thetis gezeuget,
 Deren verwandelte List manchen Heroen betrog.
So betriegt nun die Tochter den Unerfahrnen, den Blöden:
 Schlummernde necket sie stets, Wachende fliegt sie vorbei;
Gern ergibt sie sich nur dem raschen, tätigen Manne:
 Dieser findet sie zahm, spielend und zärtlich und hold.
Einst erschien sie auch mir, ein bräunliches Mädchen, die Haare
 Fielen ihr dunkel und reich über die Stirne herab,
Kurze Locken ringelten sich ums zierliche Hälschen,
 Ungeflochtenes Haar krauste vom Scheitel sich auf.
Und ich verkannte sie nicht, ergriff die Eilende, lieblich
 Gab sie Umarmung und Kuß bald mir gelehrig zurück.
O wie war ich beglückt! – Doch stille, die Zeit ist vorüber,
 Und umwunden bin ich, römische Flechten, von euch.

Froh empfind ich mich nun auf klassischem Boden begeistert;
 Vor- und Mitwelt spricht lauter und reizender mir.
Hier befolg ich den Rat, durchblättre die Werke der Alten
 Mit geschäftiger Hand, täglich mit neuem Genuß.
Aber die Nächte hindurch hält Amor mich anders beschäftigt;
 Werd ich auch halb nur gelehrt, bin ich doch doppelt
 beglückt.
Und belehr ich mich nicht, indem ich des lieblichen Busens
 Formen spähe, die Hand leite die Hüften hinab?
Dann versteh ich den Marmor erst recht; ich denk und
 vergleiche,
 Sehe mit fühlendem Aug, fühle mit sehender Hand.
Raubt die Liebste denn gleich mir einige Stunden des Tages,
 Gibt sie Stunden der Nacht mir zur Entschädigung hin.
Wird doch nicht immer geküßt, es wird vernünftig
 gesprochen;
 Überfällt sie der Schlaf, lieg ich und denke mir viel.

1788–1793 WEIMAR 307

Oftmals hab ich auch schon in ihren Armen gedichtet
 Und des Hexameters Maß leise mit fingernder Hand
Ihr auf den Rücken gezählt. Sie atmet in lieblichem
 Schlummer,
 Und es durchglühet ihr Hauch mir bis ins Tiefste die Brust.
Amor schüret die Lamp indes und denket der Zeiten,
 Da er den nämlichen Dienst seinen Triumvirn getan.

»Kannst du, o Grausamer! mich in solchen Worten betrüben?
 Reden so bitter und hart liebende Männer bei euch?
Wenn das Volk mich verklagt, ich muß es dulden! und bin ich
 Etwa nicht schuldig? Doch ach! schuldig nur bin ich mit dir!
Diese Kleider, sie sind der neidischen Nachbarin Zeugen,
 Daß die Witwe nicht mehr einsam den Gatten beweint.
Bist du ohne Bedacht nicht oft bei Mondschein gekommen,
 Grau, im dunkeln Surtout, hinten gerundet das Haar?
Hast du dir scherzend nicht selbst die geistliche Maske
 gewählet?
 Solls ein Prälate denn sein! gut, der Prälate bist du.
In dem geistlichen Rom, kaum scheint es zu glauben, doch
 schwör ich:
 Nie hat ein Geistlicher sich meiner Umarmung gefreut.
Arm war ich leider! und jung, und wohlbekannt den
 Verführern;
 Falconieri hat mir oft in die Augen gegafft,
Und ein Kuppler Albanis mich, mit gewichtigen Zetteln,
 Bald nach Ostia, bald nach den vier Brunnen gelockt.
Aber wer nicht kam, war das Mädchen. So hab ich von Herzen
 Rotstrumpf immer gehaßt und Violettstrumpf dazu.
Denn ›ihr Mädchen bleibt am Ende doch die Betrognen‹,
 Sagte der Vater, wenn auch leichter die Mutter es nahm.
Und so bin ich denn auch am Ende betrogen! Du zürnest
 Nur zum Scheine mit mir, weil du zu fliehen gedenkst.
Geh! Ihr seid der Frauen nicht wert! Wir tragen die Kinder
 Unter dem Herzen, und so tragen die Treue wir auch;
Aber ihr Männer, ihr schüttet mit eurer Kraft und Begierde
 Auch die Liebe zugleich in den Umarmungen aus!«

Also sprach die Geliebte und nahm den Kleinen vom Stuhle,
 Drückt' ihn küssend ans Herz, Tränen entquollen dem Blick.
Und wie saß ich beschämt, daß Reden feindlicher Menschen
 Dieses liebliche Bild mir zu beflecken vermocht!
Dunkel brennt das Feuer nur augenblicklich und dampfet,
 Wenn das Wasser die Glut stürzend und jählings verhüllt;
Aber sie reinigt sich schnell, verjagt die trübenden Dämpfe,
 Neuer und mächtiger dringt leuchtende Flamme hinauf.

O wie fühl ich in Rom mich so froh! gedenk ich der Zeiten,
 Da mich ein graulicher Tag hinten im Norden umfing,
Trübe der Himmel und schwer auf meine Scheitel sich senkte,
 Farb- und gestaltlos die Welt um den Ermatteten lag,
Und ich über mein Ich, des unbefriedigten Geistes
 Düstre Wege zu spähn, still in Betrachtung versank.
Nun umleuchtet der Glanz des helleren Äthers die Stirne;
 Phöbus rufet, der Gott, Formen und Farben hervor.
Sternhell glänzet die Nacht, sie klingt von weichen Gesängen,
 Und mir leuchtet der Mond heller als nordischer Tag.
Welche Seligkeit ward mir Sterblichem! Träum ich? Empfänget
 Dein ambrosisches Haus, Jupiter Vater, den Gast?
Ach! hier lieg ich und strecke nach deinen Knieen die Hände
 Flehend aus. O vernimm, Jupiter Xenius, mich!
Wie ich hereingekommen, ich kanns nicht sagen: es faßte
 Hebe den Wandrer und zog mich in die Hallen heran.
Hast du ihr einen Heroen herauf zu führen geboten?
 Irrte die Schöne? Vergib! Laß mir des Irrtums Gewinn!
Deine Tochter Fortuna, sie auch! Die herrlichsten Gaben
 Teilt als ein Mädchen sie aus, wie es die Laune gebeut.
Bist du der wirtliche Gott? O dann so verstoße den Gastfreund
 Nicht von deinem Olymp wieder zur Erde hinab!
»Dichter! wohin versteigest du dich?« – Vergib mir; der hohe
 Kapitolinische Berg ist dir ein zweiter Olymp.
Dulde mich, Jupiter, hier, und Hermes führe mich später,
 Cestius' Mal vorbei, leise zum Orkus hinab.

1788–1793 WEIMAR 309

Wenn du mir sagst, du habest als Kind, Geliebte, den
Menschen
Nicht gefallen; und dich habe die Mutter verschmäht,
Bis du größer geworden und still dich entwickelt, ich glaub es:
Gerne denk ich mir dich als ein besonderes Kind.
Fehlet Bildung und Farbe doch auch der Blüte des Weinstocks,
Wenn die Beere, gereift, Menschen und Götter entzückt.

Herbstlich leuchtet die Flamme vom ländlich geselligen Herde,
Knistert und glänzet, wie rasch! sausend vom Reisig empor.
Diesen Abend erfreut sie mich mehr; denn eh noch zur Kohle
Sich das Bündel verzehrt, unter die Asche sich neigt,
Kommt mein liebliches Mädchen. Dann flammen Reisig
und Scheite,
Und die erwärmete Nacht wird uns ein glänzendes Fest.
Morgen frühe geschäftig verläßt sie das Lager der Liebe,
Weckt aus der Asche behend Flammen aufs neue hervor.
Denn vor andern verlieh der Schmeichlerin Amor die Gabe,
Freude zu wecken, die kaum still wie zu Asche versank.

Alexander und Cäsar und Heinrich und Friedrich, die Großen,
Gäben die Hälfte mir gern ihres erworbenen Ruhms,
Könnt ich auf Eine Nacht dies Lager jedem vergönnen;
Aber die Armen, sie hält strenge des Orkus Gewalt.
Freue dich also, Lebendger, der lieberwärmeten Stätte,
Ehe den fliehenden Fuß schaurlich Lethe dir netzt.

Euch, o Grazien, legt die wenigen Blätter ein Dichter
Auf den reinen Altar, Knospen der Rose dazu,
Und er tut es getrost. Der Künstler freuet sich seiner
Werkstatt, wenn sie um ihn immer ein Pantheon scheint.
Jupiter senket die göttliche Stirn, und Juno erhebt sie;
Phöbus schreitet hervor, schüttelt das lockige Haupt;
Trocken schauet Minerva herab, und Hermes, der leichte,
Wendet zur Seite den Blick, schalkisch und zärtlich zugleich.

Aber nach Bacchus, dem weichen, dem träumenden,
 hebet Cythere
 Blicke der süßen Begier, selbst in dem Marmor noch feucht.
Seiner Umarmung gedenket sie gern und scheinet zu fragen:
 »Sollte der herrliche Sohn uns an der Seite nicht stehn?«

Amor bleibet ein Schalk, und wer ihm vertraut, ist betrogen!
 Heuchelnd kam er zu mir: »Diesmal nur traue mir nicht.
Redlich mein ichs mit dir: du hast dein Leben und Dichten,
 Dankbar erkenn ich es wohl, meiner Verehrung geweiht.
Siehe, dir bin ich nun gar nach Rom gefolget; ich möchte
 Dir im fremden Gebiet gern was Gefälliges tun.
Jeder Reisende klagt, er finde schlechte Bewirtung;
 Welchen Amor empfiehlt, köstlich bewirtet ist er.
Du betrachtest mit Staunen die Trümmern alter Gebäude
 Und durchwandelst mit Sinn diesen geheiligten Raum.
Du verehrest noch mehr die werten Reste des Bildens
 Einziger Künstler, die stets ich in der Werkstatt besucht.
Diese Gestalten, ich formte sie selbst! Verzeih mir, ich prahle
 Diesmal nicht; du gestehst, was ich dir sage, sei wahr.
Nun du mir lässiger dienst, wo sind die schönen Gestalten,
 Wo die Farben, der Glanz deiner Erfindungen hin?
Denkst du nun wieder zu bilden, o Freund? Die Schule
 der Griechen
 Blieb noch offen, das Tor schlossen die Jahre nicht zu.
Ich, der Lehrer, bin ewig jung, und liebe die Jungen.
 Altklug lieb ich dich nicht! Munter! Begreife mich wohl!
War das Antike doch neu, da jene Glücklichen lebten!
 Lebe glücklich, und so lebe die Vorzeit in dir!
Stoff zum Liede, wo nimmst du ihn her? Ich muß dir ihn geben,
 Und den höhern Stil lehret die Liebe dich nur.«
Also sprach der Sophist. Wer widerspräch ihm? und leider
 Bin ich zu folgen gewöhnt, wenn der Gebieter befiehlt. –
Nun, verräterisch hält er sein Wort, gibt Stoff zu Gesängen.
 Ach, und raubt mir die Zeit, Kraft und Besinnung zugleich;
Blick und Händedruck, und Küsse, gemütliche Worte,
 Silben köstlichen Sinns wechselt ein liebendes Paar.

1788–1793 WEIMAR

Da wird Lispeln Geschwätz, wird Stottern liebliche Rede:
 Solch ein Hymnus verhallt ohne prosodisches Maß.
Dich, Aurora, wie kannt ich dich sonst als Freundin der Musen!
 Hat, Aurora, dich auch Amor, der lose, verführt?
Du erscheinest mir nun als seine Freundin und weckest
 Mich an seinem Altar wieder zum festlichen Tag.
Find ich die Fülle der Locken an meinem Busen! Das Köpfchen
 Ruhet und drücket den Arm, der sich dem Halse bequemt.
Welch ein freudig Erwachen, erhieltet ihr, ruhige Stunden,
 Mir das Denkmal der Lust, die in den Schlaf uns gewiegt! –
Sie bewegt sich im Schlummer und sinkt auf die Breite des Lagers,
 Weggewendet; und doch läßt sie mir Hand noch in Hand.
Herzliche Liebe verbindet uns stets und treues Verlangen,
 Und den Wechsel behielt nur die Begierde sich vor.
Einen Druck der Hand, ich sehe die himmlischen Augen
 Wieder offen. – O nein! laßt auf der Bildung mich ruhn!
Bleibt geschlossen! ihr macht mich verwirrt und trunken,
 ihr raubet
 Mir den stillen Genuß reiner Betrachtung zu früh.
Diese Formen, wie groß! wie edel gewendet die Glieder!
 Schlief Ariadne so schön: Theseus, du konntest entfliehn?
Diesen Lippen ein einziger Kuß! O Theseus, nun scheide!
 Blick ihr ins Auge! Sie wacht! – Ewig nun hält sie dich fest.

Zünde mir Licht an, Knabe! – »Noch ist es hell. Ihr verzehret
 Öl und Docht nur umsonst. Schließet die Läden doch nicht!
Hinter die Häuser entwich, nicht hinter den Berg, uns die Sonne!
 Ein halb Stündchen noch währts bis zum Geläute der Nacht.« –
Unglückseliger! geh und gehorch! Mein Mädchen erwart ich.
 Tröste mich, Lämpchen, indes, lieblicher Bote der Nacht!

Cäsarn wär ich wohl nie zu fernen Britannen gefolget,
 Florus hätte mich leicht in die Popine geschleppt!
Denn mir bleiben weit mehr die Nebel des traurigen Nordens
 Als ein geschäftiges Volk südlicher Flöhe verhaßt.
Und noch schöner von heut an seid mir gegrüßet, ihr Schenken,

Osterien, wie euch schicklich der Römer benennt;
Denn ihr zeigtet mir heute die Liebste, begleitet vom Oheim,
 Den die Gute so oft, mich zu besitzen, betriegt.
Hier stand unser Tisch, den Deutsche vertraulich umgaben;
 Drüben suchte das Kind neben der Mutter den Platz,
Rückte vielmals die Bank und wußt es artig zu machen,
 Daß ich halb ihr Gesicht, völlig den Nacken gewann.
Lauter sprach sie, als hier die Römerin pfleget, kredenzte,
 Blickte gewendet nach mir, goß und verfehlte das Glas.
Wein floß über den Tisch, und sie, mit zierlichem Finger,
 Zog auf dem hölzernen Blatt Kreise der Feuchtigkeit hin.
Meinen Namen verschlang sie dem ihrigen; immer begierig
 Schaut ich dem Fingerchen nach, und sie bemerkte mich wohl.
Endlich zog sie behende das Zeichen der römischen Fünfe
 Und ein Strichlein davor. Schnell, und sobald ichs gesehn,
Schlang sie Kreise durch Kreise, die Lettern und Ziffern
 zu löschen;
 Aber die köstliche *Vier* blieb mir ins Auge geprägt.
Stumm war ich sitzen geblieben und biß die glühende Lippe,
 Halb aus Schalkheit und Lust, halb aus Begierde, mir wund.
Erst noch so lange bis Nacht! dann noch vier Stunden zu warten!
 Hohe Sonne, du weilst, und du beschauest dein Rom!
Größeres sahest du nichts und wirst nichts Größeres sehen,
 Wie es dein Priester Horaz in der Entzückung versprach.
Aber heute verweile mir nicht, und wende die Blicke
 Von dem Siebengebirg früher und williger ab!
Einem Dichter zuliebe verkürze die herrlichen Stunden,
 Die mit begierigem Blick selig der Maler genießt;
Glühend blicke noch schnell zu diesen hohen Fassaden,
 Kuppeln und Säulen zuletzt und Obelisken herauf;
Stürze dich eilig ins Meer, um morgen früher zu sehen,
 Was Jahrhunderte schon göttliche Lust dir gewährt:
Diese feuchten, mit Rohr so lange bewachsnen Gestade,
 Diese mit Bäumen und Busch düster beschatteten Höhn.
Wenig Hütten zeigten sie erst; dann sahst du auf einmal
 Sie vom wimmelnden Volk glücklicher Räuber belebt.
Alles schleppten sie drauf an diese Stätte zusammen;
 Kaum war das übrige Rund deiner Betrachtung noch wert.

Sahst eine Welt hier entstehn, sahst dann eine Welt hier
in Trümmern,
Aus den Trümmern aufs neu fast eine größere Welt!
Daß ich diese noch lange von dir beleuchtet erblicke,
Spinne die Parze mir klug langsam den Faden herab.
Aber sie eile herbei, die schön bezeichnete Stunde! –
Glücklich! hör ich sie schon? Nein; doch ich höre schon Drei.
So, ihr lieben Musen, betrogt ihr wieder die Länge
Dieser Weile, die mich von der Geliebten getrennt.
Lebet wohl! Nun eil ich und fürcht euch nicht zu beleidgen;
Denn ihr Stolzen, ihr gebt Amorn doch immer den Rang.

»Warum bist du, Geliebter, nicht heute zur Vigne gekommen?
Einsam, wie ich versprach, wartet ich oben auf dich.« –
Beste, schon war ich hinein; da sah ich zum Glücke den Oheim
Neben den Stöcken, bemüht, hin sich und her sich zu drehn.
Schleichend eilt ich hinaus! – »O welch ein Irrtum ergriff
dich!
Eine Scheuche nur wars, was dich vertrieb! Die Gestalt
Flickten wir emsig zusammen aus alten Kleidern und Rohren;
Emsig half ich daran, selbst mir zu schaden bemüht.« –
Nun, des Alten Wunsch ist erfüllt; den losesten Vogel
Scheucht' er heute, der ihm Gärtchen und Nichte bestiehlt.

Manche Töne sind mir Verdruß, doch bleibet am meisten
Hundegebell mir verhaßt; kläffend zerreißt es mein Ohr.
Einen Hund nur hör ich sehr oft mit frohem Behagen
Bellend kläffen, den Hund, den sich der Nachbar erzog.
Denn er bellte mir einst mein Mädchen an, da sie sich heimlich
Zu mir stahl, und verriet unser Geheimnis beinah.
Jetzo, hör ich ihn bellen, so denk ich mir immer: sie kommt wohl!
Oder ich denke der Zeit, da die Erwartete kam.

Eines ist mir verdrießlich vor allen Dingen, ein andres
Bleibt mir abscheulich, empört jegliche Faser in mir,

Nur der bloße Gedanke. Ich will es euch, Freunde, gestehen:
 Gar verdrießlich ist mir einsam das Lager zu Nacht.
Aber ganz abscheulich ists, auf dem Wege der Liebe
 Schlangen zu fürchten und Gift unter den Rosen der Lust,
Wenn im schönsten Moment der hin sich gebenden Freude
 Deinem sinkenden Haupt lispelnde Sorge sich naht.
Darum macht Faustine mein Glück; sie teilet das Lager
 Gerne mit mir und bewahrt Treue dem Treuen genau.
Reizendes Hindernis will die rasche Jugend; ich liebe,
 Mich des versicherten Guts lange bequem zu erfreun.
Welche Seligkeit ists! wir wechseln sichere Küsse,
 Atem und Leben getrost saugen und flößen wir ein.
So erfreuen wir uns der langen Nächte, wir lauschen,
 Busen an Busen gedrängt, Stürmen und Regen und Guß.
Und so dämmert der Morgen heran; es bringen die Stunden
 Neue Blumen herbei, schmücken uns festlich den Tag.
Gönnet mir, o Quiriten! das Glück, und jedem gewähre
 Aller Güter der Welt erstes und letztes der Gott!

Zieret Stärke den Mann und freies mutiges Wesen,
 O! so ziemet ihm fast tiefes Geheimnis noch mehr.
Städtebezwingerin du, Verschwiegenheit! Fürstin der Völker!
 Teure Göttin, die mich sicher durchs Leben geführt,
Welches Schicksal erfahr ich! Es löset scherzend die Muse,
 Amor löset, der Schalk, mir den verschlossenen Mund.
Ach, schon wird es so schwer, der Könige Schande verbergen!
 Weder die Krone bedeckt, weder ein phrygischer Bund
Midas' verlängertes Ohr; der nächste Diener entdeckt es,
 Und ihm ängstet und drückt gleich das Geheimnis die Brust.
In die Erde vergrüb er es gern, um sich zu erleichtern:
 Doch die Erde verwahrt solche Geheimnisse nicht;
Rohre sprießen hervor und rauschen und lispeln im Winde:
 Midas! Midas, der Fürst, trägt ein verlängertes Ohr!
Schwerer wird es nun mir, ein schönes Geheimnis zu wahren;
 Ach, den Lippen entquillt Fülle des Herzens so leicht!
Keiner Freundin darf ichs vertraun: sie möchte mich schelten;
 Keinem Freunde: vielleicht brächte der Freund mir Gefahr.

Mein Entzücken dem Hain, dem schallenden Felsen zu sagen,
　Bin ich endlich nicht jung, bin ich nicht einsam genug.
Dir, Hexameter, dir, Pentameter, sei es vertrauet,
　Wie sie des Tags mich erfreut, wie sie des Nachts mich beglückt.
Sie, von vielen Männern gesucht, vermeidet die Schlingen,
　Die ihr der Kühnere frech, heimlich der Listige legt;
Klug und zierlich schlüpft sie vorbei und kennet die Wege,
　Wo sie der Liebste gewiß lauschend begierig empfängt.
Zaudre, Luna, sie kommt! damit sie der Nachbar nicht sehe;
　Rausche, Lüftchen, im Laub! niemand vernehme den Tritt.
Und ihr, wachset und blüht, geliebte Lieder, und wieget
　Euch im leisesten Hauch lauer und liebender Luft,
Und entdeckt den Quiriten, wie jene Rohre geschwätzig,
　Eines glücklichen Paars schönes Geheimnis zuletzt.

SÜSSE SORGEN

Weichet, Sorgen, von mir! – Doch ach! den sterblichen
　　　　　　　　　　　　　　　　　Menschen
　Lässet die Sorge nicht los, eh ihn das Leben verläßt.
Soll es einmal denn sein, so kommt, ihr Sorgen der Liebe,
　Treibt die Geschwister hinaus, nehmt und behauptet
　　　　　　　　　　　　　　　　　mein Herz!

Klein ist unter den Fürsten Germaniens freilich der meine;
　Kurz und schmal ist sein Land, mäßig nur, was er vermag.
Aber so wende nach innen, so wende nach außen die Kräfte
　Jeder: da wärs ein Fest, Deutscher mit Deutschen zu sein.
Doch was priesest du Ihn, den Taten und Werke verkünden?
　Und bestochen erschien' deine Verehrung vielleicht;
Denn mir hat er gegeben, was Große selten gewähren,
　Neigung, Muße, Vertraun, Felder und Garten und Haus.
Niemand brauch ich zu danken als Ihm, und manches
　　　　　　　　　　　　　　　　　bedurft ich,
　Der ich mich auf den Erwerb schlecht, als ein Dichter,
　　　　　　　　　　　　　　　　　verstand.

Hat mich Europa gelobt, was hat mir Europa gegeben?
 Nichts! Ich habe, wie schwer! meine Gedichte bezahlt.
Deutschland ahmte mich nach, und Frankreich mochte
 mich lesen.
 England! freundlich empfingst du den zerrütteten Gast.
Doch was fördert es mich, daß auch sogar der Chinese
 Malet, mit ängstlicher Hand, Werthern und Lotten auf Glas?
Niemals frug ein Kaiser nach mir, es hat sich kein König
 Um mich bekümmert, und Er war mir August und Mäcen.

Ach, mein Hals ist ein wenig geschwollen! so sagte die Beste
 Ängstlich. – Stille, mein Kind! still! und vernehme das Wort:
Dich hat die Hand der Venus berührt; sie deutet dir leise,
 Daß sie das Körperchen bald, ach! unaufhaltsam verstellt.
Bald verdirbt sie die schlanke Gestalt, die zierlichen Brüstchen;
 Alles schwillt nun, es paßt nirgends das neuste Gewand.
Sei nur ruhig! es deutet die fallende Blüte dem Gärtner,
 Daß die liebliche Frucht schwellend im Herbste gedeiht.

Ach! sie neiget das Haupt, die holde Knospe, wer gießet
 Eilig erquickendes Naß neben die Wurzel ihr hin?
Daß sie froh sich entfalte, die schönen Stunden der Blüte
 Nicht zu frühe vergehn, endlich auch reife die Frucht.
Aber auch mir – mir sinket das Haupt von Sorgen und Mühe.
 Liebes Mädchen! Ein Glas schäumenden Weines herbei!

[In das Schattenriß-Album Johann Friedrichs v. Anthing]

Es mag ganz artig sein, wenn Gleich' und Gleiche
In Proserpinens Park spazieren gehn,
Doch besser scheint es mir, im Schattenreiche
Herrn Anthings sich hier oben wiedersehn.

1788–1793 WEIMAR 317

Wonniglich ists, die Geliebte verlangend im Arme zu halten,
 Wenn ihr klopfendes Herz Liebe zuerst dir gesteht.
Wonniglicher, das Pochen des Neulebendigen fühlen,
 Das in dem lieblichen Schoß immer sich nährend bewegt.
Schon versucht es die Sprünge der raschen Jugend; es klopfet
 Ungeduldig schon an, sehnt sich nach himmlischem Licht.
Harre noch wenige Tage! Auf allen Pfaden des Lebens
 Führen die Horen dich streng, wie es das Schicksal gebeut.
Widerfahre dir, was dir auch will, du wachsender Liebling –
 Liebe bildete dich; werde dir Liebe zuteil!

[Römische Elegie]

Schwer erhalten wir uns den guten Namen, denn Fama
 Stehn mit Amorn, ich weiß, meinem Gebieter, in Streit.
Wißt auch ihr, woher es entsprang, daß beide sich hassen?
 Alte Geschichten sind das, und ich erzähle sie wohl.
Immer die mächtige Göttin, doch war sie für die Gesellschaft
 Unerträglich, denn gern führt sie das herrschende Wort;
Und so war sie von je, bei allen Göttergelagen,
 Mit der Stimme von Erz, Großen und Kleinen verhaßt.
So berühmte sie einst sich übermütig, sie habe
 Jovis herrlichen Sohn ganz sich zum Sklaven gemacht.
»Meinen Herkules führ ich dereinst, o Vater der Götter,«
 Rief triumphierend sie aus, »wiedergeboren dir zu.
Herkules ist es nicht mehr, den dir Alkmene geboren;
 Seine Verehrung für mich macht ihn auf Erden zum Gott.
Schaut er nach dem Olymp, so glaubst du, er schaue nach deinen
 Mächtigen Knieen; vergib! nur in den Äther nach mir
Blickt der würdigste Mann; nur mich zu verdienen,
 durchschreitet
 Leicht sein mächtiger Fuß Bahnen, die keiner betrat;
Aber auch ich begegn ihm auf seinen Wegen und preise
 Seinen Namen voraus, eh er die Tat noch beginnt.
Mich vermählst du ihm einst: der Amazonen Besieger
 Werd auch meiner, und ihn nenn ich mit Freuden Gemahl!«
Alles schwieg; sie mochten nicht gern die Prahlerin reizen:
 Denn sie denkt sich, erzürnt, leicht was Gehässiges aus.

Amorn bemerkte sie nicht: er schlich beiseite; den Helden
 Bracht er mit weniger Kunst unter der Schönsten Gewalt.
Nun vermummt er sein Paar: ihr hängt er die Bürde des Löwen
 Über die Schultern und lehnt mühsam die Keule dazu.
Drauf bespickt er mit Blumen des Helden sträubende Haare,
 Reichet den Rocken der Faust, die sich dem Scherze bequemt.
So vollendet er bald die neckische Gruppe; dann läuft er,
 Ruft durch den ganzen Olymp: »Herrliche Taten geschehn!
Nie hat Erd und Himmel, die unermüdete Sonne
 Hat auf der ewigen Bahn keines der Wunder erblickt.«
Alles eilte; sie glaubten dem losen Knaben, denn ernstlich
 Hatt er gesprochen; und auch Fama, sie blieb nicht zurück.
Wer sich freute, den Mann so tief erniedrigt zu sehen,
 Denkt ihr! Juno. Es galt Amorn ein freundliches Gesicht.
Fama daneben, wie stand sie beschämt, verlegen, verzweifelnd!
 Anfangs lachte sie nur: »Masken, ihr Götter, sind das!
Meinen Helden, ich kenn ihn zu gut! Es haben Tragöden
 Uns zum besten!« Doch bald sah sie mit Schmerzen,
 er wars! –
Nicht den tausendsten Teil verdroß es Vulkanen, sein Weibchen
 Mit dem rüstigen Freund unter den Maschen zu sehn,
Als das verständige Netz im rechten Moment sie umfaßte,
 Rasch die Verschlungnen umschlang, fest die Genießenden
 hielt.
Wie sich die Jünglinge freuten! Merkur und Bacchus! sie beide
 Mußten gestehn: es sei, über dem Busen zu ruhn
Dieses herrlichen Weibes, ein schöner Gedanke. Sie baten:
 »Löse, Vulkan, sie noch nicht! Laß sie noch einmal besehn.«
Und der Alte war so Hahnrei und hielt sie nur fester. –
 Aber Fama, sie floh rasch und voll Grimmes davon.
Seit der Zeit ist zwischen den zweien der Fehde nicht
 Stillstand;
Wie sie sich Helden erwählt, gleich ist der Knabe darnach.
Wer sie am höchsten verehrt, den weiß er am besten zu fassen,
 Und den Sittlichsten greift er am gefährlichsten an.
Will ihm einer entgehn, den bringt er vom Schlimmen
 ins Schlimmste.
 Mädchen bietet er an; wer sie ihm töricht verschmäht,

Muß erst grimmige Pfeile von seinem Bogen erdulden;
 Mann erhitzt er auf Mann, treibt die Begierden aufs Tier.
Wer sich seiner schämt, der muß erst leiden; dem Heuchler
 Streut er bittern Genuß unter Verbrechen und Not.
Aber auch sie, die Göttin, verfolgt ihn mit Augen und Ohren;
 Sieht sie ihn einmal bei dir, gleich ist sie feindlich gesinnt,
Schreckt dich mit ernstem Blick, verachtenden Mienen,
 und heftig
 Strenge verruft sie das Haus, das er gewöhnlich besucht.
Und so geht es auch mir: schon leid ich ein wenig; die Göttin,
 Eifersüchtig, sie forscht meinem Geheimnisse nach.
Doch es ist ein altes Gesetz: ich schweig und verehre;
 Denn der Könige Zwist büßten die Griechen, wie ich.

Oft erklärtet ihr euch als Freunde des Dichters, ihr Götter!
 Gebt ihm auch, was er bedarf! Mäßiges braucht er, doch viel:
Erstlich freundliche Wohnung, dann leidlich zu essen, zu trinken
 Gut; der Deutsche versteht sich auf den Nektar wie ihr.
Dann geziemende Kleidung und Freunde, vertraulich zu
 schwatzen;
 Dann ein Liebchen des Nachts, das ihn von Herzen begehrt.
Diese fünf natürlichen Dinge verlang ich vor allem.
 Gebet mir ferner dazu Sprachen, die alten und neu'n,
Daß ich der Völker Gewerb und ihre Geschichten vernehme;
 Gebt mir ein reines Gefühl, was sie in Künsten getan.
Ansehn gebt mir im Volke, verschafft bei Mächtigen Einfluß,
 Oder was sonst noch bequem unter den Menschen erscheint.
Gut – schon dank ich euch, Götter; ihr habt den glücklichsten
 Menschen
 Ehstens fertig: denn ihr gönntet das meiste mir schon.

[Römische Elegie]

Hörest du, Liebchen, das muntre Geschrei den Flaminischen
 Weg her?
 Schnitter sind es; sie ziehn wieder nach Hause zurück,
Weit hinweg. Sie haben des Römers Ernte vollendet,

Der für Ceres den Kranz selber zu flechten verschmäht.
 Keine Feste sind mehr der großen Göttin gewidmet,
 Die, statt Eicheln, zur Kost goldenen Weizen verlieh.
 Laß uns beide das Fest im stillen freudig begehen!
 Sind zwei Liebende doch sich ein versammeltes Volk.
 Hast du wohl je gehört von jener mystischen Feier,
 Die von Eleusis hieher frühe dem Sieger gefolgt?
 Griechen stifteten sie, und immer riefen nur Griechen,
 Selbst in den Mauern Roms: »Kommt zur geheiligten Nacht!«
 Fern entwich der Profane; da bebte der wartende Neuling,
 Den ein weißes Gewand, Zeichen der Reinheit, umgab.
 Wunderlich irrte darauf der Eingeführte durch Kreise
 Seltner Gestalten; im Traum schien er zu wallen: denn hier
 Wanden sich Schlangen am Boden umher, verschlossene
 Kästchen,
 Reich mit Ähren umkränzt, trugen hier Mädchen vorbei,
 Vielbedeutend gebärdeten sich die Priester und summten;
 Ungeduldig und bang harrte der Lehrling auf Licht.
 Erst nach mancherlei Proben und Prüfungen ward ihm
 enthüllet,
 Was der geheiligte Kreis seltsam in Bildern verbarg.
 Und was war das Geheimnis! als daß Demeter, die große,
 Sich gefällig einmal auch einem Helden bequemt,
 Als sie Jasion einst, dem rüstigen König der Kreter,
 Ihres unsterblichen Leibs holdes Verborgne gegönnt.
 Da war Kreta beglückt! das Hochzeitbette der Göttin
 Schwoll von Ähren, und reich drückte den Acker die Saat.
 Aber die übrige Welt verschmachtete; denn es versäumte
 Über der Liebe Genuß Ceres den schönen Beruf.
 Voll Erstaunen vernahm der Eingeweihte das Märchen,
 Winkte der Liebsten – Verstehst du nun, Geliebte, den Wink?
 Jene buschige Myrte beschattet ein heiliges Plätzchen!
 Unsre Zufriedenheit bringt keine Gefährde der Welt.

 Kaum an dem blaueren Himmel erblick ich die glänzende
 Sonne,
 Reich, vom Felsen herab, Efeu zu Kränzen geschmückt,

Sah den emsigen Winzer die Rebe der Pappel verbinden,
 Über die Wiege Virgils kam mir ein laulicher Wind:
Da gesellten die Musen sich gleich zum Freunde; wir pflogen
 Abgerißnes Gespräch, wie es den Wanderer freut.

Immer halt ich die Liebste begierig im Arme geschlossen,
 Immer drängt sich mein Herz fest an den Busen ihr an,
Immer lehnet mein Haupt an ihren Knieen, ich blicke
 Nach dem lieblichen Mund, ihr nach den Augen hinauf.
»Weichling!« schölte mich einer, »und so verbringst du
 die Tage?«
 Ach, ich verbringe sie schlimm! Höre nur, wie mir geschieht:
Leider wend ich den Rücken der einzigen Freude des Lebens;
 Schon den zwanzigsten Tag schleppt mich der Wagen dahin.
Vetturine trotzen mir nun, es schmeichelt der Kämmrer,
 Und der Bediente vom Platz sinnet auf Lügen und Trug.
Will ich ihnen entgehn, so faßt mich der Meister der Posten,
 Postillone sind Herrn, dann die Dogane dazu!
»Ich verstehe dich nicht! du widersprichst dir! du schienest
 Paradiesisch zu ruhn, ganz, wie Rinaldo, beglückt.«
Ach! ich verstehe mich wohl: es ist mein Körper auf Reisen,
 Und es ruhet mein Geist stets der Geliebten im Schoß.

[Venezianische Epigramme]

Sarkophagen und Urnen verzierte der Heide mit Leben:
 Faunen tanzen umher, mit der Bacchantinnen Chor
Machen sie bunte Reihe; der ziegengefüßete Pausback
 Zwingt den heiseren Ton wild aus dem schmetternden Horn.
Zimbeln, Trommeln erklingen; wir sehen und hören
 den Marmor.
 Flatternde Vögel! wie schmeckt herrlich dem Schnabel
 die Frucht!
Euch verscheuchet kein Lärm, noch weniger scheucht er
 den Amor,
 Der in dem bunten Gewühl erst sich der Fackel erfreut.
So überwältigt Fülle den Tod; und die Asche da drinnen

Scheint, im stillen Bezirk, noch sich des Lebens zu freun.
So umgebe denn spät den Sarkophagen des Dichters
 Diese Rolle, von ihm reichlich mit Leben geschmückt.

Das ist Italien, das ich verließ. Noch stäuben die Wege,
 Noch ist der Fremde geprellt, stell er sich, wie er auch will.
Deutsche Redlichkeit suchst du in allen Winkeln vergebens:
 Leben und Weben ist hier, aber nicht Ordnung und Zucht;
Jeder sorgt nur für sich, mißtrauet dem andern, ist eitel,
 Und die Meister des Staats sorgen nur wieder für sich.
Schön ist das Land; doch ach! Faustinen find ich nicht wieder.
 Das ist Italien nicht mehr, das ich mit Schmerzen verließ.

In der Gondel lag ich gestreckt und fuhr durch die Schiffe,
 Die in dem großen Kanal, viele befrachtete, stehn.
Mancherlei Ware findest du da für manches Bedürfnis,
 Weizen, Wein und Gemüs, Scheite, wie leichtes Gesträuch.
Pfeilschnell drangen wir durch; da traf ein verlorener Lorbeer
 Derb mir die Wangen. Ich rief: Daphne, verletzest du mich?
Lohn erwartet ich eher! Die Nymphe lispelte lächelnd:
 Dichter sündgen nicht schwer. Leicht ist die Strafe. Nur zu!

Seh ich den Pilgrim, so kann ich mich nie der Tränen enthalten.
 O wie beseliget uns Menschen ein falscher Begriff!

Eine Liebe hatt ich, sie war mir lieber als alles!
 Aber ich hab sie nicht mehr! Schweig, und ertrag den Verlust!

Diese Gondel vergleich ich der sanft einschaukelnden Wiege,
 Und das Kästchen darauf scheint ein geräumiger Sarg.
Recht so! Zwischen der Wieg und dem Sarg wir schwanken
 und schweben
 Auf dem großen Kanal sorglos durchs Leben dahin.

Feierlich sehn wir neben dem Doge den Nuntius gehen;
 Sie begraben den Herrn, einer versiegelt den Stein.
Was der Doge sich denkt, ich weiß es nicht; aber der andre
 Lächelt über den Ernst dieses Gepränges gewiß.

1788–1793 WEIMAR 323

Warum treibt sich das Volk so, und schreit? Es will sich
 ernähren,
 Kinder zeugen, und die nähren, so gut es vermag.
Merke dir, Reisender, das und tue zu Hause desgleichen!
 Weiter bringt es kein Mensch, stell er sich, wie er auch will.

Wie sie klingeln, die Pfaffen! Wie angelegen sie's machen,
 Daß man komme, nur ja plappre, wie gestern so heut!
Scheltet mir nicht die Pfaffen; sie kennen des Menschen
 Bedürfnis!
 Denn wie ist er beglückt, plappert er morgen wie heut!

Mache der Schwärmer sich Schüler wie Sand am Meere –
 der Sand ist
 Sand; die Perle sei mein, du, o vernünftiger Freund!

Süß, den sprossenden Klee mit weichlichen Füßen
 im Frühling
 Und die Wolle des Lamms tasten mit zärtlicher Hand;
Süß, voll Blüten zu sehn die neulebendigen Zweige,
 Dann das grünende Laub locken mit sehnendem Blick.
Aber süßer, mit Blumen dem Busen der Schäferin
 schmeicheln;
 Und dies vielfache Glück läßt mich entbehren der Mai.

Weit und schön ist die Welt! doch o wie dank ich dem Himmel,
 Daß ein Gärtchen, beschränkt, zierlich, mir eigen gehört!
Bringt mich wieder nach Hause! Was hat ein Gärtner zu reisen?
 Ehre bringts ihm und Glück, wenn er sein Gärtchen besorgt.

Diesem Amboß vergleich ich das Land, den Hammer
 dem Herrscher,
 Und dem Volke das Blech, das in der Mitte sich krümmt.
Wehe dem armen Blech! wenn nur willkürliche Schläge
 Ungewiß treffen, und nie fertig der Kessel erscheint.

Schüler macht sich der Schwärmer genug und rühret die Menge,
 Wenn der vernünftige Mann einzelne Liebende zählt.

Wundertätige Bilder sind meist nur schlechte Gemälde:
 Werke des Geists und der Kunst sind für den Pöbel nicht da.

Mache zum Herrscher sich der, der seinen Vorteil verstehet:
 Doch wir wählten uns den, der sich auf unsern versteht.

Not lehrt beten, man sagts; will einer es lernen, er gehe
 Nach Italien! Not findet der Fremde gewiß.

Welch ein heftig Gedränge nach diesem Laden! Wie emsig
 Wägt man, empfängt man das Geld, reicht man die Ware dahin!
Schnupftabak wird hier verkauft. Das heißt sich selber erkennen!
 Nieswurz holt sich das Volk, ohne Verordnung und Arzt.

Jeder Edle Venedigs kann Doge werden; das macht ihn
 Gleich als Knaben so fein, eigen, bedächtig und stolz.
Darum sind die Oblaten so zart im katholischen Welschland;
 Denn aus demselbigen Teig weihet der Priester den Gott.

Ruhig am Arsenal stehn zwei altgriechische Löwen;
 Klein wird neben dem Paar Pforte, wie Turm und Kanal.
Käme die Mutter der Götter herab, es schmiegten sich beide
 Vor den Wagen, und sie freute sich ihres Gespanns.
Aber nun ruhen sie traurig; der neue geflügelte Kater
 Schnurrt überall, und ihn nennet Venedig Patron.

Emsig wallet der Pilger! Und wird er den Heiligen finden?
 Hören und sehen den Mann, welcher die Wunder getan?
Nein, es führte die Zeit ihn hinweg: du findest nur Reste,
 Seinen Schädel, ein paar seiner Gebeine verwahrt.
Pilgrime sind wir alle, die wir Italien suchen;
 Nur ein zerstreutes Gebein ehren wir gläubig und froh.

Jupiter Pluvius, heut erscheinst du ein freundlicher Dämon,
 Denn ein vielfach Geschenk gibst du in Einem Moment:
Gibst Venedig zu trinken, dem Lande grünendes Wachstum,
 Manches kleine Gedicht gibst du dem Büchelchen hier.

1788–1793 WEIMAR

Gieße nur, tränke nur fort die rotbemäntelten Frösche,
 Wäßre das durstende Land, daß es uns Broccoli schickt.
Nur durchwäßre mir nicht dies Büchlein; es sei mir ein
 Fläschchen
 Reinen Araks, und Punsch mache sich jeder nach Lust.

Sankt Johannes im Kot heißt jene Kirche; Venedig
 Nenn ich mit doppeltem Recht heute Sankt Markus im Kot.

Hast du Bajä gesehn, so kennst du das Meer und die Fische.
 Hier ist Venedig; du kennst nun auch den Pfuhl und den Frosch.

»Schläfst du noch immer?« Nur still, und laß mich ruhen;
 erwach ich,
 Nun, was soll ich denn hier? Breit ist das Bette, doch leer.
Ist überall ja doch Sardinien, wo man allein schläft,
 Tibur, Freund, überall, wo dich die Liebliche weckt.

Alle Neun, sie winkten mir oft, ich meine die Musen;
 Doch ich achtet es nicht, hatte das Mädchen im Schoß.
Nun verließ ich mein Liebchen; mich haben die Musen
 verlassen,
 Und ich schielte verwirrt, suchte nach Messer und Strick.
Doch von Göttern ist voll der Olymp; du kamst, mich zu retten,
 Langeweile! du bist Mutter der Musen gegrüßt.

Welch ein Mädchen ich wünsche zu haben? Ihr fragt mich.
 Ich hab sie,
 Wie ich sie wünsche, das heißt, dünkt mich, mit wenigem viel,
An dem Meere ging ich und suchte mir Muscheln. In einer
 Fand ich ein Perlchen; es bleibt nun mir am Herzen verwahrt.

Vieles hab ich versucht, gezeichnet, in Kupfer gestochen,
 Öl gemalt, in Ton hab ich auch manches gedruckt,
Unbeständig jedoch, und nichts gelernt noch geleistet;
 Nur ein einzig Talent bracht ich der Meisterschaft nah:
Deutsch zu schreiben. Und so verderb ich unglücklicher Dichter
 In dem schlechtesten Stoff leider nun Leben und Kunst.

Schöne Kinder tragt ihr und steht mit verdeckten Gesichtern,
 Bettelt: das heißt mit Macht reden ans männliche Herz.
Jeder wünscht sich ein Knäbchen, wie ihr das dürftige zeiget,
 Und ein Liebchen, wie mans unter dem Schleier sich denkt.

Das ist dein eigenes Kind nicht, worauf du bettelst, und
 rührst mich;
 O wie rührt mich erst die, die mir mein eigenes bringt!

Warum leckst du dein Mäulchen, indem du mir eilig
 begegnest?
 Wohl, dein Züngelchen sagt mir, wie gesprächig es sei.

Sämtliche Künste lernt und treibet der Deutsche; zu jeder
 Zeigt er ein schönes Talent, wenn er sie ernstlich ergreift.
Eine Kunst nur treibt er, und will sie nicht lernen, die
 Dichtkunst.
 Darum pfuscht er auch so; Freunde, wir habens erlebt.

Eines Menschen Leben, was ists? Doch Tausende können
 Reden über den Mann, was er und wie ers getan.
Weniger ist ein Gedicht; doch können es Tausend genießen,
 Tausende tadeln. Mein Freund, lebe nur, dichte nur fort!

Müde war ich geworden, nur immer Gemälde zu sehen,
 Herrliche Schätze der Kunst, wie sie Venedig bewahrt.
Denn auch dieser Genuß verlangt Erholung und Muße;
 Nach lebendigem Reiz suchte mein schmachtender Blick.
Gauklerin! da ersah ich in dir zu den Bübchen das Urbild,
 Wie sie Johannes Bellin reizend mit Flügeln gemalt,
Wie sie Paul Veronese mit Bechern dem Bräutigam sendet,
 Dessen Gäste, getäuscht, Wasser genießen für Wein.

Wie, von der künstlichsten Hand geschnitzt, das liebe
 Figürchen,
 Weich und ohne Gebein, wie die Molluska nur schwimmt!
Alles ist Glied, und alles Gelenk, und alles gefällig,
 Alles nach Maßen gebaut, alles nach Willkür bewegt.

Menschen hab ich gekannt und Tiere, so Vögel als Fische,
 Manches besondre Gewürm, Wunder der großen Natur;
Und doch staun ich dich an, Bettine, liebliches Wunder,
 Die du alles zugleich bist, und ein Engel dazu.

Kehre nicht, liebliches Kind, die Beinchen hinauf zu dem
 Himmel;
 Jupiter sieht dich, der Schalk, und Ganymed ist besorgt.

Wende die Füßchen zum Himmel nur ohne Sorge! Wir strecken
 Arme betend empor; aber nicht schuldlos wie du.

Seitwärts neigt sich dein Hälschen. Ist das ein Wunder? Es träget
 Oft dich Ganze; du bist leicht, nur dem Hälschen zu schwer.
Mir ist sie gar nicht zuwider, die schiefe Stellung des Köpfchens:
 Unter schönerer Last beugte kein Nacken sich je.

So verwirret mit dumpf willkürlich verwebten Gestalten,
 Höllisch und trübe gesinnt, Breughel den schwankenden Blick;
So zerrüttet auch Dürer mit apokalyptischen Bildern,
 Menschen und Grillen zugleich, unser gesundes Gehirn;
So erreget ein Dichter, von Sphinxen, Sirenen, Zentauren
 Singend, mit Macht Neugier in dem verwunderten Ohr;
So beweget ein Traum den Sorglichen, wenn er zu greifen,
 Vorwärts glaubet zu gehn, alles veränderlich schwebt:
So verwirrt uns Bettine, die holden Glieder verwechselnd;
 Doch erfreut sie uns gleich, wenn sie die Sohlen betritt.

Gern überschreit ich die Grenze, mit breiter Kreide gezogen.
 Macht sie Bottegha, das Kind, drängt sie mich artig zurück.

»Ach! mit diesen Seelen, was macht er? Jesus Maria!
 Bündelchen Wäsche sind das, wie man zum Brunnen sie trägt.
Wahrlich, sie fällt! Ich halt es nicht aus! Komm, gehn wir!
 Wie zierlich!
 Sieh nur, wie steht sie, wie leicht! Alles mit Lächeln und Lust!«
Altes Weib, du bewunderst mit Recht Bettinen! du scheinst mir
 Jünger zu werden und schön, da dich mein Liebling erfreut.

Alles seh ich so gerne von dir; doch seh ich am liebsten,
 Wenn der Vater behend über dich selber dich wirft,
Du dich im Schwung überschlägst und, nach dem tödlichen
 Sprunge,
 Wieder stehest und läufst, eben ob nichts wär geschehn.

Schon entrunzelt sich jedes Gesicht; die Furchen der Mühe,
 Sorgen und Armut fliehn, Glückliche glaubt man zu sehn.
Dir erweicht sich der Schiffer und klopft dir die Wange; der Säckel
 Tut sich dir kärglich zwar, aber er tut sich doch auf,
Und der Bewohner Venedigs entfaltet den Mantel und reicht dir,
 Eben als flehtest du laut bei den Mirakeln Antons,
Bei des Herrn fünf Wunden, dem Herzen der seligsten Jungfrau,
 Bei der feurigen Qual, welche die Seelen durchfegt.
Jeder kleine Knabe, der Schiffer, der Höke, der Bettler
 Drängt sich und freut sich bei dir, daß er ein Kind ist wie du.

Dichten ist ein lustig Metier; nur find ich es teuer:
 Wie dies Büchlein mir wächst, gehn die Zechinen mir fort.

»Welch ein Wahnsinn ergriff dich Müßigen? Hältst du
 nicht inne?
 Wird dies Mädchen ein Buch? Stimme was Klügeres an!«
Wartet, ich singe die Könige bald, die Großen der Erde,
 Wenn ich ihr Handwerk einst besser begreife wie jetzt.
Doch Bettinen sing ich indes; denn Gaukler und Dichter
 Sind gar nahe verwandt, suchen und finden sich gern.

Böcke, zur Linken mit euch! so ordnet künftig der Richter:
 Und ihr Schäfchen, ihr sollt ruhig zur Rechten mir stehn!
Wohl! Doch eines ist noch von ihm zu hoffen; dann sagt er:
 Seid, Vernünftige, mir grad gegenüber gestellt!

Wißt ihr, wie ich gewiß zu Hunderten euch Epigramme
 Fertige? Führet mich nur weit von der Liebsten hinweg!

Alle Freiheitsapostel, sie waren mir immer zuwider;
 Willkür suchte doch nur jeder am Ende für sich.

1788–1793 WEIMAR

Willst du viele befrein, so wag es, vielen zu dienen.
 Wie gefährlich das sei, willst du es wissen? Versuchs!

Könige wollen das Gute, die Demagogen desgleichen,
 Sagt man; doch irren sie sich: Menschen, ach, sind sie wie wir.
Nie gelingt es der Menge, für sich zu wollen, wir wissens;
 Doch wer verstehet, für uns alle zu wollen, er zeigs!

Frankreichs traurig Geschick, die Großen mögens bedenken;
 Aber bedenken fürwahr sollen es Kleine noch mehr.
Große gingen zugrunde: doch wer beschützte die Menge
 Gegen die Menge? Da war Menge der Menge Tyrann.

Tolle Zeiten hab ich erlebt und hab nicht ermangelt,
 Selbst auch töricht zu sein, wie es die Zeit mir gebot.

»Sage, tun wir nicht recht? Wir müssen den Pöbel betriegen.
 Sieh nur, wie ungeschickt, sieh nur, wie wild er sich zeigt!«
Ungeschickt und wild sind alle rohe Betrognen;
 Seid nur redlich, und so führt ihn zum Menschlichen an.

Jene Menschen sind toll, so sagt ihr von heftigen Sprechern,
 Die wir in Frankreich laut hören auf Straßen und Markt.
Mir auch scheinen sie toll; doch redet ein Toller in Freiheit
 Weise Sprüche, wenn ach! Weisheit im Sklaven verstummt.

Lange haben die Großen der Franzen Sprache gesprochen,
 Halb nur geachtet den Mann, dem sie vom Munde nicht floß.
Nun lallt alles Volk entzückt die Sprache der Franken.
 Zürnet, Mächtige, nicht! Was ihr verlangtet, geschieht.

»Seid doch nicht so frech, Epigramme!« Warum nicht? Wir [sind nur
 Überschriften; die Welt hat die Kapitel des Buchs.

Wie dem hohen Apostel ein Tuch voll Tiere gezeigt ward,
 Rein und unrein, zeigt, Lieber, das Büchlein sich dir.

Ein Epigramm, ob wohl es gut sei? Kannst du's entscheiden?
 Weiß man doch eben nicht stets, was er sich dachte, der Schalk.

Um so gemeiner es ist und näher dem Neide, der Mißgunst,
Um so eher begreifst du das Gedichtchen gewiß.

Chloe schwöret, sie liebt mich; ich glaubs nicht. Aber sie
 liebt dich!
Sagt mir ein Kenner. Schon gut; glaubt ichs, da wär es vorbei.

Niemand liebst du, und mich, Philarchos, liebst du so heftig.
Ist denn kein anderer Weg, mich zu bezwingen, als der?

Vieles kann ich ertragen. Die meisten beschwerlichen Dinge
Duld ich mit ruhigem Mut, wie es ein Gott mir gebeut.
Wenige sind mir jedoch wie Gift und Schlange zuwider,
Viere: Rauch des Tabaks, Wanzen und Knoblauch und †.

Längst schon hätt ich euch gern von jenen Tierchen gesprochen,
Die so zierlich und schnell fahren dahin und daher.
Schlängelchen scheinen sie gleich, doch viergefüßet; sie laufen,
Kriechen und schleichen, und leicht schleppen die
 Schwänzchen sie nach.
Seht, hier sind sie! und hier! Nun sind sie verschwunden!
 Wo sind sie?
Welche Ritze, welch Kraut nahm die entfliehenden auf?
Wollt ihr mirs künftig erlauben, so nenn ich die Tierchen
 Lazerten;
Denn ich brauche sie noch oft als gefälliges Bild.

Wer Lazerten gesehn, der kann sich die zierlichen Mädchen
Denken, die über den Platz fahren dahin und daher.
Schnell und beweglich sind sie, und gleiten, stehen und
 schwatzen,
Und es rauscht das Gewand hinter den eilenden drein.
Sieh, hier ist sie! und hier! Verlierst du sie einmal, so suchst
 du
Sie vergebens; so bald kommt sie nicht wieder hervor.
Wenn du aber die Winkel nicht scheust, nicht Gäßchen und
 Treppchen,
Folg ihr, wie sie dich lockt, in die Spelunke hinein!

1788–1793 WEIMAR 331

Was Spelunke nun sei, verlangt ihr zu wissen? Da wird ja
　　Fast zum Lexikon dies epigrammatische Buch.
Dunkele Häuser sinds in engen Gäßchen; zum Kaffee
　　Führt dich die Schöne, und sie zeigt sich geschäftig, nicht du.

Zwei der feinsten Lazerten, sie hielten sich immer zusammen,
　　Eine beinahe zu groß, eine beinahe zu klein.
Siehst du beide zusammen, so wird die Wahl dir unmöglich;
　　Jede besonders, sie schien einzig die schönste zu sein.

Heilige Leute, sagt man, sie wollten besonders dem Sünder
　　Und der Sünderin wohl. Gehts mir doch eben auch so.

Wär ich ein häusliches Weib, und hätte, was ich bedürfte,
　　Treu sein wollt ich und froh, herzen und küssen den Mann.
So sang, unter andern gemeinen Liedern, ein Dirnchen
　　Mir in Venedig, und nie hört ich ein frömmer Gebet.

Wundern kann es mich nicht, daß Menschen die Hunde
　　　　　　　　　　　　　　　　　so lieben:
　　Denn ein erbärmlicher Schuft ist, wie der Mensch, so der Hund.

Frech wohl bin ich geworden; es ist kein Wunder. Ihr Götter
　　Wißt, und wißt nicht allein, daß ich auch fromm bin und treu.

»Hast du nicht gute Gesellschaft gesehn? Es zeigt uns
　　　　　　　　　　　　　　　　dein Büchlein
　　Fast nur Gaukler und Volk, ja was noch niedriger ist.«
Gute Gesellschaft hab ich gesehn, man nennt sie die gute,
　　Wenn sie zum kleinsten Gedicht keine Gelegenheit gibt.

Was mit mir das Schicksal gewollt? Es wäre verwegen,
　　Das zu fragen; denn meist will es mit vielen nicht viel.
Einen Dichter zu bilden, die Absicht wär ihm gelungen,
　　Hätte die Sprache sich nicht unüberwindlich gezeigt.

Mit Botanik gibst du dich ab? mit Optik? Was tust du?
　　Ist es nicht schönrer Gewinn, rühren ein zärtliches Herz?

Ach, die zärtlichen Herzen! ein Pfuscher vermag sie zu rühren;
 Sei es mein einziges Glück, dich zu berühren, Natur!

Weiß hat Newton gemacht aus allen Farben. Gar manches
 Hat er euch weisgemacht, das ihr ein Säkulum glaubt.

»Alles erklärt sich wohl«, so sagt mir ein Schüler, »aus jenen
 Theorien, die uns weislich der Meister gelehrt.«
Habt ihr einmal das Kreuz von Holze tüchtig gezimmert,
 Paßt ein lebendiger Leib freilich zur Strafe daran.

Wenn auf beschwerlichen Reisen ein Jüngling zur Liebsten
 sich windet,
 Hab er dies Büchlein; es ist reizend und tröstlich zugleich.
Und erwartet dereinst ein Mädchen den Liebsten, sie halte
 Dieses Büchlein, und nur, kommt er, so werfe sie's weg.

Gleich den Winken des Mädchens, des eilenden, welche
 verstohlen
 Im Vorbeigehn nur freundlich mir streifet den Arm,
So vergönnt, ihr Musen, dem Reisenden kleine Gedichte:
 O behaltet dem Freund größere Gunst noch bevor!

Wenn, in Wolken und Dünste verhüllt, die Sonne nur trübe
 Stunden sendet, wie still wandeln die Pfade wir fort!
Dränget Regen den Wandrer, wie ist uns des ländlichen Daches
 Schirm willkommen! Wie sanft ruht sichs in stürmischer Nacht!
Aber die Göttin kehret zurück! Schnell scheuche die Nebel
 Von der Stirne hinweg! Gleiche der Mutter Natur!

Willst du mit reinem Gefühl der Liebe Freuden genießen,
 O laß Frechheit und Ernst ferne vom Herzen dir sein.
Die will Amorn verjagen, und der gedenkt ihn zu fesseln;
 Beiden das Gegenteil lächelt der schelmische Gott.

Göttlicher Morpheus, umsonst bewegst du die lieblichen
 Mohne;
 Bleibt das Auge doch wach, wenn mir es Amor nicht schließt.

1788–1793 WEIMAR 333

Liebe flößest du ein, und Begier; ich fühl es, und brenne.
 Liebenswürdige, nun flöße Vertrauen mir ein!

Ha! ich kenne dich, Amor, so gut als einer! Da bringst du
 Deine Fackel, und sie leuchtet im Dunkel uns vor.
Aber du führest uns bald verworrene Pfade; wir brauchten
 Deine Fackel erst recht, ach! und die falsche erlischt.

Eine einzige Nacht an deinem Herzen! – Das andre
 Gibt sich. Es trennet uns noch Amor in Nebel und Nacht.
Ja, ich erlebe den Morgen, an dem Aurora die Freunde
 Busen an Busen belauscht, Phöbus, der frühe, sie weckt.

Ist es dir Ernst, so zaudre nun länger nicht, mache mich glücklich!
 Wolltest du scherzen? Es sei, Liebchen, des Scherzes genug!

Daß ich schweige, verdrießt dich? Was soll ich reden? Du merkest
 Auf der Seufzer, des Blicks leise Beredsamkeit nicht.
Eine Göttin vermag der Lippe Siegel zu lösen;
 Nur Aurora, sie weckt einst dir am Busen mich auf.
Ja, dann töne mein Hymnus den frühen Göttern entgegen,
 Wie das Memnonische Bild lieblich Geheimnisse sang.

Welch ein lustiges Spiel! Es windet am Faden die Scheibe,
 Die von der Hand entfloh, eilig sich wieder herauf!
Seht, so schein ich mein Herz bald dieser Schönen, bald jener
 Zuzuwerfen; doch gleich kehrt es im Fluge zurück.

O wie achtet ich sonst auf alle Zeiten des Jahres,
 Grüßte den kommenden Lenz, sehnte dem Herbste mich nach!
Aber nun ist nicht Sommer noch Winter, seit mich Beglückten
 Amors Fittich bedeckt, ewiger Frühling umschwebt.

Sage, wie lebst du? Ich lebe! und wären hundert und hundert
 Jahre dem Menschen gegönnt, wünscht ich mir morgen wie heut.

Götter, wie soll ich euch danken! Ihr habt mir alles gegeben,
 Was der Mensch sich erfleht; nur in der Regel fast nichts.

Du erstaunest und zeigst mir das Meer; es scheint zu brennen.
 Wie bewegt sich die Flut flammend ums nächtliche Schiff!
Mich verwundert es nicht, das Meer gebar Aphroditen,
 Und entsprang nicht aus ihr uns eine Flamme, der Sohn?

Glänzen sah ich das Meer und blinken die liebliche Welle,
 Frisch mit günstigem Wind zogen die Segel dahin.
Keine Sehnsucht fühlte mein Herz; es wendete rückwärts,
 Nach dem Schnee des Gebirgs, bald sich der schmachtende
 Blick.
Südwärts liegen der Schätze wie viel! Doch einer im Norden
 Zieht, ein großer Magnet, unwiderstehlich zurück.

Ach! mein Mädchen verreist! Sie steigt zu Schiffe! –
 Mein König,
 Äolus! mächtiger Fürst! halte die Stürme zurück!
Törichter! ruft mir der Gott, befürchte nicht wütende Stürme:
 Fürchte den Hauch, wenn sanft Amor die Flügel bewegt!

Oftmals hab ich geirrt und habe mich wieder gefunden,
 Aber glücklicher nie; nun ist dies Mädchen mein Glück!
Ist auch dieses ein Irrtum, so schont mich, ihr klügeren Götter,
 Und benehmt mir ihn erst drüben am kalten Gestad.

Traurig, Midas, war dein Geschick: in bebenden Händen
 Fühltest du, hungriger Greis, schwere verwandelte Kost.
Mir, im ähnlichen Fall, gehts lustger; denn was ich berühre,
 Wird mir unter der Hand gleich ein behendes Gedicht.
Holde Musen, ich sträube mich nicht; nur daß ihr
 mein Liebchen,
 Drück ich es fest an die Brust, nicht mir zum Märchen
 verkehrt.

Und so tändelt ich mir, von allen Freunden geschieden,
 In der Neptunischen Stadt Tage wie Stunden hinweg.
Alles, was ich erfuhr, ich würz es mit süßer Erinnrung,
 Würzt es mit Hoffnung; sie sind lieblichste Würzen der Welt.

Einen zierlichen Käfig erblick ich; hinter dem Gitter
 Regten sich emsig und rasch Mädchen des süßen Gesangs.
Mädchen wissen sonst nur uns zu ermüden; Venedig,
 Heil dir, daß du sie auch uns zu erquicken ernährst.

Wenn ich den Dieben gebellt, Liebhabern hab ich geschwiegen;
 Und so begünstigten mich beide, der Herr und die Frau.

[An die Herzogin Anna Amalia]

Sagt, wem geb ich dies Büchlein? Der Fürstin, die mirs gegeben,
 Die uns Italien noch jetzt in Germanien schafft.

Arm und kleiderlos war, als ich sie geworben, das Mädchen;
 Damals gefiel sie mir nackt, wie sie mir jetzt noch gefällt.

Jeglichen Schwärmer schlagt mir ans Kreuz im dreißigsten
 Jahre;
 Kennt er nur einmal die Welt, wird der Betrogne der Schelm.

Fürsten prägen so oft auf kaum versilbertes Kupfer
 Ihr bedeutendes Bild; lange betriegt sich das Volk.
Schwärmer prägen den Stempel des Geists auf Lügen und Unsinn;
 Wem der Probierstein fehlt, hält sie für redliches Gold.

Ist denn so groß das Geheimnis, was Gott und der Mensch
 und die Welt sei?
 Nein! Doch niemand hörts gerne; da bleibt es geheim.

In der Dämmrung des Morgens den höchsten Gipfel erklimmen,
 Frühe den Boten des Tags grüßen, dich, freundlichen Stern!
Ungeduldig die Blicke der Himmelsfürstin erwarten,
 Wonne des Jünglings, wie oft locktest du nachts mich heraus!
Nun erscheint ihr mir, Boten des Tags, ihr himmlischen Augen
 Meiner Geliebten, und stets kommt mir die Sonne zu früh.

Grün ist der Boden der Wohnung, die Sonne scheint durch
 die Wände,
 Und das Vögelchen singt über dem leinenen Dach;

LYRISCHE DICHTUNGEN

Kriegerisch reiten wir aus, besteigen Schlesiens Höhen,
　Schauen mit gierigem Blick vorwärts nach Böhmen hinein.
Aber es zeigt sich kein Feind – und keine Feindin; o bringe,
　Wenn uns Mavors betrügt, bring uns, Cupido, den Krieg.

[An Christiane]

Von Osten nach Westen –
Zu Hause am besten.

[An die Knappschaft der Friedrichsgrube bei Tarnowitz]

Fern von gebildeten Menschen, am Ende des Reiches,
　　　　　　　　　　　　　　wer hilft euch
　Schätze finden und sie glücklich zu bringen ans Licht?
Nur Verstand und Redlichkeit helfen, es führen die beiden
　Schlüssel zu jeglichem Schatz, welchen die Erde verwahrt.

DER RATTENFÄNGER

Ich bin der wohlbekannte Sänger,
Der vielgereiste Rattenfänger,
Den diese altberühmte Stadt
Gewiß besonders nötig hat.
Und wärens Ratten noch so viele,
Und wären Wiesel mit im Spiele,
Von allen säubr ich diesen Ort,
Sie müssen miteinander fort.

Dann ist der gut gelaunte Sänger
Mitunter auch ein Kinderfänger,
Der selbst die wildesten bezwingt,
Wenn er die goldnen Märchen singt.
Und wären Knaben noch so trutzig,
Und wären Mädchen noch so stutzig,
In meine Saiten greif ich ein,
Sie müssen alle hinterdrein.

Dann ist der vielgewandte Sänger
Gelegentlich ein Mädchenfänger;
In keinem Städtchen langt er an,
Wo ers nicht mancher angetan.
Und wären Mädchen noch so blöde,
Und wären Weiber noch so spröde,
Doch allen wird so liebebang
Bei Zaubersaiten und Gesang.

(Von Anfang)

[In das Stammbuch Heinrich Becks]

Blumen reicht die Natur, es windet die Kunst sie zum Kranze.

[An den Herzog Karl August]

Zu dem erbaulichen Entschluß,
Bei diesem Wetter hier zu bleiben,
Send ich des Wissens Überfluß
Die Zeit dir edel zu vertreiben.
Gewiß, du wirst zufrieden sein,
Wenn du wirst die Verwandtschaft sehen,
Worinnen Geist und Fleisch und Stein
Und Erz und Öl und Wasser stehen.

Indes macht draußen vor dem Tor,
Wo allerliebste Kätzchen blühen,
Durch alle zwölf Kategorien
Mir Amor seine Späße vor.

[In das Stammbuch Friedrich Ludwig Schröders]

Viele sahn dich mit Wonne, dich wünschen so viele zu sehen;
Reise glücklich! Du bringst überall Freude mit hin.

SAKONTALA

Will ich die Blumen des frühen, die Früchte des späteren Jahres,
 Will ich, was reizt und entzückt, will ich, was sättigt und nährt,
Will ich den Himmel, die Erde mit Einem Namen begreifen,
 Nenn ich, *Sakontala*, dich, und so ist alles gesagt.

DIE SPINNERIN

Als ich still und ruhig spann,
Ohne nur zu stocken,
Trat ein schöner junger Mann
Nahe mir zum Rocken.

Lobte, was zu loben war,
Sollte das was schaden?
Mein dem Flachse gleiches Haar,
Und den gleichen Faden.

Ruhig war er nicht dabei,
Ließ es nicht beim alten;
Und der Faden riß entzwei,
Den ich lang erhalten.

Und des Flachses Stein-Gewicht
Gab noch viele Zahlen;
Aber, ach, ich konnte nicht
Mehr mit ihnen prahlen.

Als ich sie zum Weber trug,
Fühlt ich was sich regen,
Und mein armes Herze schlug
Mit geschwindern Schlägen.

Nun, beim heißen Sonnenstich,
Bring ichs auf die Bleiche,

1788–1793 WEIMAR

Und mit Mühe bück ich mich
Nach dem nächsten Teiche.

Was ich in dem Kämmerlein
Still und fein gesponnen,
Kommt – wie kann es anders sein? –
Endlich an die Sonnen.

Trierische Hügel beherrschte Dionysos, aber der Bischof
 Dionysius trieb ihn und die Seinen herab;
Christlich lagerten sich Bacchanten-Scharen im Tale,
 Hinter die Mauern versteckt, üben sie alten Gebrauch.

KÜNSTLERS FUG UND RECHT

Ein frommer Maler mit vielem Fleiß
Hatte manchmal gewonnen den Preis,
Und manchmal ließ ers auch geschehn,
Daß er einem Bessern nach mußt stehn;
Hatte seine Tafeln fortgemalt,
Wie man sie lobt, wie man sie bezahlt.
Da kamen einige gut hinaus,
Man baut' ihn'n sogar ein Heiligenhaus.

Nun fand er Gelegenheit einmal,
Zu malen eine Wand im Saal;
Mit emsigen Zügen er staffiert',
Was öfters in der Welt passiert;
Zog seinen Umriß leicht und klar,
Man konnte sehn, was gemeint da war.
Mit wenig Farben er koloriert',
Doch so, daß er das Aug frappiert.
Er glaubt' es für den Platz gerecht
Und nicht zu gut und nicht zu schlecht,
Daß es versammelte Herrn und Fraun
Möchten einmal mit Lust beschaun;

Zugleich er auch noch wünscht' und wollt,
Daß man dabei was denken sollt.

Als nun die Arbeit fertig war,
Da trat herein manch Freundespaar,
Das unsers Künstlers Werke lieb'
Und darum desto mehr betrübt,
Daß an der losen, leidigen Wand
Nicht auch ein Götterbildnis stand.
Die setzten ihn sogleich zur Red,
Warum er so was malen tät,
Da doch der Saal und seine Wänd
Gehörten nur für Narrenhänd;
Er sollte sich nicht lassen verführen
Und nun auch Bänk und Tische beschmieren;
Er sollte bei seinen Tafeln bleiben
Und hübsch mit seinem Pinsel schreiben.
Und sagten ihm von dieser Art
Noch viel Verbindlichs in den Bart.

Er sprach darauf bescheidentlich:
Eure gute Meinung beschämet mich.
Es freut mich mehr nichts auf der Welt,
Als wenn euch je mein Werk gefällt.
Da aber aus eigenem Beruf
Gott der Herr allerlei Tier' erschuf,
Daß auch sogar das wüste Schwein,
Kröten und Schlangen vom Herren sein,
Und er auch manches nur ebauchiert
Und gerade nicht alles ausgeführt
(Wie man den Menschen denn selbst nicht scharf
Und nur *en gros* betrachten darf):
So hab ich, als ein armer Knecht
Vom sündlich menschlichen Geschlecht,
Von Jugend auf allerlei Lust gespürt
Und mich in allerlei exerziert,
Und so durch Übung und durch Glück
Gelang mir, sagt ihr, manches Stück.
Nun dächt ich, nach vielem Rennen und Laufen

1788–1793 WEIMAR 341

Dürft einer auch einmal verschnaufen,
Ohne daß jeder gleich, der wohl ihm wollt,
Ihn 'nen faulen Bengel heißen sollt.

Drum ist mein Wort zu dieser Frist,
Wie's allezeit gewesen ist:
Mit keiner Arbeit hab ich geprahlt,
Und was ich gemalt hab, hab ich gemalt.

DER NEUE AMOR

Amor, nicht das Kind, der Jüngling, der Psychen verführte,
 Sah im Olympus sich um, frech und der Siege gewohnt;
Eine Göttin erblickt' er, vor allen die herrlichste Schöne,
 Venus Urania wars, und er entbrannte für sie.
Ach! die Heilige selbst, sie widerstand nicht dem Werben,
 Und der Verwegene hielt fest sie im Arme bestrickt.
Da entstand aus ihnen ein neuer lieblicher Amor,
 Der dem Vater den Sinn, Sitte der Mutter verdankt.
Immer findest du ihn in holder Musen Gesellschaft,
 Und sein reizender Pfeil stiftet die Liebe der Kunst.

Die ihrem Mann allein gewährt vergnügte Stunden,
Ich gehe noch herum! ich hab sie nicht gefunden.

[In das Album der Fürstin Amalie Gallitzin]

Unterschieden ist nicht das Schöne vom Guten; das Schöne
Ist nur das Gute, das sich lieblich verschleiert uns zeigt.

DAS WIEDERSEHN

Er

Süße Freundin, noch Einen, nur Einen Kuß noch gewähre
Diesen Lippen! Warum bist du mir heute so karg?

LYRISCHE DICHTUNGEN

Gestern blühte wie heute der Baum, wir wechselten Küsse
 Tausendfältig; dem Schwarm Bienen verglichst du sie ja,
Wie sie den Blüten sich nahn und saugen, schweben und wieder
 Saugen, und lieblicher Ton süßen Genusses erschallt.
Alle noch üben das holde Geschäft. Und wäre der Frühling
 Uns vorübergeflohn, eh sich die Blüte zerstreut?

Sie

Träume, lieblicher Freund, nur immer! rede von *gestern!*
 Gerne hör ich dich an, drücke dich redlich ans Herz.
Gestern, sagst du? – Es war, ich weiß, ein köstliches Gestern;
 Worte verklangen im Wort, Küsse verdrängten den Kuß.
Schmerzlich wars, zu scheiden am Abende, traurig die lange
 Nacht von gestern auf heut, die den Getrennten gebot.
Doch der Morgen kehret zurück. Ach! daß mir indessen
 Zehnmal, leider! der Baum Blüten und Früchte gebracht!

1794–1797 Weimar

FRÜHLINGSORAKEL

Du prophetscher Vogel du,
Blütensänger, o Coucou!
Bitten eines jungen Paares
In der schönsten Zeit des Jahres
Höre, liebster Vogel du;
Kann es hoffen, ruf ihm zu:
Dein Coucou, dein Coucou,
Immer mehr Coucou, Coucou.

Hörst du! ein verliebtes Paar
Sehnt sich herzlich zum Altar;
Und es ist bei seiner Jugend
Voller Treue, voller Tugend.
Ist die Stunde denn noch nicht voll?
Sag, wie lange es warten soll!
Horch! Coucou! Horch! Coucou!
Immer stille! Nichts hinzu!

Ist es doch nicht unsre Schuld!
Nur zwei Jahre noch Geduld!
Aber, wenn wir uns genommen,
Werden Pa-pa-papas kommen?
Wisse, daß du uns erfreust,
Wenn du viele prophezeist.
Eins! Coucou! Zwei! Coucou!
Immer weiter Coucou, Coucou, Cou.

Haben wir wohl recht gezählt,
Wenig am Halbdutzend fehlt.

Wenn wir gute Worte geben,
Sagst du wohl, wie lang wir leben?
Freilich, wir gestehen dirs,
Gern zum längsten trieben wirs.
Cou Coucou, Cou Coucou,
Cou, Cou, Cou, Cou, Cou, Cou, Cou, Cou, Cou.

Leben ist ein großes Fest,
Wenn sichs nicht berechnen läßt.
Sind wir nun zusammen blieben,
Bleibt denn auch das treue Lieben?
Könnte das zu Ende gehn,
Wär doch alles nicht mehr schön.
Cou Coucou, Cou Coucou :|:
Cou, Cou, Cou, Cou, Cou, Cou, Cou, Cou, Cou.

(Mit Grazie *in infinitum*)

ERSTE EPISTEL

Jetzt, da jeglicher liest, und viele Leser das Buch nur
Ungeduldig durchblättern und, selbst die Feder ergreifend,
Auf das Büchlein ein Buch mit seltner Fertigkeit pfropfen,
Soll auch ich, du willst es, mein Freund, dir über das Schreiben
Schreibend, die Menge vermehren und meine Meinung
 verkünden,
Daß auch andere wieder darüber meinen, und immer
So ins Unendliche fort die schwankende Woge sich wälze.
Doch so fähret der Fischer dem hohen Meer zu, sobald ihm
Günstig der Wind und der Morgen erscheint; er treibt
 sein Gewerbe,
Wenn auch hundert Gesellen die blinkende Fläche durch-
 kreuzen.

Edler Freund, du wünschest das Wohl des Menschen-
 geschlechtes,
Unserer Deutschen besonders und ganz vorzüglich des nächsten
Bürgers, und fürchtest die Folgen gefährlicher Bücher; wir haben

1794–1797 WEIMAR

Leider oft sie gesehen. Was sollte man, oder was könnten
Biedere Männer vereint, was könnten die Herrscher bewirken?
Ernst und wichtig erscheint mir die Frage, doch trifft sie
 mich eben
In vergnüglicher Stimmung. Im warmen heiteren Wetter
Glänzet fruchtbar die Gegend, mir bringen liebliche Lüfte
Über die wallende Flut süß duftende Kühlung herüber,
Und dem Heitern erscheint die Welt auch heiter, und ferne
Schwebt die Sorge mir nur in leichten Wölkchen vorüber.
Was mein leichter Griffel entwirft, ist leicht zu verlöschen,
Und viel tiefer präget sich nicht der Eindruck der Lettern,
Die, so sagt man, der Ewigkeit trotzen. Freilich an viele
Spricht die gedruckte Kolumne; doch bald, wie jeder sein
 Antlitz,
Das er im Spiegel gesehen, vergißt, die behaglichen Züge,
So vergißt er das Wort, wenn auch von Erze gestempelt.

Reden schwanken so leicht herüber hinüber, wenn viele
Sprechen, und jeder nur sich im eigenen Worte, sogar auch
Nur sich selbst im Worte vernimmt, das der andere sagte.
Mit den Büchern ist es nicht anders. Liest doch nur jeder
Aus dem Buch sich heraus, und ist er gewaltig, so liest er
In das Buch sich hinein, amalgamiert sich das Fremde.
Ganz vergebens strebst du daher, durch Schriften des
 Menschen
Schon entschiedenen Hang und seine Neigung zu wenden;
Aber bestärken kannst du ihn wohl in seiner Gesinnung,
Oder, wär er noch neu, in dieses ihn tauchen und jenes.

Sag ich, wie ich es denke, so scheint durchaus mir: es bildet
Nur das Leben den Mann, und wenig bedeuten die Worte.
Denn zwar hören wir gern, was unsre Meinung bestätigt,
Aber das Hören bestimmt nicht die Meinung; was uns zuwider
Wäre, glaubten wir wohl dem künstlichen Redner; doch eilet
Unser befreites Gemüt, gewohnte Bahnen zu suchen.
Sollen wir freudig horchen und willig gehorchen, so mußt du
Schmeicheln. Sprichst du zum Volke, zu Fürsten und
 Königen, allen

Magst du Geschichten erzählen, worin als wirklich erscheinet,
Was sie wünschen und was sie selber zu leben begehrten.

Wäre Homer von allen gehört, von allen gelesen,
Schmeichelt' er nicht dem Geiste sich ein, es sei auch der Hörer,
Wer er sei, und klinget nicht immer im hohen Palaste,
In des Königes Zelt die Ilias herrlich dem Helden?
Hört nicht aber dagegen Ulyssens wandernde Klugheit
Auf dem Markte sich besser, da wo sich der Bürger versammelt?
Dort sieht jeglicher Held in Helm und Harnisch, es sieht hier
Sich der Bettler sogar in seinen Lumpen veredelt.

Also hört ich einmal, am wohlgepflasterten Ufer
Jener Neptunischen Stadt, allwo man geflügelte Löwen
Göttlich verehrt, ein Märchen erzählen. Im Kreise geschlossen,
Drängte das horchende Volk sich um den zerlumpten
 Rhapsoden.
Einst, so sprach er, verschlug mich der Sturm ans Ufer der Insel,
Die Utopien heißt. Ich weiß nicht, ob sie ein andrer
Dieser Gesellschaft jemals betrat; sie lieget im Meere
Links von Herkules' Säulen. Ich ward gar freundlich empfangen;
In ein Gasthaus führte man mich, woselbst ich das beste
Essen und Trinken fand und weiches Lager und Pflege.
So verstrich ein Monat geschwind. Ich hatte des Kummers
Völlig vergessen und jeglicher Not; da fing sich im stillen
Aber die Sorge nun an: wie wird die Zeche dir leider
Nach der Mahlzeit bekommen? Denn nichts enthielte
 der Säckel.
Reiche mir weniger! bat ich den Wirt; er brachte nur immer
Desto mehr. Da wuchs mir die Angst, ich konnte nicht länger
Essen und sorgen, und sagte zuletzt: Ich bitte, die Zeche
Billig zu machen, Herr Wirt! Er aber mit finsterem Auge
Sah von der Seite mich an, ergriff den Knittel und schwenkte
Unbarmherzig ihn über mich her und traf mir die Schultern,
Traf den Kopf und hätte beinah mich zu Tode geschlagen.
Eilend lief ich davon und suchte den Richter; man holte
Gleich den Wirt, der ruhig erschien und bedächtig versetzte:

1794–1797 WEIMAR 349

Also müß es allen ergehn, die das heilige Gastrecht
Unserer Insel verletzen und, unanständig und gottlos,
Zeche verlangen vom Manne, der sie doch höflich bewirtet.
Sollt ich solche Beleidigung dulden im eigenen Hause?
Nein! es hätte fürwahr statt meines Herzens ein Schwamm nur
Mir im Busen gewohnt, wofern ich dergleichen gelitten.

Darauf sagte der Richter zu mir: Vergesset die Schläge,
Denn Ihr habt die Strafe verdient, ja schärfere Schmerzen;
Aber wollt Ihr bleiben und mitbewohnen die Insel,
Müsset Ihr Euch erst würdig beweisen und tüchtig zum Bürger.
Ach! versetzt ich, mein Herr, ich habe leider mich niemals
Gerne zur Arbeit gefügt. So hab ich auch keine Talente,
Die den Menschen bequemer ernähren; man hat mich im
 Spott nur
Hans Ohnsorge genannt und mich von Hause vertrieben.

O, so sei uns gegrüßt! versetzte der Richter; du sollst dich
Oben setzen zu Tisch, wenn sich die Gemeine versammelt,
Sollst im Rate den Platz, den du verdienest, erhalten.
Aber hüte dich wohl, daß nicht ein schändlicher Rückfall
Dich zur Arbeit verleite, daß man nicht etwa das Grabscheit
Oder das Ruder bei dir im Hause finde, du wärest
Gleich auf immer verloren und ohne Nahrung und Ehre.
Aber auf dem Markte zu sitzen, die Arme geschlungen
Über dem schwellenden Bauch, zu hören lustige Lieder
Unserer Sänger, zu sehn die Tänze der Mädchen, der Knaben
Spiele, das werde dir Pflicht, die du gelobest und schwörest.

So erzählte der Mann, und heiter waren die Stirnen
Aller Hörer geworden, und alle wünschten des Tages
Solche Wirte zu finden, ja solche Schläge zu dulden.

ZWEITE EPISTEL

Würdiger Freund, du runzelst die Stirn; dir scheinen die Scherze
Nicht am rechten Orte zu sein; die Frage war ernsthaft,

350 LYRISCHE DICHTUNGEN

Und besonnen verlangst du die Antwort; da weiß ich, beim
 Himmel!
Nicht, wie eben sich mir der Schalk im Busen bewegte.
Doch ich fahre bedächtiger fort. Du sagst mir: So möchte
Meinetwegen die Menge sich halten im Leben und Lesen,
Wie sie könnte; doch denke dir nur die Töchter im Hause,
Die mir der kuppelnde Dichter mit allem Bösen bekannt macht.

Dem ist leichter geholfen, versetz ich, als wohl ein andrer
Denken möchte. Die Mädchen sind gut und machen sich gerne
Was zu schaffen. Da gib nur dem einen die Schlüssel zum Keller,
Daß es die Weine des Vaters besorge, sobald sie, vom Winzer
Oder vom Kaufmann geliefert, die weiten Gewölbe bereichern.
Manches zu schaffen hat ein Mädchen, die vielen Gefäße,
Leere Fässer und Flaschen in reinlicher Ordnung zu halten.
Dann betrachtet sie oft des schäumenden Mostes Bewegung,
Gießt das Fehlende zu, damit die wallenden Blasen
Leicht die Öffnung des Fasses erreichen, trinkbar und helle
Endlich der edelste Saft sich künftigen Jahren vollende.
Unermüdet ist sie alsdann, zu füllen, zu schöpfen,
Daß stets geistig der Trank und rein die Tafel belebe.

Laß der andern die Küche zum Reich; da gibt es, wahrhaftig!
Arbeit genug, das tägliche Mahl durch Sommer und Winter
Schmackhaft stets zu bereiten und ohne Beschwerde des Beutels.
Denn im Frühjahr sorget sie schon, im Hofe die Küchlein
Bald zu erziehen und bald die schnatternden Enten zu füttern.
Alles, was ihr die Jahrszeit gibt, das bringt sie beizeiten
Dir auf den Tisch und weiß mit jeglichem Tage die Speisen
Klug zu wechseln, und reift nur eben der Sommer die Früchte,
Denkt sie an Vorrat schon für den Winter. Im kühlen Gewölbe
Gärt ihr der kräftige Kohl; und reifen im Essig die Gurken;
Aber die luftige Kammer bewahrt ihr die Gaben Pomonens.
Gerne nimmt sie das Lob vom Vater und allen Geschwistern;
Und mißlingt ihr etwas, dann ists ein größeres Unglück,
Als wenn dir ein Schuldner entläuft und den Wechsel
 zurückläßt.
Immer ist so das Mädchen beschäftigt und reifet im stillen

1794–1797 WEIMAR 351

Häuslicher Tugend entgegen, den klugen Mann zu beglücken.
Wünscht sie dann endlich zu lesen, so wählt sie gewißlich
 ein Kochbuch,
Deren hunderte schon die eifrigen Pressen uns gaben.

Eine Schwester besorget den Garten, der schwerlich zur
 Wildnis,
Deine Wohnung romantisch und feucht zu umgeben,
 verdammt ist,
Sondern in zierliche Beete geteilt, als Vorhof der Küche,
Nützliche Kräuter ernährt und jugendbeglückende Früchte.
Patriarchalisch erzeuge so selbst dir ein kleines gedrängtes
Königreich und bevölkre dein Haus mit treuem Gesinde.
Hast du der Töchter noch mehr, die lieber sitzen und stille
Weibliche Arbeit verrichten, da ists noch besser; die Nadel
Ruht im Jahre nicht leicht: denn, noch so häuslich im Hause,
Mögen sie öffentlich gern als müßige Damen erscheinen.
Wie sich das Nähen und Flicken vermehrt, das Waschen
 und Biegeln,
Hundertfältig, seitdem in weißer arkadischer Hülle
Sich das Mädchen gefällt, mit langen Röcken und Schleppen
Gassen kehret und Gärten und Staub erreget im Tanzsaal.
Wahrlich! wären mir nur der Mädchen ein Dutzend im Hause,
Niemals wär ich verlegen um Arbeit, sie machen sich Arbeit
Selber genug; es sollte kein Buch im Laufe des Jahres
Über die Schwelle mir kommen, vom Bücherverleiher gesendet.

[Bruchstück einer Epistel]
...

Auch die undankbare Natur der menschlichen Seele
Immer zu weiden, mit Gutem zu füllen und immer zu sättgen.
Was nur wiederkehrend die Kreise des wandelnden Jahres
Auch an Früchten uns bringen und mannigfaltiger Anmut

Denn der Körper verlangt und ist bequem zu ersättgen:
Fülle bringt ihm das Jahr an wiederkehrenden Früchten,
Und die Erde ernähret ihm tausendfältige Nahrung.

LYRISCHE DICHTUNGEN

Auch es ist ihm vergönnt, sich in dem Garten der Liebe
Reichlich zu weiden und freudenvertauschend sich schön
 zu erquicken.

Aber die Seele begehrt, und sie wird nimmer befriedigt,
Denn sie bildet sich ein, sie sei von höherem Ursprung,
Durch ein unwürdiges Band an ihren Gatten gefesselt.
Da beträgt sie sich übel im Hause; die hohen Verwandten
Liegen ihr immer im Sinn, und Sehnen nach Palästen
Läßt ihr keine Ruh und raubt ihr den zärtlichen Anteil
An dem stilleren Haushalt und an der engeren Wohnung;
Ja, sie verachtet sogar die eigenen Kinder des Gatten.

MEERES STILLE

Tiefe Stille herrscht im Wasser,
Ohne Regung ruht das Meer,
Und bekümmert sieht der Schiffer
Glatte Fläche ringsumher.
Keine Luft von keiner Seite!
Todesstille fürchterlich!
In der ungeheuern Weite
Reget keine Welle sich.

GLÜCKLICHE FAHRT

Die Nebel zerreißen,
Der Himmel ist helle,
Und Äolus löset
Das ängstliche Band.
Es säuseln die Winde,
Es rührt sich der Schiffer.
Geschwinde! Geschwinde!
Es teilt sich die Welle,
Es naht sich die Ferne;
Schon seh ich das Land!

MIGNON

Heiß mich nicht reden, heiß mich schweigen,
Denn mein Geheimnis ist mir Pflicht;
Ich möchte dir mein ganzes Innre zeigen,
Allein das Schicksal will es nicht.

Zur rechten Zeit vertreibt der Sonne Lauf
Die finstre Nacht, und sie muß sich erhellen;
Der harte Fels schließt seinen Busen auf,
Mißgönnt der Erde nicht die tiefverborgnen Quellen.

Ein jeder sucht im Arm des Freundes Ruh,
Dort kann die Brust in Klagen sich ergießen;
Allein ein Schwur drückt mir die Lippen zu,
Und nur ein Gott vermag sie aufzuschließen.

HARFENSPIELER

An die Türen will ich schleichen,
Still und sittsam will ich stehn;
Fromme Hand wird Nahrung reichen,
Und ich werde weitergehn.
Jeder wird sich glücklich scheinen,
Wenn mein Bild vor ihm erscheint;
Eine Träne wird er weinen,
Und ich weiß nicht, was er weint.

PHILINE

Singet nicht in Trauertönen
Von der Einsamkeit der Nacht;
Nein, sie ist, o holde Schönen,
Zur Geselligkeit gemacht.

Wie das Weib dem Mann gegeben
Als die schönste Hälfte war,
Ist die Nacht das halbe Leben,
Und die schönste Hälfte zwar.

Könnt ihr euch des Tages freuen,
Der nur Freuden unterbricht?
Er ist gut, sich zu zerstreuen,
Zu was anderm taugt er nicht.

Aber wenn in nächtger Stunde
Süßer Lampe Dämmrung fließt,
Und vom Mund zum nahen Munde
Scherz und Liebe sich ergießt;

Wenn der rasche lose Knabe,
Der sonst wild und feurig eilt,
Oft bei einer kleinen Gabe
Unter leichten Spielen weilt;

Wenn die Nachtigall Verliebten
Liebevoll ein Liedchen singt,
Das Gefangnen und Betrübten
Nur wie Ach und Wehe klingt:

Mit wie leichtem Herzensregen
Horchet ihr der Glocke nicht,
Die mit zwölf bedächtgen Schlägen
Ruh und Sicherheit verspricht!

Darum an dem langen Tage
Merke dir es, liebe Brust:
Jeder Tag hat seine Plage,
Und die Nacht hat ihre Lust.

AN DIE ERWÄHLTE

Hand in Hand! und Lipp auf Lippe!
Liebes Mädchen, bleibe treu!
Lebe wohl! und manche Klippe
Fährt dein Liebster noch vorbei;
Aber wenn er einst den Hafen,
Nach dem Sturme, wieder grüßt,
Mögen ihn die Götter strafen,
Wenn er ohne dich genießt.

Frisch gewagt ist schon gewonnen,
Halb ist schon mein Werk vollbracht!
Sterne leuchten mir wie Sonnen,
Nur dem Feigen ist es Nacht.
Wär ich müßig dir zur Seite,
Drückte noch der Kummer mich;
Doch in aller dieser Weite
Wirk ich rasch und nur für dich.

Schon ist mir das Tal gefunden,
Wo wir einst zusammen gehn
Und den Strom in Abendstunden
Sanft hinunter gleiten sehn.
Diese Pappeln auf den Wiesen,
Diese Buchen in dem Hain!
Ach, und hinter allen diesen
Wird doch auch ein Hüttchen sein.

NÄHE DES GELIEBTEN

Ich denke dein, wenn mir der Sonne Schimmer
 Vom Meere strahlt;
Ich denke dein, wenn sich des Mondes Flimmer
 In Quellen malt.

Ich sehe dich, wenn auf dem fernen Wege
 Der Staub sich hebt;
In tiefer Nacht, wenn auf dem schmalen Stege
 Der Wandrer bebt.

Ich höre dich, wenn dort mit dumpfem Rauschen
 Die Welle steigt.
Im stillen Haine geh ich oft zu lauschen,
 Wenn alles schweigt.

Ich bin bei dir, du seist auch noch so ferne,
 Du bist mir nah!
Die Sonne sinkt, bald leuchten mir die Sterne.
 O wärst du da!

WER KAUFT LIEBESGÖTTER?

Von allen schönen Waren,
Zum Markte hergefahren,
Wird keine mehr behagen,
Als die wir euch getragen
Aus fremden Ländern bringen.
O höret, was wir singen!
Und seht die schönen Vögel,
Sie stehen zum Verkauf.

Zuerst beseht den großen,
Den lustigen, den losen!
Er hüpfet leicht und munter
Von Baum und Busch herunter;
Gleich ist er wieder droben.
Wir wollen ihn nicht loben.
O seht den muntern Vogel!
Er steht hier zum Verkauf.

Betrachtet nun den kleinen,
Er will bedächtig scheinen,
Und doch ist er der lose,
So gut als wie der große;
Er zeiget meist im stillen
Den allerbesten Willen.
Der lose kleine Vogel,
Er steht hier zum Verkauf.

O seht das kleine Täubchen,
Das liebe Turtelweibchen!
Die Mädchen sind so zierlich,
Verständig und manierlich;
Sie mag sich gerne putzen
Und eure Liebe nutzen.
Der kleine zarte Vogel,
Er steht hier zum Verkauf.

Wir wollen sie nicht loben,
Sie stehn zu allen Proben.
Sie lieben sich das Neue;
Doch über ihre Treue
Verlangt nicht Brief und Siegel,
Sie haben alle Flügel.
Wie artig sind die Vögel,
Wie reizend ist der Kauf!

Triumph der Schule

Welch erhabner Gedanke! Uns lehrt der unsterbliche Meister,
 Künstlich zu teilen den Strahl, den wir nur einfach gekannt.

Der Gegner

Neu ist der Einfall doch nicht, man hat ja selber den höchsten,
 Einzigsten, reinsten Begriff Gottes in Teile geteilt.

Vossens Almanach

Immer zu, du redlicher Voß! Beim neuen Kalender
 Nenne der Deutsche dich doch, der dich im Jahre vergißt.

Deutsche Monatschrift

Deutsch in Künsten gewöhnlich heißt mittelmäßig und bist du,
 Deutscher Monat, vielleicht auch so ein deutsches Produkt?

G. D. Z.

Dich, o Dämon! erwart ich und deine herrschenden Launen,
 Aber im härenen Sack schleppt sich ein Kobold dahin.

Urania

Deinen heiligen Namen kann nichts entehren, und wenn ihn
 Auf sein Sudelgefäß Ewald, der frömmelnde, schreibt.

Merkur

Wieland zeigt sich nur selten, doch sucht man gern die
 Gesellschaft,
 Wo sich Wieland auch nur selten, der Seltene, zeigt.

Horen. Erster Jahrgang

Einige wandeln zu ernst, die andern schreiten verwegen,
 Wenige gehen den Schritt, wie ihn das Publikum hält.

Minerva

Trocken bist du und ernst, doch immer die würdige Göttin,
 Und so leihest du auch gerne den Namen dem Heft.

Journal des Luxus und der Moden

Du bestrafest die Mode, bestrafest den Luxus, und beide
 Weißt du zu fördern, du bist ewig des Beifalls gewiß.

Dieser Musenalmanach

Nun erwartet denn auch für seine herzlichen Gaben,
 Liebe Kollegen, von euch unser Kalender den Dank.

Archiv der Zeit

Unglückselige Zeit! Wenn aus diesem Archiv dich die Nachwelt
 Schätzet, wie bettelhaft stehst du, wie hektisch vor ihr.

Flora

Flora Deutschlands Töchtern gewidmet. O! brächte Pomona,
 Brächte Hymen doch auch Früchte den Guten herbei.

Allgemeine Literatur-Zeitung

Bliebe das Echte nur stehen auf deinen Kolumnen, verschwände
 Schiefes und Halbes! Alsdann wäre die Gabe zu groß.

Fichtes Wissenschaftslehre

Was nicht Ich ist, sagst du, ist nur ein Nicht-Ich. Getroffen,
 Freund! So dachte die Welt längst und so handelte sie.

Taschenbuch

Viele Läden und Häuser sind offen in südlichen Ländern,
 Und man sieht das Gewerb, aber die Armut zugleich.

XENIEN
VON SCHILLER UND GOETHE

Der ästhetische Torschreiber

Halt, Passagiere! Wer seid ihr? Wes Standes und Charakteres?
Niemand passieret hier durch, bis er den Paß mir gezeigt.

Xenien

Distichen sind wir. Wir geben uns nicht für mehr noch
 für minder.
Sperre du immer, wir ziehn über den Schlagbaum hinweg.

Visitator

Öffnet die Koffers. Ihr habt doch nichts Kontrebandes geladen?
Gegen die Kirche? den Staat? Nichts von französischem Gut?

Xenien

Koffers führen wir nicht. Wir führen nicht mehr, als zwei
 Taschen
Tragen, und die, wie bekannt, sind bei Poeten nicht schwer.

Der Mann mit dem Klingelbeutel

Messieurs! Es ist der Gebrauch: wer diese Straße bereiset,
Legt für die Dummen was, für die Gebrechlichen ein.

Helf Gott

Das verwünschte Gebettel! Es haben die vorderen Kutschen
Reichlich für uns mit bezahlt. Geben nichts. Kutscher, fahr zu.

Der Glückstopf

Hier ist Messe, geschwind, packt aus und schmücket die Bude,
Kommt, Autoren, und zieht, jeder versuche sein Glück.

Die Kunden

Wenige Treffer sind gewöhnlich in solchen Butiken;
 Doch die Hoffnung treibt frisch und die Neugier herbei.

Das Widerwärtige

Dichter und Liebende schenken sich selbst, doch Speise
 voll Ekel!
 Dringt die gemeine Natur sich zum Genusse dir auf!

Das Desideratum

Hättest du Phantasie und Witz und Empfindung und Urteil,
 Wahrlich, dir fehlte nicht viel, Wieland und Lessing zu sein!

An einen gewissen moralischen Dichter

Ja, der Mensch ist ein ärmlicher Wicht, ich weiß – doch das
 wollt ich
 Eben vergessen, und kam, ach, wie gereut michs, zu dir.

Für Töchter edler Herkunft

Töchtern edler Geburt ist dieses Werk zu empfehlen,
 Um zu Töchtern der Lust schnell sich befördert zu sehn.

Der Kunstgriff

Wollt ihr zugleich den Kindern der Welt und den Frommen
 gefallen?
 Malet die Wollust – nur malet den Teufel dazu.

Der Teleolog

Welche Verehrung verdient der Weltenschöpfer, der gnädig,
 Als er den Korkbaum schuf, gleich auch die Stöpsel erfand!

Der Antiquar

Was ein christliches Auge nur sieht, erblick ich im Marmor:
Zeus und sein ganzes Geschlecht grämt sich und fürchtet
den Tod.

Der Kenner

Alte Vasen und Urnen! Das Zeug wohl könnt ich entbehren;
Doch ein Majolika-Topf machte mich glücklich und reich.

Erreurs et Vérité

Irrtum wolltest du bringen und Wahrheit, o Bote von
Wandsbeck;
Wahrheit, sie war dir zu schwer; Irrtum, den brachtest du fort!

Der Prophet

Schade, daß die Natur nur *einen* Menschen aus dir schuf,
Denn zum würdigen Mann war und zum Schelmen der Stoff.

Das Amalgama

Alles mischt die Natur so einzig und innig, doch hat sie
Edel- und Schalksinn hier, ach! nur zu innig vermischt.

Der erhabene Stoff

Deine Muse besingt, wie Gott sich der Menschen erbarmte,
Aber ist *das* Poesie, daß er erbärmlich sie fand?

Belsazer ein Drama

König Belsazer schmaust in dem ersten Akte, der König
Schmaust in dem zweiten, es schmaust fort bis zu Ende der
Fürst.

Gewisse Romanhelden

Ohne das mindeste nur dem *Pedanten* zu nehmen, erschufst du,
 Künstler wie keiner mehr ist, einen vollendeten *Geck*.

Pfarrer Cyllenius

Still doch von deinen Pastoren und ihrem Zofenfranzösisch,
 Auch von den Zofen nichts mehr mit dem Pastorenlatein!

Jamben

Jambe nennt man das Tier mit einem kurzen und langen
 Fuß, und so nennst du mit Recht Jamben das hinkende Werk.

Neuste Schule

Ehmals hatte man Einen Geschmack. Nun gibt es Geschmäcke;
 Aber sagt mir, wo sitzt dieser Geschmäcke Geschmack?

An deutsche Baulustige

Kamtschadalisch lehrt man euch bald die Zimmer verzieren,
 Und doch ist manches bei euch schon kamtschadalisch
 genug.

Affiche

Stille kneteten wir Salpeter, Kohlen und Schwefel,
 Bohrten Röhren; gefall nun auch das Feuerwerk euch.

Zur Abwechslung

Einige steigen als leuchtende Kugeln, und andere zünden,
 Manche auch werfen wir nur spielend, das Aug zu erfreun.

Der Zeitpunkt

Eine große Epoche hat das Jahrhundert geboren,
 Aber der große Moment findet ein kleines Geschlecht.

Goldnes Zeitalter

Ob die Menschen im ganzen sich bessern? Ich glaub es,
 denn einzeln,
 Suche man, wie man auch will, sieht man doch gar nichts
 davon.

Manso, von den Grazien

Hexen lassen sich wohl durch schlechte Sprüche zitieren,
 Aber die Grazie kommt nur auf der Grazie Ruf.

Tassos Jerusalem, von demselben

Ein asphaltischer Sumpf bezeichnet hier noch die Stätte,
 Wo Jerusalem stand, das uns Torquato besang.

Die Kunst, zu lieben

Auch zum Lieben bedarfst du der Kunst? Unglücklicher Manso,
 Daß die *Natur* auch nichts, gar nichts für dich noch getan!

Der Schulmeister zu Breslau

In langweiligen Versen und abgeschmackten Gedanken
 Lehrt ein Präzeptor uns hier, wie man gefällt und verführt.

Amor als Schulkollege

Was das entsetzlichste sei von allen entsetzlichen Dingen?
 Ein Pedant, den es jückt, locker und lose zu sein.

Der zweite Ovid

Armer *Naso*, hättest du doch wie *Manso* geschrieben,
 Nimmer, du guter Gesell, hättest du Tomi gesehn.

Das Unverzeihliche

Alles kann mißlingen, wir könnens ertragen, vergeben;
 Nur nicht, was sich bestrebt, reizend und lieblich zu sein.

Prosaische Reimer

Wieland, wie reich ist dein Geist! Das kann man nun erst
 empfinden,
 Sieht man, wie fad und wie leer dein *caput mortuum* ist.

Jean Paul Richter

Hieltest du deinen Reichtum nur halb so zu Rate, wie jener
 Seine Armut, du wärst unsrer Bewunderung wert.

An seinen Lobredner

Meinst du, er werde größer, wenn du die Schultern ihm leihest?
 Er bleibt klein wie zuvor, du hast den Höcker davon.

Feindlicher Einfall

Fort ins Land der Philister, ihr Füchse mit brennenden
 Und verderbet der Herrn reife papierene Saat! [Schwänzen,

Nekrolog

Unter allen, die von uns berichten, bist du mir der liebste;
 Wer sich lieset in dir, liest dich zum Glücke nicht mehr.

Bibliothek schöner Wissenschaften

Jahrelang schöpfen wir schon in das Sieb und brüten den
Stein aus,
Aber der Stein wird nicht warm, aber das Sieb wird nicht
voll.

Dieselbe

Invaliden Poeten ist dieser Spittel gestiftet,
Gicht und Wassersucht wird hier von der Schwindsucht
gepflegt.

Die neuesten Geschmacksrichter

Dichter, ihr armen, was müßt ihr nicht alles hören, damit nur
Sein Exerzitium schnell lese gedruckt der Student!

An Schwätzer und Schmierer

Treibet das Handwerk nur fort, wir könnens euch freilich
nicht legen;
Aber ruhig, das glaubt, treibt ihr es künftig nicht mehr.

Guerre Ouverte

Lange neckt ihr uns schon, doch immer heimlich und tückisch;
Krieg verlangtet ihr ja, führt ihn nun offen, den Krieg.

An gewisse Kollegen

Mögt ihr die schlechten Regenten mit strengen Worten
verfolgen.
Aber schmeichelt doch auch schlechten Autoren nicht mehr!

An die Herren N. O. P.

Euch bedaur ich am meisten, ihr wähltet gerne das Gute,
Aber euch hat die Natur gänzlich das Urteil versagt.

Der Kommissarius des Jüngsten Gerichts

Nach Kalabrien reist er, das Arsenal zu besehen,
 Wo man die Artillerie gießt zu dem Jüngsten Gericht.

Kant und seine Ausleger

Wie doch ein einziger Reicher so viele Bettler in Nahrung
 Setzt! Wenn die Könige baun, haben die Kärrner zu tun.

J – B.

Steil wohl ist er, der Weg zur Wahrheit, und schlüpfrig zu
 steigen,
 Aber wir legen ihn doch nicht gern auf Eseln zurück.

Die Stockblinden

Blinde, weiß ich wohl, fühlen, und Taube sehen viel schärfer;
 Aber mit welchem Organ philosophiert denn das Volk?

Analytiker

Ist denn die Wahrheit ein Zwiebel, von dem man die Häute
 nur abschält?
 Was ihr hinein nicht gelegt, ziehet ihr nimmer heraus.

Der Geist und der Buchstabe

Lange kann man mit Marken, mit Rechenpfennigen zahlen;
 Endlich, es hilft nichts, ihr Herrn, muß man den Beutel
 doch ziehn.

Wissenschaftliches Genie

Wird der Poet nur geboren? Der Philosoph wirds nicht minder,
 Alle Wahrheit zuletzt wird nur gebildet, geschaut.

Die bornierten Köpfe

Etwas nützet ihr doch: die Vernunft vergißt des Verstandes
Schranken so gern, und *die* stellet ihr redlich uns dar.

Bedientenpflicht

Rein zuerst sei das Haus, in welchem die Königin einzieht;
Frisch denn, die Stuben gefegt! dafür, ihr Herrn, seid ihr da.

Ungebühr

Aber, erscheint sie selbst – hinaus vor die Türe, Gesinde!
Auf den Sessel der Frau pflanze die Magd sich nicht hin.

Wissenschaft

Einem ist sie die hohe, die himmlische Göttin, dem andern
Eine tüchtige Kuh, die ihn mit Butter versorgt.

An Kant

Vornehm nennst du den Ton der neuen Propheten?
 Ganz richtig;
Vornehm philosophiert, heißt: wie *Roture* gedacht.

Der kurzweilige Philosoph

Eine spaßhafte Weisheit doziert hier ein lustiger Doktor,
Bloß dem Namen nach *Ernst*, und in dem lustigsten Saal.

Verfehlter Beruf

Schade, daß ein Talent hier auf dem Katheder verhallet,
Das auf höherm Gerüst hätte zu glänzen verdient.

Das philosophische Gespräch

Einer, das höret man wohl, spricht *nach* dem andern,
doch keiner
Mit dem andern; wer nennt zwei Monologen Gespräch?

Das Privilegium

Dichter und Kinder, man gibt sich mit beiden nur ab,
um zu spielen;
Nun, so erboset euch nicht, wird euch die Jugend zu laut.

Literarischer Zodiakus

Jetzo, ihr Distichen, nehmt euch zusammen, es tut sich
der Tierkreis
Grauend euch auf; mir nach, Kinder! wir müssen hindurch.

Zeichen des Widders

Auf den Widder stoßt ihr zunächst, den Führer der Schafe;
Aus dem *Dykischen* Pferch springet er trotzig hervor.

Zeichen des Stiers

Nebenan gleich empfängt euch sein Namensbruder; mit
stumpfen
Hörnern, weicht ihr nicht aus, stößt euch der *Hallische* Ochs.

Zeichen des Fuhrmanns

Alsobald knallet in G** des Reiches würdiger Schwager;
Zwar er nimmt euch nicht mit, aber er fährt doch vorbei.

Zeichen der Zwillinge

Kommt ihr den Zwillingen nah, so sprecht nur: Gelobet sei J –
C – ! »In Ewigkeit« gibt man zum Gruß euch zurück.

Zeichen des Bärs

Nächst daran strecket der Bär zu K** die bleiernen Tatzen
Gegen euch aus, doch erfängt euch nur die Fliegen vom Kleid.

Zeichen des Krebses

Geht mir dem Krebs in B*** aus dem Weg; manch lyrisches
Blümchen,
Schwellend in üppigem Wuchs, kneipte die Schere zu Tod.

Zeichen des Löwen

Jetzo nehmt euch in acht vor dem wackern *Eutinischen* Leuen,
Daß er mit griechischem Zahn euch nicht verwunde den Fuß.

Zeichen der Jungfrau

Bücket euch, wie sichs geziemt, vor der zierlichen Jungfrau
zu *Weimar*;
Schmollt sie auch oft – wer verzeiht Launen der Grazie nicht?

Zeichen des Raben

Vor dem Raben nur sehet euch vor, der hinter ihr krächzet;
Das Nekrologische Tier setzt auf Kadaver sich nur.

Locken der Berenice

Sehet auch, wie ihr in S*** den groben Fäusten entschlüpfet,
Die Berenices Haar striegeln mit eisernem Kamm.

Zeichen der Wage

Jetzo wäre der Ort, daß ihr die Wage beträtet;
Aber dies Zeichen ward längst schon am Himmel vermißt.

1794–1797 WEIMAR

Zeichen des Skorpions

Aber nun kommt ein böses Insekt aus G–b–n her,
 Schmeichelnd naht es, ihr habt, flieht ihr nicht eilig, den Stich.

Ophiuchus

Drohend hält euch die Schlang jetzt Ophiuchus entgegen;
 Fürchtet sie nicht, es ist nur der getrocknete Balg.

Zeichen des Schützen

Seid ihr da glücklich vorbei, so naht euch dem zielenden Hofrat
 Schütz nur getrost, er liebt und versteht auch den Spaß.

Gans

Laßt sodann ruhig die Gans in L***g und G**a gagagen;
 Die beißt keinen, es quält nur ihr Geschnatter das Ohr.

Zeichen des Steinbocks

Im Vorbeigehn stutzt mir den alten *Berlinischen* Steinbock;
 Das verdrießt ihn; so gibts etwas zu lachen fürs Volk.

Zeichen des Pegasus

Aber seht ihr in B**** den *Grad' ad Parnassum*, so bittet
 Höflich ihm ab, daß ihr euch eigene Wege gewählt.

Zeichen des Wassermanns

Übrigens haltet euch ja von dem Dr***r Wassermann ferne,
 Daß er nicht über euch her gieße den Elbestrom aus.

Eridanus

An des Eridanus Ufern umgeht mir die furchtbare Waschfrau,
 Welche die Sprache des Teut säubert mit Lauge und Sand.

Fische

Seht ihr in *Leipzig* die Fischlein, die sich in Sulzers Zisterne
 Regen, so fangt euch zur Lust einige Grundeln heraus.

Der fliegende Fisch

Neckt euch in *Breslau* der fliegende Fisch, erwartets
 geduldig;
 In sein wäßrigtes Reich zieht ihn Neptun bald hinab.

Glück auf den Weg

Manche Gefahren umringen euch noch, ich hab sie
 verschwiegen;
 Aber wir werden uns noch aller erinnern – nur zu!

Die Aufgabe

Wem die Verse gehören? Ihr werdet es schwerlich erraten;
 Sondert, wenn ihr nun könnt, o Chorizonten, auch hier!

Wohlfeile Achtung

Selten erhaben und groß und selten würdig der Liebe,
 Lebt er doch immer, der Mensch, und wird geehrt und geliebt.

Das Deutsche Reich

Deutschland? Aber wo liegt es? Ich weiß das Land nicht zu
 Wo das gelehrte beginnt, hört das politische auf. [finden;

Deutscher Nationalcharakter

Zur *Nation* euch zu bilden, ihr hoffet es, Deutsche, vergebens;
 Bildet, ihr könnt es, dafür freier zu Menschen euch aus.

Donau in B**

Bacchus der lustige führt mich und Komus der fette durch
Triften, aber verschämt bleibet die Charis zurück. [reiche

An den Leser

Lies uns nach Laune, nach Lust, in trüben, in fröhlichen Stunden,
Wie uns der gute Geist, wie uns der böse gezeugt.

Gewissen Lesern

Viele Bücher genießt ihr, die ungesalzen; verzeihet,
Daß dies Büchelchen uns überzusalzen beliebt.

Dialogen aus dem Griechischen

Zur Erbauung andächtiger Seelen hat F*** S***,
Graf und Poet und Christ, diese Gespräche verdeutscht.

Der Ersatz

Als du die griechischen Götter geschmäht, da warf dich Apollo
Von dem Parnasse; dafür gehst du ins Himmelreich ein.

Der Moderne Halbgott

Christlicher Herkules, du ersticktest so gerne die Riesen;
Aber die heidnische Brut steht, Herkuliskus! noch fest.

Charis

Ist dies die Frau des Künstlers Vulkan? Sie spricht von dem
Wie es des Roturiers adliger Hälfte geziemt. [Handwerk,

Nachbildung der Natur

Was nur Einer vermag, das sollte nur Einer uns schildern:
Voß nur den Pfarrer und nur *Iffland* den Förster allein.

Nachäffer

Aber da meinen die Pfuscher, ein jeder Schwarzrock und
 Grünrock
Sei, auch an und für sich, unsrer Beschauung schon wert.

Klingklang

In der Dichtkunst hat er mit Worten herzlos geklingelt,
In der Philosophie treibt er es pfäffisch so fort.

An gewisse Umschöpfer

Nichts soll werden das Etwas, daß Nichts sich zu Etwas gestalte;
Laß das Etwas nur sein! nie wird zu Etwas das Nichts.

Aufmunterung

Deutschland fragt nach Gedichten nicht viel; ihr kleinen
 Gesellen,
Lärmt, bis jeglicher sich wundernd ans Fenster begibt.

Das Brüderpaar

Als Zentauren gingen sie einst durch poetische Wälder,
Aber das wilde Geschlecht hat sich geschwinde bekehrt.

K**

Höre den Tadler! Du kannst, was er noch vermißt, dir erwerben;
Jenes, was nie sich erwirbt, freue dich! gab dir Natur.

Der Leviathan und die Epigramme

Fürchterlich bist du im Kampf, nur brauchst du etwas viel
 Wasser;
Aber versuch es einmal, Fisch, in den Lüften mit uns.

Luise von Voss

Wahrlich, es füllt mit Wonne das Herz, dem Gesange
 zu horchen,
Ahmt ein Sänger, wie der, Töne des Altertums nach.

Jupiters Kette

Hängen auch alle Schmierer und Reimer sich an dich, sie ziehen
Dich nicht hinunter; doch du ziehst sie auch schwerlich hinauf.

Aus einer der neuesten Episteln

Klopstock, der ist mein Mann, der in neue Phrasen gestoßen,
Was er im höllischen Pfuhl Hohes und Großes vernahm.

B**s Taschenbuch

Eine Kollektion von Gedichten? Eine Kollekte
Nenn es, der Armut zulieb und bei der Armut gemacht.

Ein deutsches Meisterstück

Alles an diesem Gedicht, ist vollkommen, Sprache, Gedanke,
Rhythmus; das Einzige nur fehlt noch: es ist kein Gedicht.

Unschuldige Schwachheit

»Unsre Gedichte nur trifft dein Spott?« O schätzet euch
 glücklich,
Daß das Schlimmste an euch eure Erdichtungen sind.

Das neueste aus Rom

Raum und Zeit hat man wirklich *gemalt*; es steht zu erwarten,
Daß man mit ähnlichem Glück nächstens die Tugend uns
tanzt.

Deutsches Lustspiel

Toren hätten wir wohl, wir hätten Fratzen die Menge;
Leider helfen sie nur selbst zur Komödie nichts.

Das Märchen

Mehr als zwanzig Personen sind in dem Märchen geschäftig.
»Nun, und was machen sie denn alle?« Das Märchen,
mein Freund.

Frivole Neugier

Das verlohnte sich auch, den delphischen Gott zu bemühen,
Daß er dir sage, mein Freund, wer der Armenier war.

Beispielsammlung

Nicht bloß Beispielsammlung, nein, selber ein warnendes
Beispiel,
Wie man nimmermehr soll sammeln für guten Geschmack.

Mit Erlaubnis

Nimms nicht übel, daß nun auch deiner gedacht wird!
Verlangst du
Das Vergnügen umsonst, daß man den Nachbar vexiert?

Der Sprachforscher

Anatomieren magst du die Sprache, doch nur ihr Kadaver;
Geist und Leben entschlüpft flüchtig dem groben Skalpell.

1794-1797 WEIMAR

Geschichte eines dicken Mannes
(*Man sehe die Rezension davon in der N. deutschen Bibliothek*)

Dieses Werk ist durchaus nicht in Gesellschaft zu lesen,
Da es, wie Rezensent rühmet, die Blähungen treibt.

Anekdoten von Friedrich II.

Von dem unsterblichen Friedrich, dem Einzigen, handelt
in diesen
Blättern der zehenmalzehn tausendste sterbliche Fritz.

Literaturbriefe

Auch Nicolai schrieb an dem trefflichen Werk? Ich wills
glauben;
Mancher Gemeinplatz auch steht in dem trefflichen Werk.

Gewisse Melodien

Dies ist Musik fürs Denken! Solang man sie hört, bleibt man
eiskalt;
Vier, fünf Stunden darauf macht sie erst rechten Effekt.

Überschriften dazu

Frostig und herzlos ist der Gesang, doch Sänger und Spieler
Werden oben am Rand höflich zu fühlen ersucht.

Der böse Geselle

Dichter, bitte die Musen, vor ihm dein Lied zu bewahren!
Auch dein leichtestes zieht nieder der schwere Gesang.

Karl von Karlsberg

Was der berühmte Verfasser des ›Menschlichen Elends‹
Sich in der Charité gratis verköstigt zu sehn. [verdiene?

Schriften für Damen und Kinder

»Bibliothek für das andre Geschlecht, nebst Fabeln für Kinder«:
Also für Kinder nicht, nicht für das andre Geschlecht.

Dieselbe

Immer für Weiber und Kinder! Ich dächte, man schriebe
für Männer
Und überließe dem Mann Sorge für Frau und für Kind!

Gesellschaft von Sprachfreunden

O wie schätz ich euch hoch! Ihr bürstet sorglich die Kleider
Unsrer Autoren, und wem fliegt nicht ein Federchen an?

Der Purist

Sinnreich bist du, die Sprache von fremden Wörtern zu säubern;
Nun, so sage doch, Freund, wie man *Pedant* uns verdeutscht.

Vernünftige Betrachtung

Warum plagen wir einer den andern? Das Leben zerrinnet,
Und es versammelt uns nur einmal wie heute die Zeit.

An**

Gerne plagt ich auch dich, doch es will mir mit dir nicht
gelingen;
Du bist zum Ernst mir zu leicht, bist für den Scherz mir
zu plump.

An***

Nein! Du erbittest mich nicht. Du hörtest dich gerne
verspottet,
Hörtest du dich nur genannt; darum verschon ich dich,
Freund.

Garve

Hör ich über Geduld dich, edler Leidender, reden,
 O wie wird mir das Volk frömmelnder Schwätzer verhaßt.

Auf gewisse Anfragen

Ob dich der Genius ruft? Ob du dem rufenden folgest?
 Ja, wenn du mich fragst – nein! Folge dem rufenden nicht.

Stoßgebet

Vor dem Aristokraten in Lumpen bewahrt mich, ihr Götter,
 Und vor dem Sanscülott auch mit Epauletten und Stern.

Distinktionszeichen

Unbedeutend sind doch auch manche von euren Gedichtchen!
 Freilich, zu jeglicher Schrift braucht man auch Komma
 und Punkt.

Die Adressen

Alles ist nicht für alle, das wissen wir selber; doch nichts ist
 Ohne Bestimmung, es nimmt jeder sich selbst sein Paket.

Schöpfung durch Feuer

Arme basaltische Säulen! Ihr solltet dem Feuer gehören,
 Und doch sah euch kein Mensch je aus dem Feuer entstehn.

Mineralogischer Patriotismus

Jedermann schürfte bei sich auch nach Basalten und Lava,
 Denn es klinget nicht schlecht: hier ist vulkanisch Gebirg!

Kurze Freude

Endlich zog man sie wieder ins alte Wasser herunter,
 Und es löscht sich nun bald dieser entzündete Streit.

Die Möglichkeit

Liegt der Irrtum nur erst, wie ein Grundstein, unten im Boden,
Immer baut man darauf, nimmermehr kommt er an Tag.

Wiederholung

Hundertmal werd ichs euch sagen und tausendmal: Irrtum
ist Irrtum!
Ob ihn der größte Mann, ob ihn der kleinste beging.

Wer glaubts?

»Newton hat sich geirrt?« Ja, doppelt und dreifach! »Und
wie denn?«
Lange steht es gedruckt, aber es liest es kein Mensch.

Der Welt Lauf

Drucken fördert euch nicht, es unterdrückt euch die Schule;
Aber nicht immer, und dann geben sie schweigend sich drein.

Hoffnung

Allen habt ihr die Ehre genommen, die gegen euch zeugten;
Aber dem Märtyrer kehrt späte sie doppelt zurück.

Exempel

Schon Ein Irrlicht sah ich verschwinden, dich, Phlogiston,
Balde,
O Newtonisch Gespenst! folgst du dem Brüderchen nach.

Der letzte Märtyrer

Auch mich bratet ihr noch als Huß vielleicht, aber wahrhaftig!
Lange bleibet der Schwan, der es vollendet, nicht aus.

Menschlichkeiten

Leidlich hat Newton gesehen, und falsch geschlossen; am Ende
Blieb er, ein Brite, verstockt, schloß er, bewies er so fort.

Und abermals Menschlichkeiten

Seine Schüler hörten nun auf, zu sehn und zu schließen,
Referierten getrost, was er auch sah und bewies.

Der Widerstand

Aristokratisch gesinnt ist mancher Gelehrte; denn gleich ists,
Ob man auf Helm und Schild oder auf Meinungen ruht.

Neueste Farbentheorie von Wünsch

Gelbrot und Grün macht das Gelbe, Grün und Violblau
 das Blaue!
So wird aus Gurkensalat wirklich der Essig erzeugt!

Das Mittel

»Warum sagt du uns das in Versen?« Die Verse sind wirksam;
Spricht man in Prosa zu euch, stopft ihr die Ohren euch zu.

Moralische Zwecke der Poesie

»Bessern, bessern soll uns der Dichter!« So darf denn auf eurem
Rücken des Büttels Stock nicht einen Augenblick ruhn?

Sektions-Wut

Lebend noch exenterieren sie euch, und seid ihr gestorben,
Passet im Nekrolog noch ein Prosektor euch auf.

Kritische Studien

Schneidet, schneidet, ihr Herrn, durch Schneiden lernet
der Schüler;
Aber wehe dem Frosch, der euch den Schenkel muß leihn!

Naturforscher und Transzendentalphilosophen

Feindschaft sei zwischen euch, noch kommt das Bündnis zu
frühe;
Wenn ihr im Suchen euch trennt, wird erst die Wahrheit
erkannt.

An die voreiligen Verbindungsstifter

Jeder wandle für sich und wisse nichts von dem andern;
Wandeln nur beide gerad, finden sich beide gewiß.

Der treue Spiegel

Reiner Bach, du entstellst nicht den Kiesel, du bringst ihn
dem Auge
Näher; so seh ich die Welt, ***, wenn du sie beschreibst.

Nicolai

Nicolai reiset noch immer, noch lang wird er reisen,
Aber ins Land der Vernunft findet er nimmer den Weg.

Der Wichtige

Seine Meinung sagt er von seinem Jahrhundert, er sagt sie,
Nochmals sagt er sie laut, hat sie gesagt und geht ab.

Der Plan des Werks

Meine Reis' ist ein Faden, an dem ich drei Lustra die Deutschen
Nützlich führe, so wie formlos die Form mirs gebeut.

Formalphilosophie

Allen Formen macht er den Krieg; er weiß wohl, zeitlebens
Hat er mit Müh und Not Stoff nur zusammengeschleppt.

Der Todfeind

Willst du alles vertilgen, was deiner Natur nicht gemäß ist,
Nicolai, zuerst schwöre dem Schönen den Tod!

Philosophische Querköpfe

»Querkopf!« schreiet ergrimmt in unsere Wälder Herr Nickel;
»Leerkopf!« schallt es darauf lustig zum Walde heraus.

Empirischer Querkopf

Armer empirischer Teufel! Du kennst nicht einmal das Dumme
In dir selber, es ist, ach! *a priori* so dumm.

Der Quellenforscher

Nicolai endeckt die Quellen der Donau! Welch Wunder!
Sieht er gewöhnlich doch sich nach der Quelle nicht um.

Derselbe

Nichts kann er leiden, was groß ist und mächtig; drum,
 herrliche Donau,
Spürt dir der Häscher so lang nach, bis er seicht dich ertappt.

N. Reisen XI. Band, S. 177

Apropos Tübingen! Dort sind Mädchen, die tragen die Zöpfe
Lang geflochten; auch dort gibt man die Horen heraus.

Der Glückliche

Sehen möcht ich dich, Nickel, wenn du ein Späßchen erhaschest
Und, von dem Fund entzückt, drauf dich im Spiegel besiehst.

Verkehrte Wirkung

Rührt sonst einen der Schlag, so stockt die Zunge gewöhnlich;
Dieser, so lange gelähmt, schwatzt nur geläufiger fort.

Pfahl im Fleisch

Nenne Lessing nur nicht, der Gute hat vieles gelitten,
Und in des Märtyrers Kranz warst du ein schrecklicher Dorn.

Die Horen an Nicolai

Unsere Reihen störtest du gern, doch werden wir wandeln;
Und du tappe denn auch, plumper Geselle! so fort.

Fichte und er

Freilich tauchet der Mann kühn in die Tiefe des Meeres,
Wenn du, auf leichtem Kahn, schwankest und Heringe fängst.

Briefe über ästhetische Bildung

Dunkel sind sie zuweilen, vielleicht mit Unrecht, o Nickel!
Aber die Deutlichkeit ist wahrlich nicht Tugend an dir.

Modephilosophie

Lächerlichster, du nennst das Mode, wenn immer von neuem
Sich der menschliche Geist ernstlich nach Bildung bestrebt.

1794–1797 WEIMAR

Das grobe Organ

Was du mit Händen nicht greifst, das scheint dir Blinden
 ein Unding,
Und betastest du was, gleich ist das Ding auch beschmutzt.

Der Lastträger

Weil du vieles geschleppt und schleppst und schleppen wirst,
 meinst du,
Was sich selber bewegt, könne vor dir nicht bestehn.

Die Weidtasche

Reget sich was, gleich schießt der Jäger; ihm scheinet die
 Schöpfung,
Wie lebendig sie ist, nur für den Schnappsack gemacht.

Das Unentbehrliche

Könnte Menschenverstand doch ohne Vernunft nur bestehen,
Nickel hätte fürwahr menschlichsten Menschenverstand.

Die Xenien

Was uns ärgert, du gibst mit langen entsetzlichen Noten
Uns auch wieder heraus unter der Reiserubrik.

Lucri Bonus Odor

Gröblich haben wir dich behandelt, das brauche zum Vorteil
Und im zwölften Band schilt uns, da gibt es ein Blatt.

Vorsatz

Den Philister verdrieße, den Schwärmer necke, den Heuchler
Quäle der fröhliche Vers, der nur das Gute verehrt.

Nur Zeitschriften

Frankreich faßt er mit einer, das arme *Deutschland* gewaltig
Mit der andern, doch sind beide papieren und leicht!

Das Motto

Wahrheit sag ich euch, Wahrheit und immer Wahrheit,
 versteht sich:
Meine Wahrheit; denn sonst ist mir auch keine bekannt.

Der Wächter Zions

Meine Wahrheit bestehet im Bellen, besonders wenn irgend
Wohlgekleidet ein Mann sich auf der Straße mir zeigt.

Verschiedene Dressuren

Aristokratische Hunde, sie knurren auf Bettler; ein echter
Demokratischer Spitz klafft nach dem seidenen Strumpf.

Böse Gesellschaft

Aristokraten mögen noch gehn, ihr Stolz ist doch höflich;
Aber du, löbliches Volk, bist so voll Hochmut und grob.

An die Obern

Immer bellt man aufeuch! Bleibt sitzen! Es wünschen die Beller
Jene Plätze, wo man ruhig das Bellen vernimmt.

Baalspfaffen

Heilige Freiheit! Erhabener Trieb der Menschen zum Bessern!
Wahrlich, du konntest dich nicht schlechter mit Priestern
 versehn!

Verfehlter Beruf

Schreckensmänner wären sie gerne, doch lacht man in
Deutschland
Ihres Grimmes, der nur mäßige Schriften zerfleischt.

An mehr als einen

Erst habt ihr die Großen beschmaust, nun wollt ihr sie stürzen;
Hat man Schmarotzer doch nie dankbar dem Wirte gesehn.

Das Requisit

Lange werden wir euch noch ärgern und werden euch sagen:
Rote Kappen, euch fehlt nur noch das Glöckchen zum Putz.

Verdienst

Hast du auch wenig genug verdient um die Bildung
der Deutschen,
Fritz Nicolai, sehr viel hast du dabei doch verdient.

Umwälzung

Nein, das ist doch zu arg! Da läuft auch selbst noch der Kantor
Von der Orgel, und ach! pfuscht auf den Klaven des Staats.

Der Halbvogel

Fliegen möchte der Strauß; allein er rudert vergeblich,
Ungeschickt rühret der Fuß immer den leidigen Sand.

Der letzte Versuch

Vieles hast du geschrieben, der Deutsche wollt es nicht lesen;
Gehn die Journale nicht ab, dann ist auch alles vorbei.

Kunstgriff

Schreib die Journale nur anonym, so kannst du mit vollen
Backen deine Musik loben, es merkt es kein Mensch.

Dem Großsprecher

Öfters nahmst du das Maul schon so voll und konntest
nicht wirken;
Auch jetzt wirkest du nichts, nimm nur das Maul nicht so voll.

Mottos

Netze nur immer Mottos auf deine Journale, sie zeigen
Alle die Tugenden an, die man an dir nicht bemerkt.

Sein Handgriff

Auszuziehen versteh ich und zu beschmutzen die Schriften,
Dadurch mach ich sie mein, und ihr bezahlet sie mir.

Die Mitarbeiter

Wie sie die Glieder verrenken, die Armen! Aber nach dieser
Pfeife zu tanzen, es ist auch, beim Apollo! kein Spaß.

Unmögliche Vergeltung

Deine Kollegen verschreist und plünderst du! Dich zu
verschreien
Ist nicht nötig, und nichts ist auch zu plündern an dir.

Das züchtige Herz

Gern erlassen wir *dir* die moralische Delikatesse,
Wenn du die zehen Gebot' nur so notdürftig befolgst.

Abscheu

Heuchler, ferne von mir! Besonders du widriger Heuchler,
 Der du mit Grobheit glaubst Falschheit zu decken und List.

Der Hausierer

Ja, das fehlte nur noch zu der Entwicklung der Sache,
 Daß als *Krämer* sich nun *Kr***er* nach Frankreich begibt!

Deutschlands Revanche an Frankreich

Manchen Lakai schon verkauftet ihr uns als Mann von
 Bedeutung;
 Gut! wir spedieren euch hier Kr**** als Mann von
 Verdienst.

Der Patriot

Daß Verfassung sich überall bilde! Wie sehr ists zu wünschen,
 Aber ihr Schwätzer verhelft uns zu Verfassungen nicht!

Die drei Stände

Sagt, wo steht in Deutschland der Sanscülott? In der Mitte;
 Unten und oben besitzt jeglicher, was ihm behagt.

Die Hauptsache

Jedem Besitzer das Seine! und jedem Regierer den Rechtsinn,
 Das ist zu wünschen; doch ihr, beides verschafft ihr uns nicht.

Anacharsis der Zweite

Anacharsis dem Ersten nahmt ihr den Kopf weg, der Zweite
 Wandert nun ohne Kopf klüglich, Pariser, zu euch.

Historische Quellen

Augen leiht dir der Blinde zu dem, was in Frankreich geschiehet,
Ohren der Taube; du bist, Deutschland, vortrefflich bedient.

Der Almanach als Bienenkorb

Lieblichen Honig geb er dem Freund; doch nahet sich täppisch
Der Philister, ums Ohr saus ihm der stechende Schwarm!

Etymologie

Ominos ist dein Nam, er spricht dein ganzes Verdienst aus:
Gerne verschafftest du, ging' es, dem Pöbel den Sieg.

Ausnahme

»Warum tadelst du manchen nicht öffentlich?« Weil er ein
Freund ist.
Wie mein eigenes Herz tadl ich im stillen den Freund.

Die Insekten

»Warum schiltst du die einen so hundertfach?« Weil das
Geschmeiße,
Rührt sich der Wedel nicht stets, immer dich leckt und
dich sticht.

Einladung

»Glaubst du denn nicht, man könnte die schwache Seite dir
zeigen?«
Tu es mit Laune, mit Geist, Freund, und wir lachen zuerst.

Warnung

Unsrer liegen noch tausend im Hinterhalt; daß ihr nicht etwa,
Rückt ihr zu hitzig heran, Schultern und Rücken entblößt.

An die Philister

Freut euch des Schmetterlings nicht: der Bösewicht zeugt
euch die Raupe,
Die euch den herrlichen Kohl, fast aus der Schüssel, verzehrt.

Hausrecht

Keinem Gärtner verdenk ichs, daß er die Sperlinge scheuchet;
Doch nur Gärtner ist er, jene gebar die Natur.

Currus Virum Miratur Inanes

Wie sie knallen, die Peitschen! Hilf Himmel! Journale! Kalender!
Wagen an Wagen! Wie viel Staub und wie wenig Gepäck!

Kalender der Musen und Grazien

Musen und Grazien! oft habt ihr euch schrecklich verirret,
Doch dem Pfarrer noch nie selbst die Perücke gebracht.

Schillers Almanach von 1796

Du erhebest uns erst zu Idealen und stürzest
Gleich zur Natur uns zurück; glaubst du, wir danken dir das?

Das Paket

Mit der Eule gesiegelt? Da kann Minerva nicht weit sein!
Ich erbreche, da fällt ›Von und für Deutschland‹ heraus.

Das Journal Deutschland

Alles beginnt der Deutsche mit Feierlichkeit, und so zieht auch
Diesem deutschen Journal blasend ein Spielmann voran.

Reichsanzeiger

Edles Organ, durch welches das Deutsche Reich mit sich
 selbst spricht!
Geistreich, wie es hinein schallet, so schallt es heraus.

A. D. PH.

Woche für Woche zieht der Bettelkarren durch Deutschland,
Den auf schmutzigem Bock Jakob, der Kutscher, regiert.

A. D. B.

Zehnmal gelesne Gedanken auf zehnmal bedrucktem Papiere,
Auf zerriebenem Blei stumpfer und bleierner Witz.

A. D. Z.

Auf dem Umschlag sieht man die Charitinnen; doch leider
Kehrt uns Aglaia den Teil, den ich nicht nennen darf, zu.

Der Wolfische Homer

Sieben Städte zankten sich drum, ihn geboren zu haben;
Nun, da der Wolf ihn zerriß, nehme sich jede ihr Stück.

M***

Weil du doch alles beschriebst, so beschreib uns zu gutem
 Beschlusse
Auch die Maschine noch, Freund, die dich so fertig bedient.

Herr Leonhard **

Deinen Namen les ich auf zwanzig Schriften, und dennoch
Ist es dein Name nur, Freund, den man in allen vermißt.

Pantheon der Deutschen. 1. Band.

Deutschlands größte Männer und kleinste sind hier
versammelt;
Jene gaben den Stoff, diese die Worte des Buchs.

Borussias

Sieben Jahre nur währte der Krieg, von welchem du singest?
Sieben Jahrhunderte, Freund, währt mir dein Heldengedicht.

Guter Rat

Accipe facundi Culicem, studiose, Maronis,
Ne, nugis positis, arma virumque canas.

Reineke Fuchs

Vor Jahrhunderten hätte ein Dichter dieses gesungen?
Wie ist das möglich? Der Stoff ist ja von gestern und heut.

Menschenhaß und Reue

Menschenhaß? Nein, davon verspürt ich beim heutigen Stücke
Keine Regung; jedoch Reue, die hab ich gefühlt.

Schinks Faust

Faust hat sich leider schon oft in Deutschland dem Teufel
ergeben,
Doch so prosaisch noch nie schloß er den schrecklichen Bund.

*An Madame B** und ihre Schwestern*

Jetzt noch bist du Sibylle, bald wirst du Parze; doch, fürcht ich,
Hört ihr alle zuletzt gräßlich als Furien auf.

LYRISCHE DICHTUNGEN

Almansaris und Amanda

Warum verzeiht mir Amanda den Scherz, und Almansaris [tobet?
Jene ist tugendhaft, Freund, diese beweiset, sie seis.

B**

Wäre Natur und Genie von allen Menschen verehrt,
Sag, was bliebe, Phantast, denn für ein Publikum dir?

Erholungen. Zweites Stück

Daß ihr seht, wie genau wir den Titel des Buches erfüllen,
Wird zur Erholung hiemit euch die Vernichtung gereicht.

Dem Zudringlichen

Ein vor allemal willst du ein ewiges Leben mir schaffen?
Mach im zeitlichen doch mir nicht die Weile so lang.

Höchster Zweck der Kunst

Schade fürs schöne Talent des herrlichen Künstlers! O hätt er
Aus dem Marmorblock doch ein Kruzifix uns gemacht!

Zum Geburtstag

Möge dein Lebensfaden sich spinnen wie in der Prosa
Dein Periode, bei dem leider die Lachesis schläft.

Unter vier Augen

Viele rühmen, sie habe Verstand; ich glaubs: für den einen,
Den sie jedesmal liebt, hat sie auch wirklich Verstand.

Charade

Nichts als dein Erstes fehlt dir, so wäre dein Zweites
genießbar;
Aber dein Ganzes, mein Freund, ist ohne Salz und Geschmack.

Frage in den Reichsanzeiger, Wilhelm Meister betreffend

Zu was Ende die welschen Namen für deutsche Personen?
Raubt es nicht allen Genuß an dem vortrefflichen Werk?

Göschen an die deutschen Dichter

Ist nur erst Wieland heraus, so kommts an euch übrigen alle,
Und nach der Lokation! Habt nur einstweilen Geduld!

*Verleger von P** Schriften*

Eine Maschine besitz ich, die selber denkt, was sie drucket;
Obengenanntes Werk zeig ich zur Probe hier vor.

Josephs II. Dictum an die Buchhändler

Einem Käsehandel verglich er eure Geschäfte?
Wahrlich, der Kaiser, man siehts, war auf dem Leipziger Markt.

Preisfrage der Akademie Nützlicher Wissenschaften

Wie auf dem u fortan der teure Schnörkel zu sparen?
Auf die Antwort sind dreißig Dukaten gesetzt.

Hörsäle auf gewissen Universitäten

Prinzen und Grafen sind hier von den übrigen Hörern gesondert.
Wohl! Denn trennte der Stand nirgends, er trennte doch hier!

Der Virtuose

Eine hohe Noblesse bedien ich heut mit der Flöte,
Die, wie ganz Wien mir bezeugt, völlig wie Geige sich hört.

Sachen, so gesucht werden

Einen Bedienten wünscht man zu haben, der leserlich schreibet
und orthographisch, jedoch nichts in Bell-Lettres getan.

Französische Lustspiele von Dyk

Wir versichern auf Ehre, daß wir einst witzig gewesen,
Sind wir auch hier, wir gestehns, herzlich geschmacklos
und fad.

Buchhändler-Anzeige

Nichts ist der Menschheit so wichtig, als ihre Bestimmung
zu kennen;
Um zwölf Groschen Courant wird sie bei mir jetzt verkauft.

Auktion

Da die Metaphysik vor kurzem unbeerbt abging,
Werden die *Dinge an sich* morgen *sub hasta* verkauft.

Gottesurteil
(Zwischen einem Göttinger und Berliner)

Öffnet die Schranken! Bringet zwei Särge! Trompeter, geblasen!
Almanachsritter, heraus gegen den Ritter vom Sporn!

Sachen, so gestohlen worden
(Immanuel Kant spricht)

Zwanzig Begriffe wurden mir neulich diebisch entwendet;
Leicht sind sie kenntlich, es steht sauber mein I. K. darauf.

1794–1797 WEIMAR 397

Antwort auf obigen Avis

Wenn nicht alles mich trügt, so hab ich besagte Begriffe
In Herrn Jakobs zu Hall' Schriften vor kurzem gesehn.

Schauspielerin

Furiose Geliebten sind meine Forcen im Schauspiel,
Und in der *Comédie* glänz ich als Branntweinfrau.

Professor Historiarum

Breiter wird immer die Welt, und immer mehr Neues
geschiehet;
Ach, die Geschichte wird stets länger, und kürzer das Brot!

Rezension

Sehet, wie artig der Frosch nicht hüpft! Doch find ich die hintern
Füße um vieles zu lang, so wie die vorder zu kurz.

Literarischer Adreßkalender

Jeder treibe sein Handwerk, doch immer steh es geschrieben:
Dies ist das Handwerk, und der treibet das Handwerk
geschickt.

Neuste Kritikproben

Nicht viel fehlt dir, ein Meister nach meinen Begriffen zu
heißen,
Nehm ich das Einzige aus, daß du verrückt phantasierst.

Eine Zweite

Lieblich und zart sind deine Gefühle, gebildet dein Ausdruck,
Eins nur tadl ich: du bist frostig von Herzen und matt.

Eine Dritte

Du nur bist mir der würdige Dichter! Es kommt dir auf eine
Platitude nicht an, nur um natürlich zu sein.

Schillers Würde der Frauen

Vorn herein liest sich das Lied nicht zum besten; ich les es
von hinten,
Strophe für Strophe, und so nimmt es ganz artig sich aus.

Pegasus, von eben demselben

Meine zarte Natur schockiert das grelle Gemälde;
Aber, von Langbein gemalt, mag ich den Teufel recht gern.

Das ungleiche Verhältnis

Unsre Poeten sind seicht; doch das Unglück ließ' sich
vertuschen,
Hätten die Kritiker nicht, ach! so entsetzlich viel Geist.

Neugier

Etwas wünsch ich zu sehn: ich wünschte einmal von den
Freunden,
Die das Schwache so schnell finden, das Gute zu sehn!

Gelehrte Zeitungen

Wie die Nummern des Lotto, so zieht man hier die Autoren,
Wie sie kommen, nur daß niemand dabei was gewinnt.

Übertreibung und Einseitigkeit

Daß der Deutsche doch alles zu einem Äußersten treibet,
Für Natur und Vernunft selbst, für die nüchterne, schwärmt!

1794–1797 WEIMAR

Neueste Behauptung

Völlig charakterlos ist die Poesie der Modernen,
 Denn sie verstehen bloß, charakteristisch zu sein.

Griechische und moderne Tragödie

Unsre Tragödie spricht zum Verstand, drum zerreißt sie das
 Jene setzt in Affekt, darum beruhigt sie so! [Herz so;

Entgegengesetzte Wirkung

Wir Modernen, wir gehn erschüttert, gerührt aus dem
 Schauspiel;
 Mit erleichterter Brust hüpfte der Grieche heraus.

Die höchste Harmonie

Oedipus reißt die Augen sich aus, Jokaste erhenkt sich,
 Beide schuldlos; das Stück hat sich harmonisch gelöst.

Aufgelöstes Rätsel

Endlich ist es heraus, warum uns Hamlet so anzieht:
 Weil er, merket das wohl, ganz zur Verzweiflung uns bringt.

Gefährliche Nachfolge

Freunde, bedenket euch wohl, die tiefere, kühnere Wahrheit
 Laut zu sagen, sogleich stellt man sie euch auf den Kopf.

Xenien

Muse, wo führst du uns hin? Was, gar zu den Manen hinunter?
 Hast du vergessen, daß wir nur Monodistichen sind?

Muse

Desto besser! Geflügelt wie ihr, dünnleibig und luftig,
 Seele mehr als Gebein, wischt ihr als Schatten hindurch.

Acheronta movebo

Hölle, jetzt nimm dich in acht, es kommt ein Reise-
 beschreiber,
 Und die Publizität deckt auch den Acheron auf.

Sterilemque tibi Proserpina vaccam

Hekate! Keusche! Dir schlacht ich ›Die Kunst, zu lieben‹
 von Manso;
 Jungfer noch ist sie, sie hat nie was von Liebe gewußt.

Elpenor

Muß ich dich hier schon treffen, Elpenor? Du bist mir gewaltig
 Vorgelaufen! Und wie? Gar mit gebrochnem Genick?

Unglückliche Eilfertigkeit

Ach, wie sie ›Freiheit‹ schrien und ›Gleichheit‹, geschwind
 wollt ich folgen,
 Und weil die Trepp mir zu lang deuchte, so sprang ich
 vom Dach.

Achilles

Vormals im Leben ehrten wir dich wie einen der Götter;
 Nun du tot bist, so herrscht über die Geister dein Geist.

Trost

Laß dich den Tod nicht reuen, Achill! Es lebet dein Name
 In der Bibliothek schöner Szientien hoch.

Seine Antwort

Lieber möcht ich fürwahr dem Ärmsten als Ackerknecht dienen,
 Als des Gänsegeschlechts Führer sein, wie du erzählst.

Frage

Du verkündige mir von meinen jungen Nepoten,
 Ob in der Literatur beide noch walten und wie?

Antwort

Freilich walten sie noch und bedrängen hart die Trojaner,
 Schießen manchmal auch wohl blind in das Blaue hinein.

Frage

Melde mir auch, ob du Kunde vom alten Peleus vernahmest,
 Ob er noch weit geehrt in den Kalendern sich liest?

Antwort

Ach! ihm mangelt leider die spannende Kraft und die Schnelle,
 Die einst des G*** herrliche Saiten belebt.

Ajax

Ajax, Telamons Sohn! So mußtest du selbst nach dem Tode
 Noch forttragen den Groll wegen der Rezension?

Tantalus

Jahrelang steh ich so hier, zur Hippokrene gebücket,
 Lechzend vor Durst; doch der Quell, will ich ihn kosten,
 zerrinnt.

Phlegyasque miserrimus omnes admonet

O ich Tor! Ich rasender Tor! Und rasend ein jeder,
 Der, auf des Weibes Rat horchend, den Freiheitsbaum pflanzt!

LYRISCHE DICHTUNGEN

Die dreifarbige Kokarde

Wer ist der Wütende da, der durch die Hölle so brüllet
Und mit grimmiger Faust sich die Kokarde zerzaust?

Agamemnon

Bürger Odysseus! Wohl dir! Bescheiden ist deine Gemahlin,
Strickt dir die Strümpfe und steckt keine drei Farben dir an!

Porphyrogeneta, den Kopf unter dem Arme

Köpfe schaffet euch an, ihr Liebden! Tut es beizeiten!
Wer *nicht* hat, er verliert auch, was er *hat*, noch dazu!

Sisyphus

Auch noch hier nicht zur Ruh, du Unglückselger! Noch immer
Rollst du bergauf wie einst, da du regiertest, den Stein!

Sulzer

Hüben über den Urnen! Wie anders ists, als wir dachten!
Mein aufrichtiges Herz hat mir Vergebung erlangt.

Haller

Ach! Wie schrumpfen allhier die dicken Bände zusammen,
Einige werden belohnt, aber die meisten verziehn.

Moses Mendelssohn

Ja! Du siehst mich unsterblich! – »Das hast du uns ja in
dem Phädon
Längst bewiesen.« – Mein Freund, freue dich, daß du es
siehst!

Der junge Werther

»Worauf lauerst du hier?« - Ich erwarte den dummen Gesellen,
 Der sich so abgeschmackt über mein Leiden gefreut.

L***

»Edler Schatten, du zürnst?« - Ja, über den lieblosen Bruder,
 Der mein modernd Gebein lässet im Frieden nicht ruhn.

Dioskuren

Einen wenigstens hofft ich von euch hier unten zu finden;
 Aber beide seid ihr sterblich, drum lebt ihr zugleich.

Unvermutete Zusammenkunft

Sage, Freund, wie find ich denn dich in des Todes Behausung?
 Ließ ich doch frisch und gesund dich in Berlin noch zurück!

Der Leichnam

Ach, das ist nur mein Leib, der in Almanachen noch umgeht;
 Aber es schiffte schon längst über den Lethe der Geist.

Peregrinus Proteus

Siehest du Wieland, so sag ihm: ich lasse mich schönstens
 bedanken,
 Aber er tat mir zuviel Ehr an, ich war doch ein Lump.

Lucian von Samosata

»Nun, Freund, bist du versöhnt mit den Philosophen? Du hast sie
 Oben im Leben, das weiß Jupiter! tüchtig geneckt.«

Geständnis

Rede leiser, mein Freund. Zwar hab ich die Narren gezüchtigt,
Aber mit vielem Geschwätz oft auch die Klugen geplagt.

Alcibiades

Kommst du aus Deutschland? Sieh mich doch an, ob ich
wirklich ein solcher
Hasenfuß bin, als bei euch man in Gemälden mich zeigt?

Martial

Xenien nennet ihr euch? Ihr gebt euch für Küchenpräsente?
Ißt man denn, mit Vergunst, spanischen Pfeffer bei euch?

Xenien

Nicht doch! Aber es schwächten die vielen wäßrigten Speisen
So den Magen, daß jetzt Pfeffer und Wermut nur hilft.

Einer aus dem Chor
(Fängt an zu rezitieren)

»Wahrlich, nichts Lustigers weiß ich, als wenn die Tische
recht voll sind
Von Gebacknem und Fleisch, und wenn der Schenke nicht
säumt.« –

Vorschlag zur Güte

Teilt euch wie Brüder! Es sind der Würste gerade zwei Dutzend,
Und wer Astyanax sang, nehme noch diese von mir.

Muse zu den Xenien

Aber jetzt rat ich euch, geht, sonst kommt noch gar der Gorgona
Fratze oder ein Band Oden von Haschka hervor.

An die Freier

Alles war nur ein Spiel! Ihr Freier lebt ja noch alle,
 Hier ist der Bogen, und hier ist zu den Ringen der Platz.

Was in Frankreich vorbei ist, das spielen Deutsche noch immer,
 Denn der stolzeste Mann schmeichelt dem Pöbel und kriecht.

»Pöbel! wagst du zu sagen. Wo ist der Pöbel?« Ihr machtet,
 Ging' es nach eurem Sinn, gerne die Völker dazu.

VOTIVTAFELN
VON SCHILLER UND GOETHE

Der moralische und der schöne Charakter

Repräsentant ist jener der ganzen Geistergemeine,
 Aber das schöne Gemüt zählt schon allein für sich selbst.

Der schöne Geist und der Schöngeist

Nur das Leichtere trägt auf leichten Schultern der Schöngeist,
 Aber der schöne Geist trägt das Gewichtige leicht.

Philister und Schöngeist

Jener mag gelten, er dient doch als fleißiger Knecht noch
 der Wahrheit.
Aber dieser bestiehlt Wahrheit und Schönheit zugleich.

Natur und Vernunft

Wärt ihr, Schwärmer, imstande, die Ideale zu fassen,
 O so verehrtet ihr auch, wie sichs gebührt, die Natur.
Wärt ihr, Philister, imstand, die Natur im Großen zu sehen,
 Sicher führte sie selbst euch zu Ideen empor.

Das Subjekt

Wichtig wohl ist die Kunst und schwer, sich selbst zu bewahren,
Aber schwieriger ist diese: sich selbst zu entfliehn.

Zucht

Wahrheit ist niemals schädlich, sie straft – und die Strafe
der Mutter
Bildet das schwankende Kind, wehret der schmeichelnden
Magd.

Die Zergliederer

Spaltet immer das Licht! Wie öfters strebt ihr zu trennen,
Was euch allen zum Trutz Eins und ein Einziges bleibt.

Die Quellen

Treffliche Künste dankt man der Not und dankt man dem
Nur zur Wissenschaft hat keines von beiden geführt. [Zufall,

Empiriker

Daß ihr den sichersten Pfad gewählt, wer möchte das leugnen?
Aber ihr tappet nur blind auf dem gebahntesten Pfad.

Theoretiker

Ihr verfahrt nach Gesetzen, auch würdet ihrs sicherlich treffen,
Wäre der Obersatz nur, wäre der Untersatz wahr!

Letzte Zuflucht

Vornehm schaut ihr im Glück auf den blinden Empiriker nieder,
Aber, seid ihr in Not, ist er der delphische Gott.

Die Systeme

Prächtig habt ihr gebaut. Du lieber Himmel! Wie treibt man,
 Nun er so königlich erst wohnet, den Irrtum heraus!

Die Vielwisser

Astronomen seid ihr und kennet viele Gestirne,
 Aber der Horizont decket manch Sternbild euch zu.

Moralische Schwätzer

Wie sie mit ihrer reinen Moral uns, die Schmutzigen, quälen!
 Freilich, der groben Natur dürfen sie gar nichts vertraun!
Bis in die Geisterwelt müssen sie fliehn, dem Tier zu entlaufen,
 Menschlich können sie selbst auch nicht das Menschlichste
 tun.
Hätten sie kein *Gewissen*, und spräche die *Pflicht* nicht so heilig,
 Wahrlich, sie plünderten selbst in der Umarmung die Braut.

Der Strengling und der Frömmling

Jener fordert durchaus, daß dir das Gute mißfalle,
 Dieser will gar, daß du liebst, was dir von Herzen mißfällt.
Muß ich wählen, so seis in Gottes Namen die Tugend,
 Denn ich kann einmal nicht lieben, was abgeschmackt ist.

Theophagen

Diesen ist alles Genuß. Sie essen Ideen, und bringen
 In das Himmelreich selbst Messer und Gabel hinauf.

Fratzen

Fromme gesunde Natur! Wie stellt die Moral dich an Pranger!
 Heilge Vernunft! Wie tief stürzt dich der Schwärmer herab!

Moral der Pflicht und der Liebe

Jede, wohin sie gehört! Erhabene Seelen nur kleidet
 Jene, die andere steht schönen Gemütern nur an.
Aber Widrigers kenn ich auch nichts, als wenn sich durch Bande
 Zarter geistiger Lieb Grobes mit Grobem vermählt;
Und verächtlicher nichts als die Moral der Dämonen
 In dem Munde des Volks, dem noch die Menschlichkeit fehlt.

Der Philosoph und der Schwärmer

Jener steht auf der Erde, doch schauet das Auge zum Himmel;
 Dieser, die Augen im Kot, recket die Beine hinauf.

Das irdische Bündel

Himmelan flögen sie gern, doch hat auch der Körper sein Gutes,
 Und man packt es geschickt hinten dem Seraph noch auf.

Der wahre Grund

Was sie im Himmel wohl suchen, das, Freunde, will ich
 euch sagen:
 Vorderhand suchen sie nur Schutz vor der höllischen Glut.

Die Triebfedern

Immer treibe die Furcht den Sklaven mit eisernem Stabe;
 Freude, führe du mich immer an rosichtem Band.

Wahrheit

Eine nur ist sie für alle, doch siehet sie jeder verschieden;
 Daß es Eines doch bleibt, macht das Verschiedene wahr.

Schönheit

Schönheit ist ewig nur Eine, doch mannigfach wechselt das
Schöne;
Daß es wechselt, das macht eben das Eine nur schön.

Bedingung

Ewig strebst du umsonst, dich dem Göttlichen ähnlich zu
machen,
Hast du das Göttliche nicht erst zu dem *Deinen* gemacht.

Der Vorzug

Über das Herz zu siegen, ist groß, ich verehre den Tapfern;
Aber wer *durch* sein Herz sieget, er gilt mir doch mehr.

Die Erzieher

Bürger erzieht ihr der sittlichen Welt; wir wollten euch loben,
Stricht ihr sie nur nicht zugleich aus der empfindenden aus.

Das Göttliche

Wäre sie unverwelklich, die Schönheit, ihr könnte nichts
gleichen;
Nichts, wo die göttliche blüht, weiß ich der göttlichen gleich.
Ein Unendliches ahndet, ein Höchstes erschafft die Vernunft sich:
In der schönen Gestalt lebt es dem Herzen, dem Blick.

Verstand

Bilden wohl kann der Verstand, doch der tote kann nicht
Aus dem Lebendigen quillt alles Lebendige nur. [beseelen,

Phantasie

Schaffen wohl kann sie den Stoff, doch die wilde kann nicht
gestalten,
Aus dem Harmonischen quillt alles Harmonische nur.

Dichtungskraft

Daß dein Leben Gestalt, dein Gedanke Leben gewinne,
Laß die belebende Kraft stets auch die bildende sein.

Witz und Verstand

Der ist zu furchtsam, jener zu kühn; nur dem Genius ward es,
In der Nüchternheit kühn, fromm in der Freiheit zu sein.

Aberwitz und Wahnwitz

Überspringt sich der Witz, so lachen wir über den Toren;
Gleitet der Genius aus, ist er dem Rasenden gleich.

Der Unterschied

Lächelnd sehn wir den Tänzer auf glatter Ebene straucheln,
Aber auf ernstlichem Seil wer mag den Schwindelnden
sehn?

Lehre an den Kunstjünger

Daß du der Fehler schlimmsten, die Mittelmäßigkeit, meidest,
Jüngling, so meide doch ja keinen der andern zu früh!

Das Mittelmäßige und das Gute

Willst du jenem den Preis verschaffen, zähle die Fehler;
Willst du dieses erhöhn, zähle die Tugenden ab.

Das Privilegium

Blößen gibt nur das Reiche dem Tadel, am Werke der Armut
Ist nichts Schlechtes, es ist Gutes daran nichts zu sehn.

Die Sicherheit

Nur das feurige Roß, das mutige, stürzt auf der Rennbahn,
Mit bedächtigem Paß schreitet der Esel daher.

Genialische Kraft

Alle Schöpfung ist Werk der Natur. Von Jupiters Throne
Zuckt der allmächtige Strahl, nährt und erschüttert die Welt.
Pflanzet über die Häuser die leitenden Spitzen und Ketten,
Über die ganze Natur wirkt die allmächtige Kraft.

Delikatesse im Tadel

Was heißt zärtlicher Tadel? Der deine Schwäche verschonet?
Nein, der deinen Begriff von dem Vollkommenen stärkt.

Der berufene Richter

Wer ist zum Richter bestellt? Nur der Bessere? Nein, wem
das Gute
Über das Beste noch gilt, dér ist zum Richter bestellt.

An****

Du vereinigest jedes Talent, das den Autor vollendet;
O entschließe dich, Freund, nichts als ein Leser zu sein.

Das Mittel

Willst du in Deutschland wirken als Autor, so triff sie nur
tüchtig,
Denn zum Beschauen des Werks finden sich wenige nur.

Die Unberufenen

Tadeln ist leicht, erschaffen so schwer; ihr Tadler des
 Schwachen,
 Habt ihr das Treffliche denn auch zu belohnen ein Herz?

Die Belohnung

Was belohnet den Meister? Der zart antwortende Nachklang
 Und der reine Reflex aus der begegnenden Brust.

Das gewöhnliche Schicksal

Hast du an liebender Brust das Kind der Empfindung ge-
 pfleget,
 Einen Wechselbalg nur gibt dir der Leser zurück.

Der Weg zum Ruhme

Glücklich nenn ich den Autor, der in der Höhe den Beifall
 Findet; der deutsche muß nieder sich bücken dazu.

Bedeutung

»Was *bedeutet* dein Werk?« so fragt ihr den Bildner des Schönen;
 Frager, ihr habt nur die Magd, niemals die Göttin gesehn.

An die Moralisten

Lehret! das ziemet euch wohl, auch wir verehren die Sitte;
 Aber die Muse läßt sich nicht gebieten von euch.
Nicht von dem Architekt erwart ich melodische Weisen,
 Und, Moralist, von dir nicht zu dem Epos den Plan.
Vielfach sind die Kräfte des Menschen; o daß sich doch jede
 Selbst beherrsche, sich selbst bilde zum herrlichsten aus!

Deutsche Kunst

Gabe von oben her ist, was wir Schönes in Künsten besitzen,
 Wahrlich, von unten herauf bringt es der Grund nicht hervor.
Muß der Künstler nicht selbst den Schößling von außen sich
 Nicht aus Rom und Athen borgen die Sonne, die Luft? [holen?

Tote Sprachen

Tote Sprachen nennt ihr die Sprache des Flaccus und Pindar,
 Und von beiden nur kommt, was in der unsrigen lebt!

Deutscher Genius

Ringe, Deutscher, nach römischer Kraft, nach griechischer
 Schönheit!
 Beides gelang dir, doch nie glückte der gallische Sprung.

VIER JAHRESZEITEN

Frühling

Auf, ihr Distichen, frisch! Ihr muntern lebendigen Knaben!
 Reich ist Garten und Feld! Blumen zum Kranze herbei!

Reich ist an Blumen die Flur; doch einige sind nur dem Auge,
 Andre dem Herzen nur schön; wähle dir, Leser, nun selbst!

Rosenknospe, du bist dem blühenden Mädchen gewidmet,
 Die als die Herrlichste sich, als die Bescheidenste zeigt.

Viele der Veilchen zusammengeknüpft, das Sträußchen
 erscheinet
 Erst als Blume; du bist, häusliches Mädchen, gemeint.

Eine kannt ich, sie war wie die Lilie schlank, und ihr Stolz war
 Unschuld; herrlicher hat Salomo keine gesehn.

Schön erhebt sich der Aglei, und senkt das Köpfchen herunter.
Ist es Gefühl? oder ists Mutwill? Ihr ratet es nicht.

Viele duftende Glocken, o Hyazinthe, bewegst du;
Aber die Glocken ziehn, wie die Gerüche, nicht an.

Nachtviole, dich geht man am blendenden Tage vorüber;
Doch bei der Nachtigall Schlag hauchest du köstlichen Geist.

Tuberose, du ragest hervor und ergetzest im Freien;
Aber bleibe vom Haupt, bleibe vom Herzen mir fern!

Fern erblick ich den Mohn; er glüht. Doch komm ich dir näher,
Ach! so seh ich zu bald, daß du die Rose nur lügst.

Tulpen, ihr werdet gescholten von sentimentalischen Kennern;
Aber ein lustiger Sinn wünscht auch ein lustiges Blatt.

Nelken, wie find ich euch schön! Doch alle gleicht ihr einander,
Unterscheidet euch kaum, und ich entscheide mich nicht.

Prangt mit den Farben Aurorens, Ranunkeln, Tulpen
 und Astern!
Hier ist ein dunkles Blatt, das euch an Dufte beschämt.

Keine lockt mich, Ranunkeln, von euch, und keine begehr ich;
Aber im Beete vermischt sieht euch das Auge mit Lust.

Sagt! was füllet das Zimmer mit Wohlgerüchen? Reseda,
Farblos, ohne Gestalt, stilles, bescheidenes Kraut.

Zierde wärst du der Gärten; doch wo du erscheinest,
 da sagst du:
Ceres streute mich selbst aus mit der goldenen Saat.

Deine liebliche Kleinheit, dein holdes Auge, sie sagen
Immer: Vergiß mein nicht! immer: Vergiß nur nicht mein!

1794–1797 WEIMAR

Schwänden dem inneren Auge die Bilder sämtlicher Blumen,
 Eleonore, dein Bild brächte das Herz sich hervor.

Sommer

Grausam erweiset sich Amor an mir! O spielet, ihr Musen,
 Mit den Schmerzen, die er, spielend, im Busen erregt!

Manuskripte besitz ich, wie kein Gelehrter noch König;
 Denn mein Liebchen, sie schreibt, was ich ihr dichtete, mir.

Wie im Winter die Saat nur langsam keimet, im Sommer
 Lebhaft treibet und reift, so war die Neigung zu dir.

Immer war mir das Feld und der Wald und der Fels
 und die Gärten
 Nur ein Raum, und du machst sie, Geliebte, zum Ort.

Raum und Zeit, ich empfind es, sind bloße Formen
 des Anschauns,
 Da das Eckchen mit dir, Liebchen, unendlich mir scheint.

Sorge! sie steiget mit dir zu Roß, sie steiget zu Schiffe;
 Viel zudringlicher noch packet sich Amor uns auf.

Neigung besiegen ist schwer; gesellet sich aber Gewohnheit,
 Wurzelnd, allmählich zu ihr, unüberwindlich ist sie.

Welche Schrift ich zwei-, ja dreimal hintereinander
 Lese? Das herzliche Blatt, das die Geliebte mir schreibt.

Sie entzückt mich, und täuschet vielleicht. O Dichter
 und Sänger,
 Mimen! lerntet ihr doch meiner Geliebten was ab!

Alle Freude des Dichters, ein gutes Gedicht zu erschaffen,
 Fühle das liebliche Kind, das ihn begeisterte, mit.

LYRISCHE DICHTUNGEN

Ein Epigramm sei zu kurz, mir etwas Herzlichs zu sagen?
Wie, mein Geliebter, ist nicht kürzer der herzliche Kuß?

Kennst du das herrliche Gift der unbefriedigten Liebe?
Es versengt und erquickt, zehrt am Mark und erneuts.

Kennst du die herrliche Wirkung der endlich befriedigten
Liebe?
Körper verbindet sie schön, wenn sie die Geister befreit.

Das ist die wahre Liebe, die immer und immer sich gleich bleibt,
Wenn man ihr alles gewährt, wenn man ihr alles versagt.

Alles wünscht ich zu haben, um mit ihr alles zu teilen;
Alles gäb ich dahin, wär sie, die Einzige, mein.

Kränken ein liebendes Herz, und schweigen müssen:
geschärfter
Können die Qualen nicht sein, die Rhadamanth sich ersinnt.

Warum bin ich vergänglich, o Zeus? so fragte die Schönheit.
Macht ich doch, sagte der Gott, nur das Vergängliche schön.

Und die Liebe, die Blumen, der Tau und die Jugend ver-
nahmens;
Alle gingen sie weg, weinend, von Jupiters Thron.

Leben muß man und lieben; es endet Leben und Liebe.
Schnittest du, Parze, doch nur beiden die Fäden zugleich!

Herbst

Richtet den herrschenden Stab auf Leben und Handeln,
und lasset
Amorn, dem lieblichen Gott, doch mit der Muse das Spiel!

Lehret! Es ziemet euch wohl, auch wir verehren die Sitte;
Aber die Muse läßt nicht sich gebieten von euch.

Nimm dem Prometheus die Fackel, beleb, o Muse,
 die Menschen!
 Nimm sie dem Amor, und rasch quäl und beglücke, wie er!

Alle Schöpfung ist Werk der Natur. Von Jupiters Throne
 Zuckt der allmächtige Strahl nährt und erschüttert die Welt.

Freunde, treibet nur alles mit Ernst und Liebe; die beiden
 Stehen dem Deutschen so schön, den ach! so vieles entstellt.

Kinder werfen den Ball an die Wand und fangen ihn wieder;
 Aber ich lobe das Spiel, wirfst mir der Freund ihn zurück.

Immer strebe zum Ganzen, und kannst du selber kein Ganzes
 Werden, als dienendes Glied schließ an ein Ganzes dich an.

Wärt ihr, Schwärmer, imstande, die Ideale zu fassen,
 O! so verehrtet ihr auch, wie sichs gebührt, die Natur.

Wem zu glauben ist, redlicher Freund, das kann ich dir sagen:
 Glaube dem Leben; es lehrt besser als Redner und Buch.

Schädliche Wahrheit, ich ziehe sie vor dem nützlichen Irrtum.
 Wahrheit heilet den Schmerz, den sie vielleicht uns erregt.

Schadet ein Irrtum wohl? Nicht immer! aber das Irren,
 Immer schadets. Wie sehr, sieht man am Ende des Wegs.

Fremde Kinder, wir lieben sie nie so sehr als die eignen;
 Irrtum, das eigene Kind, ist uns dem Herzen so nah.

Irrtum verläßt uns nie; doch ziehet ein höher Bedürfnis
 Immer den strebenden Geist leise zur Wahrheit hinan.

Gleich sei keiner dem andern; doch gleich sei jeder
 dem Höchsten.
 Wie das zu machen? Es sei jeder vollendet in sich.

Warum will sich Geschmack und Genie so selten vereinen?
Jener fürchtet die Kraft, dieses verachtet den Zaum.

Fortzupflanzen die Welt, sind alle vernünftgen Diskurse
Unvermögend; durch sie kommt auch kein Kunstwerk hervor.

Welchen Leser ich wünsche? Den unbefangensten, der mich,
Sich und die Welt vergißt und in dem Buche nur lebt.

Dieser ist mir der Freund, der mit mir Strebendem wandelt;
Lädt er zum Sitzen mich ein, stehl ich für heute mich weg.

Wie beklag ich es tief, daß diese herrliche Seele,
Wert, mit zum Zwecke zu gehn, mich nur als Mittel
begreift!

Preise dem Kinde die Puppen, wofür es begierig die Groschen
Hinwirft; wahrlich, du wirst Krämern und Kindern ein Gott.

Wie verfährt die Natur, um Hohes und Niedres im Menschen
Zu verbinden? Sie stellt Eitelkeit zwischen hinein.

Auf das empfindsame Volk hab ich nie was gehalten;
es werden,
Kommt die Gelegenheit, nur schlechte Gesellen daraus.

Franztum drängt in diesen verworrenen Tagen, wie ehmals
Luthertum es getan, ruhige Bildung zurück.

Wo Parteien entstehn, hält jeder sich hüben und drüben;
Viele Jahre vergehn, eh sie die Mitte vereint.

Willst du, mein Sohn, frei bleiben, so lerne was Rechtes, und
Dich genügsam, und nie blicke nach oben hinauf! [halte

Wer ist der edlere Mann in jedem Stande? Der stets sich
Neiget zum Gleichgewicht, was er auch habe voraus.

Wißt ihr, wie auch der Kleine was ist? Er mache das Kleine
Recht; der Große begehrt just so das Große zu tun.

Was ist heilig? Das ists, was viele Seelen zusammen
Bindet; bänd es auch nur leicht, wie die Binse den Kranz.

Was ist das Heiligste? Das, was heut und ewig die Geister,
Tiefer und tiefer gefühlt, immer nur einiger macht.

Wer ist das würdigste Glied des Staats? Ein wackerer Bürger;
Unter jeglicher Form bleibt er der edelste Stoff.

Wer ist denn wirklich ein Fürst? Ich hab es immer gesehen:
Der nur ist wirklich Fürst, der es vermochte zu sein.

Fehlet die Einsicht oben, der gute Wille von unten,
Führt sogleich die Gewalt, oder sie endet den Streit.

Republiken hab ich gesehn, und das ist die beste,
Die dem regierenden Teil Lasten, nicht Vorteil gewährt.

Bald, es kenne nur jeder den eigenen, gönne dem andern
Seinen Vorteil, so ist ewiger Friede gemacht.

Keiner bescheidet sich gern mit dem Teile, der ihm gebühret,
Und so habt ihr den Stoff immer und ewig zum Krieg.

Zweierlei Arten gibt es, die treffende Wahrheit zu sagen:
Öffentlich immer dem Volk, immer dem Fürsten geheim.

Wenn du laut den einzelnen schiltst, er wird sich verstocken,
Wie sich die Menge verstockt, wenn du im ganzen sie lobst.

Du bist König und Ritter und kannst befehlen und streiten;
Aber zu jedem Vertrag rufe den Kanzler herbei.

Klug und tätig und fest, bekannt mit allem, nach oben
Und nach unten gewandt, sei er Minister und bleibs.

Welchen Hofmann ich ehre? Den klärsten und feinsten!
 Das andre,
Was er noch sonst besitzt, kommt ihm als Menschen zugut.

Ob du der Klügste seist, daran ist wenig gelegen;
Aber der Biederste sei, so wie bei Rate, zu Haus.

Ob du wachst, das kümmert uns nicht, wofern du nur singest.
Singe, Wächter, dein Lied schlafend, wie mehrere tun.

Winter

Wasser ist Körper, und Boden der Fluß. Das neuste
 Theater
Tut in der Sonne Glanz zwischen den Ufern sich auf.

Wahrlich, es scheint nur ein Traum! Bedeutende Bilder
 des Lebens
Schweben, lieblich und ernst, über die Fläche dahin.

Eingefroren sahen wir so Jahrhunderte starren,
Menschengefühl und Vernunft schlich nur verborgen
 am Grund.

Nur die Fläche bestimmt die kreisenden Bahnen des Lebens;
Ist sie glatt, so vergißt jeder die nahe Gefahr.

Alle streben und eilen und suchen und fliehen einander;
Aber alle beschränkt freundlich die glättere Bahn.

Durch einander gleiten sie her, die Schüler und Meister,
Und das gewöhnliche Volk, das in der Mitte sich hält.

Jeder zeigt hier, was er vermag; nicht Lob und nicht Tadel
Hielte diesen zurück, förderte jenen zum Ziel.

Euch, Präkonen des Pfuschers, des Meisters Verkleinerer,
 wünscht ich
Mit ohnmächtiger Wut stumm hier am Ufer zu sehn.

Lehrling, du schwankest und zauderst und scheuest die
glättere Fläche.
Nur gelassen! du wirst einst noch die Freude der Bahn.

Willst du schon zierlich erscheinen, und bist nicht sicher?
Vergebens!
Nur aus vollendeter Kraft blicket die Anmut hervor.

Fallen ist der Sterblichen Los. So fällt hier der Schüler,
Wie der Meister; doch stürzt dieser gefährlicher hin.

Stürzt der rüstigste Läufer der Bahn, so lacht man am Ufer,
Wie man bei Bier und Tabak über Besiegte sich hebt.

Gleite fröhlich dahin, gib Rat dem werdenden Schüler,
Freue des Meisters dich, und so genieße des Tags.

Siehe, schon nahet der Frühling; das strömende Wasser
verzehret
Unten, der sanftere Blick oben der Sonne das Eis.

Dieses Geschlecht ist hinweg, zerstreut die bunte Gesellschaft;
Schiffern und Fischern gehört wieder die wallende Flut.

Schwimme, du mächtige Scholle, nur hin! und kommst du
als Scholle
Nicht hinunter, du kommst doch wohl als Tropfen ins Meer.

MIGNON

So laßt mich scheinen, bis ich werde;
Zieht mir das weiße Kleid nicht aus!
Ich eile von der schönen Erde
Hinab in jenes feste Haus.

Dort ruh ich eine kleine Stille,
Dann öffnet sich der frische Blick,

Ich lasse dann die reine Hülle,
Den Gürtel und den Kranz zurück.

Und jene himmlischen Gestalten,
Sie fragen nicht nach Mann und Weib,
Und keine Kleider, keine Falten
Umgeben den verklärten Leib.

Zwar lebt ich ohne Sorg und Mühe,
Doch fühlt ich tiefen Schmerz genung.
Vor Kummer altert ich zu frühe –
Macht mich auf ewig wieder jung!

[An die Herzogin Luise]

Sklaven sollten wir haben in deiner Gegenwart? Alle,
Fürstin, machest du frei, alle verbindest du dir.

[In Ifflands Stammbuch]

Viel von Künsten und Künstlern wird immer in Deutschland
gesprochen;
Angeschaut haben wir nun Künstler und Künste zugleich.

[In das Stammbuch des Grafen Emerich Bethlen]

Baue, Jüngling, den Garten beizeiten; so erntest du Früchte,
Schon, wenn viele sich erst ungewiß suchen den Platz.

DIE SPRÖDE

An dem reinsten Frühlingsmorgen
ging die Schäferin und sang,
Jung und schön und ohne Sorgen,
Daß es durch die Felder klang,
So la la! le ralla!

Thyrsis bot ihr für ein Mäulchen
Zwei, drei Schäfchen gleich am Ort.
Schalkhaft blickte sie ein Weilchen,
Doch sie sang und lachte fort,
So la la! le ralla!

Und ein andrer bot ihr Bänder,
Und der dritte bot sein Herz;
Doch sie trieb mit Herz und Bändern
So wie mit den Lämmern Scherz,
Nur la la! le ralla!

DIE BEKEHRTE

Bei dem Glanze der Abendröte
Ging ich still den Wald entlang,
Damon saß und blies die Flöte,
Daß es von den Felsen klang,
So la la!

Und er zog mich, ach, an sich nieder
Küßte mich so hold, so süß.
Und ich sagte: Blase wieder!
Und der gute Junge blies,
So la la!

Meine Ruhe ist nun verloren,
Meine Freude floh davon,
Und ich höre vor meinen Ohren
Immer nur den alten Ton,
So la la, le ralla!
u. s. w.

ALEXIS UND DORA

Ach! unaufhaltsam strebet das Schiff mit jedem Momente
 Durch die schäumende Flut weiter und weiter hinaus!
Langhin furcht sich die Gleise des Kiels, worin die Delphine
 Springend folgen, als flöh ihnen die Beute davon.
Alles deutet auf glückliche Fahrt: der ruhige Bootsmann
 Ruckt am Segel gelind, das sich für alle bemüht;
Vorwärts dringt der Schiffenden Geist, wie Flaggen und Wimpel;
 Einer nur steht rückwärts traurig gewendet am Mast,
Sieht die Berge schon blau, die scheidenden, sieht in das Meer sie
 Niedersinken, es sinkt jegliche Freude vor ihm.
Auch dir ist es verschwunden, das Schiff, das deinen Alexis,
 Die, o Dora, den Freund, ach! dir den Bräutigam raubt.
Auch du blickest vergebens nach mir. Noch schlagen die Herzen
 Füreinander, doch ach! nun aneinander nicht mehr.
Einziger Augenblick, in welchem ich lebte! du wiegest
 Alle Tage, die sonst kalt mir verschwindenden, auf.
Ach! nur im Augenblick, im letzten, stieg mir ein Leben
 Unvermutet in dir, wie von den Göttern, herab.
Nur umsonst verklärst du mit deinem Lichte den Äther;
 Dein all-leuchtender Tag, Phöbus, mir ist er verhaßt.
In mich selber kehr ich zurück; da will ich im stillen
 Wiederholen die Zeit, als sie mir täglich erschien.
War es möglich, die Schönheit zu sehn und nicht zu empfinden?
 Wirkte der himmlische Reiz nicht auf dein stumpfes Gemüt?
Klage dich, Armer, nicht an! – So legt der Dichter ein Rätsel,
 Künstlich mit Worten verschränkt, oft der Versammlung
 ins Ohr:
Jeden freuet die seltne, der zierlichen Bilder Verknüpfung,
 Aber noch fehlet das Wort, das die Bedeutung verwahrt;
Ist es endlich entdeckt, dann heitert sich jedes Gemüt auf
 Und erblickt im Gedicht doppelt erfreulichen Sinn.
Ach, warum so spät, o Amor, nahmst du die Binde,
 Die du ums Aug mir geknüpft, nahmst sie zu spät mir hinweg!
Lange schon harrte befrachtet das Schiff auf günstige Lüfte;
 Endlich strebte der Wind glücklich vom Ufer ins Meer.
Leere Zeiten der Jugend! und leere Träume der Zukunft!

1794–1797 WEIMAR 425

Ihr verschwindet, es bleibt einzig die Stunde mir nur.
Ja, sie bleibt, es bleibt mir das Glück! ich halte dich, Dora!
 Und die Hoffnung zeigt, Dora, dein Bild mir allein.
Öfter sah ich zum Tempel dich gehn, geschmückt und gesittet,
 Und das Mütterchen ging feierlich neben dir her.
Eilig warst du und frisch, zu Markte die Früchte zu tragen,
 Und vom Brunnen, wie kühn! wiegte dein Haupt das Gefäß.
Da erschien dein Hals, erschien dein Nacken vor allen,
 Und vor allen erschien deiner Bewegungen Maß.
Oftmals hab ich gesorgt, es möchte der Krug dir entstürzen,
 Doch er hielt sich stet auf dem geringelten Tuch.
Schöne Nachbarin, ja, so war ich gewohnt, dich zu sehen,
 Wie man die Sterne sieht, wie man den Mond sich beschaut,
Sich an ihnen erfreut, und innen im ruhigen Busen
 Nicht der entfernteste Wunsch, sie zu besitzen, sich regt.
Jahre, so gingt ihr dahin! Nur zwanzig Schritte getrennet
 Waren die Häuser, und nie hab ich die Schwelle berührt.
Und nun trennt uns die gräßliche Flut! Du lügst nur den Himmel,
 Welle! dein herrliches Blau ist mir die Farbe der Nacht.
Alles rührte sich schon; da kam ein Knabe gelaufen
 An mein väterlich Haus, rief mich zum Strande hinab:
Schon erhebt sich das Segel, es flattert im Winde, so sprach er,
 Und gelichtet, mit Kraft, trennt sich der Anker vom Sand;
Komm, Alexis, o komm! Da drückte der wackere Vater,
 Würdig die segnende Hand mir auf das lockige Haupt.
Sorglich reichte die Mutter ein nachbereitetes Bündel:
 Glücklich kehre zurück! riefen sie, glücklich und reich!
Und so sprang ich hinweg, das Bündelchen unter dem Arme,
 An der Mauer hinab, fand an der Türe dich stehn
Deines Gartens. Du lächeltest mir und sagtest: Alexis!
 Sind die Lärmenden dort deine Gesellen der Fahrt?
Fremde Küsten besuchest du nun, und köstliche Waren
 Handelst du ein, und Schmuck reichen Matronen der Stadt.
Aber bringe mir auch ein leichtes Kettchen; ich will es
 Dankbar zahlen: so oft hab ich die Zierde gewünscht!
Stehen war ich geblieben und fragte, nach Weise des Kaufmanns,
 Erst nach Form und Gewicht deiner Bestellung genau.
Gar bescheiden erwogst du den Preis! da blickt ich indessen

Nach dem Halse, des Schmucks unserer Königin wert.
Heftiger tönte vom Schiff das Geschrei; da sagtest du freundlich:
Nimm aus dem Garten noch einige Früchte mit dir!
Nimm die reifsten Orangen, die weißen Feigen; das Meer bringt
Keine Früchte, sie bringt jegliches Land nicht hervor.
Und so trat ich herein. Du brachst nun die Früchte geschäftig,
Und die goldene Last zog das geschürzte Gewand.
Öfters bat ich: es sei nun genug! und immer noch eine
Schönere Frucht fiel dir, leise berührt, in die Hand.
Endlich kamst du zur Laube hinan; da fand sich ein Körbchen,
Und die Myrte bog blühend sich über uns hin.
Schweigend begannest du nun geschickt die Früchte zu ordnen:
Erst die Orange, die schwer ruht, als ein goldener Ball,
Dann die weichliche Feige, die jeder Druck schon entstellet;
Und mit Myrte bedeckt ward und geziert das Geschenk.
Aber ich hob es nicht auf; ich stand. Wir sahen einander
In die Augen, und mir ward vor dem Auge so trüb.
Deinen Busen fühlt ich an meinem! Den herrlichen Nacken,
Ihn umschlang nun mein Arm, tausendmal küßt ich den Hals;
Mir sank über die Schulter dein Haupt, nun knüpften auch deine
Lieblichen Arme das Band um den Beglückten herum.
Amors Hände fühlt ich: er drückt' uns gewaltig zusammen,
Und aus heiterer Luft donnert' es dreimal; da floß
Häufig die Träne vom Aug mir herab, du weintest, ich weinte,
Und vor Jammer und Glück schien uns die Welt zu vergehn.
Immer heftiger rief es am Strand; da wollten die Füße
Mich nicht tragen, ich rief: Dora! und bist du nicht mein?
Ewig! sagtest du leise. Da schienen unsere Tränen,
Wie durch göttliche Luft, leise vom Auge gehaucht.
Näher rief es: Alexis! Da blickte der suchende Knabe
Durch die Türe herein. Wie er das Körbchen empfing!
Wie er mich trieb! Wie ich dir die Hand noch drückte! –
Zu Schiffe
Wie ich gekommen? Ich weiß, daß ich ein Trunkener schien.
Und so hielten mich auch die Gesellen, schonten den Kranken;
Und schon deckte der Hauch trüber Entfernung die Stadt.
Ewig! Dora, lispeltest du; mir schallt es im Ohre
Mit dem Donner des Zeus! Stand sie doch neben dem Thron,

Seine Tochter, die Göttin der Liebe; die Grazien standen
 Ihr zur Seiten! Er ist götterbekräftigt, der Bund!
O so eile denn, Schiff, mit allen günstigen Winden!
 Strebe, mächtiger Kiel, trenne die schäumende Flut!
Bringe dem fremden Hafen mich zu, damit mir der Goldschmied
 In der Werkstatt gleich ordne das himmlische Pfand.
Wahrlich! zur Kette soll das Kettchen werden, o Dora!
 Neunmal umgebe sie dir, locker gewunden, den Hals!
Ferner schaff ich noch Schmuck, den mannigfaltigsten; goldne
 Spangen sollen dir auch reichlich verzieren die Hand:
Da wetteifre Rubin und Smaragd, der liebliche Saphir
 Stelle dem Hyazinth sich gegenüber, und Gold
Halte das Edelgestein in schöner Verbindung zusammen.
 O wie den Bräutigam freut, einzig zu schmücken die Braut!
Seh ich Perlen, so denk ich an dich; bei jeglichem Ringe
 Kommt mir der länglichen Hand schönes Gebild in den Sinn.
Tauschen will ich und kaufen; du sollst das Schönste von allem
 Wählen; ich widmete gern alle die Ladung nur dir.
Doch nicht Schmuck und Juwelen allein verschafft dein
 Geliebter:
 Was ein häusliches Weib freuet, das bringt er dir auch.
Feine wollene Decken mit Purpursäumen, ein Lager
 Zu bereiten, das uns traulich und weichlich empfängt;
Köstlicher Leinwand Stücke. Du sitzest und nähest und kleidest
 Mich und dich und auch wohl noch ein Drittes darein.
Bilder der Hoffnung, täuschet mein Herz! O mäßiget, Götter,
 Diesen gewaltigen Brand, der mir den Busen durchtobt!
Aber auch sie verlang ich zurück, die schmerzliche Freude,
 Wenn die Sorge sich kalt, gräßlich gelassen, mir naht.
Nicht der Erinnyen Fackel, das Bellen der höllischen Hunde
 Schreckt den Verbrecher so in der Verzweiflung Gefild,
Als das gelaßne Gespenst mich schreckt, das die Schöne
 von fern mir
 Zeiget: die Türe steht wirklich des Gartens noch auf!
Und ein anderer kommt! Für ihn auch fallen die Früchte!
 Und die Feige gewährt stärkenden Honig auch ihm!
Lockt sie auch ihn nach der Laube? und folgt er? O macht
 mich, ihr Götter,

Blind, verwischet das Bild jeder Erinnrung in mir!
Ja, ein Mädchen ist sie! und die sich geschwinde dem einen
Gibt, sie kehret sich auch schnell zu dem andern herum.
Lache nicht diesmal, Zeus, der frech gebrochenen Schwüre!
Donnere schrecklicher! Triff! – Halte die Blitze zurück!
Sende die schwankenden Wolken mir nach! Im nächtlichen
Dunkel
Treffe dein leuchtender Blitz diesen unglücklichen Mast!
Streue die Planken umher und gib der tobenden Welle
Diese Waren, und mich gib den Delphinen zum Raub! –
Nun, ihr Musen, genug! Vergebens strebt ihr zu schildern,
Wie sich Jammer und Glück wechseln in liebender Brust.
Heilen könnet die Wunden ihr nicht, die Amor geschlagen;
Aber Linderung kommt einzig, ihr Guten, von euch.

MUSEN UND GRAZIEN IN DER MARK

O wie ist die Stadt so wenig;
Laßt die Maurer künftig ruhn!
Unsre Bürger, unser König
Könnten wohl was Bessers tun.
Ball und Oper wird uns töten;
Liebchen, komm auf meine Flur,
Denn besonders die Poeten,
Die verderben die Natur.

O wie freut es mich, mein Liebchen,
Daß du so natürlich bist;
Unsre Mädchen, unsre Bübchen
Spielen künftig auf dem Mist!
Und auf unsern Promenaden
Zeigt sich erst die Neigung stark.
Liebes Mädchen! laß uns waden,
Waden noch durch diesen Quark.

Dann im Sand uns zu verlieren,
Der uns keinen Weg versperrt!

1794–1797 WEIMAR 429

Dich den Anger hin zu führen,
Wo der Dorn das Röckchen zerrt!
Zu dem Dörfchen laß uns schleichen
Mit dem spitzen Turme hier;
Welch ein Wirtshaus sondergleichen!
Trocknes Brot und saures Bier!

Sagt mir nichts von gutem Boden,
Nichts vom Magdeburger Land!
Unsre Samen, unsre Toten
Ruhen in dem leichten Sand.
Selbst die Wissenschaft verlieret
Nichts an ihrem raschen Lauf,
Denn bei uns, was vegetieret,
Alles keimt getrocknet auf.

Geht es nicht in unserm Hofe
Wie im Paradiese zu?
Statt der Dame, statt der Zofe
Macht die Henne glu! glu! glu!
Uns beschäftigt nicht der Pfauen,
Nur der Gänse Lebenslauf;
Meine Mutter zieht die grauen,
Meine Frau die weißen auf.

Laß den Witzling uns besticheln!
Glücklich, wenn ein deutscher Mann
Seinem Freunde Vetter Micheln
Guten Abend bieten kann.
Wie ist der Gedanke labend:
Solch ein Edler bleibt uns nah!
Immer sagt man: Gestern abend
War doch Vetter Michel da!

Und in unsern Liedern keimet
Silb aus Silbe, Wort aus Wort.
Ob sich gleich auf deutsch nichts reimet,
Reimt der Deutsche dennoch fort.

Ob es kräftig oder zierlich,
Geht uns so genau nicht an;
Wir sind bieder und natürlich,
Und das ist genug getan.

Eine nicht hält mich zurück, gar zwei sinds, die mir gebieten.

[Zu den › Xenien ‹]

Komm nur von Giebichenstein, von Malepartus! Du bist doch
Reineke nicht, du bist doch nur halb Bär und halb Wolf.

DER CHINESE IN ROM

Einen Chinesen sah ich in Rom; die gesamten Gebäude
Alter und neuerer Zeit schienen ihm lästig und schwer.
Ach! so seufzt' er, die Armen! ich hoffe, sie sollen begreifen,
Wie erst Säulchen von Holz tragen des Daches Gezelt,
Daß an Latten und Pappen, Geschnitz und bunter Vergoldung
Sich des gebildeten Augs feinerer Sinn nur erfreut. –
Siehe, da glaubt ich, im Bilde so manchen Schwärmer zu schauen,
Der sein luftig Gespinst mit der soliden Natur
Ewigem Teppich vergleicht, den echten, reinen Gesunden
Krank nennt, daß ja nur *er* heiße, der Kranke, gesund.

HERMANN UND DOROTHEA

Also das wäre Verbrechen, daß einst Properz mich begeistert,
Daß Martial sich zu mir auch, der Verwegne, gesellt?
Daß ich die Alten nicht hinter mir ließ, die Schule zu hüten,
Daß sie nach Latium gern mir in das Leben gefolgt?
Daß ich Natur und Kunst zu schaun mich treulich bestrebe,
Daß kein Name mich täuscht, daß mich kein Dogma
beschränkt?
Daß nicht des Lebens bedingender Drang mich, den Menschen,
verändert,

Daß ich der Heuchelei dürftige Maske verschmäht?
Solcher Fehler, die du, o Muse, so emsig gepfleget,
 Zeihet der Pöbel mich; Pöbel nur sieht er in mir.
Ja, sogar der Bessere selbst, gutmütig und bieder,
 Will mich anders; doch du, Muse, befiehlst mir allein.
Denn du bist es allein, die noch mir die innere Jugend
 Frisch erneuest, und sie mir bis zu Ende versprichst.
Aber verdopple nunmehr, o Göttin, die heilige Sorgfalt!
Ach! die Scheitel umwallt reichlich die Locke nicht mehr:
Da bedarf man der Kränze, sich selbst und andre zu täuschen;
 Kränzte doch Cäsar selbst nur aus Bedürfnis das Haupt.
Hast du ein Lorbeerreis mir bestimmt, so laß es am Zweige
 Weiter grünen, und gib einst es dem Würdigern hin;
Aber Rosen winde genug zum häuslichen Kranze,
 Bald als Lilie schlingt silberne Locke sich durch.
Schüre die Gattin das Feuer, auf reinlichem Herde zu kochen!
 Werfe der Knabe das Reis, spielend, geschäftig dazu!
Laß im Becher nicht fehlen den Wein! Gesprächige Freunde,
 Gleichgesinnte, herein! Kränze, sie warten auf euch.
Erst die Gesundheit des Mannes, der, endlich vom Namen
 Homeros
 Kühn uns befreiend, uns auch ruft in die vollere Bahn.
Denn wer wagte mit Göttern den Kampf? und wer mit
 dem Einen?
 Doch Homeride zu sein, auch nur als letzter, ist schön.
Darum höret das neuste Gedicht! Noch einmal getrunken!
 Euch besteche der Wein, Freundschaft und Liebe das Ohr.
Deutschen selber führ ich euch zu, in die stillere Wohnung,
 Wo sich, nah der Natur, menschlich der Mensch noch erzieht.
Uns begleite des Dichters Geist, der seine Luise
 Rasch dem würdigen Freund, uns zu entzücken, verband.
Auch die traurigen Bilder der Zeit, sie führ ich vorüber;
 Aber es siege der Mut in dem gesunden Geschlecht.
Hab ich euch Tränen ins Auge gelockt, und Lust in die Seele
 Singend geflößt, so kommt, drücket mich herzlich ans Herz!
Weise denn sei das Gespräch! Uns lehret Weisheit am Ende
 Das Jahrhundert; wen hat das Geschick nicht geprüft?
Blicket heiterer nun auf jene Schmerzen zurücke,

Wenn euch ein fröhlicher Sinn manches entbehrlich erklärt.
Menschen lernten wir kennen und Nationen; so laßt uns,
Unser eigenes Herz kennend, uns dessen erfreun.

[Zu den ›Xenien‹]

Auch erscheint ein Herr F* rhetorisch, grimmig-ironisch,
Seltsam gebärdet er sich, plattdeutsch, im Zeitungsformat.

SÉANCE

Hier ists, wo unter eignem Namen
Die Buchstaben sonst zusammenkamen.
Mit Scharlachkleidern angetan,
Saßen die Selbstlauter obenan:
A, E, I, O und U dabei,
Machten gar ein seltsam Geschrei.
Die Mitlauter kamen mit steifen Schritten,
Mußten erst um Erlaubnis bitten:
Präsident A war ihnen geneigt,
Da wurd ihnen denn der Platz gezeigt;
Andre aber, die mußten stehn,
Als Pe-Ha und Te-Ha und solches Getön.
Dann gabs ein Gerede, man weiß nicht wie:
Das nennt man eine Akademie.

HAUS-PARK

Liebe Mutter, die Gespielen
Sagen mir schon manche Zeit,
Daß ich besser sollte fühlen,
Was Natur im Freien beut.
Bin ich hinter diesen Mauern,
Diesen Hecken, diesem Buchs,
Wollen sie mich nur bedauern
Neben diesem alten Jux.

Solche schroffe grüne Wände
Ließen sie nicht länger stehn;
Kann man doch von einem Ende
Gleich bis an das andre sehn.
Von der Schere fallen Blätter,
Fallen Blüten, welch ein Schmerz!
Asmus, unser lieber Vetter,
Nennt es puren Schneiderscherz.

Stehn die Pappeln doch so prächtig
Um des Nachbars Gartenhaus;
Und bei uns wie niederträchtig
Nehmen sich die Zwiebeln aus!
Wollt ihr nicht den Wunsch erfüllen –
Ich bescheide mich ja wohl!
Heuer nur, um Gottes willen,
Liebe Mutter, keinen Kohl!

ALEXIS UND DORA

Alexis

Sag, wie kommst du zu dem Besen
Und, was schlimmer ist, zum Reim?

Dora

Bin in Halberstadt gewesen
Bei dem guten Vater Gleim.

DER SCHATZGRÄBER

Arm am Beutel, krank am Herzen,
Schleppt ich meine langen Tage.
Armut ist die größte Plage,
Reichtum ist das höchste Gut!
Und, zu enden meine Schmerzen,
Ging ich, einen Schatz zu graben.

Meine Seele sollst du haben!
Schrieb ich hin mit eignem Blut.

Und so zog ich Kreis' um Kreise,
Stellte wunderbare Flammen,
Kraut und Knochenwerk zusammen:
Die Beschwörung war vollbracht.
Und auf die gelernte Weise
Grub ich nach dem alten Schatze
Auf dem angezeigten Platze;
Schwarz und stürmisch war die Nacht.

Und ich sah ein Licht von weiten,
Und es kam gleich einem Sterne
Hinten aus der fernsten Ferne,
Eben als es Zwölfe schlug.
Und da galt kein Vorbereiten:
Heller wards mit einem Male
Von dem Glanz der vollen Schale,
Die ein schöner Knabe trug.

Holde Augen sah ich blinken
Unter dichtem Blumenkranze;
In des Trankes Himmelsglanze
Trat er in den Kreis herein.
Und er hieß mich freundlich trinken;
Und ich dacht: es kann der Knabe
Mit der schönen lichten Gabe
Wahrlich nicht der Böse sein.

Trinke Mut des reinen Lebens!
Dann verstehst du die Belehrung,
Kommst, mit ängstlicher Beschwörung,
Nicht zurück an diesen Ort.
Grabe hier nicht mehr vergebens:
Tages Arbeit! Abends Gäste!
Saure Wochen! Frohe Feste!
Sei dein künftig Zauberwort.

DER NEUE PAUSIAS
UND SEIN BLUMENMÄDCHEN

Pausias von Sicyon, der Maler, war als Jüngling in Glyceren, seine Mit-
bürgerin, verliebt, welche Blumenkränze zu winden einen sehr er-
finderischen Geist hatte. Sie wetteiferten miteinander, und er brachte
die Nachahmung der Blumen zur größten Mannigfaltigkeit. Endlich
malte er seine Geliebte, sitzend, mit einem Kranze beschäftigt. Dieses
Bild wurde für eins seiner besten gehalten und die Kranzwinderin oder
Kranzhändlerin genannt, weil Glycere sich auf diese Weise als ein armes
Mädchen ernährt hatte. Lucius Lucullus kaufte eine Kopie in Athen
für zwei Talente. (Plinius, Historia naturalis xxxv, 11.)

Sie

Schütte die Blumen nur her, zu meinen Füßen und deinen!
　Welch ein chaotisches Bild holder Verwirrung du streust!

Er

Du erscheinest als Liebe, die Elemente zu knüpfen;
　Wie du sie bindest, so wird nun erst ein Leben daraus.

Sie

Sanft berühre die Rose, sie bleib im Körbchen verborgen;
　Wo ich dich finde, mein Freund, öffentlich reich ich sie dir.

Er

Und ich tu, als kennt ich dich nicht, und danke dir freundlich;
　Aber dem Gegengeschenk weichet die Geberin aus.

Sie

Reiche die Hyazinthe mir nun, und reiche die Nelke,
　Daß die frühe zugleich neben der späteren sei.

Er

Laß im blumigen Kreise zu deinen Füßen mich sitzen,
Und ich fülle den Schoß dir mit der lieblichen Schar.

Sie

Reiche den Faden mir erst; dann sollen die Gartenverwandten,
Die sich von ferne nur sahn, nebeneinander sich freun.

Er

Was bewundr ich zuerst? was zuletzt? die herrlichen Blumen?
Oder der Finger Geschick? oder der Wählerin Geist?

Sie

Gib auch Blätter, den Glanz der blendenden Blumen zu mildern:
Auch das Leben verlangt ruhige Blätter im Kranz.

Er

Sage, was wählst du so lange bei diesem Strauße? Gewiß ist
Dieser jemand geweiht, den du besonders bedenkst.

Sie

Hundert Sträuße verteil ich des Tags und Kränze die Menge;
Aber den schönsten doch bring ich am Abende dir.

Er

Ach! wie wäre der Maler beglückt, der diese Gewinde
Malte, das blumige Feld, ach! und die Göttin zuerst!

Sie

Aber doch mäßig beglückt ist der, mich dünkt, der am Boden
Hier sitzt, dem ich den Kuß reichend noch glücklicher bin.

1794–1797 WEIMAR 437

Er

Ach, Geliebte, noch Einen! Die neidischen Lüfte des Morgens
Nahmen den ersten sogleich mir von den Lippen hinweg.

Sie

Wie der Frühling die Blumen mir gibt, so geb ich die Küsse
Gern dem Geliebten; und hier sei mit dem Kusse der Kranz!

Er

Hätt ich das hohe Talent des Pausias glücklich empfangen:
Nachzubilden den Kranz, wär ein Geschäfte des Tags!

Sie

Schön ist er wirklich. Sieh ihn nur an! Es wechseln die schönsten
Kinder Florens um ihn, bunt und gefällig, den Tanz.

Er

In die Kelche versenkt ich mich dann und erschöpfte den süßen
Zauber, den die Natur über die Kronen ergoß.

Sie

Und so fänd ich am Abend noch frisch den gebundenen Kranz
Unverwelklich spräch uns von der Tafel er an. [hier;

Er

Ach, wie fühl ich mich arm und unvermögend! wie wünscht ich
Festzuhalten das Glück, das mir die Augen versengt!

Sie

Unzufriedener Mann! Du bist ein Dichter und neidest
Jenes Alten Talent? Brauche das deinige doch!

LYRISCHE DICHTUNGEN

Er

Und erreicht wohl der Dichter den Schmelz der farbigen
Blumen?
Neben deiner Gestalt bleibt nur ein Schatten sein Wort!

Sie

Aber vermag der Maler wohl auszudrücken: Ich liebe?
Nur dich lieb ich, mein Freund! lebe für dich nur allein!

Er

Ach! und der Dichter selbst vermag nicht zu sagen:
Ich liebe!
Wie du, himmlisches Kind, süß mir es schmeichelst
ins Ohr.

Sie

Viel vermögen sie beide; doch bleibt die Sprache des Kusses,
Mit der Sprache des Blicks, nur den Verliebten geschenkt.

Er

Du vereinigest alles; du dichtest und malest mit Blumen:
Florens Kinder sind dir Farben und Worte zugleich.

Sie

Nur ein vergängliches Werk entwindet der Hand sich des
Mädchens
Jeden Morgen: die Pracht welkt vor dem Abende schon.

Er

Auch so geben die Götter vergängliche Gaben und locken
Mit erneutem Geschenk immer die Sterblichen an.

Sie

Hat dir doch kein Strauß, kein Kranz des Tages gefehlet,
Seit dem ersten, der dich mir so von Herzen verband.

Er

Ja, noch hängt er zu Hause, der erste Kranz, in der Kammer,
Welchen du mir, den Schmaus lieblich umwandelnd, gereicht.

Sie

Da ich den Becher dir kränzte, die Rosenknospe hineinfiel,
Und du trankest, und riefst: Mädchen, die Blumen sind Gift!

Er

Und dagegen du sagtest: Sie sind voll Honig, die Blumen;
Aber die Biene nur findet die Süßigkeit aus.

Sie

Und der rohe Timanth ergriff mich und sagte: Die Hummeln
Forschen des herrlichen Kelchs süße Geheimnisse wohl?

Er

Und du wandtest dich weg, und wolltest fliehen; es stürzten
Vor dem täppischen Mann Körbchen und Blumen hinab.

Sie

Und du riefst ihm gebietend: Das Mädchen laß nur! die Sträuße,
So wie das Mädchen selbst, sind für den feineren Sinn.

Er

Aber fester hielt er dich nur, es grinste der Lacher,
Und dein Kleid zerriß oben vom Nacken herab.

Sie

Und du warfst in begeisterter Wut den Becher hinüber,
Daß er am Schädel ihm, häßlich vergossen, erklang.

Er

Wein und Zorn verblendeten mich; doch sah ich den weißen
Nacken, die herrliche Brust, die du bedecktest, im Blick.

Sie

Welch ein Getümmel ward und ein Aufstand! Purpurn das
Blut lief,
Mit dem Weine vermischt, greulich dem Gegner vom Haupt.

Er

Dich nur sah ich, nur dich am Boden knieend, verdrießlich;
Mit der einen Hand hieltst das Gewand du hinauf.

Sie

Ach, da flogen die Teller nach dir! Ich sorgte, den edeln
Fremdling träfe der Wurf kreisend geschwungnen Metalls.

Er

Und doch sah ich nur dich, wie rasch mit der anderen Hand du
Körbchen, Blumen und Kranz sammeltest unter dem Stuhl.

Sie

Schützend tratest du vor, daß nicht mich verletzte der Zufall,
Oder der zornige Wirt, weil ich das Mahl ihm gestört.

Er

Ja, ich erinnre mich noch; ich nahm den Teppich wie einer,
 Der auf dem linken Arm gegen den Stier ihn bewegt.

Sie

Ruhe gebot der Wirt und sinnige Freunde. Da schlüpft ich
 Sachte hinaus; nach dir wendet ich immer den Blick.

Er

Ach, du warst mir verschwunden! Vergebens sucht ich in allen
 Winkeln des Hauses herum, sowie auf Straßen und Markt.

Sie

Schamhaft blieb ich verborgen. Das unbescholtene Mädchen,
 Sonst von den Bürgern geliebt, war nun das Märchen des Tags.

Er

Blumen sah ich genug und Sträuße, Kränze die Menge;
 Aber du fehltest mir, aber du fehltest der Stadt.

Sie

Stille saß ich zu Hause. Da blätterte los sich vom Zweige
 Manche Rose, so auch dorrte die Nelke dahin.

Er

Mancher Jüngling sprach auf dem Platz: Da liegen die Blumen!
 Aber die Liebliche fehlt, die sie verbände zum Kranz.

Sie

Kränze band ich indessen zu Haus, und ließ sie verwelken.
 Siehst du? da hangen sie noch, neben dem Herde, für dich.

Er

Auch so welkte der Kranz, dein erstes Geschenk! Ich
vergaß nicht
Ihn im Getümmel, ich hing neben dem Bett mir ihn auf.

Sie

Abends betrachtet ich mir die welkenden, saß noch und weinte,
Bis in der dunkelen Nacht Farbe nach Farbe verlosch.

Er

Irrend ging ich umher und fragte nach deiner Behausung;
Keiner der Eitelsten selbst konnte mir geben Bescheid.

Sie

Keiner hat je mich besucht, und keiner weiß die entlegne
Wohnung; die Größe der Stadt birget die Ärmere leicht.

Er

Irrend lief ich umher und flehte zur spähenden Sonne:
Zeige mir, mächtiger Gott, wo du im Winkel ihr scheinst!

Sie

Große Götter hörten dich nicht; doch Penia hört' es.
Endlich trieb die Not nach dem Gewerbe mich aus.

Er

Trieb nicht noch dich ein anderer Gott, den Beschützer
zu suchen?
Hatte nicht Amor für uns wechselnde Pfeile getauscht?

1794–1797 WEIMAR

Sie

Spähend sucht ich dich auf bei vollem Markt, und ich sah dich!

Er

Und es hielt das Gedräng keines der Liebenden auf.

Sie

Schnell wir teilten das Volk, wir kamen zusammen, du standest,

Er

Und du standest vor mir, ja! und wir waren allein.

Sie

Mitten unter den Menschen! sie schienen nur Sträucher
und Bäume,

Er

Und mir schien ihr Getös nur ein Geriesel des Quells.

Sie

Immer allein sind Liebende sich in der größten Versammlung;
Aber sind sie zu zwein, stellt auch der Dritte sich ein.

Er

Amor, ja! er schmückt sich mit diesen herrlichen Kränzen.
Schütte die Blumen nun doch fort, aus dem Schoße den Rest!

Sie

Nun, ich schüttle sie weg, die schönen. In deiner Umarmung,
Lieber, geht mir auch heut wieder die Sonne nur auf.

LYRISCHE DICHTUNGEN

NACHGEFÜHL

Wenn die Reben wieder blühen,
Rühret sich der Wein im Fasse;
Wenn die Rosen wieder glühen,
Weiß ich nicht, wie mir geschieht.

Tränen rinnen von den Wangen,
Was ich tue, was ich lasse;
Nur ein unbestimmt Verlangen
Fühl ich, das die Brust durchglüht.

Und zuletzt muß ich mir sagen,
Wenn ich mich bedenk und fasse,
Daß in solchen schönen Tagen
Doris einst für mich geglüht.

ABSCHIED

Zu lieblich ists, ein Wort zu brechen,
Zu schwer die wohlerkannte Pflicht,
Und leider kann man nichts versprechen,
Was unserm Herzen widerspricht.

Du übst die alten Zauberlieder,
Du lockst ihn, der kaum ruhig war,
Zum Schaukelkahn der süßen Torheit wieder,
Erneust, verdoppelst die Gefahr.

Was suchst du mir dich zu verstecken!
Sei offen, flieh nicht meinen Blick!
Früh oder spät mußt ichs entdecken,
Und hier hast du dein Wort zurück.

Was ich gesollt, hab ich vollendet,
Durch mich sei dir von nun an nichts verwehrt;
Allein verzeih dem Freund, der sich nun von [dir wendet
Und still in sich zurücke kehrt.

AN MIGNON

Über Tal und Fluß getragen,
Ziehet rein der Sonne Wagen.
Ach, sie regt in ihrem Lauf,
So wie deine, meine Schmerzen,
Tief im Herzen,
Immer morgens wieder auf.

Kaum will mir die Nacht noch frommen,
Denn die Träume selber kommen
Nun in trauriger Gestalt,
Und ich fühle dieser Schmerzen,
Still im Herzen
Heimlich bildende Gewalt.

Schon seit manchen schönen Jahren
Seh ich unten Schiffe fahren,
Jedes kommt an seinen Ort;
Aber ach, die steten Schmerzen,
Fest im Herzen,
Schwimmen nicht im Strome fort.

Schön in Kleidern muß ich kommen,
Aus dem Schrank sind sie genommen,
Weil es heute Festtag ist;
Niemand ahnet, daß von Schmerzen
Herz im Herzen
Grimmig mir zerrissen ist.

Heimlich muß ich immer weinen,
Aber freundlich kann ich scheinen
Und sogar gesund und rot;
Wären tödlich diese Schmerzen
Meinem Herzen,
Ach, schon lange wär ich tot.

LEGENDE

Als noch, verkannt und sehr gering,
Unser Herr auf der Erde ging,
Und viele Jünger sich zu ihm fanden,
Die sehr selten sein Wort verstanden,
Liebt' er sich gar über die Maßen,
Seinen Hof zu halten auf der Straßen,
Weil unter des Himmels Angesicht
Man immer besser und freier spricht.
Er ließ sie da die höchsten Lehren
Aus seinem heiligen Munde hören;
Besonders durch Gleichnis und Exempel
Macht' er einen jeden Markt zum Tempel.

So schlendert' er in Geistes Ruh
Mit ihnen einst einem Städtchen zu,
Sah etwas blinken auf der Straß,
Das ein zerbrochen Hufeisen was.
Er sagte zu Sankt Peter drauf:
Heb doch einmal das Eisen auf!
Sankt Peter war nicht aufgeräumt,
Er hatte soeben im Gehen geträumt,
So was vom Regiment der Welt,
Was einem jeden wohlgefällt:
Denn im Kopf hat das keine Schranken;
Das waren so seine liebsten Gedanken.
Nun war der Fund ihm viel zu klein,
Hätte müssen Kron und Scepter sein;
Aber wie sollt er seinen Rücken
Nach einem halben Hufeisen bücken?
Er also sich zur Seite kehrt
Und tut, als hätt ers nicht gehört.

Der Herr, nach seiner Langmut, drauf
Hebt selber das Hufeisen auf
Und tut auch weiter nicht dergleichen.
Als sie nun bald die Stadt erreichen,
Geht er vor eines Schmiedes Tür,

Nimmt von dem Mann drei Pfennig dafür.
Und als sie über den Markt nun gehen,
Sieht er daselbst schöne Kirschen stehen,
Kauft ihrer, so wenig oder so viel,
Als man für einen Dreier geben will,
Die er sodann nach seiner Art
Ruhig im Ärmel aufbewahrt.

Nun gings zum andern Tor hinaus,
Durch Wies und Felder ohne Haus,
Auch war der Weg von Bäumen bloß;
Die Sonne schien, die Hitz war groß,
So daß man viel an solcher Stätt
Für einen Trunk Wasser gegeben hätt.
Der Herr geht immer voraus vor allen,
Läßt unversehens eine Kirsche fallen.
Sankt Peter war gleich dahinter her,
Als wenn es ein großer Apfel wär;
Das Beerlein schmeckte seinem Gaum.
Der Herr, nach einem kleinen Raum,
Ein ander Kirschlein zur Erde schickt,
Wonach Sankt Peter schnell sich bückt.
So läßt der Herr ihn seinen Rücken
Gar vielmal nach den Kirschen bücken.
Das dauert eine ganze Zeit.
Dann sprach der Herr mit Heiterkeit:
Tätst du zur rechten Zeit dich regen,
Hättst du's bequemer haben mögen.
Wer geringe Ding wenig acht't,
Sich um geringere Mühe macht.

DIE BRAUT VON KORINTH

Nach Korinthus von Athen gezogen
Kam ein Jüngling, dort noch unbekannt.
Einen Bürger hofft' er sich gewogen;
Beide Väter waren gastverwandt,
Hatten frühe schon

Töchterchen und Sohn
Braut und Bräutigam voraus genannt.

Aber wird er auch willkommen scheinen,
Wenn er teuer nicht die Gunst erkauft?
Er ist noch ein Heide mit den Seinen,
Und sie sind schon Christen und getauft.
Keimt ein Glaube neu,
Wird oft Lieb und Treu
Wie ein böses Unkraut ausgerauft.

Und schon lag das ganze Haus im stillen,
Vater, Töchter, nur die Mutter wacht;
Sie empfängt den Gast mit bestem Willen,
Gleich ins Prunkgemach wird er gebracht.
Wein und Essen prangt,
Eh er es verlangt:
So versorgend wünscht sie gute Nacht.

Aber bei dem wohlbestellten Essen
Wird die Lust der Speise nicht erregt;
Müdigkeit läßt Speis und Trank vergessen,
Daß er angekleidet sich aufs Bette legt;
Und er schlummert fast,
Als ein seltner Gast
Sich zur offnen Tür herein bewegt.

Denn er sieht, bei seiner Lampe Schimmer
Tritt, mit weißem Schleier und Gewand,
Sittsam still ein Mädchen in das Zimmer,
Um die Stirn ein schwarz- und goldnes Band.
Wie sie ihn erblickt,
Hebt sie, die erschrickt,
Mit Erstaunen eine weiße Hand.

Bin ich, rief sie aus, so fremd im Hause,
Daß ich von dem Gaste nichts vernahm?

Ach, so hält man mich in meiner Klause!
Und nun überfällt mich hier die Scham.
Ruhe nur so fort
Auf dem Lager dort,
Und ich gehe schnell, so wie ich kam.

Bleibe, schönes Mädchen! ruft der Knabe,
Rafft von seinem Lager sich geschwind:
Hier ist Ceres', hier ist Bacchus' Gabe,
Und du bringst den Amor, liebes Kind!
Bist vor Schrecken blaß!
Liebe, komm und laß,
Laß uns sehn, wie froh die Götter sind.

Ferne bleib, o Jüngling! bleibe stehen;
Ich gehöre nicht den Freuden an.
Schon der letzte Schritt ist, ach! geschehen
Durch der guten Mutter kranken Wahn,
Die genesend schwur:
Jugend und Natur
Sei dem Himmel künftig untertan.

Und der alten Götter bunt Gewimmel
Hat sogleich das stille Haus geleert.
Unsichtbar wird Einer nur im Himmel,
Und ein Heiland wird am Kreuz verehrt;
Opfer fallen hier,
Weder Lamm noch Stier,
Aber Menschenopfer unerhört.

Und er fragt und wäget alle Worte,
Deren keines seinem Geist entgeht.
Ist es möglich, daß am stillen Orte
Die geliebte Braut hier vor mir steht?
Sei die Meine nur!
Unsrer Väter Schwur
Hat vom Himmel Segen uns erfleht.

Mich erhältst du nicht, du gute Seele!
Meiner zweiten Schwester gönnt man dich.
Wenn ich mich in stiller Klause quäle,
Ach! in ihren Armen denk an mich,
Die an dich nur denkt,
Die sich liebend kränkt;
In die Erde bald verbirgt sie sich.

Nein! bei dieser Flamme seis geschworen,
Gütig zeigt sie Hymen uns voraus;
Bist der Freude nicht und mir verloren,
Kommst mit mir in meines Vaters Haus.
Liebchen, bleibe hier!
Feire gleich mit mir
Unerwartet unsern Hochzeitschmaus.

Und schon wechseln sie der Treue Zeichen;
Golden reicht sie ihm die Kette dar,
Und er will ihr eine Schale reichen,
Silbern, künstlich, wie nicht eine war.
Die ist nicht für mich;
Doch, ich bitte dich,
Eine Locke gib von deinem Haar.

Eben schlug die dumpfe Geisterstunde,
Und nun schien es ihr erst wohl zu sein.
Gierig schlürfte sie mit blassem Munde
Nun den dunkel blutgefärbten Wein;
Doch vom Weizenbrot,
Das er freundlich bot,
Nahm sie nicht den kleinsten Bissen ein.

Und dem Jüngling reichte sie die Schale,
Der, wie sie, nun hastig lüstern trank.
Liebe fordert er beim stillen Mahle;
Ach, sein armes Herz war liebekrank.
Doch sie widersteht,
Wie er immer fleht,
Bis er weinend auf das Bette sank.

1794–1797 WEIMAR 451

Und sie kommt und wirft sich zu ihm nieder:
Ach, wie ungern seh ich dich gequält!
Aber, ach! berührst du meine Glieder,
Fühlst du schaudernd, was ich dir verhehlt.
Wie der Schnee so weiß,
Aber kalt wie Eis
Ist das Liebchen, das du dir erwählt.

Heftig faßt er sie mit starken Armen,
Von der Liebe Jugendkraft durchmannt:
Hoffe doch, bei mir noch zu erwarmen,
Wärst du selbst mir aus dem Grab gesandt!
Wechselhauch und Kuß!
Liebesüberfluß!
Brennst du nicht und fühlest mich entbrannt?

Liebe schließet fester sie zusammen,
Tränen mischen sich in ihre Lust;
Gierig saugt sie seines Mundes Flammen,
Eins ist nur im andern sich bewußt.
Seine Liebeswut
Wärmt ihr starres Blut,
Doch es schlägt kein Herz in ihrer Brust.

Unterdessen schleichet auf dem Gange
Häuslich spät die Mutter noch vorbei,
Horchet an der Tür und horchet lange,
Welch ein sonderbarer Ton es sei:
Klag- und Wonnelaut
Bräutigams und Braut,
Und des Liebestammelns Raserei.

Unbeweglich bleibt sie an der Türe,
Weil sie erst sich überzeugen muß,
Und sie hört die höchsten Liebesschwüre,
Lieb und Schmeichelworte, mit Verdruß –
Still! der Hahn erwacht! –
Aber morgen Nacht
Bist du wieder da? – und Kuß auf Kuß.

Länger hält die Mutter nicht das Zürnen,
Öffnet das bekannte Schloß geschwind: –
Gibt es hier im Hause solche Dirnen,
Die dem Fremden gleich zu Willen sind? –
So zur Tür hinein.
Bei der Lampe Schein
Sieht sie – Gott! sie sieht ihr eigen Kind.

Und der Jüngling will im ersten Schrecken
Mit des Mädchens eignem Schleierflor,
Mit dem Teppich die Geliebte decken;
Doch sie windet gleich sich selbst hervor.
Wie mit Geists Gewalt
Hebet die Gestalt
Lang und langsam sich im Bett empor.

Mutter! Mutter! spricht sie hohle Worte,
So mißgönnt Ihr mir die schöne Nacht!
Ihr vertreibt mich von dem warmen Orte.
Bin ich zur Verzweiflung nur erwacht?
Ists Euch nicht genug,
Daß ins Leichentuch,
Daß Ihr früh mich in das Grab gebracht?

Aber aus der schwerbedeckten Enge
Treibet mich ein eigenes Gericht.
Eurer Priester summende Gesänge
Und ihr Segen haben kein Gewicht;
Salz und Wasser kühlt
Nicht, wo Jugend fühlt;
Ach! die Erde kühlt die Liebe nicht.

Dieser Jüngling war mir erst versprochen,
Als noch Venus’ heitrer Tempel stand.
Mutter, habt Ihr doch das Wort gebrochen,
Weil ein fremd, ein falsch Gelübd Euch band!
Doch kein Gott erhört,

Wenn die Mutter schwört,
Zu versagen ihrer Tochter Hand.

Aus dem Grabe werd ich ausgetrieben,
Noch zu suchen das vermißte Gut,
Noch den schon verlornen Mann zu lieben
Und zu saugen seines Herzens Blut.
Ists um den geschehn,
Muß nach andern gehn,
Und das junge Volk erliegt der Wut.

Schöner Jüngling! kannst nicht länger leben;
Du versiechest nun an diesem Ort.
Meine Kette hab ich dir gegeben;
Deine Locke nehm ich mit mir fort.
Sieh sie an genau!
Morgen bist du grau,
Und nur braun erscheinst du wieder dort.

Höre, Mutter, nun die letzte Bitte:
Einen Scheiterhaufen schichte du;
Öffne meine bange kleine Hütte,
Bring in Flammen Liebende zur Ruh!
Wenn der Funke sprüht,
Wenn die Asche glüht,
Eilen wir den alten Göttern zu.

DER GOTT UND DIE BAJADERE
INDISCHE LEGENDE

Mahadöh, der Herr der Erde,
Kommt herab zum sechsten Mal,
Daß er unsersgleichen werde,
Mit zu fühlen Freud und Qual.
Er bequemt sich, hier zu wohnen,
Läßt sich alles selbst geschehn.

Soll er strafen oder schonen,
Muß er Menschen menschlich sehn.
Und hat er die Stadt sich als Wandrer betrachtet,
Die Großen belauert, auf Kleine geachtet,
Verläßt er sie abends, um weiter zu gehn.

Als er nun hinausgegangen,
Wo die letzten Häuser sind,
Sieht er, mit gemalten Wangen,
Ein verlornes schönes Kind.
Grüß dich, Jungfrau! – Dank der Ehre!
Wart, ich komme gleich hinaus –
Und wer bist du? – Bajadere,
Und dies ist der Liebe Haus.
Sie rührt sich, die Zimbeln zum Tanze zu schlagen,
Sie weiß sich so lieblich im Kreise zu tragen,
Sie neigt sich und biegt sich und reicht ihm den Strauß.

Schmeichelnd zieht sie ihn zur Schwelle,
Lebhaft ihn ins Haus hinein.
Schöner Fremdling, lampenhelle
Soll sogleich die Hütte sein.
Bist du müd, ich will dich laben,
Lindern deiner Füße Schmerz.
Was du willst, das sollst du haben,
Ruhe, Freuden oder Scherz.
Sie lindert geschäftig geheuchelte Leiden.
Der Göttliche lächelt; er siehet mit Freuden
Durch tiefes Verderben ein menschliches Herz.

Und er fordert Sklavendienste;
Immer heitrer wird sie nur,
Und des Mädchens frühe Künste
Werden nach und nach Natur.
Und so stellet auf die Blüte
Bald und bald die Frucht sich ein;
Ist Gehorsam im Gemüte,
Wird nicht fern die Liebe sein.

1794–1797 WEIMAR 455

Aber, sie schärfer und schärfer zu prüfen,
Wählet der Kenner der Höhen und Tiefen
Lust und Entsetzen und grimmige Pein.

Und er küßt die bunten Wangen
Und sie fühlt der Liebe Qual,
Und das Mädchen steht gefangen,
Und sie weint zum erstenmal;
Sinkt zu seinen Füßen nieder,
Nicht um Wollust noch Gewinst,
Ach! und die gelenken Glieder,
Sie versagen allen Dienst.
Und so zu des Lagers vergnüglicher Feier
Bereiten den dunklen behaglichen Schleier
Die nächtlichen Stunden, das schöne Gespinst.

Spät entschlummert unter Scherzen,
Früh erwacht nach kurzer Rast,
Findet sie an ihrem Herzen
Tot den vielgeliebten Gast.
Schreiend stürzt sie auf ihn nieder,
Aber nicht erweckt sie ihn;
Und man trägt die starren Glieder
Bald zur Flammengrube hin.
Sie höret die Priester, die Totengesänge,
Sie raset und rennet und teilet die Menge.
Wer bist du? was drängt zu der Grube dich hin?

Bei der Bahre stürzt sie nieder,
Ihr Geschrei durchdringt die Luft:
Meinen Gatten will ich wieder!
Und ich such ihn in der Gruft.
Soll zu Asche mir zerfallen
Dieser Glieder Götterpracht?
Mein! er war es, mein vor allen!
Ach, nur Eine süße Nacht!
Es singen die Priester: Wir tragen die Alten,
Nach langem Ermatten und spätem Erkalten,
Wir tragen die Jugend, noch eh sies gedacht.

Höre deiner Priester Lehre:
Dieser war dein Gatte nicht.
Lebst du doch als Bajadere,
Und so hast du keine Pflicht.
Nur dem Körper folgt der Schatten
In das stille Totenreich;
Nur die Gattin folgt dem Gatten:
Das ist Pflicht und Ruhm zugleich.
Ertöne, Drommete, zu heiliger Klage!
O nehmet, ihr Götter! die Zierde der Tage,
O nehmet den Jüngling in Flammen zu euch!

So das Chor, das ohn Erbarmen
Mehret ihres Herzens Not;
Und mit ausgestreckten Armen
Springt sie in den heißen Tod.
Doch der Götter-Jüngling hebet
Aus der Flamme sich empor,
Und in seinen Armen schwebet
Die Geliebte mit hervor.
Es freut sich die Gottheit der reuigen Sünder;
Unsterbliche heben verlorene Kinder
Mit feurigen Armen zum Himmel empor.

AN SCHILLER

mit einer kleinen mineralogischen Sammlung

Dem Herren in der Wüste bracht
Der Satan einen Stein
Und sagte: Herr, durch deine Macht
Laß es ein Brötchen sein!

Von vielen Steinen sendet dir
Der Freund ein Musterstück,
Ideen gibst du bald dafür
Ihm tausendfach zurück.

DER ZAUBERLEHRLING

Hat der alte Hexenmeister
Sich doch einmal wegbegeben!
Und nun sollen seine Geister
Auch nach meinem Willen leben.
Seine Wort' und Werke
Merkt ich und den Brauch,
Und mit Geistesstärke
Tu ich Wunder auch.

 Walle! walle
 Manche Strecke,
 Daß, zum Zwecke,
 Wasser fließe
 Und mit reichem, vollem Schwalle
 Zu dem Bade sich ergieße.

Und nun komm, du alter Besen!
Nimm die schlechten Lumpenhüllen;
Bist schon lange Knecht gewesen:
Nun erfülle meinen Willen!
Auf zwei Beinen stehe,
Oben sei ein Kopf,
Eile nun und gehe
Mit dem Wassertopf!

 Walle! walle
 Manche Strecke,
 Daß, zum Zwecke,
 Wasser fließe
 Und mit reichem, vollem Schwalle
 Zu dem Bade sich ergieße.

Seht, er läuft zum Ufer nieder,
Wahrlich! ist schon an dem Flusse,
Und mit Blitzesschnelle wieder
Ist er hier mit raschem Gusse.

Schon zum zweiten Male!
Wie das Becken schwillt!
Wie sich jede Schale
Voll mit Wasser füllt!

Stehe! stehe!
Denn wir haben
Deiner Gaben
Vollgemessen! –
Ach, ich merk es! Wehe! wehe!
Hab ich doch das Wort vergessen!

Ach, das Wort, worauf am Ende
Er das wird, was er gewesen.
Ach, er läuft und bringt behende!
Wärst du doch der alte Besen!
Immer neue Güsse
Bringt er schnell herein,
Ach! und hundert Flüsse
Stürzen auf mich ein.

Nein, nicht länger
Kann ichs lassen;
Will ihn fassen.
Das ist Tücke!
Ach! nun wird mir immer bänger!
Welche Miene! welche Blicke!

O, du Ausgeburt der Hölle!
Soll das ganze Haus ersaufen?
Seh ich über jede Schwelle
Doch schon Wasserströme laufen.
Ein verruchter Besen,
Der nicht hören will!
Stock, der du gewesen,
Steh doch wieder still!

Willsts am Ende
Gar nicht lassen?
Will dich fassen,
Will dich halten
Und das alte Holz behende
Mit dem scharfen Beile spalten.

Seht, da kommt er schleppend wieder!
Wie ich mich nur auf dich werfe,
Gleich, o Kobold, liegst du nieder;
Krachend trifft die glatte Schärfe.
Wahrlich! brav getroffen!
Seht, er ist entzwei!
Und nun kann ich hoffen,
Und ich atme frei!

Wehe! wehe!
Beide Teile
Stehn in Eile
Schon als Knechte
Völlig fertig in die Höhe!
Helft mir, ach! ihr hohen Mächte!

Und sie laufen! Naß und nässer
Wirds im Saal und auf den Stufen.
Welch entsetzliches Gewässer!
Herr und Meister! hör mich rufen! –
Ach, da kommt der Meister!
Herr, die Not ist groß!
Die ich rief, die Geister
Werd ich nun nicht los.

»In die Ecke,
Besen! Besen!
Seids gewesen.
Denn als Geister
Ruft euch nur, zu diesem Zwecke,
Erst hervor der alte Meister.«

1797 Reise in die Schweiz

1787: Reise in die Schweiz

DER EDELKNABE
UND DIE MÜLLERIN

Edelknabe

Wohin? Wohin?
Schöne Müllerin!
Wie heißt du?

Müllerin

Liese.

Edelknabe

Wohin denn? Wohin,
Mit dem Rechen in der Hand?

Müllerin

Auf des Vaters Land,
Auf des Vaters Wiese.

Edelknabe

Und gehst so allein?

Müllerin

Das Heu soll herein,
Das bedeutet der Rechen.
Und im Garten daran

Fangen die Birnen zu reifen an,
Die will ich brechen.

Edelknabe

Ist nicht eine stille Laube dabei?

Müllerin

Sogar ihrer zwei,
An beiden Ecken.

Edelknabe

Ich komme dir nach,
Und am heißen Mittag
Wollen wir uns drein verstecken.
Nicht wahr, im grünen vertraulichen Haus –

Müllerin

Das gäbe Geschichten.

Edelknabe

Ruhst du in meinen Armen aus?

Müllerin

Mitnichten!
Denn wer die artige Müllerin küßt,
Auf der Stelle verraten ist.
Euer schönes dunkles Kleid
Tät mir leid
So weiß zu färben.
Gleich und gleich! so allein ists recht!
Darauf will ich leben und sterben.
Ich liebe mir den Müllerknecht;
An dem ist nichts zu verderben.

DER JUNGGESELL
UND DER MÜHLBACH

Gesell

Wo willst du, klares Bächlein, hin
So munter?
Du eilst mit frohem, leichtem Sinn
Hinunter.
Was suchst du eilig in dem Tal?
So höre doch und sprich einmal!

Bach

Ich war ein Bächlein, Junggesell;
Sie haben
Mich so gefaßt, damit ich schnell
Im Graben
Zur Mühle dort hinunter soll,
Und immer bin ich rasch und voll.

Gesell

Du eilest mit gelaßnem Mut
Zur Mühle,
Und weißt nicht, was ich junges Blut
Hier fühle.
Es blickt die schöne Müllerin
Wohl freundlich manchmal nach dir hin?

Bach

Sie öffnet früh beim Morgenlicht
Den Laden
Und kommt, ihr liebes Angesicht
Zu baden.
Ihr Busen ist so voll und weiß;
Es wird mir gleich zum Dampfen heiß.

Gesell

Kann sie im Wasser Liebesglut
Entzünden,
Wie soll man Ruh mit Fleisch und Blut
Wohl finden?
Wenn man sie einmal nur gesehn,
Ach! immer muß man nach ihr gehn.

Bach

Dann stürz ich auf die Räder mich
Mit Brausen,
Und alle Schaufeln drehen sich
Im Sausen.
Seitdem das schöne Mädchen schafft,
Hat auch das Wasser beßre Kraft.

Gesell

Du Armer, fühlst du nicht den Schmerz,
Wie andre?
Sie lacht dich an und sagt im Scherz:
Nun wandre!
Sie hielte dich wohl selbst zurück
Mit einem süßen Liebesblick?

Bach

Mir wird so schwer, so schwer, vom Ort
Zu fließen:
Ich krümme mich nur sachte fort
Durch Wiesen;
Und käm es erst auf mich nur an,
Der Weg wär bald zurückgetan.

Gesell

Geselle meiner Liebesqual,
Ich scheide;

Du murmelst mir vielleicht einmal
Zur Freude.
Geh, sag ihr gleich und sag ihr oft,
Was still der Knabe wünscht und hofft.

DER MÜLLERIN REUE

Jüngling

Nur fort, du braune Hexe, fort!
Aus meinem gereinigten Hause,
Daß ich dich, nach dem ernsten Wort,
Nicht zause!
Was singst du hier für Heuchelei
Von Lieb und stiller Mädchentreu?
Wer mag das Märchen hören!

Zigeunerin

Ich singe von des Mädchens Reu
Und langem, heißem Sehnen;
Denn Leichtsinn wandelte sich in Treu
Und Tränen.
Sie fürchtet der Mutter Drohen nicht mehr.
Sie fürchtet des Bruders Faust nicht so sehr,
Als den Haß des herzlich Geliebten.

Jüngling

Von Eigennutz sing und von Verrat,
Von Mord und diebischem Rauben;
Man wird dir jede falsche Tat
Wohl glauben.
Wenn sie Beute verteilt, Gewand und Gut,
Schlimmer als je ihr Zigeuner tut,
Das sind gewohnte Geschichten.

Zigeunerin

»Ach weh! ach weh! Was hab ich getan!
Was hilft mir nun das Lauschen!
Ich hör an meine Kammer heran
Ihn rauschen.
Da klopfte mir hoch das Herz, ich dacht:
O hättest du doch die Liebesnacht
Der Mutter nicht verraten!«

Jüngling

Ach, leider! trat ich auch einst hinein
Und ging verführt im stillen:
Ach, Süßchen! laß mich zu dir ein
Mit Willen!
Doch gleich entstand ein Lärm und Geschrei,
Es rannten die tollen Verwandten herbei,
Noch siedet das Blut mir im Leibe.

Zigeunerin

»Kommt nun dieselbige Stunde zurück,
Wie still michs kränket und schmerzet!
Ich habe das nahe, das einzige Glück
Verscherzet.
Ich armes Mädchen, ich war zu jung!
Es war mein Bruder verrucht genung,
So schlecht an dem Liebsten zu handeln.«

Der Dichter

So ging das schwarze Weib in das Haus,
In den Hof zur springenden Quelle;
Sie wusch sich heftig die Augen aus,
Und helle
Ward Aug und Gesicht, und weiß und klar
Stellt sich die schöne Müllerin dar
Dem erstaunt-erzürnten Knaben.

Müllerin

Ich fürchte fürwahr dein erzürnt Gesicht,
Du Süßer, Schöner und Trauter!
Und Schläg und Messerstiche nicht;
Nur lauter
Sag ich von Schmerz und Liebe dir
Und will zu deinen Füßen hier
Nun leben oder auch sterben.

Jüngling

O Neigung, sage, wie hast du so tief
Im Herzen dich verstecket?
Wer hat dich, die verborgen schlief,
Gewecket?
Ach, Liebe, du wohl unsterblich bist!
Nicht kann Verrat und hämische List
Dein göttlich Leben töten.

Müllerin

Liebst du mich noch so hoch und sehr,
Wie du mir sonst geschworen,
So ist uns beiden auch nichts mehr
Verloren.
Nimm hin das vielgeliebte Weib!
Den jungen unberührten Leib,
Es ist nun alles dein eigen!

Beide

Nun, Sonne, geh hinab und hinauf!
Ihr Sterne, leuchtet und dunkelt!
Es geht ein Liebesgestirn mir auf
Und funkelt.
Solange die Quelle springt und rinnt,
So lange bleiben wir gleichgesinnt,
Eins an des andern Herzen.

AMYNTAS

Nikias, trefflicher Mann, du Arzt des Leibs und der Seele!
 Krank, ich bin es fürwahr; aber dein Mittel ist hart.
Ach! mir schwanden die Kräfte dahin, dem Rate zu folgen;
 Ja, und es scheinet der Freund schon mir ein Gegner zu sein.
Widerlegen kann ich dich nicht; ich sage mir alles,
 Sage das härtere Wort, das du verschweigest, mir auch.
Aber, ach! das Wasser entstürzt der Steile des Felsens
 Rasch, und die Welle des Bachs halten Gesänge nicht auf.
Rast nicht unaufhaltsam der Sturm? und wälzet die Sonne
 Sich, von dem Gipfel des Tags, nicht in die Wellen hinab?
Und so spricht mir rings die Natur: Auch du bist, Amyntas,
 Unter das strenge Gesetz ehrner Gewalten gebeugt.
Runzle die Stirne nicht tiefer, mein Freund, und höre gefällig,
 Was mich gestern ein Baum, dort an dem Bache, gelehrt.
Wenig Äpfel trägt er mir nur, der sonst so beladne;
 Sieh, der Efeu ist schuld, der ihn gewaltig umgibt.
Und ich faßte das Messer, das krummgebogene, scharfe,
 Trennte schneidend und riß Ranke nach Ranken herab;
Aber ich schauderte gleich, als, tief aufseufzend und kläglich,
 Aus den Wipfeln zu mir lispelnde Klage sich goß:
O verletze mich nicht! den treuen Gartengenossen,
 Dem du als Knabe, so früh, manche Genüsse verdankt.
O verletze mich nicht! du reißest mit diesem Geflechte,
 Das du gewaltig zerstörst, grausam das Leben mir aus.
Hab ich nicht selbst sie genährt und sanft sie herauf mir erzogen?
 Ist wie mein eigenes Laub nicht mir das ihre verwandt?
Soll ich nicht lieben die Pflanze, die, meiner einzig bedürftig,
 Still mit begieriger Kraft mir um die Seite sich schlingt?
Tausend Ranken wurzelten an, mit tausend und tausend
 Fasern senket sie fest mir in das Leben sich ein.
Nahrung nimmt sie von mir; was ich bedürfte, genießt sie,
 Und so saugt sie das Mark, sauget die Seele mir aus.
Nur vergebens nähr ich mich noch; die gewaltige Wurzel
 Sendet lebendigen Safts, ach! nur die Hälfte hinauf.
Denn der gefährliche Gast, der geliebteste, maßet behende
 Unterweges die Kraft herbstlicher Früchte sich an.

Nichts gelangt zur Krone hinauf; die äußersten Wipfel
 Dorren, es dorret der Ast über dem Bache schon hin.
Ja, die Verräterin ists! sie schmeichelt mir Leben und Güter,
 Schmeichelt die strebende Kraft, schmeichelt die Hoffnung
 mir ab.
Sie nur fühl ich, nur sie, die umschlingende, freue der Fesseln,
 Freue des tötenden Schmucks fremder Um laubung mich nur.
Halte das Messer zurück! o Nikias, schone den Armen,
 Der sich in liebender Lust, willig gezwungen, verzehrt!
Süß ist jede Verschwendung; o laß mich der schönsten genießen!
 Wer sich der Liebe vertraut, hält er sein Leben zu Rat?

EUPHROSYNE

Auch von des höchsten Gebirgs beeisten zackigen Gipfeln
 Schwindet Purpur und Glanz scheidender Sonne hinweg.
Lange verhüllt schon Nacht das Tal und die Pfade des Wandrers,
 Der, am tosenden Strom, auf zu der Hütte sich sehnt,
Zu dem Ziele des Tags, der stillen hirtlichen Wohnung;
 Und der göttliche Schlaf eilet gefällig voraus,
Dieser holde Geselle des Reisenden. Daß er auch heute
 Segnend kränze das Haupt mir mit dem heiligen Mohn!
Aber was leuchtet mir dort vom Felsen glänzend herüber
 Und erhellet den Duft schäumender Ströme so hold?
Strahlt die Sonne vielleicht durch heimliche Spalten und Klüfte?
 Denn kein irdischer Glanz ist es, der wandelnde, dort.
Näher wälzt sich die Wolke, sie glüht. Ich staune dem Wunder!
 Wird der rosige Strahl nicht ein bewegtes Gebild?
Welche Göttin nahet sich mir? und welche der Musen
 Suchet den treuen Freund, selbst in dem grausen Geklüft?
Schöne Göttin! enthülle dich mir, und täusche, verschwindend,
 Nicht den begeisterten Sinn, nicht das gerührte Gemüt.
Nenne, wenn du es darfst vor einem Sterblichen, deinen
 Göttlichen Namen; wo nicht: rege bedeutend mich auf,
Daß ich fühle, welche du seist von den ewigen Töchtern
 Zeus', und der Dichter sogleich preise dich würdig im Lied.

LYRISCHE DICHTUNGEN

»Kennst du mich, Guter, nicht mehr? Und käme diese
 Gestalt dir,
 Die du doch sonst geliebt, schon als ein fremdes Gebild?
Zwar der Erde gehör ich nicht mehr, und trauernd
 entschwang sich
 Schon der schaudernde Geist jugendlich frohem Genuß;
Aber ich hoffte mein Bild noch fest in des Freundes Erinnrung
 Eingeschrieben und noch schön durch die Liebe verklärt.
Ja, schon sagt mir gerührt dein Blick, mir sagt es die Träne:
 Euphrosyne, sie ist noch von dem Freunde gekannt.
Sieh, die Scheidende zieht durch Wald und grauses Gebirge,
 Sucht den wandernden Mann, ach! in der Ferne noch auf;
Sucht den Lehrer, den Freund, den Vater, blicket noch einmal
 Nach dem leichten Gerüst irdischer Freuden zurück.
Laß mich der Tage gedenken, da mich, das Kind, du dem Spiele,
 Jener täuschenden Kunst reizender Musen geweiht.
Laß mich der Stunde gedenken und jedes kleineren Umstands;
 Ach, wer ruft nicht so gern Unwiederbringliches an!
Jenes süße Gedränge der leichtesten irdischen Tage,
 Ach, wer schätzt ihn genug, diesen vereilenden Wert!
Klein erscheinet es nun, doch ach! nicht kleinlich dem Herzen;
 Macht die Liebe, die Kunst jegliches Kleine doch groß.
Denkst du der Stunde noch wohl, wie auf dem Brettergerüste
 Du mich der höheren Kunst ernstere Stufen geführt?
Knabe schien ich, ein rührendes Kind, du nanntest mich Arthur,
 Und belebtest in mir britisches Dichter-Gebild,
Drohtest mit grimmiger Glut den armen Augen und wandtest
 Selbst den tränenden Blick, innig getäuscht, hinweg.
Ach! da warst du so hold und schütztest ein trauriges Leben,
 Das die verwegene Flucht endlich dem Knaben entriß.
Freundlich faßtest du mich, den Zerschmetterten, trugst
 mich von dannen,
 Und ich heuchelte lang, dir an dem Busen, den Tod.
Endlich schlug die Augen ich auf, und sah dich, in ernste
 Stille Betrachtung versenkt, über den Liebling geneigt.
Kindlich strebt ich empor und küßte die Hände dir dankbar,
 Reichte zum reinen Kuß dir den gefälligen Mund,
Fragte: Warum, mein Vater, so ernst? und hab ich gefehlet,

1797 REISE IN DIE SCHWEIZ 473

O! so zeige mir an, wie mir das Beßre gelingt.
Keine Mühe verdrießt mich bei dir, und alles und jedes
 Wiederhol ich so gern, wenn du mich leitest und lehrst.
Aber du faßtest mich stark und drücktest mich fester im Arme,
 Und es schauderte mir tief in dem Busen das Herz.
Nein! mein liebliches Kind, so riefst du, alles und jedes,
 Wie du es heute gezeigt, zeig es auch morgen der Stadt.
Rühre sie alle, wie mich du gerührt, und es fließen zum Beifall
 Dir von dem trockensten Aug herrliche Tränen herab.
Aber am tiefsten trafst du doch mich, den Freund, der im
 Arm dich
 Hält, den selber der Schein früherer Leiche geschreckt.
Ach, Natur, wie sicher und groß in allem erscheinst du!
 Himmel und Erde befolgt ewiges, festes Gesetz:
Jahre folgen auf Jahre, dem Frühling reichet der Sommer,
 Und dem reichlichen Herbst traulich der Winter die Hand.
Felsen stehen gegründet, es stürzt sich das ewige Wasser
 Aus der bewölkten Kluft schäumend und brausend hinab.
Fichten grünen so fort, und selbst die entlaubten Gebüsche
 Hegen, im Winter schon, heimliche Knospen am Zweig.
Alles entsteht und vergeht nach Gesetz; doch über des
 Menschen
 Leben, dem köstlichen Schatz, herrschet ein schwankendes
 Los.
Nicht dem blühenden nickt der willig scheidende Vater,
 Seinem trefflichen Sohn, freundlich vom Rande der Gruft;
Nicht der Jüngere schließt dem Älteren immer das Auge,
 Das sich willig gesenkt, kräftig dem Schwächeren zu.
Öfter, ach! verkehrt das Geschick die Ordnung der Tage:
 Hilflos klaget ein Greis Kinder und Enkel umsonst,
Steht, ein beschädigter Stamm, dem rings zerschmetterte
 Zweige
 Um die Seiten umher strömende Schloßen gestreckt.
Und so, liebliches Kind, durchdrang mich die tiefe
 Betrachtung,
 Als du, zur Leiche verstellt, über die Arme mir hingst;
Aber freudig seh ich dich mir in dem Glanze der Jugend,
 Vielgeliebtes Geschöpf, wieder am Herzen belebt.

Springe fröhlich dahin, verstellter Knabe! Das Mädchen
 Wächst zur Freude der Welt, mir zum Entzücken heran.
Immer strebe so fort, und deine natürlichen Gaben
 Bilde, bei jeglichem Schritt steigenden Lebens, die Kunst.
Sei mir lange zur Lust, und eh mein Auge sich schließet,
 Wünsch ich dein schönes Talent glücklich vollendet zu sehn. –
Also sprachst du, und nie vergaß ich der wichtigen Stunde!
 Deutend entwickelt ich mich an dem erhabenen Wort.
O wie sprach ich so gerne zum Volk die rührenden Reden,
 Die du, voller Gehalt, kindlichen Lippen vertraut!
O wie bildet ich mich an deinen Augen und suchte
 Dich im tiefen Gedräng staunender Hörer heraus!
Doch dort wirst du nun sein, und stehn, und nimmer bewegt
 Euphrosyne hervor, dir zu erheitern den Blick. [sich
Du vernimmst sie nicht mehr, die Töne des wachsenden
 Zöglings,
 Die du zu liebendem Schmerz frühe, so frühe! gestimmt.
Andere kommen und gehn; es werden dir andre gefallen;
 Selbst dem großen Talent drängt sich ein größeres nach.
Aber du, vergesse mich nicht! Wenn eine dir jemals
 Sich im verworrnen Geschäft heiter entgegen bewegt,
Deinem Winke sich fügt, an deinem Lächeln sich freuet
 Und am Platze sich nur, den du bestimmtest, gefällt,
Wenn sie Mühe nicht spart noch Fleiß, wenn tätig der Kräfte,
 Selbst bis zur Pforte des Grabs, freudiges Opfer sie bringt –
Guter! dann gedenkest du mein und rufest auch spät noch:
 Euphrosyne, sie ist wieder erstanden vor mir!
Vieles sagt ich noch gern; doch ach! die Scheidende weilt nicht,
 Wie sie wollte; mich führt streng ein gebietender Gott.
Lebe wohl! schon zieht michs dahin in schwankendem Eilen.
 Einen Wunsch nur vernimm, freundlich gewähre mir ihn:
Laß nicht ungerühmt mich zu den Schatten hinabgehn!
 Nur die Muse gewährt einiges Leben dem Tod.
Denn gestaltlos schweben umher in Persephoneias
 Reiche, massenweis, Schatten vom Namen getrennt;
Wen der Dichter aber gerühmt, der wandelt, gestaltet,
 Einzeln, gesellet dem Chor aller Heroen sich zu.
Freudig tret ich einher, von deinem Liede verkündet,

1797 REISE IN DIE SCHWEIZ 475

Und der Göttin Blick weilet gefällig auf mir.
Mild empfängt sie mich dann und nennt mich; es winken
 die hohen
 Göttlichen Frauen mich an, immer die nächsten am Thron.
Penelopeia redet zu mir, die treuste der Weiber,
 Auch Euadne, gelehnt auf den geliebten Gemahl.
Jüngere nahen sich dann, zu früh herunter gesandte,
 Und beklagen mit mir unser gemeines Geschick.
Wenn Antigone kommt, die schwesterlichste der Seelen,
 Und Polyxena, trüb noch von dem bräutlichen Tod,
Seh ich als Schwestern sie an und trete würdig zu ihnen;
 Denn der tragischen Kunst holde Geschöpfe sind sie.
Bildete doch ein Dichter auch mich; und seine Gesänge,
 Ja, sie vollenden an mir, was mir das Leben versagt.« –
Also sprach sie, und noch bewegte der liebliche Mund sich,
 Weiter zu reden; allein schwirrend versagte der Ton.
Denn aus dem Purpurgewölk, dem schwebenden, immer
 bewegten,
 Trat der herrliche Gott Hermes gelassen hervor;
Mild erhob er den Stab und deutete: wallend verschlangen
 Wachsende Wolken, im Zug, beide Gestalten vor mir.
Tiefer liegt die Nacht um mich her; die stürzenden Wasser
 Brausen gewaltiger nun neben dem schlüpfrigen Pfad.
Unbezwingliche Trauer befällt mich, entkräftender Jammer,
 Und ein moosiger Fels stützet den Sinkenden nur.
Wehmut reißt durch die Saiten der Brust, die nächtlichen
 Tränen
 Fließen; und über dem Wald kündet der Morgen sich an.

SCHWEIZERALPE

War doch gestern dein Haupt noch so braun wie die Locke der
 Deren holdes Gebild still aus der Ferne mir winkt; [Lieben,
Silbergrau bezeichnet dir früh der Schnee nun die Gipfel,
 Der sich in stürmender Nacht dir um den Scheitel ergoß.
Jugend! ach! ist dem Alter so nah, durchs Leben verbunden,
 Wie ein beweglicher Traum Gestern und Heute verband.

DAS BLÜMLEIN WUNDERSCHÖN
LIED DES GEFANGNEN GRAFEN

Graf

Ich kenn ein Blümlein Wunderschön
Und trage darnach Verlangen;
Ich möcht es gerne zu suchen gehn,
Allein ich bin gefangen.
Die Schmerzen sind mir nicht gering;
Denn als ich in der Freiheit ging,
Da hatt ich es in der Nähe.

Von diesem ringsum steilen Schloß
Laß ich die Augen schweifen
Und kanns vom hohen Turmgeschoß
Mit Blicken nicht ergreifen;
Und wer mirs vor die Augen brächt,
Es wäre Ritter oder Knecht,
Der sollte mein Trauter bleiben.

Rose

Ich blühe schön, und höre dies
Hier unter deinem Gitter.
Du meinest mich, die Rose, gewiß,
Du edler, armer Ritter!
Du hast gar einen hohen Sinn,
Es herrscht die Blumenkönigin
Gewiß auch in deinem Herzen.

Graf

Dein Purpur ist aller Ehren wert
Im grünen Überkleide;
Darob das Mädchen dein begehrt,
Wie Gold und edel Geschmeide.
Dein Kranz erhöht das schönste Gesicht:
Allein du bist das Blümchen nicht,
Das ich im stillen verehre.

Lilie

Das Röslein hat gar stolzen Brauch
Und strebet immer nach oben;
Doch wird ein liebes Liebchen auch
Der Lilie Zierde loben.
Wems Herze schlägt in treuer Brust
Und ist sich rein, wie ich, bewußt,
Der hält mich wohl am höchsten.

Graf

Ich nenne mich zwar keusch und rein,
Und rein von bösen Fehlen;
Doch muß ich hier gefangen sein
Und muß mich einsam quälen.
Du bist mir zwar ein schönes Bild
Von mancher Jungfrau, rein und mild:
Doch weiß ich noch was Liebers.

Nelke

Das mag wohl ich, die Nelke, sein,
Hier in des Wächters Garten,
Wie würde sonst der Alte mein
Mit so viel Sorge warten?
Im schönen Kreis der Blätter Drang,
Und Wohlgeruch das Leben lang,
Und alle tausend Farben.

Graf

Die Nelke soll man nicht verschmähn,
Sie ist des Gärtners Wonne:
Bald muß sie in dem Lichte stehn,
Bald schützt er sie vor Sonne;
Doch was den Grafen glücklich macht,
Es ist nicht ausgesuchte Pracht:
Es ist ein stilles Blümchen.

Veilchen

Ich steh verborgen und gebückt
Und mag nicht gerne sprechen,
Doch will ich, weil sichs eben schickt,
Mein tiefes Schweigen brechen.
Wenn ich es bin, du guter Mann,
Wie schmerzt michs, daß ich hinauf
Dir alle Gerüche senden. [nicht kann

Graf

Das gute Veilchen schätz ich sehr:
Es ist so gar bescheiden
Und duftet so schön; doch brauch ich
In meinem herben Leiden. [mehr
Ich will es euch nur eingestehn:
Auf diesen dürren Felsenhöhn
Ist's Liebchen nicht zu finden.

Doch wandelt unten, an dem Bach,
Das treuste Weib der Erde
Und seufzet leise manches Ach,
Bis ich erlöset werde.
Wenn sie ein blaues Blümchen bricht
Und immer sagt: Vergiß mein nicht!
So fühl ichs in der Ferne.

Ja, in der Ferne fühlt sich die Macht,
Wenn zwei sich redlich lieben;
Drum bin ich in des Kerkers Nacht
Auch noch lebendig blieben.
Und wenn mir fast das Herze bricht,
So ruf ich nur: Vergiß mein nicht!
Da komm ich wieder ins Leben.

1798–1805 Weimar

WEISSAGUNGEN DES BAKIS

Wahnsinn ruft man dem Kalchas, und Wahnsinn ruft man
 Kassandren,
 Eh man nach Ilion zog, wenn man von Ilion kommt.
Wer kann hören das Morgen und Übermorgen? Nicht Einer!
 Denn, was gestern und ehgestern gesprochen – wer hörts?

Lang und schmal ist ein Weg. Sobald du ihn gehest, so wird er
 Breiter; aber du ziehst Schlangengewinde dir nach.
Bist du ans Ende gekommen, so werde der schreckliche Knoten
 Dir zur Blume, und du gib sie dem Ganzen dahin.

Nicht Zukünftiges nur verkündet Bakis; auch jetzt noch
 Still Verborgenes zeigt er, als ein Kundiger, an.
Wünschelruten sind hier, sie zeigen am Stamm nicht die
 Schätze;
 Nur in der fühlenden Hand regt sich das magische Reis.

Wenn sich der Hals des Schwanes verkürzt und, mit
 Menschengesichte,
 Sich der prophetische Gast über den Spiegel bestrebt,
Läßt den silbernen Schleier die Schöne dem Nachen entfallen,
 Ziehen dem Schwimmenden gleich goldene Ströme sich nach.

Zweie seh ich! den Großen! ich seh den Größern! Die beiden
 Reiben, mit feindlicher Kraft, einer den andern sich auf.
Hier ist Felsen und Land, und dort sind Felsen und Wellen!
 Welcher der Größere sei, redet die Parze nur aus.

Kommt ein wandernder Fürst, auf kalter Schwelle zu schlafen,
 Schlinge Ceres den Kranz, stille verflechtend, um ihn;

Dann verstummen die Hunde; es wird ein Geier ihn wecken,
Und ein tätiges Volk freut sich des neuen Geschicks.

Sieben gehn verhüllt, und sieben mit offnem Gesichte,
Jene fürchtet das Volk, fürchten die Großen der Welt.
Aber die andern sinds, die Verräter! von keinem erforschet;
Denn ihr eigen Gesicht birget als Maske den Schalk.

Gestern war es noch nicht, und weder heute noch morgen
Wird es, und jeder verspricht Nachbarn und Freunden es schon;
Ja, er verspricht es den Feinden. So edel gehn wir ins neue
Säclum hinüber, und leer bleibet die Hand und der Mund.

Mäuse laufen zusammen auf offnem Markte; der Wandrer
Kommt, auf hölzernem Fuß, vierfach und klappernd heran.
Fliegen die Tauben der Saat in gleichem Momente vorüber:
Dann ist, Tola, das Glück unter der Erde dir hold.

Einsam schmückt sich, zu Hause, mit Gold und Seide die
Jungfrau;
Nicht vom Spiegel belehrt, fühlt sie das schickliche Kleid.
Tritt sie hervor, so gleicht sie der Magd; nur Einer von allen
Kennt sie; es zeigt sein Aug ihr das vollendete Bild.

Ja, vom Jupiter rollt ihr, mächtig strömende Fluten
Über Ufer und Damm, Felder und Gärten mit fort.
Einen seh ich! Er sitzt und harfeniert der Verwüstung;
Aber der reißende Strom nimmt auch die Lieder hinweg.

Mächtig bist du! gebildet zugleich, und alles verneigt sich,
Wenn du, mit herrlichem Zug, über den Markt dich bewegst.
Endlich ist er vorüber. Da lispelt fragend ein jeder:
War denn Gerechtigkeit auch in der Tugenden Zug?

Mauern seh ich gestürzt, und Mauern seh ich errichtet,
Hier Gefangene, dort auch der Gefangenen viel.
Ist vielleicht nur die Welt ein großer Kerker? und frei ist
Wohl der Tolle, der sich Ketten zu Kränzen erkiest.

1798–1805 WEIMAR 483

Laß mich ruhen, ich schlafe.– »Ich aber wache.«– Mitnichten!–
»Träumst du?« – Ich werde geliebt! – »Freilich, du redest
im Traum.«–
Wachender, sage, was hast du?–»Da sieh nur alle die
Schätze!«–
Sehen soll ich? Ein Schatz, wird er mit Augen gesehn?

Schlüssel liegen im Buche zerstreut, das Rätsel zu lösen,
Denn der prophetische Geist ruft den Verständigen an.
Jene nenn ich die Klügsten, die leicht sich vom Tage belehren
Lassen; es bringt wohl der Tag Rätsel und Lösung zugleich.

Auch Vergangenes zeigt euch Bakis; denn selbst das
Vergangne
Ruht, verblendete Welt, oft als ein Rätsel vor dir.
Wer das Vergangene kennte, der wüßte das Künftige; beides
Schließt an heute sich rein, als ein Vollendetes, an.

Tun die Himmel sich auf und regnen, so träufelt das Wasser
über Felsen und Gras, Mauern und Bäume zugleich.
Kehret die Sonne zurück, so verdampfet vom Steine die Wohltat;
Nur das Lebendige hält Gabe der Göttlichen fest.

Sag, was zählst du?–»Ich zähle, damit ich die Zehne begreife,
Dann ein andres Zehn, Hundert und Tausend hernach.«–
Näher kommst du dazu, sobald du mir folgest. – »Und
wie denn?« –
Sage zur Zehne: sei zehn! Dann sind die Tausende dein.

Hast du die Welle gesehen, die über das Ufer einher schlug?
Siehe die zweite, sie kommt! rollet sich sprühend schon aus!
Gleich erhebt sich die dritte! Fürwahr, du erwartest vergebens,
Daß die letzte sich heut ruhig zu Füßen dir legt.

Einem möcht ich gefallen! so denkt das Mädchen; den zweiten
Find ich edel und gut, aber er reizet mich nicht.
Wäre der dritte gewiß, so wäre mir dieser der Liebste.
Ach, daß der Unbestand immer das Lieblichste bleibt!

LYRISCHE DICHTUNGEN

Blaß erscheinest du mir, und tot dem Auge. Wie rufst du,
 Aus der innern Kraft, heiliges Leben empor?
»Wär ich dem Auge vollendet, so könntest du ruhig genießen;
 Nur der Mangel erhebt über dich selbst dich hinweg.«

Zweimal färbt sich das Haar; zuerst aus dem Blonden ins
 Bis das Braune sodann silbergediegen sich zeigt. [Braune,
Halb errate das Rätsel! so ist die andere Hälfte
 Völlig dir zu Gebot, daß du die erste bezwingst.

Was erschrickst du? »Hinweg, hinweg mit diesen
 Gespenstern!
 Zeige die Blume mir doch; zeig mir ein Menschengesicht! –
Ja, nun seh ich die Blumen; ich sehe die Menschengesichter –«
 Aber ich sehe dich nun selbst als betrognes Gespenst.

Einer rollet daher; es stehen ruhig die Neune:
 Nach vollendetem Lauf liegen die Viere gestreckt.
Helden finden es schön, gewaltsam treffend zu wirken;
 Denn es vermag nur ein Gott, Kegel und Kugel zu sein.

Wieviel Äpfel verlangst du für diese Blüten? – »Ein Tausend;
 Denn der Blüten sind wohl zwanzig der Tausende hier.
Und von zwanzig nur Einen, das find ich billig.« – Du bist schon
 Glücklich, wenn du dereinst Einen von Tausend behältst.

Sprich, wie werd ich die Sperlinge los? so sagte der Gärtner:
 Und die Raupen dazu, ferner das Käfergeschlecht,
Maulwurf, Erdfloh, Wespe, die Würmer, das Teufelsgezüchte? –
 »Laß sie nur alle, so frißt einer den anderen auf.«

Klingeln hör ich: es sind die lustigen Schlittengeläute.
 Wie sich die Torheit doch selbst in der Kälte noch rührt!
»Klingeln hörst du? Mich deucht, es ist die eigene Kappe,
 Die sich am Ofen dir leis um die Ohren bewegt.«

Seht den Vogel! er fliegt von einem Baume zum andern,
 Nascht mit geschäftigem Pick unter den Früchten umher.

Frag ihn, er plappert auch wohl, und wird dir offen versichern,
Daß er der hehren Natur herrliche Tiefen erpickt.

Eines kenn ich verehrt, ja angebetet zu Fuße;
 Auf die Scheitel gestellt, wird es von jedem verflucht.
Eines kenn ich, und fest bedruckt es zufrieden die Lippe:
 Doch in dem zweiten Moment ist es der Abscheu der Welt.

Dieses ist es, das Höchste, zu gleicher Zeit das Gemeinste;
 Nun das Schönste, sogleich auch das Abscheulichste nun.
Nur im Schlürfen genieße du das, und koste nicht tiefer:
 Unter dem reizenden Schaum sinket die Neige zu Grund.

Ein beweglicher Körper erfreut mich, ewig gewendet
 Erst nach Norden, und dann ernst nach der Tiefe hinab.
Doch ein andrer gefällt mir nicht so; er gehorchet den Winden,
 Und sein ganzes Talent löst sich in Bücklingen auf.

Ewig wird er euch sein der Eine, der sich in Viele
 Teilt, und Einer jedoch, ewig der Einzige bleibt.
Findet in Einem die Vielen, empfindet die Vielen wie Einen;
 Und ihr habt den Beginn, habet das Ende der Kunst.

AN DEN NEUEN SANKT ANTONIUS

Herr Bruder,
Welch ein Luder
Bringst du in deine Einsiedelei!
Ohne Zweifel,
Dich versucht der Teufel.
Gott steh uns bei!

DEUTSCHER PARNASS

Unter diesen
Lorbeerbüschen,

Auf den Wiesen,
An den frischen
Wasserfällen
Meines Lebens zu genießen,
Gab Apoll dem heitern Knaben,
Und so haben
Mich, im stillen,
Nach des Gottes hohem Willen
Hehre Musen auferzogen,
Aus den hellen
Silberquellen
Des Parnassus mich erquicket
Und das keusche, reine Siegel
Auf die Lippen mir gedrücket.

Und die Nachtigall umkreiset
Mich mit dem bescheidnen Flügel.
Hier in Büschen, dort auf Bäumen
Ruft sie die verwandte Menge,
Und die himmlischen Gesänge
Lehren mich von Liebe träumen.

Und im Herzen wächst die Fülle
Der gesellig edlen Triebe,
Nährt sich Freundschaft, keimet Liebe,
Und Apoll belebt die Stille
Seiner Täler, seiner Höhen.
Süße laue Lüfte wehen.
Alle, denen er gewogen,
Werden mächtig angezogen,
Und ein Edler folgt dem andern.

Dieser kommt mit munterm Wesen
Und mit offnem, heitrem Blicke;
Diesen seh ich ernster wandeln;
Und ein andrer, kaum genesen,
Ruft die alte Kraft zurücke;
Denn ihm drang durch Mark und Leben

Die verderblich holde Flamme,
Und was Amor ihm entwendet,
Kann Apoll nur wiedergeben:
Ruh und Lust und Harmonien
Und ein kräftig rein Bestreben.

Auf, ihr Brüder,
Ehrt die Lieder!
Sie sind gleich den guten Taten.
Wer kann besser als der Sänger
Dem verirrten Freunde raten?
Wirke gut, so wirkst du länger,
Als es Menschen sonst vermögen.

Ja! ich höre sie von weiten,
Ja! sie greifen in die Saiten,
Mit gewaltgen Götterschlägen
Rufen sie zu Recht und Pflichten
Und bewegen,
Wie sie singen, wie sie dichten,
Zum erhabensten Geschäfte,
Zu der Bildung aller Kräfte.

Auch die holden Phantasien
Blühen
Ringsumher auf allen Zweigen,
Die sich balde,
Wie im holden Zauberwalde,
Voller goldnen Früchte beugen.

Was wir fühlen, was wir schauen
In dem Land der höchsten Wonne,
Dieser Boden, diese Sonne
Locket auch die besten Frauen.
Und der Hauch der lieben Musen
Weckt des Mädchens zarten Busen,
Stimmt die Kehle zum Gesange,
Und mit schön gefärbter Wange

Singet sie schon würdge Lieder,
Setzt sich zu den Schwestern nieder,
Und es singt die schöne Kette,
Zart und zärter, um die Wette.

Doch die eine
Geht alleine
Bei den Buchen,
Unter Linden,
Dort zu suchen,
Dort zu finden,
Was im stillen Morgenhaine
Amor schalkisch ihr entwendet,
Ihres Herzens holde Stille,
Ihres Busens erste Fülle.
Und sie träget in die grünen
Schattenwälder,
Was die Männer nicht verdienen,
Ihre lieblichen Gefühle;
Scheuet nicht des Tages Schwüle,
Achtet nicht des Abends Kühle
Und verliert sich in die Felder.
Stört sie nicht auf ihren Wegen!
Muse, geh ihr still entgegen!

Doch was hör ich? Welch ein Schall
Überbraust den Wasserfall?
Sauset heftig durch den Hain?
Welch ein Lärmen, welch ein Schrein?
Ist es möglich, seh ich recht?
Ein verwegenes Geschlecht
Dringt ins Heiligtum herein.

Hier hervor
Strömt ein Chor!
Liebeswut,
Weinesglut,
Rast im Blick

Sträubt das Haar!
Und die Schar,
Mann und Weib –
Tigerfell
Schlägt umher –
Ohne Scheu
Zeigt den Leib.
Und Metall,
Rauher Schall,
Grellt ins Ohr.
Wer sie hört,
Wird gestört.
Hier hervor
Drängt das Chor;
Alles flieht,
Wer sie sieht.

Ach, die Büsche sind geknickt!
Ach, die Blumen sind erstickt
Von den Sohlen dieser Brut.
Wer begegnet ihrer Wut?

Brüder, laßt uns alles wagen!
Eure reine Wange glüht.
Phöbus hilft sie uns verjagen,
Wenn er unsre Schmerzen sieht;
Und uns Waffen
Zu verschaffen,
Schüttert er des Berges Wipfel,
Und vom Gipfel
Prasseln Steine
Durch die Haine.
Brüder, faßt sie mächtig auf!
Schloßenregen
Ströme dieser Brut entgegen
Und vertreib aus unsern milden,
Himmelreinen Lustgefilden
Diese Fremden, diese Wilden!

Doch was seh ich?
Ist es möglich?
Unerträglich
Fährt es mir durch alle Glieder,
Und die Hand
Sinket von dem Schwunge nieder.
Ist es möglich?
Keine Fremden!
Unsre Brüder
Zeigen ihnen selbst die Wege!
O die Frechen!
Wie sie mit den Klapperblechen
Selbst voraus im Takte ziehn!
Gute Brüder, laßt uns fliehn!

Doch ein Wort zu den Verwegnen
Ja, ein Wort soll euch begegnen,
Kräftig wie ein Donnerschlag.
Worte sind des Dichters Waffen;
Will der Gott sich Recht verschaffen,
Folgen seine Pfeile nach.

War es möglich, eure hohe
Götterwürde
Zu vergessen! Ist der rohe,
Schwere Thyrsus keine Bürde
Für die Hand, auf zarten Saiten
Nur gewöhnet hinzugleiten?
Aus den klaren Wasserfällen,
Aus den zarten Rieselwellen
Tränket ihr
Gar Silens abscheulich Tier?
Dort entweiht es Aganippen
Mit den rohen, breiten Lippen,
Stampft mit ungeschickten Füßen,
Bis die Wellen trübe fließen.

O wie möcht ich gern mich täuschen!
Aber Schmerzen fühlt das Ohr;
Aus den keuschen,
Heilgen Schatten
Dringt verhaßter Ton hervor.
Wild Gelächter
Statt der Liebe süßem Wahn!
Weiberhasser und -verächter
Stimmen ein Triumphlied an.
Nachtigall und Turtel fliehen
Das so keusch erwärmte Nest,
Und in wütendem Erglühen
Hält der Faun die Nymphe fest.
Hier wird ein Gewand zerrissen,
Dem Genusse folgt der Spott,
Und zu ihren frechen Küssen
Leuchtet mit Verdruß der Gott.

Ja, ich sehe schon von weiten
Wolkenzug und Dunst und Rauch.
Nicht die Leier nur hat Saiten,
Saiten hat der Bogen auch.
Selbst den Busen des Verehrers
Schüttert das gewaltge Nahn,
Denn die Flamme des Verheerers
Kündet ihn von weiten an.
O vernehmt noch meine Stimme,
Meiner Liebe Bruderwort!
Fliehet vor des Gottes Grimme,
Eilt aus unsern Grenzen fort!
Daß sie wieder heilig werde,
Lenkt hinweg den wilden Zug!
Vielen Boden hat die Erde,
Und unheiligen genug.
Uns umleuchten reine Sterne,
Hier hat nur das Edle Wert.

Doch wenn ihr aus rauher Ferne
Wieder einst zu uns begehrt,
Wenn euch nichts so sehr beglücket,
Als was ihr bei uns erprobt,
Euch nicht mehr ein Spiel entzücket,
Das die Schranken übertobt:
Kommt als gute Pilger wieder,
Steiget froh den Berg heran,
Tiefgefühlte Reuelieder
Künden uns die Brüder an,
Und ein neuer Kranz umwindet
Eure Schläfe feierlich.
Wenn sich der Verirrte findet,
Freuen alle Götter sich.
Schneller noch als Lethes Fluten
Um der Toten stilles Haus
Löscht der Liebe Kelch den Guten
Jedes Fehls Erinnrung aus.
Alles eilet euch entgegen,
Und ihr kommt verklärt heran,
Und man fleht um euren Segen;
Ihr gehört uns doppelt an!

DIE MUSAGETEN

Oft in tiefen Winternächten
Rief ich an die holden Musen:
Keine Morgenröte leuchtet,
Und es will kein Tag erscheinen;
Aber bringt zur rechten Stunde
Mir der Lampe fromm Geleuchte,
Daß es, statt Auror und Phöbus,
Meinen stillen Fleiß belebe!
Doch sie ließen mich im Schlafe,
Dumpf und unerquicklich, liegen,
Und nach jedem späten Morgen
Folgten ungenutzte Tage.

1798–1805 WEIMAR

Da sich nun der Frühling regte,
Sagt ich zu den Nachtigallen:
Liebe Nachtigallen, schlaget
Früh, o früh! vor meinem Fenster,
Weckt mich aus dem vollen Schlafe,
Der den Jüngling mächtig fesselt.
Doch die lieberfüllten Sänger
Dehnten nachts vor meinem Fenster
Ihre süßen Melodien,
Hielten wach die liebe Seele,
Regten zartes, neues Sehnen
Aus dem neugerührten Busen.
Und so ging die Nacht vorüber,
Und Aurora fand mich schlafen,
Ja, mich weckte kaum die Sonne.

Endlich ist es Sommer worden,
Und beim ersten Morgenschimmer
Reizt mich aus dem holden Schlummer
Die geschäftig frühe Fliege.
Unbarmherzig kehrt sie wieder,
Wenn auch oft der halb Erwachte
Ungeduldig sie verscheuchet,
Lockt die unverschämten Schwestern,
Und von meinen Augenlidern
Muß der holde Schlaf entweichen.
Rüstig spring ich von dem Lager,
Suche die geliebten Musen,
Finde sie im Buchenhaine,
Mich gefällig zu empfangen,
Und den leidigen Insekten
Dank ich manche goldne Stunde.
Seid mir doch, ihr Unbequemen,
Von dem Dichter hochgepriesen
Als die wahren Musageten.

DIE METAMORPHOSE DER PFLANZEN

Dich verwirret, Geliebte, die tausendfältige Mischung
 Dieses Blumengewühls über dem Garten umher;
Viele Namen hörest du an, und immer verdränget
 Mit barbarischem Klang einer den andern im Ohr.
Alle Gestalten sind ähnlich, und keine gleichet der andern;
 Und so deutet das Chor auf ein geheimes Gesetz,
Auf ein heiliges Rätsel. O könnt ich dir, liebliche Freundin,
 Überliefern sogleich glücklich das lösende Wort! –
Werdend betrachte sie nun, wie nach und nach sich die Pflanze,
 Stufenweise geführt, bildet zu Blüten und Frucht.
Aus dem Samen entwickelt sie sich, sobald ihn der Erde
 Stille befruchtender Schoß hold in das Leben entläßt
Und dem Reize des Lichts, des heiligen, ewig bewegten,
 Gleich den zärtesten Bau keimender Blätter empfiehlt.
Einfach schlief in dem Samen die Kraft; ein beginnendes Vorbild
 Lag, verschlossen in sich, unter die Hülle gebeugt,
Blatt und Wurzel und Keim, nur halb geformet und farblos;
 Trocken erhält so der Kern ruhiges Leben bewahrt,
Quillet strebend empor, sich milder Feuchte vertrauend,
 Und erhebt sich sogleich aus der umgebenden Nacht.
Aber einfach bleibt die Gestalt der ersten Erscheinung,
 Und so bezeichnet sich auch unter den Pflanzen das Kind.
Gleich darauf ein folgender Trieb, sich erhebend, erneuet,
 Knoten auf Knoten getürmt, immer das erste Gebild.
Zwar nicht immer das gleiche; denn mannigfaltig erzeugt sich,
 Ausgebildet, du siehsts, immer das folgende Blatt,
Ausgedehnter, gekerbter, getrennter in Spitzen und Teile,
 Die verwachsen vorher ruhten im untern Organ.
Und so erreicht es zuerst die höchst bestimmte Vollendung,
 Die bei manchem Geschlecht dich zum Erstaunen bewegt.
Viel gerippt und gezackt, auf mastig strotzender Fläche,
 Scheinet die Fülle des Triebs frei und unendlich zu sein.
Doch hier hält die Natur, mit mächtigen Händen, die Bildung
 An und lenket sie sanft in das Vollkommnere hin.
Mäßiger leitet sie nun den Saft, verengt die Gefäße,
 Und gleich zeigt die Gestalt zärtere Wirkungen an.

1798–1805 WEIMAR 495

Stille zieht sich der Trieb der strebenden Ränder zurücke,
 Und die Rippe des Stiels bildet sich völliger aus.
Blattlos aber und schnell erhebt sich der zärtere Stengel,
 Und ein Wundergebild zieht den Betrachtenden an.
Rings im Kreise stellet sich nun, gezählet und ohne
 Zahl, das kleinere Blatt neben dem ähnlichen hin.
Um die Achse gedrängt, entscheidet der bergende Kelch sich,
 Der zur höchsten Gestalt farbige Kronen entläßt.
Also prangt die Natur in hoher, voller Erscheinung,
 Und sie zeiget, gereiht, Glieder an Glieder gestuft.
Immer staunst du aufs neue, sobald sich am Stengel die Blume
 Über dem schlanken Gerüst wechselnder Blätter bewegt.
Aber die Herrlichkeit wird des neuen Schaffens Verkündung.
 Ja, das farbige Blatt fühlet die göttliche Hand;
Und zusammen zieht es sich schnell; die zärtesten Formen,
 Zwiefach streben sie vor, sich zu vereinen bestimmt.
Traulich stehen sie nun, die holden Paare, beisammen,
 Zahlreich ordnen sie sich um den geweihten Altar.
Hymen schwebet herbei, und herrliche Düfte, gewaltig,
 Strömen süßen Geruch, alles belebend, umher.
Nun vereinzelt schwellen sogleich unzählige Keime,
 Hold in den Mutterschoß schwellender Früchte gehüllt.
Und hier schließt die Natur den Ring der ewigen Kräfte;
 Doch ein neuer sogleich fasset den vorigen an,
Daß die Kette sich fort durch alle Zeiten verlänge,
 Und das Ganze belebt, so wie das Einzelne, sei.
Wende nun, o Geliebte, den Blick zum bunten Gewimmel,
 Das verwirrend nicht mehr sich vor dem Geiste bewegt.
Jede Pflanze verkündet dir nun die ewgen Gesetze,
 Jede Blume, sie spricht lauter und lauter mit dir.
Aber entzifferst du hier der Göttin heilige Lettern,
 Überall siehst du sie dann, auch in verändertem Zug.
Kriechend zaudre die Raupe, der Schmetterling eile geschäftig,
 Bildsam ändre der Mensch selbst die bestimmte Gestalt.
O, gedenke denn auch, wie aus dem Keim der Bekanntschaft
 Nach und nach in uns holde Gewohnheit entsproß,
Freundschaft sich mit Macht aus unserm Innern enthüllte,
 Und wie Amor zuletzt Blüten und Früchte gezeugt.

496 LYRISCHE DICHTUNGEN

Denke, wie mannigfach bald die, bald jene Gestalten,
 Still entfaltend, Natur unsern Gefühlen geliehn!
Freue dich auch des heutigen Tags! Die heilige Liebe
 Strebt zu der höchsten Frucht gleicher Gesinnungen auf,
Gleicher Ansicht der Dinge, damit in harmonischem Anschaun
 Sich verbinde das Paar, finde die höhere Welt.

SOLDATENLIED
ZU WALLENSTEINS LAGER

Es leben die Soldaten,
Der Bauer gibt den Braten,
Der Winzer gibt den Most,
Das ist Soldatenkost.
Trallerallallallalla.

Der Bürger muß uns backen,
Den Adel muß man zwacken,
Sein Knecht ist unser Knecht,
Das ist Soldatenrecht.
Trallerallallallalla.

In Wäldern gehn wir pirschen
Nach allen alten Hirschen
Und bringen frank und frei
Den Männern das Geweih.
Trallerallallallalla.

Heut schwören wir der Hanne
Und morgen der Susanne,
Die Lieb ist immer neu,
Das ist Soldatentreu.
Trallerallallallalla.

Wir schmausen wie Dynasten,
Und morgen heißt es fasten;
Früh reich und abends bloß,

1798–1805 WEIMAR

Das ist Soldatenlos.
Trallerallallallalla.

Wer hat, der muß nur geben;
Wer nichts hat, der soll leben.
Der Ehmann hat das Weib,
Und wir den Zeitvertreib.
Trallerallallallalla.

Es heißt bei unsern Festen:
Gestohlen schmeckt am besten!
Unrechtes Gut macht fett,
Das ist Soldatengebet.
Trallerallallallalla.

DIE ZERSTÖRUNG MAGDEBURGS

O Magdeburg die Stadt,
Die schöne Mädchen hat,
Die schöne Fraun und Mädchen hat,
O Magdeburg die Stadt.

Da alles steht im Flor,
Der Tilly zieht davor,
Durch Garten und durch Felder Flor
Der Tilly zieht davor.

Der Tilly steht dadraus.
Wer rettet Stadt und Haus?
Geh, Lieber, geh zum Tor hinaus
Und schlag dich mit ihm draus.

Es hat noch keine Not,
So sehr er tobt und droht;
Ich küsse deine Wänglein rot,
Es hat noch keine Not.

Die Sehnsucht macht mich bleich,
Warum bin ich denn reich?
Dein Vater ist vielleicht schon bleich.
Du, Kind, du machst mich weich.

O Mutter, gib mir Brot!
Ist denn der Vater tot?
O Mutter, gib ein Stückchen Brot!
O welche große Not!

Dein Vater lieb ist hin,
Die Bürger alle fliehn;
Schon fließt das Blut die Straße hin,
Wo fliehn wir hin, wohin?

Die Kirche stürzt in Graus,
Da droben brennt das Haus.
Es qualmt das Dach, schon flammts heraus;
Nur auf die Straß hinaus!

Ach, keine Rettung mehr!
In Straßen rast das Heer;
Es rast mit Flammen hin und her.
Ach, keine Rettung mehr!

Die Häuser stürzen ein.
Wo ist das Mein und Dein!
Das Bündelchen, es ist nicht dein,
Du flüchtig Mägdelein.

Die Weiber bangen sehr,
Die Mägdlein noch viel mehr.
Was lebt, ist keine Jungfer mehr;
So raset Tillys Heer.

DIE BURG VON OTRANTO

Fortsetzungs-Weissagung

Sind die Zimmer sämtlich besetzt der Burg von Otranto,
Kommt, voll innigen Grimms, der erste Riesenbesitzer
Stückweis an und verdrängt die neuen falschen Bewohner.
Wehe! den Fliehenden. Weh! den Bleibenden. Also geschieht es.

DEN 25. NOVEMBER 1798

Als das heilige Blatt von Maros Grabe getrennt ward,
 Naht' es, der Asche getreu, welkend polarischer Nacht;
Aber im Lande bedeckt von Schnee ergrünt es aufs neue,
 Bietet unwelkenden Schmuck traulich den Grazien an.

PHÖBOS UND HERMES

Delos' ernster Beherrscher und Majas Sohn, der gewandte,
 Rechteten heftig, es wünscht' jeder den herrlichen Preis·
Hermes verlangte die Leier, die Leier verlangt' auch Apollon,
 Doch vergeblich erfüllt Hoffnung den beiden das Herz.
Denn rasch dränget sich Ares heran, gewaltsam entscheidend,
 Schlägt das goldene Spiel wild mit dem Eisen entzwei.
Hermes lacht unmäßig, der schadenfrohe; doch Phöbos
 Und den Musen ergreift inniger Schmerz das Gemüt.

SPIEGEL DER MUSE

Sich zu schmücken begierig, verfolgte den rinnenden Bach einst
 Früh die Muse hinab, sie suchte die ruhigste Stelle.
Eilend und rauschend indes verzog die schwankende Fläche
 Stets das bewegliche Bild; die Göttin wandte sich zürnend;
Doch der Bach rief hinter ihr drein und höhnte sie: Freilich
 Magst du die Wahrheit nicht sehn, wie rein dir mein Spiegel
 sie zeiget!

Aber indessen stand sie schon fern, am Winkel des Sees,
Ihrer Gestalt sich erfreuend, und rückte den Kranz sich zurechte.

Nachtgespenster ziehen nicht mehr, die garstigen, langen;
Neumond kündest du an! Almanach, redest du wahr?
Leuchtet mir doch das Gemach von holdem mondlichem
 Schimmer,
Wohl das Mondengesicht senkte vom Himmel sich her.

Mirabellen pflanz ich in meinen Garten in Reihen,
Daß nun die Wunderschöne wandelnd in Gesellschaft sei.

Goldstaub wirf in das Wasser, er wird zum Grunde sich senken;
Bärlappsamen, er deckt leicht wie ein Häutchen das Naß.

DER MÜLLERIN VERRAT
[Nachdichtung einer französischen Romanze]

Woher der Freund so früh und schnelle,
Da kaum der Tag im Osten graut?
Hat er sich in der Waldkapelle,
So kalt und frisch es ist, erbaut?
Es starret ihm der Bach entgegen;
Mag er mit Willen barfuß gehn?
Was flucht er seinen Morgensegen
Durch die beschneiten wilden Höhn?

Ach, wohl! Er kommt vom warmen Bette,
Wo er sich andern Spaß versprach;
Und wenn er nicht den Mantel hätte,
Wie schrecklich wäre seine Schmach!
Es hat ihn jener Schalk betrogen
Und ihm den Bündel abgepackt;

1798–1805 WEIMAR

Der arme Freund ist ausgezogen
Und fast, wie Adam, bloß und nackt.

Warum auch schlich er diese Wege
Nach einem solchen Äpfelpaar,
Das freilich schön im Mühlgehege,
So wie im Paradiese, war.
Er wird den Scherz nicht leicht erneuen;
Er drückte schnell sich aus dem Haus
Und bricht auf einmal nun, im Freien,
In bittre laute Klagen aus:

»Ich las in ihren Feuerblicken
Nicht eine Silbe von Verrat;
Sie schien mit mir sich zu entzücken
Und sann auf solche schwarze Tat!
Konnt ich in ihren Armen träumen,
Wie meuchlerisch der Busen schlug?
Sie hieß den holden Amor säumen,
Und günstig war es uns genug.

»Sich meiner Liebe zu erfreuen!
Der Nacht, die nie ein Ende nahm!
Und erst die Mutter anzuschreien,
Nun eben als der Morgen kam!
Da drang ein Dutzend Anverwandten
Herein, ein wahrer Menschenstrom;
Da kamen Vettern, guckten Tanten,
Es kam ein Bruder und ein Ohm.

»Das war ein Toben, war ein Wüten!
Ein jeder schien ein andres Tier.
Sie forderten des Mädchens Blüten
Mit schrecklichem Geschrei von mir.–
Was dringt ihr alle wie von Sinnen
Auf den unschuldgen Jüngling ein?
Denn solche Schätze zu gewinnen,
Da muß man viel behender sein.

»Weiß Amor seinem schönen Spiele
Doch immer zeitig nachzugehn.
Er läßt fürwahr nicht in der Mühle
Die Blumen sechzehn Jahre stehn.–
Sie raubten nun das Kleiderbündel,
Und wollten auch den Mantel noch.
Wie nur so viel verflucht Gesindel
Im engen Hause sich verkroch!

»Nun sprang ich auf und tobt und fluchte,
Gewiß, durch alle durchzugehn.
Ich sah noch einmal die Verruchte,
Und ach! sie war noch immer schön.
Sie alle wichen meinem Grimme;
Es flog noch manches wilde Wort;
Da macht ich mich, mit Donnerstimme,
Noch endlich aus der Höhle fort.

»Man soll euch Mädchen auf dem Lande
Wie Mädchen aus den Städten fliehn.
So lasset doch den Fraun von Stande
Die Lust, die Diener auszuziehn!
Doch seid ihr auch von den Geübten
Und kennt ihr keine zarte Pflicht,
So ändert immer die Geliebten,
Doch sie verraten müßt ihr nicht.«

So singt er in der Winterstunde,
Wo nicht ein armes Hälmchen grünt.
Ich lache seiner tiefen Wunde;
Denn wirklich ist sie wohlverdient.
So geh es jedem, der am Tage
Sein edles Liebchen frech betriegt
Und nachts, mit allzu kühner Wage,
Zu Amors falscher Mühle kriecht.

1798–1805 WEIMAR

DIE ERSTE WALPURGISNACHT

Ein Druide

Es lacht der Mai!
Der Wald ist frei
Von Eis und Reifgehänge.
Der Schnee ist fort;
Am grünen Ort
Erschallen Lustgesänge.
Ein reiner Schnee
Liegt auf der Höh;
Doch eilen wir nach oben,
Begehn den alten heilgen Brauch,
Allvater dort zu loben.
Die Flamme lodre durch den Rauch!
So wird das Herz erhoben.

Die Druiden

Die Flamme lodre durch den Rauch!
Begeht den alten heilgen Brauch,
Allvater dort zu loben!
Hinauf! hinauf nach oben!

Einer aus dem Volke

Könnt ihr so verwegen handeln?
Wollt ihr denn zum Tode wandeln?
Kennet ihr nicht die Gesetze
Unsrer harten Überwinder?
Rings gestellt sind ihre Netze
Auf die Heiden, auf die Sünder.
Ach, sie schlachten auf dem Walle
Unsre Weiber, unsre Kinder.
Und wir alle
Nahen uns gewissem Falle.

Chor der Weiber

Auf des Lagers hohem Walle
Schlachten sie schon unsre Kinder.
Ach, die strengen Überwinder!
Und wir alle
Nahen uns gewissem Falle.

Ein Druide

Wer Opfer heut
Zu bringen scheut,
Verdient erst seine Bande.
Der Wald ist frei!
Das Holz herbei,
Und schichtet es zum Brande!
Doch bleiben wir
Im Buschrevier
Am Tage noch im stillen,
Und Männer stellen wir zur Hut
Um eurer Sorge willen.
Dann aber laßt mit frischem Mut
Uns unsre Pflicht erfüllen.

Chor der Wächter

Verteilt euch, wackre Männer, hier
Durch dieses ganze Waldrevier
Und wachet hier im stillen,
Wenn sie die Pflicht erfüllen.

Ein Wächter

Diese dumpfen Pfaffenchristen,
Laßt uns keck sie überlisten!
Mit dem Teufel, den sie fabeln,
Wollen wir sie selbst erschrecken.
Kommt! Mit Zacken und mit Gabeln

Und mit Glut und Klapperstöcken
Lärmen wir bei nächtger Weile
Durch die engen Felsenstrecken.
Kauz und Eule
Heul in unser Rundgeheule!

Chor der Wächter

Kommt mit Zacken und mit Gabeln,
Wie der Teufel, den sie fabeln,
Und mit wilden Klapperstöcken
Durch die leeren Felsenstrecken!
Kauz und Eule
Heul in unser Rundgeheule!

Ein Druide

So weit gebracht,
Daß wir bei Nacht
Allvater heimlich singen!
Doch ist es Tag,
Sobald man mag
Ein reines Herz dir bringen.
Du kannst zwar heut,
Und manche Zeit,
Dem Feinde viel erlauben.
Die Flamme reinigt sich vom Rauch:
So reinge unsern Glauben!
Und raubt man uns den alten Brauch,
Dein Licht, wer will es rauben?

Ein christlicher Wächter

Hilf, ach, hilf mir, Kriegsgeselle!
Ach, es kommt die ganze Hölle!
Sieh, wie die verhexten Leiber
Durch und durch von Flamme glühn!
Menschen-Wölf und Drachen-Weiber,

Die im Flug vorüberziehen!
Welch entsetzliches Getöse!
Laßt uns, laßt uns alle fliehen!
Oben flammt und saust der Böse,
Aus dem Boden
Dampfet rings ein Höllen-Broden.

Chor der christlichen Wächter

Schreckliche, verhexte Leiber,
Menschen-Wölf und Drachen-Weiber!
Welch entsetzliches Getöse!
Sieh, da flammt, da zieht der Böse!
Aus dem Boden
Dampfet rings ein Höllen-Broden.

Chor der Druiden

Die Flamme reinigt sich vom Rauch:
So reinge unsern Glauben!
Und raubt man uns den alten Brauch,
Dein Licht, wer kann es rauben!

AN DIE GÜNSTIGEN

Dichter lieben nicht zu schweigen,
Wollen sich der Menge zeigen.
Lob und Tadel muß ja sein!
Niemand beichtet gern in Prosa;
Doch vertraun wir oft sub rosa
In der Musen stillem Hain.

Was ich irrte, was ich strebte,
Was ich litt und was ich lebte,
Sind hier Blumen nur im Strauß;
Und das Alter wie die Jugend,
Und der Fehler wie die Tugend
Nimmt sich gut in Liedern aus.

DER MUSENSOHN

Durch Feld und Wald zu schweifen,
Mein Liedchen wegzupfeifen,
So gehts von Ort zu Ort!
Und nach dem Takte reget,
Und nach dem Maß beweget
Sich alles an mir fort.

Ich kann sie kaum erwarten,
Die erste Blum im Garten,
Die erste Blüt am Baum.
Sie grüßen meine Lieder,
Und kommt der Winter wieder,
Sing ich noch jenen Traum.

Ich sing ihn in der Weite,
Auf Eises Läng und Breite,
Da blüht der Winter schön!
Auch diese Blüte schwindet,
Und neue Freude findet
Sich auf bebauten Höhn.

Denn wie ich bei der Linde
Das junge Völkchen finde,
Sogleich erreg ich sie.
Der stumpfe Bursche bläht sich,
Das steife Mädchen dreht sich
Nach meiner Melodie.

Ihr gebt den Sohlen Flügel
Und treibt durch Tal und Hügel
Den Liebling weit von Haus.
Ihr lieben holden Musen,
Wann ruh ich ihr am Busen
Auch endlich wieder aus?

LYRISCHE DICHTUNGEN

AN LINA

Liebchen, kommen diese Lieder
Jemals wieder dir zur Hand,
Sitze beim Klaviere nieder,
Wo der Freund sonst bei dir stand.

Laß die Saiten rasch erklingen
Und dann sieh ins Buch hinein;
Nur nicht lesen! immer singen!
Und ein jedes Blatt ist dein.

Ach, wie traurig sieht in Lettern,
Schwarz auf weiß, das Lied mich an,
Das aus deinem Mund vergöttern,
Das ein Herz zerreißen kann!

PARABELN [1]

I

Ein Meister einer ländlichen Schule
Erhub sich einst von seinem Stuhle
Und hatte fest sich vorgenommen,
In bessere Gesellschaft zu kommen;
Deswegen er, im nahen Bad,
In den sogenannten Salon eintrat.
Verblüfft war er gleich an der Tür,
Als wenns ihm zu vornehm widerführ;
Macht daher dem ersten Fremden rechts
Einen tiefen Bückling, es war nichts Schlechts;
Aber hinten hätt er nicht vorgesehn,
Daß da auch wieder Leute stehn,

1. In den Ausgaben der Werke folgen der Überschrift die Worte:
Werden fortgesetzt bis zum Dutzend, wodurch man den hier ange-
deuteten *Charakter* völlig zu umzeichnen hofft und zugleich unserer
Zeit, welche das Charakteristische der Kunst so sehr zu schätzen weiß,
einigen Dienst zu leisten glaubt.

Gab einem zur Linken in den Schoß
Mit seinem Hintern einen derben Stoß.
Das hätt er schnell gern abgebüßt;
Doch wie er eilig den wieder begrüßt,
So stößt er rechts einen andern an,
Er hat wieder jemand was Leids getan.
Und wie ers diesem wieder abbittet,
Ers wieder mit einem andern verschüttet.
Und komplimentiert sich zu seiner Qual,
Von hinten und vorn, so durch den Saal,
Bis ihm endlich ein derber Geist
Ungeduldig die Türe weist.

Möge doch mancher, in seinen Sünden,
Hievon die Nutzanwendung finden.

II

Da er nun seine Straße ging,
Dacht er: ich machte mich zu gering,
Will mich aber nicht weiter schmiegen;
Denn wer sich grün macht, den fressen die Ziegen.
So ging er gleich frisch querfeldein,
Und zwar nicht über Stock und Stein,
Sondern über Äcker und gute Wiesen,
Zertrat das alles mit latschen Füßen.

Ein Besitzer begegnet ihm so
Und fragt nicht weiter wie? noch wo?
Sondern schlägt ihn tüchtig hinter die Ohren.

Bin ich doch gleich wie neugeboren!
Ruft unser Wandrer hochentzückt.
Wer bist du, Mann, der mich beglückt?
Möchte mich Gott doch immer segnen,
Daß mir so fröhliche Gesellen begegnen!

[Zu den › Vier Jahreszeiten‹]

Jene machen Partei; welch unerlaubtes Beginnen!
 Aber unsre Partei, freilich, versteht sich von selbst.

Früchte bringet das Leben dem Mann; doch hangen sie selten
 Rot und lustig am Zweig, wie uns ein Apfel begrüßt.

Alle Blüten müssen vergehn, daß Früchte beglücken;
 Blüten und Frucht zugleich gebet ihr Musen allein.

Diesmal streust du, o Herbst, nur leichte, welkende Blätter;
 Gib mir ein andermal schwellende Früchte dafür.

DAS SONETT

Sich in erneutem Kunstgebrauch zu üben,
 Ist heilge Pflicht, die wir dir auferlegen:
 Du kannst dich auch, wie wir, bestimmt bewegen
 Nach Tritt und Schritt, wie es dir vorgeschrieben.

Denn eben die Beschränkung läßt sich lieben,
 Wenn sich die Geister gar gewaltig regen;
 Und wie sie sich denn auch gebärden mögen,
 Das Werk zuletzt ist doch vollendet blieben.

So möcht ich selbst in künstlichen Sonetten,
 In sprachgewandter Maße kühnem Stolze,
 Das Beste, was Gefühl mir gäbe, reimen.

Nur weiß ich hier mich nicht bequem zu betten,
 Ich schneide sonst so gern aus ganzem Holze,
 Und müßte nun doch auch mitunter leimen.

Natur und Kunst, sie scheinen sich zu fliehen
 Und haben sich, eh man es denkt, gefunden;

Der Widerwille ist auch mir verschwunden,
Und beide scheinen gleich mich anzuziehen.

Es gilt wohl nur ein redliches Bemühen!
Und wenn wir erst in abgemeßnen Stunden
Mit Geist und Fleiß uns an die Kunst gebunden,
Mag frei Natur im Herzen wieder glühen.

So ists mit aller Bildung auch beschaffen:
Vergebens werden ungebundne Geister
Nach der Vollendung reiner Höhe streben.

Wer Großes will, muß sich zusammenraffen;
In der Beschränkung zeigt sich erst der Meister,
Und das Gesetz nur kann uns Freiheit geben.

[In das Stammbuch seines Sohnes]

Gönnern reiche das Buch und reich es Freund- und Gespielen,
Reich es dem Eilenden hin, der sich vorüber bewegt.
Wer des freundlichen Worts, des Namens Gabe dir spendet,
Häufet den edlen Schatz holden Erinnrens dir an.

Selbst erfinden ist schön; doch glücklich von andern Gefundnes
Fröhlich erkannt und geschätzt, nennst du das weniger dein?

Was den Jüngling ergreift, den Mann hält, Greise noch labet,
Liebenswürdiges Kind, bleibe dein glückliches Teil.

Alter gesellet sich gern der Jugend, Jugend zum Alter;
Aber am liebsten bewegt Gleiches dem Gleichen sich zu.

DAUER IM WECHSEL

Hielte diesen frühen Segen,
Ach, nur Eine Stunde fest!
Aber vollen Blütenregen

Schüttelt schon der laue West.
Soll ich mich des Grünen freuen,
Dem ich Schatten erst verdankt?
Bald wird Sturm auch das zerstreuen,
Wenn es falb im Herbst geschwankt.

Willst du nach den Früchten greifen,
Eilig nimm dein Teil davon!
Diese fangen an zu reifen,
Und die andern keimen schon;
Gleich mit jedem Regengusse
Ändert sich dein holdes Tal,
Ach, und in demselben Flusse
Schwimmst du nicht zum zweitenmal.

Du nun selbst! Was felsenfeste
Sich vor dir hervorgetan,
Mauern siehst du, siehst Paläste
Stets mit andern Augen an.
Weggeschwunden ist die Lippe,
Die im Kusse sonst genas,
Jener Fuß, der an der Klippe
Sich mit Gemsenfrech maß.

Jene Hand, die gern und milde
Sich bewegte, wohlzutun,
Das gegliederte Gebilde,
Alles ist ein andres nun.
Und was sich an jener Stelle
Nun mit deinem Namen nennt,
Kam herbei wie eine Welle,
Und so eilts zum Element.

Laß den Anfang mit dem Ende
Sich in Eins zusammenziehn!
Schneller als die Gegenstände
Selber dich vorüberfliehn!
Danke, daß die Gunst der Musen

Unvergängliches verheißt,
Den Gehalt in deinem Busen
Und die Form in deinem Geist.

FRÜHZEITIGER FRÜHLING

Tage der Wonne,
Kommt ihr so bald?
Schenkt mir die Sonne,
Hügel und Wald?

Reichlicher fließen
Bächlein zumal.
Sind es die Wiesen?
Ist es das Tal?

Blauliche Frische!
Himmel und Höh!
Goldene Fische
Wimmeln im See.

Buntes Gefieder
Rauschet im Hain;
Himmlische Lieder
Schallen darein.

Unter des Grünen
Blühender Kraft
Naschen die Bienen
Summend am Saft.

Leise Bewegung
Bebt in der Luft,
Reizende Regung,
Schläfernder Duft.

Mächtiger rühret
Bald sich ein Hauch,
Doch er verlieret
Gleich sich im Strauch.

Aber zum Busen
Kehrt er zurück.
Helfet, ihr Musen,
Tragen das Glück!

Saget, seit gestern
Wie mir geschah?
Liebliche Schwestern,
Liebchen ist da!

Mit einem Herren steht es gut,
Der, was er befohlen, selber tut.

[In ein Stammbuch]

Weise die Rose nicht ab von deinem Busen, sie blühet
Noch auf der Wange dir, noch in dem Herzen dir auf.

Liebe teilet die Freud und den Schmerz und fühlt sich nur Liebe.

STIFTUNGSLIED

Was gehst du, schöne Nachbarin,
Im Garten so allein?
Und wenn du Haus und Felder pflegst,
Will ich dein Diener sein.

Mein Bruder schlich zur Kellnerin
Und ließ ihr keine Ruh.
Sie gab ihm einen frischen Trunk
Und einen Kuß dazu.

Mein Vetter ist ein kluger Wicht,
Er ist der Köchin hold.
Den Braten dreht er für und für
Um süßen Minnesold.

Die Sechse, die verzehrten dann
Zusammen ein gutes Mahl,
Und singend kam ein viertes Paar
Gesprungen in den Saal.

Willkommen! und Willkommen auch
Fürs wackre fünfte Paar,
Das voll Geschicht' und Neuigkeit
Und frischer Schwänke war.

Noch blieb für Rätsel, Witz und Geist
Und feine Spiele Platz;
Ein sechstes Pärchen kam heran,
Gefunden war der Schatz.

Doch eines fehlt' und fehlte sehr,
Was doch das Beste tut:
Ein zärtlich Pärchen schloß sich an,
Ein treues – nun wars gut.

Gesellig feiert fort und fort
Das ungestörte Mahl,
Und eins im andern freue sich
Der heilgen Doppelzahl.

ZUM NEUEN JAHR

Zwischen dem Alten,
Zwischen dem Neuen,
Hier uns zu freuen
Schenkt uns das Glück,
Und das Vergangne

Heißt mit Vertrauen
Vorwärts zu schauen,
Schauen zurück.

Stunden der Plage,
Leider, sie scheiden
Treue von Leiden,
Liebe von Lust;
Bessere Tage
Sammlen uns wieder,
Heitere Lieder
Stärken die Brust.

Leiden und Freuden,
Jener verschwundnen,
Sind die Verbundnen
Fröhlich gedenk.
O des Geschickes
Seltsamer Windung!
Alte Verbindung,
Neues Geschenk!

Dankt es dem regen,
Wogenden Glücke,
Dankt dem Geschicke
Männiglich Gut;
Freut euch des Wechsels
Heiterer Triebe,
Offener Liebe,
Heimlicher Glut!

Andere schauen
Deckende Falten
Über dem Alten
Traurig und scheu;
Aber uns leuchtet
Freundliche Treue;

Sehet, das Neue
Findet uns neu.

So wie im Tanze
Bald sich verschwindet,
Wieder sich findet
Liebendes Paar,
So durch des Lebens
Wirrende Beugung
Führe die Neigung
Uns in das Jahr.

[Zu einer zeitgenössischen Karikatur]

Ich wüßte nicht, daß ich ein Grauen spürte
Vor jenen Alten in der Unterwelt;
Wenn nur nicht jede, die mir wohlgefällt,
Hier oben mich nach Wunsch regierte.

SELBSTBETRUG

Der Vorhang schwebet hin und her
Bei meiner Nachbarin.
Gewiß, sie lauschet überquer,
Ob ich zu Hause bin,

Und ob der eifersüchtge Groll,
Den ich am Tag gehegt,
Sich, wie er nun auf immer soll,
Im tiefen Herzen regt.

Doch leider hat das schöne Kind
Dergleichen nicht gefühlt.
Ich seh, es ist der Abendwind,
Der mit dem Vorhang spielt.

KRIEGSERKLÄRUNG

Wenn ich doch so schön wär
Wie die Mädchen auf dem Land!
Sie tragen gelbe Hüte
Mit rosenrotem Band.

Glauben, daß man schön sei,
Dächt ich, ist erlaubt.
In der Stadt, ach! ich hab es
Dem Junker geglaubt.

Nun im Frühling, ach! ists
Um die Freuden getan;
Ihn ziehen die Dirnen,
Die ländlichen, an.

Und die Taill und den Schlepp
Verändr ich zur Stund;
Das Leibchen ist länger.
Das Röckchen ist rund.

Trage gelblichen Hut
Und ein Mieder wie Schnee,
Und sichle mit andern
Den blühenden Klee.

Spürt er unter dem Chor
Etwas Zierliches aus,
Der lüsterne Knabe,
Er winkt mir ins Haus.

Ich begleit ihn verschämt,
Und er kennt mich noch nicht,
Er kneipt mir die Wangen
Und sieht mein Gesicht.

Die Städterin droht
Euch Dirnen den Krieg,
Und doppelte Reize
Behaupten den Sieg.

RITTER KURTS BRAUTFAHRT

Mit des Bräutigams Behagen
Schwingt sich Ritter Kurt aufs Roß;
Zu der Trauung solls ihn tragen
Auf der edlen Liebsten Schloß:
Als am öden Felsenorte
Drohend sich ein Gegner naht,
Ohne Zögern, ohne Worte
Schreiten sie zu rascher Tat.

Lange schwankt des Kampfes Welle,
Bis sich Kurt im Siege freut;
Er entfernt sich von der Stelle,
Überwinder und gebleut.
Aber was er bald gewahret
In des Busches Zitterschein!
Mit dem Säugling still gepaaret,
Schleicht ein Liebchen durch den Hain.

Und sie winkt ihm auf das Plätzchen:
Lieber Herr, nicht so geschwind!
Habt Ihr nichts an Euer Schätzchen,
Habt Ihr nichts für Euer Kind?
Ihn durchglühet süße Flamme,
Daß er nicht vorbei begehrt,
Und er findet nun die Amme,
Wie die Jungfrau, liebenswert.

Doch er hört die Diener blasen,
Denket nun der hohen Braut,
Und nun wird auf seinen Straßen

Jahresfest und Markt so laut,
Und er wählet in den Buden
Manches Pfand zu Lieb und Huld;
Aber ach! da kommen Juden
Mit dem Schein vertagter Schuld.

Und nun halten die Gerichte
Den behenden Ritter auf.
O verteufelte Geschichte!
Heldenhafter Lebenslauf!
Soll ich heute mich gedulden?
Die Verlegenheit ist groß.
Widersacher, Weiber, Schulden,
Ach! kein Ritter wird sie los.

WANDRER UND PÄCHTERIN

Er

Kannst du, schöne Pächtrin ohnegleichen,
Unter dieser breiten Schattenlinde,
Wo ich Wandrer kurze Ruhe finde,
Labung mir für Durst und Hunger reichen?

Sie

Willst du, Vielgereister, hier dich laben,
Sauren Rahm und Brot und reife Früchte,
Nur die ganz natürlichsten Gerichte,
Kannst du reichlich an der Quelle haben.

Er

Ist mir doch, ich müßte schon dich kennen,
Unvergeßne Zierde holder Stunden!
Ähnlichkeiten hab ich oft gefunden;
Diese muß ich doch ein Wunder nennen.

Sie

Ohne Wunder findet sich bei Wandrern
Oft ein sehr erklärliches Erstaunen.
Ja, die Blonde gleichet oft der Braunen;
Eine reizet eben wie die andern.

Er

Heute nicht, fürwahr, zum ersten Male
Hat mirs diese Bildung abgewonnen!
Damals war sie Sonne aller Sonnen
In dem festlich aufgeschmückten Saale.

Sie

Freut es dich, so kann es wohl geschehen,
Daß man deinen Märchenscherz vollende:
Purpurseide floß von ihrer Lende,
Da du sie zum erstenmal gesehen.

Er

Nein, fürwahr, das hast du nicht gedichtet!
Konnten Geister dir es offenbaren;
Von Juwelen hast du auch erfahren
Und von Perlen, die ihr Blick vernichtet.

Sie

Dieses eine ward mir wohl vertrauet:
Daß die Schöne, schamhaft, zu gestehen,
Und in Hoffnung, wieder dich zu sehen,
Manche Schlösser in die Luft erbauet.

Er

Trieben mich umher doch alle Winde!
Sucht ich Ehr und Geld auf jede Weise!

Doch gesegnet, wenn am Schluß der Reise
Ich das edle Bildnis wieder finde.

Sie

Nicht ein Bildnis, wirklich siehst du jene
Hohe Tochter des verdrängten Blutes;
Nun im Pachte des verlaßnen Gutes
Mit dem Bruder freuet sich Helene.

Er

Aber diese herrlichen Gefilde,
Kann sie der Besitzer selbst vermeiden?
Reiche Felder, breite Wies- und Weiden,
Mächtge Quellen, süße Himmelsmilde.

Sie

Ist er doch in alle Welt entlaufen!
Wir Geschwister haben viel erworben;
Wenn der Gute, wie man sagt, gestorben,
Wollen wir das Hinterlaßne kaufen.

Er

Wohl zu kaufen ist es, meine Schöne!
Vom Besitzer hört ich die Bedinge;
Doch der Preis ist keineswegs geringe,
Denn das letzte Wort, es ist: Helene!

Sie

Konnt uns Glück und Höhe nicht vereinen!
Hat die Liebe diesen Weg genommen?
Doch ich seh den wackren Bruder kommen;
Wenn ers hören wird, was kann er meinen?

HOCHZEITLIED

Wir singen und sagen vom Grafen so gern,
Der hier in dem Schlosse gehauset,
Da, wo ihr den Enkel des seligen Herrn,
Den heute vermählten, beschmauset.
Nun hatte sich jener im heiligen Krieg
Zu Ehren gestritten durch mannigen Sieg;
Und als er zu Hause vom Rösselein stieg,
Da fand er sein Schlösselein oben,
Doch Diener und Habe zerstoben.

Da bist du nun, Gräflein, da bist du zu Haus,
Das Heimische findest du schlimmer!
Zum Fenster da ziehen die Winde hinaus,
Sie kommen durch alle die Zimmer.
Was wäre zu tun in der herbstlichen Nacht?
So hab ich doch manche noch schlimmer vollbracht,
Der Morgen hat alles wohl besser gemacht.
Drum rasch bei der mondlichen Helle
Ins Bett, in das Stroh, ins Gestelle.

Und als er im willigen Schlummer so lag,
Bewegt es sich unter dem Bette.
Die Ratte, die raschle, solange sie mag!
Ja, wenn sie ein Bröselein hätte!
Doch siehe! da stehet ein winziger Wicht,
Ein Zwerglein so zierlich mit Ampelen-Licht,
Mit Redner-Gebärden und Sprecher-Gewicht,
Zum Fuß des ermüdeten Grafen,
Der, schläft er nicht, möcht er doch schlafen.

Wir haben uns Feste hier oben erlaubt,
Seitdem du die Zimmer verlassen,
Und weil wir dich weit in der Ferne geglaubt,
So dachten wir eben zu prassen.
Und wenn du vergönnest und wenn dir nicht graut,
So schmausen die Zwerge, behaglich und laut,

Zu Ehren der reichen, der niedlichen Braut.
Der Graf im Behagen des Traumes:
Bedienet euch immer des Raumes!

Da kommen drei Reiter, sie reiten hervor,
Die unter dem Bette gehalten;
Dann folget ein singendes, klingendes Chor
Possierlicher, kleiner Gestalten;
Und Wagen auf Wagen mit allem Gerät,
Daß einem so Hören als Sehen vergeht,
Wie's nur in den Schlössern der Könige steht;
Zuletzt auf vergoldetem Wagen
Die Braut und die Gäste getragen.

So rennet nun alles in vollem Galopp
Und kürt sich im Saale sein Plätzchen;
Zum Drehen und Walzen und lustigen Hopp
Erkieset sich jeder ein Schätzchen.
Da pfeift es und geigt es und klinget und klirrt,
Da ringelts und schleift es und rauschet und wirrt,
Da pisperts und knisterts und flisterts und schwirrt;
Das Gräflein, es blicket hinüber,
Es dünkt ihn, als läg er im Fieber.

Nun dappelts und rappelts und klapperts im Saal
Von Bänken und Stühlen und Tischen,
Da will nun ein jeder am festlichen Mahl
Sich neben dem Liebchen erfrischen;
Sie tragen die Würste, die Schinken so klein
Und Braten und Fisch und Geflügel herein,
Es kreiset beständig der köstliche Wein;
Das toset und koset so lange,
Verschwindet zuletzt mit Gesange. –

Und sollen wir singen, was weiter geschehn,
So schweige das Toben und Tosen.
Denn was er, so artig, im Kleinen gesehn,
Erfuhr er, genoß er im Großen.

Trompeten und klingender, singender Schall
Und Wagen und Reiter und bräutlicher Schwall,
Sie kommen und zeigen und neigen sich all,
Unzählige, selige Leute.
So ging es und geht es noch heute.

RÄTSEL

Ein Bruder ists von vielen Brüdern,
In allem ihnen völlig gleich,
Ein nötig Glied von vielen Gliedern
In eines großen Vaters Reich;
Jedoch erblickt man ihn nur selten,
Fast wie ein eingeschobnes Kind:
Die andern lassen ihn nur gelten
Da, wo sie unvermögend sind.

TISCHLIED

Mich ergreift, ich weiß nicht wie,
Himmlisches Behagen.
Will michs etwa gar hinauf
Zu den Sternen tragen?
Doch ich bleibe lieber hier,
Kann ich redlich sagen,
Beim Gesang und Glase Wein
Auf den Tisch zu schlagen.

Wundert euch, ihr Freunde, nicht,
Wie ich mich gebärde;
Wirklich ist es allerliebst
Auf der lieben Erde:
Darum schwör ich feierlich
Und ohn alle Fährde,
Daß ich mich nicht freventlich
Wegbegeben werde.

Da wir aber allzumal
So beisammen weilen,
Dächt ich, klänge der Pokal
Zu des Dichters Zeilen.
Gute Freunde ziehen fort,
Wohl ein hundert Meilen,
Darum soll man hier am Ort
Anzustoßen eilen.

Lebe hoch, wer Leben schafft!
Das ist meine Lehre.
Unser König denn voran,
Ihm gebührt die Ehre.
Gegen inn- und äußern Feind
Setzt er sich zur Wehre;
Ans Erhalten denkt er zwar,
Mehr noch, wie er mehre.

Nun begrüß ich sie sogleich,
Sie, die einzig Eine.
Jeder denke ritterlich
Sich dabei die Seine.
Merket auch ein schönes Kind,
Wen ich eben meine,
Nun, so nicke sie mir zu:
Leb auch so der Meine!

Freunden gilt das dritte Glas,
Zweien oder dreien,
Die mit uns am guten Tag
Sich im stillen freuen
Und der Nebel trübe Nacht
Leis und leicht zerstreuen;
Diesen sei ein Hoch gebracht,
Alten oder neuen.

Breiter wallet nun der Strom,
Mit vermehrten Wellen.

Leben jetzt im hohen Ton
Redliche Gesellen!
Die sich mit gedrängter Kraft
Brav zusammen stellen
In des Glückes Sonnenschein
Und in schlimmen Fällen.

Wie wir nun zusammen sind,
Sind zusammen viele.
Wohl gelingen denn, wie uns,
Andern ihre Spiele!
Von der Quelle bis ans Meer
Mahlet manche Mühle,
Und das Wohl der ganzen Welt
Ists, worauf ich ziele.

GENERALBEICHTE

Lasset heut im edlen Kreis
Meine Warnung gelten!
Nehmt die ernste Stimmung wahr,
Denn sie kommt so selten.
Manches habt ihr vorgenommen,
Manches ist euch schlecht bekommen,
Und ich muß euch schelten.

Reue soll man doch einmal
In der Welt empfinden!
So bekennt, vertraut und fromm,
Eure größten Sünden!
Aus des Irrtums falschen Weiten
Sammelt euch und sucht beizeiten
Euch zurecht zu finden.

Ja, wir haben, seis bekannt,
Wachend oft geträumet,
Nicht geleert das frische Glas,

Wenn der Wein geschäumet;
Manche rasche Schäferstunde,
Flüchtgen Kuß vom lieben Munde
Haben wir versäumet.

Still und maulfaul saßen wir,
Wenn Philister schwätzten,
Über göttlichen Gesang
Ihr Geklatsche schätzten,
Wegen glücklicher Momente,
Deren man sich rühmen könnte,
Uns zur Rede setzten.

Willst du Absolution
Deinen Treuen geben,
Wollen wir nach deinem Wink
Unabläßlich streben,
Uns vom Halben zu entwöhnen
Und im Ganzen, Guten, Schönen
Resolut zu leben.

Den Philistern allzumal
Wohlgemut zu schnippen,
Jenen Perlenschaum des Weins
Nicht nur flach zu nippen,
Nicht zu liebeln leis mit Augen,
Sondern fest uns anzusaugen
An geliebte Lippen.

SCHÄFERS KLAGELIED

Da droben auf jenem Berge,
Da steh ich tausendmal,
An meinem Stabe gebogen,
Und schaue hinab in das Tal.

Dann folg ich der weidenden Herde,
Mein Hündchen bewahret mir sie.
Ich bin herunter gekommen
Und weiß doch selber nicht wie.

Da stehet von schönen Blumen
Die ganze Wiese so voll.
Ich breche sie, ohne zu wissen,
Wem ich sie geben soll.

Und Regen, Sturm und Gewitter
Verpaß ich unter dem Baum.
Die Türe dort bleibet verschlossen;
Denn alles ist leider ein Traum.

Es stehet ein Regenbogen
Wohl über jenem Haus!
Sie aber ist weggezogen,
Und weit in das Land hinaus.

Hinaus in das Land und weiter,
Vielleicht gar über die See.
Vorüber, ihr Schafe, vorüber!
Dem Schäfer ist gar so weh.

DIE GLÜCKLICHEN GATTEN

Nach diesem Frühlingsregen,
Den wir so warm erfleht,
Weibchen, o sieh den Segen,
Der unsre Flur durchweht.
Nur in der blauen Trübe
Verliert sich fern der Blick;
Hier wandelt noch die Liebe,
Hier hauset noch das Glück.

Das Pärchen weißer Tauben,
Du siehst, es fliegt dorthin,
Wo um besonnte Lauben
Gefüllte Veilchen blühn.
Dort banden wir zusammen
Den allerersten Strauß,
Dort schlugen unsre Flammen
Zuerst gewaltig aus.

Doch als uns vom Altare,
Nach dem beliebten Ja,
Mit manchem jungen Paare
Der Pfarrer eilen sah,
Da gingen andre Sonnen
Und andre Monden auf,
Da war die Welt gewonnen
Für unsern Lebenslauf.

Und hunderttausend Siegel
Bekräftigten den Bund,
Im Wäldchen auf dem Hügel,
Im Busch am Wiesengrund,
In Höhlen, im Gemäuer
Auf des Geklüftes Höh,
Und Amor trug das Feuer
Selbst in das Rohr am See.

Wir wandelten zufrieden,
Wir glaubten uns zu zwei;
Doch anders wars beschieden,
Und sieh! wir waren drei;
Und vier und fünf und sechse,
Sie saßen um den Topf,
Und nun sind die Gewächse
Fast all uns übern Kopf.

Und dort in schöner Fläche
Das neugebaute Haus

1798–1805 WEIMAR 531

Umschlingen Pappelbäche,
So freundlich siehts heraus.
Wer schaffte wohl da drüben
Sich diesen frohen Sitz?
Ist es, mit seiner Lieben,
Nicht unser braver Fritz?

Und wo im Felsengrunde
Der eingeklemmte Fluß
Sich schäumend aus dem Schlunde
Auf Räder stürzen muß:
Man spricht von Müllerinnen,
Und wie so schön sie sind;
Doch immer wird gewinnen
Dort hinten unser Kind.

Doch wo das Grün so dichte
Um Kirch und Rasen steht,
Da, wo die alte Fichte
Allein zum Himmel weht,
Da ruhet unsrer Toten
Frühzeitiges Geschick
Und leitet von dem Boden
Zum Himmel unsern Blick.

Es blitzen Waffenwogen
Den Hügel schwankend ab;
Das Heer, es kommt gezogen,
Das uns den Frieden gab.
Wer mit der Ehrenbinde
Bewegt sich stolz voraus?
Er gleichet unserm Kinde!
So kommt der Karl nach Haus.

Den liebsten aller Gäste
Bewirtet nun die Braut;
Sie wird am Friedensfeste
Dem Treuen angetraut.

Und zu den Feiertänzen
Drängt jeder sich herbei;
Da schmückest du mit Kränzen
Der jüngsten Kinder drei.

Bei Flöten und Schalmeien
Erneuert sich die Zeit,
Da wir uns einst im Reihen
Als junges Paar gefreut;
Und in des Jahres Laufe,
Die Wonne fühl ich schon!
Begleiten wir zur Taufe
Den Enkel und den Sohn.

WELTSEELE

Verteilet euch nach allen Regionen
Von diesem heilgen Schmaus!
Begeistert reißt euch durch die nächsten Zonen
Ins All und füllt es aus!

Schon schwebet ihr in ungemeßnen Fernen
Den selgen Göttertraum,
Und leuchtet neu, gesellig, unter Sternen
Im lichtbesäten Raum.

Dann treibt ihr euch, gewaltige Kometen,
Ins Weit und Weitr hinan;
Das Labyrinth der Sonnen und Planeten
Durchschneidet eure Bahn.

Ihr greifet rasch nach ungeformten Erden
Und wirket schöpfrisch jung,
Daß sie belebt und stets belebter werden
Im abgemeßnen Schwung.

Und kreisend führt ihr in bewegten Lüften
Den wandelbaren Flor
Und schreibt dem Stein in allen seinen Grüften
Die festen Formen vor.

Nun alles sich mit göttlichem Erkühnen
Zu übertreffen strebt;
Das Wasser will, das unfruchtbare, grünen,
Und jedes Stäubchen lebt.

Und so verdrängt mit liebevollem Streiten
Der feuchten Qualme Nacht;
Nun glühen schon des Paradieses Weiten
In überbunter Pracht.

Wie regt sich bald, ein holdes Licht zu schauen,
Gestaltenreiche Schar,
Und ihr erstaunt, auf den beglückten Auen,
Nun als das erste Paar,

Und bald verlischt ein unbegrenztes Streben
Im selgen Wechselblick.
Und so empfangt mit Dank das schönste Leben
Vom All ins All zurück.

BERGSCHLOSS

Da droben auf jenem Berge,
Da steht ein altes Schloß,
Wo hinter Toren und Türen
Sonst lauerten Ritter und Roß.

Verbrannt sind Türen und Tore,
Und überall ist es so still;
Das alte verfallne Gemäuer
Durchklettr ich, wie ich nur will.

Hierneben lag ein Keller,
So voll von köstlichem Wein;
Nun steiget nicht mehr mit Krügen
Die Kellnerin heiter hinein.

Sie setzt den Gästen im Saale
Nicht mehr die Becher umher,
Sie füllt zum Heiligen Mahle
Dem Pfaffen das Fläschchen nicht mehr.

Sie reicht dem lüsternen Knappen
Nicht mehr auf dem Gange den Trank
Und nimmt für flüchtige Gabe
Nicht mehr den flüchtigen Dank.

Denn alle Balken und Decken,
Sie sind schon lange verbrannt,
Und Trepp und Gang und Kapelle
In Schutt und Trümmer verwandt.

Doch als mit Zither und Flasche
Nach diesen felsigen Höhn
Ich an dem heitersten Tage
Mein Liebchen steigen gesehn,

Da drängte sich frohes Behagen
Hervor aus verödeter Ruh,
Da gings wie in alten Tagen
Recht feierlich wieder zu.

Als wären für stattliche Gäste
Die weitesten Räume bereit,
Als käm ein Pärchen gegangen
Aus jener tüchtigen Zeit.

Als stünd in seiner Kapelle
Der würdige Pfaffe schon da

Und fragte: Wollt ihr einander?
Wir aber lächelten: Ja!

Und tief bewegten Gesänge
Des Herzens innigsten Grund,
Es zeugte, statt der Menge,
Der Echo schallender Mund.

Und als sich gegen den Abend
Im stillen alles verlor,
Da blickte die glühende Sonne
Zum schroffen Gipfel empor.

Und Knapp und Kellnerin glänzen
Als Herren weit und breit;
Sie nimmt sich zum Kredenzen
Und er zum Danke sich Zeit.

NACHTGESANG

O gib, vom weichen Pfühle,
Träumend, ein halb Gehör!
Bei meinem Saitenspiele
Schlafe! was willst du mehr?

Bei meinem Saitenspiele
Segnet der Sterne Heer
Die ewigen Gefühle;
Schlafe! was willst du mehr?

Die ewigen Gefühle
Heben mich, hoch und hehr,
Aus irdischem Gewühle;
Schlafe! was willst du mehr?

Vom irdischen Gewühle
Trennst du mich nur zu sehr,

Bannst mich in diese Kühle;
Schlafe! was willst du mehr?

Bannst mich in diese Kühle,
Gibst nur im Traum Gehör.
Ach, auf dem weichen Pfühle
Schlafe! was willst du mehr?

SEHNSUCHT

Was zieht mir das Herz so?
Was zieht mich hinaus?
Und windet und schraubt mich
Aus Zimmer und Haus?
Wie dort sich die Wolken
Um Felsen verziehn!
Da möcht ich hinüber,
Da möcht ich wohl hin!

Nun wiegt sich der Raben
Geselliger Flug;
Ich mische mich drunter
Und folge dem Zug.
Und Berg und Gemäuer
Umfittichen wir;
Sie weilet da drunten,
Ich spähe nach ihr.

Da kommt sie und wandelt;
Ich eile sobald,
Ein singender Vogel,
Zum buschigen Wald.
Sie weilet und horchet
Und lächelt mit sich:
»Er singet so lieblich
Und singt es an mich.«

Die scheidende Sonne
Verguldet die Höhn;
Die sinnende Schöne,
Sie läßt es geschehn.
Sie wandelt am Bache
Die Wiesen entlang,
Und finster und finstrer
Umschlingt sich der Gang;

Auf einmal erschein ich,
Ein blinkender Stern.
»Was glänzet da droben,
So nah und so fern?«
Und hast du mit Staunen
Das Leuchten erblickt,
Ich lieg dir zu Füßen,
Da bin ich beglückt!

DES NEUEN ALCINOUS

erster Teil

Laßt mir den Phäaker schlafen!
Jenen alten, jenen fernen;
Freunde! kommt in meinen Garten,
Den gefühlten, den modernen.

Freilich nicht vom besten Boden;
Doch in allerschönster Richtung,
Nächst an Jena, gegen Weimar,
Recht im Mittelpunkt der Dichtung.

Will dort unter Freundes-Zweigen
Und geschenkten Bäumen leben;
Doch zu ganz gewisser Rührung
Steht der Kirchhof gleich daneben.

Doch weil hinten mancher Toter
An der dumpfen Mauer ranzet,
Hat daher der gute *Loder*
Lebensbäume hingepflanzet.

Der nicht gerne Geld vergeudet,
Der Direktor *Graf von Soden*,
Schickt für jedes Stück mir vierzehn
Stämmchen aus dem besten Boden.

Ob sie alle, wie in Franken
Und bei *Sickler*, frisch bekleiben,
Wird sich finden; wenn sie dorren,
Werd ich neue Stücke schreiben.

Hier an diesem Wege stehen
Die Verleger miteinander.
Diese Mispeln pflanzte *Kummer*,
Diesen Korkbaum schickte *Sander*.

Sollte dieser Kork nun freilich
Wie der Geber sich verdicken,
Mögen Enkel und Urenkel
Mit dem Weg zur Seite rücken.

Pflaumen hat er mir versprochen,
Der scharmante, kleine *Merkel*,
Und nun sind es Schlehen worden;
Meine Kinder, sind sie Ferkel?

Hahnebutten wählte *Bött' ger*
Aus Pomonens bunten Kindern;
Leidlich schmecken sie durchfrostet,
Doch sie kratzen mich im H......

Kammerkätzchen, Kammermäuschen
Stifteten die schönsten Nelken;

Wieland gab ein Lorbeerreischen,
Doch es will bei mir verwelken.

Haselstauden will die *Gräfin*
Mir ein ganzes Wäldchen schenken,
Und sooft ich Nüsse knacke,
Will ich an die Freundin denken.

Auch aus Tiefurts Zauberhainen
Seh ich manches Reis mit Freuden;
Doch um einen Lilienstengel
Will man mich besonders neiden.

Und so pflanzten sie, mit Eifer,
Nah' und ferne, gute Seelen,
Und der Magistrat zu Naumburg
Ließ es nicht an Kirschen fehlen.

Zweiter Teil

Wenn ich nun im holden Haine
Unter meinen Freunden wandle,
Mögens meine Feinde haben,
Die als Kegel ich behandle.

Kommt nur her, geliebte Freunde!
Laßt uns schleudern, laßt uns schieben;
Seht nur, es ist jedem Kegel
Auch sein Name angeschrieben.

Da den *Procerem* der Mitte
Tauft ich mir zu Vater *Kanten*,
Hüben *Fichte*, drüben *Schelling*,
Als die nächsten Geistsverwandten.

Brown steht hinten in dem Grunde,
Röschlaub aber trutzt mir vorne,

Und besonders diesen letzten
Hab ich immer auf dem Korne.

Dann die *Schlegels* und die *Tiecke*
Sollen durcheinander stürzen
Und durch ihre Purzelbäume
Mir die lange Zeit verkürzen.

Schieb ich Holz, da wird gejubelt:
Dreie! Fünfe! Sechse! Neune!
Immer stürz ich meine Feinde
Über ihre steifen Beine.

Aber weil durch ihren Frevel
Sie verdienen ewige Hölle,
Setzt sie der behende Junge
Immer wieder auf die Stelle.

Und so stürzen meine Feinde
Durch des Arms Geschick und Stärke;
Darum nannt ich auch die Kugeln
Nach den Namen meiner Werke.

Eine heißt die *Sucht zu glänzen*;
Und dann steigt es immer höher:
Das *Jahrhundert* nannt ich eine,
Eine den *Hyperboreer*.

Wie Alcinous behaglich
Könnt ich mich auf Rosen betten;
Doch das Weimarsche Theater
Schickt mir mit dem Westwind Kletten.

Und das Unkraut wächst behende,
Und aus jedem Distelkopfe
Seh ich eine Maske blicken,
Gräßlich mit behaartem Schopfe.

Merkel schickt mir einen Boten,
Doch ich schweige, laß ihn warten;
Weiter geh ich, und er folgt mir
Gar bescheiden durch den Garten.

Und wie jener römsche König
Sich den höchsten Mohn erlesen,
Also fahr ich mit der Gerte
In das schnöde Distelwesen.

Alle die verdammten Köpfe,
Die so frech herüber gucken,
Sollen gleich vor meinen Hieben
Fallen oder niederducken.

Und der Bote merkt verwundert
Mein geheimnisvolles Wandeln,
Geht und meldets meinem Freunde;
Dieser fängt nun an zu handeln.

Und so glänzen wir, mit Ehren,
Unter allen kritschen Mächten,
Die Verständgen, die Bescheidnen
Und besonders die Gerechten.

TEUTSCHER MERKUR,
NEUNTES STÜCK,
1802

Ins Teufels Namen,
Was sind denn eure Namen!
Im Teutschen Merkur
Ist keine Spur
Von Vater Wieland,
Der steht auf dem blauen Einband;
Und unter dem verfluchtesten Reim
Der Name Gleim.

LYRISCHE DICHTUNGEN

[Erklärung der XIV. Tafel des Werkes:
Naturhistorisches Bilder- und Lese-Buch oder Erzählungen
über Gegenstände aus den drei Reichen der Natur.
Von Jakob Glatz.]

Nicht auf der grünen Erde nur
Am heitren Sonnenschein
Erfreut sich mannigfach Natur;
Auch in den Felsen tief hinein
Zeigt sich der Form und Farbe Spur.
Hier dürfens kleine Muster sein:
Vernimm, wie *Quarz* und *Kalk* so rein
In Säulen sich und Tafeln häuft;
Ein schmales, schön gefärbtes Band
Harmonisch durch den *Jaspis* läuft;
Ein millionenkörnger *Sand*
Als Fels durch alle Lande reicht:
Ein *Pflanzenhaufen* sich verkohlt,
Verschüttet, in der Erde zeigt.
Vernimm, daß, wer auf Berge steigt,
Meermuscheln oft herunterholt.

Und ferner wird man dir erklären,
Wie du dereinst nach manchem sauern Schritt
Erfahren wirst, wohin *Granit*,
Porphyr und *Marmor* auf der Welt gehören.

Hast du an Stein und Felsen dann genug,
Gleich werden dich *Metalle* reizen,
Nach denen Kunst, Gewalt und Trug
Mit unverwandter Mühe geizen.

Du findest in der Erde Schoß
Mit stillen, ahndungsvollen Freuden
Das *Gold* als ein metallisch Moos
Sich wachsend von dem Steine scheiden,
Das *Silber* als Gesträuch, das *Kupfer* als Gestrippe.

1798–1805 WEIMAR

Bewundrung stammelt deine Lippe,
Und neue Schätze werden bloß.

Wenn geometrisch *Zinn* und *Blei*
In Fläch und Ecke sich beschränken,
So wird das *Eisen* oft sich frei
In Zapfen tropfend niedersenken.
Aus des *Zinnobers* roter Kraft
Läuft dir *Merkur* in Kügelchen entgegen,
Und was der *Zink*, der *Kobalt* Gutes schafft,
Das weiß dein Lehrer auszulegen.

Was nun auf diesen Blättern fehlt,
Das zeigt er dir im Kabinette;
An seiner Hand besuche dann die Stätte,
Wo unverhüllt sich uns Natur verhehlt,
Die dich und jeden Stein beseelt.

VORSCHLAG ZUR GÜTE

Er

Du gefällst mir so wohl, mein liebes Kind,
Und wie wir hier beieinander sind,
So möcht ich nimmer scheiden;
Da wär es wohl uns beiden.

Sie

Gefall ich dir, so gefällst du mir;
Du sagst es frei, ich sag es dir.
Eh nun! heiraten wir eben!
Das übrige wird sich geben.

Er

Heiraten, Engel, ist wunderlich Wort;
Ich meint, da müßt ich gleich wieder fort.

Sie

Was ists denn so großes Leiden?
Gehts nicht, so lassen wir uns scheiden.

DER NARR EPILOGIERT

Manch gutes Werk hab ich verricht,
Ihr nehmt das Lob, das kränkt mich nicht:
Ich denke, daß sich in der Welt
Alles bald wieder ins Gleiche stellt.
Lobt man mich, weil ich was Dummes gemacht,
Dann mir das Herz im Leibe lacht;
Schilt man mich, weil ich was Gutes getan,
So nehm ichs ganz gemächlich an.
Schlägt mich ein Mächtiger, daß es schmerzt,
So tu ich, als hätt er nur gescherzt;
Doch ist es einer von meinesgleichen,
Den weiß ich wacker durchzustreichen.
Hebt mich das Glück, so bin ich froh
Und sing *in dulci Jubilo*;
Senkt sich das Rad und quetscht mich nieder,
So denk ich: Nun, es hebt sich wieder!
Grille nicht bei Sommersonnenschein,
Daß es wieder werde Winter sein;
Und kommen die weißen Flockenscharen,
Da lieb ich mir das Schlittenfahren.
Ich mag mich stellen, wie ich will,
Die Sonne hält mir doch nicht still,
Und immer gehts den alten Gang
Das liebe lange Leben lang.
Der Knecht so wie der Herr vom Haus
Ziehen sich täglich an und aus;
Sie mögen sich hoch oder niedrig messen:
Müssen wachen, schlafen, trinken und essen.
Drum trag ich über nichts ein Leid.
Machts wie der Narr, so seid ihr gescheit!

1798–1805 WEIMAR

B. UND K.

Ihr möchtet gern den brüderlichen *Schlegeln*
　Mit Beil und Axt den Reisekahn zerstücken;
　Allein sie lassen euch schon weit im Rücken
Und ziehen fort mit Rudern und mit Segeln.

Zwar wär es billig, diesen frechen Vögeln
　Auch tüchtig was am bunten Zeug zu flicken;
　Doch euch, ihr Musenlosen, wirds nicht glücken,
Drum, Flegel, bleibt zu Haus mit euern Flegeln,

Dramatisch tanzt ein Esel vor Apollen
　Und reichet traulich seinem Freund die Pratschen,
　Dem Häßlichzerrer besserer Naturen.

Der liefert Hexen, jener liefert Huren,
　Und beide hören sich aus einer vollen
　Parterre-Kloak bejubeln und beklatschen.

Schämt euch, ihr Bessern, auch mit einzupatschen!
　Die Müh, uns zu vernichten, ist verloren:
　Wir kommen neugebärend, neugeboren.

TRIUMVIRAT

Den Gott der Pfuschereien zu begrüßen,
　Kam Leichtfuß, Genius der Zeit, gegangen:
　Laß uns, mein Teurer, aneinander hangen
Wie Klett und Kleid; Pedanten mags verdrießen.

Wir ruhen bald von unsrer einzgen, süßen,
　Planlosen Arbeit mit genährten Wangen;
　Wenn Dilettanten-Skizzen einzig prangen,
Sei ernste Kunst ins Fabelreich verwiesen.

An Schmierern fehlts nicht, nicht am Lob der Schmierer;
Der rühmt sich selbst, den preiset ein Verleger,
Der Gleiche den, der Pöbel einen Dritten;

Doch fehlt im ganzen noch ein Rädelsführer,
Ein unermüdlich unverschämter Präger
Papierner Münze. Da trat in die Mitten

Herr Überall, in Tag- und Monatstempeln
Den Lumpenbrei der Pfuscher und der Schmierer
Mit *B † r* zum Meisterwerk zu stempeln.

K. UND B.

Die gründlichsten Schuften, die Gott erschuf,
Und zwar zu eigenstem Beruf,
Auf Deutschlands angebauten Gauen
Die Menge zu kirren und zu krauen,
Indem sie sagten Tag für Tag,
Was jeder gerne hören mag:
Der Nachbar sei brav in vielen Stücken,
Doch könne man ihm auch am Zeuge flicken.
Vor ihnen beiden, wie vor Gott,
Sei alle Menschen-Tugend Spott,
Ja, wenn mans recht nimmt, gar ein Laster.
Das machte die Herren nicht verhaßter;
Denn Hinz und Kunz, an ihren Stellen,
Glaubten doch auch was vorzustellen.

Gottheiten zwei, ich weiß nicht, wie sie heißen –
Denn ich bin nicht des Heidentums beflissen –
Von böser Art Gottheiten, wie wir wissen,
Die gern, was Gott und Mensch verband, zerreißen.

Die beiden also sagten: Laß versuchen,
Wie wir dem deutschen Volk ein Unheil bringen;

1798–1805 WEIMAR 547

Sie mögen reden, schwätzen, tanzen, singen,
Sie müssen sich und all ihr Tun verfluchen.

Sie lachten gräßlich, fingen an zu formen
Schlecht schlechten Teig, und kneteten beflissen.
Figuren warens; aber wie
Das sind nun Bött'ger, Kotz'bue, die Enormen!

Welch ein verehrendes Gedränge
Schließt den verfluchten Bött'ger ein?
Natürlich! Jeder aus der Menge
Wünscht sehnlich, so ein Mann zu sein.
Er sah fürwahr die Welt genau;
Doch schaut' er sie aus seinen Augen:
Deswegen konnte Mann und Frau
Auch nicht das Allermindste taugen.
Daß er aus Bosheit schaden mag,
Das ist ihm wohl erlaubt;
Doch fluch ich, daß er Tag für Tag
Auch noch zu nützen glaubt.

TROST IN TRÄNEN

Wie kommts, daß du so traurig bist,
Da alles froh erscheint?
Man sieht dirs an den Augen an,
Gewiß, du hast geweint.

»Und hab ich einsam auch geweint,
So ists mein eigner Schmerz,
Und Tränen fließen gar so süß,
Erleichtern mir das Herz.«

Die frohen Freunde laden dich,
O komm an unsre Brust!

Und was du auch verloren hast,
Vertraue den Verlust.

»Ihr lärmt und rauscht und ahnet nicht,
Was mich, den Armen, quält.
Ach nein, verloren hab ichs nicht,
So sehr es mir auch fehlt.«

So raffe denn dich eilig auf,
Du bist ein junges Blut.
In deinen Jahren hat man Kraft
Und zum Erwerben Mut.

»Ach nein, erwerben kann ichs nicht,
Es steht mir gar zu fern.
Es weilt so hoch, es blinkt so schön,
Wie droben jener Stern.«

Die Sterne, die begehrt man nicht,
Man freut sich ihrer Pracht,
Und mit Entzücken blickt man auf
In jeder heitern Nacht.

»Und mit Entzücken blick ich auf,
So manchen lieben Tag;
Verweinen laßt die Nächte mich,
Solang ich weinen mag.«

MAGISCHES NETZ

Zum ersten Mai 1803

Sind es Kämpfe, die ich sehe?
Sind es Spiele? sind es Wunder?
Fünf der allerliebsten Knaben
Gegen fünf Geschwister streitend,
Regelmäßig, taktbeständig,
Einer Zaubrin zu Gebote.

1798–1805 WEIMAR 549

Blanke Spieße führen jene,
Diese flechten schnelle Fäden,
Daß man glaubt, in ihren Schlingen
Werde sich das Eisen fangen.
Bald gefangen sind die Spieße;
Doch im leichten Kriegestanze
Stiehlt sich einer nach dem andern
Aus der zarten Schleifenreihe,
Die sogleich den Freien haschet,
Wenn sie den Gebundnen löset.

So mit Ringen, Streiten, Siegen,
Wechselflucht und Wiederkehren
Wird ein künstlich Netz geflochten,
Himmelsflocken gleich an Weiße,
Die, vom Lichten in das Dichte,
Musterhafte Streifen ziehen,
Wie es Farben kaum vermöchten.

Wer empfängt nun der Gewänder
Allerwünschtes? Wen begünstigt
Unsre vielgeliebte Herrin
Als den anerkannten Diener?
Mich beglückt des holden Loses
Treu und still ersehntes Zeichen!
Und ich fühle mich umschlungen,
Ihrer Dienerschaft gewidmet.

Doch indem ich so behaglich,
Aufgeschmückt stolzierend wandle,
Sieh! da knüpfen jene Losen,
Ohne Streit, geheim geschäftig,
Andre Netze, fein und feiner,
Dämmrungsfäden, Mondenblicke,
Nachtviolenduft verwebend.

Eh wir nur das Netz bemerken,
Ist ein Glücklicher gefangen,

Den wir andern, den wir alle,
Segnend und beneidend, grüßen.

DIE PEST AN HERRN POSSELT

Man sucht mich von des Meeres Strand,
Von Landes Grenze zu entfernen,
Doch hoff ich sehr, dein Vaterland
Soll mich auch nächstens kennen lernen.
Der Bettler jammert wie der Fürst,
Die Kleinen heulen wie die Großen;
Doch hoff ich, daß du mich so höchlich preisen
Wie meine Vettern, die Franzosen. [wirst

Bist du Gemündisches Silber, so fürchte den schwarzeu Probier-
Kotzebue, ach, warum hast du nach Rom dich verfügt? [stein;

ULTIMATUM

Wollt', ich lebte noch hundert Jahr
Gesund und froh, wie ich meistens war;
Merkel, Spazier und Kotzebue
Hätten auch so lange keine Ruh,
Müßtens kollegialisch treiben,
Täglich ein Pasquill auf mich schreiben.
Das würde nun fürs nächste Leben
Sechsunddreißigtausend fünfhundert geben,
Und bei der schönen runden Zahl
Rechn ich die Schalttäg nicht einmal.
Gern würd ich dieses holde Wesen
Zu Abend auf dem Nachtstuhl lesen,
Grobe Worte, gelind Papier
Nach Würdigkeit bedienen hier;
Dann legt ich ruhig, nach wie vor,
In Gottes Namen mich aufs Ohr.

AN DEN PRINZEN VON LIGNE

In früher Zeit, noch froh und frei,
Spielt ich und sang zu meinen Spielen;
Dann fings im Herzen an zu wühlen,
Ich fragte nicht, ob ich ein Dichter sei:
Doch, daß ich liebte, konnt ich fühlen.

So bleibt es noch. Ich weiß nicht viel
Von eignen dichterischen Taten.
Man sagt, mir sei als Ernst und Spiel
Nicht übel dies und jens geraten.
Gern hör ich Gutes von der Kunst,
Der ich mein Leben treu geblieben;
Doch mich in meinen Freunden lieben,
Dies, edler Mann, dies ist die schönste Gunst.

ZU EINEM ANONYMEN GEDICHT

Wie du Vertrauen erweckst, o Genius anderer Welten?
Mehr als der irdische Mann zeige dich selig und reich!

Johannis-Feuer sei unverwehrt,
Die Freude nie verloren!
Besen werden immer stumpf gekehrt
Und Jungen immer geboren.

Sieh! das gebändigte Volk der lichtscheu muckenden Kauze
Kutscht nun selber, o Kant, über die Wolken dich hin!

CAMPES LAOKOON

Schon vom Gifte durchwühlt, gebissen und wiedergebissen,
Vater und Sohn! O! Weh! - Heilige Plastik! o weh!

[Aus einem Briefe an Eichstädt]

Offen zeigt sich die Pforte des bergabstürzenden Waldstroms;
 Doch in die offene kehrt nimmer das Wasser zurück. –
Ja doch! es kehrt zurück! Schon steigt es in Wolkengebild auf.
 Ziehet, erhöhtesten Schwungs, morgengerötet hinan.

[An die Herzogin Anna Amalia]

Freundlich empfange das Wort laut ausgesprochner Verehrung,
 Das die Parze mir fast schnitt von den Lippen hinweg.

[In das Stammbuch seines Sohnes]

Halte das Bild der Würdigen fest! Wie leuchtende Sterne
 Teilte sie aus die Natur durch den unendlichen Raum.

Wer ist der glücklichste Mensch? Der fremdes Verdienst
 zu empfinden
 Weiß und am fremden Genuß sich wie am eignen zu freun.

Vieles gibt uns die Zeit und nimmts auch, aber der Bessern
 Holde Neigung, sie sei ewig dir froher Genuß.

EPILOG ZU SCHILLERS GLOCKE
[Aufgeführt am 10. 8. 1805, erneut am 10. 5. 1815]

> Freude dieser Stadt bedeute,
> Friede sei ihr erst Geläute!

Und so geschahs! Dem friedenreichen Klange
Bewegte sich das Land, und segenbar
Ein frisches Glück erschien: im Hochgesange
Begrüßten wir das junge Fürstenpaar;
Im Vollgewühl, in lebensregem Drange

1798–1805 WEIMAR

Vermischte sich die tätge Völkerschar,
Und festlich ward an die geschmückten Stufen
Die *Huldigung der Künste* vorgerufen.

Da hör ich schreckhaft mitternächtges Läuten,
Das dumpf und schwer die Trauertöne schwellt.
Ists möglich? Soll es unsern Freund bedeuten,
An den sich jeder Wunsch geklammert hält?
Den Lebenswürdgen soll der Tod erbeuten?
Ach! wie verwirrt solch ein Verlust die Welt!
Ach! was zerstört ein solcher Riß den Seinen!
Nun weint die Welt, und sollten wir nicht weinen?

Denn er war unser! Wie bequem gesellig
Den hohen Mann der gute Tag gezeigt,
Wie bald sein Ernst, anschließend, wohlgefällig,
Zur Wechselrede heiter sich geneigt,
Bald raschgewandt, geistreich und sicherstellig
Der Lebensplane tiefen Sinn erzeugt
Und fruchtbar sich in Rat und Tat ergossen:
Das haben wir erfahren und genossen.

Denn er war unser! Mag das stolze Wort
Den lauten Schmerz gewaltig übertönen!
Er mochte sich bei uns, im sichern Port,
Nach wildem Sturm zum Dauernden gewöhnen.
Indessen schritt sein Geist gewaltig fort
Ins Ewige des Wahren, Guten, Schönen,
Und hinter ihm, in wesenlosem Scheine,
Lag, was uns alle bändigt, das Gemeine.

Nun schmückt' er sich die schöne Gartenzinne,
Von wannen er der Sterne Wort vernahm,
Das dem gleich ewgen, gleich lebendgen Sinne
Geheimnisvoll und klar entgegenkam.
Dort, sich und uns zu köstlichem Gewinne,
Verwechselt' er die Zeiten wundersam,

Begegnet' so, im Würdigsten beschäftigt,
Der Dämmerung, der Nacht, die uns entkräftigt.

Ihm schwollen der Geschichte Flut- auf Fluten,
Verspülend, was getadelt, was gelobt,
Der Erdbeherrscher wilde Heeresgluten,
Die in der Welt sich grimmig ausgetobt,
Im niedrig Schrecklichsten, im höchsten Guten
Nach ihrem Wesen deutlich durchgeprobt.–
Nun sank der Mond, und zu erneuter Wonne
Vom klaren Berg herüber stieg die Sonne.

Nun glühte seine Wange rot und röter
Von jener Jugend, die uns nie entfliegt,
Von jenem Mut, der, früher oder später,
Den Widerstand der stumpfen Welt besiegt,
Von jenem Glauben, der sich, stets erhöhter,
Bald kühn hervordrängt, bald geduldig schmiegt,
Damit das Gute wirke, wachse, fromme,
Damit der Tag dem Edlen endlich komme.

Doch hat er, so geübt, so vollgehaltig,
Dies bretterne Gerüste nicht verschmäht;
Hier schildert er das Schicksal, das gewaltig
Von Tag zu Nacht die Erdenachse dreht,
Und manches tiefe Werk hat, reichgestaltig,
Den Wert der Kunst, des Künstlers Wert erhöht.
Er wendete die Blüte höchsten Strebens,
Das Leben selbst, an dieses Bild des Lebens.

Ihr kanntet ihn, wie er mit Riesenschritte
Den Kreis des Wollens, des Vollbringens maß,
Durch Zeit und Land, der Völker Sinn und Sitte,
Das dunkle Buch mit heiterm Blicke las;
Doch wie er atemlos in unsrer Mitte
In Leiden bangte, kümmerlich genas,
Das haben wir in traurig schönen Jahren,
Denn er war unser, leidend miterfahren.

1798-1805 WEIMAR

Ihn, wenn er vom zerrüttenden Gewühle
Des bittern Schmerzes wieder aufgeblickt,
Ihn haben wir dem lästigen Gefühle
Der Gegenwart, der stockenden, entrückt,
Mit guter Kunst und ausgesuchtem Spiele
Den neubelebten edlen Sinn erquickt
Und noch am Abend vor den letzten Sonnen
Ein holdes Lächeln glücklich abgewonnen.

Er hatte früh das strenge Wort gelesen,
Dem Leiden war er, war dem Tod vertraut.
So schied er nun, wie er so oft genesen;
Nun schreckt uns das, wofür uns längst gegraut.
Doch schon erblicket sein verklärtes Wesen
Sich hier verklärt, wenn es herniederschaut.
Was Mitwelt sonst an ihm beklagt, getadelt,
Es hats der Tod, es hats die Zeit geadelt.

Auch manche Geister, die mit ihm gerungen,
Sein groß Verdienst unwillig anerkannt,
Sie fühlen sich von seiner Kraft durchdrungen,
In seinem Kreise willig festgebannt:
Zum Höchsten hat er sich emporgeschwungen,
Mit allem, was wir schätzen, eng verwandt.
So feiert Ihn! Denn was dem Mann das Leben
Nur halb erteilt, soll ganz die Nachwelt geben.

So bleibt er uns, der vor so manchen Jahren–
Schon zehne sinds!–von uns sich weggekehrt!
Wir alle haben segenreich erfahren,
Die Welt verdank ihm, was er sie gelehrt;
Schon längst verbreitet sichs in ganze Scharen,
Das Eigenste, was ihm allein gehört.
Er glänzt uns vor, wie ein Komet entschwindend,
Unendlich Licht mit seinem Licht verbindend.

Was auch als Wahrheit oder Fabel
In tausend Büchern dir erscheint,
Das alles ist ein Turm zu Babel,
Wenn es die Liebe nicht vereint.

Wär nicht das Auge sonnenhaft,
Die Sonne könnt es nie erblicken;
Läg nicht in uns des Gottes eigne Kraft,
Wie könnt uns Göttliches entzücken?

PERFEKTIBILITÄT

Möcht ich doch wohl besser sein,
Als ich bin! Was wär es!
Soll ich aber besser sein,
Als du bist, so lehr es!

Möcht ich auch wohl besser sein
Als so mancher andre.
»Willst du besser sein als wir,
Lieber Freund, so wandre.«

1806–1810 Weimar

Ist erst eine dunkle Kammer gemacht
Und finstrer als ägyptische Nacht,
Durch ein gar winzig Löchlein bringe
Den feinsten Sonnenstrahl herein,
Daß er dann durch das Prisma dringe,
Alsbald wird er gebrochen sein.
Aufgedröselt, bei meiner Ehr,
Siehst ihn, als ob er ein Stricklein wär,
Siebenfarbig statt weiß, oval statt rund.
Glaube hierbei des Lehrers Mund:
Was sich hier auseinander reckt,
Das hat alles in Einem gesteckt.
Und dir, wie manchem seit hundert Jahr',
Wächst darüber kein graues Haar.

VANITAS! VANITATUM VANITAS!

Ich hab mein Sach auf Nichts gestellt.
 Juchhe!
Drum ists so wohl mir in der Welt.
 Juchhe!
Und wer will mein Kamerade sein,
Der stoße mit an, der stimme mit ein
Bei dieser Neige Wein.

Ich stellt mein Sach auf Geld und Gut.
 Juchhe!

Darüber verlor ich Freud und Mut.
 O weh!
Die Münze rollte hier und dort,
Und hascht ich sie an einem Ort,
Am andern war sie fort.

Auf Weiber stellt ich nun mein Sach.
 Juchhe!
Daher mir kam viel Ungemach.
 O weh!
Die Falsche sucht' sich ein ander Teil,
Die Treue macht' mir Langeweil,
Die Beste war nicht feil.

Ich stellt mein Sach auf Reis' und Fahrt.
 Juchhe!
Und ließ meine Vaterlandesart.
 O weh!
Und mir behagt' es nirgends recht,
Die Kost war fremd, das Bett war schlecht,
Niemand verstand mich recht.

Ich stellt mein Sach auf Ruhm und Ehr.
 Juchhe!
Und sieh! gleich hatt ein andrer mehr.
 O weh!
Wie ich mich hatt hervorgetan,
Da sahen die Leute scheel mich an,
Hatte keinem recht getan.

Ich setzt mein Sach auf Kampf und Krieg.
 Juchhe!
Und uns gelang so mancher Sieg.
 Juchhe!
Wir zogen in Feindes Land hinein,
Dem Freunde sollts nicht viel besser sein,
Und ich verlor ein Bein.

1806–1810 WEIMAR

Nun hab ich mein Sach auf Nichts gestellt.
Juchhe!
Und mein gehört die ganze Welt.
Juchhe!
Zu Ende geht nun Sang und Schmaus.
Nur trinkt mir alle Neigen aus;
Die letzte muß heraus!

AN SILVIEN

Wenn die Zweige Wurzeln schlagen,
Wachsen, grünen, Früchte tragen,
Möchtest du dem Angedenken
Deines Freunds ein Lächeln schenken.

*

Und wenn sie zuletzt erfrieren,
Weil man sie nicht wohl verschanzet,
Will sichs alsobald gebühren,
Daß man hoffend neue pflanzet.

[In das Stammbuch von Esther Stock, geb. Moritz]

Was uns Günstiges in fernen Landen
Auch begegnet, sehnt, bei allem Glück,
Doch das Herz zu seiner Jugend Banden,
Zu dem heimschen Kreise sich zurück.

AN TISCHBEIN

Erst ein Deutscher, dann ein Schweizer,
Dann ein Berg- und Tal-Durchkreuzer,
Römer, dann Napolitaner,
Philosoph und doch kein Aner,

Dichter, fruchtbar allerorten,
Bald mit Zeichen, bald mit Worten,
Immer bleibest du derselbe
Von der Tiber bis zur Elbe!
Glück und Heil! so wie du strebest,
Leben! so wie du belebest,
So genieße! laß genießen!
Bis die Nymphen dich begrüßen,
Die sich in der Ilme baden
Und aufs freundlichste dich laden.

AN DENSELBEN

Alles, was du denkst und sinnest,
Was du der Natur und Kunst
Mit Empfindung abgewinnest,
Drückst du aus durch Musengunst.
Farbe her! Dein Meisterwille
Schafft ein sichtliches Gedicht;
Doch, bescheiden in der Fülle,
Du verschmähst die Worte nicht.

AN DENSELBEN

Für das Gute, für das Schöne,
Das du uns so reichlich sendest,
Möge jegliche Kamöne
Freude spenden, wie du spendest!
Möge dir, im nordschen Trüben,
Aller Guten, aller Lieben
Reine Neigung so bereiten,
Überall dich zu begleiten
Mit des Umgangs trauter Wonne,
Wie im heitern Land der Sonne!

AN DENSELBEN

Statt den Menschen in den Tieren
Zu verlieren,
Findest du ihn klar darin
Und belebst, als wahrer Dichter,
Schaf- und säuisches Gelichter
Mit Gesinnung wie mit Sinn.
Auch der Esel kommt zu Ehren
Und yaht uns weise Lehren.
Das, was Buffon nur begonnen,
Kommt durch Tischbein an die Sonnen.

ZELEBRITÄT

Auf großen und auf kleinen Brucken
Stehn vielgestaltete Nepomuken
Von Erz, von Holz, gemalt, von Stein,
Kolossisch hoch und puppisch klein.
Jeder hat seine Andacht davor,
Weil Nepomuk auf der Brucken das Leben verlor.

Ist einer nun mit Kopf und Ohren
Einmal zum Heiligen auserkoren
Oder hat er unter Henkershänden
Erbärmlich müssen das Leben enden,
So ist er zur Qualität gelangt,
Daß er gar weit im Bilde prangt.
Kupferstich, Holzschnitt tun sich eilen,
Ihn allen Welten mitzuteilen;
Und jede Gestalt wird wohl empfangen,
Tut sie mit seinem Namen prangen:
Wie es denn auch dem Herren Christ
Nicht ein Haar besser geworden ist.
Merkwürdig für die Menschenkinder,
Halb Heiliger, halb armer Sünder,
Sehn wir *Herrn Werther* auch allda

Prangen in Holzschnitts-Gloria.
Das zeugt erst recht von seinem Werte,
Daß mit erbärmlicher Gebärde
Er wird auf jedem Jahrmarkt prangen,
Wird in Wirtsstuben aufgehangen.
Jeder kann mit dem Stocke zeigen:
»Gleich wird die Kugel das Hirn erreichen!«
Und jeder spricht bei Bier und Brot:
»Gott seis gedankt, nicht *wir* sind tot!«

[Mephistopheles spricht]

So war es schon in meinen Tagen:
Ein jeder schlägt gar hoch sich an,
Und würdest du sie alle fragen –
Das Wichtigste hat Er getan.

Es lastet schwer die schwere Last,
Die selber du zu tragen hast;
Und ob ein andrer ächzt und keicht,
Für dich ist seine Bürde leicht.

*

Was Völker sterbend hinterlassen,
Das ist ein bleicher Schattenschlag:
Du siehst ihn wohl; ihn zu erfassen,
Läufst du vergeblich Nacht und Tag.

*

Wer immerdar nach Schatten greift,
Kann stets nur leere Luft erlangen:
Wer Schatten stets auf Schatten häuft,
Sieht endlich sich von düstrer Nacht umfangen.

[In ein Stammbuch]

Zu unsres Lebens oft getrübten Tagen
Gab uns ein Gott Ersatz für alle Plagen,

Daß unser Blick sich himmelwärts gewöhne,
Den Sonnenschein, die Tugend und das Schöne.

Der Zeitungsleser sei gesegnet,
Der liest, was heute mir begegnet.

METAMORPHOSE DER TIERE

Wagt ihr, also bereitet, die letzte Stufe zu steigen
Dieses Gipfels, so reicht mir die Hand und öffnet den freien
Blick ins weite Feld der Natur. Sie spendet die reichen
Lebensgaben umher, die Göttin; aber empfindet
Keine Sorge wie sterbliche Fraun um ihrer Gebornen
Sichere Nahrung; ihr ziemet es nicht; denn zwiefach bestimmte
Sie das höchste Gesetz, beschränkte jegliches Leben,
Gab ihm gemeßnes Bedürfnis, und ungemessene Gaben,
Leicht zu finden, streute sie aus, und ruhig begünstigt
Sie das muntre Bemühn der vielfach bedürftigen Kinder;
Unerzogen schwärmen sie fort nach ihrer Bestimmung.

Zweck sein selbst ist jegliches Tier, vollkommen entspringt es
Aus dem Schoß der Natur und zeugt vollkommene Kinder.
Alle Glieder bilden sich aus nach ewgen Gesetzen,
Und die seltenste Form bewahrt im geheimen das Urbild.
So ist jeglicher Mund geschickt, die Speise zu fassen,
Welche dem Körper gebührt; es sei nun schwächlich und zahnlos
Oder mächtig der Kiefer gezähnt, in jeglichem Falle
Fördert ein schicklich Organ den übrigen Gliedern die Nahrung.
Auch bewegt sich jeglicher Fuß, der lange, der kurze,
Ganz harmonisch zum Sinne des Tiers und seinem Bedürfnis.
So ist jedem der Kinder die volle, reine Gesundheit
Von der Mutter bestimmt: denn alle lebendigen Glieder
Widersprechen sich nie und wirken alle zum Leben.
Also bestimmt die Gestalt die Lebensweise des Tieres,
Und die Weise zu leben, sie wirkt auf alle Gestalten
Mächtig zurück. So zeigt sich fest die geordnete Bildung,

Welche zum Wechsel sich neigt durch äußerlich wirkende
Wesen.
Doch im Innern befindet die Kraft der edlern Geschöpfe
Sich im heiligen Kreise lebendiger Bildung beschlossen.
Diese Grenzen erweitert kein Gott, es ehrt die Natur sie:
Denn nur also beschränkt war je das Vollkommene möglich.

Doch im Innern scheint ein Geist gewaltig zu ringen,
Wie er durchbräche den Kreis, Willkür zu schaffen den Formen
Wie dem Wollen; doch was er beginnt, beginnt er vergebens.
Denn zwar drängt er sich vor zu diesen Gliedern, zu jenen,
Stattet mächtig sie aus, jedoch schon darben dagegen
Andere Glieder, die Last des Übergewichtes vernichtet
Alle Schöne der Form und alle reine Bewegung.
Siehst du also dem einen Geschöpf besonderen Vorzug
Irgend gegönnt, so frage nur gleich: wo leidet es etwa
Mangel anderswo? und suche mit forschendem Geiste;
Finden wirst du sogleich zu aller Bildung den Schlüssel.
Denn so hat kein Tier, dem sämtliche Zähne den obern
Kiefer umzäunen, ein Horn auf seiner Stirne getragen,
Und daher ist den Löwen gehörnt der ewigen Mutter
Ganz unmöglich zu bilden, und böte sie alle Gewalt auf;
Denn sie hat nicht Masse genug, die Reihen der Zähne
Völlig zu pflanzen und auch Geweih und Hörner zu treiben.

Dieser schöne Begriff von Macht und Schranken, von Willkür
Und Gesetz, von Freiheit und Maß, von beweglicher Ordnung,
Vorzug und Mangel erfreue dich hoch; die heilige Muse
Bringt harmonisch ihn dir, mit sanftem Zwange belehrend.
Keinen höhern Begriff erringt der sittliche Denker,
Keinen der tätige Mann, der dichtende Künstler; der Herrscher,
Der verdient, es zu sein, erfreut nur durch ihn sich der Krone.
Freue dich, höchstes Geschöpf der Natur, du fühlest dich fähig,
Ihr den höchsten Gedanken, zu dem sie schaffend sich
aufschwang,
Nachzudenken. Hier stehe nun still und wende die Blicke
Rückwärts, prüfe, vergleiche, und nimm vom Munde der Muse,
Daß du schauest, nicht schwärmst, die liebliche, volle Gewißheit.

1806–1810 WEIMAR

Was uns gefällt und scheinet fein,
Muß erst mit Müh erworben sein.

Was der Mensch als Gott verehrt,
Ist sein eigenstes Innere herausgekehrt.

ZUEIGNUNG AN PRINZESS KAROLINE
VON SACHSEN-WEIMAR

Dieses Stammbuch, wie mans auch nimmt,
War eigentlich für 'nen Studenten bestimmt,
Der es auf akademischen Pfaden
Sich wählen sollt aus Hertels Laden;
Wie ichs denn auch – nicht guter Ding' –
Aus der hübschen Frau Hertel Hand empfing.

Denn guter Dinge konnt ich nicht sein;
Wir waren schon in den Oktober hinein,
Und preußische Scharen allzumal
Zertrappelten uns Berg und Tal,
Und damals war noch nichts verloren.

Ich kraute mir aber hinter den Ohren
Und setzte mich, wie vor alter Zeit,
Wieder an des Tales Wirklichkeit
Und wollte kühnlich mich erdreisten,
An der Saale das auch zu leisten,
Was an der Tepel ich trieb im Spiel;
Das war nun freilich gar nicht viel.

Kaum hatt ich aber ein paar Pappeln zeichnet
Und ein paar Berge mir angeeignet,
Da brach die Sündflut auf einmal herein;
Es hätte nicht können schlimmer sein.

Wie aber nach dem Jüngsten Gericht,
Was vorgeschah, auch wieder geschicht,

Und über Wolken und unter Flammen
Freunde und Feinde kommen zusammen,
Und überall im höchsten Chor
Jeder Heilige, nach wie vor,
Hebt und trägt sein Marterinstrument,
Woran man ihn allein erkennt:
So werd ich auch wohl in Abrahams Schoß
Bleistift und Pinsel nicht werden los;
Bei vieler Lust und wenig Gaben
Werd ich doch nur gekritzelt haben.

Doch sei dem allen, wie es sei:
Kein Blatt im Buch ist überlei,
Auf beiden Seiten manche beschrieben
Und so nichts weiter übrig blieben,
Als daß du glaubst, das viele Papier,
Was auch drauf stehe, gehöre dir.
Und dazu hast du Fug und Macht,
Immer war dein dabei gedacht.
So steht dein Bild auch klar und glatt
In unserm Herzen auf jedem Blatt.
Und Liebe bleibt in unserm Gewinn
Ein beßrer Zeichner, als ich bin.

[In das Stammbuch von Karoline Bardua]

Wie wir dich in unsrer Mitte
Üben dein Talent gesehn,
Mögest du mit gleichem Schritte
Immer, immer vorwärts gehn.

AN URANIUS

Himmel, ach! so ruft man aus,
Wenns uns schlecht geworden.
Himmel will verdienen sich
Pfaff- und Ritterorden.

Ihren Himmel finden viel'
In dem Weltgetümmel;
Jugend unter Tanz und Spiel
Meint, sie sei im Himmel.

Doch von dem Klaviere tönt
Ganz ein andrer Himmel;
Alle Morgen grüß ich ihn,
Nickt er mir vom Schimmel.

MÄCHTIGES ÜBERRASCHEN

Ein Strom entrauscht umwölktem Felsensaale,
 Dem Ozean sich eilig zu verbinden;
 Was auch sich spiegeln mag von Grund zu Gründen,
Er wandelt unaufhaltsam fort zu Tale.

Dämonisch aber stürzt mit einem Male –
 Ihr folgen Berg und Wald in Wirbelwinden –
 Sich Oreas, Behagen dort zu finden,
Und hemmt den Lauf, begrenzt die weite Schale.

Die Welle sprüht, und staunt zurück und weichet,
 Und schwillt bergan, sich immer selbst zu trinken;
 Gehemmt ist nun zum Vater hin das Streben.

Sie schwankt und ruht, zum See zurückgedeichet;
 Gestirne, spiegelnd sich, beschaun das Blinken
 Des Wellenschlags am Fels, ein neues Leben.

FREUNDLICHES BEGEGNEN

Im weiten Mantel bis ans Kinn verhüllet,
 Ging ich den Felsenweg, den schroffen, grauen,
 Hernieder dann zu winterhaften Auen,
Unruhgen Sinns, zur nahen Flucht gewillet.

Auf einmal schien der neue Tag enthüllet:
Ein Mädchen kam, ein Himmel anzuschauen,
So musterhaft wie jene lieben Frauen
Der Dichterwelt. Mein Sehnen war gestillet.

Doch wandt ich mich hinweg und ließ sie gehen
Und wickelte mich enger in die Falten,
Als wollt ich trutzend in mir selbst erwarmen;

Und folgt ihr doch. Sie stand. Da wars geschehen!
In meiner Hülle konnt ich mich nicht halten,
Die warf ich weg, *sie* lag in meinen Armen.

KURZ UND GUT

Sollt ich mich denn so ganz an sie gewöhnen?
Das wäre mir zuletzt doch reine Plage.
Darum versuch ichs gleich am heutgen Tage
Und nahe nicht dem vielgewohnten Schönen.

Wie aber mag ich dich, mein Herz, versöhnen,
Daß ich im wichtgen Fall dich nicht befrage?
Wohlan! Komm her! Wir äußern unsre Klage
In liebevollen, traurig heitern Tönen.

Siehst du, es geht! Des Dichters Wink gewärtig,
Melodisch klingt die durchgespielte Leier,
Ein Liebesopfer traulich darzubringen.

Du denkst es kaum, und sieh! das Lied ist fertig;
Allein was nun? – Ich dächt, im ersten Feuer
Wir eilten hin, es vor ihr selbst zu singen.

1806–1810 WEIMAR 571

REISEZEHRUNG

Entwöhnen sollt ich mich vom Glanz der Blicke,
 Mein Leben sollten sie nicht mehr verschönen.
 Was man Geschick nennt, läßt sich nicht versöhnen,
 Ich weiß es wohl, und trat bestürzt zurücke.

Nun wußt ich auch von keinem weitern Glücke;
 Gleich fing ich an, von diesen und von jenen
 Notwendgen Dingen sonst mich zu entwöhnen:
 Notwendig schien mir nichts als ihre Blicke.

Des Weines Glut, den Vielgenuß der Speisen,
 Bequemlichkeit und Schlaf und sonstge Gaben,
 Gesellschaft wies ich weg, daß wenig bliebe.

So kann ich ruhig durch die Welt nun reisen:
 Was ich bedarf, ist überall zu haben,
 Und Unentbehrlichs bring ich mit – die Liebe.

ABSCHIED

War unersättlich nach viel tausend Küssen,
 Und mußt mit Einem Kuß am Ende scheiden.
 Nach herber Trennung tiefempfundnem Leiden
 War mir das Ufer, dem ich mich entrissen,

Mit Wohnungen, mit Bergen, Hügeln, Flüssen,
 Solang ichs deutlich sah, ein Schatz der Freuden;
 Zuletzt im Blauen blieb ein Augenweiden
 An fernentwichnen, lichten Finsternissen.

Und endlich, als das Meer den Blick umgrenzte,
 Fiel mir zurück ins Herz mein heiß Verlangen;
 Ich suchte mein Verlornes gar verdrossen.

Da war es gleich, als ob der Himmel glänzte;
Mir schien, als wäre nichts mir, nichts entgangen,
Als hätt ich alles, was ich je genossen.

DIE LIEBENDE SCHREIBT

Ein Blick von deinen Augen in die meinen,
Ein Kuß von deinem Mund auf meinem Munde,
Wer davon hat, wie ich, gewisse Kunde,
Mag dem was anders wohl erfreulich scheinen?

Entfernt von dir, entfremdet von den Meinen,
Führ ich stets die Gedanken in die Runde,
Und immer treffen sie auf jene Stunde,
Die einzige; da fang ich an zu weinen.

Die Träne trocknet wieder unversehens:
Er liebt ja, denk ich, her in diese Stille,
Und solltest du nicht in die Ferne reichen?

Vernimm das Lispeln dieses Liebewehens;
Mein einzig Glück auf Erden ist dein Wille,
Dein freundlicher, zu mir; gib mir ein Zeichen!

DIE LIEBENDE ABERMALS

Warum ich wieder zum Papier mich wende?
Das mußt du, Liebster, so bestimmt nicht fragen:
Denn eigentlich hab ich dir nichts zu sagen;
Doch kommts zuletzt in deine lieben Hände.

Weil ich nicht kommen kann, soll, was ich sende,
Mein ungeteiltes Herz hinüber tragen
Mit Wonnen, Hoffnungen, Entzücken, Plagen:
Das alles hat nicht Anfang, hat nicht Ende.

Ich mag vom heutgen Tag dir nichts vertrauen,
 Wie sich im Sinnen, Wünschen, Wähnen, Wollen
 Mein treues Herz zu dir hinüber wendet:

So stand ich einst vor dir, dich anzuschauen,
 Und sagte nichts. Was hätt ich sagen sollen?
 Mein ganzes Wesen war in sich vollendet.

SIE KANN NICHT ENDEN

Wenn ich nun gleich das weiße Blatt dir schickte,
 Anstatt daß ichs mit Lettern erst beschreibe,
 Ausfülltest du's vielleicht zum Zeitvertreibe
 Und sendetest an mich, die Hochbeglückte.

Wenn ich den blauen Umschlag dann erblickte,
 Neugierig schnell, wie es geziemt dem Weibe,
 Riss' ich ihn auf, daß nichts verborgen bleibe;
 Da läs ich, was mich mündlich sonst entzückte:

Lieb Kind! Mein artig Herz! Mein einzig Wesen!
 Wie du so freundlich meine Sehnsucht stilltest
 Mit süßem Wort und mich so ganz verwöhntest.

Sogar dein Lispeln glaubt ich auch zu lesen,
 Womit du liebend meine Seele fülltest
 Und mich auf ewig vor mir selbst verschöntest.

WARNUNG

Am Jüngsten Tag, wenn die Posaunen schallen
 Und alles aus ist mit dem Erdeleben,
 Sind wir verpflichtet, Rechenschaft zu geben
 Von jedem Wort, das unnütz uns entfallen.

Wie wirds nun werden mit den Worten allen,
In welchen ich so liebevoll mein Streben
Um deine Gunst dir an den Tag gegeben,
Wenn diese bloß an deinem Ohr verhallen?

Darum bedenk, o Liebchen! dein Gewissen,
Bedenk im Ernst, wie lange du gezaudert,
Daß nicht der Welt solch Leiden widerfahre.

Werd ich berechnen und entschuldgen müssen,
Was alles unnütz ich vor dir geplaudert,
So wird der Jüngste Tag zum vollen Jahre.

EPOCHE

Mit Flammenschrift war innigst eingeschrieben
Petrarcas Brust vor allen andern Tagen
Karfreitag. Ebenso, ich darfs wohl sagen,
Ist mir *Advent* von Achtzehnhundertsieben.

Ich fing nicht an, ich fuhr nur fort, zu lieben
Sie, die ich früh im Herzen schon getragen,
Dann wieder weislich aus dem Sinn geschlagen,
Der ich nun wieder bin ans Herz getrieben.

Petrarcas Liebe, die unendlich hohe,
War leider unbelohnt und gar zu traurig,
Ein Herzensweh, ein ewiger Karfreitag;

Doch stets erscheine, fort und fort, die frohe,
Süß, unter Palmenjubel, wonneschaurig,
Der Herrin Ankunft mir, ein ewger Maitag.

DAS MÄDCHEN SPRICHT

Du siehst so ernst, Geliebter! Deinem Bilde
Von Marmor hier möcht ich dich wohl vergleichen:

Wie dieser gibst du mir kein Lebenszeichen;
 Mit dir verglichen zeigt der Stein sich milde.

Der Feind verbirgt sich hinter seinem Schilde,
 Der Freund soll offen seine Stirn uns reichen.
 Ich suche dich, du suchst mir zu entweichen;
 Doch halte stand, wie dieses Kunstgebilde.

An wen von beiden soll ich nun mich wenden?
 Sollt ich von beiden Kälte leiden müssen,
 Da dieser tot und du lebendig heißest?

Kurz, um der Worte mehr nicht zu verschwenden,
 So will ich diesen Stein so lange küssen,
 Bis eifersüchtig du mich ihm entreißest.

NEMESIS

Wenn durch das Volk die grimme Seuche wütet,
 Soll man vorsichtig die Gesellschaft lassen.
 Auch hab ich oft mit Zaudern und Verpassen
 Vor manchen Influenzen mich gehütet.

Und obgleich Amor öfters mich begütet,
 Mocht ich zuletzt mich nicht mit ihm befassen.
 So ging mirs auch mit jenen Lacrimassen,
 Als vier- und dreifach reimend sie gebrütet.

Nun aber folgt die Strafe dem Verächter,
 Als wenn die Schlangenfackel der Erinnen
 Von Berg zu Tal, von Land zu Meer ihn triebe.

Ich höre wohl der Genien Gelächter;
 Doch trennet mich von jeglichem Besinnen
 Sonettenwut und Raserei der Liebe.

LYRISCHE DICHTUNGEN

Die Zweifelnden

Ihr liebt, und schreibt Sonette! Weh der Grille!
Die Kraft des Herzens, sich zu offenbaren,
Soll Reime suchen, sie zusammenpaaren;
Ihr Kinder, glaubt, ohnmächtig bleibt der Wille.

Ganz ungebunden spricht des Herzens Fülle
Sich kaum noch aus: sie mag sich gern bewahren,
Dann Stürmen gleich durch alle Saiten fahren,
Dann wieder senken sich zu Nacht und Stille.

Was quält ihr euch und uns, auf jähem Stege
Nur Schritt vor Schritt den lästgen Stein zu wälzen,
Der rückwärts lastet, immer neu zu mühen?

Die Liebenden

Im Gegenteil, wir sind auf rechtem Wege!
Das Allerstarrste freudig aufzuschmelzen,
Muß Liebesfeuer allgewaltig glühen.

Mädchen

Ich zweifle doch am Ernst verschränkter Zeilen!
Zwar lausch ich gern bei deinen Silbespielen;
Allein mir scheint, was Herzen redlich fühlen,
Mein süßer Freund, das soll man nicht befeilen.

Der Dichter pflegt, um nicht zu langeweilen,
Sein Innerstes von Grund aus umzuwühlen;
Doch seine Wunden weiß er auszukühlen,
Mit Zauberwort die tiefsten auszuheilen.

Dichter

Schau, Liebchen, hin! Wie gehts dem Feuerwerker?
Drauf ausgelernt, wie man nach Maßen wettert,
Irrgänglich-klug miniert er seine Grüfte;

Allein die Macht des Elements ist stärker,
 Und eh er sichs versieht, geht er zerschmettert
 Mit allen seinen Künsten in die Lüfte.

WACHSTUM

Als kleines artges Kind nach Feld und Auen
 Sprangts du mit mir, so manchen Frühlingsmorgen.
 »Für solch ein Töchterchen, mit holden Sorgen,
 Möcht ich als Vater segnend Häuser bauen!«

Und als du anfingst, in die Welt zu schauen,
 War deine Freude häusliches Besorgen.
 »Solch eine Schwester! und ich wär geborgen:
 Wie könnt ich ihr, ach! wie sie mir vertrauen!«

Nun kann den schönen Wachstum nichts beschränken;
 Ich fühl im Herzen heißes Liebetoben.
 Umfaß ich sie, die Schmerzen zu beschwichtgen?

Doch ach! nun muß ich dich als Fürstin denken:
 Du stehst so schroff vor mir emporgehoben;
 Ich beuge mich vor deinem Blick, dem flüchtgen.

WIRKUNG IN DIE FERNE

Die Königin steht im hohen Saal,
 Da brennen der Kerzen so viele;
 Sie spricht zum Pagen: »Du läufst einmal
 Und holst mir den Beutel zum Spiele.
 Er liegt zur Hand
 Auf meines Tisches Rand.«
 Der Knabe, der eilt so behende,
 War bald an des Schlosses Ende.

Und neben der Königin schlürft zur Stund
Sorbet die schönste der Frauen.
Da brach ihr die Tasse so hart an dem Mund,
Es war ein Greuel zu schauen.
Verlegenheit! Scham!
Ums Prachtkleid ists getan!
Sie eilt und fliegt so behende
Entgegen des Schlosses Ende.

Der Knabe zurück zu laufen kam
Entgegen der Schönen in Schmerzen;
Es wußt es niemand, doch beide zusamm,
Sie hegten einander im Herzen;
Und o des Glücks,
Des günstgen Geschicks!
Sie warfen mit Brust sich zu Brüsten
Und herzten und küßten nach Lüsten.

Doch endlich beide sich reißen los;
Sie eilt in ihre Gemächer,
Der Page drängt sich zur Königin groß
Durch alle die Degen und Fächer.
Die Fürstin entdeckt
Das Westchen befleckt:
Für sie war nichts unerreichbar,
Der Königin von Saba vergleichbar.

Und sie die Hofmeisterin rufen läßt:
»Wir kamen doch neulich zu Streite,
Und Ihr behauptetet steif und fest,
Nicht reiche der Geist in die Weite;
Die Gegenwart nur,
Die lasse wohl Spur,
Doch niemand wirk in die Ferne,
Sogar nicht die himmlischen Sterne.

Nun seht! Soeben ward mir zur Seit
Der geistige Süßtrank verschüttet,

1806–1810 WEIMAR 579

Und gleich darauf hat er dort hinten so weit
Dem Knaben die Weste zerrüttet. –
Besorg dir sie neu!
Und weil ich mich freu,
Daß sie mir zum Beweise gegolten,
Ich zahl sie! sonst wirst du gescholten.«

CHARADE

Zwei Worte sind es, kurz, bequem zu sagen,
 Die wir so oft mit holder Freude nennen,
 Doch keineswegs die Dinge deutlich kennen,
 Wovon sie eigentlich den Stempel tragen.

Es tut gar wohl in jung- und alten Tagen,
 Eins an dem andern kecklich zu verbrennen;
 Und kann man sie vereint zusammen nennen,
 So drückt man aus ein seliges Behagen.

Nun aber such ich ihnen zu gefallen
 Und bitte, mit sich selbst mich zu beglücken;
 Ich hoffe still, doch hoff ichs zu erlangen:

Als Namen der Geliebten sie zu lallen,
 In Einem Bild sie beide zu erblicken,
 In Einem Wesen beide zu umfangen.

CHRISTGESCHENK

Mein süßes Liebchen! Hier in Schachtelwänden
 Gar mannigfalt geformte Süßigkeiten.
 Die Früchte sind es heilger Weihnachtszeiten,
 Gebackne nur, den Kindern auszuspenden!

Dir möcht ich dann mit süßem Redewenden
 Poetisch Zuckerbrot zum Fest bereiten;

Allein was solls mit solchen Eitelkeiten?
Weg den Versuch, mit Schmeichelei zu blenden!

Doch gibt es noch ein Süßes, das vom Innern
Zum Innern spricht, genießbar in der Ferne,
Das kann nur bis zu dir hinüber wehen.

Und fühlst du dann ein freundliches Erinnern,
Als blinkten froh dir wohlbekannte Sterne,
Wirst du die kleinste Gabe nicht verschmähen.

ZUM 21. JUNI, KARLSBAD 1808
[An Silvie v. Ziegesar]

Nicht am Susquehanna, der durch Wüsten fließt,
Wo zum irdschen Manna geistges man genießt;
Nicht vom Gnadentale, nicht nach Herrenhut,
Wo beim Liebesmahle Tee man trinkt für Blut:
Nein! am Tepelstrande, von der großen Bruck,
Wo die Mohrenbande schaut Sankt Nepomuk,
Zu dem Weißen Hirschen, der beständig rennt,
Ohne daß ein Pirschen seine Straße hemmt,
Eile dieses Blättchen munter und geschwind,
Wo im kurzen Bettchen ruht das liebe Kind.

Nennet mir beizeiten gleich den schönsten Tag,
So daß niemand streiten, niemand zweifeln mag.
»Meinstdu *den*, wo's Krippchen frömmlich bunt geschmückt?
Den, wo sich am Püppchen Püppchen hoch entzückt?
Den vielleicht vor Fasten, wo's am tollsten geht,
Wo man ohne Rasten sich mit Liebchen dreht?
Ist es Ostern? Pfingsten? Corpus Domini?
Freundchen! du besingst'n, frisch zur Melodie!«

Keiner ist der meine, der sich rücken läßt;
Einer ists, der Eine, dieser steht so fest.
Läßt er nah sich blicken, wünscht man ihn heran;

1806–1810 WEIMAR 581

Hat man ihn im Rücken, gleich fängts Trauren an.
Bruder nicht, noch Schwester hat er für und für,
Und man glaubt, Silvester steh schon vor der Tür.
Drum mit Wohlbedachte grüßt ihn ehrenvoll,
Weil er, was er brachte, wohl uns lassen soll.
Wird er gleich entweichen, wie nun Tage sind,
Läßt er seinesgleichen uns: das längste Kind.

Froh am schönen Feste solls in Karlsbad sein!
Ein paar hundert Gäste stellten schon sich ein.
Gleich soll jeder haben, was ihm konveniert;
Früh mit Wassergaben jeder wird traktiert,
Freuet sich nicht minder als beim größten Schmaus,
Denn er geht gesünder, als er kam, nach Haus.

Liebliches Gedudel tönte gestern nacht;
Lustger ist der Sprudel heut schon aufgewacht.
Frischlich angefeuchtet steht der Fels umlaubt,
Kreuzes Panner leuchtet um das kahle Haupt.
Herzlich grüßt der Biedre dieses Tages Stern,
Hoch wird alles Niedre, Hohes neigt sich gern.
Der verschloßne Stolze grüßet heiter, mild;
Tätger wird Graf Bolze, Herr vom Goldnen Schild.

Doch sie kömmt geschritten! Schaut nur, wie sie steigt,
Wo sich auf Graniten manche Blume zeigt.
In den bunten Höhen eil ihr nachzugehn,
Wo die Orchideen und Dianthen stehn
Und Ornithogalen, weiß und schlank wie sie.
Ihr zuliebe strahlen Lenz und Sommer hie.
Doch die Wetterkenner, zweifelnd stehn sie dort,
Wohlbedächtge Männer! Und du schreitest fort,
Pflückest junge Rosen, lächelst leichtem Stich;
Wie im Lande Gosen sonnt es rings um dich.
Reich an Sträuß- und Kränzen, trotz dem Wolkengraus,
Bringst du die Exzellenzen ungenetzt nach Haus.
Folge so dir immer, wie sichs wölken mag,
Heitrer Sonnenschimmer, dir zum eignen Tag!

Trotz dem Wetterbübchen gehs dir jungem Blut,
Tochter, Freundin, Liebchen, wie du's wert bist, gut!

[An Pauline Gotter, spätere v. Schelling]

Traun! ein schönes Geheimnis hast du durch dein Wesen
gelöset:
Wie mit weiblichem Sinn tieferes Wissen sich eint.

EINER HOHEN REISENDEN

Wohin du trittst, wird uns verklärte Stunde,
Dir leuchtet Klarheit frisch vom Angesicht,
Vom Auge Gutheit, Lieblichkeit vom Munde,
Aus Wolken dringt ein reines Himmelslicht.
Der Ungeheuer Schwarm im Hintergrunde,
Er drängt, er droht, jedoch er schreckt dich nicht,
Wie du mit Freiheit unbefangen schreitest,
Das Herz erhebst und jeden Geist erweitest.

So wandelst du, dein Ebenbild zu schauen,
Das majestätisch uns von oben blickt,
Der Mütter Urbild, Königin der Frauen,
Ein Wunderpinsel hat sie ausgedrückt.
Ihr beugt ein Mann, mit liebevollem Grauen,
Ein Weib die Knie, in Demut still entzückt;
Du aber kommst, ihr deine Hand zu reichen,
Als wärest du zu Haus bei deinesgleichen.

Doch schreite weiter, was auch hier sich finde,
Zum Lande hin, dem doch kein andres gleicht,
Wo uns Natur befreit, wie Kunst auch binde,
Der Geist sich stählt, wenn sich das Herz erweicht,
Vor stillem Schaun so Zeit- als Volksgewinde
Zum Abgrund wallt, zur Himmelshöhe steigt:
Dorthin gehörst du, die du schaffend strebest,
Die Trümmer herstellst, Totes neu belebest.

Führ uns indes durch blumenreiche Matten,
Am breiten Fluß durchs wohlbekannte Tal,
Wo Reben sich um Sonnenhügel gatten,
Der Fels dich schützt vor mächtgem Sonnenstrahl;
Genieße froh der engen Laube Schatten,
Der reinen Milch unschuldig würdges Mahl.
Und hier und dort vergönn, an deinen Blicken,
An deinem Wort uns ewig zu entzücken!

DER GOLDSCHMIEDSGESELL

Es ist doch meine Nachbarin
Ein allerliebstes Mädchen!
Wie früh ich in der Werkstatt bin,
Blick ich nach ihrem Lädchen.

Zu Ring und Kette poch ich dann
Die feinen goldnen Drähtchen.
Ach, denk ich, wann, und wieder, wann
Ist solch ein Ring für Käthchen?

Und tut sie erst die Schaltern auf,
Da kommt das ganze Städtchen
Und feilscht und wirbt mit hellem Hauf
Ums Allerlei im Lädchen.

Ich feile; wohl zerfeil ich dann
Auch manches goldne Drähtchen.
Der Meister brummt, der harte Mann!
Er merkt, es war das Lädchen.

Und flugs, wie nur der Handel still,
Gleich greift sie nach dem Rädchen.
Ich weiß wohl, was sie spinnen will:
Es hofft das liebe Mädchen.

Das kleine Füßchen tritt und tritt;
Da denk ich mir das Wädchen,
Das Strumpfband denk ich auch wohl mit,
Ich schenkts dem lieben Mädchen.

Und nach den Lippen führt der Schatz
Das allerfeinste Fädchen.
O wär ich doch an seinem Platz,
Wie küßt ich mir das Mädchen!

WALLSTEIN TRAGÉDIE EN CINQ ACTES

Der du des Lobs dich billig freuen solltest,
O! guter Constant, bleibe still!
Der Deutsche dankt dir nicht, er weiß wohl, was
Der Franke weiß nicht, was du wolltest. [er will;

JOHANNA SEBUS

Zum Andenken der siebzehnjährigen Schönen Guten aus dem Dorfe
Brienen, die am 13. Januar 1809, bei dem Eisgange des Rheins und dem
großen Bruche des Dammes von Cleverham, Hilfe reichend unterging

Der Damm zerreißt, das Feld erbraust,
Die Fluten spülen, die Fläche saust.
»Ich trage dich, Mutter, durch die Flut,
Noch reicht sie nicht hoch, ich wate gut.« –
»Auch uns bedenke, bedrängt wie wir sind,
Die Hausgenossin, drei arme Kind!
Die schwache Frau!... Du gehst davon!«
Sie trägt die Mutter durchs Wasser schon.
»Zum Bühle da rettet euch! harret derweil;
Gleich kehr ich zurück, uns allen ist Heil.
Zum Bühl ists noch trocken und wenige Schritt;
Doch nehmt auch mir meine Ziege mit!«

Der Damm zerschmilzt, das Feld erbraust,
Die Fluten wühlen, die Fläche saust.
 Sie setzt die Mutter auf sichres Land,
 Schön Suschen, gleich wieder zur Flut gewandt.
 »Wohin? Wohin? Die Breite schwoll,
 Des Wassers ist hüben und drüben voll.
 Verwegen ins Tiefe willst du hinein!«
 »Sie sollen und müssen gerettet sein!«

Der Damm verschwindet, die Welle braust,
Eine Meereswoge, sie schwankt und saust.
 Schön Suschen schreitet gewohnten Steg,
 Umströmt auch gleitet sie nicht vom Weg,
 Erreicht den Bühl und die Nachbarin;
 Doch der und den Kindern kein Gewinn!

Der Damm verschwand, ein Meer erbrausts,
Den kleinen Hügel im Kreis umsausts.
 Da gähnet und wirbelt der schäumende Schlund
 Und ziehet die Frau mit den Kindern zu Grund;
 Das Horn der Ziege faßt das ein',
 So sollten sie alle verloren sein!
 Schön Suschen steht noch strack und gut:
 Wer rettet das junge, das edelste Blut!
 Schön Suschen steht noch wie ein Stern;
 Doch alle Werber sind alle fern.
 Rings um sie her ist Wasserbahn,
 Kein Schifflein schwimmet zu ihr heran.
 Noch einmal blickt sie zum Himmel hinauf,
 Da nehmen die schmeichelnden Fluten sie auf.

Kein Damm, kein Feld! Nur hier und dort
Bezeichnet ein Baum, ein Turn den Ort.
 Bedeckt ist alles mit Wasserschwall;
 Doch Suschens Bild schwebt überall. –
 Das Wasser sinkt, das Land erscheint,
 Und überall wird schön Suschen beweint. –
 Und dem sei, wers nicht singt und sagt,
 Im Leben und Tod nicht nachgefragt!

[In das Stammbuch von Bertha v. Loder]

Wie die Blüten heute dringen
Aus den aufgeschloßnen Zweigen,
Wie die Vögel heute singen
Aus durchsichtigen Gesträuchen,
So begleitet reis' und lebe
Und so freundlich nimm und gebe.

VERSUS MEMORIALES

ZU VERBREITUNG UND FESTHALTUNG DER ZWEI
WICHTIGSTEN NATÜRLICHEN SYSTEME

Natürliches System der Erze nach Oken

Flinze, wenig Erz enthalten's,
Halde, nu! die sind Gesalzens;
Malme sind gut durchgesotten,
Gelfe hättens bald getroffen.
So, mit mancherlei Gescherze,
Hätten wir die alten Erze.

Natürliches System des Organisch-Gebacknen nach Knebel

Leber ist nicht wert des Schmalzes,
Hering hat zu viel des Salzes,
Frösche sind zum Frühlingsfeste,
Fische dennoch sind die beste.
Und mit diesen laß im Stiche
Niemals uns des Freundes Küche!

[In das Stammbuch der Frau v. Berg, geb. v. Sievers]

Wie es dampft und braust und sprühet
Aus der unbekannten Gruft!
Von geheimem Feuer glühet
Heilsam Wasser, Erd und Luft.

Hilfsbedürftge Schar vermehrt sich
Täglich um den Wunderort,
Und im stillen heilt und nährt sich
Unser Herz an Freundes Wort.

PROBLEM

»Warum ist alles so rätselhaft?
Hier ist das Wollen, hier ist die Kraft;
Das Wollen will, die Kraft ist bereit,
Und daneben die schöne, lange Zeit.«
So seht doch hin, wo die gute Welt
Zusammenhält!
Seht hin, wo sie auseinanderfällt!

RECHENSCHAFT

Der Meister

Frisch! der Wein soll reichlich fließen!
Nichts Verdrießlichs weh uns an!
Sage, willst du mit genießen,
Hast du deine Pflicht getan?

Einer

Zwei recht gute junge Leute
Liebten sich nur gar zu sehr,
Gestern zärtlich, wütend heute,
Morgen wär es noch viel mehr;
Senkte sie hier das Genicke,
Dort zerrauft' er sich das Haar;
Alles bracht ich ins Geschicke,
Und sie sind ein glücklich Paar.

Chor

Sollst uns nicht nach Weine lechzen!
Gleich das volle Glas heran!

LYRISCHE DICHTUNGEN

Denn das Ächzen und das Krächzen
Hast du heut schon abgetan.

Einer

Warum weinst du, junge Waise?
»Gott! ich wünschte mir das Grab;
Denn mein Vormund, leise, leise,
Bringt mich an den Bettelstab.«
Und ich kannte das Gelichter,
Zog den Schächer vor Gericht,
Streng und brav sind unsre Richter,
Und das Mädchen bettelt nicht.

Chor

Sollst uns nicht nach Weine lechzen!
Gleich das volle Glas heran!
Denn das Ächzen und das Krächzen
Hast du heut schon abgetan.

Einer

Einem armen, kleinen Kegel,
Der sich nicht besonders regt,
Hat ein ungeheurer Flegel
Heute grob sich aufgelegt.
Und ich fühlte mich ein Mannsen,
Ich gedachte meiner Pflicht,
Und ich hieb dem langen Hansen
Gleich die Schmarre durchs Gesicht.

Chor

Sollst uns nicht nach Weine lechzen!
Gleich das volle Glas heran!
Denn das Ächzen und das Krächzen
Hast du heut schon abgetan.

Einer

Wenig hab ich nur zu sagen:
Denn ich habe nichts getan.

1806–1810 WEIMAR

Ohne Sorgen, ohne Plagen
Nahm ich mich der Wirtschaft an;
Doch ich habe nichts vergessen,
Ich gedachte meiner Pflicht:
Alle wollten sie zu essen,
Und an Essen fehlt' es nicht.

Chor

Sollst uns nicht nach Weine lechzen!
Gleich das volle Glas heran!
Denn das Ächzen und das Krächzen
Hast du heut schon abgetan.

Einer

Einer wollte mich erneuen,
Macht' es schlecht: verzeih mir Gott!
Achselzucken, Kümmereien!
Und er hieß ein Patriot.
Ich verfluchte das Gewäsche,
Rannte meinen alten Lauf.
Narre! wenn es brennt, so lösche,
Hats gebrannt, bau wieder auf!

Chor

Sollst uns nicht nach Weine lechzen!
Gleich das volle Glas heran!
Denn das Ächzen und das Krächzen
Hast du heut schon abgetan.

Meister

Jeder möge so verkünden,
Was ihm heute wohlgelang!
Das ist erst das rechte Zünden,
Daß entbrenne der Gesang.
Keinen Druckser hier zu leiden,
Sei ein ewiges Mandat!
Nur die Lumpe sind bescheiden,
Brave freuen sich der Tat.

LYRISCHE DICHTUNGEN

Chor

Keiner soll nach Weine lechzen!
Gleich das volle Glas heran!
Denn das Ächzen und das Krächzen
Haben wir nun abgetan.

Drei Stimmen

Heiter trete jeder Sänger,
Hochwillkommen, in den Saal:
Denn nur mit dem Grillenfänger
Halten wirs nicht liberal;
Fürchten hinter diesen Launen,
Diesem ausstaffierten Schmerz,
Diesen trüben Augenbraunen
Leerheit oder schlechtes Herz.

Chor

Niemand soll nach Weine lechzen!
Doch kein Dichter soll heran,
Der das Ächzen und das Krächzen
Nicht zuvor hat abgetan!

ERGO BIBAMUS!

Hier sind wir versammelt zu löblichem Tun,
 Drum, Brüderchen! *Ergo bibamus*.
Die Gläser sie klingen, Gespräche sie ruhn,
 Beherziget *Ergo bibamus*.
Das heißt noch ein altes, ein tüchtiges Wort,
Es passet zum ersten und passet so fort,
Und schallet ein Echo vom festlichen Ort,
 Ein herrliches *Ergo bibamus!*

Ich hatte mein freundliches Liebchen gesehn,
 Da dacht ich mir: *Ergo bibamus*.

1806–1810 WEIMAR 591

Und nahte mich traulich, da ließ sie mich stehn;
 Ich half mir und dachte: *Bibamus.*
Und wenn sie versöhnet euch herzet und küßt,
Und wenn ihr das Herzen und Küssen vermißt,
So bleibet nur, bis ihr was Besseres wißt,
 Beim tröstlichen *Ergo bibamus.*

Mich ruft das Geschick von den Freunden hinweg;
 Ihr Redlichen! *Ergo bibamus.*
Ich scheide von hinnen mit leichtem Gepäck,
 Drum doppeltes *Ergo bibamus.*
Und was auch der Filz von dem Leibe sich schmorgt,
So bleibt für den Heitern doch immer gesorgt,
Weil immer dem Frohen der Fröhliche borgt;
 Drum, Brüderchen! *Ergo bibamus.*

Was sollen wir sagen zum heutigen Tag?
 Ich dächte nur: *Ergo bibamus.*
Er ist nun einmal von besonderem Schlag,
 Drum immer aufs neue: *Bibamus.*
Er führet die Freude durchs offene Tor,
Es glänzen die Wolken, es teilt sich der Flor,
Da leuchtet ein Bildchen, ein göttliches, vor;
 Wir klingen und singen: *Bibamus.*

KATZENPASTETE

 Bewährt den Forscher der Natur
 Ein frei und ruhig Schauen,
 So folge Meßkunst seiner Spur
 Mit Vorsicht und Vertrauen.

 Zwar mag in Einem Menschenkind
 Sich beides auch vereinen;
 Doch, daß es zwei Gewerbe sind,
 Das läßt sich nicht verneinen.

*

Es war einmal ein braver Koch,
Geschickt im Appretieren;
Dem fiel es ein, er wollte doch
Als Jäger sich gerieren.

Er zog bewehrt zu grünem Wald,
Wo manches Wildbret hauste,
Und einen Kater schoß er bald,
Der junge Vögel schmauste.

Sah ihn für einen Hasen an
Und ließ sich nicht bedeuten,
Pastete viel Würze dran
Und setzt' ihn vor den Leuten.

Doch manche Gäste das verdroß,
Gewisse feine Nasen:
Die Katze, die der Jäger schoß,
Macht nie der Koch zum Hasen.

DAS TAGEBUCH

– aliam tenui, sed iam quum gaudia adirem,
Admonuit dominae deseruitque Venus.
[Tibull I, 5. v. 39. 40]

Wir hörens oft und glaubens wohl am Ende:
Das Menschenherz sei ewig unergründlich,
Und wie man auch sich hin und wider wende,
So sei der Christe wie der Heide sündlich.
Das Beste bleibt, wir geben uns die Hände
Und nehmens mit der Lehre nicht empfindlich;
Denn zeigt sich auch ein Dämon, uns versuchend,
So waltet was, gerettet ist die Tugend.

Von meiner Trauten lange Zeit entfernet,
Wie's öfters geht, nach irdischem Gewinne,
Und was ich auch gewonnen und gelernet,

1806–1810 WEIMAR 593

So hatt ich doch nur immer Sie im Sinne;
Und wie zu Nacht der Himmel erst sich sternet,
Erinnrung uns umleuchtet ferner Minne:
So ward im Federzug des Tags Ereignis
Mit süßen Worten ihr ein freundlich Gleichnis.

Ich eilte nun zurück. Zerbrochen sollte
Mein Wagen mich noch eine Nacht verspäten;
Schon dacht ich mich, wie ich zu Hause rollte,
Allein da war Geduld und Werk vonnöten.
Und wie ich auch mit Schmied und Wagner tollte,
Sie hämmerten, verschmähten, viel zu reden.
Ein jedes Handwerk hat nun seine Schnurren,
Was blieb mir nun? Zu weilen und zu murren.

So stand ich nun. Der Stern des nächsten Schildes
Berief mich hin, die Wohnung schien erträglich.
Ein Mädchen kam, des seltensten Gebildes,
Das Licht erleuchtend. Mir ward gleich behäglich.
Hausflur und Treppe sah ich als ein Mildes,
Die Zimmerchen erfreuten mich unsäglich.
Den sündigen Menschen, der im Freien schwebet –
Die Schönheit spinnt, sie ists, die ihn umwebet.

Nun setzt ich mich zu meiner Tasch und Briefen
Und meines Tagebuchs Genauigkeiten,
Um so wie sonst, wenn alle Menschen schliefen,
Mir und der Trauten Freude zu bereiten;
Doch weiß ich nicht, die Tintenworte liefen
Nicht so wie sonst in alle Kleinigkeiten:
Das Mädchen kam, des Abendessens Bürde
Verteilte sie gewandt mit Gruß und Würde.

Sie geht und kommt; ich spreche, sie erwidert;
Mit jedem Wort erscheint sie mir geschmückter.
Und wie sie leicht mir nun das Huhn zergliedert,
Bewegend Hand und Arm, geschickt, geschickter –
Was auch das tolle Zeug in uns befiedert –

Genug, ich bin verworrner, bin verrückter,
Den Stuhl umwerfend, spring ich auf und fasse
Das schöne Kind; sie lispelt: »Lasse, lasse!

Die Muhme drunten lauscht, ein alter Drache,
Sie zählt bedächtig des Geschäfts Minute;
Sie denkt sich unten, was ich oben mache,
Bei jedem Zögern schwenkt sie frisch die Rute.
Doch schließe deine Türe nicht und wache,
So kommt die Mitternacht uns wohl zugute.«
Rasch meinem Arm entwindet sie die Glieder,
Und eilet fort und kommt nur dienend wieder;

Doch blickend auch! So daß aus jedem Blicke
Sich himmlisches Versprechen mir entfaltet.
Den stillen Seufzer drängt sie nicht zurücke,
Der ihren Busen herrlicher gestaltet.
Ich sehe, daß am Ohr, um Hals und Gnicke
Der flüchtigen Röte Liebesblüte waltet,
Und da sie nichts zu leisten weiter findet,
Geht sie und zögert, sieht sich um, verschwindet.

Der Mitternacht gehören Haus und Straßen,
Mir ist ein weites Lager aufgebreitet,
Wovon den kleinsten Teil mir anzumaßen
Die Liebe rät, die alles wohl bereitet;
Ich zaudre noch, die Kerzen auszublasen,
Nun hör ich sie, wie leise sie auch gleitet,
Mit gierigem Blick die Hochgestalt umschweif ich,
Sie senkt sich her, die Wohlgestalt ergreif ich.

Sie macht sich los: »Vergönne, daß ich rede,
Damit ich dir nicht völlig fremd gehöre.
Der Schein ist wider mich; sonst war ich blöde,
Stets gegen Männer setzt ich mich zur Wehre.
Mich nennt die Stadt, mich nennt die Gegend spröde;
Nun aber weiß ich, wie das Herz sich kehre:

1806–1810 WEIMAR 595

Du bist mein Sieger, laß dichs nicht verdrießen,
Ich sah, ich liebte, schwur dich zu genießen.

Du hast mich rein, und wenn ichs besser wüßte,
So gäb ichs dir; ich tue, was ich sage.«
So schließt sie mich an ihre süßen Brüste,
Als ob ihr nur an meiner Brust behage.
Und wie ich Mund und Aug und Stirne küßte,
So war ich doch in wunderbarer Lage:
Denn der so hitzig sonst den Meister spielet,
Weicht schülerhaft zurück und abgekühlet.

Ihr scheint ein süßes Wort, ein Kuß zu gnügen,
Als wär es alles, was ihr Herz begehrte.
Wie keusch sie mir, mit liebevollem Fügen,
Des süßen Körpers Fülleform gewährte!
Entzückt und froh in allen ihren Zügen
Und ruhig dann, als wenn sie nichts entbehrte.
So ruht ich auch, gefällig sie beschauend,
Noch auf den Meister hoffend und vertrauend.

Doch als ich länger mein Geschick bedachte,
Von tausend Flüchen mir die Seele kochte,
Mich selbst verwünschend, grinsend mich belachte,
Nichts besser ward, wie ich auch zaudern mochte,
Da lag sie schlafend, schöner als sie wachte;
Die Lichter dämmerten mit langem Dochte.
Der Tages-Arbeit, jugendlicher Mühe
Gesellt sich gern der Schlaf und nie zu frühe.

So lag sie himmlisch an bequemer Stelle,
Als wenn das Lager ihr allein gehörte,
Und an die Wand gedrückt, gequetscht zur Hölle,
Ohnmächtig jener, dem sie nichts verwehrte.
Vom Schlangenbisse fällt zunächst der Quelle
Ein Wandrer so, den schon der Durst verzehrte.
Sie atmet lieblich holdem Traum entgegen;
Er hält den Atem, sie nicht aufzuregen.

Gefaßt bei dem, was ihm noch nie begegnet,
Spricht er zu sich: So mußt du doch erfahren,
Warum der Bräutigam sich kreuzt und segnet,
Vor Nestelknüpfen scheu sich zu bewahren.
Weit lieber da, wo's Hellebarden regnet,
Als hier im Schimpf! So war es nicht vor Jahren,
Als deine Herrin dir zum ersten Male
Vors Auge trat im prachterhellten Saale.

Da quoll dein Herz, da quollen deine Sinnen,
So daß der ganze Mensch entzückt sich regte.
Zum raschen Tanze trugst du sie von hinnen,
Die kaum der Arm und schon der Busen hegte,
Als wolltest du dir selbst sie abgewinnen;
Vervielfacht war, was sich für sie bewegte:
Verstand und Witz und alle Lebensgeister
Und rascher als die andern jener Meister.

So immerfort wuchs Neigung und Begierde,
Brautleute wurden wir im frühen Jahre,
Sie selbst des Maien schönste Blum und Zierde;
Wie wuchs die Kraft zur Lust im jungen Paare!
Und als ich endlich sie zur Kirche führte,
Gesteh ichs nur, vor Priester und Altare,
Vor deinem Jammerkreuz, blutrünstiger Christe,
Verzeih mirs Gott, es regte sich der Iste.

Und ihr, der Brautnacht reiche Bettgehänge,
Ihr Pfühle, die ihr euch so breit erstrecktet,
Ihr Teppiche, die Lieb und Lustgedränge
Mit euren seidnen Fittichen bedecktet!
Ihr Käfigvögel, die durch Zwitscher-Sänge
Zu neuer Lust und nie zu früh uns wecktet!
Ihr kanntet uns, von eurem Schutz umfriedet,
Teilnehmend sie, mich immer unermüdet.

Und wie wir oft sodann im Raub genossen
Nach Buhlenart des Ehstands heilge Rechte,

1806–1810 WEIMAR 597

Von reifer Saat umwogt, vom Rohr umschlossen,
An manchem Unort, wo ichs mich erfrechte,
Wir waren augenblicklich, unverdrossen
Und wiederholt bedient vom braven Knechte!
Verfluchter Knecht, wie unerwecklich liegst du!
Und deinen Herrn ums schönste Glück betriegst du.

Doch Meister Iste hat nun seine Grillen
Und läßt sich nicht befehlen, noch verachten,
Auf einmal ist er da, und ganz im stillen
Erhebt er sich zu allen seinen Prachten;
So steht es nun dem Wandrer ganz zu Willen,
Nicht lechzend mehr am Quell zu übernachten.
Er neigt sich hin, er will die Schläferin küssen,
Allein er stockt, er fühlt sich weggerissen.

Wer hat zur Kraft ihn wieder aufgestählt,
Als jenes Bild, das ihm auf ewig teuer,
Mit dem er sich in Jugendlust vermählet?
Dort leuchtet her ein frisch erquicklich Feuer,
Und wie er erst in Ohnmacht sich gequälet,
So wird nun hier dem Starken nicht geheuer;
Er schaudert weg, vorsichtig, leise, leise
Entzieht er sich dem holden Zauberkreise,

Sitzt, schreibt: »Ich nahte mich der heimischen Pforte,
Entfernen wollten mich die letzten Stunden,
Da hab ich nun, am sonderbarsten Orte,
Mein treues Herz aufs neue dir verbunden.
Zum Schlusse findest du geheime Worte:
Die Krankheit erst bewähret den Gesunden.
Dies Büchlein soll dir manches Gute zeigen,
Das Beste nur muß ich zuletzt verschweigen.«

Da kräht der Hahn. Das Mädchen schnell entwindet
Der Decke sich und wirft sich rasch ins Mieder.
Und da sie sich so seltsam wiederfindet,
So stutzt sie, blickt und schlägt die Augen nieder;

Und da sie ihm zum letztenmal verschwindet,
Im Auge bleiben ihm die schönen Glieder.
Das Posthorn tönt, er wirft sich in den Wagen
Und läßt getrost sich zu der Liebsten tragen.

Und weil zuletzt bei jeder Dichtungsweise
Moralien uns ernstlich fördern sollen,
So will auch ich in so beliebtem Gleise
Euch gern bekennen, was die Verse wollen:
Wir stolpern wohl auf unsrer Lebensreise,
Und doch vermögen in der Welt, der tollen,
Zwei Hebel viel aufs irdische Getriebe:
Sehr viel die Pflicht, unendlich mehr die Liebe!

1810 Reise nach Böhmen

DER KAISERIN ANKUNFT

Den 6. Juni 1810

Zu des einzigen Tages Feste
Schmückt euch alle, windet Kränze!
Daß für Heimische, für Gäste
Herrlicher das Tal erglänze,
Dem ein neuer Frühling weht.
Väter, Mütter, Töchter, Söhne,
Auf! Ein frohes Lied ertöne,
Alles um euch her verschöne
Den Empfang der Majestät!

Hier im waldbewachsnen Tale,
Das so mancher Fremde segnet,
Weil mit heilsam heißer Schale
Die Genesung ihm begegnet
Und ihm frisches Leben schafft,
Muß in tiefen Felsenschlünden
Feuer sich mit Wasser binden,
Klüften siedend sich entwinden;
Neue Kräfte wirkt die Kraft.

Dem Genesnen, dem Gesunden
Bieten sich so manche Schätze.
Daß der Freund den Freund gefunden,
Zeugen die erwählten Plätze,
Wie Erinnrung köstlich sei.
Und so wurden Wald und Wiese
Zum bewohnten Paradiese,
Daß ein jeglicher genieße,
Sich empfinde froh und frei.

Aber heute neu mit Machten
Sprudle, Quell, aus deinen Höhlen!
Faltet aus die frischen Prachten,
Ihr, des grünen Tals Juwelen,
Holde Blumen, euren Flor!
Und ihr Sprossen dieser Gauen,
Kinder, eilt sie anzuschauen,
Blickt mit Wonne, mit Vertrauen
Zu der Herrlichen empor!

Sie, die Tausenden gehöret,
Sie erwählt euch, sie ist euer!
Ihr umgebt sie unverwehret;
Gnädig gönnt sie dieser Feier
Mutterblicke hoch und mild.
Dränget euch, ihr jungen Scharen!
Dem, der früh solch Glück erfahren,
Wächst an Glanz, von Jahr zu Jahren,
Der Erinnrung Himmelsbild.

Was in segensreicher Enge
Diese Kaiserstadt umwallet,
Was in fröhlichem Gedränge
Seit Jahrhunderten erschallet,
Werde diesem Tag zuteil!
Alles Wohl, das hier gequollen,
Alle Lust, die hier erschollen,
Ruft herab mit feuervollen
Segenswünschen, ihr zum Heil!

DER KAISERIN BECHER

Den 10. Juni 1810

Dich, klein geblümt Gefäß, mit Schmuck und Leben
Des Blumenflores malerisch zu umwinden,
Ist zwar zu spät; doch unser Glück zu künden,
Soll nun von Worten dich ein Kranz umgeben.

Und möcht er auch so zierlich dich umschweben,
Wie ihn die Grazien, die Musen binden;
Rein auszusprechen, was wir rein empfinden,
Ist für den Dichter selbst vergeblich Streben.

Den Lippen, denen Huld und Gunst entquellen,
Von denen Freundlichkeit und Frohsinn wirken,
Hast du, beglückt Gefäß! dich nähern dürfen;

Gekostet haben sie die heißen Wellen. –
O möchten sie aus unsern Lustbezirken
Des Lebens Balsam frisch erquicklich schlürfen!

DER KAISERIN PLATZ
Den 19. Juni 1810

Wenn vor dem Glanz, der um die Herrin schwebet,
Das Volk sich teilt in drängendem Gewühle,
Dann gleich um sie sich neu zu sammeln strebet,
Stumm erst und staunend, dann im Hochgefühle
Mit Leberuf den Widerhall belebet:
So sprecge nun die Nymphe dieser Kühle
Zu jedem still empfindenden Gemüte
Von ihrer Anmut, Heiterkeit und Güte.

Ehrwürdger Fels! der sich vom Himmelsblauen
Herab dem Tale reich bemoost vermählte,
Am schattengrünen Berg, ihr bunten Auen!
Die längst zum Bilde sich der Künstler wählte,
Ihr ließt euch stets geschmückt und fröhlich schauen;
Doch immer wars, als ob euch Eines fehlte:
Nun sie auf euch mit Huld und Neigung blicket,
Nun wißt ihr erst, warum ihr euch geschmücket.

Die Sonne wird, o Nymphe! bald sich senken,
An die du mit uns allen dich verwöhnet;
Nicht ohne Schmerz läßt sie entfernt sich denken.

O möchte sie, nach der sich alles sehnet,
Hieher den Weg, froh wiederkehrend, lenken!
O möchtest du, wenn du dich neu verschönet,
In deinem zweigumwölbten, luftgen Saale
Sie wiedersehn, sie sehn mit dem Gemahle!

DER KAISERIN ABSCHIED
Den 22. Juni 1810

Lasset uns die Nacht erhellen
Abermals mit bunten Feuern!
Die von Felsen, die von Wellen
Widerglänzend ihr beteuern
Unsrer treuen Wünsche Glut.
Abermals zur Morgenstunde
Sammle sich die bunte Menge!
Stimme fröhliche Gesänge;
Von dem Herzen zu dem Munde
Ströme neuer Lebensmut!

Hörner schallen, Fahnen fliegen,
Trommeln künden frohe Feier;
Aber ach! auf allen Zügen
Liegt es wie der Wolkenschleier,
Der um Gipfel sich getan.
Und so sprichts aus trüben Blicken:
Sie, die unser sich bemeistert,
Uns erhoben, uns begeistert,
Ach! sie zieht in Augenblicken
Langsam scheidend berghinan.

Die, zu uns herniedersteigend,
Mit uns wandelt unsre Pfade,
Unsrem Gruße freundlich neigend,
Die allseitig heitre Gnade,
Sie zu missen, welch ein Schmerz! –
Tröstet euch! auch sie empfindet,

1810 REISE NACH BÖHMEN

Und die Muse solls euch sagen:
Denn die Muse darf es wagen,
Die das Innre wohl ergründet,
Auch zu blicken ihr ins Herz.

»An der Kluft, vom Fels umschlossen,
Dem der größte Schatz entquillet;
Bei dem Volk, das unverdrossen
Junggewohnte Pflicht erfüllet,
Allen dient um kleinen Lohn;
In dem menschenreichen Tale,
Dem von allen Ort- und Enden
Hilfsbedürftge zu sich wenden,
Herrsch ich nun im grünen Saale,
Herrsche von dem Blumenthron.

Und so seh ich Abgesandte
Vieler Völker, die mich ehren;
Freunde find ich, Nahverwandte,
Die ganz eigens mir gehören,
Und so nenn ich alles mein.
Ja, durch Neigung mir verbunden,
Fühlt sich jeder aufgeheitert;
Auch mir ist das Herz erweitert,
Und die Freiheit dieser Stunden
Wird mir unvergeßlich sein.

Keine Blumen soll man streuen,
Da ich mit Bedauern scheide.
Geh, o Muse! sag den Treuen,
Daß ich selbst mit ihnen leide:
Schnell war mir die Stunde da.
Laßt verstummen alle Lieder;
Doch auf euern Lippen schwebet
Jener Wunsch, der mich belebet.
Wenn ihr lispelt: Kehre wieder!
Habt ihr gleich mein offnes Ja.«

Auf denn, Muse! zu verkünden,
Was die *Frau* dir aufgetragen. –
Lasset alle Nebel schwinden!
Laßt die schönste Sonne tagen!
Weil ein jeder hoffen mag.
Die ihr traurig sie begleitet,
Eilt entzückt ihr dann entgegen;
Und ihr bringt auf neuen Wegen,
Kaiserlich umhergeleitet,
Sie herab am schönsten Tag.

[Von Goethe?]

Sieh, wir segnen dich, wir bringen
Dir ein bleibendes Geschick,
Und auf himmlisch reinen Schwingen
Ruhet über dir das Glück.

BLUMENGRUSS

Der Strauß, den ich gepflücket,
Grüße dich vieltausendmal!
Ich habe mich oft gebücket,
Ach, wohl eintausendmal,
Und ihn ans Herz gedrücket
Wie hunderttausendmal!

MAILIED

Zwischen Weizen und Korn,
Zwischen Hecken und Dorn,
Zwischen Bäumen und Gras,
Wo gehts Liebchen?
Sag mir das!

Fand mein Holdchen
Nicht daheim;

Muß das Goldchen
Draußen sein.
Grünt und blühet
Schön der Mai,
Liebchen ziehet
Froh und frei.

An dem Felsen beim Fluß,
Wo sie reichte den Kuß,
Jenen ersten im Gras,
Seh ich etwas!
Ist sie das?

[Kanon]

O wie lallt das Kind so faul!
Hat den Brei noch nicht verschluckt,
Den ihm die Mutter strich ins Maul.

[An die Prinzessin Christine v. Ligne]

Ein klein Papier hast du mir abgewonnen,
Ich war auf größeres gefaßt;
Denn viel gewinnst du wohl, worauf du nicht
Worum du nicht gewettet hast. [gesonnen,

[Parabolisch]

Sie saugt mit Gier verrätrisches Getränke
Unabgesetzt, vom ersten Zug verführt;
Sie fühlt sich wohl, und längst sind die Gelenke
Der zarten Beinchen schon paralysiert,
Nicht mehr gewandt, die Flügelchen zu putzen,
Nicht mehr geschickt, das Köpfchen aufzustutzen –
Das Leben so sich im Genuß verliert.
Zum Stehen kaum wird noch das Füßchen taugen;
So schlürft sie fort, und mitten unterm Saugen
Umnebelt ihr der Tod die tausend Augen.

1810–1812 Weimar

ANTIKRITIK

Armer Tobis, tappst am Stabe
Siebenfarbiger Trödeleien,
Kannst dich jener Himmelsgabe
Reinen Lichtes nicht erfreuen;

Nicht erlustigen dich im Schatten,
Wo mit urgebotner Liebe
Licht und Finsternis sich gatten,
Zu verherrlichen die Trübe.

Werd ihm doch die kräftge Salbe,
Diesem Armen, bald gesendet,
Dem die theoretische Schwalbe
Augenkraft und -Lust geblendet.

Newtonisch Weiß den Kindern vorzuzeigen,
Die pädagogischem Ernst so gern sich neigen,
Trat einst ein Lehrer auf, mit Schwungrads Possen;
Auf selbem war ein Farbenkreis geschlossen.
Das dorlte nun. »Betracht es mir genau!
Was siehst du, Knabe?« Nun, was seh ich? *Grau!*
»Du siehst nicht recht! Glaubst du, daß ich das leide?
Weiß, dummer Junge, *Weiß!* so sagts *Mollweide*.«

GOTT, GEMÜT UND WELT

In wenig Stunden
Hat Gott das Rechte gefunden.

Wer Gott vertraut,
Ist schon auferbaut.

Sogar dies Wort hat nicht gelogen:
Wen Gott betriegt, der ist wohl betrogen.

Das *Unser Vater*, ein schön Gebet,
Es dient und hilft in allen Nöten;
Wenn einer auch *Vater Unser* fleht,
In Gottes Namen, laß ihn beten.

Ich wandle auf weiter, bunter Flur
Ursprünglicher Natur;
Ein holder Born, in welchem ich bade,
Ist Überlieferung, ist Gnade.

Was wär ein Gott, der nur von außen stieße,
Im Kreis das All am Finger laufen ließe!
Ihm ziemts, die Welt im Innern zu bewegen,
Natur in Sich, Sich in Natur zu hegen,
So daß, was in Ihm lebt und webt und ist,
Nie Seine Kraft, nie Seinen Geist vermißt.

Im Innern ist ein Universum auch;
Daher der Völker löblicher Gebrauch,
Daß jeglicher das Beste, was er kennt,
Er Gott, ja seinen Gott benennt,
Ihm Himmel und Erden übergibt,
Ihn fürchtet, und womöglich liebt.

Wie? Wann? und Wo? – Die Götter bleiben stumm!
Du halte dich ans *Weil*, und frage nicht *Warum?*

1810–1812 WEIMAR

Willst du ins Unendliche schreiten,
Geh nur im Endlichen nach allen Seiten.

Willst du dich am Ganzen erquicken,
So mußt du das Ganze im Kleinsten erblicken.

Aus tiefem Gemüt, aus der Mutter Schoß
Will manches dem Tage entgegen;
Doch soll das Kleine je werden groß,
So muß es sich rühren und regen.

Da, wo das Wasser sich entzweit,
Wird zuerst Lebendigs befreit.

Und wird das Wasser sich entfalten,
Sogleich wird sichs lebendig gestalten;
Da wälzen sich Tiere, sie trocknen zum Flor,
Und Pflanzen-Gezweige, sie dringen hervor.

Durchsichtig erscheint die Luft so rein
Und trägt im Busen Stahl und Stein.
Entzündet werden sie sich begegnen;
Da wirds Metall und Steine regnen.

Denn was das Feuer lebendig erfaßt,
Bleibt nicht mehr Unform und Erdenlast.
Verflüchtigt wird es und unsichtbar,
Eilt hinauf, wo erst sein Anfang war.

Und so kommt wieder zur Erde herab,
Dem die Erde den Ursprung gab.
Gleicherweise sind wir auch gezüchtigt:
Einmal gefestet, einmal verflüchtigt.

Und wer durch alle die Elemente,
Feuer, Luft, Wasser und Erde, rennte,
Der wird zuletzt sich überzeugen,
Er sei kein Wesen ihresgleichen.

»Was will die Nadel nach Norden gekehrt?«
Sich selbst zu finden, es ist ihr verwehrt.

Die endliche Ruhe wird nur verspürt,
Sobald der Pol den Pol berührt.

Drum danket Gott, ihr Söhne der Zeit,
Daß er die Pole für ewig entzweit.

Magnetes Geheimnis, erkläre mir das!
Kein größer Geheimnis als Lieb und Haß.

Wirst du deinesgleichen kennen lernen,
So wirst du dich gleich wieder entfernen.

Warum tanzen Bübchen mit Mädchen so gern?
Ungleich dem Gleichen bleibet nicht fern.

Sind Könige je zusammengekommen,
So hat man immer nur Unheil vernommen.

Dagegen die Bauern in der Schenke
Prügeln sich gleich mit den Beinen der Bänke.

Der Amtmann schnell das Übel stillt,
Weil er nicht ihresgleichen gilt.

Soll dein Kompaß dich richtig leiten,
Hüte dich vor Magnetstein', die dich begleiten.

Verdoppelte sich der Sterne Schein,
Das All wird ewig finster sein.

»Und was sich zwischen beide stellt?«
Dein Auge, so wie die Körperwelt.

An der Finsternis zusammengeschrunden,
Wird dein Auge vom Licht entbunden.

1810–1812 WEIMAR 615

Schwarz und Weiß, eine Totenschau,
Vermischt ein niederträchtig Grau.

Will Licht einem Körper sich vermählen,
Es wird den ganz durchsichtgen wählen.

Du aber halte dich mit Liebe
An das Durchscheinende, das Trübe.

Denn steht das Trübste vor der Sonne,
Da siehst die herrlichste Purpur-Wonne.

Und will das Licht sich dem Trübsten entwinden,
So wird es glühend Rot entzünden.

Und wie das Trübe verdunstet und weicht,
Das Rote zum hellsten Gelb erbleicht.

Ist endlich der Äther rein und klar,
Ist das Licht weiß, wie es anfangs war.

Steht vor dem Finstern milchig Grau,
Die Sonne bescheints, da wird es Blau.

Auf Bergen, in der reinsten Höhe,
Tief Rötlichblau ist Himmelsnähe.

Du staunest über die Königspracht,
Und gleich ist sammetschwarz die Nacht.

Und so bleibt auch, in ewigem Frieden,
Die Finsternis vom Licht geschieden.

Daß sie miteinander streiten können,
Das ist eine bare Torheit zu nennen.

Sie streiten mit der Körperwelt,
Die sie ewig auseinander hält.

SPRICHWÖRTLICH

Wenn ich den Scherz will ernsthaft nehmen,
So soll mich niemand drum beschämen;
Und wenn ich den Ernst will scherzhaft treiben,
So werd ich immer derselbe bleiben.

Die Lust, zu reden, kommt zu rechter Stunde,
Und wahrhaft fließt das Wort aus Herz und Munde.

Ich sah mich um, an vielen Orten,
Nach lustigen gescheiten Worten;
An bösen Tagen mußt ich mich freuen,
Daß diese die besten Worte verleihen.

Willst lustig leben,
Geh mit zwei Säcken,
Einen zum Geben,
Einen um einzustecken.
Da gleichst du Prinzen,
Plünderst und beglückst Provinzen.

Was in der Zeiten Bildersaal
Jemals ist trefflich gewesen,
Das wird immer einer einmal
Wieder auffrischen und lesen.

Nicht jeder wandelt nur gemeine Stege:
Du siehst, die Spinnen bauen luftge Wege.

Ein Kranz ist gar viel leichter binden,
Als ihm ein würdig Haupt zu finden.

Wie die Pflanzen zu wachsen belieben,
Darin wird jeder Gärtner sich üben;
Wo aber des Menschen Wachstum ruht,
Dazu jeder selbst das Beste tut.

1810–1812 WEIMAR

Willst du dir aber das Beste tun,
So bleib nicht auf dir selber ruhn,
Sondern folg eines Meisters Sinn;
Mit ihm zu irren ist dir Gewinn.

Benutze redlich deine Zeit!
Willst was begreifen, suchs nicht weit.

Zwischen heut und morgen
Liegt eine lange Frist;
Lerne schnell besorgen,
Da du noch munter bist.

Die Tinte macht uns wohl gelehrt,
Doch ärgert sie, wo sie nicht hingehört.
Geschrieben Wort ist Perlen gleich;
Ein Tintenklecks ein böser Streich.

Wenn man fürs Künftige was erbaut,
Schief wirds von vielen angeschaut.
Tust du was für den Augenblick,
Vor allem opfre du dem Glück.

Tu nur das Rechte in deinen Sachen;
Das andre wird sich von selber machen.

Wenn jemand sich wohl im Kleinen deucht,
So denke: er hat ein Großes erreicht.

Glaube nur, du hast viel getan,
Wenn dir Geduld gewöhnest an.

Wer sich nicht nach der Decke streckt,
Dem bleiben die Füße unbedeckt.

Der Vogel ist froh in der Luft gemütet,
Wenn es da unten im Neste brütet.

Wenn ein kluger Mann der Frau befiehlt,
Dann sei es um ein Großes gespielt;
Will die Frau dem Mann befehlen,
So muß sie das Große im Kleinen wählen.

Welche Frau hat einen guten Mann,
Der sieht mans am Gesicht wohl an.

Eine Frau macht oft ein bös Gesicht,
Der gute Mann verdients wohl nicht.

Ein braver Mann! ich kenn ihn ganz genau:
Erst prügelt er, dann kämmt er seine Frau.

Ein schönes Ja, ein schönes Nein,
Nur geschwind! soll mir willkommen sein.

Januar, Februar, März,
 Du bist mein liebes Herz.
Mai, Juni, Juli, August,
 Mir ist nichts mehr bewußt.

Neu-Mond und geküßter Mund
Sind gleich wieder hell und frisch und gesund.

Mir gäb es keine größre Pein,
Wär ich im Paradies allein.

Es ließe sich alles trefflich schlichten,
Könnte man die Sachen zweimal verrichten.

Nur heute, heute nur laß dich nicht fangen,
So bist du hundertmal entgangen.

Gehts in der Welt dir endlich schlecht,
Tu, was du willst, nur habe nicht recht.

1810–1812 WEIMAR

Züchtge den Hund, den Wolf magst du peitschen;
Graue Haare sollst du nicht reizen.

Am Flusse kannst du stemmen und häkeln;
Überschwemmung läßt sich nicht mäkeln.

Tausend Fliegen hatt ich am Abend erschlagen;
Doch weckte mich Eine beim frühsten Tagen.

Wüßte nicht, was sie Bessers erfinden könnten,
Als wenn die Lichter ohne Putzen brennten.

Lief' das Brot, wie die Hasen laufen,
Es kostete viel Schweiß, es zu kaufen.

Will Vogelfang dir nicht geraten,
So magst du deinen Schuhu braten.

Du mußt dich niemals mit Schwur vermessen:
Von dieser Speise will ich nicht essen.

Wer aber recht bequem ist und faul,
Flög dem eine gebratne Taube ins Maul,
Er würde höchlich sich verbitten,
Wär sie nicht auch geschickt zerschnitten.

Freigebig ist der mit seinen Schritten,
Der kommt, von der Katze Speck zu erbitten.

Hast deine Kastanien zu lange gebraten;
Sie sind dir alle zu Kohlen geraten.

Das sind mir allzu böse Bissen,
An denen die Gäste erwürgen müssen.

Das ist eine von den großen Taten,
Sich in seinem eignen Fett zu braten.

Gesotten oder gebraten!
Er ist ans Feuer geraten.

Gebraten oder gesotten!
Ihr sollt nicht meiner spotten.
Was ihr euch heute getröstet,
Ihr seid doch morgen geröstet.

Wer Ohren hat, soll hören;
Wer Geld hat, solls verzehren.

Der Mutter schenk ich,
Die Tochter denk ich.

Kleid' eine Säule,
Sie sieht wie ein Fräule.

Schlaf ich, so schlaf ich mir bequem;
Arbeit ich, ja, ich weiß nicht wem.

Ganz und gar
Bin ich ein armer Wicht.
Meine Träume sind nicht wahr,
Und meine Gedanken geraten nicht.

Mit meinem Willen mags geschehn! –
Die Träne wird mir in dem Auge stehn.

Wohl unglückselig ist der Mann,
Der unterläßt das, was er kann,
Und unterfängt sich, was er nicht versteht;
Kein Wunder, daß er zugrunde geht.

Du trägst sehr leicht, wenn du nichts hast;
Aber Reichtum ist eine leichtere Last.

Alles in der Welt läßt sich ertragen,
Nur nicht eine Reihe von schönen Tagen.

1810–1812 WEIMAR

Was räucherst du nun deinem Toten?
Hättst du's ihm so im Leben geboten!

Ja! Wer eure Verehrung nicht kennte:
Euch, nicht ihm, baut ihr Monumente.

Will einer in die Wüste predgen,
Der mag sich von sich selbst erledgen;
Spricht aber einer zu seinen Brüdern,
Dem werden sie's oft schlecht erwidern.

Laß Neid und Mißgunst sich verzehren,
Das Gute werden sie nicht wehren.
Denn, Gott sei Dank! es ist ein alter Brauch:
Soweit die Sonne scheint, so weit erwärmt sie auch.

Das Interim
Hat den Schalk hinter ihm.
Wie viel Schälke muß es geben,
Da wir alle *ad interim* leben.

Was fragst du viel: Wo wills hinaus?
Wo oder wie kanns enden?
Ich dächte, Freund, du bliebst zu Haus
Und sprächst mit deinen Wänden.

Viele Köche versalzen den Brei;
Bewahr uns Gott vor vielen Dienern!
Wir aber sind, gesteht es frei,
Ein Lazarett von Medizinern.

Ihr meint, ich hätt mich gewaltig betrogen;
Habs aber nicht aus den Fingern gesogen.

Noch spukt der babylonsche Turm,
Sie sind nicht zu vereinen!
Ein jeder Mann hat seinen Wurm,
Kopernikus den seinen.

Denn bei den alten, lieben Toten
Braucht man Erklärung, will man Noten;
Die Neuen glaubt man blank zu verstehn,
Doch ohne Dolmetsch wirds auch nicht gehn.

Sie sagen: Das mutet mich nicht an!
Und meinen, sie hättens abgetan.

In meinem Revier
Sind Gelehrte gewesen;
Außer ihrem eignen Brevier
Konnten sie keines lesen.

Viel Rettungsmittel bietest du! was heißts?
Die beste Rettung: Gegenwart des Geists!

Laß nur die Sorge sein,
Das gibt sich alles schon;
Und fällt der Himmel ein,
Kommt doch eine Lerche davon.

Dann ist einer durchaus verarmt,
Wenn die Scham den Schaden umarmt.

Du treibst mirs gar zu toll,
Ich fürcht, es breche!
Nicht jeden Wochenschluß
Macht Gott die Zeche.

Du bist sehr eilig, meiner Treu!
Du suchst die Tür, und läufst vorbei.

Sie glauben, miteinander zu streiten,
Und fühlen das Unrecht von beiden Seiten.

Habens gekauft, es freut sie baß;
Eh mans denkt, so betrübt sie das.

1810–1812 WEIMAR 623

Willst du nichts Unnützes kaufen,
Mußt du nicht auf den Jahrmarkt laufen.

Langeweile ist ein böses Kraut,
Aber auch eine Würze, die viel verdaut.

Wird uns eine rechte Qual zuteil,
Dann wünschen wir uns Langeweil.

Daß sie die Kinder erziehen könnten,
Müßten die Mütter sein wie Enten:
Sie schwämmen mit ihrer Brut in Ruh;
Da gehört aber freilich Wasser dazu.

Das junge Volk, es bildet sich ein,
Sein Tauftag sollte der Schöpfungstag sein.
Möchten sie doch zugleich bedenken,
Was wir ihnen als Eingebinde schenken.

»Nein! heut ist mir das Glück erbost!« –
Du, sattle gut und reite getrost!

Über ein Ding wird viel geplaudert,
Viel beraten und lange gezaudert,
Und endlich gibt ein böses Muß
Der Sache widrig den Beschluß.

Eine Bresche ist jeder Tag,
Die viele Menschen erstürmen.
Wer auch in die Lücke fallen mag,
Die Toten sich niemals türmen.

Wenn einer schiffet und reiset,
Sammelt er nach und nach immer ein,
Was sich am Leben, mit mancher Pein,
Wieder ausschälet und weiset.

Der Mensch erfährt, er sei auch, wer er mag,
Ein letztes Glück und einen letzten Tag.

Das Glück deiner Tage
Wäge nicht mit der Goldwage.
Wirst du die Krämer-Wage nehmen,
So wirst du dich schämen und dich bequemen.

Hast du einmal das Rechte getan
Und sieht ein Feind nur Scheeles daran,
So wird er gelegentlich, spät oder früh,
Dasselbe tun, er weiß nicht wie.

Willst du das Gute tun, mein Sohn,
So lebe nur lange, da gibt sichs schon;
Solltest du aber zu früh ersterben,
Wirst du von Künftigen Dank erwerben.

Was gibt uns wohl den schönsten Frieden,
Als frei am eignen Glück zu schmieden?

Laßt mir die jungen Leute nur
Und ergetzt euch an ihren Gaben!
Es will doch Großmama Natur
Manchmal einen närrischen Einfall haben.

Ungebildet waren wir unangenehm;
Jetzt sind uns die Neuen sehr unbequem.

Wo Anmaßung mir wohlgefällt?
An Kindern: denen gehört die Welt.

Ihr zählt mich immer unter die Frohen;
Erst lebt ich roh, jetzt unter den Rohen.
Den Fehler, den man selbst geübt,
Man auch wohl an dem andern liebt.

1810-1812 WEIMAR 625

Willst du mit mir hausen,
So laß die Bestie draußen.

Wollen die Menschen Bestien sein,
So bringt nur Tiere zur Stube herein;
Das Widerwärtige wird sich mindern,
Wir sind eben alle von Adams Kindern.

Mit Narren leben wird dir gar nicht schwer,
Erhalte nur ein Tollhaus um dich her.

Sag mir, was ein Hypochondrist
Für ein wunderlicher Kunstfreund ist.
In Bildergalerien geht er spazieren
Vor lauter Gemälden, die ihn vexieren.

Der Hypochonder ist bald kuriert,
Wenn euch das Leben recht kujoniert.

Du sollst mit dem Tode zufrieden sein,
Warum machst du dir das Leben zur Pein?

Kein tolleres Versehn kann sein,
Gibst einem ein Fest und lädst ihn nicht ein.

Da siehst du nun, wie's einem geht,
Weil sich der Beste von selbst versteht.

Wenn ein Edler gegen dich fehlt,
So tu, als hättest du's nicht gezählt;
Er wird es in sein Schuldbuch schreiben
Und dir nicht lange im Debet bleiben.

Suche nicht vergebne Heilung!
Unsrer Krankheit schwer Geheimnis
Schwankt zwischen Übereilung
Und zwischen Versäumnis.

Ja, schelte nur und fluche fort,
Es wird sich Beßres nie ergeben;
Denn Trost ist ein absurdes Wort:
Wer nicht verzweiflen kann, der muß nicht leben.

Ich soll nicht auf den Meister schwören,
Und immerfort den Meister hören!
Nein, ich weiß, er kann nicht lügen,
Will mich gern mit ihm betrügen.

Mich freuen die vielen Guten und Tüchtgen,
Obgleich so viele dazwischen belfen.
Die Deutschen wissen zu berichtgen,
Aber sie verstehen nicht nachzuhelfen.

»Du kommst nicht ins Ideen-Land!«
So bin ich doch am Ufer bekannt.
Wer die Inseln nicht zu erobern glaubt,
Dem ist Ankerwerfen doch wohl erlaubt.

Meine Dichterglut war sehr gering,
Solang ich dem Guten entgegen ging;
Dagegen brannte sie lichterloh,
Wenn ich vor drohendem Übel floh.

Zart Gedicht, wie Regenbogen,
Wird nur auf dunklen Grund gezogen;
Darum behagt dem Dichtergenie
Das Element der Melancholie.

Kaum hatt ich mich in die Welt gespielt
Und fing an aufzutauchen,
Als man mich schon so vornehm hielt,
Mich zu mißbrauchen.

Wer dem Publikum dient, ist ein armes Tier;
Er quält sich ab, niemand bedankt sich dafür.

1810–1812 WEIMAR

Gleich zu sein unter Gleichen,
Das läßt sich schwer erreichen:
Du müßtest, ohne Verdrießen,
Wie der Schlechteste zu sein dich entschließen.

Man kann nicht immer zusammenstehn,
Am wenigsten mit großen Haufen.
Seine Freunde, die läßt man gehn,
Die Menge läßt man laufen.

Du magst an dir das Falsche nähren,
Allein wir lassen uns nicht stören;
Du kannst uns loben, kannst uns schelten,
Wir lassen es nicht für das Rechte gelten.

Man soll sich nicht mit Spöttern befassen;
Wer will sich für 'nen Narren halten lassen!
Darüber muß man sich aber zerreißen,
Daß man Narren nicht darf Narren heißen.

Christkindlein trägt die Sünden der Welt,
Sankt Christoph das Kind über Wasser hält;
Sie haben es beid uns angetan,
Es geht mit uns von vornen an.

Efeu und ein zärtlich Gemüt
Heftet sich an und grünt und blüht.
Kann es weder Stamm noch Mauer finden,
Es muß verdorren, es muß verschwinden.

Zierlich Denken und süß Erinnern
Ist das Leben im tiefsten Innern.

Ich träumt und liebte sonnenklar;
Daß ich lebte, ward ich gewahr.

Wer recht will tun, immer und mit Lust,
Der hege wahre Lieb in Sinn und Brust.

»Wann magst du dich am liebsten bücken?«
Dem Liebchen Frühlingsblume zu pflücken.

Doch das ist gar kein groß Verdienst,
Denn Liebe bleibt der höchste Gewinst.

Die Zeit, sie mäht so Rosen als Dornen,
Aber das treibt immer wieder von vornen.

Genieße, was der Schmerz dir hinterließ!
Ist Not vorüber, sind die Nöte süß.

Viele Lieb hab ich erlebet,
Wenn ich liebelos gestrebet;
Und Verdrießliches erworben,
Wenn ich fast für Lieb gestorben.
So du es zusammengezogen,
Bleibet *Saldo* dir gewogen.

Tut dir jemand was zulieb,
Nur geschwinde, gib nur, gib.
Wenige getrost erwarten
Dankesblume aus stillem Garten.

Doppelt gibt, wer gleich gibt,
Hundertfach, der gleich gibt,
Was man wünscht und liebt.

»Warum zauderst du so mit deinen Schritten?«
Nur ungern mag ich ruhn;
Will ich aber was Gutes tun,
Muß ich erst um Erlaubnis bitten.

Was willst du lange vigilieren,
Dich mit der Welt herumvexieren?
Nur Heiterkeit und grader Sinn
Verschafft dir endlichen Gewinn.

Wem wohl das Glück die schönste Palme beut?
Wer freudig tut, sich des Getanen freut.

Gleich ist alles versöhnt;
Wer redlich ficht, wird gekrönt.

Du wirkest nicht, alles bleibt so stumpf.
Sei guter Dinge!
Der Stein im Sumpf
Macht keine Ringe.

In des Weinstocks herrliche Gaben
Gießt ihr mir schlechtes Gewässer!
Ich soll immer unrecht haben,
Und weiß es besser.

Was ich mir gefallen lasse?
Zuschlagen muß die Masse,
Dann ist sie respektabel;
Urteilen gelingt ihr miserabel.

Es ist sehr schwer oft zu ergründen,
Warum wir das angefangen;
Wir müssen oft Belohnung finden,
Daß es uns schlecht ergangen.

Seh ich an andern große Eigenschaften,
Und wollen die an mir auch haften,
So werd ich sie in Liebe pflegen;
Gehts nicht, so tu ich was anders dagegen.

Ich, Egoist! – Wenn ichs nicht besser wüßte!
Der Neid, das ist der Egoiste;
Und was ich auch für Wege geloffen,
Aufm Neidpfad habt ihr mich nie betroffen.

Nicht über Zeit- noch Landgenossen
Mußt du dich beklagen;

Nachbarn werden ganz andere Possen,
Und auch Künftige, über dich sagen.

Im Vaterlande
Schreibe, was dir gefällt:
Da sind Liebesbande,
Da ist deine Welt.

Draußen zu wenig oder zu viel,
Zu Hause nur ist Maß und Ziel.

Warum werden die Dichter beneidet?
Weil Unart sie zuweilen kleidet,
Und in der Welt ists große Pein,
Daß wir nicht dürfen unartig sein.

So kommt denn auch das Dichtergenie
Durch die Welt, und weiß nicht wie.
Guten Vorteil bringt ein heitrer Sinn;
Andern zerstört Verlust den Gewinn.

»Immer denk ich: mein Wunsch ist erreicht,
Und gleich gehts wieder anders her!«
Zerstückle das Leben, du machst dirs leicht;
Vereinige es, und du machst dirs schwer.

»Bist du denn nicht auch zugrunde gerichtet?
Von deinen Hoffnungen trifft nichts ein!«
Die Hoffnung ists, die sinnet und dichtet,
Und da kann ich noch immer lustig sein.

Nicht alles ist an Eins gebunden;
Seid nur nicht mit euch selbst im Streit!
Mit Liebe endigt man, was man erfunden;
Was man gelernt, mit Sicherheit.

Wer uns am strengsten kritisiert?
Ein Dilettant, der sich resigniert.

1810–1812 WEIMAR

Durch Vernünfteln wird Poesie vertrieben,
Aber sie mag das Vernünftige lieben.

»Wo ist der Lehrer, dem man glaubt?«
Tu, was dir dein kleines Gemüt erlaubt.

Glaubst dich zu kennen, wirst Gott nicht erkennen,
Auch wohl das Schlechte göttlich nennen.

Wer Gott ahnet, ist hoch zu halten,
Denn er wird nie im Schlechten walten.

Machts einander nur nicht sauer;
Hier sind wir gleich, Baron und Bauer.

Warum uns Gott so wohlgefällt?
Weil er sich uns nie in den Weg stellt.

Wie wollten die Fischer sich nähren und retten,
Wenn die Frösche sämtlich Zähne hätten?

Wie Kirschen und Beeren behagen,
Mußt du Kinder und Sperlinge fragen.

»Warum hat dich das schöne Kind verlassen?«
Ich kann sie darum doch nicht hassen:
Sie schien zu fürchten und zu fühlen,
Ich werde das Prävenire spielen.

Glaube mir gar und ganz
Mädchen, laß deine Bein' in Ruh;
Es gehört mehr zum Tanz
Als rote Schuh.

Was ich nicht weiß,
Macht mich nicht heiß.
Und was ich weiß,
Machte mich heiß,

Wenn ich nicht wüßte,
Wie's werden müßte.

Oft, wenn dir jeder Trost entflieht,
Mußt du im stillen dich bequemen.
Nur dann, wenn dir Gewalt geschieht,
Wird die Menge an dir Anteil nehmen;
Ums Unrecht, das dir widerfährt,
Kein Mensch den Blick zur Seite kehrt.

Was ärgerst du dich über fälschlich Erhobne!
Wo gäb es denn nicht Eingeschobne?

Worauf alles ankommt? Das ist sehr simpel!
Vater, verfüge, ehs dein Gesind spürt!
Dahin oder dorthin flattert ein Wimpel,
Steuermann weiß, wohin euch der Wind führt.

Eigenheiten, die werden schon haften;
Kultiviere deine Eigenschaften.

Viel Gewohnheiten darfst du haben,
Aber keine Gewohnheit!
Dies Wort, unter des Dichters Gaben,
Halte nicht für Torheit.

Das Rechte, das ich viel getan,
Das ficht mich nun nicht weiter an;
Aber das Falsche, das mir entschlüpft,
Wie ein Gespenst mir vor Augen hüpft.

Gebt mir zu tun,
Das sind reiche Gaben!
Das Herz kann nicht ruhn,
Will zu schaffen haben.

Ihrer viele wissen viel,
Von der Weisheit sind sie weit entfernt.

Andre Leute sind euch ein Spiel;
Sich selbst hat niemand ausgelernt.

»Man hat ein Schimpf-Lied auf dich gemacht;
Es hats ein böser Feind erdacht.«

Laß sie's nur immer singen,
Denn es wird bald verklingen.

Dauert nicht so lang in den Landen
Als das: Christ ist erstanden.

Das dauert schon 1800 Jahr
Und ein paar drüber, das ist wohl wahr!

Wer ist denn der souveräne Mann?
Das ist bald gesagt:
Der, den man nicht hindern kann,
Ob er nach Gutem oder Bösem jagt.

Entzwei' und gebiete! Tüchtig Wort;
Verein' und leite! Beßrer Hort.

Magst du einmal mich hintergehen,
Merk ichs, so laß ichs wohl geschehen;
Gestehst du mirs aber ins Gesicht,
In meinem Leben verzeih ichs nicht.

Nicht größern Vorteil wüßt ich zu nennen,
Als des Feindes Verdienst erkennen.

»Hat man das Gute dir erwidert?«
Mein Pfeil flog ab, sehr schön befiedert;
Der ganze Himmel stand ihm offen,
Er hat wohl irgendwo getroffen.

»Was schnitt dein Freund für ein Gesicht?«
Guter Geselle, das versteh ich nicht.

Ihm ist wohl sein süß Gesicht verleidet,
Daß er heut saure Gesichter schneidet.

Ihr sucht die Menschen zu benennen
Und glaubt, am Namen sie zu kennen.
Wer tiefer sieht, gesteht sich frei,
Es ist was Anonymes dabei.

»Mancherlei hast du versäumet:
Statt zu handeln, hast geträumet,
Statt zu danken, hast geschwiegen,
Solltest wandern, bliebest liegen.«

Nein, ich habe nichts versäumet!
Wißt ihr denn, was ich geträumet?
Nun will ich zum Danke fliegen,
Nur mein Bündel bleibe liegen.

Heute geh ich. Komm ich wieder,
Singen wir ganz andre Lieder.
Wo so viel sich hoffen läßt,
Ist der Abschied ja ein Fest.

Was soll ich viel lieben, was soll ich viel hassen?
Man lebt nur vom leben lassen.

Nichts leichter, als dem Dürftigen schmeicheln;
Wer mag aber ohne Vorteil heucheln?

»Wie konnte *der* denn *das* erlangen?«
Er ist auf Fingerchen gegangen.

Sprichwort bezeichnet Nationen;
Mußt aber erst unter ihnen wohnen.

Erkenne dich! – Was soll das heißen?
Es heißt: Sei nur! und sei auch nicht!

1810–1812 WEIMAR 635

Es ist eben ein Spruch der lieben Weisen,
Der sich in der Kürze widerspricht.

Erkenne dich! – Was hab ich da für Lohn?
Erkenn ich mich, so muß ich gleich davon.

Als wenn ich auf den Maskenball käme
Und gleich die Larve vom Angesicht nähme.

Andre zu kennen, das mußt du probieren,
Ihnen zu schmeicheln oder sie zu vexieren.

»Warum magst du gewisse Schriften nicht lesen?«
Das ist auch sonst meine Speise gewesen;
Eilt aber die Raupe sich einzuspinnen,
Nicht kann sie mehr Blättern Geschmack abgewinnen.

Was dem Enkel so wie dem Ahn frommt,
Darüber hat man viel geträumet;
Aber worauf eben alles ankommt,
Das wird vom Lehrer gewöhnlich versäumet.

Verweile nicht und sei dir selbst ein Traum,
Und wie du reisest, danke jedem Raum,
Bequeme dich dem Heißen wie dem Kalten;
Dir wird die Welt, du wirst ihr nie veralten.

Ohne Umschweife
Begreife,
Was dich mit der Welt entzweit;
Nicht will sie Gemüt, will Höflichkeit.

Gemüt muß verschleifen,
Höflichkeit läßt sich mit Händen greifen.

Was eben wahr ist allerorten,
Das sag ich mit ungescheuten Worten.

Nichts taugt Ungeduld,
Noch weniger Reue;
Jene vermehrt die Schuld,
Diese schafft neue.

Daß von diesem wilden Sehnen,
Dieser reichen Saat von Tränen
Götterlust zu hoffen sei,
Mache deine Seele frei!

Der entschließt sich doch gleich,
Den heiß' ich brav und kühn!
Er springt in den Teich,
Dem Regen zu entfliehn.

Daß Glück ihm günstig sei,
Was hilfts dem Stöffel?
Denn regnets Brei,
Fehlt ihm der Löffel.

Dichter gleichen Bären,
Die immer an eignen Pfoten zehren.

Die Welt ist nicht aus Brei und Mus geschaffen,
Deswegen haltet euch nicht wie Schlaraffen;
Harte Bissen gibt es zu kauen:
Wir müssen erwürgen oder sie verdauen.

Ein kluges Volk wohnt nah dabei,
Das immerfort sein Bestes wollte;
Es gab dem niedrigen Kirchturm Brei,
Damit er größer werden sollte.

Sechsundzwanzig Groschen gilt mein Taler!
Was heißt ihr mich denn einen Prahler?
Habt ihr doch andre nicht gescholten,
Deren Groschen einen Taler gegolten.

Niederträchtigers wird nichts gereicht,
Als wenn der Tag den Tag erzeugt.

Was hat dir das arme Glas getan?
Sieh deinen Spiegel nicht so häßlich an.

Liebesbücher und Jahrgedichte
Machen bleich und hager;
Frösche plagten, sagt die Geschichte,
Pharaonem auf seinem Lager.

So schließen wir, daß in die Läng
Euch nicht die Ohren gellen;
Vernunft ist hoch, Verstand ist streng,
Wir rasseln drein mit Schellen.

Diese Worte sind nicht alle in Sachsen,
Noch auf meinem eignen Mist gewachsen;
Doch, was für Samen die Fremde bringt,
Erzog ich im Lande gut gedüngt.

Und selbst den Leuten *du bon ton*
Ist dieses Büchlein lustig erschienen:
Es ist kein *Globe de Compression*,
Sind lauter Flatterminen.

In Jena weiß man viele Sachen,
Nur nicht aus Essig Wein zu machen.

Und was bleibt denn an dem Leben,
Wenn es alles ging zu Funken,
Wenn die Ehre mit dem Streben
Alles ist im Quark versunken.

Und doch kann dich nichts vernichten,
Wenn, Vergänglichem zum Trotze,
Willst dein Sehnen ewig richten
Erst zur Flasche, dann zur...

SCHWEIZERLIED
[Volkslied-Umdichtung]

Ufm Bergli
Bin i gesässe,
Ha de Vögle
Zugeschaut;
Hänt gesunge,
Hänt gesprunge,
Hänt 's Nestli
Gebaut.

In ä Garte
Bin i gestande,
Ha de Imbli
Zugeschaut;
Hänt gebrummet,
Hänt gesummet,
Hänt Zelli
Gebaut.

Uf d' Wiese
Bin i gange,
Lugt i Summer -
Vögle a;
Hänt gesoge,
Hänt gefloge,
Gar z' schön hänt s'
Getan.

Und da kummt nu
Der Hansel,
Und da zeig i
Em froh,
Wie sie's mache,
Und mer lache
Und mache 's
Au so.

1810–1812 WEIMAR

ANNONCE

»Ein Hündchen wird gesucht,
Das weder murrt noch beißt,
Zerbrochene Gläser frißt
Und Diamanten.......«

Glückselig ist, wer Liebe rein genießt,
Weil doch zuletzt das Grab so Lieb als Haß
 verschließt.

Es ist ein schlechter Zeitvertreib,
Ramdohr- und Speth- und Schreibergeschreib;
Was sie alles gegen mich sagen,
Wird wohl am Abend vorgetragen.
Wie nickt das Haupt, wie schmeckt die Ruh,
Kommt nun noch Atterbom dazu.

*

Derselbe setzt sich zu Gericht,
Hat gar eine eigne Kunstgeschicht.

*

Das hören wir alles ohne Scherz
In jener Gesellschaft für Geist und Herz.

[Zu Wolkes Sprachlehre]

So soll die orthographische Nacht
Doch endlich auch ihren Tag erfahren;
Der Freund, der so viel Worte macht,
Er will es an den Buchstaben sparen.

Es hat ein hübsches Maidel
Nur allzuviel zu tun,
Der Bursche trinkt manch Seidel

LYRISCHE DICHTUNGEN

Und kann hernach nicht ruhn.
Und wenn sie dann sich trafen,
Wer kann dann was dafür?
Er hat den Rausch verschlafen,
Der Rausch, er schläft mit ihr.

ÜBER ****
JUNIUS AN DIE NACHKOMMEN
PROLOGUS

Soviel wir von ihm zu sagen wissen,
So hat er zuerst in die Windeln geschissen;
Als Kind hat er, zum Trotz uns allen,
Gar manche Löcher in Kopf gefallen;
Als Jüngling hat er sich branliert,
Und als Student auch renommiert;
Dabei hat er bei guten Sitten
Auch schrecklich an der Krätze gelitten.
Nachdem er von solchen Übeln frei,
Legt er sich ein hübsch Mädchen bei,
Die macht ihm gelegentlich bekannt
Das heilige Holz aus fremdem Land.
Dadurch ward er nun präpariert,
Daß Staaten würden durch ihn regiert.
Wie schlecht er getan, wie schlecht's ihm
Wird reihenweise nun angefangen. [gegangen,

DAS BLUMENCHOR
Zum 30. Januar 1812

Wir begegnen dem Entzücken,
Wie es jeder fühlen mag,
Und mit kindlich heitern Blicken
Grüßen wir den schönsten Tag.

Die Blumen, in den Wintertagen,
Versammeln froh sich hier zuhauf,
Mit heitern Blicken uns zu sagen:
An *ihrem* Fest blüht alles auf.

ZUM 16. FEBRUAR 1812

Wer Marmor hier und Erz und Elfenbein erblickt,
Und was noch sonst von Stoff die edle Kunst beschickt,
Der denkt: Wie möchten wir mit emsigem Fleiß
Und treuem Sinn das alles umgestalten,
In tausend Bildern *ihren* hohen Preis
Und unsre Liebe zu entfalten!

GROSS IST DIE DIANA DER EPHESER
Apostelgeschichte 19, 39

Zu Ephesus ein Goldschmied saß
In seiner Werkstatt, pochte,
So gut er konnt, ohn Unterlaß,
So zierlich ers vermochte.
Als Knab und Jüngling kniet' er schon
Im Tempel vor der Göttin Thron
Und hatte den Gürtel unter den Brüsten,
Worin so manche Tiere nisten,
Zu Hause treulich nachgefeilt,
Wie's ihm der Vater zugeteilt;
Und leitete sein kunstreich Streben
In frommer Wirkung durch das Leben.

Da hört er denn auf einmal laut
Eines Gassenvolkes Windesbraut,
Als gäbs einen Gott so im Gehirn,
Da! hinter des Menschen alberner Stirn,
Der sei viel herrlicher als das Wesen,
An dem wir die Breite der Gottheit lesen.

Der alte Künstler horcht nur auf,
Läßt seinen Knaben auf den Markt den Lauf,
Feilt immer fort an Hirschen und Tieren,
Die seiner Gottheit Kniee zieren,
Und hofft, es könnte das Glück ihm walten,
Ihr Angesicht würdig zu gestalten.

*

Wills aber einer anders halten,
So mag er nach Belieben schalten;
Nur soll er nicht das Handwerk schänden,
Sonst wird er schlecht und schmählich enden.

1812 Reise nach Böhmen

1973. Reise nach Bhutan

IHRO DES KAISERS VON ÖSTERREICH
MAJESTÄT

Er kommt! Er naht! – Wie fühlt bei diesem Schalle
Die Seele gleich sich ahnungsvoll bedingt!
Doch schon befreien sich die Herzen alle
Durch Leberuf, davon der Fels erklingt.
Nun, Muse! streue gleich auf die im Schwalle
Bewegte Volksflut, die den Herrn umringt,
Den Samen aus zu würdiger Beachtung
Des Augenblicks und ewiger Betrachtung.

Denn wendet er in seinen weiten Reichen
Den Blick umher nach mannigfaltgem Gut,
So übersieht er Fülle sondergleichen,
Die über allem ausgebreitet ruht;
Wo Ebne sich verflächet, Berge steigen,
Der Ähre Gold, der edlen Rebe Blut,
Und scharenweis zum Nutzen eingehändigt
Der Tiere Herden, die der Mensch gebändigt.

Und wo die großen Flüsse sich ergießen
Durch überbreites, reichbebautes Land,
Mit schnellen Fluten manche Städte grüßen,
Dort hält er gern das Auge hingewandt.
Nun laß er auch des Vaterblicks genießen
Die tiefe Stadt, die kühn sich unterwand,
In enge Schlucht sich notgedrungen setzte,
Vielleicht die kleinste, keineswegs die letzte.

Weil dieses Tal, von Bergen rings umfriedet,
Ein ungeheures Wunder sich erzeugt,

LYRISCHE DICHTUNGEN

Wo heimlich, seit Urjahren unermüdet,
Heilsam Gewässer durch die Klüfte schleicht,
In tiefen Höhlen ohne Feuer siedet
Und ohne Fall hoch in die Lüfte steigt
Und, wenn des Wirkens Leidenschaft gestillet,
Die Felsen bildet, denen es entquillet.

In tiefer Wildnis dieser Täler schreckte
Des Jägers Horn die scheuen Wilde kaum.
Er war es, der den Wunderquell entdeckte,
Und Böhmens Karl belebt den stummen Raum.
Ein jeder, der zu bauen sich erkeckte
Auf heißem Boden, an der Schlünde Saum,
Und ferneher nun die Erkrankten ladet,
Sieht sich mit Wald und Feld und Trift begnadet.

So hat fortan, mit immer regem Streben,
Natur und Kunst viel Tausenden genützt.
Was Gott dem Bürger in die Hand gegeben,
Wenn es der Fürst begünstigt und beschützt,
Dann bleibt fürwahr ein unverwüstlich Leben,
Indem der Sohn dem Vater nachbesitzt.
Geschlechter widerstehn der größten Plage
Und blühn und wachsen bis zum spätsten Tage.

Vollständig ist jedoch kein Glück zu nennen,
Wenn bei so manchem Gut das höchste fehlt;
Wir durften das nur in der Ferne kennen,
Und Jahre haben wir umsonst gezählt.
Erst heute mögen wir getrost bekennen,
Wie solch ein Mangel uns bisher gequält;
Heut fühlen wir entbehrter Regung Wonne:
Der Blick des Herrn, er ist die zweite Sonne.

Erhabne Gegenwart! die heute gründet,
Was lange schon der Wunsch im stillen war.
Beamte, Bürger, wechselseits entzündet,
Beeifern sich im neuen Jubeljahr,

1812 REISE NACH BÖHMEN 647

Und jeder macht die Kraft, die er sich findet,
Nach allen Seiten tätig offenbar,
Und nun erscheint, damit der Herr sich freue,
Das Alte fest und lebenvoll das Neue.

Selbst jener wilde Quell, den tief im Grunde
Kein Menschenwitz und keine Kraft beschwor,
Ergrimmt nicht mehr am eingezwängten Schlunde,
Ihm läßt die Weisheit nun ein offnes Tor;
Damit der fernste Pilger hier gesunde,
Wirft sprudelnd frei er volle Kraft hervor,
Zerreißt nicht mehr die selbstgewölbten Decken;
Nur heilen will er künftig, nicht erschrecken.

Und wo die Brunnen lau und milder wallen,
Befiehlt der Herr, soll es auch heiter sein.
Schon richten sich empor geraume Hallen,
Behauner Stamm fügt sich geviertem Stein.
Des Herren Preis wird stets daselbst erschallen:
Er gab uns diesen Raum, er lud uns ein!
Uns wird die Not nicht mehr zusammendrängen,
Behaglich soll das Wandeln sich verlängen.

Von seines Auges mildem Blick entbrennet
Ein heilig Feuer, das uns nie entweicht;
Und wie man erst des Sommers Kräfte kennet,
Wenn sich im Herbst der Trauben Fülle zeigt,
So zeige sich, wenn er von uns getrennet,
Der Segen wirksam, den er uns gereicht,
Und werde so, beim glücklichsten Ereignis,
Die kleine Stadt des großen Reiches Gleichnis.

IHRO DER KAISERIN VON ÖSTERREICH
MAJESTÄT

Wie lange harren wir gewisser Kunde!
Wie ist das Zweifeln bang, die Hoffnung süß!

LYRISCHE DICHTUNGEN

Noch schwebt sie vor, die unwillkommne Stunde,
Da uns die Frau, die herrliche, verließ
Und uns das letzte Wort vom Gnadenmunde
Die Wiederkehr, die baldige, verhieß;
Wir sollten ja in diesem stillen Tale
Sie wiedersehn, sie sehn mit dem Gemahle.

Doch solch ein Wort läßt immer noch in Sorgen,
Und leider waren wir zu sehr verwöhnt;
Erinnerten an jedem heitren Morgen,
Wie sie uns einst den schönsten Tag verschönt
Und unser Leben, häuslich sonst verborgen,
Mit Herrlichkeit der Majestät gekrönt.
Es war geschehn! Sie war uns nun entrissen,
Und wo sie ging, wird man sie stets vermissen.

Der starre Fels, er scheint sich noch zu neigen
Vor ihrer Hoheit, ihrer Majestät;
Die Stämme wiegen sich, in allen Zweigen
Von ihrer Anmut lind und leis umweht;
Die Blumen, die ihr Haupt im Grünen beugen,
Erhebens forschend, wo vielleicht sie geht?
Und mit den Büschen, die ihr Blüten streuen,
Wetteifern all die Herzen ihrer Treuen.

Und wenn sie sich im weiten Reich beweget,
Nach jeder Richtung wird sogleich gefragt;
Wenn dann der Weg sie in die Ferne träget,
Vereitelt Hoffen bitterlich beklagt,
Und immer neu die Hoffnung aufgereget:
Sie wird erfüllen, was sie zugesagt;
Erst soll es ihr und dem Gemahle glücken,
Die Tochter und den Eidam zu erblicken.

Es ist geschehn! Im seligsten Momente
Begegnet sich der liebevolle Blick,
Und was die Donau ernst und schmerzlich trennte,
Gibt wonnevoll die Elbe nun zurück.

1812 REISE NACH BÖHMEN

Wer ist es, ders in Worte fassen könnte?
Begünstigt ist der Höchsten größtes Glück,
Im Drang der ahnungsvollsten Weltgewühle
Die elterlichen, kindlichen Gefühle.

Auf hoher Burg sodann ein festlich Prangen
Erhebt den Geist und überrascht den Sinn:
Denn Böhmens Hauptstadt soll das Glück erlangen,
Des höchsten Anblicks einzigen Gewinn;
Der Vater will die Tochter dort empfangen,
Der Kaiser Östreichs Frankreichs Kaiserin.
So wird er sie am Tag der Freude führen,
Die herrlich Fremdgewordne, zu den Ihren.

So nah gerückt sollt es vorüberrollen,
Ein Glück, das dann wohl immer sich verliert?
Nein! Ihr versagt es nicht den Hoffnungsvollen,
Sie rufen aus, was sie im Tiefsten rührt:
Wie unsre Brunnen immer treu gequollen,
So unser Herz dem, der das Szepter führt,
Und unser Tun, wie wir die Gäste pflegen,
Verdienet seinen Blick und seinen Segen.

Nun endlich meldet würdevoll Geläute
Der Majestäten feierliches Nahn,
Und an des Berges ausgeglichner Seite
Rückt schon der Zug den Kaiserweg heran;
Die Menge schwillt in wogenhafter Breite,
Zu seiner Herrscher Blick drängt sie hinan.
Verstumme, Lied! und laßt in vollen Chören
Den Freuderuf entzückten Busens hören!

IHRO DER KAISERIN VON FRANKREICH
MAJESTÄT

Sieht man den schönsten Stern die Nacht erhellen,
So wird das Auge wie das Herz erquickt;

Doch wenn, in seltnen, langersehnten Fällen,
Ein herrliches Gestirn zum andern rückt,
Die nahverwandten Strahlen sich gesellen,
Dann weilt ein jeder schauend, hochentzückt;
So unser Blick, wie er hinauf sich wendet,
Wird vom Verein der Majestät geblendet.

Wir denken noch, wie sie hinweggezogen,
Der Eltern Lust, die holde Friedensbraut;
Schon beugten sich des Rheines edle Wogen,
Die beiden Ufer lächelten vertraut;
So freut die Erde sich am Himmelsbogen
Von farbigen Juwelen aufgebaut,
Der, wenn er schon vor unsern Augen schwindet,
Den Frieden sichert, den er angekündet.

Im neuen Reich empfängt sie das Behagen
Von Millionen, die aus düstrer Nacht
Aufschauen wieder zu gesunden Tagen,
Zum festen Leben abermals erwacht.
Ein jeder fühlt sein Herz gesichert schlagen
Und staunet nun, denn alles ist vollbracht:
Die holde Braut in lebensreichem Scheine –
Was Tausende verwirrten, löst der Eine.

Worüber trüb Jahrhunderte gesonnen,
Er übersiehts in hellstem Geisteslicht,
Das Kleinliche ist alles weggeronnen,
Nur Meer und Erde haben hier Gewicht;
Ist jenem erst das Ufer abgewonnen,
Daß sich daran die stolze Woge bricht,
So tritt durch weisen Schluß, durch Machtgefechte
Das feste Land in alle seine Rechte.

Und wenn dem Helden alles zwar gelungen,
Den das Geschick zum Günstling auserwählt,
Und ihm vor allen alles aufgedrungen,
Was die Geschichte jemals aufgezählt,

1812 REISE NACH BÖHMEN

Ja reichlicher, als Dichter je gesungen! –
Ihm hat bis jetzt das Höchste noch gefehlt;
Nun steht das Reich gesichert wie geründet,
Nun fühlt er froh im Sohne sich gegründet.

Und daß auch diesem eigne Hoheit gnüge,
Ist Roma selbst zur Wächterin bestellt.
Die Göttin, hehr, an ihres Königs Wiege,
Denkt abermal das Schicksal einer Welt.
Was sind hier die Trophäen aller Siege,
Wo sich der Vater in dem Sohn gefällt?
Zusammen werden sie des Glücks genießen,
Mit milder Hand den Janustempel schließen.

Sie, die zum Vorzug einst als Braut gelanget,
Vermittlerin nach Götterart zu sein,
Als Mutter, die, den Sohn im Arme, pranget,
Befördre neuen, dauernden Verein;
Sie kläre, wenn die Welt im Düstern banget,
Den Himmel auf zu ewgem Sonnenschein!
Uns sei durch sie dies letzte Glück beschieden –
Der alles wollen kann, will auch den Frieden.

ELEONORE

Wenns jemand ziemt, zu sprechen mit Vertrauen,
So ziemt es mir: ich stelle heut den Chor
Gebildeter und liebevoller Frauen,
Der sich so gern um *sie* versammelt, vor.
Mir ist vergönnt, an *ihr* hinaufzuschauen,
Mich zu erquicken an dem frischen Flor,
Der jede Stunde neuen Wert betätigt
Und Frauenwürde ewiglich bestätigt.

[Sprichwörtlich]

Und wärst du auch zum fernsten Ort,
Zur kleinsten Hütte durchgedrungen,
Was hilft es dir? du findest dort
Tabak und böse Zungen.

AN HERRN ABBATE BONDI

Aus jenen Ländern echten Sonnenscheines
Beglückten oft mich Gaben der Gefilde:
Agrumen reizend, Feigen süß und milde,
Der Mandeln Milch, die Feuerkraft des Weines.

So manches Musenwerk erregte meines
Nordländschen Geistes innigste Gebilde,
Wie an Achilleus' lebensreichem Schilde
Erfreut ich mich des günstigsten Vereines.

Und daß ich mich daran begnügen könnte,
War mir sogar ein Kunstbesitz bereitet,
Erquickend mich durch Anmut wie durch Stärke.

Doch nichts erschien im größeren Momente,
Voll innern Werts, von so viel Glück begleitet,
Als durch *Luisen*, *Bondi*, deine Werke.

DEN ZUDRINGLICHEN

Was nicht zusammengeht, das soll sich meiden!
Ich hindr euch nicht, wo's euch beliebt, zu weiden:
Denn ihr seid neu und ich bin alt geboren.
Macht, was ihr wollt; nur laßt mich ungeschoren!

1812–1813 Weimar

DER LIEBENDEN, VERGESSLICHEN
ZUM GEBURTSTAGE

Dem schönen Tag sei es geschrieben!
Oft glänze dir sein heitres Licht.
Uns hörest du nicht auf zu lieben,
Doch bitten wir: Vergiß uns nicht!

DEN ORIGINALEN

Ein Quidam sagt: »Ich bin von keiner Schule;
Kein Meister lebt, mit dem ich buhle;
Auch bin ich weit davon entfernt,
Daß ich von Toten was gelernt.«
Das heißt, wenn ich ihn recht verstand:
»Ich bin ein Narr auf eigne Hand.«

GEGENWART

Alles kündet dich an!
Erscheinet die herrliche Sonne,
Folgst du, so hoff ich es, bald.

Trittst du im Garten hervor,
So bist du die Rose der Rosen,
Lilie der Lilien zugleich.

Wenn du im Tanze dich regst,
So regen sich alle Gestirne
Mit dir und um dich umher.

Nacht! und so wär es denn Nacht!
Nun überscheinst du des Mondes
Lieblichen, ladenden Glanz.

Ladend und lieblich bist du,
Und Blumen, Mond und Gestirne
Huldigen, Sonne, nur dir.

Sonne! so sei du auch mir
Die Schöpferin herrlicher Tage;
Leben und Ewigkeit ists.

[An Amalie Wolff, geb. Malcolmi]

Erlaubt sei dir, in mancherlei Gestalten
Das junge Volk und die ehrwürdgen Alten
Zum besten, wie es dir beliebt, zu halten:
Und Phädra, wütend, leidenschaftlich groß;
Elisabeth, so lieb-, als schonungslos;
Messinas Fürstin, fest, wenn das Geschick bricht;
Jungfrau, gestählt, nur gegen Liebesblick nicht;
Klärchen zuletzt, die jeden so verführt,
Daß er den Kopf wie Belgiens Held verliert.
Der Wechsel bilde dein beglücktes Reich,
Bleibst du nur uns, den Freunden, immer gleich.

Laßt geschaffne Ritter kämpfen,
Reiche retten, Feinde dämpfen,
Wie so manche Lanze brach.
Tilget, edle Legionen,
Tief bedrängter Nationen
Langertragne, dumpfe Schmach!

Listges Weichen, falsche Flucht,
Waffen gegen Eifersucht,
Mächtiger als Lanz und Stahl.

Mußt dich ja des Trugs nicht schämen:
Leisetreten, klug Benehmen,
Sie betören den Rival.

Die Wolle, sie ist gut und fein,
Jedoch die Arbeit nicht zu loben,
Mag leidlich gekrempelt, gesponnen sein,
Aber abscheulich schlecht gewoben.

Was man von Reinhard sagen kann,
Das sagt man nicht von Böttigers Witze:
War jener ein gevierter Mann,
Der ist ein Drehdorl auf der Spitze.

Zwar Böttiger macht gar manchen Knicks,
Doch oft passiert ihm auch ein Knacks:
Mit griechschen Namen ist er fix,
Doch schlecht verdankt es ihm Demonax.

DIE LUSTIGEN VON WEIMAR

Donnerstag nach Belvedere,
Freitag gehts nach Jena fort:
Denn das ist, bei meiner Ehre,
Doch ein allerliebster Ort!
Samstag ists, worauf wir zielen,
Sonntag rutscht man auf das Land;
Zwätzen, Burgau, Schneidemühlen
Sind uns alle wohlbekannt.

Montag reizet uns die Bühne;
Dienstag schleicht dann auch herbei,
Doch er bringt zu stiller Sühne
Ein Rapuschchen frank und frei.
Mittwoch fehlt es nicht an Rührung,

Denn es gibt ein gutes Stück;
Donnerstag lenkt die Verführung
Uns nach Belveder' zurück.

Und es schlingt ununterbrochen
Immer sich der Freudenkreis
Durch die zweiundfunfzig Wochen,
Wenn mans recht zu führen weiß.
Spiel und Tanz, Gespräch, Theater,
Sie erfrischen unser Blut;
Laßt den Wienern ihren Prater;
Weimar, Jena, da ists gut!

PARABEL

In einer Stadt, wo Parität
Noch in der alten Ordnung steht,
Da, wo sich nämlich Katholiken
Und Protestanten ineinander schicken,
Und, wie's von Vätern war erprobt,
Jeder Gott auf seine Weise lobt,
Da lebten wir Kinder Lutheraner
Von etwas Predigt und Gesang,
Waren aber dem Kling und Klang
Der Katholiken nur zugetaner:
Denn alles war doch gar zu schön,
Bunter und lustiger anzusehn.

Dieweil nun Affe, Mensch und Kind
Zur Nachahmung geboren sind,
Erfanden wir, die Zeit zu kürzen,
Ein auserlesnes Pfaffenspiel:
Zum Chorrock, der uns wohlgefiel,
Gaben die Schwestern ihre Schürzen;
Handtücher, mit Wirkwerk schön verziert,
Wurden zur Stola travestiert;

1812–1813 WEIMAR 659

Die Mütze mußte den Bischof zieren,
Von Goldpapier mit vielen Tieren.

So zogen wir nun im Ornat
Durch Haus und Garten, früh und spat,
Und wiederholten ohne Schonen
Die sämtlichen heiligen Funktionen;
Doch fehlte noch das beste Stück.
Wir wußten wohl, ein prächtig Läuten
Habe hier am meisten zu bedeuten;
Und nun begünstigt uns das Glück:
Denn auf dem Boden hing ein Strick.
Wir sind entzückt, und wie wir diesen
Zum Glockenstrang sogleich erkiesen,
Ruht er nicht einen Augenblick:
Denn wechselnd eilten wir Geschwister,
Einer ward um den andern Küster,
Ein jedes drängte sich hinzu.
Das ging nun allerliebst vonstatten,
Und weil wir keine Glocken hatten,
So sangen wir *Bum Baum* dazu.

 *

Vergessen, wie die älteste Sage,
War der unschuldge Kinderscherz;
Doch grade diese letzten Tage
Fiel er mit einmal mir aufs Herz:
Da sind sie ja, nach allen Stücken,
Die neupoetischen Katholiken!

IHRO KAISERLICHEN HOHEIT
DER FRAU ERBGROSSHERZOGIN VON
SACHSEN-WEIMAR UND -EISENACH

Zu würdiger Umgebung deines Bildes,
Wie es mir immerfort im Geiste waltet,

Wählt ich in Tagen, wo der Frühling schaltet,
Des Gartens Blumen, Blumen des Gefildes.

Dann schien der Rand des Achilleischen Schildes,
So reich er war, nicht reich genug gestaltet;
Ja, würd ein Purpurteppich umgefaltet,
Darauf gesät der Sterne blendend Mildes.

Nun aber wird ein zierlich Heft geschmücket,
Ein treuer Diener widmets deiner Hoheit,
Und du vergönnest mir die erste Weihe,

Wie sprech ich aus, wie sehr mich das beglücket?
Jetzt fühl ich erst in neubelebter Froheit:
Die schönsten Kränze winden Lieb und Treue.

STAMMBUCHS-WEIHE

Muntre Gärten lieb ich mir,
Viele Blumen drinne,
Und du hast so einen hier,
Merk ich wohl, im Sinne.

Mögen Wünsche für dein Glück
Tausendfach erscheinen;
Grüße sie mit heitrem Blick,
Und voran die meinen.

TRAUERREGLEMENT

Dieses Heft Persönlichkeiten
Spar ich euch auf späte Zeiten:
Scheidend will ich nicht betrüben,
Ihr sollt lachen, meine Lieben.

1813 Reise nach Böhmen

781: Reise nach Böhmen

DER GETREUE ECKART

O wären wir weiter, o wär ich zu Haus!
Sie kommen. Da kommt schon der nächtliche Graus;
Sie sinds, die unholdigen Schwestern.
Sie streifen heran und sie finden uns hier,
Sie trinken das mühsam geholte, das Bier,
Und lassen nur leer uns die Krüge.

So sprechen die Kinder und drücken sich schnell;
Da zeigt sich vor ihnen ein alter Gesell:
Nur stille, Kind! Kinderlein, stille!
Die Hulden, sie kommen von durstiger Jagd,
Und laßt ihr sie trinken, wie's jeder behagt,
Dann sind sie euch hold, die Unholden.

Gesagt so geschehn! und da naht sich der Graus
Und siehet so grau und so schattenhaft aus,
Doch schlürft es und schlampft es aufs beste.
Das Bier ist verschwunden, die Krüge sind leer;
Nun saust es und braust es, das wütige Heer,
Ins weite Getal und Gebirge.

Die Kinderlein ängstlich gen Hause so schnell,
Gesellt sich zu ihnen der fromme Gesell:
Ihr Püppchen, nur seid mir nicht traurig. –
Wir kriegen nun Schelten und Streich' bis aufs Blut. –
Nein keineswegs, alles geht herrlich und gut,
Nur schweiget und horchet wie Mäuslein.

Und der es euch anrät und der es befiehlt.
Er ist es, der gern mit den Kindelein spielt,
Der alte Getreue, der Eckart.
Vom Wundermann hat man euch immer erzählt,
Nur hat die Bestätigung jedem gefehlt,
Die habt ihr nun köstlich in Händen.

Sie kommen nach Hause, sie setzen den Krug
Ein jedes den Eltern bescheiden genug
Und harren der Schläg und der Schelten.
Doch siehe, man·kostet: Ein herrliches Bier!
Man trinkt in die Runde schon dreimal und vier,
Und noch nimmt der Krug nicht ein Ende.

Das Wunder, es dauert zum morgenden Tag.
Doch fraget, wer immer zu fragen vermag:
Wie ists mit den Krügen ergangen?
Die Mäuslein, sie lächeln, im stillen ergetzt;
Sie stammeln und stottern und schwatzen zuletzt,
Und gleich sind vertrocknet die Krüge.

Und wenn euch, ihr Kinder, mit treuem Gesicht
Ein Vater, ein Lehrer, ein Aldermann spricht,
So horchet und folget ihm pünktlich!
Und liegt auch das Zünglein in peinlicher Hut,
Verplaudern ist schädlich, verschweigen ist gut;
Dann füllt sich das Bier in den Krügen.

DER TOTENTANZ

Der Türmer, der schaut zumitten der Nacht
Hinab auf die Gräber in Lage;
Der Mond, der hat alles ins Helle gebracht,
Der Kirchhof, er liegt wie am Tage.
Da regt sich ein Grab und ein anderes dann:
Sie kommen hervor, ein Weib da, ein Mann,
In weißen und schleppenden Hemden.

1813 REISE NACH BÖHMEN

Das reckt nun, es will sich ergetzen sogleich,
Die Knöchel zur Runde, zum Kranze,
So arm und so jung, und so alt und so reich;
Doch hindern die Schleppen am Tanze.
Und weil hier die Scham nun nicht weiter gebeut,
Sie schütteln sich alle, da liegen zerstreut
Die Hemdelein über den Hügeln.

Nun hebt sich der Schenkel, nun wackelt das Bein,
Gebärden da gibt es vertrackte;
Dann klipperts und klapperts mitunter hinein,
Als schlüg man die Hölzlein zum Takte.
Das kommt nun dem Türmer so lächerlich vor;
Da raunt ihm der Schalk, der Versucher, ins Ohr:
Geh! hole dir einen der Laken.

Getan wie gedacht! und er flüchtet sich schnell
Nun hinter geheiligte Türen.
Der Mond, und noch immer er scheinet so hell
Zum Tanz, den sie schauderlich führen.
Doch endlich verlieret sich dieser und der,
Schleicht eins nach dem andern gekleidet einher,
Und husch ist es unter dem Rasen.

Nur einer, der trippelt und stolpert zuletzt
Und tappet und grapst an den Grüften;
Doch hat kein Geselle so schwer ihn verletzt,
Er wittert das Tuch in den Lüften.
Er rüttelt die Turmtür, sie schlägt ihn zurück,
Geziert und gesegnet, dem Türmer zum Glück,
Sie blinkt von metallenen Kreuzen.

Das Hemd muß er haben, da rastet er nicht,
Da gilt auch kein langes Besinnen;
Den gotischen Zierat ergreift nun der Wicht
Und klettert von Zinne zu Zinnen.
Nun ists um den armen, den Türmer getan!

Es ruckt sich von Schnörkel zu Schnörkel hinan,
Langbeinigen Spinnen vergleichbar.

Der Türmer erbleichet, der Türmer erbebt,
Gern gäb er ihn wieder, den Laken.
Da häkelt – jetzt hat er am längsten gelebt –
Den Zipfel ein eiserner Zacken.
Schon trübet der Mond sich, verschwindenden Scheins,
Die Glocke, sie donnert ein mächtiges Eins,
Und unten zerschellt das Gerippe.

GEWOHNT, GETAN

Ich habe geliebet, nun lieb ich erst recht!
Erst war ich der Diener, nun bin ich der Knecht.
Erst war ich der Diener von allen;
Nun fesselt mich diese scharmante Person,
Sie tut mir auch alles zur Liebe, zum Lohn,
Sie kann nur allein mir gefallen.

Ich habe geglaubet, nun glaub ich erst recht!
Und geht es auch wunderlich, geht es auch schlecht,
Ich bleibe beim gläubigen Orden:
So düster es oft und so dunkel es war
In drängenden Nöten, in naher Gefahr,
Auf einmal ists lichter geworden.

Ich habe gespeiset, nun speis ich erst gut!
Bei heiterem Sinne, mit fröhlichem Blut
Ist alles an Tafel vergessen.
Die Jugend verschlingt nur, dann sauset sie fort;
Ich liebe zu tafeln am lustigen Ort,
Ich kost und ich schmecke beim Essen.

Ich habe getrunken, nun trink ich erst gern!
Der Wein, er erhöht uns, er macht uns zum Herrn
Und löset die sklavischen Zungen.

1813 REISE NACH BÖHMEN 667

Ja, schonet nur nicht das erquickende Naß:
Denn schwindet der älteste Wein aus dem Faß,
So altern dagegen die jungen.

Ich habe getanzt und dem Tanze gelobt,
Und wird auch kein Schleifer, kein Walzer getobt,
So drehn wir ein sittiges Tänzchen.
Und wer sich der Blumen recht viele verflicht,
Und hält auch die ein und die andere nicht,
Ihm bleibet ein munteres Kränzchen.

Drum frisch nur aufs neue! Bedenke dich nicht:
Denn wer sich die Rosen, die blühenden, bricht,
Den kitzeln fürwahr nur die Dornen.
So heute wie gestern, es flimmert der Stern;
Nur halte von hängenden Köpfen dich fern
Und lebe dir immer von vornen.

DIE WANDELNDE GLOCKE

Es war ein Kind, das wollte nie
Zur Kirche sich bequemen,
Und Sonntags fand es stets ein Wie,
Den Weg ins Feld zu nehmen.

Die Mutter sprach: Die Glocke tönt,
Und so ist dirs befohlen,
Und hast du dich nicht hingewöhnt,
Sie kommt und wird dich holen.

Das Kind, es denkt: Die Glocke hängt
Da droben auf dem Stuhle.
Schon hats den Weg ins Feld gelenkt
Als lief’ es aus der Schule.

Die Glocke Glocke tönt nicht mehr,
Die Mutter hat gefackelt.

Doch welch ein Schrecken hinterher!
Die Glocke kommt gewackelt.

Sie wackelt schnell, man glaubt es kaum;
Das arme Kind im Schrecken,
Es lauft, es kommt als wie im Traum;
Die Glocke wird es decken.

Doch nimmt es richtig seinen Husch,
Und mit gewandter Schnelle
Eilt es durch Anger, Feld und Busch
Zur Kirche, zur Kapelle.

Und jeden Sonn- und Feiertag
Gedenkt es an den Schaden,
Läßt durch den ersten Glockenschlag,
Nicht in Person sich laden.

MEMENTO

Kannst dem Schicksal widerstehen,
Aber manchmal gibt es Schläge;
Wills nicht aus dem Wege gehen,
Ei! so geh du aus dem Wege!

EIN ANDRES

Mußt nicht widerstehn dem Schicksal,
Aber mußt es auch nicht fliehen!
Wirst du ihm entgegengehen,
Wirds dich freundlich nach sich ziehen.

1813 Weimar
UND REISE NACH ILMENAU

DIE ZWEI MARIEN

ZWEI ROMANE

Der hats den Engeln, *der* den Teufeln abgelauscht;
Franzos und Deutscher haben die Rollen getauscht.

IM VORÜBERGEHEN

Ich ging im Felde
So für mich hin,
Und nichts zu suchen,
Das war mein Sinn.

Da stand ein Blümchen
Sogleich so nah,
Daß ich im Leben
Nichts lieber sah.

Ich wollt es brechen,
Da sagt es schleunig:
Ich habe Wurzeln,
Die sind gar heimlich.

Im tiefen Boden
Bin ich gegründet;
Drum sind die Blüten
So schön geründet.

Ich kann nicht liebeln,
Ich kann nicht schranzen;

Mußt mich nicht brechen,
Mußt mich verpflanzen.

*

Ich ging im Walde
So vor mich hin;
Ich war so heiter,
Wollt immer weiter –
Das war mein Sinn.

GEFUNDEN

Ich ging im Walde
So für mich hin,
Und nichts zu suchen,
Das war mein Sinn.

Im Schatten sah ich
Ein Blümchen stehn,
Wie Sterne leuchtend,
Wie Äuglein schön.

Ich wollt es brechen,
Da sagt' es fein:
Soll ich zum Welken
Gebrochen sein?

Ich grubs mit allen
Den Würzlein aus,
Zum Garten trug ichs
Am hübschen Haus.

Und pflanzt es wieder
Am stillen Ort;
Nun zweigt es immer
Und blüht so fort.

RÄTSEL

Da sind sie wieder,
Die losen Dinger!
An hübschen Händchen
Gar sechs der Finger!

Es rühmt das Volk sich
Als Zeitgefährte
Und ziert gar lieblich
Geschorne Bärte.

Kein Schneider kleidet
So viele Nackte,
Wenn er auch Höllen
Aus Höllen packte.

Sie wären H....,
Wenn man sie würbe;
Doch ist ihr Leibchen
Nur gar zur mürbe.

Man ignorieret,
Woher sie kamen.
Ich nannte zweimal
Schon ihren Namen.

OFFNE TAFEL

Viele Gäste wünsch ich heut
Mir zu meinem Tische!
Speisen sind genug bereit,
Vögel, Wild und Fische.
Eingeladen sind sie ja,
Habens angenommen.
　Hänschen, geh und sieh dich um!
　Sieh mir, ob sie kommen!

Schöne Kinder hoff ich nun,
Die von gar nichts wissen,
Nicht, daß es was Hübsches sei,
Einen Freund zu küssen.
Eingeladen sind sie all,
Habens angenommen.
 Hänschen, geh und sieh dich um!
 Sieh mir, ob sie kommen!

Frauen denk ich auch zu sehn,
Die den Ehegatten,
Ward er immer brummiger,
Immer lieber hatten.
Eingeladen wurden sie,
Habens angenommen.
 Hänschen, geh und sieh dich um!
 Sieh mir, ob sie kommen!

Junge Herrn berief ich auch,
Nicht im mindsten eitel,
Die sogar bescheiden sind
Mit gefülltem Beutel;
Diese bat ich sonderlich,
Habens angenommen.
 Hänschen, geh und sieh dich um!
 Sieh mir, ob sie kommen!

Männer lud ich mit Respekt,
Die auf ihre Frauen
Ganz allein, nicht neben aus
Auf die Schönste schauen.
Sie erwiderten den Gruß,
Habens angenommen.
 Hänschen, geh und sieh dich um!
 Sieh mir, ob sie kommen!

Dichter lud ich auch herbei,
Unsre Lust zu mehren,

Die weit lieber ein fremdes Lied
Als ihr eignes hören.
Alle diese stimmten ein,
Habens angenommen.
 Hänschen, geh und sieh dich um!
 Sieh mir, ob sie kommen!

Doch ich sehe niemand gehn,
Sehe niemand rennen!
Suppe kocht und siedet ein,
Braten will verbrennen.
Ach, wir habens, fürcht ich nun,
Zu genau genommen!
 Hänschen, sag, was meinst du wohl?
 Es wird niemand kommen.

Hänschen, lauf und säume nicht,
Ruf mir neue Gäste!
Jeder komme, wie er ist,
Das ist wohl das beste!
Schon ists in der Stadt bekannt,
Wohl ists aufgenommen.
 Hänschen, mach die Türen auf:
 Sieh nur, wie sie kommen!

BALLADE

Herein, o du Guter! du Alter, herein!
Hier unten im Saale, da sind wir allein,
Wir wollen die Pforte verschließen.
Die Mutter, sie betet; der Vater im Hain
Ist gangen, die Wölfe zu schießen.
O sing uns ein Märchen, o sing es uns oft,
Daß ich und der Bruder es lerne;
Wir haben schon längst einen Sänger gehofft –
Die Kinder, sie hören es gerne.

Im nächtlichen Schrecken, im feindlichen Graus
Verläßt er das hohe, das herrliche Haus,
Die Schätze, die hat er vergraben.
Der Graf nun so eilig zum Pförtchen hinaus,
Was mag er im Arme denn haben?
Was birget er unter dem Mantel geschwind?
Was trägt er so rasch in die Ferne?
Ein Töchterlein ist es, da schläft nun das Kind –
Die Kinder, sie hören es gerne.

Nun hellt sich der Morgen, die Welt ist so weit,
In Tälern und Wäldern die Wohnung bereit,
In Dörfern erquickt man den Sänger.
So schreitet und heischt er undenkliche Zeit,
Der Bart wächst ihm länger und länger;
Doch wächst in dem Arme das liebliche Kind,
Wie unter dem glücklichsten Sterne,
Geschützt in dem Mantel vor Regen und Wind –
Die Kinder, sie hören es gerne.

Und immer sind weiter die Jahre gerückt,
Der Mantel entfärbt sich, der Mantel zerstückt,
Er könnte sie länger nicht fassen.
Der Vater, er schaut sie, wie ist er beglückt!
Er kann sich für Freude nicht lassen;
So schön und so edel erscheint sie zugleich,
Entsprossen aus tüchtigem Kerne,
Wie macht sie den Vater, den teuren, so reich –
Die Kinder, sie hören es gerne.

Da reitet ein fürstlicher Ritter heran,
Sie recket die Hand aus, der Gabe zu nahn;
Almosen will er nicht geben.
Er fasset das Händchen so kräftiglich an:
Die will ich, so ruft er, aufs Leben!
Erkennst du, erwidert der Alte, den Schatz,
Erhebst du zur Fürstin sie gerne;

Sie sei dir verlobet auf grünendem Platz –
Die Kinder, sie hören es gerne.

Sie segnet der Priester am heiligen Ort;
Mit Lust und mit Unlust nun ziehet sie fort,
Sie möchte vom Vater nicht scheiden.
Der Alte, er wandelt nun hier und bald dort,
Er träget in Freuden sein Leiden.
So hab ich mir Jahre die Tochter gedacht,
Die Enkelein wohl in der Ferne;
Sie segn ich bei Tage, sie segn ich bei Nacht –
Die Kinder, sie hören es gerne.

Er segnet die Kinder; da polterts am Tor,
Der Vater, da ist er! Sie springen hervor,
Sie können den Alten nicht bergen –
Was lockst du die Kinder! du Bettler! du Tor!
Ergreift ihn, ihr eisernen Schergen!
Zum tiefsten Verlies den Verwegenen fort!
Die Mutter vernimmts in der Ferne,
Sie eilet, sie bittet mit schmeichelndem Wort –
Die Kinder, sie hören es gerne.

Die Schergen, sie lassen den Würdigen stehn,
Und Mutter und Kinder, sie bitten so schön;
Der fürstliche Stolze verbeißet
Die grimmige Wut, ihn entrüstet das Flehn,
Bis endlich sein Schweigen zerreißet:
Du niedrige Brut! du vom Bettlergeschlecht!
Verfinsterung fürstlicher Sterne!
Ihr bringt mir Verderben! Geschieht mir doch recht –
Die Kinder, sie hörens nicht gerne.

Noch stehet der Alte mit herrlichem Blick,
Die eisernen Schergen, sie treten zurück,
Es wächst nur das Toben und Wüten.
Schon lange verflucht ich mein ehliches Glück,

Das sind nun die Früchte der Blüten!
Man leugnete stets, und man leugnet mit Recht,
Daß je sich der Adel erlerne;
Die Bettlerin zeugte mir Bettlergeschlecht -
Die Kinder, sie hörens nicht gerne.

Und wenn euch der Gatte, der Vater verstößt,
Die heiligsten Bande verwegentlich löst,
So kommt zu dem Vater, dem Ahnen!
Der Bettler vermag, so ergraut und entblößt,
Euch herrliche Wege zu bahnen.
Die Burg, die ist meine! Du hast sie geraubt,
Mich trieb dein Geschlecht in die Ferne;
Wohl bin ich mit köstlichen Siegeln beglaubt! -
Die Kinder, sie hören es gerne.

Rechtmäßiger König, er kehret zurück,
Den Treuen verleiht er entwendetes Glück,
Ich löse die Siegel der Schätze. -
So rufet der Alte mit freundlichem Blick:
Euch künd ich die milden Gesetze.
Erhole dich, Sohn! Es entwickelt sich gut,
Heut einen sich selige Sterne;
Die Fürstin, sie zeugte dir fürstliches Blut -
Die Kinder, sie hören es gerne.

REGEN UND REGENBOGEN

Auf schweres Gewitter und Regenguß
Blickt' ein Philister zum Beschluß
Ins weiterziehende Grause nach,
Und so zu seinesgleichen sprach:
Der Donner hat uns sehr erschreckt,
Der Blitz die Scheunen angesteckt,
Und das war unsrer Sünden Teil!
Dagegen hat, zu frischem Heil,
Der Regen fruchtbar uns erquickt

Und für den nächsten Herbst beglückt.
Was kommt nun aber der Regenbogen
An grauer Wand herangezogen?
Der mag wohl zu entbehren sein,
Der bunte Trug! der leere Schein!

Frau Iris aber dagegen sprach:
Erkühnst du dich zu meiner Schmach?
Doch bin ich hier ins All gestellt
Als Zeugnis einer bessern Welt,
Für Augen, die vom Erdenlauf
Getrost sich wenden zum Himmel auf
Und in der Dünste trübem Netz
Erkennen Gott und sein Gesetz.
Drum wühle du, ein andres Schwein,
Nur immer den Rüssel in den Boden hinein
Und gönne dem verklärten Blick
An meiner Herrlichkeit sein Glück.

ANGEBINDE ZUR RÜCKKEHR

Die Freundin war hinausgegangen,
Um in der Welt sich umzutun;
Nun wird sie bald nach Haus gelangen
Und auf gewohnte Weise ruhn.
Und neigt sie dann das artge Köpfchen,
Umwunden reich von Zopf und Zöpfchen,
Nach einem kissenreichen Sitzchen,
so bietet freundlich ihr das Mützchen.

EIGENTUM

Ich weiß, daß mir nichts angehört
Als der Gedanke, der ungestört
Aus meiner Seele will fließen,
Und jeder günstige Augenblick,

Den mich ein liebendes Geschick
Von Grund aus läßt genießen.

[Von Goethe?]

Höchstes hast du vollbracht, mein Volk, Schmachvolles
erduldet;
Stets dir selber nur gleich hast du das Schönste bewahrt.
Wirst du dereinst dich, deiner bewußt,....

DIE JAHRE

Die Jahre sind allerliebste Leut:
Sie brachten gestern, sie bringen heut,
Und so verbringen wir Jüngern eben
Das allerliebste Schlaraffen-Leben.
Und dann fällts den Jahren auf einmal ein,
Nicht mehr, wie sonst, bequem zu sein;
Wollen nicht mehr schenken, wollen nicht mehr
Sie nehmen heute, sie nehmen morgen. [borgen,

DAS ALTER

Das Alter ist ein höflich Mann:
Einmal übers andre klopft er an;
Aber nun sagt niemand: Herein!
Und vor der Türe will er nicht sein.
Da klinkt er auf, tritt ein so schnell,
Und nun heißts, er sei ein grober Gesell.

1814 Weimar

1914 Weimar

JOURNAL DER MODEN

Der Redakteur spricht:

Wir sollten denn doch auch einmal
Was Konsequentes sprechen
Und nicht, wie immer, Haub und Shawl
Und Hut vom Zaune brechen;

Erwähnen, was des Menschen Geist
So aus sich selbst entwickelt,
Und nicht, wie Fall und Zufall weist,
Konfus zusammenstückelt;

Ein Wissen, das ins Ganze strebt,
Und Kunst auf Fundamenten,
Nicht, wie man Tag' um Tage lebt
Von fremden Elementen.

Allein, wie richten wir es ein?
Wir sinnen uns zu Tode.

Mitarbeiter spricht:

Beim Zeus! was kann bequemer sein?
So macht es doch nur Mode!

[Gruppe › Lieder ‹]

Spät erklingt, was früh erklang,
Glück und Unglück wird Gesang.

[Gruppe ›Gesellige Lieder‹]

Was wir in Gesellschaft singen,
Wird von Herz zu Herzen dringen.

[Gruppe ›Balladen‹]

Märchen, noch so wunderbar,
Dichterkünste machens wahr.

[Gruppe ›Elegien I‹]

Wie wir einst so glücklich waren!
Müssens jetzt durch euch erfahren.

[Gruppe ›Elegien II‹]

Bilder so wie Leidenschaften
Mögen gern am Liede haften.

[Gruppe ›Episteln‹]

Gerne hätt ich fortgeschrieben,
Aber es ist liegen blieben.

[Gruppe ›Epigramme. Venedig 1790‹]

Wie man Geld und Zeit vertan,
Zeigt das Büchlein lustig an.

[Gruppe ›Weissagungen des Bakis‹]

Seltsam ist Propheten Lied;
Doppelt seltsam, was geschieht.

[Gruppe ›Vier Jahreszeiten‹]

Alle viere, mehr und minder,
Necken wie die hübschen Kinder.

[Gruppe ›Sonette‹]

Liebe will ich liebend loben,
Jede Form, sie kommt von oben.

[Gruppe ›Cantaten‹]

Möge dies der Sänger loben!
Ihm zu Ehren wars gewoben.

[Gruppe ›Vermischte Gedichte‹]

Wie so bunt der Kram gewesen,
Musterkarte, gibs zu lesen!

[Gruppe ›Aus Wilhelm Meister‹]

Auch vernehmet im Gedränge
Jener Genien Gesänge.

[Gruppe ›Antiker Form sich nähernd‹]

Stehn uns diese weiten Falten
Zu Gesichte, wie den Alten?

[Gruppe ›An Personen‹]

Vieles reich ich meinen Lieben;
Weniges ist mir geblieben.

[Gruppe ›Kunst‹]

Bilde, Künstler! Rede nicht!
Nur ein Hauch sei dein Gedicht.

[Gruppe ›Parabolisch‹]

Was im Leben uns verdrießt,
Man im Bilde gern genießt.

[Gruppe ›Gott, Gemüt und Welt‹]

Wird nur erst der Himmel heiter,
Tausend zählt ihr, und noch weiter.

[Gruppe ›Sprichwörtlich‹]

Lebst im Volke; sei gewohnt,
Keiner je des andern schont.

[Gruppe ›Epigrammatisch‹]

Sei das Werte solcher Sendung
Tiefen Sinnes heitre Wendung.

VORKLAGE

Wie nimmt ein leidenschaftlich Stammeln
Geschrieben sich so seltsam aus!
Nun soll ich gar von Haus zu Haus
Die losen Blätter alle sammeln.

Was eine lange, weite Strecke
Im Leben voneinander stand,
Das kommt nun unter Einer Decke
Dem guten Leser in die Hand.

Doch schäme dich nicht der Gebrechen,
Vollende schnell das kleine Buch;
Die Welt ist voller Widerspruch,
Und sollte sichs nicht widersprechen?

Den 1. Januar 1814

Daß du die *gute Sache* liebst,
Das ist nicht zu vermeiden;
Doch von der schlimmsten ist sie nicht
Bis jetzt zu unterscheiden.

Den 2. Januar 1814

Hatte sonst einer ein Unglück getragen,
So durft er es wohl dem andern klagen;
Mußte sich einer im Felde quälen,
Hatt er im Alter was zu erzählen.

Jetzt sind sie allgemein, die Plagen,
Der einzelne darf sich nicht beklagen;
Im Felde darf nun niemand fehlen,
Wer soll denn hören, wenn sie erzählen?

Ich kann mich nicht bereden lassen,
Macht mir den Teufel nur nicht klein:
Ein Kerl, den alle Menschen hassen,
Der muß was sein!

Er ist noch weit vom Schluß entfernt,
Er hat das Ende nicht gelernt.

LÄHMUNG

Was Gutes zu denken, wäre gut,
Fänd sich nur immer das gleiche Blut;

Dein Gutgedachtes, in fremden Adern,
Wird sogleich mit dir selber hadern.

*

Ich wär noch gern ein tätig Mann,
Will aber ruhn:
Denn ich soll ja noch immer tun,
Was immer ungern ich getan.

*

Trüge gern noch länger des Lehrers Bürden,
Wenn Schüler nur nicht gleich Lehrer würden.

Im neuen Jahre Glück und Heil,
Auf Weh und Wunden gute Salbe!
Auf groben Klotz ein grober Keil!
Auf Einen Schelmen anderthalbe!

DEM 30. JANUAR 18–

Von Osten will das holde Licht
Nun glänzend uns vereinen,
Und schönre Stunden fänd es nicht,
Als diesem Tag zu scheinen.

AN DIE T.. UND D..
(Den 3. Februar 1814)

Verfluchtes Volk! kaum bist du frei,
So brichst du dich in dir selbst entzwei.
War nicht der Not, des Glücks genug?
Deutsch oder teutsch, du wirst nicht klug.

[An die Gräfin Josephine O'Donell]

Die kleinen Büchlein kommen froh,
Der werten Dame sich zu bücken;
Doch Lieb und Freundschaft auszudrücken,
Bedürft es ein in Folio.

GEIST UND SCHÖNHEIT IM STREIT

Herr *Geist*, der allen Respekt verdient,
Und dessen Gunst wir höchlich schätzen,
Vernimmt, man habe sich erkühnt,
Die *Schönheit* über ihn zu setzen;
Er macht daraus ein großes Wesen.
Da kommt Herr *Hauch*, uns längst bekannt
Als würdiger Geistsrepräsentant,
Fängt an, doch leider nicht galant,
Dem Luderchen den Text zu lesen.
Das rührt den Leichtsinn nicht einmal,
Sie läuft gleich zu dem Prinzipal:
Ihr seid ja sonst gewandt und klug,
Ist denn die Welt nicht groß genug!
Ich laß Euch, wenn Ihr trutzt, im Stich;
Doch seid Ihr weise, so liebt Ihr mich.
Seid versichert, im ganzen Jahr
Gibts nicht wieder so ein hübsches Paar.

῎ΑΛΛΩΣ

Die Schönheit hatte schöne Töchter,
Der Geist erzeugte dumme Söhne;
So war für einige Geschlechter
Der Geist nicht ewig, doch das Schöne.
Der Geist ist immer Autochthone.
So kam er wieder, wirkte, strebte

Und fand, zu seinem höchsten Lohne,
Die Schönheit, die ihn frisch belebte.

Herr Werner, ein abstruser Dichter,
Dazu vom sinnlichsten Gelichter,
Verleugnete sein schändlich Lieben,
Die Unzucht, die er stets getrieben;
Nun sucht er neue Lasterspur;
Ihn treibt die sündige Natur
Nach Rom zur babylonschen Hur.
Da laicht er denn mit Münch- und Nonnen
Und glaubt, er habe viel gewonnen,
Daß, was er fleischlich sonst vollführt,
Den Leichnam er geistlich nun branliert.
Nun will der Kerl sich mit den treuen,
Keusch-siegesfrommen Deutschen freuen,
Da doch der Papst, der Antichrist,
Ärger als Türk' und Franzosen ist.

Am 16. Februar 1814

Vorüber führt ein herrliches Geschick
Erhabne Helden, hochverehrte Frauen;
Nun fesselt uns des heutgen Tages Glück,
Als Bleibende dich unter uns zu schauen.

Soll auch das Wort sich hören lassen?
Der Tag ist schön, der Raum ist klein;
So mag die Inschrift kurz sich fassen:
Ein Herz wie alle, sie sind dein.

KRIEGSGLÜCK

Verwünschter weiß ich nichts im Krieg,
Als nicht blessiert zu sein.

Man geht getrost von Sieg zu Sieg
Gefahrgewohnt hinein;
Hat abgepackt und aufgepackt
Und weiter nichts ereilt,
Als daß man auf dem Marsch sich plackt,
Im Lager langeweilt.

Dann geht das Kantonieren an,
Dem Bauer eine Last,
Verdrießlich jedem Edelmann,
Und Bürgern gar verhaßt.
Sei höflich, man bedient dich schlecht,
Den Grobian zur Not;
Und nimmt man selbst am Wirte Recht,
Ißt man Profossen-Brot.

Wenn endlich die Kanone brummt
Und knattert 's klein Gewehr,
Trompet und Trab und Trommel summt,
Da gehts wohl lustig her;
Und wie nun das Gefecht befiehlt,
Man weichet, man erneuts,
Man retiriert, man avanciert –
Und immer ohne Kreuz.

Nun endlich pfeift Musketen-Blei
Und trifft, wills Gott, das Bein,
Und nun ist alle Not vorbei,
Man schleppt uns gleich hinein
Zum Städtchen, das der Sieger deckt,
Wohin man grimmig kam;
Die Frauen, die man erst erschreckt,
Sind liebenswürdig zahm.

Da tut sich Herz und Keller los,
Die Küche darf nicht ruhn;
Auf weicher Betten Flaumen-Schoß
Kann man sich gütlich tun.

Der kleine Flügelbube hupft,
Die Wirtin rastet nie,
Sogar das Hemdchen wird zerzupft,
Das nenn ich doch Scharpie!

Hat eine sich den Helden nun
Beinah herangepflegt,
So kann die Nachbarin nicht ruhn,
Die ihn gesellig hegt.
Ein Drittes kommt wohl emsiglich,
Am Ende fehlet keins,
Und in der Mitte sieht er sich
Des sämtlichen Vereins.

Der König hört von guter Hand,
Man sei voll Kampfes-Lust;
Da kömmt behende Kreuz und Band
Und zieret Rock und Brust.
Sagt, obs für einen Martismann
Wohl etwas Beßres gibt!
Und unter Tränen scheidet man,
Geehrt so wie geliebt.

LOGOGRYPH

Das Erste gibt mir Lust genug,
Das Zweite aber, das macht mich klug.

HERRN REGIERUNGSRAT PEUCER

Nein! frechere Wette
Verliert man nicht
Als an der Elbe ich
Dazumalen.

Dresden, den 15. August 1813

Jetzt,
Da man überm Rheine ficht,
Will ich mit Rheingold
Sie bezahlen.

Weimar, den 16. Februar 1814

[An Gräfin Konstanze v. Fritsch]

Die deutsche Sprache wird nun rein,
Pensée darf künftig nicht mehr gelten;
Doch wenn man sagt: *Gedenke mein!*
So hoff ich, soll uns niemand schelten.

[Zu einem Gedicht von F. Haug]
»–Weihrauch ist nur ein Tribut für Götter
Und für die Sterblichen ein Gift.«

Soll denn dein Opferrauch
Die Götter kränken?
Du hältst die Nase zu –
Was soll ich denken?
Den Weihrauch schätzet man
Vor allen Dingen;
Wer ihn nicht riechen kann,
Soll ihn nicht bringen.

Mit starrem Angesicht
Verehrst du Puppen;
Und riecht der Priester nicht,
So hat Gott den Schnuppen.

GLEICH UND GLEICH

Ein Blumenglöckchen
Vom Boden hervor
War früh gesprosset
In lieblichem Flor;

Da kam ein Bienchen
Und naschte fein: –
Die müssen wohl beide
Füreinander sein.

ÉGALITÉ

Das Größte will man nicht erreichen,
Man beneidet nur seinesgleichen;
Der schlimmste Neidhart ist in der Welt,
Der jeden für seinesgleichen hält.

Zu verschweigen meinen Gewinn,
Muß ich die Menschen vermeiden;
Daß ich wisse, woran ich bin,
Das wollen die andern nicht leiden.

DILETTANT UND KÜNSTLER

Blätter, nach Natur gestammelt,
Sind sie endlich auch gesammelt,
Deuten wohl auf Kunst und Leben;
Aber ihr, im Künstler-Kranze,
Jedes Blatt sei euch das Ganze,
Und belohnt ist euer Streben.

Willst du dich deines Wertes freuen,
So mußt der Welt du Wert verleihen.

MIT WAHRHEIT UND DICHTUNG

Ein alter Freund erscheint maskiert,
Und das, was er im Schilde führt,

Gesteht er wohl nicht allen;
Doch du entdeckst sogleich den Reim
Und sprichst ihn aus ganz insgeheim:
Er wünscht dir zu

Daß des Hauses Glanz sich mehre
Als ein ewig Eigentum,
Und der Sohn so halt auf Ehre,
Wie der Vater hielt auf Ruhm.

Zu genießen weiß im Prachern
Abrahams geweihtes Blut;
Seh ich sie im Basar schachern,
Kaufen wohlfeil, kaufen gut.

Schwarzer Schatten ist über dem Staub der Geliebten Gefährte;
Ich machte mich zum Staube, aber der Schatten ging über
mich hin.

Sollt ich nicht ein Gleichnis brauchen,
Wie es mir beliebt?
Da uns Gott des Lebens Gleichnis
In der Mücke gibt.

Sollt ich nicht ein Gleichnis brauchen,
Wie es mir beliebt?
Da mir Gott in Liebchens Augen
Sich im Gleichnis gibt.

Herrlich bist du wie Moschus:
Wo du warst, gewahrt man dich noch.

Freigebiger wird betrogen,
Geizhafter ausgesogen,
Verständiger irregeleitet,
Vernünftiger leer geweitet,
Der Harte wird umgangen,
Der Gimpel wird gefangen.
Beherrsche diese Lüge,
Betrogener betrüge!

Tut ein Schilf sich doch hervor,
Welten zu versüßen!
Möge meinem Schreibe-Rohr
Liebliches entfließen!

Sage mir,
Was mein Herz begehrt?

Mein Herz ist bei dir,
Halt es wert.

FREISINN

Laßt mich nur auf meinem Sattel gelten!
Bleibt in euren Hütten, euren Zelten!
Und ich reite froh in alle Ferne,
Über meiner Mütze nur die Sterne.

*

Er hat euch die Gestirne gesetzt
Als Leiter zu Land und See;
Damit ihr euch daran ergetzt,
Stets blickend in die Höh.

Sei das Wort die Braut genannt,
Bräutigam der Geist;
Diese Hochzeit hat gekannt,
Wer Hafisen preist.

Er, der einzige Gerechte,
Will für jedermann das Rechte.
Sei von seinen hundert Namen
Dieser hochgelobet! Amen.

Mich verwirren will das Irren;
Doch du weißt mich zu entwirren.
Wenn ich handle, wenn ich dichte,
Gib du meinem Weg die Richte.

Ob ich Irdsches denk und sinne,
Das gereicht zu höherem Gewinne.
Mit dem Staube nicht der Geist zerstoben,
Dringet, in sich selbst gedrängt, nach oben.

Im Atemholen sind zweierlei Gnaden:
Die Luft einziehen, sich ihrer entladen;
Jenes bedrängt, dieses erfrischt;
So wunderbar ist das Leben gemischt.
Du danke Gott, wenn er dich preßt,
Und dank ihm, wenn er dich wieder entläßt.

Ja, in der Schenke hab ich auch gesessen,
Mir ward wie andern zugemessen,
Sie schwatzten, schrieen, händelten von heut,
So froh und traurig, wie's der Tag gebeut;
Ich aber saß, im Innersten erfreut,
An meine Liebste dacht ich – wie sie liebt?

Das weiß ich nicht; was aber mich bedrängt!
Ich liebe sie, wie es ein Busen gibt,
Der treu sich Einer gab und knechtisch hängt.
Wo war das Pergament, der Griffel wo,
Die alles faßten? – Doch so wars! ja, so!

GEWARNT

Auch in Locken hab ich mich
Gar zu gern verfangen,
Und so, Hafis, wärs wie dir
Deinem Freund ergangen.

Aber Zöpfe flechten sie
Nun aus langen Haaren,
Unterm Helme fechten sie,
Wie wir wohl erfahren.

Wer sich aber wohl besann,
Läßt sich so nicht zwingen:
Schwere Ketten fürchtet man,
Rennt in leichte Schlingen.

VERSUNKEN

Voll Locken kraus ein Haupt so rund! –
Und darf ich dann in solchen reichen Haaren
Mit vollen Händen hin und wider fahren,
Da fühl ich mich von Herzensgrund gesund.
Und küß ich Stirne, Bogen, Auge, Mund,
Dann bin ich frisch und immer wieder wund.
Der fünfgezackte Kamm, wo sollt er stocken?
Er kehrt schon wieder zu den Locken.
Das Ohr versagt sich nicht dem Spiel,
Hier ist nicht Fleisch, hier ist nicht Haut,
So zart zum Scherz, so liebeviel!

1814 WEIMAR

Doch wie man auf dem Köpfchen kraut,
Man wird in solchen reichen Haaren
Für ewig auf und nieder fahren.
So hast du, Hafis, auch getan,
Wir fangen es von vornen an.

»Wo hast du das genommen?
Wie konnt es zu dir kommen?
Wie aus dem Lebensplunder
Erwarbst du diesen Zunder,
Der Funken letzte Gluten
Von frischem zu ermuten?«

Euch mög es nicht bedünkeln,
Es sei gemeines Fünkeln;
Auf ungemeßner Ferne,
Im Ozean der Sterne,
Mich hatt ich nicht verloren,
Ich war wie neugeboren.

Von weißer Schafe Wogen
Die Hügel überzogen,
Umsorgt von ernsten Hirten,
Die gern und schmal bewirten,
So ruhig-liebe Leute,
Daß jeder mich erfreute.

In schauerlichen Nächten,
Bedrohet von Gefechten;
Das Stöhnen der Kamele
Durchdrang das Ohr, die Seele,
Und derer, die sie führen,
Einbildung und Stolzieren.

Und immer ging es weiter,
Und immer ward es breiter,
Und unser ganzes Ziehen,

Es schien ein ewig Fliehen,
Blau, hinter Wüst und Heere,
Der Streif erlogner Meere.

Behandelt die Frauen mit Nachsicht!
Aus krummer Rippe ward sie erschaffen,
Gott konnte sie nicht ganz grade machen.
Willst du sie biegen, sie bricht;
Läßt du sie ruhig, sie wird noch krümmer;
Du guter Adam, was ist denn schlimmer?–
Behandelt die Frauen mit Nachsicht:
Es ist nicht gut, daß euch eine Rippe bricht.

Die Perle, die der Muschel entrann,
Die schönste, hochgeboren,
Zum Juwelier, dem guten Mann,
Sprach sie: Ich bin verloren!
Durchbohrst du mich, mein schönes All,
Es ist sogleich zerrüttet,
Mit Schwestern muß ich, Fall für Fall,
Zu schlechten sein geküttet.

»Ich denke jetzt nur an Gewinn,
Du mußt es mir verzeihen:
Denn wenn ich hier nicht grausam bin,
Wie soll die Schnur sich reihen?«

Trunken müssen wir alle sein!
Jugend ist Trunkenheit ohne Wein;
Trinkt sich das Alter wieder zu Jugend,
So ist es wundervolle Tugend.
Für Sorgen sorgt das liebe Leben,
Und Sorgenbrecher sind die Reben.

Da wird nicht mehr nachgefragt!
Wein ist ernstlich untersagt.
Soll denn doch getrunken sein,
Trinke nur vom besten Wein:
Doppelt wärest du ein Ketzer
In Verdammnis um den Krätzer.

DSCHELÂL-EDDÎN RUMI SPRICHT

Verweilst du in der Welt, sie flieht als Traum;
Du reisest, ein Geschick bestimmt den Raum;
Nicht Hitze, Kälte nicht vermagst du festzuhalten,
Und was dir blüht, sogleich wird es veralten.

Medschnun heißt – ich will nicht sagen,
Daß es grad ein Toller heiße;
Doch ihr müßt mich nicht verklagen,
Daß ich mich als Medschnun preise.

Wenn die Brust, die redlich volle,
Sich entladet, euch zu retten,
Ruft ihr nicht: Das ist der Tolle!
Holet Stricke, schaffet Ketten!?

Und wenn ihr zuletzt in Fesseln
Seht die Klügeren verschmachten,
Sengt es euch wie Feuernesseln,
Das vergebens zu betrachten.

Hab ich euch denn je geraten,
Wie ihr Kriege führen solltet?
Schalt ich euch, nach euren Taten,
Wenn ihr Friede schließen wolltet?

Und so hab ich auch den Fischer
Ruhig sehen Netze werfen,
Brauchte dem gewandten Tischer
Winkelmaß nicht einzuschärfen.

Aber ihr wollt besser wissen,
Was ich weiß, der ich bedachte,
Was Natur, für mich beflissen,
Schon zu meinem Eigen machte.

Fühlt ihr auch dergleichen Stärke?
Nun, so fördert eure Sachen!
Seht ihr aber meine Werke,
Lernet erst: so wollt ers machen.

Wer befehlen kann, wird loben,
Und er wird auch wieder schelten;
Und das muß dir, treuer Diener,
Eines wie das andre gelten.

Denn er lobt wohl das Geringe,
Schilt auch, wo er sollte loben;
Aber bleibst du guter Dinge,
Wird er dich zuletzt erproben.

Und so haltets auch, ihr Hohen,
Gegen Gott, wie der Geringe;
Tut und leidet, wie sichs findet,
Bleibt nur immer guter Dinge.

Wer wird von der Welt verlangen,
Was sie selbst vermißt und träumet,
Rückwärts oder seitwärts blickend
Stets den Tag des Tags versäumet?
Ihr Bemühn, ihr guter Wille
Hinkt nur nach dem raschen Leben,

1814 WEIMAR

Und was du vor Jahren brauchtest,
Möchte sie dir heute geben.

Vom heutgen Tag, von heutger Nacht
Verlange nichts,
Als was die gestrigen gebracht.

Wer geboren in bös'sten Tagen,
Dem werden selbst die bösen behagen.

Wie etwas sei leicht,
Weiß, der es erfunden und der es erreicht.

Das Meer flutet immer,
Das Land behält es nimmer.

Prüft das Geschick dich, weiß es wohl warum:
Es wünschte dich enthaltsam! Folge stumm.

Noch ist es Tag, da rühre sich der Mann!
Die Nacht tritt ein, wo niemand wirken kann.

»Wie ungeschickt habt ihr euch benommen,
Da euch das Glück ins Haus gekommen!«
Das Mädchen hats nicht übelgenommen
Und ist noch ein paarmal wiedergekommen.

Mein Erbteil wie herrlich, weit und breit!
Die Zeit ist mein Besitz, mein Acker ist die Zeit.

Gutes tu rein aus des Guten Liebe!
Das überliefre deinem Blut;
Und wenns den Kindern nicht verbliebe,
Den Enkeln kommt es doch zugut.

Was klagst du über Feinde?
Sollten solche je werden Freunde,

Denen das Wesen, wie du bist,
Im stillen ein ewiger Vorwurf ist?

Dümmer ist nichts zu ertragen,
Als wenn Dumme sagen den Weisen:
Daß sie sich in großen Tagen
Sollten bescheidentlich erweisen.

Wenn Gott so schlechter Nachbar wäre,
Als ich bin und als du bist,
Wir hätten beide wenig Ehre;
Der läßt einen jeden, wie er ist.

Gestehts! die Dichter des Orients
Sind größer als wir des Okzidents.
Worin wir sie aber völlig erreichen,
Das ist im Haß auf unsresgleichen.

Überall will jeder obenauf sein,
Wie's eben in der Welt so geht.
Jeder sollte freilich grob sein,
Aber nur in dem, was er versteht.

Verschon uns, Gott, in deinem Grimme!
Zaunkönige gewinnen Stimme.

Will der Neid sich doch zerreißen,
Laß ihn seinen Hunger speisen.

Sich im Respekt zu erhalten,
Muß man recht borstig sein.
Alles jagt man mit Falken,
Nur nicht das wilde Schwein.

Einen Helden mit Lust preisen und nennen
Wird jeder, der selbst als Kühner stritt.
Des Menschen Wert kann niemand erkennen,
Der nicht selbst Hitze und Kälte litt.

1814 WEIMAR

Gutes tu rein aus des Guten Liebe!
Was du tust, verbleibt dir nicht;
Und wenn es auch dir verbliebe,
Bleibt es deinen Kindern nicht.

Soll man dich nicht aufs schmählichste berauben,
Verbirg dein Gold, dein Weggehn, deinen Glauben.

Wie kommts, daß man an jedem Orte
So viel Gutes, so viel Dummes hört?«
Die Jüngsten wiederholen der Ältesten Worte
Und glauben, daß es ihnen angehört.

Laß dich nur in keiner Zeit
Zum Widerspruch verleiten;
Weise fallen in Unwissenheit,
Wenn sie mit Unwissenden streiten.

Als ich einmal eine Spinne erschlagen,
Dacht ich, ob ich das wohl gesollt?
Hat Gott ihr doch wie mir gewollt
Einen Anteil an diesen Tagen!

»Dunkel ist die Nacht, bei Gott ist Licht.
Warum hat er uns nicht auch so zugericht?«

Welch eine bunte Gemeinde!
An Gottes Tisch sitzen Freund' und Feinde.

Ihr nennt mich einen kargen Mann;
Gebt mir, was ich verprassen kann!

Soll ich dir die Gegend zeigen,
Mußt du erst das Dach besteigen.

Wer schweigt, hat wenig zu sorgen;
Der Mensch bleibt unter der Zunge verborgen.

Ein Herre mit zwei Gesind,
Er wird nicht wohl gepflegt.
Ein Haus, worin zwei Weiber sind,
Es wird nicht rein gefegt.

Ihr lieben Leute, bleibt dabei
Und sagt nur: Autos epha!
Was sagt ihr lange Mann und Weib?
Adam, so heißts, und Eva.

Wofür ich Allah höchlich danke?
Daß er Leiden und Wissen getrennt.
Verzweifeln müßte jeder Kranke,
Das Übel kennend, wie der Arzt es kennt.

Närrisch, daß jeder in seinem Falle
Seine besondere Meinung preist!
Wenn *Islam* Gott ergeben heißt,
In Islam leben und sterben wir alle.

Wer in mein Haus tritt, der kann schelten,
Was ich ließ viele Jahre gelten;
Vor der Tür aber müßt er passen,
Wenn ich ihn nicht wollte gelten lassen.

Herr, laß dir gefallen
Dieses kleine Haus!
Größre kann man bauen,
Mehr kommt nicht heraus.

Du bist auf immer geborgen,
Das nimmt dir niemand wieder:
Zwei Freunde, ohne Sorgen,
Weinbecher, Büchlein Lieder.

»Was brachte Lokman nicht hervor,
Den man den Garstgen hieß!«

Die Süßigkeit liegt nicht im Rohr,
Der Zucker, der ist süß.

»Was schmückst du die eine Hand denn nun
Weit mehr, als ihr gebührte?«
Was sollte denn die linke tun,
Wenn sie die rechte nicht zierte?

Wenn man auch nach Mekka triebe
Christus' Esel, würd er nicht
Dadurch besser abgericht,
Sondern stets ein Esel bliebe.

Getretner Quark
Wird breit, nicht stark. –
Schlägst du ihn aber mit Gewalt
In feste Form, er nimmt Gestalt.
Dergleichen Steine wirst du kennen,
Europäer Pisé sie nennen.

Betrübt euch nicht, ihr guten Seelen!
Denn wer nicht fehlt, weiß wohl, wenn andre fehlen;
Allein wer fehlt, der ist erst recht daran:
Er weiß nun deutlich, wie sie wohl getan.

»Du hast gar vielen nicht gedankt,
Die dir so manches Gute gegeben!«
Darüber bin ich nicht erkrankt,
Ihre Gaben mir im Herzen leben.

Guten Ruf mußt du dir machen,
Unterscheiden wohl die Sachen;
Wer was weiter will, verdirbt.

Die Flut der Leidenschaft, sie stürmt vergebens
Ans unbezwungne feste Land.
Sie wirft poetische Perlen an den Strand,
Und das ist schon Gewinn des Lebens.

VERTRAUTER. Du hast so manche Bitte gewährt,
Und wenn sie dir auch schädlich war;
Der gute Mann da hat wenig begehrt,
Dabei hat es doch keine Gefahr.
WESIR. Der gute Mann hat wenig begehrt,
Und hätt ichs ihm sogleich gewährt,
Er auf der Stelle verloren war.

Schlimm ist es, wie doch wohl geschieht,
Wenn Wahrheit sich nach dem Irrtum zieht;
Das ist auch manchmal ihr Behagen;
Wer wird so schöne Frau befragen?
Herr Irrtum, wollt er an Wahrheit sich schließen,
Das sollte Frau Wahrheit baß verdrießen.

Wisse, daß mir sehr mißfällt,
Wenn so viele singen und reden!
Wer treibt die Dichtkunst aus der Welt?
 Die Poeten!

So traurig, daß in Kriegestagen
Zu Tode sich die Männer schlagen;
Im Frieden ists dieselbe Not:
Die Weiber schlagen mit Zungen tot.

SOMMERNACHT

DICHTER. Niedergangen ist die Sonne,
Doch im Westen glänzt es immer;
Wissen möcht ich wohl, wie lange
Dauert noch der goldne Schimmer?

SCHENKE. Willst du, Herr, so will ich bleiben,
Warten außer diesen Zelten;
Ist die Nacht des Schimmers Herrin,
Komm ich gleich, es dir zu melden.

Denn ich weiß, du liebst, das Droben,
Das Unendliche zu schauen,
Wenn sie sich einander loben,
Jene Feuer in dem Blauen.

Und das hellste will nur sagen:
Jetzo glänz ich meiner Stelle;
Wollte Gott euch mehr betagen,
Glänztet ihr wie ich so helle.

Denn vor Gott ist alles herrlich,
Eben weil er ist der Beste;
Und so schläft nun aller Vogel
In dem groß- und kleinen Neste.

Einer sitzt auch wohl gestängelt
Auf den Ästen der Zypresse,
Wo der laue Wind ihn gängelt,
Bis zu Taues luftger Nässe.

Solches hast du mich gelehret,
Oder etwas auch dergleichen;
Was ich je dir abgehöret,
Wird dem Herzen nicht entweichen.

Eule will ich deinetwegen
Kauzen hier auf der Terrasse,
Bis ich erst des Nordgestirnes
Zwillings-Wendung wohl erpasse.

Und da wird es Mitternacht sein,
Wo du oft zu früh ermunterst,
Und dann wird es eine Pracht sein,
Wenn das All mit mir bewunderst.

DICHTER. Zwar in diesem Duft und Garten
Tönet Bulbul ganze Nächte;

Doch du könntest lange warten,
Bis die Nacht so viel vermöchte.

Denn in dieser Zeit der Flora,
Wie das Griechen-Volk sie nennet,
Die Strohwitwe, die Aurora,
Ist in Hesperus entbrennet.

Sieh dich um! sie kommt! wie schnelle!
Über Blumenfelds Gelänge! –
Hüben hell und drüben helle;
Ja, die Nacht kommt ins Gedränge.

Und auf roten leichten Sohlen
Ihn, der mit der Sonn entlaufen,
Eilt sie irrig einzuholen;
Fühlst du nicht ein Liebe-Schnaufen?

Geh nur, lieblichster der Söhne,
Tief ins Innre, schließ die Türen;
Denn sie möchte deine Schöne
Als den Hesperus entführen.

DIE WEISEN UND DIE LEUTE

Epimenides

Kommt, Brüder! sammelt euch im Hain;
Schon drängt das Volk, es strömt herein,
Von Nord, Süd, West und Osten.
Sie möchten gern belehret sein,
Doch solls nicht Mühe kosten.
Ich bitt euch, haltet euch bereit,
Ihm derb den Text zu lesen.

Die Leute

Ihr Grillenfänger sollt uns heut
Zu Rede stehn, mit Deutlichkeit,

1814 WEIMAR

Und nicht mit dunklem Wesen.
Sagt! – Ist die Welt von Ewigkeit?

Anaxagoras

Ich glaub es: denn zu jeder Zeit,
Wo sie noch nicht gewesen,
Das wäre schade gewesen.

Die Leute

Doch ob der Untergang ihr dräut?

Anaximenes

Vermutlich! doch mir ists nicht leid:
Denn bleibt nur Gott in Ewigkeit,
Wirds nie an Welten fehlen.

Die Leute

Allein was ist Unendlichkeit?

Parmenides

Wie kannst du so dich quälen!
Geh in dich selbst! Entbehrst du drin
Unendlichkeit in Geist und Sinn,
So ist dir nicht zu helfen.

Die Leute

Wo denken und *wie* denken wir?

Diogenes

So hört doch auf, zu belfen! –
Der Denker denkt vom Hut zum Schuh,
Und ihm gerät in Blitzes Nu
Das Was, das Wie, das Beste.

Die Leute

Haust wirklich eine Seel in mir?

Mimnermus

Das frage deine Gäste. –
Denn, siehst du, ich gestehe dir:
Das artige Wesen, das, entzückt,
Sich selbst und andre gern beglückt,
Das möcht ich Seele nennen.

Die Leute

Liegt auch bei Nacht der Schlaf auf ihr?

Periander

Kann sich von dir nicht trennen.
Es kommt auf dich, du Körper, an!
Hast du dir leiblich wohlgetan,
Wird sie erquicklich ruhen.

Die Leute

Was ist der sogenannte Geist?

Kleobulus

Was man so Geist gewöhnlich heißt,
Antwortet, aber fragt nicht.

Die Leute

Erkläre mir, was glücklich heißt.

Krates

Das nackte Kind, das zagt nicht;
Mit seinem Pfennig springt es fort
Und kennt recht gut den Semmelort,
Ich meine des Bäckers Laden.

Die Leute

Sprich! wer Unsterblichkeit beweist.

Aristipp

Den rechten Lebensfaden
Spinnt einer, der lebt und leben läßt;
Er drille zu, er zwirne fest,
Der liebe Gott wird weifen.

Die Leute

Ists besser törig oder klug?

Demokrit

Das läßt sich auch begreifen.
Hält sich der Narr für klug genug,
So gönnt es ihm der Weise.

Die Leute

Herrscht Zufall bloß und Augentrug?

Epikur

Ich bleib in meinem Gleise.
Den Zufall bändige zum Glück,
Ergetz am Augentrug den Blick;
Hast Nutz und Spaß von beiden.

Die Leute

Ist unsre Willensfreiheit Lug?

Zeno

Es kommt drauf an, zu wagen.
Nur halte deinen Willen fest,
Und gehst du auch zugrund zuletzt,
So hats nicht viel zu sagen.

Die Leute

Kam ich als böse schon zur Welt?

Pelagius

Man muß dich wohl ertragen.
Du brachtest aus der Mutter Schoß
Fürwahr ein unerträglich Los:
Gar ungeschickt zu fragen.

Die Leute

Ist Beßrungstrieb uns zugesellt?

Plato

Wär Beßrung nicht die Lust der Welt,
So würdest du nicht fragen.
Mit dir versuch erst umzugehn,
Und kannst du dich nicht selbst verstehn,
So quäl nicht andre Leute.

Die Leute

Doch herrschen Eigennutz und Geld!

Epiktet

Laß ihnen doch die Beute!
Die Rechenpfennige der Welt
Mußt du ihr nicht beneiden.

Die Leute

So sag, was uns mit Recht gefällt,
Eh wir auf immer scheiden.

Die Weisen

Mein erst Gesetz ist, in der Welt
Die Frager zu vermeiden.

Das Opfer, das die Liebe bringt,
Es ist das teuerste von allen;
Doch wer sein Eigenstes bezwingt,
Dem ist das schönste Los gefallen.

Ich bliebe gern verschlossen still,
Doch muß ich mich im Kreise zeigen.
Vergebt, wenn ich mich rühmen will;
Doch heute soll ja niemand schweigen.
O, wie's in meinem Busen ringt!
Mir ist das schwerste Los gefallen:
Denn Opfer, wie sie Liebe bringt,
Das sind die schmerzlichsten von allen.

WILLKOMMEN! WEIMAR 1814

Diese Stimmen, sie erschallen
Aus der Menge laut vor allen,
Dir zu Ehren, zu Gefallen;
Hör auch sie mit Hulden an!
Was die Lieder widerhallen,
Hast du, Herr, in Tat getan.

*

Blumen und Pflanzen

Die Pflanzen sämtlich, die dir angehören,
Sie grüßen dich entzückt in deinen Gauen;
Und willst du sie mit neuen auch vermehren,
Wir werden nicht dazu mit Neide schauen.

*

Sonnenblume

Die Sonnenblume möchte dich begrüßen,
Dieweil sie sich so gern zur Sonne wendet,
Nur steht zur Zeit sie noch zurückgewiesen;
Doch du erscheinst, und sie ist gleich vollendet.

*

Veilchen

Das Veilchen aber, wollt es dich erreichen,
So müßt es tausendfach dich überschütten;

Doch wird es still wie alle seinesgleichen
Mit Wohlgerüchen deine Gunst erbitten.

*

Der du frühe schon das Große wolltest,
Wie ich dich so jung und kühn gesehn,
Hast es nun getan so, wie du solltest,
Und für uns, für alle wars geschehn.
 Gebe das Geschick
 Erst- und letztes Glück:
Dich dir selbst des Friedens zu ergehn.

*

Familiengemälde

So leitet zu des Schlosses Pforten
Die Muse festlich jeden Schritt;
Es fehlet nicht an ernsten Worten,
Und manches heitre tönet mit.

Bald blüht in diesen Lustgefilden
Ein neues Fest dem treuen Blick:
Gemahlin, Söhne, Töchter bilden
Den schönsten Kranz, ein häuslich Glück.

Der Künstler steht entzückt im Schauen,
Entwirft mit Rubens' Hand und Kraft
Anständge Ritter, edle Frauen
Und aller Stoffe Farb und Saft.

Schon hat ers emsig unter Händen,
Er sieht es wachsend vor sich stehn:
Gelingts ihm, schnell es zu vollenden,
So werdet ihrs mit Freude sehn.

VERGEBLICHE MÜH

Willst du der getreue Eckart sein
Und jedermann vor Schaden warnen,
's ist auch eine Rolle, sie trägt nichts ein:
Sie laufen dennoch nach den Garnen.

Wie einer ist, so ist sein Gott;
Darum ward Gott so oft zu Spott.

Daß ich bezahle,
Um zu verführen,
Das gilt in Westen,
Das gilt in Osten.
Daß ich bezahle,
Um zu verlieren,
Das sind, ich dächte,
Sehr falsche Kosten.

Seit einigen Tagen
Machst du mir ein bös Gesicht.
Du denkst wohl, ich soll fragen,
Welche Mücke dich sticht.

ERSCHAFFEN UND BELEBEN

Hans Adam war ein Erdenkloß,
Den Gott zum Menschen machte;
Doch bracht er aus der Mutter Schoß
Noch vieles Ungeschlachte.

Die Elohim zur Nas hinein
Den besten Geist ihm bliesen;

Nun schien er schon was mehr zu sein,
Denn er fing an zu niesen.

Doch mit Gebein und Glied und Kopf
Blieb er ein halber Klumpen,
Bis endlich Noah für den Tropf
Das Wahre fand, den Humpen.

Der Klumpe fühlt sogleich den Schwung,
Sobald er sich benetzet,
So wie der Teig durch Säuerung
Sich in Bewegung setzet.

So, Hafis, mag dein holder Sang,
Dein heiliges Exempel
Uns führen, bei der Gläser Klang,
Zu unsres Schöpfers Tempel.

PFINGSTEN

Unter halb verwelkten Maien
Schläft der liebe Freund so still;
O! wie soll es ihn erfreuen,
Was ich ihm vertrauen will:
Ohne Wurzeln dieses Reisig,
Es verdorrt das junge Blut;
Aber Liebe, wie Herr Dreyßig,
Nähret ihre Pflanzen gut.

Wäre der Rubin mir eigen,
Perlen wären um ihn her,
O, so wollt ich bald erzeigen,
Wie so herzlich lieb er wär;
Denn ich schüf ihn gleich zum Ringe,
Schlangen würd ich um ihn ziehn,

Und ich sagte: Liebe, bringe,
Bring ihn der Geliebten hin.

BEINAME

DICHTER. Mohamed Schemseddin, sage,
Warum hat dein Volk, das hehre,
Hafis dich genannt?
HAFIS. Ich ehre,
Ich erwidre deine Frage.
Weil in glücklichem Gedächtnis
Des Korans geweiht Vermächtnis
Unverändert ich verwahre
Und damit so fromm gebare,
Daß gemeinen Tages Schlechtnis
Weder mich noch die berühret,
Die Propheten-Wort und -Samen
Schätzen, wie es sich gebühret—
Darum gab man mir den Namen.
DICHTER. Hafis, drum, so will mir scheinen,
Möcht ich dir nicht gerne weichen:
Denn, wenn wir wie andre meinen,
Werden wir den andern gleichen.
Und so gleich ich dir vollkommen,
Der ich unsrer heilgen Bücher
Herrlich Bild an mich genommen,
Wie auf jenes Tuch der Tücher
Sich des Herren Bildnis drückte,
Mich in stiller Brust erquickte,
Trotz Verneinung, Hindrung, Raubens,
Mit dem heitern Bild des Glaubens.

FETWA

Hafis' Dichterzüge, sie bezeichnen
Ausgemachte Wahrheit unauslöschlich;

Aber hie und da auch Kleinigkeiten
Außerhalb der Grenze des Gesetzes.
Willst du sicher gehn, so mußt du wissen
Schlangengift und Theriak zu sondern –
Doch der reinen Wollust edler Handlung
Sich mit frohem Mut zu überlassen,
Und vor solcher, der nur ewge Pein folgt,
Mit besonnenem Sinn sich zu verwahren,
Ist gewiß das Beste, um nicht zu fehlen.
Dieses schrieb der arme Ebusuud.
Gott verzeih ihm seine Sünden alle.

DER DEUTSCHE DANKT

Heiliger Ebusuud, hasts getroffen!
Solche Heilge wünschet sich der Dichter;
Denn gerade jene Kleinigkeiten
Außerhalb der Grenze des Gesetzes
Sind das Erbteil, wo er übermütig,
Selbst im Kummer lustig, sich beweget.
Schlangengift und Theriak muß
Ihm das eine wie das andre scheinen.
Töten wird nicht jenes, dies nicht heilen:
Denn das wahre Leben ist des Handelns
Ewge Unschuld, die sich so erweiset,
Daß sie niemand schadet als sich selber.
Und so kann der alte Dichter hoffen,
Daß die Huris ihn im Paradiese
Als verklärten Jüngling wohl empfangen.
Heiliger Ebusuud, hasts getroffen!

Höre den Rat, den die Leier tönt;
Doch er nutzet nur, wenn du fähig bist.
Das glücklichste Wort, es wird verhöhnt,
Wenn der Hörer ein Schiefohr ist.

1814 WEIMAR

»Was tönt denn die Leier?« Sie tönet laut:
Die schönste, das ist nicht die beste Braut;
Doch wenn wir dich unter uns zählen sollen,
So mußt du das Schönste, das Beste wollen.

DEM KELLNER

Setze mir nicht, du Grobian,
Mir den Krug so derb vor die Nase!
Wer mir Wein bringt, sehe mich freundlich an,
Sonst trübt sich der Eilfer im Glase.

DEM SCHENKEN

Du zierlicher Knabe, du komm herein,
Was stehst du denn da auf der Schwelle?
Du sollst mir künftig der Schenke sein,
Jeder Wein ist schmackhaft und helle.

ELEMENTE

Aus wie vielen Elementen
Soll ein echtes Lied sich nähren,
Daß es Laien gern empfinden,
Meister es mit Freuden hören?

Liebe sei vor allen Dingen
Unser Thema, wenn wir singen;
Kann sie gar das Lied durchdringen,
Wirds um desto besser klingen.

Dann muß Klang der Gläser tönen
Und Rubin des Weins erglänzen:
Denn für Liebende, für Trinker
Winkt man mit den schönsten Kränzen.

Waffenklang wird auch gefodert,
Daß auch die Drommete schmettre;
Daß, wenn Glück zu Flammen lodert,
Sich im Sieg der Held vergöttre.

Dann zuletzt ist unerläßlich,
Daß der Dichter manches hasse;
Was unleidlich ist und häßlich,
Nicht wie Schönes leben lasse.

Weiß der Sänger, dieser viere
Urgewaltgen Stoff zu mischen,
Hafis gleich wird er die Völker
Ewig freuen und erfrischen.

1814 Reise an den Main, Rhein
und Neckar

PHÄNOMEN

Wenn zu der Regenwand
Phöbus sich gattet,
Gleich steht ein Bogenrand
Farbig beschattet.

Im Nebel gleichen Kreis
Seh ich gezogen;
Zwar ist der Bogen weiß,
Doch Himmelsbogen.

So sollst du, muntrer Greis,
Dich nicht betrüben;
Sind gleich die Haare weiß,
Doch wirst du lieben.

LIEBLICHES

Was doch Buntes dort verbindet
Mir den Himmel mit der Höhe?
Morgennebelung verblindet
Mir des Blickes scharfe Sehe.

Sind es Zelte des Wesires,
Die er lieben Frauen baute?
Sind es Teppiche des Festes,
Weil er sich der Liebsten traute?

Rot und weiß, gemischt, gesprenkelt,
Wüßt ich Schönres nicht zu schauen;
Doch wie, Hafis, kommt dein Schiras
Auf des Nordens trübe Gauen?

Ja, es sind die bunten Mohne,
Die sich nachbarlich erstrecken
Und, dem Kriegesgott zum Hohne,
Felder streifweis freundlich decken.

Möge stets so der Gescheute
Nutzend Blumenzierde pflegen,
Und ein Sonnenschein, wie heute,
Klären sie auf meinen Wegen!

Sollt einmal durch Erfurt fahren,
Das ich sonst so oft durchschritten,
Und ich schien, nach vielen Jahren,
Wohlempfangen, wohlgelitten.

Wenn mich Alten alte Frauen
Aus der Bude froh gegrüßet,
Glaubt ich Jugendzeit zu schauen,
Die einander wir versüßet.

Das war eine Bäckerstochter,
Eine Schusterin daneben;
Eule keinesweges jene,
Diese wußte wohl zu leben.

Und so wollen wir beständig,
Wettzueifern mit Hafisen,
Uns der Gegenwart erfreuen,
Das Vergangne mitgenießen.

DER NEUE KOPERNIKUS

Artges Häuschen hab ich klein,
Und, darin verstecket,
Bin ich vor der Sonne Schein
Gar bequem bedecket.

Denn da gibt es Schalterlein,
Federchen und Lädchen,
Finde mich so wohl allein
Als mit hübschen Mädchen.

Denn, o Wunder! mir zur Lust
Regen sich die Wälder,
Näher kommen meiner Brust
Die entfernten Felder.

Und so tanzen auch vorbei
Die bewachsnen Berge;
Fehlet nur das Lustgeschrei
Aufgeregter Zwerge.

Doch so gänzlich still und stumm
Rennt es mir vorüber,
Meistens grad und oft auch krumm,
Und so ist mirs lieber.

Wenn ichs recht betrachten will
Und es ernst gewahre,
Steht vielleicht das alles still –
Und ich selber fahre.

IM GEGENWÄRTIGEN VERGANGNES

Ros und Lilie morgentaulich
Blüht im Garten meiner Nähe;
Hinten an, bebuscht und traulich,

Steigt der Felsen in die Höhe;
Und mit hohem Wald umzogen
Und mit Ritterschloß gekrönet,
Lenkt sich hin des Gipfels Bogen,
Bis er sich dem Tal versöhnet.

Und da duftets wie vor alters,
Da wir noch von Liebe litten,
Und die Saiten meines Psalters
Mit dem Morgenstrahl sich stritten;
Wo das Jagdlied aus den Büschen
Fülle runden Tons enthauchte,
Anzufeuern, zu erfrischen,
Wie's der Busen wollt und brauchte.

Nun die Wälder ewig sprossen,
So ermutigt euch mit diesen;
Was ihr sonst für euch genossen,
Läßt in andern sich genießen.
Niemand wird uns dann beschreien,
Daß wirs uns alleine gönnen;
Nun in allen Lebensreihen
Müsset ihr genießen können.

Und mit diesem Lied und Wendung
Sind wir wieder bei Hafisen;
Denn es ziemt, des Tags Vollendung
Mit Genießern zu genießen.

ZWIESPALT

Wenn links an Baches Rand
Cupido flötet,
Im Felde rechter Hand
Mavor drommetet,
Da wird dorthin das Ohr
Lieblich gezogen,

Doch um des Liedes Flor
Durch Lärm betrogen.
Nun flötets immer voll
Im Kriegesthunder,
Ich werde rasend, toll –
Ist das ein Wunder?
Fort wächst der Flötenton,
Schall der Posaunen,
Ich irre, rase schon –
Ist das zu staunen?

DERB UND TÜCHTIG

Dichten ist ein Übermut,
Niemand schelte mich!
Habt getrost ein warmes Blut,
Froh und frei wie ich.

Sollte jeder Stunde Pein
Bitter schmecken mir,
Würd ich auch bescheiden sein,
Und noch mehr als ihr.

Denn Bescheidenheit ist fein,
Wenn das Mädchen blüht;
Sie will zart geworben sein,
Die den Rohen flieht.

Auch ist gut Bescheidenheit,
Spricht ein weiser Mann,
Der von Zeit und Ewigkeit
Mich belehren kann.

Dichten ist ein Übermut!
Treib es gern allein.
Freund' und Frauen, frisch von Blut,
Kommt nur auch herein!

Mönchlein ohne Kapp und Kutt,
Schwatz nicht auf mich ein!
Zwar du machest mich kaputt,
Nicht bescheiden, nein!

Deiner Phrasen leeres Was
Treibet mich davon,
Abgeschliffen hab ich das
An den Sohlen schon.

Wenn des Dichters Mühle geht,
Halte sie nicht ein:
Denn wer einmal uns versteht,
Wird uns auch verzeihn.

Lieblich ist des Mädchens Blick, der winket,
Trinkers Blick ist lieblich, eh er trinket,
Gruß des Herren, der befehlen konnte,
Sonnenschein im Herbst, der dich besonnte.
Lieblicher als alles dieses habe
Stets vor Augen, wie sich kleiner Gabe
Dürftge Hand so hübsch entgegendränget,
Zierlich dankbar, was du reichst, empfänget.
Welch ein Blick! ein Gruß! ein sprechend Streben!
Schau es recht, und du wirst immer geben.

Und was im *Pend-Nameh* steht,
Ist dir aus der Brust geschrieben:
Jeden, dem du selber gibst,
Wirst du wie dich selber lieben.
Reiche froh den Pfennig hin,
Häufe nicht ein Gold-Vermächtnis,
Eile freudig vorzuziehn
Gegenwart vor dem Gedächtnis.

Keinen Reimer wird man finden,
Der sich nicht den besten hielte,
Keinen Fiedler, der nicht lieber
Eigne Melodien spielte.

Und ich konnte sie nicht tadeln;
Wenn wir andern Ehre geben,
Müssen wir uns selbst entadeln.
Lebt man denn, wenn andre leben?

Und so fand ichs denn auch juste
In gewissen Antichambern,
Wo man nicht zu sondern wußte
Mäusedreck von Koriandern.

Das Gewesne wollte hassen
Solche rüstge neue Besen,
Diese dann nicht gelten lassen,
Was sonst Besen war gewesen.

Und wo sich die Völker trennen
Gegenseitig im Verachten,
Keins von beiden wird bekennen,
Daß sie nach demselben trachten.

Und das grobe Selbstempfinden
Haben Leute hart gescholten,
Die am wenigsten verwinden,
Wenn die andern was gegolten.

Übermacht, ihr könnt es spüren,
Ist nicht aus der Welt zu bannen;
Mir gefällt, zu konversieren
Mit Gescheiten, mit Tyrannen.

Da die dummen Eingeengten
Immerfort am stärksten pochten,

Und die Halben, die Beschränkten
Gar zu gern uns unterjochten,

Hab ich mich für frei erkläret
Von den Narren, von den Weisen;
Diese bleiben ungestöret,
Jene möchten sich zerreißen.

Denken, in Gewalt und Liebe
Müßten wir zuletzt uns gatten,
Machen mir die Sonne trübe
Und erhitzen mir den Schatten.

Hafis auch und Ulrich Hutten
Mußten ganz bestimmt sich rüsten
Gegen braun und blaue Kutten;
Meine gehn wie andre Christen.

»Aber nenn uns doch die Feinde!«
Niemand soll sie unterscheiden:
Denn ich hab in der Gemeinde
Schon genug daran zu leiden.

Wenn du auf dem Guten ruhst,
Nimmer werd ichs tadeln;
Wenn du gar das Gute tust,
Sieh, das soll dich adeln!
Hast du aber deinen Zaun
Um dein Gut gezogen,
Leb ich frei und lebe traun
Keineswegs betrogen.

Denn die Menschen, sie sind gut,
Würden besser bleiben,
Sollte nicht, wie's einer tut,
Auch der andre treiben.
Auf dem Weg, da ists ein Wort,

Niemand wirds verdammen:
Wollen wir an Einen Ort,
Nun, wir gehn zusammen.

Vieles wird sich da und hie
Uns entgegenstellen:
In der Liebe mag man nie
Helfer und Gesellen;
Geld und Ehre hätte man
Gern allein zur Spende,
Und der Wein, der treue Mann,
Der entzweit am Ende.

Hat doch über solches Zeug
Hafis auch gesprochen,
Über manchen dummen Streich
Sich den Kopf zerbrochen;
Und ich seh nicht, was es frommt,
Aus der Welt zu laufen,
Magst du, wenns zum Schlimmsten kommt,
Auch einmal dich raufen.

Solang man nüchtern ist,
Gefällt das Schlechte;
Wie man getrunken hat,
Weiß man das Rechte;
Nur ist das Übermaß
Auch gleich zuhanden:
Hafis, o lehre mich,
Wie du's verstanden!

Denn meine Meinung ist
Nicht übertrieben:
Wenn man nicht trinken kann,
Soll man nicht lieben;
Doch sollt ihr Trinker euch
Nicht besser dünken:
Wenn man nicht lieben kann,
Soll man nicht trinken.

JAHRMARKT ZU HÜNFELD
den 26. Juli 1814

Ich ging, mit stolzem Geists-Vertrauen,
Auf dem Jahrmarkt mich umzuschauen,
Die Käufer zu sehn an der Händler Gerüste,
Zu prüfen, ob ich noch etwas wüßte,
Wie mirs Lavater, vor alter Zeit,
Traulich überliefert, das ging sehr weit!
Da sah ich denn zuerst Soldaten,
Denen wärs eben zum besten geraten:
Die Tat und Qual, sie war geschehn,
Wollten sich nicht gleich einer neuen versehn;
Der Rock war schon der Dirne genug,
Daß sie ihm derb in die Hände schlug.
Bauer und Bürger, die schienen stumm,
Die guten Knaben beinahe dumm.
Beutel und Scheune war gefegt,
Und hatten keine Ehre eingelegt.
Erwart'ten alle, was da käme,
Wahrscheinlich auch nicht sehr bequeme.
Frauen und Mägdlein, in guter Ruh,
Probierten an die hölzernen Schuh;
Man sah an Mienen und Gebärden:
Sie ist guter Hoffnung oder will es werden.

Seh ich zum Wagen heraus
Mich nach jemand um,
So macht er gleich was draus;
Er denkt: ich grüß ihn stumm,
Und er hat recht.

Warmes Lüftchen, weh heran,
Wehe uns entgegen,
Denn du hast uns wohlgetan
Auf den Jugendwegen.

Als wenn das auf Namen ruhte,
Was sich schweigend nur entfaltet!
Lieb ich doch das schöne Gute,
Wie es sich aus Gott gestaltet.

Jemand lieb ich, das ist nötig;
Niemand haß ich, soll ich hassen,
Auch dazu bin ich erbötig,
Hasse gleich in ganzen Massen.

Willst sie aber näher kennen?
Sieh aufs Rechte, sieh aufs Schlechte;
Was sie ganz fürtrefflich nennen,
Ist wahrscheinlich nicht das Rechte.

Denn das Rechte zu ergreifen,
Muß man aus dem Grunde leben,
Und salbadrisch auszuschweifen,
Dünket mich ein seicht Bestreben.

Wohl, Herr Knitterer, er kann sich
Mit Zersplitterer vereinen,
Und Verwitterer alsdann sich
Allenfalls der Beste scheinen!

Daß nur immer in Erneuung
Jeder täglich Neues höre,
Und zugleich auch die Zerstreuung
Jeden in sich selbst zerstöre.

Dies der Landsmann wünscht und liebet,
Mag er Deutsch, mag Teutsch sich schreiben,
Liedchen aber heimlich piepet:
Also war es und wird bleiben.

[Aus einem Brief an Christiane]

Ein Liebchen ist der Zeitvertreib,
Auf den ich jetzt mich spitze:
Sie hat einen gar so schlanken Leib
Und trägt eine Stachelmütze.

ALL-LEBEN

Staub ist eins der Elemente,
Das du gar geschickt bezwingest,
Hafis, wenn zu Liebchens Ehren
Du ein zierlich Liedchen singest.

Denn der Staub auf ihrer Schwelle
Ist dem Teppich vorzuziehen,
Dessen goldgewirkte Blumen
Mahmuds Günstlinge beknieen.

Treibt der Wind von ihrer Pforte
Wolken Staubs behend vorüber,
Mehr als Moschus sind die Düfte
Und als Rosenöl dir lieber.

Staub, den hab ich längst entbehret
In dem stets umhüllten Norden;
Aber in dem heißen Süden
Ist er mir genugsam worden.

Doch schon längst, daß liebe Pforten
Mir auf ihren Angeln schwiegen!
Heile mich, Gewitterregen,
Laß mich, daß es grunelt, riechen!

Wenn jetzt alle Donner rollen
Und der ganze Himmel leuchtet,

Wird der wilde Staub des Windes
Nach dem Boden hingefeuchtet.

Und sogleich entspringt ein Leben,
Schwillt ein heilig heimlich Wirken,
Und es grunelt und es grünet
In den irdischen Bezirken.

SELIGE SEHNSUCHT

Sagt es niemand, nur den Weisen,
Weil die Menge gleich verhöhnet,
Das Lebendge will ich preisen,
Das nach Flammentod sich sehnet.

In der Liebesnächte Kühlung,
Die dich zeugte, wo du zeugtest,
Überfällt dich fremde Fühlung,
Wenn die stille Kerze leuchtet.

Nicht mehr bleibest du umfangen
In der Finsternis Beschattung,
Und dich reißet neu Verlangen
Auf zu höherer Begattung.

Keine Ferne macht dich schwierig,
Kommst geflogen und gebannt,
Und zuletzt, des Lichts begierig,
Bist du, Schmetterling, verbrannt.

Und solang du das nicht hast,
Dieses: Stirb und werde!
Bist du nur ein trüber Gast
Auf der dunklen Erde.

Ich gedachte in der Nacht,
Daß ich den Mond sähe im Schlaf;
Als ich aber erwachte,
Ging unvermutet die Sonne auf.

»Was soll der Stolz,
Das Gerede, der Spott?«
So nimm doch Holz
Und schnitz auch einen Gott.

UNVERMEIDLICH

Wer kann gebieten den Vögeln,
Still zu sein auf der Flur?
Und wer verbieten zu zappeln
Den Schafen unter der Schur?

Stell ich mich wohl ungebärdig,
Wenn mir die Wolle kraust?
Nein! Die Ungebärden entzwingt mir
Der Scherer, der mich zerzaust.

Wer will mir wehren zu singen
Nach Lust zum Himmel hinan,
Den Wolken zu vertrauen,
Wie lieb sie mirs angetan?

GEHEIMES

Über meines Liebchens Äugeln
Stehn verwundert alle Leute;
Ich, der Wissende, dagegen
Weiß recht gut, was das bedeute.

Denn es heißt: ich liebe diesen,
Und nicht etwa den und jenen.
Lasset nur, ihr guten Leute,
Euer Wundern, euer Sehnen!

Ja, mit ungeheuren Mächten
Blicket sie wohl in die Runde;
Doch sie sucht nur zu verkünden
Ihm die nächste süße Stunde.

[Albumblatt]

Was der August nicht tut,
Macht der September gut.

[Sprichwörtlich]

Das wär dir ein schönes Gartengelände,
Wo man den Weinstock mit Würsten bände.

SCHENKE SPRICHT

Du mit deinen braunen Locken,
Geh mir weg, verschmitzte Dirne!
Schenk ich meinem Herrn zu Danke,
Nun, so küßt er mir die Stirne.

Aber du, ich wollte wetten,
Bist mir nicht damit zufrieden,
Deine Wangen, deine Brüste
Werden meinen Freund ermüden.

Glaubst du wohl mich zu betriegen,
Daß du jetzt verschämt entweichest?
Auf der Schwelle will ich liegen
Und erwachen, wenn du schleichest.

SCHENKE. Welch ein Zustand! Herr, so späte
Schleichst du heut aus deiner Kammer;
Perser nennens Bidamag buden,
Deutsche sagen Katzenjammer.

DICHTER. Laß mich jetzt, geliebter Knabe!
Mir will nicht die Welt gefallen,
Nicht der Schein, der Duft der Rose,
Nicht der Sang der Nachtigallen.

SCHENKE. Ebendas will ich behandeln,
Und ich denk, es soll mir klecken;
Hier! genieß die frischen Mandeln,
Und der Wein wird wieder schmecken.

Dann will ich auf der Terrasse
Dich mit frischen Lüften tränken;
Wie ich dich ins Auge fasse,
Gibst du einen Kuß dem Schenken.

Schau! die Welt ist keine Höhle,
Immer reich an Brut und Nestern,
Rosenduft und Rosenöle;
Bulbul auch, sie singt wie gestern.

SCHENKE

Heute hast du gut gegessen,
Doch du hast noch mehr getrunken;
Was du bei dem Mahl vergessen,
Ist in diesen Napf gesunken.

Sieh, das nennen wir ein Schwänchen,
Wie's dem satten Gast gelüstet;
Dieses bring ich meinem Schwane,
Der sich auf den Wellen brüstet.

1814 REISE AN DEN MAIN, RHEIN UND NECKAR 741

Doch vom Singschwan will man wissen,
Daß er sich zu Grabe läutet;
Laß mich jedes Lied vermissen,
Wenn es auf dein Ende deutet.

SCHENKE

Nennen dich den großen Dichter,
Wenn dich auf dem Markte zeigest;
Gerne hör ich, wenn du singest,
Und ich horche, wenn du schweigest.

Doch ich liebe dich noch lieber,
Wenn du küssest zum Erinnern;
Denn die Worte gehn vorüber,
Und der Kuß, der bleibt im Innern.

Reim auf Reim will was bedeuten,
Besser ist es, viel zu denken.
Singe du den andern Leuten
Und verstumme mit dem Schenken.

Ich besänftge mein Herz, mit süßer Hoffnung ihm schmeichelnd.
Eng ist das Leben fürwahr, aber die Hoffnung ist weit.

1814 – 1815 Weimar

Hör ich doch in deinen Liedern,
O Hafis, die Dichter loben;
Sieh, ich will es dir erwidern:
Herrlich, den der Dank erhoben!

UNBEGRENZT

Daß du nicht enden kannst, das macht dich groß,
Und daß du nie beginnst, das ist dein Los.
Dein Lied ist drehend wie das Sterngewölbe,
Anfang und Ende immerfort dasselbe,
Und was die Mitte bringt, ist offenbar
Das, was zu Ende bleibt und anfangs war.

Du bist der Freuden echte Dichterquelle,
Und ungezählt entfließt dir Well auf Welle.
Zum Küssen stets bereiter Mund,
Ein Brustgesang, der lieblich fließet,
Zum Trinken stets gereizter Schlund,
Ein gutes Herz, das sich ergießet.

Und mag die ganze Welt versinken,
Hafis, mit dir, mit dir allein
Will ich wetteifern! Lust und Pein
Sei uns, den Zwillingen, gemein!
Wie du zu lieben und zu trinken,
Das soll mein Stolz, mein Leben sein.

LYRISCHE DICHTUNGEN

Nun töne, Lied, mit eignem Feuer!
Denn du bist älter, du bist neuer.

WANDERERS GEMÜTSRUHE

Übers Niederträchtige
Niemand sich beklage;
Denn es ist das Mächtige,
Was man dir auch sage.

In dem Schlechten waltet es
Sich zu Hochgewinne,
Und mit Rechtem schaltet es
Ganz nach seinem Sinne.

Wandrer! – Gegen solche Not
Wolltest du dich sträuben?
Wirbelwind und trocknen Kot,
Laß sie drehn und stäuben.

AUF DEN KAUF

Wo ist einer, der sich quälet
Mit der Last, die wir getragen?
Wenn es an Gestalten fehlet,
Ist ein Kreuz geschwind geschlagen.

Pfaffenhelden singen sie,
Frauen wohl empfohlen;
Oberleder bringen sie,
Aber keine Sohlen.

Jung und Alte, Groß und Klein,
Gräßliches Gelichter!
Niemand will ein Schuster sein,
Jedermann ein Dichter.

Alle kommen sie gerennt,
Möchtens gerne treiben;
Doch wer keinen Leisten kennt,
Wird ein Pfuscher bleiben.

Willst du das verfluchte Zeug
Auf dem Markte kaufen,
Wirst du, eh es möglich deucht,
Wirst du barfuß laufen.

DAS PARTERRE SPRICHT

Strenge Fräulein zu begrüßen,
Muß ich mich bequemen;
Mit den lüderlichen Süßen
Werd ichs leichter nehmen.

Auf der Bühne lieb ich droben
Keine Redumschweife;
Soll ich denn am Ende loben,
Was ich nicht begreife?

Lose, faßliche Gebärden
Können mich verführen;
Lieber will ich schlechter werden
Als mich ennuyieren.

NACHBILDUNG

In deine Reimart hoff ich mich zu finden,
Das Wiederholen soll mir auch gefallen,
Erst werd ich Sinn, sodann auch Worte finden;
Zum zweitenmal soll mir kein Klang erschallen,
Er müßte denn besondern Sinn begründen,
Wie du's vermagst, Begünstigter vor allen!

Denn wie ein Funke fähig, zu entzünden
Die Kaiserstadt, wenn Flammen grimmig wallen,
Sich winderzeugend glühn von eignen Winden,
Er, schon erloschen, schwand zu Sternenhallen:
So schlangs von dir sich fort, mit ewgen Gluten
Ein deutsches Herz von frischem zu ermuten.

Zugemeßne Rhythmen reizen freilich,
Das Talent erfreut sich wohl darin;
Doch wie schnelle widern sie abscheulich,
Hohle Masken ohne Blut und Sinn;
Selbst der Geist erscheint sich nicht erfreulich,
Wenn er nicht, auf neue Form bedacht,
Jener toten Form ein Ende macht.

Vom Himmel sank in wilder Meere Schauer
Ein Tropfe bangend, gräßlich schlug die Flut;
Doch lohnte Gott bescheidnen Glaubensmut
Und gab dem Tropfen Kraft und Dauer.
Ihn schloß die stille Muschel ein.
Und nun, zu ewgem Ruhm und Lohne,
Die Perle glänzt an unsers Kaisers Krone
Mit holdem Blick und mildem Schein.

OFFENBAR GEHEIMNIS

Sie haben dich, heiliger Hafis,
Die mystische Zunge genannt
Und haben, die Wortgelehrten,
Den Wert des Worts nicht erkannt.

Mystisch heißest du ihnen,
Weil sie Närrisches bei dir denken
Und ihren unlautern Wein
In deinem Namen verschenken.

Du aber bist mystisch rein,
Weil sie dich nicht verstehn,
Der du, ohne fromm zu sein, selig bist!
Das wollen sie dir nicht zugestehn.

WINK

Und doch haben sie recht, die ich schelte:
Denn, daß ein Wort nicht einfach gelte,
Das müßte sich wohl von selbst verstehn.
Das Wort ist ein Fächer! Zwischen den Stäben
Blicken ein Paar schöne Augen hervor.
Der Fächer ist nur ein lieblicher Flor,
Er verdeckt mir zwar das Gesicht,
Aber das Mädchen verbirgt er nicht,
Weil das Schönste, was sie besitzt,
Das Auge, mir ins Auge blitzt.

Anbete du das Feuer hundert Jahr,
Dann fall hinein, dich frißts mit Haut und Haar.

Bulbuls Nachtlied durch die Schauer
Drang zu Allahs lichtem Throne,
Und dem Wohlgesang zu Lohne
Sperrt' er sie in goldnen Bauer.

Dieser sind des Menschen Glieder.
Zwar sie fühlet sich beschränket;
Doch, wenn sie es recht bedenket,
Singt das Seelchen immer wieder.

Das Leben ist ein Gänsespiel:
Je mehr man vorwärtsgehet,

Je früher kommt man an das Ziel,
Wo niemand gerne stehet.

Man sagt, die Gänse wären dumm;
O glaubt mir nicht den Leuten:
Denn eine sieht einmal sich rum,
Mich rückwärts zu bedeuten.

Ganz anders ists in dieser Welt,
Wo alles vorwärtsdrücket:
Wenn einer stolpert oder fällt,
Keine Seele rückwärts blicket.

FÜNF DINGE

Fünf Dinge bringen fünfe nicht hervor;
Du, dieser Lehre öffne du dein Ohr:
Der stolzen Brust wird Freundschaft nicht entsprossen;
Unhöflich sind der Niedrigkeit Genossen;
Ein Bösewicht gelangt zu keiner Größe;
Der Neidische erbarmt sich nicht der Blöße;
Der Lügner hofft vergeblich Treu und Glauben –
Das halte fest und niemand laß dirs rauben.

FÜNF ANDERE

Was verkürzt mir die Zeit?
 Tätigkeit!
Was macht sie unerträglich lang?
 Müßiggang!
Was bringt in Schulden?
 Harren und Dulden!
Was macht Gewinnen?
 Nicht lange besinnen!
Was bringt zu Ehren?
 Sich wehren!

Eva, verziehen sei dir, es haben ja Söhne der Weisheit
Rein geplündert den Baum, welchen der Vater gepflanzt.

SIEBENSCHLÄFER

Sechs Begünstigte des Hofes
Fliehen vor des Kaisers Grimme,
Der als Gott sich läßt verehren,
Doch als Gott sich nicht bewähret:
Denn ihn hindert eine Fliege,
Guter Bissen sich zu freuen.
Seine Diener scheuchen wedelnd,
Nicht verjagen sie die Fliege.
Sie umschwärmt ihn, sticht und irret
Und verwirrt die ganze Tafel,
Kehret wieder wie des hämschen
Fliegengottes Abgesandter.

Nun – so sagen sich die Knaben –
Sollt ein Flieglein Gott verhindern?
Sollt ein Gott auch trinken, speisen,
Wie wir andern? Nein, der Eine,
Der die Sonn erschuf, den Mond auch,
Und der Sterne Glut uns wölbte,
Dieser ists, wir fliehn! – Die zarten,
Leicht beschuht-, beputzten Knaben
Nimmt ein Schäfer auf, verbirgt sie
Und sich selbst in Felsenhöhle.
Schäfershund, er will nicht weichen,
Weggescheucht, den Fuß zerschmettert,
Drängt er sich an seinen Herren
Und gesellt sich zum Verborgnen,
Zu den Lieblingen des Schlafes.

Und der Fürst, dem sie entflohen,
Liebentrüstet, sinnt auf Strafen,

Weiset ab so Schwert als Feuer,
In die Höhle sie mit Ziegeln
Und mit Kalk sie läßt vermauern.

Aber jene schlafen immer,
Und der Engel, ihr Beschützer,
Sagt vor Gottes Thron berichtend:
So zur Rechten, so zur Linken
Hab ich immer sie gewendet,
Daß die schönen jungen Glieder
Nicht des Moders Qualm verletze.
Spalten riß ich in die Felsen,
Daß die Sonne, steigend, sinkend,
Junge Wangen frisch erneute:
Und so liegen sie beseligt.
Auch, auf heilen Vorderpfoten,
Schläft das Hündlein süßen Schlummers.

Jahre fliehen, Jahre kommen,
Wachen endlich auf die Knaben,
Und die Mauer, die vermorschte,
Altershalben ist gefallen.
Und Jamblika sagt, der Schöne,
Ausgebildete vor allen,
Als der Schäfer fürchtend zaudert:
Lauf ich hin! und hol euch Speise,
Leben wag ich und das Goldstück!

Ephesus, gar manches Jahr schon,
Ehrt die Lehre des Propheten
Jesus. (Friede sei dem Guten!)

Und er lief. Da war der Tore
Wart und Turn und alles anders.
Doch zum nächsten Bäckerladen
Wandt er sich nach Brot in Eile.
Schelm! so rief der Bäcker, hast du,
Jüngling, einen Schatz gefunden!

1814–1815 WEIMAR 753

Gib mir, dich verrät das Goldstück,
Mir die Hälfte zum Versöhnen!

Und sie hadern. – Vor den König
Kommt der Handel; auch der König
Will nur teilen wie der Bäcker.

Nun betätigt sich das Wunder
Nach und nach aus hundert Zeichen.
An dem selbsterbauten Palast
Weiß er sich sein Recht zu sichern.
Denn ein Pfeiler, durchgegraben,
Führt zu scharfbenamsten Schätzen.
Gleich versammeln sich Geschlechter
Ihre Sippschaft zu beweisen.
Und als Ururvater prangend
Steht Jamblikas Jugendfülle.
Wie von Ahnherrn hört er sprechen
Hier von seinem Sohn und Enkeln;
Der Urenkel Schar umgibt ihn,
Als ein Volk von tapfern Männern,
Ihn, den Jüngsten, zu verehren.
Und ein Merkmal übers andre
Dringt sich auf, Beweis vollendend;
Sich und den Gefährten hat er
Die Persönlichkeit bestätigt.

Nun zur Höhle kehrt er wieder,
Volk und König ihn geleiten. –
Nicht zum König, nicht zum Volke
Kehrt der Auserwählte wieder:
Denn die Sieben, die von lang her,
Achte warens mit dem Hunde,
Sich von aller Welt gesondert,
Gabriels geheim Vermögen
Hat, gemäß dem Willen Gottes,
Sie dem Paradies geeignet,
Und die Höhle schien vermauert.

DREISTIGKEIT

Worauf kommt es überall an,
Daß der Mensch gesundet?
Jeder höret gern den Schall an,
Der zum Ton sich rundet.

Alles weg, was deinen Lauf stört!
Nur kein düster Streben!
Eh er singt und eh er aufhört,
Muß der Dichter leben.

Und so mag des Lebens Erzklang
Durch die Seele dröhnen!
Fühlt der Dichter sich das Herz bang,
Wird sich selbst versöhnen.

DEN DRILLINGSFREUNDEN VON KÖLN
MIT EINEM BILDNISSE

Der Abgebildete
Vergleicht sich billig
Heiligem *Dreikönige*,
Dieweil er willig
Dem Stern, der ostenher
Wahrhaft erschienen,
Auf allen Wegen war
Bereit zu dienen.

Der Bildner gleichenfalls
Vergleicht sich eben
Dem Reiter, der den Hals
Darangegeben,
Wie Hemling auch getan,
Ein Held geworden,
Durch seine Manneskraft
Ritter vom Orden.

Darum zusammen sie
Euch nun verehren,
Die zum Vergangenen
Mutig sich kehren,
Stein, Heilge, Samt und Gold –
Männiglich strebend,
Und altem Tage hold –
Fröhlich belebend.

HEGIRE

Nord und West und Süd zersplittern,
Throne bersten, Reiche zittern,
Flüchte du, im reinen Osten
Patriarchenluft zu kosten!
Unter Lieben, Trinken, Singen
Soll dich Chisers Quell verjüngen.

Dort, im Reinen und im Rechten,
Will ich menschlichen Geschlechten
In des Ursprungs Tiefe dringen,
Wo sie noch von Gott empfingen
Himmelslehr in Erdesprachen
Und sich nicht den Kopf zerbrachen;

Wo sie Väter hochverehrten,
Jeden fremden Dienst verwehrten.
Will mich freun der Jugendschranke:
Glaube weit, eng der Gedanke,
Wie das Wort so wichtig dort war,
Weil es ein gesprochen Wort war.

Will mich unter Hirten mischen,
An Oasen mich erfrischen,
Wenn mit Karawanen wandle,
Shawl, Kaffee und Moschus handle;

Jeden Pfad will ich betreten
Von der Wüste zu den Städten.

Bösen Felsweg auf und nieder
Trösten, Hafis, deine Lieder,
Wenn der Führer mit Entzücken
Von des Maultiers hohem Rücken
Singt, die Sterne zu erwecken
Und die Räuber zu erschrecken.

Will in Bädern und in Schenken,
Heilger Hafis, dein gedenken,
Wenn den Schleier Liebchen lüftet,
Schüttelnd Ambralocken düftet.
Ja, des Dichters Liebeflüstern
Mache selbst die Huris lüstern.

Wolltet ihr ihm dies beneiden
Oder etwa gar verleiden,
Wisset nur, daß Dichterworte
Um des Paradieses Pforte
Immer leise klopfend schweben,
Sich erbittend ewges Leben.

EINLADUNG

Mußt nicht vor dem Tage fliehen:
Denn der Tag, den du ereilest,
Ist nicht besser als der heutge;
Aber wenn du froh verweilest,
Wo ich mir die Welt beseitge,
Um die Welt an mich zu ziehen,
Bist du gleich mit mir geborgen:
Heut ist heute, morgen morgen,
Und was folgt und was vergangen,
Reißt nicht hin und bleibt nicht hangen.

Bleibe du, mein Allerliebstes;
Denn du bringst es, und du gibst es.

FERDUSI SPRICHT

»O Welt! wie schamlos und boshaft du bist!
Du nährst und erziehest und tötest zugleich.«
Nur wer von Allah begünstiget ist,
Der nährt sich, erzieht sich, lebendig und reich.

[An Frau v. Stein]

Gegen so viel schöne Dinge
Weiß ich nicht, was ich dir bringe.
Späne, die sich leicht entzünden,
Licht, in dunkler Nacht zu finden;
Becher, die den Wein verbessern,
Feinde von gefüllten Fässern;
Süßigkeit auf Süßigkeiten!
Alles kann nur Glück bedeuten,
Welches all im nächsten Jahre,
Holde Geberin, erfahre.

JUBILÄUM AM 2. JANUAR 1815

Hat der Tag sich kaum erneuet,
Wo uns Winterfreude blühet,
Jedermann sich wünschend freuet,
Wenn er Freund und Gönner siehet.

Sagt, wie schon am zweiten Tage
Sich ein zweites Fest entzündet?
Hat vielleicht willkommne Sage
Vaterland und Reich gegründet?

Haben sich die Allgewalten
Endlich schöpferisch entschieden,
Aufzuzeichnen, zu entfalten
Allgemeinen, ewgen Frieden?

Nein! – Dem Würdigen, dem Biedern
Winden wir vollkommne Kränze,
Und zu aller Art von Liedern
Schlingen sich des Festes Tänze.

Selbst das Erz erweicht sich gerne,
Wundersam ihn zu verehren;
Aber ihr, auch aus der Ferne,
Laßt zu seinem Preise hören!

Er, nach langer Jahre Sorgen,
Wo der Boden oft gebidmet,
Sieht nun Fürst und Volk geborgen,
Dem er Geist und Kraft gewidmet.

Die Gemahlin, längst verbunden
Ihm als treulichstes Geleite,
Sieht er auch, der tausend Stunden
Froh gedenk, an seiner Seite.

Leb er so, mit Jünglingskräften
Immer herrlich und vermögsam,
In den wichtigsten Geschäften
Heiter klug und weise regsam,

Und in seiner Trauten Kreise
Sorgenfrei und unterhaltend,
Eine Welt, nach seiner Weise,
Nah und fern umher gestaltend.

1814–1815 WEIMAR

Talismane werd ich in dem Buch zerstreuen,
Das bewirkt ein Gleichgewicht.
Wer mit gläubger Nadel sticht,
Überall soll gutes Wort ihn freuen.

GUTE NACHT!

Nun, so legt euch, liebe Lieder,
An den Busen meinem Volke!
Und in einer Moschuswolke
Hüte Gabriel die Glieder
Des Ermüdeten gefällig,
Daß er frisch und wohlerhalten,
Froh wie immer, gern gesellig,
Möge Felsenklüfte spalten,
Um des Paradieses Weiten
Mit Heroen aller Zeiten
Im Genusse zu durchschreiten;
Wo das Schöne, stets das Neue,
Immer wächst nach allen Seiten,
Daß die Unzahl sich erfreue;
Ja, das Hündlein gar, das treue,
Darf die Herren hinbegleiten.

Gottes ist der Orient!
Gottes ist der Okzident!
Nord- und südliches Gelände
Ruht im Frieden seiner Hände.

Nicht ist alles Gold, was gleißt,
Glück nicht alles, was so heißt,
Nicht alles Freude, was so scheint;
Damit hab ich gar manches gemeint.

AN KARL KIRMS UND
ERNST KONSTANTIN VON SCHARDT
zum 30. Mai 1815

Frage nicht, durch welche Pforte
Du in Gottes Stadt gekommen,
Sondern bleib am stillen Orte,
Wo du einmal Platz genommen.

Schaue dann umher nach Weisen
Und nach Mächtgen, die befehlen;
Jene werden unterweisen,
Diese Tat und Kräfte stählen.

Wenn du nützlich und gelassen
So dem Staate treu geblieben,
Wisse! niemand wird dich hassen,
Und dich werden viele lieben.

Und der Fürst erkennt die Treue,
Sie erhält die Tat lebendig;
Dann bewährt sich auch das Neue
Nächst dem Alten erst beständig.

Und vollbringst du, kräftig milde,
Deiner Laufbahn reine Kreise,
Wirst du auch zum Musterbilde
Jüngeren nach deiner Weise.

*

So ihr Beiden, heut gefeiert,
Vor viel Tausenden erlesen,
Fühlet jene Pflicht erneuert,
Die euch heilig stets gewesen.

Sei dem fröhlichen Vereine
Dieses späte Lied entschuldigt,

1814–1815 WEIMAR

Das vom alten teutschen Rheine
Eurem schönen Tage huldigt.

SCHACH SEDSCHAN UND SEINESGLEICHEN

Durch allen Schall und Klang
Der Transoxanen
Erkühnt sich unser Sang
Auf deine Bahnen!
Uns ist für gar nichts bang,
In dir lebendig;
Dein Leben daure lang,
Dein Reich beständig!

SEGENSPFÄNDER

Talisman in Karneol,
Gläubgen bringt er Glück und Wohl;
Steht er gar auf Onyx' Grunde,
Küß ihn mit geweihtem Munde!
Alles Übel treibt er fort,
Schützet dich und schützt den Ort:
Wenn das eingegrabne Wort
Allahs Namen rein verkündet,
Dich zu Lieb und Tat entzündet.
Und besonders werden Frauen
Sich am Talisman erbauen.

Amulette sind dergleichen
Auf Papier geschriebne Zeichen;
Doch man ist nicht im Gedränge
Wie auf edlen Steines Engé,
Und vergönnt ist frommen Seelen,
Längre Verse hier zu wählen.
Männer hängen die Papiere
Gläubig um als Skapuliere.

Die *Inschrift* aber hat nichts hinter sich,
Sie ist sie selbst und muß dir alles sagen,
Was hinterdrein mit redlichem Behagen
Du gerne sagst: Ich sag es! Ich!

Doch *Abraxas* bring ich selten!
Hier soll meist das Fratzenhafte,
Das ein düstrer Wahnsinn schaffte,
Für das Allerhöchste gelten.
Sag ich euch absurde Dinge,
Denkt, daß ich Abraxas bringe.

Ein *Siegelring* ist schwer zu zeichnen:
Den höchsten Sinn im engsten Raum;
Doch weißt du hier ein Echtes anzueignen,
Gegraben steht das Wort, du denkst es kaum.

Der Liebende wird nicht irregehn,
Wärs um ihn her auch noch so trübe.
Sollten Leila und Medschnun auferstehn,
Von mir erführen sie den Weg der Liebe.

Was willst du untersuchen,
Wohin die Milde fließt!
Ins Wasser wirf deine Kuchen;
Wer weiß, wer sie genießt.

FETWA

Der Mufti las des *Misri* Gedichte,
Eins nach dem andern, alle zusammen,
Und wohlbedächtig warf sie in die Flammen,
Das schöngeschriebne Buch, es ging zunichte.

1814–1815 WEIMAR 763

Verbrannt sei jeder, sprach der hohe Richter,
Wer spricht und glaubt wie *Misri* – er allein
Sei ausgenommen von des Feuers Pein:
Denn Allah gab die Gabe jedem Dichter.
Mißbraucht er sie im Wandel seiner Sünden,
So seh er zu, mit Gott sich abzufinden.

Ists möglich, daß ich, Liebchen, dich kose,
Vernehme der göttlichen Stimme Schall!
Unmöglich scheint immer die Rose,
Unbegreiflich die Nachtigall.

GEHEIMSTES

»Wir sind emsig, nachzuspüren,
Wir, die Anekdotenjäger,
Wer dein Liebchen sei und ob du
Nicht auch habest viele Schwäger.

Denn, daß du verliebt bist, sehn wir,
Mögen dir es gerne gönnen;
Doch, daß Liebchen so dich liebe,
Werden wir nicht glauben können.«

Ungehindert, liebe Herren,
Sucht sie auf! Nur hört das eine:
Ihr erschrecket, wenn sie dasteht;
Ist sie fort, ihr kost dem Scheine.

Wisset ihr, wie *Schehâb-eddin*
Sich auf *Arafat* entmantelt,
Niemand haltet ihr für törig,
Der in seinem Sinne handelt.

Wenn vor deines Kaisers Throne
Oder vor der Vielgeliebten

Je dein Name wird gesprochen,
Sei es dir zum höchsten Lohne.

Darum wars der höchste Jammer,
Als einst *Medschnun* sterbend wollte,
Daß vor *Leila* seinen Namen
Man forthin nicht nennen sollte.

WUNDERGLAUBE

Zerbrach einmal eine schöne Schal
Und wollte schier verzweifeln;
Unart und Übereil zumal
Wünscht ich zu allen Teufeln.
Erst rast ich aus, dann weint ich weich
Beim traurigen Scherbelesen;
Das jammerte Gott, er schuf es gleich
So ganz, als wie es gewesen.

VIER GNADEN

Daß Araber an ihrem Teil
Die Weite froh durchziehen,
Hat Allah zu gemeinem Heil
Der Gnaden vier verliehen.

Den Turban erst, der besser schmückt
Als alle Kaiserkronen;
Ein Zelt, das man vom Orte rückt,
Um überall zu wohnen;

Ein Schwert, das tüchtiger beschützt
Als Fels und hohe Mauern;
Ein Liedchen, das gefällt und nützt,
Worauf die Mädchen lauern.

Und Blumen sing ich ungestört
Von ihrem Shawl herunter;
Sie weiß recht wohl, was ihr gehört,
Und bleibt mir hold und munter.

Und Blum' und Früchte weiß ich euch
Gar zierlich aufzutischen;
Wollt ihr Moralien zugleich,
So geb ich von den frischen.

Befindet sich einer heiter und gut,
Gleich will ihn der Nachbar peingen;
Solang der Tüchtige lebt und tut,
Möchten sie ihn gerne steingen.
Ist er hinterher aber tot,
Gleich sammeln sie große Spenden,
Zu Ehren seiner Lebensnot
Ein Denkmal zu vollenden;
Doch ihren Vorteil sollte dann
Die Menge wohl ermessen:
Gescheiter wärs, den guten Mann
Auf immerdar vergessen.

Die Welt durchaus ist lieblich anzuschauen,
Vorzüglich aber schön die Welt der Dichter;
Auf bunten, hellen oder silbergrauen
Gefilden, Tag und Nacht, erglänzen Lichter.
Heut ist mir alles herrlich; wenns nur bliebe!
Ich sehe heut durchs Augenglas der Liebe.

AN GEHEIMERAT VON WILLEMER

Reicher Blumen goldne Ranken
Sind des Liedes würdge Schranken,

Goldneres hab ich genossen,
Als ich euch ins Herz geschlossen.

Goldner glänzten stille Fluten
Von der Abendsonne Gluten,
Goldner blinkte Wein zum Schalle
Glockenähnlicher Kristalle.

Weisen Freundes goldne Worte
Lispelten am Schattenorte,
Edler Kinder treu Bekenntnis,
Elterliches Einverständnis.

Goldnes Netz, das euch umwunden!
Wer will dessen Wert erkunden?
Wie dem heilgen Stein der Alten
Muß sich Golde Gold entfalten.

Und so bringt vom fernen Orte
Dieses Blatt euch goldne Worte,
Wenn die Lettern, schwarz gebildet,
Liebevoll der Blick vergüldet.

Komm, Liebchen, komm! umwinde mir die Mütze!
Aus deiner Hand nur ist der Tulbend schön.
Hat Abbas doch, auf Irans höchstem Sitze,
Sein Haupt nicht zierlicher umwinden sehn!

Ein Tulbend war das Band, das Alexandern
In Schleifen schön vom Haupte fiel
Und allen Folgeherrschern, jenen andern,
Als Königszierde wohlgefiel.

Ein Tulbend ists, der unsern Kaiser schmücket;
Sie nennens Krone. Name geht wohl hin!
Juwel und Perle! sei das Aug entzücket!
Der schönste Schmuck ist stets der Musselin.

1814-1815 WEIMAR 767

Und diesen hier, ganz rein und silberstreifig,
Umwinde, Liebchen, um die Stirn umher.
Was ist denn Hoheit? Mir ist sie geläufig!
Du schaust mich an, ich bin so groß als Er.

[*Bruchstück, zu dem vorhergehenden Gedicht gehörig*]

[SULEIKA.] So sag mir doch, wie soll ich ihn denn winden?
Ein jeder Stand trägt ihn nach seiner Art.

[HATEM.] Ich fühle gern am Kopfe deine Hand,
Und sieht man dann, daß ich dir angehöre:
Das, Liebchen, ist mein Stand.

 Hätt ich irgend wohl Bedenken,
 Balch, Bochara, Samarkand,
 Süßes Liebchen, dir zu schenken,
 Dieser Städte Rausch und Tand?

 Aber frag einmal den Kaiser,
 Ob er dir die Städte gibt?
 Er ist herrlicher und weiser;
 Doch er weiß nicht, wie man liebt.

 Herrscher, zu dergleichen Gaben
 Nimmermehr bestimmst du dich!
 Solch ein Mädchen muß man haben
 Und ein Bettler sein wie ich.

BEGÜNSTIGTE TIERE

 Vier Tieren auch verheißen war,
 Ins Paradies zu kommen;
 Dort leben sie das ewge Jahr
 Mit Heiligen und Frommen.

Den Vortritt hier ein Esel hat,
Er kommt mit muntern Schritten:
Denn Jesus zur Propheten-Stadt
Auf ihm ist eingeritten.

Halb schüchtern kommt ein Wolf sodann,
Dem Mahomet befohlen:
Laß dieses Schaf dem armen Mann,
Dem Reichen magst du's holen.

Nun, immer wedelnd, munter, brav,
Mit seinem Herrn, dem braven,
Das Hündlein, das den Siebenschlaf
So treulich mit geschlafen.

Abuherriras Katze hier
Knurrt um den Herrn und schmeichelt:
Denn immer ists ein heilig Tier,
Das der Prophet gestreichelt.

DER PROPHET SPRICHT

»Ärgerts jemand, daß es Gott gefallen,
Mahomet zu gönnen Schutz und Glück,
An den stärksten Balken seiner Hallen,
Da befestig er den derben Strick,
Knüpfe sich daran! Das hält und trägt;
Er wird fühlen, daß sein Zorn sich legt«.

DICHTER. Schenke, komm! noch einen Becher!
SCHENKE. Herr, du hast genug getrunken;
Nennen dich den wilden Zecher!
DICHTER. Sahst du je, daß ich gesunken?

SCHENKE. Mahomet verbietets.
DICHTER. Liebchen!

Hört es niemand, will dirs sagen.
SCHENKE. Wenn du einmal gerne redest,
Brauch ich gar nicht viel zu fragen.

DICHTER. Horch! wir andren Musulmanen,
Nüchtern sollen wir gebückt sein,
Er, in seinem heilgen Eifer,
Möchte gern allein verrückt sein.

Ein Kaiser hatte zwei Kassiere,
Einen zum Nehmen, einen zum Spenden;
Diesem fiels nur so aus den Händen,
Jener wußte nicht, woher zu nehmen.
Der Spendende starb; der Herrscher wußte nicht
Wem das Geberamt sei anzuvertrauen, [gleich,
Und wie man kaum tät um sich schauen,
So war der Nehmer unendlich reich;
Man wußte kaum vor Gold zu leben,
Weil man Einen Tag nichts ausgegeben.
Da ward nun erst dem Kaiser klar,
Was schuld an allem Unheil war.
Den Zufall wußt er wohl zu schätzen,
Nie wieder die Stelle zu besetzen.

RÄTSEL

Viel Männer sind hoch zu verehren,
Wohltätige durch Werk und Lehren;
Doch wer uns zu erstatten wagt,
Was die Natur uns ganz versagt,
Den darf ich wohl den Größten nennen.
Ich denke doch, ihr müßt ihn kennen?

ERKLÄRUNG EINER ANTIKEN GEMME

Es steht ein junger Feigenstock
In einem schönen Garten;
Daneben sitzt ein Ziegenbock,
Als wollt er seiner warten.

Allein, Quiriten, wie man irrt!
Der Baum ist schlecht gehütet,
Und ihm zur andern Seite schwirrt
Ein Käfer ausgebrütet.

Es fliegt der Held mit Panzerbrust
Und naschet in den Zweigen,
Und auch der Bock hat große Lust,
Gemächlich aufzusteigen.

Drum seht ihr, Freunde, schon beinah
Das Bäumchen nackt von Blättern;
Es stehet ganz erbärmlich da
Und flehet zu den Göttern.

Drum hört die guten Lehren an,
Ihr Kinder, zart von Jahren:
Vor Ziegenbock und Käferzahn
Soll man ein Bäumchen wahren!

SOLDATENTROST

Nein! hier hat es keine Not:
Schwarze Mädchen, weißes Brot!
Morgen in ein ander Städtchen!
Schwarzes Brot und weiße Mädchen.

GESELLSCHAFT

Aus einer großen Gesellschaft heraus
Ging einst ein stiller Gelehrter zu Haus.
Man fragte: Wie seid Ihr zufrieden gewesen?
»Wärens Bücher,« sagt' er, »ich würd sie nicht lesen.«

PROBATUM EST

A.

Man sagt: Sie sind ein Misanthrop!

B.

Die Menschen haß ich nicht, gottlob!
Doch Menschenhaß, er blies mich an,
Da hab ich gleich dazu getan.

A.

Wie hat sichs denn so bald gegeben?

B.

Als Einsiedler beschloß ich zu leben.

URSPRÜNGLICHES

A.

Was widert dir der Trank so schal?

B.

Ich trinke gern aus dem frischen Quall.

A.

Daraus kam aber das Bächlein her!

B.

Der Unterschied ist bedeutend sehr:
's wird immer mehr fremden Schmack gewinnen;
Es mag nur immer weiter rinnen.

DEN GUTEN

Laßt euch einen Gott begeisten,
Euch beschränket nur mein Sagen.
Was ihr könnt, ihr werdets leisten,
Aber müßt mich nur nicht fragen.

DEN BESTEN

Die Abgeschiednen betracht ich gern,
Stünd ihr Verdienst auch noch so fern;
Doch mit den edlen lebendigen Neuen
Mag ich, wetteifernd, mich lieber freuen.

SPRUCH, WIDERSPRUCH

Ihr müßt mich nicht durch Widerspruch verwirren!
Sobald man spricht, beginnt man schon zu irren.

DEMUT

Seh ich die Werke der Meister an,
So seh ich das, was sie getan;
Betracht ich meine Siebensachen,
Seh ich, was ich hätt sollen machen.

KEINS VON ALLEN

Wenn du dich selber machst zum Knecht,
Bedauert dich niemand, gehts dir schlecht;
Machst du dich aber selbst zum Herrn,
Die Leute sehn es auch nicht gern;
Und bleibst du redlich, wie du bist,
So sagen sie, daß nichts an dir ist.

DAS BESTE

Wenn dirs in Kopf und Herzen schwirrt,
Was willst du Beßres haben!
Wer nicht mehr liebt und nicht mehr irrt,
Der lasse sich begraben.

MEINE WAHL

Ich liebe mir den heitern Mann
Am meisten unter meinen Gästen:
Wer sich nicht selbst zum besten haben kann,
Der ist gewiß nicht von den Besten.

LEBENSART

Über Wetter- und Herren-Launen
Runzle niemals die Augenbraunen;
Und bei den Grillen der hübschen Frauen
Mußt du immer vergnüglich schauen.

BREIT WIE LANG

Wer bescheiden ist, muß dulden,
Und wer frech ist, der muß leiden;
Also wirst du gleich verschulden,
Ob du frech seist, ob bescheiden.

BEDINGUNG

Ihr laßt nicht nach, ihr bleibt dabei,
Begehret Rat, ich kann ihn geben;
Allein, damit ich ruhig sei,
Versprecht mir, ihm nicht nachzuleben.

LEBENSREGEL

Willst du dir ein hübsch Leben zimmern,
Mußt ums Vergangne dich nicht bekümmern,
Das Wenigste muß dich verdrießen;
Mußt stets die Gegenwart genießen,
Besonders keinen Menschen hassen
Und die Zukunft Gott überlassen.

*

Willst du dir ein gut Leben zimmern,
Mußt ums Vergangne dich nicht bekümmern;
Und wäre dir auch was verloren,
Erweise dich wie neugeboren.
Was jeder Tag will? sollst du fragen;
Was jeder Tag will, wird er sagen.
Mußt dich an eignem Tun ergötzen;
Was andre tun, das wirst du schätzen;
Besonders keinen Menschen hassen
Und das übrige Gott überlassen.

FRISCHES EI, GUTES EI

Enthusiasmus vergleich ich gern
Der Auster, meine lieben Herrn,
Die, wenn ihr sie nicht frisch genoßt,
Wahrhaftig ist eine schlechte Kost.
Begeistrung ist keine Heringsware,
Die man einpökelt auf einige Jahre.

SELBSTGEFÜHL

Jeder ist doch auch ein Mensch! –
Wenn er sich gewahret,
Sieht er, daß Natur an ihm
Wahrlich nicht gesparet,

Daß er manche Lust und Pein
Trägt als Er und eigen.
Sollt er nicht auch hinterdrein
Wohlgemut sich zeigen?

GRABSCHRIFT

Als Knabe verschlossen und trutzig,
Als Jüngling anmaßlich und stutzig,
Als Mann zu Taten willig,
Als Greis leichtsinnig und grillig! –
Auf deinem Grabstein wird man lesen:
Das ist fürwahr ein Mensch gewesen!

BEISPIEL

Wenn ich mal ungeduldig werde,
Denk ich an die Geduld der Erde,
Die, wie man sagt, sich täglich dreht
Und jährlich so wie jährlich geht.
Bin ich denn für was andres da? –
Ich folge der lieben Frau Mama.

UMGEKEHRT

Sind die im Unglück, die wir lieben,
Das wird uns wahrlich baß betrüben;
Sind aber glücklich, die wir hassen,
Das will sich gar nicht begreifen lassen;
Umgekehrt ists ein Jubilo,
Da sind wir lieb- und schadenfroh.

FÜRSTENREGEL

Sollen die Menschen nicht denken und dichten,
Müßt ihr ihnen ein lustig Leben errichten;
Wollt ihr ihnen aber wahrhaft nützen,
So müßt ihr sie scheren und sie beschützen.

LUG ODER TRUG?

Darf man das Volk betriegen?
Ich sage: nein!
Doch willst du sie belügen,
So mach es nur nicht fein.

WIE DU MIR, SO ICH DIR

Mann mit zugeknöpften Taschen,
Dir tut niemand was zulieb:
Hand wird nur von Hand gewaschen;
Wenn du nehmen willst, so gib!

ZEIT UND ZEITUNG

A.

Sag mir, warum dich keine Zeitung freut?

B.

Ich liebe sie nicht, sie dienen der Zeit.

NEOLOGEN

Ich begegnet einem jungen Mann,
Ich fragt ihn um sein Gewerbe;
Er sagt': Ich sorge, wie ich kann,

Daß ich mir, eh ich sterbe,
Ein Bauergütchen erwerbe.
Ich sagte: Das ist sehr wohl gedacht;
Und wünschte, er hätt es so weit gebracht.
Da hört ich, er habe vom lieben Papa
Und ebenso von der Frau Mama
Die allerschönsten Rittergüter.

Das nenn ich doch originale Gemüter.

KRITTLER

Ein unverschämter Naseweis,
Der, was er durch Stahlarbeiters Fleiß
Auf dem Laden künstlich liegen sah,
Dacht, es wär für ihn alleine da;
So tatscht' er dem geduldigen Mann
Die blanken Waren sämtlich an
Und schätzte sie, nach Dünkelsrecht,
Das Schlechte hoch, das Gute schlecht.
Getrost, zufrieden Angesichts
Dann ging er weg, und kaufte nichts.

Den Kramer das zuletzt verdroß,
Und macht ein stählern künstlich Schloß
Zur rechten Stunde glühendheiß.
Da ruft gleich unser Naseweis:
»Wer wird so schlechte Ware kaufen!
Der Stahl ist schändlich angelaufen.«
Und tappt auch gleich recht läppisch drein
Und fängt erbärmlich an zu schrein.
Der Kramer fragt: Was ist denn das?
Der Quidam schreit: »Ein frostiger Spaß!«

VERTRAUEN

A.

Was krähst du mir und tust so groß:
»Hab ich doch ein köstlich Liebchen!«
So weis mir sie doch! Wer ist sie denn?
Die kennt wohl manches Bübchen!

B.

Kennst du sie denn, du Lumpenhund?

A.

Das will ich grad nicht sagen;
Doch hat sie wohl auch zu guter Stund
Dem und jenem nichts abgeschlagen.

B.

Wer ist denn der *Der* und der *Jener* denn?
Das sollst du mir bekennen!
Ich schlage dir gleich den Schädel ein,
Wenn du sie mir nicht kannst nennen!

A.

Und schlügst du mir auch den Schädel ein,
Da könnt ich ja nimmer reden;
Und wenn du denkst: »Mein Schätzel ist gut!«
Ist weiter ja nichts vonnöten.

TOTALITÄT

Ein Kavalier von Kopf und Herz
Ist überall willkommen;
Er hat mit feinem Witz und Scherz
Manch Weibchen eingenommen.
Doch wenns ihm fehlt an Faust und Kraft,
Wer mag ihn dann beschützen?

Und wenn er keinen Hintern hat,
Wie mag der Edle sitzen?

KLÄFFER

Wir reiten in die Kreuz und Quer
Nach Freuden und Geschäften;
Doch immer kläfft es hinterher
Und billt aus allen Kräften.
So will der Spitz aus unserm Stall
Uns immerfort begleiten,
Und seines Bellens lauter Schall
Beweist nur, daß wir reiten.

ZEICHEN DER ZEIT

Hör auf die Worte *harum horum:*
Ex tenui Spes Seculorum.
Willst du die *harum horum* kennen,
Jetzt werden sie dir sich selber nennen.

KOMMT ZEIT, KOMMT RAT

Wer will denn alles gleich ergründen!
Sobald der Schnee schmilzt, wird sichs finden.

*

Hier hilft nun weiter kein Bemühn!
Sind Rosen, und sie werden blühn.

Süßes Kind, die Perlenreihen,
Wie ich irgend nur vermochte,
Wollte traulich dir verleihen,
Als der Liebe Lampendochte.

Und nun kommst du, hast ein Zeichen
Dran gehängt, das unter allen
Den Abraxas seinesgleichen
Mir am schlechtsten will gefallen.

Diese ganz moderne Narrheit
Magst du mir nach Schiras bringen!
Soll ich wohl, in seiner Starrheit,
Hölzchen quer auf Hölzchen singen?

Abraham, den Herrn der Sterne,
Hat er sich zum Ahn erlesen;
Moses ist, in wüster Ferne,
Durch den Einen groß gewesen.

David auch, durch viel Gebrechen,
Ja Verbrechen durch gewandelt,
Wußte doch sich loszusprechen:
Einem hab ich recht gehandelt.

Jesus fühlte rein und dachte
Nur den Einen Gott im stillen;
Wer ihn selbst zum Gotte machte,
Kränkte seinen heilgen Willen.

Und so muß das Rechte scheinen,
Was auch Mahomet gelungen;
Nur durch den Begriff des Einen
Hat er alle Welt bezwungen.

Wenn du aber dennoch Huldgung
Diesem leidgen Ding verlangest,
Diene mir es zur Entschuldigung,
Daß du nicht alleine prangest. –

Doch allein! – Da viele Frauen
Salomonis ihn verkehrten,

Götter betend anzuschauen,
Wie die Närrinnen verehrten.

Isis' Horn, Anubis' Rachen
Boten sie dem Judenstolze;
Mir willst du zum Gotte machen
Solch ein Jammerbild am Holze!

Und ich will nicht besser scheinen,
Als es sich mit mir eräugnet,
Salomo verschwur den seinen,
Meinen Gott hab ich verleugnet.

Laß die Renegatenbürde
Mich in diesem Kuß verschmerzen.
Denn ein Vitzliputzli würde
Talisman an *deinem* Herzen.

BERECHTIGTE MÄNNER
Nach der Schlacht von Bedr, unterm Sternenhimmel
MAHOMET SPRICHT

Seine Toten mag der Feind betrauern:
Denn sie liegen ohne Wiederkehren;
Unsre Brüder sollt ihr nicht bedauern:
Denn sie wandeln über jenen Sphären.

Die Planeten haben alle sieben
Die metallnen Tore weit getan,
Und schon klopfen die verklärten Lieben
Paradieses Pforten kühnlich an.

Finden, ungehofft und überglücklich,
Herrlichkeiten, die mein Flug berührt,
Als das Wunderpferd mich augenblicklich
Durch die Himmel alle durchgeführt.

Weisheitsbaum an -Baum, zypresseragend,
Heben Äpfel goldner Zierd empor,
Lebensbäume, breite Schatten schlagend,
Decken Blumensitz und Kräuterflor.

Und nun bringt ein süßer Wind von Osten
Hergeführt die Himmels-Mädchen-Schar;
Mit den Augen fängst du an zu kosten,
Schon der Anblick sättigt ganz und gar.

Forschend stehn sie, was du unternahmest?
Große Plane? fährlich blutgen Strauß?
Daß du Held seist, sehn sie, weil du kamest;
Welch ein Held du seist? sie forschens aus.

Und sie sehn es bald an deiner Wunden,
Die sich selbst ein Ehrendenkmal schreibt.
Glück und Hoheit, alles ist verschwunden,
Nur die Wunde für den Glauben bleibt.

Führen zu Kiosken dich und Lauben,
Säulenreich von buntem Lichtgestein,
Und zum edlen Saft verklärter Trauben
Laden sie mit Nippen freundlich ein.

Jüngling! mehr als Jüngling bist willkommen!
Alle sind wie alle licht und klar;
Hast du Eine dir ans Herz genommen,
Herrin, Freundin ist sie deiner Schar.

Doch die allertrefflichste gefällt sich
Keineswegs in solchen Herrlichkeiten:
Heiter, neidlos, redlich unterhält dich
Von den mannigfaltgen andrer Trefflichkeiten.

Eine führt dich zu der andern Schmause,
Den sich jede äußerst ausersinnt;

Viele Frauen hast und Ruh im Hause,
Wert, daß man darob das Paradies gewinnt.

Und so schicke dich in diesen Frieden:
Denn du kannst ihn weiter nicht vertauschen;
Solche Mädchen werden nicht ermüden,
Solche Weine werden nicht berauschen.

Und so war das wenige zu melden,
Wie der selge Musulman sich brüstet:
Paradies der Männer Glaubenshelden
Ist hiemit vollkommen ausgerüstet.

Die Engel stritten für uns Gerechte,
Zogen den kürzern in jedem Gefechte;
Da stürzte denn alles drüber und drunter,
Dem Teufel gehörte der ganze Plunder.
Nun ging es an ein Beten und Flehen!
Gott ward bewegt, herein zu sehen.
Spricht Logos, dem die Sache klar
Von Ewigkeit her gewesen war:
Sie sollten sich keineswegs genieren,
Sich auch einmal als Teufel gerieren,
Auf jede Weise den Sieg erringen
Und hierauf das Tedeum singen.
Das ließen sie sich nicht zweimal sagen,
Und siehe! die Teufel waren geschlagen.
Natürlich fanden sie hinterdrein,
Es sei recht hübsch, ein Teufel zu sein.

ANKLAGE

Wißt ihr denn, auf wen die Teufel lauern,
In der Wüste, zwischen Fels und Mauern?
Und wie sie den Augenblick erpassen,
Nach der Hölle sie entführend fassen?

Lügner sind es und der Bösewicht.
Der Poete, warum scheut er nicht,
Sich mit solchen Leuten einzulassen!

Weiß denn der, mit wem er geht und wandelt,
Er, der immer nur im Wahnsinn handelt?
Grenzenlos, von eigensinnigem Lieben,
Wird er in die Öde fortgetrieben,
Seiner Klagen Reim', in Sand geschrieben,
Sind vom Winde gleich verjagt;
Er versteht nicht, was er sagt,
Was er sagt, wird er nicht halten.

Doch sein Lied, man läßt es immer walten,
Da es doch dem Koran widerspricht.
Lehret nun, ihr des Gesetzes Kenner,
Weisheit-fromme, hochgelahrte Männer,
Treuer Mosleminen feste Pflicht.

Hafis insbesondre schaffet Ärgernisse,
Mirza sprengt den Geist ins Ungewisse:
Saget, was man tun und lassen müsse?

VIER FRAUEN

[Erste Fassung des Gedichts ›Auserwählte Frauen‹ S. 141]

Ferner sind allhier zu finden
Vier, die allerschönsten Frauen,
Daß, gereizt sie anzuschauen,
Huris fürchten zu erblinden,

Die zur Freude gläubger Söhne
In dem Jugendquell sich laben
Und an ihrer eignen Schöne
Selbst ein ewig Muster haben.

Abia, Herrin von Mizraim,
Ihr muß Gabriel sich neigen;
Rahel gäbe die Dudaim,
Ihr von ferne nur zu gleichen.

Jussuph wäre mit Suleika
Nicht in Ewigkeit verbunden,
Immer wachte noch Jamleika,
Wenn sie dies Gebild gefunden.

Miriam dann, der Jungfrau Krone,
Die den Logos ausgeboren
Und zu reinen Glaubens Lohne
Nichts an ihrem Wert verloren.

Denn *Aischa*, des Propheten
Liebstes ehlicher Gespiele,
Treu und kühn in Schmerz und Nöten,
Freilich auch ein Schalk wie viele.

Und *Fatima* dann, die Holde,
Gattin Alis, sonder Fehle,
Wie ein Leib aus Honiggolde
Um des reinsten Engels Seele.

Diese werden nur bewundert
In dem höchsten Himmelskreise;
Doch sind ähnliche zu hundert
Freundlich dir im Paradeise.

VERMÄCHTNIS
ALTPERSISCHEN GLAUBENS

Welch Vermächtnis, Brüder, sollt euch kommen
Von dem Scheidenden, dem armen Frommen,
Den ihr Jüngeren geduldig nährtet,
Seine letzten Tage pflegend ehrtet?

Wenn wir oft gesehn den König reiten,
Gold an ihm und Gold an allen Seiten,
Edelstein' auf ihn und seine Großen
Ausgesät wie dichte Hagelschloßen:

Habt ihr jemals ihn darum beneidet?
Und nicht herrlicher den Blick geweidet,
Wenn die Sonne sich auf Morgenflügeln
Darnawends unzählgen Gipfelhügeln

Bogenhaft hervorhob? Wer enthielte
Sich des Blicks dahin? Ich fühlte, fühlte
Tausendmal, in so viel Lebenstagen,
Mich mit ihr, der kommenden, getragen,

Gott auf seinem Throne zu erkennen,
Ihn den Herrn des Lebensquells zu nennen,
Jenes hohen Anblicks wert zu handeln
Und in seinem Lichte fortzuwandeln.

Aber stieg der Feuerkreis vollendet,
Stand ich als in Finsternis geblendet,
Schlug den Busen, die erfrischten Glieder
Warf ich, Stirn voran, zur Erde nieder.

Und nun sei ein heiliges Vermächtnis
Brüderlichem Wollen und Gedächtnis:
Schwerer Dienste tägliche Bewahrung,
Sonst bedarf es keiner Offenbarung.

Regt ein Neugeborner fromme Hände,
Daß man ihn sogleich zur Sonne wende,
Tauche Leib und Geist im Feuerbade!
Fühlen wird es jeden Morgens Gnade.

Dem Lebendgen übergebt die Toten,
Selbst die Tiere deckt mit Schutt und Boden,

1814–1815 WEIMAR 787

Und, soweit sich eure Kraft erstrecket,
Was euch unrein dünkt, es sei bedecket.

Grabet euer Feld ins zierlich Reine,
Daß die Sonne gern den Fleiß bescheine;
Wenn ihr Bäume pflanzt, so sei's in Reihen,
Denn sie läßt Geordnetes gedeihen.

Auch dem Wasser darf es in Kanälen
Nie am Laufe, nie an Reine fehlen;
Wie euch Senderud aus Bergrevieren
Rein entspringt, soll er sich rein verlieren.

Sanften Fall des Wassers nicht zu schwächen,
Sorgt, die Gräben fleißig auszustechen;
Rohr und Binse, Molch und Salamander,
Ungeschöpfe, tilgt sie miteinander!

Habt ihr Erd und Wasser so im Reinen,
Wird die Sonne gern durch Lüfte scheinen,
Wo sie, ihrer würdig aufgenommen,
Leben wirkt, dem Leben Heil und Frommen.

Ihr, von Müh zu Mühe so gepeinigt,
Seid getrost, nun ist das All gereinigt,
Und nun darf der Mensch als Priester wagen,
Gottes Gleichnis aus dem Stein zu schlagen.

Wo die Flamme brennt, erkennet freudig:
Hell ist Nacht, und Glieder sind geschmeidig.
An des Herdes raschen Feuerkräften
Reift das Rohe Tier- und Pflanzensäften.

Schleppt ihr Holz herbei, so tuts mit Wonne,
Denn ihr tragt den Samen irdscher Sonne;
Pflückt ihr Pambeh, mögt ihr traulich sagen:
Diese wird als Docht das Heilge tragen.

Werdet ihr in jeder Lampe Brennen
Fromm den Abglanz höhern Lichts erkennen,
Soll euch nie ein Mißgeschick verwehren,
Gottes Thron am Morgen zu verehren.

Da ist unsers Daseins Kaisersiegel,
Uns und Engeln reiner Gottesspiegel,
Und was nur am Lob des Höchsten stammelt,
Ist in Kreis' um Kreise dort versammelt.

Will dem Ufer Senderuds entsagen,
Auf zum Darnawend die Flügel schlagen,
Wie sie tagt, ihr freudig zu begegnen
Und von dorther ewig euch zu segnen.

In tausend Formen magst du dich verstecken,
Doch, Allerliebste, gleich erkenn ich dich;
Du magst mit Zauberschleiern dich bedecken,
Allgegenwärtge, gleich erkenn ich dich

An der Zypresse reinstem, jungem Streben,
Allschöngewachsne, gleich erkenn ich dich;
In des Kanales reinem Wellenleben,
Allschmeichelhafte, wohl erkenn ich dich.

Wenn steigend sich der Wasserstrahl entfaltet,
Allspielende, wie froh erkenn ich dich;
Wenn Wolke sich gestaltend umgestaltet,
Allmannigfaltge, dort erkenn ich dich.

An des geblümten Schleiers Wiesenteppich,
Allbuntbesternte, schön erkenn ich dich;
Und greift umher ein tausendarmger Eppich,
O Allumklammernde, da kenn ich dich.

Wenn am Gebirg der Morgen sich entzündet,
Gleich, Allerheiternde, begrüß ich dich;

Dann über mir der Himmel rein sich ründet,
Allherzerweiternde, dann atm ich dich.

Was ich mit äußerm Sinn, mit innerm kenne,
Du Allbelehrende, kenn ich durch dich;
Und wenn ich Allahs Namenhundert nenne,
Mit jedem klingt ein Name nach für dich.

Ich sah mit Staunen und Vergnügen
Eine Pfauenfeder im Koran liegen:
Willkommen an dem heilgen Platz,
Der Erdgebilde höchster Schatz!
An dir, wie an des Himmels Sternen,
Ist Gottes Größe im kleinen zu lernen,
Daß er, der Welten überblickt,
Sein Auge hier hat aufgedrückt
Und so den leichten Flaum geschmückt,
Daß Könige kaum unternahmen,
Die Pracht des Vogels nachzuahmen.
Bescheiden freue dich des Ruhms,
So bist du wert des Heiligtums.

Alle Menschen, groß und klein,
Spinnen sich ein Gewebe fein,
Wo sie mit ihrer Scheren Spitzen
Gar zierlich in der Mitte sitzen.
Wenn nun darein ein Besen fährt,
Sagen sie, es sei unerhört,
Man habe den größten Palast zerstört.

Nur wenig ists, was ich verlange,
Weil eben alles mir gefällt,
Und dieses wenige wie lange
Gibt mir gefällig schon die Welt!

Oft sitz ich heiter in der Schenke
Und heiter im beschränkten Haus;
Allein sobald ich dein gedenke,
Dehnt sich mein Geist erobernd aus.

Dir sollten Timurs Reiche dienen,
Gehorchen sein gebietend Heer,
Badakschan zollte dir Rubinen,
Türkise das Hyrkansche Meer.

Getrocknet honigsüße Früchte
Von Bochara, dem Sonnenland,
Und tausend liebliche Gedichte
Auf Seidenblatt von Samarkand.

Da solltest du mit Freude lesen,
Was ich von Ormus dir verschrieb,
Und wie das ganze Handelswesen
Sich nur bewegte dir zulieb;

Wie in dem Lande der Brahmanen
Viel Tausend Finger sich bemüht,
Daß alle Pracht der Indostanen
Für dich auf Woll und Seide blüht;

Ja, zur Verherrlichung der Lieben,
Gießbäche Soumelpours durchwühlt,
Aus Erde, Grus, Gerill, Geschieben
Dir Diamanten ausgespült;

Wie Taucherschar verwegner Männer
Der Perle Schatz dem Golf entriß,
Darauf ein Divan scharfer Kenner
Sie dir zu reihen sich befliß.

Wenn nun Bassora noch das Letzte,
Gewürz und Weihrauch, beigetan,

Bringt alles, was die Welt ergetzte,
Die Karawane dir heran.

Doch alle diese Kaisergüter
Verwirrten doch zuletzt den Blick;
Und wahrhaft liebende Gemüter
Eins nur im andern fühlt sein Glück.

ZAHME XENIEN

[I]

Ich rufe dich, verrufnes Wort,
Zur Ordnung auf des Tags:
Denn Wichte, Schelme solchen Schlags,
Die wirken immer fort.

»Warum willst du dich von uns allen
Und unsrer Meinung entfernen?«
Ich schreibe nicht, euch zu gefallen;
Ihr sollt was lernen!

»Ist denn das klug und wohlgetan?
Was willst du Freund' und Feinde kränken!«
Erwachsne gehn mich nichts mehr an,
Ich muß nun an die Enkel denken.

Und sollst auch DU und Du und du
Nicht gleich mit mir zerfallen;
Was ich dem Enkel zuliebe tu,
Tu ich euch allen.

Verzeiht einmal dem raschen Wort,
Und so verzeiht dem Plaudern;
Denn jetzo wärs nicht ganz am Ort,
Wie bis hieher zu zaudern.

Wer in der Weltgeschichte lebt,
Dem Augenblick sollt er sich richten?
Wer in die Zeiten schaut und strebt,
Nur der ist wert, zu sprechen und zu dichten.

»Sag mir, worauf die Bösen sinnen!«
Andern den Tag zu verderben,
Sich den Tag zu gewinnen;
Das, meinen sie, heiße erwerben.

»Was ist denn deine Absicht gewesen,
Jetzt neue Feuer anzubrennen?«
Diejenigen sollens lesen,
Die mich nicht mehr hören können.

Einen langen Tag über lebt ich schön,
Eine kurze Nacht;
Die Sonne war eben im Aufgehn,
Als ich zu neuem Tag erwacht.

»Deine Zöglinge möchten dich fragen:
Lange lebten wir gern auf Erden,
Was willst du uns für Lehre sagen?«
Keine Kunst ists, alt zu werden,
Es ist Kunst, es zu ertragen.

Nachdem einer ringt,
Also ihm gelingt,
Wenn Manneskraft und Hab
Ihm Gott zum Willen gab.

Den hochbestandnen Föhrenwald
Pflanzt ich in jungen Tagen;
Er freut sich so!–!–! – Man wird ihn bald
Als Brennholz niederschlagen.

Die Axt erklingt, da blinkt schon jedes Beil;
Die Eiche fällt, und jeder holzt sein Teil.

1814–1815 WEIMAR 793

Ein alter Mann ist stets ein König Lear! –
Was Hand in Hand mitwirkte, stritt,
Ist längst vorbeigegangen;
Was mit und an dir liebte, litt,
Hat sich wo anders angehangen.
Die Jugend ist um ihretwillen hier,
Es wäre töricht, zu verlangen:
Komm, ältele du mit mir.

Gutes zu empfangen, zu erweisen,
Alter! geh auf Reisen. –
Meine Freunde
Sind aus einer Mittelzeit,
Eine schöne Gemeinde,
Weit und breit;
Auch entfernt,
Haben sie von mir gelernt,
In Gesinnung treu;
Haben nicht an mir gelitten,
Ich hab ihnen nichts abzubitten;
Als Person komm ich neu.
Wir haben kein Konto miteinander,
Sind wie im Paradies selbander.

Mit dieser Welt ists keiner Wege richtig;
Vergebens bist du brav, vergebens tüchtig,
Sie will uns zahm, sie will sogar uns nichtig!

Von heiligen Männern und von weisen
Ließ' ich mich recht gern unterweisen;
Aber es müßte kurz geschehn,
Langes Reden will mir nicht anstehn.
Wornach soll man am Ende trachten?
Die Welt zu kennen und sie nicht verachten.

Hast du es so lange wie ich getrieben,
Versuche wie ich das Leben zu lieben.

Ruhig soll ich hier verpassen
Meine Müh und Fleiß;
Alles soll ich gelten lassen,
Was ich besser weiß.

Hör auf doch, mit Weisheit zu prahlen, zu prangen,
Bescheidenheit würde dir löblicher stehn.
Kaum hast du die Fehler der Jugend begangen,
So mußt du die Fehler des Alters begehn.

Liebe leidet nicht Gesellen,
Aber Leiden sucht und hegt sie;
Lebenswoge, Well auf Wellen,
Einen wie den andern trägt sie.

Einsam oder auch selbander,
Unter Lieben, unter Leiden,
Werden vor- und nacheinander
Einer mit dem andern scheiden.

Wie es dir nicht im Leben ziemt,
Mußt du nach Ruhm auch nicht am Ende jagen:
Denn bist du nur erst hundert Jahr berühmt,
So weiß kein Mensch mehr was von dir zu sagen.

Ins holde Leben wenn dich Götter senden,
Genieße wohlgemut und froh!
Scheint es bedenklich, dich hinaus zu wenden,
Nimm dirs nicht übel: allen scheint es so.

Nichts vom Vergänglichen,
Wie's auch geschah!
Uns zu verewigen,
Sind wir ja da.

1814–1815 WEIMAR 795

Hab ich gerechterweis verschuldet
Diese Strafe in alten Tagen?
Erst hab ichs an den Vätern erduldet,
Jetzt muß ichs an den Enkeln ertragen.

»Wer will der Menge widerstehn?«
Ich widerstreb ihr nicht, ich laß sie gehn.
Sie schwebt und webt und schwankt und schwirrt,
Bis sie endlich wieder Einheit wird.

»Warum erklärst du's nicht und läßt sie gehn?«
Gehts mich denn an, wenn sie mich nicht verstehn?

»Sag nur, wie trägst du so behäglich
Der tollen Jugend anmaßliches Wesen?«
Fürwahr, sie wären unerträglich,
Wär ich nicht auch unerträglich gewesen.

Ich hör es gern, wenn auch die Jugend plappert;
Das Neue klingt, das Alte klappert.

»Warum willst du nicht mit Gewalt
Unter die Toren, die Neulinge schlagen?«
Wär ich nicht mit Ehren alt,
Wie wollt ich die Jugend ertragen!

»Was wir denn sollen?
Sag uns, in diesen Tagen.«
Sie machen, was sie wollen,
Nur sollen sie mich nicht fragen.

»Wie doch, betriegerischer Wicht,
Verträgst du dich mit allen?«
Ich leugne die Talente nicht,
Wenn sie mir auch mißfallen.

Wenn einer auch sich überschätzt,
Die Sterne kann er nicht erreichen;

Zu tief wird er herabgesetzt,
Da ist denn alles bald im Gleichen.

Fahrt nur fort, nach eurer Weise
Die Welt zu überspinnen!
Ich in meinem lebendigen Kreise
Weiß das Leben zu gewinnen.

Mir will das kranke Zeug nicht munden,
Autoren sollten erst gesunden.

Zeig ich die Fehler des Geschlechts,
So heißt es: Tue selbst was Rechts.

»Du Kräftiger, sei nicht so still,
Wenn auch sich andere scheuen.«
Wer den Teufel erschrecken will,
Der muß laut schreien.

»Du hast an schönen Tagen
Dich manchmal abgequält!«
Ich habe mich nie verrechnet,
Aber oft verzählt.

Über Berg und Tal
Irrtum über Irrtum allzumal,
Kommen wir wieder ins Freie!
Doch da ists gar zu weit und breit;
Nun suchen wir in kurzer Zeit
Irrgang und Berg aufs neue.

Gibts ein Gespräch, wenn wir uns nicht betrügen,
Mehr oder weniger versteckt?
So ein Ragout von Wahrheit und von Lügen,
Das ist die Köcherei, die mir am besten schmeckt.

Kennst du das Spiel, wo man, im lustgen Kreis,
Das Pfeifchen sucht und niemals findet,

1814–1815 WEIMAR 797

Weil mans dem Sucher, ohn daß ers weiß,
In seines Rockes hintre Falten bindet,
Das heißt: an seinen Steiß?

Mit Narren leben wird dir gar nicht schwer,
Versammle nur ein Tollhaus um dich her.
Bedenke dann, das macht dich gleich gelind,
Daß Narrenwärter selbst auch Narren sind.

Wo recht viel Widersprüche schwirren,
Mag ich am liebsten wandern;
Niemand gönnt dem andern –
Wie lustig! – das Recht, zu irren.

Stämme wollen gegen Stämme pochen,
Kann doch einer, was der andere kann!
Steckt doch Mark in jedem Knochen,
Und in jedem Hemde steckt ein Mann.

Hat Welscher-Hahn an seinem Kropf,
Storch an dem Langhals Freude;
Der Kessel schilt den Ofentopf,
Schwarz sind sie alle beide.

Wie gerne säh ich jeden stolzieren,
Könnt er das Pfauenrad vollführen.

»Warum nur die hübschen Leute
Mir nicht gefallen sollen?«
Manchen hält man für fett,
Er ist nur geschwollen.

»Da reiten sie hin! Wer hemmt den Lauf?«
Wer reitet denn? »Stolz und Unwissenheit.«
Laß sie reiten! da ist gute Zeit,
Schimpf und Schade sitzen hintenauf.

>>Wie ist dirs doch so balde
Zur Ehr und Schmach gediehn?<<
Blieb' der Wolf im Walde,
So würd er nicht beschrien.

Die Freunde

O! laß die Jammer-Klagen,
Da nach den schlimmsten Tagen
Man wieder froh genießt.

Hiob

Ihr wollet meiner spotten:
Denn, ist der Fisch gesotten,
Was hilft es, daß die Quelle fließt!

Was willst du mit den alten Tröpfen?
Es sind Knöpfe, die nicht mehr knöpfen.

Laß im Irrtum sie gebettet,
Suche weislich zu entfliehn;
Bist ins Freie du gerettet,
Niemand sollst du nach dir ziehn.

Über alles, was begegnet,
Froh, mit reinem Jugendsinn,
Sei belehrt, es sei gesegnet!
Und das bleibe dir Gewinn.

Ins Sichere willst du dich betten!
Ich liebe mir inneren Streit:
Denn, wenn wir die Zweifel nicht hätten,
Wo wäre denn frohe Gewißheit?

1814–1815 WEIMAR

»Was willst du, daß von deiner Gesinnung
Man dir nach ins Ewige sende?«
Er gehörte zu keiner Innung,
Blieb Liebhaber bis ans Ende.

»Triebst du doch bald dies, bald das!
War es ernstlich, war es Spaß?«
Daß ich redlich mich beflissen,
Was auch werde, Gott mags wissen.

»Dir warum doch verliert
Gleich alles Wert und Gewicht?«
Das Tun interessiert,
Das Getane nicht.

»So still und so sinnig!
Es fehlt dir was, gesteh es frei.«
Zufrieden bin ich,
Aber mir ist nicht wohl dabei.

Weißt du, worin der Spaß des Lebens liegt?
Sei lustig! – geht es nicht, so sei vergnügt.

Wäre doch das Blättchen größer!
Sagt ich mehr und sagt es besser;
Da es aber gar zu klein,
Sag ich nur: Gedenke mein!

Wie man mit Vorsicht auf der Erde wandelt,
Es sei bergauf, es sei hinab vom Thron,
Und wie man Menschen, wie man Pferde handelt,
Das alles lehrt der König seinen Sohn.
Wir wissens nun durch dich, der uns beschenkte;
Jetzt fügest du der Tulpe Flor daran,
Und wenn mich nicht der goldne Rahm beschränkte,
Wo endete, was du für uns getan!

MUSTERBILDER

Hör und bewahre
　　Sechs Liebespaare.
Wortbild entzündet, Liebe schürt zu:
　　Rustan und Rodawu.
Unbekannte sind sich nah:
　　Jussuph und Suleika.
Liebe, nicht Liebesgewinn:
　　Ferhad und Schirin.
Nur für einander da:
　　Medschnun und Leila.
Liebend im Alter sah
　　Dschemil auf Boteinah.
Süße Liebeslaune:
　　Salomo und die Braune!
Hast du sie wohl vermerkt,
　　Bist im Lieben gestärkt.

GENÜGSAM

»Wie irrig wähnest du,
Aus Liebe gehöre das Mädchen dir zu.
Das könnte mich nun garnicht freuen,
Sie versteht sich auf Schmeicheleien.«

DICHTER. Ich bin zufrieden, daß ichs habe!
Mir diene zur Entschuldigung:
Liebe ist freiwillige Gabe,
Schmeichelei Huldigung.

SUPPLEMENT ZU SCHILLERS GLOCKE

Aus dem Stegreife. Zugunsten einer Schauspielerin,
die in der Austeilung [der Rollen] übergangen war

Reißt der schöne Wahn entzwei
Ach! auf wiesenreichen Auen

1814–1815 WEIMAR 801

Wünschen wir die Pracht zu schauen,
Die von gestern! – Sie ist hin!
Vor der Sense fliehn die Träume,
Abgemäht sind Blumenräume,
Dürr und braun das holde Grün.

Und ruhet nimmer
 Und nimmer zu ruhn
 Gewöhnt sie die Tochter.
 Ein wirtliches Tun,
 Es kleidet wie Seide,

 Dem Jüngling gefällt sie
 Im häuslichen Kleide.
 Er verbirgt seinen Willen,
 Er wählt sie im stillen.

Die sie blühend ihm gebar
 Die sie an der treuen Brust
 Hielt und hegt' mit Mutter-Lust,
 Wenn die andern stufenweise
 Durch des Hofes weite Kreise
 Haschten, trieben, stritten, herzten
 Und das Wachstum sich erscherzten.

Denn das Auge des Gesetzes wacht
 Ja, so wenig als im Freien,
 Bergen, Tälern, Wüsteneien,
 Ist im Hause Ruh beschert,
 Wo Gesetz nicht herrscht und wehrt.

IN EIN STAMMBUCH
[Zum Bildchen: Ruine Pleß bei Göttingen]

Auf diesen Trümmern hab ich auch gesessen,
Vergnügt getrunken und gegessen
Und in die Welt hinausgeschaut:

War aber wenig nur davon erbaut.
Kein liebes Kind gedachte meiner,
Und ich fürwahr gehörte keiner;
So war die ganze Welt umgraut.
Ihr wißt ja selbst, was sie erheitert,
Die Horizonte stufenklar erweitert.

Ob der Koran von Ewigkeit sei?
Darnach frag ich nicht!
Ob der Koran geschaffen sei?
Das weiß ich nicht!
Daß er das Buch der Bücher sei,
Glaub ich aus Mosleminen-Pflicht.

Daß aber der Wein von Ewigkeit sei,
Daran zweifl ich nicht;
Oder daß er vor den Engeln geschaffen sei,
Ist vielleicht auch kein Gedicht.
Der Trinkende, wie es auch immer sei,
Blickt Gott frischer ins Angesicht.

1815 Reise an den Main, Rhein und Neckar

Rilke an den Insel-Verlag
und andere

Daß Suleika von Jussuph entzückt war,
Ist keine Kunst;
Er war jung, Jugend hat Gunst,
Er war schön, sie sagen zum Entzücken,
Schön war sie, konnten einander beglücken.
Aber daß du, die so lange mir erharrt war,
Feurige Jugendblicke mir schickst,
Jetzt mich liebst, mich später beglückst,
Das sollen meine Lieder preisen,
Sollst mir ewig Suleika heißen.

Da du nun Suleika heißest,
Sollt ich auch benamset sein.
Wenn du deinen Geliebten preisest,
Hatem! das soll der Name sein.
Nur daß man mich daran erkennet,
Keine Anmaßung soll es sein:
Wer sich Sankt-Georgenritter nennet,
Denkt nicht gleich Sankt Georg zu sein.
Nicht Hatem Thai, nicht der alles Gebende
Kann ich in meiner Armut sein;
Hatem Zograi nicht, der reichlichst Lebende
Von allen Dichtern, möcht ich sein.
Aber beide doch im Auge zu haben,
Es wird nicht ganz verwerflich sein:
Zu nehmen, zu geben des Glückes Gaben,
Wird immer ein groß Vergnügen sein.

Sich liebend aneinander zu laben,
Wird Paradieses Wonne sein.

SULEIKA. Warum du nur oft so unhold bist?
HATEM. Du weißt, daß der Leib ein Kerker ist,
Die Seele hat man hinein betrogen,
Da hat sie nicht freie Ellebogen.
Will sie sich da- und dorthin retten,
Schnürt man den Kerker selbst in Ketten:
Da ist das Liebchen doppelt gefährdet,
Deshalb sie sich oft so seltsam gebärdet,

ES IST GUT

Bei Mondeschein im Paradeis
Fand Jehova im Schlafe tief
Adam versunken, legte leis
Zur Seit ein Evchen, das auch entschlief.

Da lagen nun, in Erdenschranken,
Gottes zwei lieblichste Gedanken. –
Gut!!! rief er sich zum Meisterlohn;
Er ging sogar nicht gern davon.

Kein Wunder, daß es uns berückt,
Wenn Auge frisch in Auge blickt,
Als hätten wirs so weit gebracht,
Bei dem zu sein, der uns gedacht.
Und ruft er uns, wohlan, es sei!
Nur, das beding ich, alle zwei.
Dich halten dieser Arme Schranken,
Liebster von allen Gottes-Gedanken.

Wenn der Mensch die Erde schätzet,
Weil die Sonne sie bescheinet,

An der Rebe sich ergetzet,
Die dem scharfen Messer weinet –
Da sie fühlt, daß ihre Säfte,
Wohlgekocht, die Welt erquickend,
Werden regsam vielen Kräften,
Aber mehreren erstickend –
Weiß er das der Glut zu danken,
Die das alles läßt gedeihen;
Wird Betrunkner stammelnd wanken,
Mäßger wird sich singend freuen.

SCHLECHTER TROST

Mitternachts weint und schluchzt ich,
Weil ich dein entbehrte.
Da kamen Nachtgespenster,
Und ich schämte mich.
Nachtgespenster, sagt ich,
Schluchzend und weinend
Findet ihr mich, dem ihr sonst
Schlafendem vorüberzogt.
Große Güter vermiß ich.
Denkt nicht schlimmer von mir,
Den ihr sonst weise nanntet;
Großes Übel betrifft ihn! –
Und die Nachtgespenster
Mit langen Gesichtern
Zogen vorbei,
Ob ich weise oder törig,
Völlig unbekümmert.

Vom Himmel steigend Jesus bracht
Des Evangeliums ewige Schrift,
Den Jüngern las er sie Tag und Nacht;
Ein göttlich Wort, es wirkt und trifft.
Er stieg zurück, nahms wieder mit;

Sie aber hattens gut gefühlt,
Und jeder schrieb, so Schritt vor Schritt,
Wie ers in seinem Sinn behielt,
Verschieden. Es hat nichts zu bedeuten:
Sie hatten nicht gleiche Fähigkeiten;
Doch damit können sich die Christen
Bis zu dem Jüngsten Tage fristen.

GRUSS

O wie selig ward mir!
Im Lande wandl ich,
Wo Hudhud über den Weg läuft.
Des alten Meeres Muscheln,
Im Stein sucht ich die versteinerten;
Hudhud lief einher,
Die Krone entfaltend,
Stolzierte, neckischer Art,
Über das Tote scherzend,
Der Lebendge.
Hudhud, sagt ich, fürwahr!
Ein schöner Vogel bist du.
Eile doch, Wiedehopf!
Eile, der Geliebten
Zu verkünden, daß ich ihr
Ewig angehöre.
Hast du doch auch
Zwischen Salomo
Und Sabas Königin
Ehemals den Kuppler gemacht!

ERGEBUNG

»Du vergehst und bist so freundlich,
Verzehrst dich und singst so schön?«

DICHTER. Die Liebe behandelt mich feindlich!
Da will ich gern gestehn:
Ich singe mit schwerem Herzen.
Sieh doch einmal die Kerzen,
Sie leuchten, indem sie vergehn.

Wenn der Körper ein Kerker ist,
Warum nur der Kerker so durstig ist?
Seele befindet sich wohl darinnen
Und bliebe gern vergnügt bei Sinnen;
Nun aber soll eine Flasche Wein,
Frisch eine nach der andern herein.
Seele wills nicht länger ertragen,
Sie an der Türe in Stücke schlagen.

GESTÄNDNIS

Was ist schwer zu verbergen? Das Feuer!
Denn bei Tage verräts der Rauch,
Bei Nacht die Flamme, das Ungeheuer.
Ferner ist schwer zu verbergen auch
Die Liebe: noch so stille gehegt,
Sie doch gar leicht aus den Augen schlägt.
Am schwersten zu bergen ist ein Gedicht:
Man stellt es untern Scheffel nicht.

Hat es der Dichter frisch gesungen,
So ist er ganz davon durchdrungen;
Hat er es zierlich nett geschrieben,
Will er, die ganze Welt solls lieben.
Er liest es jedem froh und laut,
Ob es uns quält, ob es erbaut.

Reitest du bei einem Schmied vorbei,
Weißt nicht, wann er dein Pferd beschlägt;

Siehst du eine Hütte im Felde frei,
Weißt nicht, ob sie dir ein Liebchen hegt;
Einem Jüngling begegnest du, schön und kühn,
Er überwindet dich künftig oder du ihn.
Am sichersten kannst du vom Rebstock sagen,
Er werde für dich was Gutes tragen.
So bist du denn der Welt empfohlen;
Das übrige will ich nicht wiederholen.

HÖCHSTE GUNST

Ungezähmt, so wie ich war,
Hab ich einen Herrn gefunden
Und, gezähmt, nach manchem Jahr
Eine Herrin auch gefunden.
Da sie Prüfung nicht gespart,
Haben sie mich treu gefunden
Und mit Sorgfalt mich bewahrt
Als den Schatz, den sie gefunden.
Niemand diente zweien Herrn,
Der dabei sein Glück gefunden;
Herr und Herrin sehn es gern,
Daß sie beide mich gefunden;
Und mir leuchtet Glück und Stern,
Da ich beide sie gefunden.

AN SULEIKA

Dir mit Wohlgeruch zu kosen,
Deine Freuden zu erhöhn,
Knospend müssen tausend Rosen
Erst in Gluten untergehn.

Um ein Fläschchen zu besitzen,
Das den Ruch auf ewig hält,

Schlank wie deine Fingerspitzen,
Da bedarf es einer Welt;

Einer Welt von Lebenstrieben,
Die, in ihrer Fülle Drang,
Ahndeten schon Bulbuls Lieben,
Seelerregenden Gesang.

Sollte jene Qual uns quälen,
Da sie unsre Lust vermehrt?
Hat nicht Myriaden Seelen
Timurs Herrschaft aufgezehrt?

LIED UND GEBILDE

Mag der Grieche seinen Ton
Zu Gestalten drücken,
An der eignen Hände Sohn
Steigern sein Entzücken;

Aber uns ist wonnereich,
In den Euphrat greifen
Und im flüßgen Element
Hin und wider schweifen.

Löscht ich so der Seele Brand,
Lied, es wird erschallen;
Schöpft des Dichters reine Hand,
Wasser wird sich ballen.

Was heißt denn Reichtum? Eine wärmende Sonne,
Genießt sie der Bettler, wie wir sie genießen!
Es möge doch keinen der Reichen verdrießen
Des Bettlers im Eigensinn selige Wonne.

Du bist auch am Rhein gewesen,
Auch am Hof zu Bieberich;
Magst nun an dem Maine lesen,
Wie es lustig war um dich.

[Zu einer Ansicht von Frankfurt am Main]

Siehst du das, wie ich es sah,
Wohnst du so, wie ich gewohnt:
Lieb und Freundschaft sind dir nah
Und ein jeder Tag betont.

*

An die Stelle des Genusses
Trete Bildchen holden Scheins,
Zu Erinnerung des Flusses,
Der Terrasse, dieses Hains.

[Zum Andenken des 28. August 1815]

Als die Tage noch wuchsen, gefiel das Leben mir wenig,
Nun abnehmend mit Eil, könnten gefallen sie mir.

*[Zu einer Ansicht von Burg Windeck
bei Weinheim an der Bergstraße]*

Siehst du das, wie ich es sah,
Du magst bleiben oder gehn,
Lieb und Freundschaft sind dir nah
Und ein freudig Wiedersehn.

Erst Empfindung, dann Gedanken,
Erst ins Weite, dann zu Schranken;
Aus dem Wilden, hold und mild,
Zeigt sich dir das wahre Bild.

Wenn ihrs habt und wenn ihrs wißt;
Wißt ihr denn, wer es vermißt?
Bleibet eurem Sinne treu!
Neu ist alt, und alt ist neu.

HATEM

Nicht Gelegenheit macht Diebe,
Sie ist selbst der größte Dieb;
Denn sie stahl den Rest der Liebe,
Die mir noch im Herzen blieb.

Dir hat sie ihn übergeben,
Meines Lebens Vollgewinn,
Daß ich nun, verarmt, mein Leben
Nur von dir gewärtig bin.

Doch ich fühle schon Erbarmen
Im Karfunkel deines Blicks
Und erfreu in deinen Armen
Mich erneuerten Geschicks.

SULEIKA

Hochbeglückt in deiner Liebe
Schelt ich nicht Gelegenheit;
Ward sie auch an dir zum Diebe,
Wie mich solch ein Raub erfreut!

Und wozu denn auch berauben?
Gib dich mir aus freier Wahl;
Gar zu gerne möcht ich glauben –
Ja, ich bins, die dich bestahl.

Was so willig du gegeben,
Bringt dir herrlichen Gewinn;

Meine Ruh, mein reiches Leben
Geb ich freudig, nimm es hin!

Scherze nicht! Nichts von Verarmen!
Macht uns nicht die Liebe reich?
Halt ich dich in meinen Armen,
Jedem Glück ist meines gleich.

SULEIKA. Als ich auf dem Euphrat schiffte,
Streifte sich der goldne Ring
Fingerab in Wasserklüfte,
Den ich jüngst von dir empfing.

Also träumt ich. Morgenröte
Blitzt ins Auge durch den Baum.
Sag, Poete, sag, Prophete!
Was bedeutet dieser Traum?

HATEM. Dies zu deuten bin erbötig!
Hab ich dir nicht oft erzählt,
Wie der Doge von Venedig
Mit dem Meere sich vermählt?

So von deinen Fingergliedern
Fiel der Ring dem Euphrat zu.
Ach, zu tausend Himmelsliedern,
Süßer Traum, begeisterst du!

Mich, der von den Indostanen
Streifte bis Damaskus hin,
Um mit neuen Karawanen
Bis ans Rote Meer zu ziehn,

Mich vermählst du deinem Flusse,
Der Terrasse, diesem Hain;
Hier soll bis zum letzten Kusse
Dir mein Geist gewidmet sein.

Deinem Blick mich zu bequemen,
Deinem Munde, deiner Brust,
Deine Stimme zu vernehmen,
War die letzt und erste Lust.

Gestern, ach, war sie die letzte,
Dann verlosch mir Leucht und Feuer;
Jeder Scherz, der mich ergetzte,
Wird nun schuldenschwer und teuer.

Eh es Allah nicht gefällt,
Uns aufs neue zu vereinen,
Gibt mir Sonne, Mond und Welt
Nur Gelegenheit zum Weinen.

Die schön geschriebenen,
Herrlich umgüldeten
Belächeltest du,
Die anmaßlichen Blätter;
Verziehst mein Prahlen
Von deiner Lieb und meinem
Durch dich glücklichen Gelingen,
Verziehst anmutigem Selbstlob.

Selbstlob! Nur dem Neide stinkts,
Wohlgeruch Freunden
Und eignem Schmack!

Freude des Daseins ist groß,
Größer die Freud am Dasein.
Wenn du, Suleika,
Mich überschwenglich beglückst,
Deine Leidenschaft mir zuwirfst,
Als wärs ein Ball,
Daß ich ihn fange,
Dir zurückwerfe
Mein gewidmetes Ich –

Das ist ein Augenblick!
Und dann reißt mich von dir
Bald der Franke, bald der Armenier.

Aber Tage währts,
Jahre dauerts, daß ich neu erschaffe
Tausendfältig deiner Verschwendungen Fülle,
Aufdrösle die bunte Schnur meines Glücks,
Geklöppelt tausendfadig
Von dir, o Suleika!

Hier nun dagegen
Dichtrische Perlen,
Die mir deiner Leidenschaft
Gewaltige Brandung
Warf an des Lebens
Verödeten Strand aus.
Mit spitzen Fingern
Zierlich gelesen,
Durchreiht mit juwelenem
Goldschmuck,
Nimm sie an deinen Hals,
An deinen Busen!
Die Regentropfen Allahs,
Gereift in bescheidener Muschel.

GEHEIMSCHRIFT

Laßt euch, o Diplomaten,
Recht angelegen sein
Und eure Potentaten
Beratet rein und fein!
Geheimer Chiffern Sendung
Beschäftige die Welt,
Bis endlich jede Wendung
Sich selbst ins Gleiche stellt.

Mir von der Herrin süße
Die Chiffer ist zur Hand,
Woran ich schon genieße,
Weil sie die Kunst erfand.
Es ist die Liebesfülle
Im lieblichsten Revier,
Der holde, treue Wille,
Wie zwischen mir und ihr.

Von abertausend Blüten
Ist es ein bunter Strauß,
Von englischen Gemüten
Ein vollbewohntes Haus;
Von buntesten Gefiedern
Der Himmel übersät,
Ein klingend Meer von Liedern
Geruchvoll überweht.

Ist unbedingten Strebens
Geheime Doppelschrift,
Die in das Mark des Lebens
Wie Pfeil um Pfeile trifft.
Was ich euch offenbaret,
War längst ein frommer Brauch,
Und wenn ihr es gewahret,
So schweigt und nutzt es auch.

AUSERWÄHLTE FRAUEN

Frauen sollen nichts verlieren,
Reiner Treue ziemt zu hoffen;
Doch wir wissen nur von vieren,
Die alldort schon eingetroffen.

Erst Suleika, Erdensonne,
Gegen Jussuph ganz Begierde,

Nun, des Paradieses Wonne,
Glänzt sie, der Entsagung Zierde.

Dann die Allgebenedeite,
Die den Heiden Heil geboren
Und getäuscht, in bittrem Leide,
Sah den Sohn am Kreuz verloren.

Mahoms Gattin auch, sie baute
Wohlfahrt ihm und Herrlichkeiten
Und empfahl bei Lebenszeiten
Einen Gott und *eine* Traute.

Kommt Fatima dann, die Holde,
Tochter, Gattin sonder Fehle,
Englisch allerreinste Seele
In dem Leib von Honiggolde.

Diese finden wir alldorten;
Und wer Frauenlob gepriesen,
Der verdient, an ewgen Orten
Lustzuwandeln wohl mit diesen.

Du kleiner Schelm du!
Daß ich mir bewußt sei,
Darauf kommt es überall an.
Und so erfreu ich mich
Auch deiner Gegenwart,
Du Allerliebster,
Obgleich betrunken.

SULEIKA. Sag, du hast wohl viel gedichtet,
Hin und her dein Lied gerichtet,
Schöne Schrift von deiner Hand,
Prachtgebunden, goldgerändet,
Bis auf Punkt und Strich vollendet,

Zierlich lockend, manchen Band?
Stets, wo du sie hingewendet,
Wars gewiß ein Liebespfand?

HATEM. Ja, von mächtig holden Blicken,
Wie von lächelndem Entzücken
Und von Zähnen blendend klar,
Wimpern-Pfeilen, Locken-Schlangen,
Hals und Busen reizumhangen,
Tausendfältige Gefahr!
Denke nun, wie von so langem
Prophezeit Suleika war.

SULEIKA. Die Sonne kommt! Ein Prachterscheinen!
Der Sichelmond umklammert sie.
Wer konnte solch ein Paar vereinen?
Dies Rätsel, wie erklärt sichs? wie?

HATEM. Der Sultan konnt es, er vermählte
Das allerhöchste Weltenpaar,
Um zu bezeichnen Auserwählte,
Die Tapfersten der treuen Schar.

Auch sei's ein Bild von unsrer Wonne!
Schon seh ich wieder mich und dich:
Du nennst mich, Liebchen, deine Sonne,
Komm, süßer Mond, umklammre mich!

SULEIKA. An des lustgen Brunnens Rand,
Der in Wasserfäden spielt,
Wußt ich nicht, was fest mich hielt;
Doch da war von deiner Hand
Meine Chiffer leis gezogen,
Niederblickt ich, dir gewogen.

Hier, am Ende des Kanals
Der gereihten Hauptallee,
Blick ich wieder in die Höh,
Und da seh ich abermals
Meine Lettern fein gezogen:
Bleibe! bleibe mir gewogen!

HATEM. Möge Wasser, springend, wallend
Die Zypressen dir gestehn:
Von Suleika zu Suleika
Ist mein Kommen und mein Gehn.

SULEIKA

Was bedeutet die Bewegung?
Bringt der Ost mir frohe Kunde?
Seiner Schwingen frische Regung
Kühlt des Herzens tiefe Wunde.

Kosend spielt er mit dem Staube,
Jagt ihn auf in leichten Wölkchen,
Treibt zur sichern Rebenlaube
Der Insekten frohes Völkchen.

Lindert sanft der Sonne Glühen,
Kühlt auch mir die heißen Wangen,
Küßt die Reben noch im Fliehen,
Die auf Feld und Hügel prangen.

Und mir bringt sein leises Flüstern
Von dem Freunde tausend Grüße;
Eh noch diese Hügel düstern,
Grüßen mich wohl tausend Küsse.

Und so kannst du weiter ziehen!
Diene Freunden und Betrübten.

Dort, wo hohe Mauern glühen,
Find ich bald den Vielgeliebten.

Ach, die wahre Herzenskunde,
Liebeshauch, erfrischtes Leben
Wird mir nur aus seinem Munde,
Kann mir nur sein Atem geben.

WIEDERFINDEN

Ist es möglich! Stern der Sterne,
Drück ich wieder dich ans Herz!
Ach, was ist die Nacht der Ferne
Für ein Abgrund, für ein Schmerz!
Ja, du bist es, meiner Freuden
Süßer, lieber Widerpart;
Eingedenk vergangner Leiden,
Schaudr ich vor der Gegenwart.

Als die Welt im tiefsten Grunde
Lag an Gottes ewger Brust,
Ordnet' er die erste Stunde
Mit erhabner Schöpfungslust,
Und er sprach das Wort: Es werde!
Da erklang ein schmerzlich Ach!
Als das All mit Machtgebärde
In die Wirklichkeiten brach.

Auf tat sich das Licht: so trennte
Scheu sich Finsternis von ihm,
Und sogleich die Elemente
Scheidend auseinanderfliehn.
Rasch, in wilden, wüsten Träumen
Jedes nach der Weite rang,
Starr, in ungemeßnen Räumen,
Ohne Sehnsucht, ohne Klang.

Stumm war alles, still und öde,
Einsam Gott zum erstenmal!
Da erschuf er Morgenröte,
Die erbarmte sich der Qual;
Sie entwickelte dem Trüben
Ein erklingend Farbenspiel,
Und nun konnte wieder lieben,
Was erst auseinanderfiel.

Und mit eiligem Bestreben
Sucht sich, was sich angehört;
Und zu ungemeßnem Leben
Ist Gefühl und Blick gekehrt.
Sei's Ergreifen, sei es Raffen,
Wenn es nur sich faßt und hält!
Allah braucht nicht mehr zu schaffen,
Wir erschaffen seine Welt.

So, mit morgenroten Flügeln,
Riß es mich an deinen Mund,
Und die Nacht mit tausend Siegeln
Kräftigt sternenhell den Bund.
Beide sind wir auf der Erde
Musterhaft in Freud und Qual,
Und ein zweites Wort: Es werde!
Trennt uns nicht zum zweitenmal.

An vollen Büschelzweigen,
Geliebte, sieh nur hin!
Laß dir die Früchte zeigen,
Umschalet stachlig grün.

Sie hängen längst geballet,
Still, unbekannt mit sich;
Ein Ast, der schaukelnd wallet,
Wiegt sie geduldiglich.

Doch immer reift von innen
Und schwillt der braune Kern,
Er möchte Luft gewinnen
Und säh die Sonne gern.

Die Schale platzt, und nieder
Macht er sich freudig los;
So fallen meine Lieder
Gehäuft in deinen Schoß.

Lieb um Liebe, Stund um Stunde,
Wort um Wort und Blick um Blick;
Kuß um Kuß vom treusten Munde,
Hauch um Hauch und Glück um Glück.
So am Abend, so am Morgen!
Doch du fühlst an meinen Liedern
Immer noch geheime Sorgen;
Jussuphs Reize möcht ich borgen,
Deine Schönheit zu erwidern.

SULEIKA. Volk und Knecht und Überwinder,
Sie gestehn zu jeder Zeit:
Höchstes Glück der Erdenkinder
Sei nur die Persönlichkeit.

Jedes Leben sei zu führen,
Wenn man sich nicht selbst vermißt;
Alles könne man verlieren,
Wenn man bliebe, was man ist.

HATEM. Kann wohl sein! so wird gemeinet;
Doch ich bin auf andrer Spur:
Alles Erdenglück vereinet
Find ich in Suleika nur.

Wie sie sich an mich verschwendet,
Bin ich mir ein wertes Ich;
Hätte sie sich weggewendet,
Augenblicks verlör ich mich.

Nun mit Hatem wärs zu Ende;
Doch schon hab ich umgelost:
Ich verkörpre mich behende
In den Holden, den sie kost.

Wollte, wo nicht gar ein Rabbi,
Das will mir so recht nicht ein,
Doch Ferdusi, Motanabbi,
Allenfalls der Kaiser sein.

GINGO BILOBA

Dieses Baums Blatt, der von Osten
Meinem Garten anvertraut,
Gibt geheimen Sinn zu kosten,
Wie's den Wissenden erbaut.

Ist es Ein lebendig Wesen,
Das sich in sich selbst getrennt?
Sind es zwei, die sich erlesen,
Daß man sie als Eines kennt?

Solche Frage zu erwidern,
Fand ich wohl den rechten Sinn:
Fühlst du nicht an meinen Liedern,
Daß ich Eins und doppelt bin?

SULEIKA

Ach, um deine feuchten Schwingen,
West, wie sehr ich dich beneide:

Denn du kannst ihm Kunde bringen,
Was ich in der Trennung leide!

Die Bewegung deiner Flügel
Weckt im Busen stilles Sehnen;
Blumen, Augen, Wald und Hügel
Stehn bei deinem Hauch in Tränen.

Doch dein mildes, sanftes Wehen
Kühlt die wunden Augenlider;
Ach, für Leid müßt ich vergehen,
Hofft ich nicht zu sehn ihn wieder.

Eile denn zu meinem Lieben,
Spreche sanft zu seinem Herzen;
Doch vermeid, ihn zu betrüben,
Und verbirg ihm meine Schmerzen.

Sag ihm, aber sags bescheiden:
Seine Liebe sei mein Leben;
Freudiges Gefühl von beiden
Wird mir seine Nähe geben.

Sie haben wegen der Trunkenheit
Vielfältig uns verklagt
Und haben von unsrer Trunkenheit
Lange nicht genug gesagt.
Gewöhnlich der Betrunkenheit
Erliegt man, bis es tagt;
Doch hat mich meine Betrunkenheit
In der Nacht umhergejagt.
Es ist die Liebestrunkenheit,
Die mich erbärmlich plagt,
Von Tag zu Nacht, von Nacht zu Tag
In meinem Herzen zagt,
Dem Herzen, das in Trunkenheit
Der Lieder schwillt und ragt,

Daß keine nüchterne Trunkenheit
Sich gleich zu heben wagt.
Lieb-, Lied- und Weines Trunkenheit,
Obs nachtet oder tagt,
Die göttlichste Betrunkenheit,
Die mich entzückt und plagt.

HATEM

Locken, haltet mich gefangen
In dem Kreise des Gesichts!
Euch geliebten, braunen Schlangen
Zu erwidern hab ich nichts.

Nur dies Herz, es ist von Dauer,
Schwillt in jugendlichstem Flor;
Unter Schnee und Nebelschauer
Rast ein Ätna dir hervor.

Du beschämst wie Morgenröte
Jener Gipfel ernste Wand,
Und noch einmal fühlet Hatem
Frühlingshauch und Sommerbrand.

Schenke her! Noch eine Flasche!
Diesen Becher bring ich ihr!
Findet sie ein Häufchen Asche,
Sagt sie: Der verbrannte mir.

BEDENKLICH

Soll ich von Smaragden reden,
Die dein Finger niedlich zeigt?
Manchmal ist ein Wort vonnöten,
Oft ists besser, daß man schweigt.

Also sag ich, daß die Farbe
Grün und augerquicklich sei!
Sage nicht, daß Schmerz und Narbe
Zu befürchten nah dabei.

Immerhin! du magst es lesen!
Warum übst du solche Macht!
»So gefährlich ist dein Wesen,
Als erquicklich der Smaragd.«

GENUG

Immer niedlich, immer heiter,
Immer lieblich! und so weiter,
Stets natürlich, aber klug:
Nun das, dächt ich, wär genug.

Wenn ich dein gedenke,
Fragt mich gleich der Schenke:
»Herr, warum so still?
Da von deinen Lehren
Immer weiterhören
Saki gerne will.«

Wenn ich mich vergesse
Unter der Zypresse,
Hält er nichts davon;
Und im stillen Kreise
Bin ich doch so weise,
Klug wie Salomon.

Wie sollt ich heiter bleiben,
Entfernt von Tag und Licht?
Nun aber will ich schreiben,
Und trinken mag ich nicht.

Wenn sie mich an sich lockte,
War Rede nicht im Brauch,
Und wie die Zunge stockte,
So stockt die Feder auch.

Nur zu! geliebter Schenke,
Den Becher fülle still!
Ich sage nur: Gedenke!
Schon weiß man, was ich will.

BUCH SULEIKA

Ich möchte dieses Buch wohl gern zusammenschürzen,
Daß es den andern wäre gleich geschnürt.
Allein wie willst du Wort und Blatt verkürzen,
Wenn Liebeswahnsinn dich ins Weite führt?

SULEIKA. Kaum daß ich dich wiederhabe,
Dich mit Kuß und Liedern labe,
Bist du still in dich gekehret;
Was beengt und drückt und störet?

HATEM. Ach, Suleika, soll ichs sagen?
Statt zu loben, möcht ich klagen!
Sangest sonst nur meine Lieder,
Immer neu und immer wieder.

Sollte wohl auch diese loben,
Doch sie sind nur eingeschoben;
Nicht von Hafis, nicht Nisami,
Nicht Saadi, nicht von Dschami.

Kenn ich doch der Väter Menge,
Silb um Silbe, Klang um Klänge,
Im Gedächtnis unverloren;
Diese da sind neugeboren.

Gestern wurden sie gedichtet.
Sag, hast du dich neu verpflichtet?
Hauchest du so froh-verwegen
Fremden Atem mir entgegen,

Der dich ebenso belebet,
Ebenso in Liebe schwebet,
Lockend, ladend zum Vereine,
So harmonisch als der meine?

SULEIKA. War Hatem lange doch entfernt,
Das Mädchen hatte was gelernt,
Von ihm war sie so schön gelobt,
Da hat die Trennung sich erprobt.
Wohl, daß sie dir nicht fremde scheinen;
Sie sind Suleikas, sind die deinen!

[DER EILFER]
[Ältere Fassung]

Wo man mir Guts erzeigt überall,
 's ist eine Flasche Eilfer,
Am Rhein, am Main und Necker
 Man bringt lächelnd Eilfer.
Hört man doch auch wohltätige Namen
 Wiederholt wie Eilfer,
Friedrich den Zweiten zum Beispiel
 Als beherrschenden Eilfer,
Kant wird noch immer genannt
 Als anregender Eilfer.
Mehrere Namen in der Stille
 Nenn ich beim Eilfer.
Von meinen Liedern sprechen sie auch
 Rühmlich froh wie vom Eilfer,
Trinken auf mein Wohl klingend mit mir,
 Alles im reinsten Eilfer.
Dies würde mich mehr freuen,

Mehr als der Eilfer,
 Tränke nur Hafis auch. Der Würdige
 Trinke den Eilfer!
Eilig steig ich zum Hades hinab,
 Wo vom Eilfer
Nüchterne Seelen nicht trinken,
 Sage: Den Eilfer!
Eilig, Hafis, geh! da droben stehet
 Ein vollkommenes Glas Eilfer,
Das der Freund mir einschenkte,
 Der würdigste, der den Eilfer
Sich abspart, damit ich reichlich genieße
 Den vollkommenen Eilfer.
Hafis, jedoch eile! Denn zum Pfande
 Bleib ich, bis du geschlurft den Eilfer
An der Tagseite des Rheingaus,
 Wo verherrlicht der Eilfer,
Ich an der Nachtseite: hier schaudert
 Den, der gewohnt an Eilfer. –
Komme zurück, Besonnener,
 Unbesonnen durch Eilfer,
Daß ich Ahnherr dich grüße,
 Atmend noch Eilfer!
Kehr ich zurück, so eifert die Freundin:
 »Hat doch der Eilfer
Abermals dich niedergeworfen!
 Trunken vom Eilfer,
Lagst unempfindlich meinem Kosen,
 Als wäre der Eilfer
Meinen Küssen vergleichbar.
 Meide den Eilfer!«
Und sie weiß nicht, daß du, Hafis,
 An meiner Statt den Eilfer
Ausgeschlurft, ich aus Liebe zu dir
 Seelenlos dalag! das soll nun der Eilfer
Alles haben getan und verbrochen,
 Der unschuldige Eilfer!
Liebchen aber sagt: »Diesen Rival –

Den Schenken des Eilfer –
 Neid ich wie des schwarzaugigen Schenken
 Stets bereiten Eilfer.
Hatem! sieh mir ins Auge!
 Den Schenken, den Eilfer,
Laß sie fahren! diese Küsse, sie sind von heute,
 Was will der Eilfer!«
.............................
.......................

Denn ich möchte gar zu gern
 Trinken den Eilfer,
Wenn er alt ist, denn gegenwärtig
 Ist er allzu rasch und jung, der Eilfer.
Niemals möcht ich entbehren
 Im Leben den Eilfer,
Der so viel wuchs und gut
 Anno Eilf. Drum heißt er Eilfer.

Sing es mir ein andrer nach,
 Dieses Lied vom Eilfer!
Denn ich sangs im Liebesrausch
 Und berauscht vom Eilfer.

HATEM. Wie des Goldschmieds Basarlädchen
Vielgefärbt geschliffne Lichter,
So umgeben hübsche Mädchen
Den beinah ergrauten Dichter.

MÄDCHEN. Singst du schon Suleika wieder!
Diese können wir nicht leiden,
Nicht um dich – um deine Lieder
Wollen, müssen wir sie neiden.

Denn, wenn sie auch garstig wäre,
Machst du sie zum schönsten Wesen,
Und so haben wir von Dschemil
Und Boteinah viel gelesen.

Aber eben weil wir hübsch sind,
Möchten wir auch gern gemalt sein,
Und, wenn du es billig machest,
Sollst du auch recht hübsch bezahlt sein.

HATEM. Bräunchen, komm! es wird schon gehen;
Zöpfe, Kämme, groß und kleine,
Zieren Köpfchens nette Reine,
Wie die Kuppel ziert Moscheen.

Du, Blondinchen, bist so zierlich,
Aller Weis und Weg so nette;
Man gedenkt nicht ungebührlich
Alsogleich der Minarette.

Du da hinten hast der Augen
Zweierlei, du kannst die beiden
Einzeln nach Belieben brauchen;
Doch ich sollte dich vermeiden.

Leichtgedrückt der Augenlider
Eines, die den Stern bewhelmen,
Deutet auf den Schelm der Schelmen,
Doch das andre schaut so bieder.

Dies, wenn jens verwundend angelt,
Heilend, nährend wird sichs weisen.
Niemand kann ich glücklich preisen,
Der des Doppelblicks ermangelt.

Und so könnt ich alle loben,
Und so könnt ich alle lieben:
Denn so wie ich euch erhoben,
War die Herrin mit beschrieben.

MÄDCHEN. Dichter will so gerne Knecht sein,
Weil die Herrschaft draus entspringet;

Doch vor allem sollt ihm recht sein,
Wenn das Liebchen selber singet.

Ist sie denn des Liedes mächtig,
Wie's auf unsern Lippen waltet?
Denn es macht sie gar verdächtig,
Daß sie im verborgnen schaltet.

HATEM. Nun, wer weiß, was sie erfüllet!
Kennt ihr solcher Tiefe Grund?
Selbstgefühltes Lied entquillet,
Selbstgedichtetes dem Mund.

Von euch Dichterinnen allen
Ist ihr eben keine gleich:
Denn sie singt, mir zu gefallen,
Und ihr singt und liebt nur euch.

MÄDCHEN. Merken wohl, du hast uns eine
Jener Huris vorgeheuchelt!
Mag schon sein! wenn es nur keine
Sich auf dieser Erde schmeichelt.

1815 – 1818 Weimar und Jena

Die »Briefe Walther und Jenny«

[An den Obristleutnant v. Bock]

Von allen Dingen, die geschehn,
Wenn ich es redlich sagen sollte,
So wars, Kosaken hier zu sehn,
Nicht eben, was ich wünschen wollte.
Doch als die heilig-große Flut
Den Damm zerriß, der uns verengte,
Und Well auf Welle mich bedrängte,
War *dein* Kosak mir lieb und gut.

HERRN OBRIST V. GEISMAR

Dem wir unsre Rettung danken
Aus den Händen wilder Franken,
Nimm zur Jahresfeier-Stunde
Heißen Wunsch vom treusten Munde!

VOLLMONDNACHT

Herrin, sag, was heißt das Flüstern?
Was bewegt dir leis die Lippen?
Lispelst immer vor dich hin,
Lieblicher als Weines Nippen!
Denkst du, deinen Mundgeschwistern
Noch ein Pärchen herzuziehn?
　»Ich will küssen! Küssen! sagt ich.«

Schau! Im zweifelhaften Dunkel
Glühen blühend alle Zweige,
Nieder spielet Stern auf Stern,
Und smaragden durchs Gesträuche
Tausendfältiger Karfunkel:
Doch dein Geist ist allem fern.
　»Ich will küssen! Küssen! sagt ich.«

Dein Geliebter, fern, erprobet
Gleicherweis im Sauersüßen,
Fühlt ein unglückselges Glück.
Euch im Vollmond zu begrüßen,
Habt ihr heilig angelobet,
Dieses ist der Augenblick.
　»Ich will küssen! Küssen! sag ich.«

　　Jene garstige Vettel,
　　Die buhlerische,
　　Welt heißt man sie,
　　Mich hat sie betrogen
　　Wie die übrigen alle.
　　Glaube nahm sie mir weg,
　　Dann die Hoffnung,
　　Nun wollte sie
　　An die Liebe,
　　Da riß ich aus.
　　Den geretteten Schatz
　　Für ewig zu sichern,
　　Teilt ich ihn weislich
　　Zwischen Suleika und Saki.
　　Jedes der beiden
　　Beeifert sich um die Wette,
　　Höhere Zinsen zu entrichten.
　　Und ich bin reicher als je:
　　Den Glauben hab ich wieder!
　　An ihre Liebe den Glauben.
　　Er, im Becher, gewährt mir

Herrliches Gefühl der Gegenwart;
Was will da die Hoffnung!

ABGLANZ

Ein Spiegel, er ist mir geworden,
Ich sehe so gerne hinein,
Als hinge des Kaisers Orden
An mir mit Doppelschein;
Nicht etwa selbstgefällig
Such ich mich überall;
Ich bin so gerne gesellig,
Und das ist hier der Fall.

Wenn ich nun vorm Spiegel stehe
Im stillen Witwerhaus,
Gleich guckt, eh ich mich versehe,
Das Liebchen mit heraus.
Schnell kehr ich mich um, und wieder
Verschwand sie, die ich sah;
Dann blick ich in meine Lieder,
Gleich ist sie wieder da.

Die schreib ich immer schöner
Und mehr nach meinem Sinn,
Trotz Krittler und Verhöhner,
Zu täglichem Gewinn.
Ihr Bild in reinen Schranken
Verherrlicht sich nur,
In goldnen Rosenranken
Und Rähmchen von Lasur.

AN *** ZUM 30. OKTOBER 1815

Die Blumen, so dies reiche Füllhorn beut,
Du fragst, was sie dir heute sollen?

Hast du sie nicht mir auf den Weg gestreut?
Nun hab ich dankbar sie dir sammeln wollen.

HOCHBILD

Die Sonne, Helios der Griechen,
Fährt prächtig auf der Himmelsbahn,
Gewiß, das Weltall zu besiegen,
Blickt er umher, hinab, hinan.

Er sieht die schönste Göttin weinen,
Die Wolkentochter, Himmelskind,
Ihr scheint er nur allein zu scheinen;
Für alle heitre Räume blind,

Versenkt er sich in Schmerz und Schauer,
Und häufger quillt ihr Tränenguß:
Er sendet Lust in ihre Trauer
Und jeder Perle Kuß auf Kuß.

Nun fühlt sie tief des Blicks Gewalten,
Und unverwandt schaut sie hinauf;
Die Perlen wollen sich gestalten:
Denn jede nahm sein Bildnis auf.

Und so, umkränzt von Farb und Bogen,
Erheitert leuchtet ihr Gesicht,
Entgegen kommt er ihr gezogen;
Doch er, doch ach! erreicht sie nicht.

So, nach des Schicksals hartem Lose,
Weichst du mir, Lieblichste, davon;
Und wär ich Helios der Große,
Was nützte mir der Wagenthron?

NACHKLANG

Es klingt so prächtig, wenn der Dichter
Der Sonne bald, dem Kaiser sich vergleicht;
Doch er verbirgt die traurigen Gesichter,
Wenn er in düstern Nächten schleicht.

Von Wolken streifenhaft befangen,
Versank zu Nacht des Himmels reinstes Blau;
Vermagert bleich sind meine Wangen
Und meine Herzenstränen grau.

Laß mich nicht so der Nacht, dem Schmerze,
Du Allerliebstes, du mein Mondgesicht!
O du mein Phosphor, meine Kerze,
Du meine Sonne, du mein Licht!

[An Gräfin Constanze von Fritsch]

Blumenkelche, Blumenglocken
Folgen deinem Reiselauf;
Unter Schneegestöbers Flocken
Suche mir ein Liebes auf.

[An Fanny Caspers]

In einer Stadt einmal
Auf dem Stadthaus
Ein großer Saal,
Darin ein lustig Mahl.
Unter den Gästen
Eine artige Maus,
Wie's bei solchen Festen
Geht, im Champagnersaus.
Sie hatte nicht so viel getrunken
Als Schiller, ich und alle,
Sie war mir aber um den Hals
In keiner Falle [gesunken.

Fing man so lieblich Mäuschen;
Niedlich war sie, niedlicher im Räuschchen.
Ich hielt sie feste, feste,
Wir küßten uns aufs beste;
Doch wickelt' sie sich heraus –
Fort war die Maus!
Die treibt sich in Osten und Süden;
Gott schenk ihr Lieb und Frieden.

SYMBOLUM

Des Maurers Wandeln,
Es gleicht dem Leben,
Und sein Bestreben,
Es gleicht dem Handeln
Der Menschen auf Erden.

Die Zukunft decket
Schmerzen und Glücke.
Schrittweis dem Blicke,
Doch ungeschrecket
Dringen wir vorwärts.

Und schwer und schwerer
Hängt eine Hülle
Mit Ehrfurcht. Stille
Ruhn oben die Sterne
Und unten die Gräber.

Betracht sie genauer
Und siehe, so melden
Im Busen der Helden
Sich wandelnde Schauer
Und ernste Gefühle.

Doch rufen von drüben
Die Stimmen der Geister,

1815–1818 WEIMAR UND JENA 843

Die Stimmen der Meister:
Versäumt nicht, zu üben
Die Kräfte des Guten.

Hier winden sich Kronen
In ewiger Stille,
Die sollen mit Fülle
Die Tätigen lohnen!
Wir heißen euch hoffen.

Hafis, dir sich gleichzustellen,
 Welch ein Wahn!
Rauscht doch wohl auf Meeres Wellen
 Rasch ein Schiff hinan,
Fühlet seine Segel schwellen,
 Wandelt kühn und stolz;
Wills der Ozean zerschellen,
 Schwimmt es, morsches Holz.
Dir in Liedern, leichten, schnellen,
 Wallet kühle Flut,
Siedet auf zu Feuerwellen;
 Mich verschlingt die Glut.
Doch mir will ein Dünkel schwellen,
 Der mir Kühnheit gibt:
Hab doch auch im sonnenhellen
 Land gelebt, geliebt!

SULEIKA

Wie mit innigstem Behagen,
Lied, empfind ich deinen Sinn!
Liebevoll du scheinst zu sagen:
Daß ich ihm zur Seite bin.

Daß er ewig mein gedenket,
Seiner Liebe Seligkeit

Immerdar der Fernen schenket,
Die ein Leben ihm geweiht.

Ja! mein Herz, es ist der Spiegel,
Freund! worin du dich erblickt,
Diese Brust, wo deine Siegel
Kuß auf Kuß hereingedrückt.

Süßes Dichten, lautre Wahrheit
Fesselt mich in Sympathie!
Rein verkörpert Liebesklarheit
Im Gewand der Poesie.

LUST UND QUAL

Knabe saß ich, Fischerknabe,
Auf dem schwarzen Fels im Meer,
Und, bereitend falsche Gabe,
Sang ich, lauschend ringsumher.
Angel schwebte lockend nieder;
Gleich ein Fischlein streift und schnappt,
Schadenfrohe Schelmenlieder –
Und das Fischlein war ertappt.

Ach! am Ufer, durch die Fluren,
Ins Geklüfte tief zum Hain,
Folgt ich einer Sohle Spuren,
Und die Hirtin war allein.
Blicke sinken, Worte stocken! –
Wie ein Taschenmesser schnappt,
Faßte sie mich in die Locken,
Und das Bübchen war ertappt.

Weiß doch Gott, mit welchem Hirten
Sie aufs neue sich ergeht!
Muß ich in das Meer mich gürten,
Wie es sauset, wie es weht.

1815–1818 WEIMAR UND JENA 845

Wenn mich oft im Netze jammert
Das Gewimmel groß und klein,
Immer möcht ich noch umklammert
Noch von ihren Armen sein!

JUNI

Hinter jenem Berge wohnt
Sie, die meine Liebe lohnt.
Sage, Berg, was ist denn das?
Ist mir doch, als wärst du Glas,

Und ich wär nicht weit davon;
Denn sie kommt, ich seh es schon,
Traurig, denn ich bin nicht da,
Lächelnd, ja, sie weiß es ja!

Nun stellt sich dazwischen
Ein kühles Tal mit leichten Büschen,
Bächen, Wiesen und dergleichen,
Mühlen und Rändern, den schönsten Zeichen,
Daß da gleich wird eine Fläche kommen,
Weite Felder unbeklommen.
Und so immer, immer heraus,
Bis mir an Garten und Haus!

Aber wie geschichts?
Freut mich das alles nicht –
Freute mich des Gesichts
Und der zwei Äuglein Glanz,
Freute mich des leichten Gangs,
Und wie ich sie seh
Vom Zopf zur Zeh!

Sie ist fort, ich bin hier,
Ich bin weg, bin bei ihr.

Wandelt sie auf schroffen Hügeln,
Eilet sie das Tal entlang,
Da erklingt es wie mit Flügeln,
Da bewegt sichs wie Gesang.
Und auf diese Jugendfülle,
Dieser Glieder frohe Pracht
Harret einer in der Stille,
Den sie einzig glücklich macht.

Liebe steht ihr gar zu schön,
Schönres hab ich nie gesehn!
Bricht ihr doch ein Blumenflor
Aus dem Herzen leicht hervor.

Denk ich: soll es doch so sein!
Das erquickt mir Mark und Bein;
Wähn ich wohl, wenn sie mich liebt,
Daß es noch was Beßres gibt?

Und noch schöner ist die Braut,
Wenn sie sich mir ganz vertraut,
Wenn sie spricht und mir erzählt,
Was sie freut und was sie quält.

Wie's ihr ist und wie's ihr war,
Kenn ich sie doch ganz und gar.
Wer gewänn an Seel und Leib
Solch ein Kind und solch ein Weib!

AN EIN WEIHNACHTS-KIND

Daß du zugleich mit dem heilgen Christ
An diesem Tage geboren bist,
Und August auch, der werte Schlanke,
Dafür ich Gott im Herzen danke,
Dies gibt in tiefer Winters-Zeit
Erwünschteste Gelegenheit,

1815–1818 WEIMAR UND JENA 847

Mit einigem Zucker dich zu grüßen,
Abwesenheit mir zu versüßen,
Der ich, wie sonst, in Sonnenferne,
Im stillen liebe, leide, lerne.

LESEBUCH

Wunderlichstes Buch der Bücher
Ist das Buch der Liebe;
Aufmerksam hab ichs gelesen:
Wenig Blätter Freuden,
Ganze Hefte Leiden;
Einen Abschnitt macht die Trennung.

Wiedersehn! ein klein Kapitel,
Fragmentarisch. Bände Kummers,
Mit Erklärungen verlängert,
Endlos, ohne Maß.
O Nisami!–doch am Ende
Hast den rechten Weg gefunden;
Unauflösliches, wer löst es?
Liebende, sich wiederfindend.

DANK DES SÄNGERS

Von Sängern hat man viel erzählt,
Die in ein Schloß gekommen,
Wo nichts ermangelt, nichts gefehlt,
Sie haben Platz genommen.
Doch war wo, irgendwo ein Platz,
Vergleichbar diesem Brüder-Schatz,
Wo auch ich Platz genommen?

Ihr fraget nicht, woher ich sei,
Wir alle sind von oben;
Doch singend wird der Freie frei

Und darf die Brüder loben.
Die Brust entlöse der Gesang!
Was außen eng, was außen bang,
Uns macht es nicht beklommen.

So hab ich euch denn schon den Dank,
Den ich gedacht, erwiesen
Und euch mit Tönen rein und schlank
Als Würdige gepriesen.
Was bleibet übrig als der Schall,
Den wir so gerne hören,
Wenn überall, allüberall
Im stillen wir uns vermehren.

[An Reinhard. Zu einer Ansicht von Frankfurt]

Hier sah ich hin, hier sah ich zu
Nach liebevoller Weise;
Die fernen Lieben, du, auch du,
Sie lebten froh im Kreise.

Mich nach- und umzubilden, mißzubilden
Versuchten sie seit vollen fünfzig Jahren;
Ich dächte doch, da konntest du erfahren,
Was an dir sei in Vaterlands-Gefilden.
Du hast getollt zu deiner Zeit mit wilden,
Dämonisch genialen jungen Scharen,
Dann sachte schlossest du von Jahr zu Jahren
Dich näher an die Weisen, Göttlich-Milden.

Haben sie von deinen Fehlen
Immer viel erzählt
Und, für wahr sie zu erzählen,
Vielfach sich gequält.
Hätten sie von deinem Guten
Freundlich dir erzählt,

1815–1818 WEIMAR UND JENA

Mit verständig treuen Winken,
Wie man Beßres wählt;
O gewiß! das Allerbeste
Blieb' mir nicht verhehlt,
Das fürwahr nur wenig Gäste
In der Klause zählt.
Nun als Schüler mich, zu kommen,
Endlich auserwählt,
Und mich lehrt der Buße Frommen,
Wenn der Mensch gefehlt.

Märkte reizen dich zum Kauf;
Doch das Wissen blähet auf.
Wer im stillen um sich schaut,
Lernet, wie die Lieb erbaut.
Bist du Tag und Nacht beflissen,
Viel zu hören, viel zu wissen:
Horch an einer andern Türe,
Wie zu wissen sich gebühre.
Soll das Rechte zu dir ein,
Fühl in Gott was Rechts zu sein:
Wer von reiner Lieb entbrannt,
Wird vom lieben Gott erkannt.

Wie ich so ehrlich war,
Hab ich gefehlt
Und habe jahrelang
Mich durchgequält;
Ich galt und galt auch nicht;
Was sollt es heißen?
Nun wollt ich Schelm sein,
Tät mich befleißen;
Das wollt mir gar nicht ein,
Mußt mich zerreißen.
Da dacht ich: Ehrlich sein
Ist doch das Beste;

War es nur kümmerlich,
So steht es feste.

Das Leben ist ein schlechter Spaß:
Dem fehlts an dies, dem fehlts an das,
Der will nicht wenig, der zu viel,
Und Kann und Glück kommt auch ins Spiel.
Und hat sichs Unglück drein gelegt,
Jeder, wie er nicht wollte, trägt.
Bis endlich Erben mit Behagen
Herrn Kannnicht-Willnicht weiter tragen.

Sonst, wenn man den heiligen Koran zitierte,
Nannte man die Sure, den Vers dazu,
Und jeder Moslem, wie sichs gebührte,
Fühlte sein Gewissen in Respekt und Ruh.
Die neuen Derwische wissens nicht besser,
Sie schwatzen das Alte, das Neue dazu.
Die Verwirrung wird täglich größer,
O heiliger Koran! O ewige Ruh!

Was in der Schenke waren heute
Am frühsten Morgen für Tumulte!
Der Wirt und Mädchen! Fackeln! Leute!
Was gabs für Händel, für Insulte!
Die Flöte klang, die Trommel scholl!
Es war ein wüstes Wesen –
Doch bin ich, Lust und Liebe voll,
Auch selbst dabei gewesen.

Daß ich von Sitte nichts gelernt,
Darüber tadelt mich ein jeder;
Doch bleib ich weislich weit entfernt
Vom Streit der Schulen und Katheder.

SAKI. Denk, o Herr! wenn du getrunken,
Sprüht um dich des Feuers Glast!
Prasselnd blitzen tausend Funken,
Und du weißt nicht, wo es faßt.

Mönche seh ich in den Ecken,
Wenn du auf die Tafel schlägst,
Die sich gleisnerisch verstecken,
Wenn dein Herz du offen trägst.

Sag mir nur, warum die Jugend,
Noch von keinem Fehler frei,
So ermangelnd jeder Tugend,
Klüger als das Alter sei.

Alles weißt du, was der Himmel,
Alles, was die Erde trägt,
Und verbirgst nicht das Gewimmel,
Wie sichs dir im Busen regt.

HATEM. Ebendrum, geliebter Knabe,
Bleibe jung und bleibe klug;
Dichten zwar ist Himmelsgabe,
Doch im Erdeleben Trug.

Erst sich im Geheimnis wiegen,
Dann verplaudern früh und spat!
Dichter ist umsonst verschwiegen,
Dichten selbst ist schon Verrat.

Es geht eins nach dem andern hin,
Und auch wohl vor dem andern;
Drum laßt uns rasch und brav und kühn
Die Lebenswege wandern.
Es hält dich auf, mit Seitenblick
Der Blumen viel zu lesen;

Doch hält nichts grimmiger zurück,
Als wenn du falsch gewesen.

Wein, er kann dir nicht behagen,
Dir hat ihn kein Arzt erlaubt;
Wenig nur verdirbt den Magen
Und zuviel erhitzt das Haupt.

Wißt ihr denn, was Liebchen heiße?
Wißt ihr, welchen Wein ich preise?

In welchem Weine
Hat sich Alexander betrunken?
Ich wette den letzten Lebensfunken:
Er war nicht so gut als der meine.

Wo kluge Leute zusammenkommen,
Da wird erst Weisheit wahrgenommen.
So gab einst Sabas Königin
Gelegenheit zum höchsten Sinn:

Vor Salomo, unter andern Schätzen,
Läßt sie eine goldene Vase setzen,
Groß, reicher, unerhörter Zier,
Fischen und Vögeln und Waldgetier,
Worum sich krause Schnörkel häufen,
Als Jakin und Boas an beiden Knäufen.

Sollt ein Knecht allzu täppisch sein,
Stößt eine wüste Beule hinein;
Wird augenblicks zwar repariert,
Doch feines Auge den Makel spürt,
Genuß und Freude sind nun geniert.

Der König spricht: Ich dacht es eben!
Trifft doch das Höchste, das uns gegeben,
Ein allzu garstiger Schmitz darneben.
Es können die Eblis, die uns hassen,
Vollkommnes nicht vollkommen lassen.

Hab ich tausendmal geschworen,
Dieser Flasche nicht zu trauen,
Bin ich doch wie neugeboren,
Läßt mein Schenke fern sie schauen.
Alles ist an ihr zu loben,
Glaskristall und Purpurwein.
Wird der Pfropf herausgehoben,
Sie ist leer, und ich nicht mein.

Hab ich tausendmal geschworen,
Dieser Falschen nicht zu trauen,
Und doch bin ich neugeboren,
Läßt sie sich ins Auge schauen.
Mag sie doch mit mir verfahren,
Wie's dem stärksten Mann geschah:
Deine Scher in meinen Haaren,
Allerliebste Delila!

[West-östlicher Divan, Bruchstück]

Und nun erhebt sich das größ[te] Gelächt[er]
Alle der Ster[n]kunst Verächt[er],
Wie sie am Hofe die häufigst[en] sind
Spotten
Dem herrlichen Günstling erzürnt sich [?] der Fürst;
Wohin er sich richtet, wohin er sich wend[et,]
Er sieht sich verspott[et], geschm[äht] und geschändet,
Mit Steinen verfolgt ihn Wut.
Ein einger, ein Edler erkennt die Talente
Und nun in dem schwer[en], dem selt[nen] Momente

LYRISCHE DICHTUNGEN

Verbirgt er, umgibt ihn der sichersten Hut.
Doch Boten auf Boten von Ort her[... ?]
Vermeld[en]

SULEIKA SPRICHT

Der Spiegel sagt mir: ich bin schön!
Ihr sagt: zu altern sei auch mein Geschick.
Vor Gott muß alles ewig stehn,
In mir liebt ihn, für diesen Augenblick.

Glaubst du denn: von Mund zu Ohr
Sei ein redlicher Gewinst?
Überliefung, o du Tor,
Ist auch wohl ein Hirngespinst!
Nun geht erst das Urteil an;
Dich vermag aus Glaubensketten
Der Verstand allein zu retten,
Dem du schon Verzicht getan.

Und wer franzet oder britet,
Italienert oder teutschet,
Einer will nur wie der andre,
Was die Eigenliebe heischet.

Denn es ist kein Anerkennen,
Weder vieler, noch des einen,
Wenn es nicht am Tage fördert,
Wo man selbst was möchte scheinen.

Morgen habe denn das Rechte
Seine Freunde wohlgesinnet,
Wenn nur heute noch das Schlechte
Vollen Platz und Gunst gewinnet.

1815–1818 WEIMAR UND JENA

Wer nicht von dreitausend Jahren
Sich weiß Rechenschaft zu geben,
Bleib im Dunkeln unerfahren,
Mag von Tag zu Tage leben.

TIMUR SPRICHT

Was? Ihr mißbilliget den kräftgen Sturm
Des Übermuts, verlogne Pfaffen!
Hätt Allah mich bestimmt zum Wurm,
So hätt er mich als Wurm geschaffen.

[Vorspruch zum St. Rochusfest zu Bingen]

Zu des Rheins gestreckten Hügeln,
Hochgesegneten Gebreiten,
Auen, die den Fluß bespiegeln,
Weingeschmückten Landesweiten
Möget, mit Gedankenflügeln,
Ihr den treuen Freund begleiten.

[Vorspruch zum Aufsatz ›Carlsbad‹]

Was ich dort gelebt, genossen,
Was mir all dorther entsprossen,
Welche Freude, welche Kenntnis,
Wär ein allzulang Geständnis.
Mög es jeden so erfreuen,
Die Erfahrenen, die Neuen!

BLICK UM BLICK

Wenn du dich im Spiegel besiehst,
Denke, daß ich diese Augen küßte,
Und mich mit mir selbst entzweien müßte,
Sobalde du mich fliehst:

Denn da ich nur in diesen Augen lebe,
Du mir gibst, was ich gebe,
So wär ich ganz verloren;
Jetzt bin ich immer wie neugeboren.

Laß deinen süßen Rubinenmund
Zudringlichkeiten nicht verfluchen;
Was hat Liebesschmerz andern Grund,
Als seine Heilung zu suchen?

O daß der Sinnen doch so viele sind!
Verwirrung bringen sie ins Glück herein.
Wenn ich dich sehe, wünsch ich taub zu sein,
Wenn ich dich höre, blind.

Auch in der Ferne dir so nah!
Und unerwartet kommt die Qual.
Da hör ich wieder dich einmal,
Auf einmal bist du wieder da!

Und warum sendet
Der Reiterhauptmann
Nicht seine Boten
Von Tag zu Tage?
Hat er doch Pferde,
Versteht die Schrift.

Er schreibt ja Talik,
Auch Neski weiß er
Zierlich zu schreiben
Auf Seidenblätter.
An seiner Stelle
Sei mir die Schrift.

Die Kranke will nicht,
Will nicht genesen
Vom süßen Leiden;
Sie, an der Kunde
Von ihrem Liebsten
Gesundend, krankt.

DIE LIEBENDE

Schreibt er in Neski,
So sagt ers treulich,
Schreibt er in Talik,
's ist gar erfreulich,
Eins wie das andre –
Genug! er liebt.

Die Franzosen verstehn uns nicht;
Drum sagt man ihnen deutsch ins Gesicht,
Was ihnen wär verdrießlich gewesen,
Wenn sie es hätten französch gelesen.

Da loben sie den Faust,
Und was noch sunsten
In meinen Schriften braust,
Zu ihren Gunsten;

Das alte Mick und Mack,
Das freut sie sehr;
Es meint das Lumpenpack,
Man wärs nicht mehr!

Schilt nicht den Schelmen, der eifrig bemüht,
Bald so, bald so sich zu wenden:
Wenn er den Teufel am Schwanze zieht,
Ihm bleibt ein Haar in den Händen.

So sehr es auch widert, so sehr es auch stinkt –
Man kann es immer nicht wissen:
Es wird vielleicht, wenn es glückt und gelingt,
Für Moschus gelten müssen.

Komm her! wir setzen uns zu Tisch;
Wen möchte solche Narrheit rühren!
Die Welt geht auseinander wie ein fauler Fisch,
Wir wollen sie nicht balsamieren.

MAI

Leichte Silberwolken schweben
Durch die erst erwärmten Lüfte,
Mild, von Schimmer sanft umgeben,
Blickt die Sonne durch die Düfte.
Leise wallt und drängt die Welle
Sich am reichen Ufer hin,
Und wie reingewaschen helle,
Schwankend hin und her und hin,
Spiegelt sich das junge Grün.

Still ist Luft und Lüftchen stille;
Was bewegt mir das Gezweige?
Schwüle Liebe dieser Fülle,
Von den Bäumen durchs Gesträuche.
Nun der Blick auf einmal helle,
Sieh! der Bübchen Flatterschar,
Das bewegt und regt so schnelle,
Wie der Morgen sie gebar,
Flügelhaft sich Paar und Paar.

Fangen an, das Dach zu flechten –
Wer bedürfte dieser Hütte? –
Und wie Zimmrer, die gerechten,
Bank und Tischchen in der Mitte!

Und so bin ich noch verwundert,
Sonne sinkt, ich fühl es kaum;
Und nun führen aber hundert
Mir das Liebchen in den Raum,
Tag und Abend, welch ein Traum!

Sich selbst zu loben, ist ein Fehler,
Doch jeder tuts, der etwas Gutes tut;
Und ist er dann in Worten kein Verhehler,
Das Gute bleibt doch immer gut.

Laßt doch, ihr Narren, doch die Freude
Dem Weisen, der sich weise hält,
Daß er, ein Narr wie ihr, vergeude
Den abgeschmackten Dank der Welt.

AN S. B. [Sulpiz Boisserée]

Hast den Anker fest im Rheine liegend
Für das wohlbeladne Schiff;
Bleibe doch in Neckarbuchten schmiegend,
Hier ist kein Korallenriff.
Aber da, wo jeder Tag erzeuget
Hindernis auf Hindernisse türmend auf,
Oder schlimmer noch sie wiegend beuget,
Richtetest du wohl dahin den Lauf?

Sprich! unter welchem Himmelszeichen
 Der Tag liegt,
Wo mein Herz, das doch mein eigen,
 Nicht mehr wegfliegt?
Und, wenn es flöge, zum Erreichen
 Mir ganz nah liegt?–
Auf dem Polster, dem süßen, dem weichen,
 Wo mein Herz an ihrem liegt.

»So sei doch höflich!« – Höflich mit dem Pack?
Mit Seide näht man keinen groben Sack.

TRAUERLOGE

An dem öden Strand des Lebens,
Wo sich Dün auf Düne häuft,
Wo der Sturm im Finstern träuft,
Setze dir ein Ziel des Strebens.
Unter schon verloschnen Siegeln
Tausend Väter hingestreckt,
Ach! von neuen, frischen Hügeln
Freund an Freunden überdeckt.

Hast du so dich abgefunden,
Werde Nacht und Äther klar,
Und der ewgen Sterne Schar
Deute dir belebte Stunden,
Wo du hier mit Ungetrübten,
Treulich wirkend, gern verweilst
Und auch treulich den geliebten
Ewigen entgegeneilst.

VERSCHWIEGENHEIT

Wenn die Liebste zum Erwidern
Blick auf Liebesblicke beut,
Singt ein Dichter gern in Liedern,
Wie ein solches Glück erfreut!
Aber Schweigen bringet Fülle
Reicheren Vertrauns zurück;
Leise, leise! Stille, stille!
Das ist erst das wahre Glück.

Wenn den Krieger wild Getöse,
Tromml' und Pauken aufgeregt,

Er den Feind, in aller Blöße,
Schmetternd über Länder schlägt,
Nimmt er wegen Siegsverheerung
Gern den Ruhm, den lauten, an,
Wenn verheimlichte Verehrung
Seiner Wohltat wohlgetan.

Heil uns! Wir verbundne Brüder
Wissen doch, was keiner weiß;
Ja, sogar bekannte Lieder
Hüllen sich in unsern Kreis.
Niemand soll und wird es schauen,
Was einander wir vertraut:
Denn auf Schweigen und Vertrauen
Ist der Tempel aufgebaut.

Was hilfts dem Pfaffenorden,
Der mir den Weg verrannt?
Was nicht gerade erfaßt worden,
Wird auch schief nicht erkannt.

Bist du von deiner Geliebten getrennt
Wie Orient vom Okzident,
Das Herz durch alle Wüsten rennt;
Es gibt sich überall selbst das Geleit,
Für Liebende ist Bagdad nicht weit.

KOTZEBUE

Natur gab dir so schöne Gaben,
Als tausend andre Menschen nicht haben;
Sie versagte dir aber den schönsten Gewinst:
Zu schätzen mit Freude fremdes Verdienst.

Könntest du dich deiner Nachbarn freuen,
Du stelltest dich ehrenvoll mit in den Reihen;
Nun aber hat dich das Rechte verdrossen,
Und hast dich selber ausgeschlossen.

Und wenn nach hundert Jahren ein Meiner
Deiner Werke gedenkt und deiner,
So darf er es nicht anders sagen;
Du kannst ihn beim Jüngsten Gericht verklagen.

[Einleitung zu ›Des Epimenides Erwachen‹]

Den Frieden kann das Wollen nicht bereiten:
Wer alles will, will sich vor allen mächtig;
Indem er siegt, lehrt er die andern streiten,
Bedenkend macht er seinen Feind bedächtig;
So wachsen Kraft und List nach allen Seiten,
Der Weltkreis ruht von Ungeheuern trächtig,
Und der Geburten zahlenlose Plage
Droht jeden Tag als mit dem Jüngsten Tage.

Der Dichter sucht das Schicksal zu entbinden,
Das, wogenhaft und schrecklich ungestaltet,
Nicht Maß, noch Ziel, noch Richte weiß zu finden
Und brausend webt, zerstört und knirschend waltet.
Da faßt die Kunst, in liebendem Entzünden,
Der Masse Wust; die ist sogleich entfaltet
Durch Mitverdienst gemeinsamen Erregens,
Gesang und Rede, sinnigen Bewegens.

PROOEMION

Im Namen dessen, der sich selbst erschuf!
Von Ewigkeit in schaffendem Beruf;
In seinem Namen, der den Glauben schafft,
Vertrauen, Liebe, Tätigkeit und Kraft;

In jenes Namen, der, so oft genannt,
Dem Wesen nach blieb immer unbekannt:

So weit das Ohr, so weit das Auge reicht,
Du findest nur Bekanntes, das ihm gleicht,
Und deines Geistes höchster Feuerflug
Hat schon am Gleichnis, hat am Bild genug;
Es zieht dich an, es reißt dich heiter fort,
Und wo du wandelst, schmückt sich Weg und Ort;
Du zählst nicht mehr, berechnest keine Zeit,
Und jeder Schritt ist Unermeßlichkeit.

[Zur Abbildung eines Kristalls. Aus einem Brief an Boisserée]

Granit, gebildet, anerkannt,
Es war ein *wirklich* freundlich Senden;
Empfanget nun aus gleicher Hand
Ein *Bild*, das auch die Welten spenden.
Das regte sich in Gottes Frühe,
Doch spät erst kommt es zum Betracht
Und gibt Betrachtern Qual und Mühe;
Ich hab es mühsam oft bedacht.

Und ich bedenk es alle Tage! –
Wie unterstünde sich die Lust,
Uns zu versüßen Qual der Plage,
Wär sich nicht Lust der Qual bewußt!

BILDER-SZENEN
Den 15. März 1816 bei Freiherrn v. Helldorf

Ihr kommt, Gebildetes allhier zu schauen,
Gebildet scheinbar, doch ein lebend Bild;
So weiß die Kunst vielfältig anzubauen
Der Fabel, der Geschichte reich Gefild.
Ihr sehet tüchtge Männer, wackre Frauen,
Zu Taten mächtig, wie zur Hilfe mild;

Und so entgegnen wir euch, starr erscheinend,
Lebendig, uns zu eurer Lust vereinend.

FRÜHLING ÜBERS JAHR

Das Beet, schon lockert
Sichs in die Höh,
Da wanken Glöckchen
So weiß wie Schnee;
Safran entfaltet
Gewaltge Glut,
Smaragden keimt es
Und keimt wie Blut.
Primeln stolzieren
So naseweis,
Schalkhafte Veilchen,
Versteckt mit Fleiß;
Was auch noch alles
Da regt und webt,
Genug, der Frühling,
Er wirkt und lebt.

Doch was im Garten
Am reichsten blüht,
Das ist des Liebchens
Lieblich Gemüt.
Da glühen Blicke
Mir immerfort,
Erregend Liedchen,
Erheiternd Wort;
Ein immer offen,
Ein Blütenherz,
Im Ernste freundlich
Und rein im Scherz.
Wenn Ros und Lilie
Der Sommer bringt,
Er doch vergebens
Mit Liebchen ringt.

Wer auf die Welt kommt, baut ein neues Haus,
Er geht und läßt es einem zweiten.
Der wird sichs anders zubereiten,
Und niemand baut es aus.

MUSEEN

An Bildern schleppt ihr hin und her
Verlornes und Erworbnes;
Und bei dem Senden kreuz und quer
Was bleibt uns denn? – Verdorbnes!

»Sage mir, was das für Pracht ist?
Äußre Größe, leerer Schein!«–
O! zum Henker! Wo die Macht ist,
Ist doch auch das Recht, zu sein.

Das Publikum

»Wir haben dir Klatsch auf Geklatsche gemacht,
 Wie schief!
Und haben dich schnell in die Patsche gebracht,
 Wie tief!
 Wir lachen dich aus,
 Nun hilf dir heraus!
 Ade.«

Herr Ego

Und red ich dagegen, so wird nur der Klatsch
 Verschlimmert;
Mein liebliches Leben, im nichtigen Patsch,
 Verkümmert.
 Schon bin ich heraus;
 Ich mach mir nichts draus.
 Ade.

[Zu Zeichnungen von Rosette Städel]

Wasserfülle, Landesgröße,
Heitren Himmel, frohe Bahn;
Diese Wellen, diese Flöße
Landen auch in Winkel an.

*

Fluß und Ufer, Land und Höhen
Rühmen seit geraumer Zeit
So dein Kommen, so dein Gehen,
Zeugen deiner Tätigkeit.

[An Rosette Städel]

Was mit mir die Freunde wollen,
Will mir noch nicht glücken;
Was ich hätte bringen sollen,
Muß ich leider schicken.

DIE SPRACHREINIGER

Gott Dank! daß uns so wohl geschah:
Der Tyrann sitzt auf Helena!
Doch ließ sich nur der eine bannen,
Wir haben jetzo hundert Tyrannen;
Die schmieden, uns gar unbequem,
Ein neues Kontinental-System.
Teutschland soll rein sich isolieren,
Einen Pest-Kordon um die Grenze führen,
Daß nicht einschleiche fort und fort
Kopf, Körper und Schwanz von fremdem Wort.

Wir sollen auf unsern Lorbeern ruhn,
Nichts weiter denken, als was wir tun.

Herrlich ist der Orient
Übers Mittelmeer gedrungen;
Nur wer Hafis liebt und kennt,
Weiß, was Calderon gesungen.

Mephisto scheint ganz nah zu sein!
Es deucht mich fast, er spricht mit ein.
In manchen wunderlichen Stunden
Hat er sich selbst das Maul verbunden;
Doch blickt er über die Binde her,
Als wenn er ein doppelter Teufel wär.

DEN 6. JUNI 1816

Du versuchst, o Sonne, vergebens,
Durch die düstren Wolken zu scheinen!
Der ganze Gewinn meines Lebens
Ist, ihren Verlust zu beweinen.

AN ALEXANDER V. HUMBOLDT

An Trauertagen
Gelangte mir dein herrlich Heft!
Es schien zu sagen:
Ermanne dich zu fröhlichem Geschäft!
Die Welt in allen Zonen grünt und blüht
Nach ewigen, beweglichen Gesetzen;
Das wußtest du ja sonst zu schätzen,
Erheitre so durch mich dein schwer bedrängt
 Gemüt!

Eine Stelle suchte der Liebe Schmerz,
Wo es recht wüst und einsam wäre;
Da fand er denn mein ödes Herz
Und nistete sich in das leere.

[DER EILFER]

[Jüngere Fassung]

Wo man mir Guts erzeigt überall,
 's ist eine Flasche Eilfer.
Am Rhein und Main, im Neckertal,
 Man bringt mir lächelnd Eilfer.
Und nennt gar manchen braven Mann
 Viel seltner als den Eilfer:
Hat er der Menschheit wohlgetan,
 Ist immer noch kein Eilfer.
Die guten Fürsten nennt man so,
 Beinahe wie den Eilfer.
Uns machen ihre Taten froh,
 Sie leben hoch im Eilfer.
Und manchen Namen nenn ich leis,
 Still schöppelnd meinen Eilfer.
Sie weiß es, wenn es niemand weiß,
 Da schmeckt mir erst der Eilfer.
Von meinen Liedern sprechen sie,
 Fast rühmlich wie vom Eilfer,
Und Blum' und Zweige brechen sie
 Mich kränzend und den Eilfer.
Das alles wär ein größres Heil –
 Ich teilte gern den Eilfer –
Nähm Hafis auch nur seinen Teil
 Und schlurfte mit den Eilfer.
Drum eil ich in das Paradies,
 Wo leider nie vom Eilfer
Die Gläubgen trinken. Sei er süß,
 Der Himmelswein – Kein Eilfer!
Geschwinde, Hafis, eile hin!
 Da steht ein Römer Eilfer!

Gott sandte seinen rohen Kindern
Gesetz und Ordnung, Wissenschaft und Kunst,
Begabte die mit aller Himmelsgunst,

1815–1818 WEIMAR UND JENA

Der Erde grasses Los zu mindern.
Sie kamen nackt vom Himmel an
Und wußten sich nicht zu benehmen;
Die Poesie zog ihnen Kleider an,
Und keiner hatte sich zu schämen.

*[Zu einem Stich Frankfurts
und einer Zeichnung der Gerbermühle]*

Also lustig sah es aus,
Wo der Main vorüberfloß,
Als im schmucken Hain und Haus
Festlich Eilfer überfloß.

Ferner Freunde ward gedacht:
Denn das heißt genießen,
Wenn zu Fest- und Flusses Pracht
Tausend Quellen fließen.

[Auf Sanitätsrat Ehrmann in Frankfurt]

Pfeifen hör ich fern im Busche!
Das ist wohl der Vogelsteller? –
Neben mir es pfeift noch greller;
Schelme sinds, es sind Cartouche!
Diese geben sich ein Zeichen. –
Keineswegs! Ein Vielgewandter
Und uns allen Wohlbekannter
Kommt zum Lustmahl ohnegleichen.

HERRN STAATS-MINISTER VON VOIGT
zur Feier des 27. Septembers 1816

Von Berges Luft, dem Äther gleich zu achten,
Umweht, auf Gipfelfels hochwaldiger Schlünde,
Im engsten Stollen, wie in tiefsten Schachten
Ein Licht zu suchen, das den Geist entzünde,

War ein gemeinsam köstliches Betrachten,
Ob nicht Natur zuletzt sich doch ergründe?
Und manches Jahr des stillsten Erdelebens
Ward so zum Zeugen edelsten Bestrebens.

Im Garten auch, wo Dichterblumen sprossen,
Den äußern Sinn, den innern Sinn erquicken,
Gefahrlos nicht vor luftigen Geschossen,
Wie sie Eroten hin- und wiederschicken,
Da haben wir der Stunden viel genossen
An frisch belebter Vorwelt heitern Blicken,
Gesellend uns den ewig teuren Geistern,
Den stets beredten, unerreichten Meistern.

Dahin bewegten wir von dornigen Pfaden
Verworrnen Lebens gern die müden Schritte,
Dort fanden sich, zu gleicher Lust geladen,
Der Männer Tiefsinn, Frauengeist und -Sitte,
Und Wissenschaft und Kunst und alle Gnaden
Des Musengottes, reich, in unsrer Mitte;
Bis endlich, längst umwölkt, der Himmel wettert,
Das Paradies und seinen Hain zerschmettert.

Nun aber Friede tröstend wiederkehret,
Kehrt unser Sinn sich treulich nach dem Alten,
Zu bauen auf, was Kampf und Zug zerstöret,
Zu sichern, wie's ein guter Geist erhalten. –
Verwirrend ists, wenn man die Menge höret,
Denn jeder will nach eignem Willen schalten;
Beharren wir zusamt in gleichem Sinne,
Das rechn ich uns zum köstlichsten Gewinne.

1815–1818 WEIMAR UND JENA

DER GRÄFIN TITINNE O'DONELL,
die eine meiner Schreibfedern verlangte

Als der Knabe nach der Schule,
Das Pennal in Händen, ging
Und mit stumpfer Federspule
Lettern an zu kritzeln fing,
Hofft' er endlich schön zu schreiben
Als den herrlichsten Gewinn;
Doch daß das Geschriebne bleiben
Sollte, sich durch Länder treiben,
Gar ein Wert der Federspule,
Kam ihm in der engen Schule,
Auf dem niedern Schemel-Stuhle
Wahrlich niemals in den Sinn.

*

Die abgestutzten, angetauchten,
Die ungeschickten, vielgebrauchten,
Hast du, die Freundliche, gewollt.
Nun aber nimm ein frisch Gefieder,
Das niederschreiben süße Lieder
Allschönster Tage dir gesollt.

[Bruchstück eines Gedichts an Diez]

Nicht nur als Kabus hast du mich belehrt,
Als Oguz auch mir Weisheit zugekehr[t],
Als Chodscha nun gibst du mir zu be[deuten ?],
Wie Chodscha darf des Timurs Mach[t] begleit[en].

GEGENSEITIG

Wie sitzt mir das Liebchen?
Was freut sie so groß?
Den Fernen, sie wiegt ihn,
Sie hat ihn im Schoß;

Im zierlichen Käfig
Ein Vöglein sie hält,
Sie läßt es heraußer
So, wie's ihr gefällt.

Hats Picken dem Finger,
Den Lippen getan,
Es flieget und flattert,
Und wieder heran.

So eile zur Heimat,
Das ist nun der Brauch;
Und hast du das Mädchen,
So hat sie dich auch.

AN GRÄFIN KONSTANZE VON FRITSCH

Dein Ostgeschenk weiß ich zu schätzen,
Von Westen sei dir dies gebracht.
An Dank hab ich schon viel gedacht,
Doch will sichs nicht ins Gleiche setzen.

[An Gräfin Karoline von Egloffstein]

Viel Geduldetes, Genoßnes,
Halbverschwiegnes, laut Ergoßnes
Ward in ferner Welt vertan;
Aber jene guten Zeiten,
Tiefurts Tal, ätherische Weiten,
Gehen dich besonders an.

KÜNSTLER-LIED
Aus den ›Wanderjahren‹

Zu erfinden, zu beschließen,
Bleibe, Künstler, oft allein;
Deines Wirkens zu genießen,
Eile freudig zum Verein!
Dort im Ganzen schau, erfahre
Deinen eignen Lebenslauf,
Und die Taten mancher Jahre
Gehn dir in dem Nachbar auf.

Der Gedanke, das Entwerfen,
Die Gestalten, ihr Bezug,
Eines wird das andre schärfen,
Und am Ende sei's genug!
Wohl erfunden, klug ersonnen,
Schön gebildet, zart vollbracht,
So von jeher hat gewonnen
Künstler kunstreich seine Macht.

Wie Natur im Vielgebilde
Einen Gott nur offenbart,
So im weiten Kunstgefilde
Webt *ein* Sinn der ewgen Art;
Dieses ist der Sinn der Wahrheit,
Der sich nur mit Schönem schmückt
Und getrost der höchsten Klarheit
Hellsten Tags entgegenblickt.

Wie beherzt in Reim und Prose
Redner, Dichter sich ergehn,
Soll des Lebens heitre Rose
Frisch auf Malertafel stehn,
Mit Geschwistern reich umgeben,
Mit des Herbstes Frucht umlegt,
Daß sie von geheimem Leben
Offenbaren Sinn erregt.

Tausendfach und schön entfließe
Form aus Formen deiner Hand,
Und im Menschenbild genieße,
Daß ein Gott sich hergewandt.
Welch ein Werkzeug ihr gebrauchet,
Stellet euch als Brüder dar;
Und gesangweis flammt und rauchet
Opfersäule vom Altar.

Hätte Oken gewußt, wer er sei,
Und wär sich nicht selber überlei,
So ständ er recht gut im Orden.
So weiß gar niemand, was er geworden.

Denkt nicht, ich geh euch dummem Volk zu Leibe,
Ich weiß recht gut, für wen ich schreibe.

ISIS

Sie fährt in alles rasch hinein,
Mit Ungestüm und Besen,
Und will doch auch papistisch sein,
Das ist ein seltsam Wesen.

WAS ES GILT
Dem Chromatiker

Bringst du die Natur heran,
Daß sie jeder nutzen kann,
Falsches hast du nicht ersonnen,
Hast der Menschen Gunst gewonnen.

*

Möget ihr das Licht zerstückeln,
Farb um Farbe draus entwickeln,

Oder andre Schwänke führen,
Kügelchen polarisieren,
Daß der Hörer ganz erschrocken
Fühlet Sinn und Sinne stocken:
Nein! Es soll euch nicht gelingen,
Sollt uns nicht beiseite bringen;
Kräftig, wie wirs angefangen,
Wollen wir zum Ziel gelangen.

BILDER-SZENEN
Zur Feier des 2. Februar 1817

Mit Säulen schmückt ein Architekt aufs beste,
Mit Statuen, Gemälden seine Hallen;
Dann finden sich am frohen Tag die Gäste
Von Melodie bewegt, einher zu wallen.
Nun wirket umgekehrt, am schönsten Feste,
Durch Widerspruch die Kunst, *ihm* zu gefallen.
Statt laute Freude frisch bewegt zu schildern,
Erstarrt das Lebende zu holden Bildern.

TOAST ZUM LANDTAGE

Das Wohl des Einzelnen bedenken,
Im Ganzen auch das Wohl zu lenken,
Welch wünschenswertester Verein!
Den guten Wirt beruft man zum Berater;
Ein jeder sei zu Hause Vater,
So wird der Fürst auch Landesvater sein.

MÄRZ

Es ist ein Schnee gefallen,
Denn es ist noch nicht Zeit,
Daß von den Blümlein allen,

Daß von den Blümlein allen
Wir werden hoch erfreut.

Der Sonnenblick betrüget
Mit mildem, falschem Schein,
Die Schwalbe selber lügt,
Die Schwalbe selber lügt,
Warum? Sie kommt allein!

Sollt ich mich einzeln freuen,
Wenn auch der Frühling nah?
Doch kommen wir zu zweien,
Doch kommen wir zu zweien,
Gleich ist der Sommer da.

[In das Stammbuch von Eduard von Loebenstein-Löbel]

Sankt Paulus war ein Medicus,
Er schrieb an den Timotheus:
Trink du ein wenig Wein
Um deines Magens willen.

Herr Löbel ist ein Medicus;
Dem Apotheker zum Verdruß,
Dem Ärzte sonst so gern die Kasse füllen,
Soll Cajus und Sempronius,
Um ein und andrer Krankheit willen,
Sein Becherchen mit Weine füllen.
Nun will er selbst, die Kurart einzuführen,
Strohwein administrieren.
Es lebe solch ein Medicus!

[In das Stammbuch Ludwig Fischers]

Als kleinen Knaben hab ich dich gesehn
Mit höchstem Selbstvertraun der Welt entgegengehn;
Und wie sie dir im Künftigen begegnet,
So sei getrost, von Freundes Blick gesegnet.

[An Genast]

Zur Erinnerung trüber Tage
Voll Bemühen, voller Plage;
Zum Erinnern schöner Stunden,
Wo das Rechte war gefunden.

AUG UM OHR

Was dem Auge dar sich stellet,
Sicher glauben wirs zu schaun;
Was dem Ohr sich zugesellet,
Gibt uns nicht ein gleich Vertraun.
Darum deine lieben Worte
Haben oft mir wohlgetan;
Doch ein Blick am rechten Orte,
Übrig läßt er keinen Wahn.

ENTOPTISCHE FARBEN
An Julien

Laß dir von den Spiegeleien
Unsrer Physiker erzählen,
Die am Phänomen sich freuen,
Mehr sich mit Gedanken quälen.

Spiegel hüben, Spiegel drüben,
Doppelstellung, auserlesen;
Und dazwischen ruht im Trüben
Als Kristall das Erdewesen.

Dieses zeigt, wenn jene blicken,
Allerschönste Farbenspiele;
Dämmerlicht, das beide schicken,
Offenbart sich dem Gefühle.

Schwarz wie Kreuze wirst du sehen,
Pfauenaugen kann man finden;
Tag und Abendlicht vergehen,
Bis zusammen beide schwinden.

Und der Name wird ein Zeichen,
Tief ist der Kristall durchdrungen:
Aug in Auge sieht dergleichen
Wundersame Spiegelungen.

Laß den Makrokosmus gelten,
Seine spenstischen Gestalten!
Da die lieben, kleinen Welten
Wirklich Herrlichstes enthalten.

ZUM GEBURTSTAG,
mit meinen kleinen Gedichten

Wenn Kranz auf Kranz den Tag umwindet,
Sei dieser auch ihr zugewandt,
Und wenn sie hier Bekannte findet,
So hat sie sich vielleicht erkannt.

[Gruppe ›Gott und Welt‹]

Weite Welt und breites Leben,
Langer Jahre redlich Streben,
Stets geforscht und stets gegründet,
Nie geschlossen, oft geründet,
Ältestes bewahrt mit Treue,
Freundlich aufgefaßtes Neue,
Heitern Sinn und reine Zwecke:
Nun! man kommt wohl eine Strecke.

HERKÖMMLICH

Priester werden Messe singen,
Und die Pfarrer werden predgen;
Jeder wird vor allen Dingen
Seiner Meinung sich entledgen
Und sich der Gemeine freuen,
Die sich um ihn her versammelt,
So im Alten wie im Neuen
Ohngefähre Worte stammelt.
Und so lasset auch die Farben
Mich nach meiner Art verkünden,
Ohne Wunden, ohne Narben,
Mit der läßlichsten der Sünden.

DEM FÜRSTEN BLÜCHER
VON WAHLSTATT
die Seinigen

In Harren und Krieg,
In Sturz und Sieg
Bewußt und groß!
So riß er uns
Von Feinden los.

Bekenntnis heißt nach altem Brauch
Geständnis, wie mans meint;
Man rede frei, und wenn man auch
Nur Zwei und Drei vereint.

URWORTE. ORPHISCH

ΔΑΙΜΩΝ, Dämon

Wie an dem Tag, der dich der Welt verliehen,
Die Sonne stand zum Gruße der Planeten,

Bist alsobald und fort und fort gediehen
Nach dem Gesetz, wonach du angetreten.
So mußt du sein, dir kannst du nicht entfliehen,
So sagten schon Sibyllen, so Propheten;
Und keine Zeit und keine Macht zerstückelt
Geprägte Form, die lebend sich entwickelt.

ΤΥΧΗ, *das Zufällige*

Die strenge Grenze doch umgeht gefällig
Ein Wandelndes, das mit und um uns wandelt;
Nicht einsam bleibst du, bildest dich gesellig,
Und handelst wohl so, wie ein andrer handelt:
Im Leben ists bald hin- bald widerfällig,
Es ist ein Tand und wird so durchgetandelt.
Schon hat sich still der Jahre Kreis geründet,
Die Lampe harrt der Flamme, die entzündet.

ΕΡΩΣ, *Liebe*

Die bleibt nicht aus! – Er stürzt vom Himmel nieder,
Wohin er sich aus alter Öde schwang,
Er schwebt heran auf luftigem Gefieder
Um Stirn und Brust den Frühlingstag entlang,
Scheint jetzt zu fliehn, vom Fliehen kehrt er wieder:
Da wird ein Wohl im Weh, so süß und bang.
Gar manches Herz verschwebt im Allgemeinen,
Doch widmet sich das edelste dem Einen.

ΑΝΑΓΚΗ, *Nötigung*

Da ists denn wieder, wie die Sterne wollten:
Bedingung und Gesetz, und aller Wille
Ist nur ein Wollen, weil wir eben sollten,
Und vor dem Willen schweigt die Willkür stille;
Das Liebste wird vom Herzen weggescholten,
Dem harten Muß bequemt sich Will und Grille.
So sind wir scheinfrei denn nach manchen Jahren
Nur enger dran, als wir am Anfang waren.

ΕΛΠΙΣ, Hoffnung

Doch solcher Grenze, solcher ehrnen Mauer
Höchst widerwärtge Pforte wird entriegelt,
Sie stehe nur mit alter Felsendauer!
Ein Wesen regt sich leicht und ungezügelt:
Aus Wolkendecke, Nebel, Regenschauer
Erhebt sie uns, mit ihr, durch sie beflügelt,
Ihr kennt sie wohl, sie schwärmt durch alle Zonen;
Ein Flügelschlag – und hinter uns Äonen!

[Auf Kotzebue]

Du hast es lange genug getrieben,
Niederträchtig vom Hohen geschrieben,
Hättst gern die tiefste Niedertracht
Dem Allerhöchsten gleichgebracht.
Das hat denn deine Zeitgenossen,
Die tüchtigen mein ich, baß verdrossen;
Hast immer doch Ehr und Glück genossen.

Sankt Peter hat es dir aber gedacht,
Daß du ihn hättest gern klein gemacht:
Hat dir einen bösen Geist geschickt,
Der dir den heimischen Sinn verrückt,
Daß du dein eignes Volk gescholten.
Die Jugend hat es dir vergolten:
Aller End her kamen sie zusammen,
Dich haufenweise zu verdammen;
Sankt Peter freut sich dieser Flammen.

»Warum bekämpfst du nicht den Kotzebue,
Der scharfe Pfeile, dir zu schaden, richtet?«
Ich sehe schadenfroh im stillen zu,
Wie dieser Feind sich selbst vernichtet.

DEM 31. OKTOBER 1817

Dreihundert Jahre hat sich schon
Der Protestant erwiesen,
Daß ihn von Papst- und Türkenthron
Befehle baß verdrießen.

Was auch der Pfaffe sinnt und schleicht,
Der Prediger steht zur Wache,
Und daß der Erbfeind nichts erreicht,
Ist aller Deutschen Sache.

Auch ich soll gottgegebne Kraft
Nicht ungenützt verlieren,
Und will in Kunst und Wissenschaft
Wie immer protestieren.

MEINEM FREUNDE V. KNEBEL
zum 30. November 1817

Lustrum ist ein fremdes Wort!
Aber wenn wir sagen:
Lustra haben wir am Ort
Acht bis neun ertragen
Und genossen und gelebt
Und geliebt bisweilen,
Wird, wer nach dem Gleichen strebt,
Heute mit uns teilen;
Wenn wir sagen: das ist viel!
Denn das Leben streuet
Blum' und Dorne! – Ziel ist Ziel!
Das uns heute freuet.

Kenne wohl der Männer Blicke,
Einer sagt: »Ich liebe, leide!
Ich begehre, ja verzweifle!«

1815–1818 WEIMAR UND JENA
883

Und was sonst ist, kennt ein Mädchen.
Alles das kann mir nicht helfen,
Alles das kann mich nicht rühren;
Aber, Hatem, deine Blicke
Geben erst dem Tage Glanz.
Denn sie sagen: »*Die* gefällt mir,
Wie mir sonst nichts mag gefallen.
Seh ich Rosen, seh ich Lilien,
Aller Gärten Zier und Ehre,
So Zypressen, Myrten, Veilchen,
Aufgeregt zum Schmuck der Erde;
Und geschmückt ist sie ein Wunder.
Mit Erstaunen uns umfangend,
Uns erquickend, heilend, segnend,
Daß wir uns gesundet fühlen,
Wieder gern erkranken möchten.«
Da erblicktest du Suleika
Und gesundetest erkrankend,
Und erkranketest gesundend,
Lächeltest und sahst herüber,
Wie du nie der Welt gelächelt.
Und Suleika fühlt des Blickes
Ewge Rede: »*Die* gefällt mir,
Wie mir sonst nichts mag gefallen.«

DEM PROFESSOR DÖBEREINER
im Namen seiner Kinder, zum Geburtstage

Wenn wir dich, o Vater, sehen
In der Werkstatt der Natur
Stoffe sammeln, lösen, binden,
Als seist du der Schöpfer nur,

Denken wir: Der solche Sachen
Hat so weislich ausgedacht,
Sollte der nicht Mittel finden
Und die Kunst, die fröhlich macht?

Und dann, schauend auf nach oben,
Wünschen, bester Vater, wir,
Was die Menschen alle loben,
Glück und Lebensfreuden dir.

Stratus

Wenn von dem stillen Wasserspiegel-Plan
Ein Nebel hebt den flachen Teppich an,
Der Mond, dem Wallen des Erscheins vereint,
Als ein Gespenst Gespenster bildend scheint,
Dann sind wir alle, das gestehn wir nur,
Erquickt', erfreute Kinder, o Natur!
Dann hebt sichs wohl am Berge, sammelnd breit
An Streife Streifen, so umdüsterts weit
Die Mittelhöhe, beidem gleich geneigt,
Obs fallend wässert oder luftig steigt.

Cumulus

Und wenn darauf zu höhrer Atmosphäre
Der tüchtige Gehalt berufen wäre,
Steht Wolke hoch, zum herrlichsten geballt,
Verkündet, festgebildet, Machtgewalt,
Und, was ihr fürchtet und auch wohl erlebt,
Wie's oben drohet, so es unten bebt.

Cirrus

Doch immer höher steigt der edle Drang!
Erlösung ist ein himmlisch leichter Zwang.
Ein Aufgehäuftes, flockig löst sich auf,
Wie Schäflein trippelnd, leicht gekämmt zuhauf.
So fließt zuletzt, was unten leicht entstand,
Dem *Vater* oben still in Schoß und Hand.

Nimbus

Nun laßt auch niederwärts, durch Erdgewalt
Herabgezogen, was sich hoch geballt,
In Donnerwettern wütend sich ergehn,

1815–1818 WEIMAR UND JENA 885

Heerscharen gleich entrollen und verwehn! –
Der Erde tätig-leidendes Geschick!
Doch mit dem Bilde hebet euren Blick:
Die Rede geht herab, denn sie beschreibt;
Der Geist will aufwärts, wo er ewig bleibt.

KORE
Nicht gedeutet!

Ob Mutter? Tochter? Schwester? Enkelin?
Von Helios gezeugt? Von wer geboren?
Wohin gewandert? Wo versteckt? Verloren?
Gefunden? – Rätsel ists dem Künstler-Sinn.
Und ruhte sie verhüllt in düstre Schleier,
Vom Rauch umwirbelt acherontischer Feuer,
Die Gott-Natur enthüllt sich zum Gewinn:
Nach höchster Schönheit muß die Jungfrau streben,
Sizilien verleiht ihr Götterleben.

Nicht am Morgen allein, noch am Mittag einzig beglückt sie,
Untergehend sogar ists immer dieselbige Sonne.

[Auf den Redakteur J. B. Pfeilschifter]

Es hatte ein junger Mann
Pfeile geschiftet,
Dann, wie er konnte und kann,
Flügel gelüftet;
Doch im dädalischen Flug
Kam er zu Sinnen;
Er hatte Zeit genug,
Land zu gewinnen.
Da sieht er, gelassen und nah,
Verworrene Taten
Und kann dem lieben Papa
Vernünftiges raten.

Und warum geht es nicht
In solchen Sachen?
Es meinet jedermann,
Er könn es machen;
Und wenn ers machen soll,
Kann ers nicht machen.

Nenne niemand! nur verschone
Mir nicht Herrn Mone.
Zu Alliierten deinem Grimm
Rufe herzhaft Gebrüder Grimm.

Liebe Mutter, es wird zu arg
Mit den Geburtstagsgeschichten,
Kein Freund ist mit Geschenken karg,
Nun aber fehlts an Gedichten.

Manch Lexikon liegt zwar zum Grund,
Kein Reim will sich entzünden;
Nun soll zuletzt unmündiger Mund
Dein Heil und Lob verkünden.

[›Buch des Sängers‹]

Zwanzig Jahre ließ ich gehn
Und genoß, was mir beschieden;
Eine Reihe, völlig schön,
Wie die Zeit der Barmekiden.

Worte sind der Seele Bild –
Nicht ein Bild! sie sind ein Schatten!
Sagen herbe, deuten mild,
Was wir haben, was wir hatten. –
Was wir hatten, wo ists hin?
Und was ists denn, was wir haben? –

Nun, wir sprechen! Rasch im Fliehn
Haschen wir des Lebens Gaben.

UM MITTERNACHT

Um Mitternacht ging ich, nicht eben gerne,
Klein, kleiner Knabe, jenen Kirchhof hin
Zu Vaters Haus, des Pfarrers; Stern am Sterne,
Sie leuchteten doch alle gar zu schön;
 Um Mitternacht.

Wenn ich dann ferner in des Lebens Weite
Zur Liebsten mußte, mußte, weil sie zog,
Gestirn und Nordschein über mir im Streite,
Ich gehend, kommend Seligkeiten sog;
 Um Mitternacht.

Bis dann zuletzt des vollen Mondes Helle
So klar und deutlich mir ins Finstere drang,
Auch der Gedanke willig, sinnig, schnelle
Sich ums Vergangne wie ums Künftige schlang;
 Um Mitternacht.

DER ABWESENDE DEM MASKENFEST
zum 16. Februar 1818

So wandelt hin, lebendige Gestalten,
Bewegten Lebens reichliche Gebilde;
Dem schönsten Tage lasset Liebe walten,
Im Reihen schmückt elysische Gefilde.
Ergetzen sollt ihr, geistreich unterhalten,
Belehren auch und warnen freundlichst milde.
Der Dichter alle segnet euch zum Frieden,
Abwesend sei es oder abgeschieden.

»Die Jahre nahmen dir, du sagst, so vieles:
Die eigentliche Lust des Sinnespieles,
Erinnerung des allerliebsten Tandes
Von gestern, weit- und breiten Landes
Durchschweifen frommt nicht mehr; selbst nicht von
Der Ehren anerkannte Zier, das Loben, [oben
Erfreulich sonst. Aus eignem Tun Behagen
Quillt nicht mehr auf, dir fehlt ein dreistes Wagen!
Nun wüßt ich nicht, was dir Besondres bliebe?«

Mir bleibt genug! Es bleibt Idee und Liebe!

Der einmal ein Zaubrer hieß,
Eben weil er bezaubert war,
Sich von Seelchen beseelen ließ,
Weil ihm dies behagte gar,
Jetzt mit Wörtlein eingeschlungen
Steigert er des Liedes Drang:
Zeugnis, wie er selbst durchdrungen
Fühlet, was man fühlend sang.

AN DEN VEREHRLICHEN FRAUEN-VEREIN

Mariens Huld und Anmut wollt ich schauen
Und zarter Sorgfalt glückliches Gedeihn;
Da sah ich euer Wirken, edle Frauen,
Der Fürstentugend lichten Widerschein;
Und mich ergriffs, mit fröhlichem Vertrauen
Dem guten Zweck ein kleines Lied zu weihn.
Es sei ein Talisman in euren Händen,
Der Herzen aufschließt, reichlicher zu spenden!

Mit der Teutschen Freundschaft
Hats keine Not,
Ärgerlichster Feindschaft

1815–1818 WEIMAR UND JENA

Steht Höflichkeit zu Gebot;
Je sanfter sie sich erwiesen,
Hab ich immer frisch gedroht,
Ließ mich nicht verdrießen
Trübes Morgen- und Abendrot;
Ließ die Wasser fließen,
Fließen zu Freud und Not.
Aber mit allen diesen
Blieb ich mir selbst zu Gebot:
Sie alle wollten genießen,
Was ihnen die Stunde bot;
Ihnen hab ichs nicht verwiesen,
Jeder hat seine Not.
Sie lassen mich alle grüßen
Und hassen mich bis in den Tod.

FRÜHLING 1818

Das ist einmal ein Philister-Jahr!
Sie sind zufrieden ganz und gar
Und preisen Gott mit großem Geschrei,
Daß er wieder einmal vernünftig sei.
Es ging ihnen aber oft so schlecht,
Sie trauen ihm diesmal auch nicht recht.

AUSTAUSCH
Drei heilige Könige gegen Ein schlafend Nymphchen

Alte, bärtige, sogar schwarze Gesichter
Hast du mir überliefert; aber mit solchem Gelichter
Kann ich nicht wieder dienen; jedoch in lieblicher
Ein hübsches Kind von der andern Seite. [Breite
Sollte der Anblick dich erschrecken,
Du kannst sie leicht mit 'nem Schleier decken.

V R

Junge Huren, alte Nonnen
Hatten sonst schon viel gewonnen,
Wenn, von Pfaffen wohlberaten,
Sie im Kloster Wunder taten.
Jetzt gehts über Land und Leute
Durch Europens edle Weite!
Hofgemäße Löwen schranzen,
Affen, Hund' und Bären tanzen –
Neue leidge Zauberflöten –
Hurenpack, zuletzt Propheten!

NATIVITÄT

Der Deutsche ist gelehrt,
Wenn er sein Deutsch versteht;
Doch bleib ihm unverwehrt,
Wenn er nach außen geht.
Er komme dann zurück,
Gewiß um viel gelehrter;
Doch ists ein großes Glück,
Wenn nicht um viel verkehrter.

WIEGENLIED
DEM JUNGEN MINERALOGEN
WOLFGANG VON GOETHE
Den 21. April 1818

Singen sie Blumen der kindlichen Ruh,
Käfer und Vögel und Tierchen dazu;
Aber du wachest, wir treten herein,
Bringen was Ruhiges, bringen den Stein.

Steinchen, die bunten, ein lustiges Spiel!
Was man auch würfe, und wie es auch fiel'.

1815–1818 WEIMAR UND JENA 891

Kindischen Händchen entschnickt sich so fein
Knöchlein und Bohnen und Edelgestein.

Knabe, du siehest nun Steine behaun,
Ordnend sich fügen, zu Häusern sich baun.
Wohl! du verwunderst dich, stimmest mit ein:
Das ist wahrhaftig ein nützlicher Stein!

Spielst du mit Schussern, das Kügelchen rollt,
Dreht sich zur Grube, so wie du gewollt,
Läufest begierig auch hinter ihm drein,
Das ist fürwahr wohl ein lustiger Stein!

Steinchen um Steinchen verzettelt die Welt,
Wissende habens zusammengestellt;
Trittst du begierig zu Sälen herein,
Siehst du zuerst nicht den Stein vor dem Stein.

Doch unterscheidest und merkest genau:
Dieser ist rot, und ein andrer ist blau,
Einer, der klärste, von Farben so rein,
Farbig erblitzet der edelste Stein.

Aber die Säulchen, wer schliff sie so glatt,
Spitzte sie, schärfte sie glänzend und matt?
Schau in die Klüfte des Berges hinein,
Ruhig entwickelt sich Stein aus Gestein.

Ewig natürlich bewegende Kraft
Göttlich gesetzlich entbindet und schafft;
Trennendes Leben, im Leben Verein,
Oben die Geister und unten der Stein.

Nun! wie es Vater und Ahn dir erprobt,
Gott und Natur und das All ist gelobt!
Komme! der Stiftende führt dich ein,
Unserem Ringe willkommener Stein!

CHRONIKA
1818. April 16

Auch endlich ward ich Großpapa!
Als ich den lieben Enkel sah,
War Fried im Frauenzimmer.
Doch alsobald der kleine Wicht
Verziehet kläglich sein Gesicht:
Die Kinder schreien immer.

Eodem

Drauf akademisch ward mir gleich
Ein herrlich Welt- und Geisterreich,
Bei stiller Kerze Schimmer.
Ich hört ein Jodeln: Jo! da! ho! –
Potz Leipzig! und potz Waterloo:
Studenten brüllen immer.

IN EINE SAMMLUNG KÜNSTLICH
AUSGESCHNITTENER LANDSCHAFTEN

Zarte, schattende Gebilde,
Fliegt zu eurer Künstlerin,
Daß sie, freundlich, froh und milde,
Immer sich nach ihrem Sinn
Eine Welt von Schatten bilde;
Denn das irdische Gefilde
Schattet oft nach eignem Sinn.

»Warum ist Wahrheit fern und weit?
Birgt sich hinab in tiefste Gründe?«

Niemand versteht zur rechten Zeit!
Wenn man zur rechten Zeit verstünde,
So wäre Wahrheit nah und breit
Und wäre lieblich und gelinde.

1815–1818 WEIMAR UND JENA

Behramgur, sagt man, hat den Reim erfunden,
Er sprach entzückt aus reiner Seele Drang;
Dilaram schnell, die Freundin seiner Stunden,
Erwiderte mit gleichem Wort und Klang.

Und so, Geliebte, warst du mir beschieden,
Des Reims zu finden holden Lustgebrauch,
Daß auch Behramgur ich, den Sassaniden,
Nicht mehr beneiden darf: mir ward es auch.

Hast mir dies Buch geweckt, du hasts gegeben;
Denn was ich froh, aus vollem Herzen sprach,
Das klang zurück aus deinem holden Leben,
Wie Blick dem Blick, so Reim dem Reime nach.

Nun tön es fort zu dir, auch aus der Ferne,
Das Wort erreicht, und schwände Ton und Schall.
Ists nicht der Mantel noch gesäter Sterne?
Ists nicht der Liebe hochverklärtes All?

Enweri sagts, ein herrlichster der Männer,
Des tiefsten Herzens, höchsten Hauptes Kenner:
»Dir frommt an jedem Ort, zu jeder Zeit
Geradheit, Urteil und Verträglichkeit.«

Sitz ich allein,
Wo kann ich besser sein?
Meinen Wein
Trink ich allein;
Niemand setzt mir Schranken,
Ich hab so meine eignen Gedanken.

So weit bracht es Muley, der Dieb,
Daß er trunken schöne Lettern schrieb.

Was machst du an der Welt? Sie ist schon gemacht,
Der Herr der Schöpfung hat alles bedacht.
Dein Los ist gefallen, verfolge die Weise,
Der Weg ist begonnen, vollende die Reise:
Denn Sorgen und Kummer verändern es nicht,
Sie schleudern dich ewig aus gleichem Gewicht.

[Aus einem Stammbuch]

Wen ein guter Geist besessen,
Hält sich das Gedächtnis rein;
Alles Übel sei vergessen,
Eingedenk der Lust zu sein!
Bleib ein fröhliches Vermächtnis
Jed Ergetzen, jede Ruh;
So belebe dein Gedächtnis
Und dann denke mich dazu!

Ja, die Augen warens, ja, der Mund,
Die mir blickten, die mich küßten.
Hüfte schmal, der Leib so rund,
Wie zu Paradieses Lüsten.
War sie da? Wo ist sie hin?
Ja! sie wars, sie hats gegeben,
Hat gegeben sich im Fliehn
Und gefesselt all mein Leben.

DER SCHENKE (schläfrig).
So hab ich endlich von dir erharrt:
In allen Elementen Gottes Gegenwart.
Wie du mir das so lieblich gibst!
Am lieblichsten aber, daß du liebst.
HATEM.
Der schläft recht süß und hat ein Recht zu schlafen.
Du guter Knabe, hast mir eingeschenkt,
Vom Freund und Lehrer, ohne Zwang und Strafen,

1815–1818 WEIMAR UND JENA

So jung vernommen, wie der Alte denkt.
Nun aber kommt Gesundheit holder Fülle
Dir in die Glieder, daß du dich erneust.
Ich trinke noch, bin aber stille, stille,
Damit du mich, erwachend nicht, erfreust.

[An Ottilie v. Goethe]

Und so Ade
Dem Miselé
Dem schweigsamen Mann,
Der Frau, die reden kann pp.

Was wird mir jede Stunde so bang?–
Das Leben ist kurz, der Tag ist lang.
Und immer sehnt sich fort das Herz,
Ich weiß nicht recht, ob himmelwärts;
Fort aber will es hin und hin,
Und möchte vor sich selber fliehn.
Und fliegt es an der Liebsten Brust,
Da ruhts im Himmel unbewußt;
Der Lebe-Strudel reißt es fort,
Und immer hängts an Einem Ort;
Was es gewollt, was es verlor,
Es bleibt zuletzt sein eigner Tor.

Wenn der schwer Gedrückte klagt:
Hilfe, Hoffnung sei versagt,
Bleibet heilsam fort und fort
Immer noch ein freundlich Wort.

1818 Reise nach Karlsbad

1878 Reise nach Karlsbad

AN GRÄFIN O'DONELL
Karlsbad, den 8. August 1818

Ich dachte dein, und Farben bunt erschienen
Im Sonnenglanz mir vorm Gesicht,
Von Blättern sah ich mancherlei ergrünen,
Da waren Rosen, auch Vergiß-mein-nicht!
Pfeile dazwischen, golden anzuschauen,
Durchscheinend alles, rings ein goldner Kranz;
Und angestimmt das hohe Lob der Frauen –
Nun, Becher, zu der Freundin! Bleibe klar und ganz.

AN GRAFEN PAAR
Karlsbad, den 12. August 1818

Der Berge denke gern, auch des Gesteins,
Sie waren Zeugen freundlichsten Vereins;
Zutrauen, schnell gegeben, schnell gefunden,
Beschleunigte das Glück gezählter Stunden.
Behagen schaut nicht vorwärts, nicht zurück,
Und so verewigt sich der Augenblick!

MADAME CATALANI

Im Zimmer wie im hohen Saal
Hört man sich nimmer satt;
Denn man erfährt zum erstenmal,
Warum man Ohren hat.

AN GRAFEN PAAR

Karlsbad, am 16. August 1818. Nachts

Dem Scheidenden ist jede Gabe wert,
Ein dürres Blatt, ein Moos, ein Steinchen aus der
Daß er des Freunds gedenke, jener Stelle, [Quelle,
Wohin er ewig hin und hin begehrt;
Ein Zeuge bleibts, wie sinnig sie gewandelt.
So wird ein Nichts zum höchsten Schatz verwandelt.

Wenn aber solche Gabe tiefen Wert,
Gestaltet, mit sich führt, für sich allein
Dem Sinn des Künstlers wünschenswert begegnete,
Wie muß das nun ein Schatz der Schätze sein,
Wenn ihn der Freund im Scheiden treulich segnete!

HERRN GRAFEN LOEBEN

Da du gewiß, wie du mir zugesagt,
Nach meinem Scheiden feiern willst mein Leben,
So laß mich dir, da es noch beiden tagt,
Ein freundlich Wort zu deinem Tage geben.

AN GRÄFIN JARACZEWSKA

Karlsbad, den 5. September 1818

Da sieht man, wie die Menschen sind:
Nur Leidenschaft und kein Gewissen!
Wie haben sie dem schönen Kind
Das Röckchen halb vom Leib gerissen!
Doch mir begegnete das Glück in später Zeit,
Ein frommer Jüngling wird mich neiden:
Dir, Freundin, dank ich die Gelegenheit,
Den holden Schatz von Kopf bis Fuß zu kleiden.

*[Bruchstücke eines Gedichts,
bestimmt für das Buch des Paradieses]*

Doch bedingt ins allerengste,
Das sie niemals überschr[itten],
Sie verschweigen auf das strengste,
Daß ihr Herr so viel ge[litten];
Daß gestäupt mit frischen Besen
Und ihr H[eiland?] Henkers Beute,
Tun als wär es nichts gewesen,
Und da sind sie liebe Leute

Gehn, das Haupt mit Sch[ein?] verbrä[met]

Denn im Paradies, da muß man
Mehr noch als human sich zei[gen].

Die Bedingung doch die engste,
Die sie niemals überschritten,
Sie verschweigen auf das strengste,
Daß ihr Herr so viel gelitten;

Daß auch sie gepufft geworden,
Oft des schlechten Henkers Beute;
Sagen, das sei nichts gewesen,
Und da sind sie liebe Leute.

Kommen wir in die Reviere
Zu dem lustgen Himmelschmause,
Lagernd strecken wir die viere,
Ei, dahier sind wir zu Hause!

Zum Kessel sprach der neue Topf:
Was hast du einen schwarzen Bauch!
»Das ist bei uns nur Küchgebrauch;
Herbei, herbei, du glatter Tropf,

Bald wird dein Stolz sich mindern.
Behält der Henkel ein klar Gesicht,
Darob erhebe du dich nicht,
Besieh nur deinen Hintern.«

Was euch die heilige Preßfreiheit
Für Frommen, Vorteil und Früchte beut?
Davon habt ihr gewisse Erscheinung:
Tiefe Verachtung öffentlicher Meinung.

AN FÜRST BIRON VON KURLAND
Karlsbad, den 8. September 1818

Als Luthers Fest, mit gläubiger Schar,
Im vorigen Herbst gefeiert war,
Dacht ich, es brauche hundert Jahr,
Um es mit Würde zu erneuen;
Doch beim verliehnen Ehrenbild,
Wie ernst es ist und kräftig mild,
Beim Herkules und seinem Schild
Kann ich der Feier mich an jedem Tage freuen.

AN HAFIS

Was alle wollen, weißt du schon
Und hast es wohl verstanden:
Denn Sehnsucht hält, von Staub zu
Uns all in strengen Banden. [Thron,

Es tut so weh, so wohl hernach,
Wer sträubte sich dagegen?
Und wenn den Hals der eine brach,
Der andre bleibt verwegen.

1818 REISE NACH KARLSBAD

Verzeihe, Meister, wie du weißt,
Daß ich mich oft vermesse,
Wenn sie das Auge nach sich reißt,
Die wandelnde Zypresse.

Wie Wurzelfasern schleicht ihr Fuß
Und buhlet mit dem Boden;
Wie leicht Gewölk verschmilzt ihr Gruß,
Wie Ost-Gekos ihr Oden.

Das alles drängt uns ahndevoll,
Wo Lock an Locke kräuselt,
In brauner Fülle ringelnd schwoll,
So dann im Winde säuselt.

Nun öffnet sich die Stirne klar,
Dein Herz damit zu glätten,
Vernimmst ein Lied so froh und wahr,
Den Geist darin zu betten.

Und wenn die Lippen sich dabei
Aufs niedlichste bewegen,
Sie machen dich auf einmal frei,
In Fesseln dich zu legen.

Der Atem will nicht mehr zurück,
Die Seel, zur Seele fliehend,
Gerüche winden sich durchs Glück,
Unsichtbar wolkig ziehend.

Doch wenn es allgewaltig brennt,
Dann greifst du nach der Schale:
Der Schenke läuft, der Schenke kömmt
Zum erst- und zweiten Male.

Sein Auge blitzt, sein Herz erbebt,
Er hofft auf deine Lehren,

Dich, wenn der Wein den Geist erhebt,
Im höchsten Sinn zu hören.

Ihm öffnet sich der Welten Raum,
Im Innern Heil und Orden,
Es schwillt die Brust, es bräunt der Flaum,
Er ist ein Jüngling worden.

Und wenn dir kein Geheimnis blieb,
Was Herz und Welt enthalte,
Dem Denker winkst du treu und lieb,
Daß sich der Sinn entfalte.

Auch daß vom Throne Fürstenhort
Sich nicht für uns verliere,
Gibst du dem Schah ein gutes Wort
Und gibst es dem Wesire.

Das alles kennst und singst du heut
Und singst es morgen eben:
So trägt uns freundlich dein Geleit
Durchs rauhe, milde Leben.

Woher ich kam? Es ist noch eine Frage,
Mein Weg hierher, der ist mir kaum bewußt;
Heut nun und hier, am himmelfrohen Tage
Begegnen sich, wie Freunde, Schmerz und Lust.
O süßes Glück, wenn beide sich vereinen!
Einsam, wer möchte lachen, möchte weinen?

1818 – 1819 Weimar und Jena

Ja, Lieben ist ein groß Verdienst!
Wer findet schöneren Gewinst? –
Du wirst nicht mächtig, wirst nicht reich,
Jedoch den größten Helden gleich.
Man wird, so gut wie vom Propheten,
Von *Wamik* und von *Asra* reden. –
Nicht reden wird man, wird sie nennen:
Die Namen müssen alle kennen.
Was sie getan, was sie geübt,
Das weiß kein Mensch! Daß sie geliebt,
Das wissen wir. Genug gesagt,
Wenn man nach Wamik und Asra fragt.

HÖHERES UND HÖCHSTES

Daß wir solche Dinge lehren,
Möge man uns nicht bestrafen:
Wie das alles zu erklären,
Dürft ihr euer Tiefstes fragen.

Und so werdet ihr vernehmen:
Daß der Mensch, mit sich zufrieden,
Gern sein Ich gerettet sähe,
So dadroben wie hienieden.

Und mein liebes Ich bedürfte
Mancherlei Bequemlichkeiten;

Freuden, wie ich hier sie schlürfte,
Wünscht ich auch für ewge Zeiten.

So gefallen schöne Gärten,
Blum und Frucht und hübsche Kinder,
Die uns allen hier gefielen,
Auch verjüngtem Geist nicht minder.

Und so möcht ich alle Freunde,
Jung und alt, in eins versammeln,
Gar zu gern in deutscher Sprache
Paradieses-Worte stammeln.

Doch man horcht nun Dialekten,
Wie sich Mensch und Engel kosen,
Der Grammatik, der versteckten,
Deklinierend Mohn und Rosen.

Mag man ferner auch in Blicken
Sich rhetorisch gern ergehen
Und zu himmlischem Entzücken
Ohne Klang und Ton erhöhen.

Ton und Klang jedoch entwindet
Sich dem Worte selbstverständlich,
Und entschiedener empfindet
Der Verklärte sich unendlich.

Ist somit dem Fünf der Sinne
Vorgesehn im Paradiese,
Sicher ist es, ich gewinne
Einen Sinn für alle diese.

Und nun dring ich allerorten
Leichter durch die ewgen Kreise,
Die durchdrungen sind vom Worte
Gottes rein-lebendger Weise.

Ungehemmt mit heißem Triebe
Läßt sich da kein Ende finden,
Bis im Anschaun ewger Liebe
Wir verschweben, wir verschwinden.

[Auf Müllner]

Ein strenger Mann, von Stirne kraus,
Herr Doktor Müllner heißt er,
Wirft alles gleich zum Fenster hinaus,
Sogar den Wilhelm Meister.
Er ganz allein versteht es recht,
Daran ist gar kein Zweifel:
Denn geht es seinen Helden schlecht,
Ergibt er sie dem Teufel.

*

Wir litten schon durch Kotzebue
Gemeines Räsonieren;
Nun kommt Herr Müllner auch dazu,
Das Ober-Wort zu führen;
Im Dichten rasch, im Lobe faul,
Ist er mit nichts zufrieden:
Der Edle mault nur, um das Maul
Den andern zu verbieten.

[Bruchstück zum ›West-östlichen Divan‹]

Solcher Bande darf sich niemand rühmen,
Als wer selbst von Banden frei sich fühlt;
Und wer heiter im Absurden spielt,
Dem wird auch wohl das Absurde ziemen.

Mag sie sich immer ergänzen,
Eure brüchige Welt, in sich!
Diese klaren Augen, sie glänzen,
Dieses Herz, es schlägt für mich!

Laß den Weltenspiegel Alexandern;
Denn was zeigt er? – Da und dort
Stille Völker, die er mit den andern
Zwingend rütteln möchte fort und fort.

Du! nicht weiter, nicht zu Fremdem strebe!
Singe mir, die du dir eigen sangst.
Denke, daß ich liebe, daß ich lebe,
Denke, daß du mich bezwangst.

BERUF DES STORCHES

Der Storch, der sich von Frosch und Wurm
An unserm Teiche nähret,
Was nistet er auf dem Kirchenturm,
Wo er nicht hingehöret?

Dort klappt und klappert er genung,
Verdrießlich anzuhören;
Doch wagt es weder alt noch jung,
Ihm in das Nest zu stören.

Wodurch – gesagt mit Reverenz –
Kann er sein Recht beweisen
Als durch die löbliche Tendenz,
Aufs Kirchendach zu ?

Laßt mich weinen! umschränkt von Nacht,
In unendlicher Wüste.
Kamele ruhn, die Treiber desgleichen,
Rechnend still wacht der Armenier;
Ich aber, neben ihm, berechne die Meilen,
Die mich von Suleika trennen, wiederhole
Die wegeverlängernden, ärgerlichen Krümmungen.
Laßt mich weinen! das ist keine Schande.

1818–1819 WEIMAR UND JENA

Weinende Männer sind gut.
Weinte doch Achill um seine Briseis!
Xerxes beweinte das unerschlagene Heer;
Über den selbstgemordeten Liebling
Alexander weinte.
Laßt mich weinen! Tränen beleben
Schon grunelts. [den Staub.

EPIRRHEMA

Müsset im Naturbetrachten
Immer eins wie alles achten:
Nichts ist drinnen, nichts ist draußen;
Denn was innen, das ist außen.
So ergreifet ohne Säumnis
Heilig öffentlich Geheimnis.

 *

Freuet euch des wahren Scheins,
Euch des ernsten Spieles:
Kein Lebendiges ist ein Eins,
Immer ists ein Vieles.

ANTEPIRRHEMA

So schauet mit bescheidnem Blick
Der ewigen Weberin Meisterstück,
Wie *ein* Tritt tausend Fäden regt,
Die Schifflein hinüber herüber schießen,
Die Fäden sich begegnend fließen,
Ein Schlag tausend Verbindungen schlägt!
Das hat sie nicht zusammengebettelt,
Sie hats von Ewigkeit angezettelt;
Damit der ewige Meistermann
Getrost den Einschlag werfen kann.

JULIEN GRÄFIN EGLOFFSTEIN

Freundlich werden neue Stunden
Zu vergangnen sich gesellen;
Blüten, Blumen, wohl empfunden,
Bleiben ewig Immortellen.

Die Wächter sind gebändiget
Durch süße Liebestaten;
Doch wie wir uns verständiget,
Das wollen wir verraten;
Denn, Liebchen, was uns Glück gebracht,
Das muß auch andern nutzen,
So wollen wir der Liebesnacht
Die düstern Lampen putzen.
Und wer sodann mit uns erreicht,
Das Ohr recht abzufeimen,
Und liebt wie wir, dem wird es leicht,
Den rechten Sinn zu reimen.
Ich schickte dir, du schicktest mir,
Es war sogleich verstanden:

Amarante	Ich sah und verbrannte.
Raute	Wer schaute?
Haar vom Tiger	Ein kühner Krieger.
Haar der Gazelle	An welcher Stelle?
Büschel von Haaren	Du sollsts erfahren.
Kreide	Meide.
Stroh	Ich brenne lichterloh.
Trauben	Wills erlauben.
Korallen	Kannst mir gefallen.
Mandelkern	Sehr gern.
Rüben	Willst mich betrüben.
Karotten	Willst meiner spotten.
Zwiebeln	Was willst du grübeln?
Trauben, die weißen	Was soll das heißen?
Trauben, die blauen	Soll ich vertrauen?

1818–1819 WEIMAR UND JENA

Quecken	Du willst mich necken.
Nelken	Soll ich verwelken?
Narzissen	Du mußt es wissen.
Veilchen	Wart ein Weilchen.
Kirschen	Willst mich zerknirschen.
Feder vom Raben	Ich muß dich haben.
– vom Papageien	Mußt mich befreien.
Maronen	Wo wollen wir wohnen?
Blei	Ich bin dabei.
Rosenfarb	Die Freude starb.
Seide	Ich leide.
Bohnen	Will dich schonen.
Majoran	Geht mich nichts an.
Blau	Nimms nicht genau.
Traube	Ich glaube.
Beeren	Wills verwehren.
Feigen	Kannst du schweigen?
Gold	Ich bin dir hold.
Leder	Gebrauch die Feder.
Papier	So bin ich dir.
Maßlieben	Schreib nach Belieben.
Nachtviolen	Ich laß es holen.
Ein Faden	Bist eingeladen.
Ein Zweig	Mach keinen Streich.
Strauß	Ich bin zu Haus.
Winden	Wirst mich finden.
Myrten	Will dich bewirten.
Jasmin	Nimm mich hin.
Melissen	*** auf einem Kissen.
Zypressen	Wills vergessen.
Bohnenblüte	Du falsch Gemüte.
Kalk	Bist ein Schalk.
Kohlen	Mag der *** dich holen.

Und hätte mit Boteinah so
Nicht Dschemil sich verstanden,
Wie wäre denn so frisch und froh
Ihr Name noch vorhanden?

LYRISCHE DICHTUNGEN

[Zu den › Noten und Abhandlungen
zu besserem Verständnis des West-östlichen Divans ‹]

SILVESTRE DE SACY

Unserm Meister, geh! verpfände
Dich, o Büchlein, traulich-froh;
Hier am Anfang, hier am Ende,
Östlich, westlich, *A* und *Ω*.

*

Wer das Dichten will verstehen,
Muß ins Land der Dichtung gehen;
Wer den Dichter will verstehen,
Muß in Dichters Lande gehen.

*

Wer den Dichter will verstehen,
Muß in Dichters Lande gehen;
Er im Orient sich freue,
Daß das Alte sei das Neue.

[An Marianne von Willemer]

Eine Schachtel Mirabellen
Kam von Süden, zog nach Norden;
Als die Frucht gespeist geworden,
Eilt sich wieder einzustellen
Das Gehäus, woher es kommen.
Bringet keine süßen Früchte,
Bringt vielmehr ein ernst Gesichte,
Das im Weiten und im Fernen
Nimmer will Entbehrung lernen.

1818-1819 WEIMAR UND JENA

JULIEN GRÄFIN EGLOFFSTEIN
Reise-Segen

Sei die Zierde des Geschlechts! –
Blicke weder links noch rechts;
Schaue von den Gegenständen
In dein Innerstes zurück;
Sicher traue deinen Händen,
Eignes fördre, Freundes Glück.

Jedem redlichen Bemühn
Sei Beharrlichkeit verliehn.

Jeder Weg zum rechten Zwecke
Ist auch recht in jeder Strecke.

Jenas Philister und Professoren
Sagen, es habe keine Not,
Kotzebue sei zwar mausetot,
Doch niemand habe sich verschworen.

Sie hoffen, an den schönen Pfründen
Doch vor wie nach den Herd zu zünden,
Dieweil der Sodoms-Apfelbrei
Gesunde Jugendspeise sei.

Von Jenischen behaarten Molchen
Sieht Stourdza sich bedroht mit Dolchen.
Er steht! Ein Mann! Dann schreit er laut,
Er flieht, es kommt ein Dolch, die Braut.

Den Gruß des Unbekannten ehre ja!
Er sei dir wert als alten Freundes Gruß.
Nach wenig Worten sagt ihr Lebewohl!

Zum Osten du, er westwärts, Pfad an Pfad –
Kreuzt euer Weg nach vielen Jahren drauf
Sich unerwartet, ruft ihr freudig aus:
Er ist es! ja, da wars! als hätte nicht
So manche Tagefahrt zu Land und See,
So manche Sonnenkehr sich drein gelegt.
Nun tauschet War um Ware, teilt Gewinn!
Ein alt Vertrauen wirke neuen Bund –
Der erste Gruß ist viele tausend wert;
Drum grüße freundlich jeden, der begrüßt.

KESTNERS AGAPE

Von deinem Liebesmahl
Will man nichts wissen;
Für einen Christen ists
Ein böser Bissen.

Denn kaum verläßt der Herr
Die Grabes-Tücher,
Gleich schreibt ein Schelmenvolk
Absurde Bücher.

Gewinnen gegen dich
Die Philologen,
Das hilft uns alles nichts:
Wir sind betrogen.

AN FRÄULEIN VON SCHILLER

Weil so viel zu sagen war,
Wußt ich nichts zu sagen,
Ob die Blätter gleich ein Jahr
Mir vorm Auge lagen.

Jetzo, da du sie entführt,
Mag die Feder walten:
Denn es bleibt, wie sichs gebührt,
Immerfort beim alten.

Milde zum Verständlichen
Wird die Mutter mahnen,
Deutend zum Unendlichen
Auf des Vaters Bahnen.

Liebchen, ach! im starren Bande
Zwängen sich die freien Lieder,
Die im reinen Himmelslande
Munter flogen hin und wider.
Allem ist die Zeit verderblich,
Sie erhalten sich allein!
Jede Zeile soll unsterblich,
Ewig wie die Liebe sein.

[An Friedrich Förster]

Als an der Elb ich die Waffen ihm segnete,
Dem Bekreuzten am Neckar begegnete,
Da fehlte ihm noch das Dritte,
Der Gegensatz der siebenten Bitte.
Sie heißt: Von allem Bösen
Mögest, Herr, uns gnädig erlösen;
Hier heißt es: Gib das Beste
Und mach das Leben zum Feste!
Da er nun auch das erfahren,
Möge Gott ihn lange bewahren.

Hudhud auf dem Palmen-Steckchen,
Hier im Eckchen,
Nistet äuglend, wie charmant!
Und ist immer vigilant.

Hudhud sprach: Mit Einem Blicke
Hat sie alles mir vertraut,
Und ich bin von eurem Glücke
Immer, wie ichs war, erbaut.
Liebt ihr doch! – In Trennungs-Nächten
Seht, wie sichs in Sternen schreibt:
Daß, gesellt zu ewgen Mächten,
Glanzreich eure Liebe bleibt.

HUDHUD ALS EINLADENDER BOTE

Dich beglückte ja mein Gesang,
Nun dräng er gern zu Dir ins Ferne;
Ich singe Morgen und Abend entlang,
Sie sagen: Besser! Das hör ich gerne.
Kommt auch ein Blatt von Zeit zu Zeit,
Bringt einen Gruß, laß dich nicht stören!
Aber ist denn Bagdad so weit?
Willst du mich gar nicht wieder hören?

1819 Reise nach Karlsbad

DIE FEIER DES ACHTUNDZWANZIGSTEN AUGUSTS DANKBAR ZU ERWIDERN

Sah gemalt, in Gold und Rahmen,
Grauen Barts, den Ritter reiten,
Und zu Pferd an seinen Seiten
An die vierundzwanzig kamen;
Sie zum Thron des Kaisers ritten,
Wohlempfangen, wohlgelitten,
Derb und kräftig, hold und schicklich.
Und man pries den Vater glücklich.

Sieht der Dichter nah und ferne
Söhn und Töchter, lichte Sterne,
Sieht sie alle wohlgeraten,
Tüchtig, von geprüften Taten,
Freigesinnt, sich selbst beschränkend,
Immerfort das Nächste denkend;
Tätig treu in jedem Kreise,
Still beharrlich jeder Weise;
Nicht vom Weg, dem graden, weichend,
Und zuletzt das Ziel erreichend.

Bring er Töchter nun und Söhne,
Sittenreich, in holder Schöne,
Vor den Vater alles Guten,
In die reinen Himmelsgluten,
Mitgenossen ewger Freuden! –
Das erwarten wir bescheiden.

GRAFEN KARL HARRACH
Karlsbad, den 25. September 1819

Die sich herzlich oft begrüßten,
Die das Leben sich versüßten,
Führt ein guter Geist zur Stelle
Wieder an dieselbe Quelle!
Treues Wirken, reines Lieben
Ist das Beste stets geblieben.

1819–1820 Weimar und Jena

[Auf den Schauspieler Malcolmi]

Reichen Beifall hattest du erworben,
Allgemeine Neigung rein erzielt;
Viel Personen sind in dir gestorben,
Und du hast sie alle gut gespielt.

Zwei Personen, ganz verschieden,
Luden sich bei mir zu Tafel;
Diesmal lebten sie in Frieden,
Fuchs und Kranich, sagt die Fabel.

Beiden macht ich was zurechte,
Rupfte gleich die jüngsten Tauben;
Weil er von Schakals Geschlechte,
Legt ich bei geschwollne Trauben.

Langgehälstes Glasgefäße
Setzt ich ungesäumt dagegen,
Wo sich klar im Elemente
Gold- und Silberfischlein regen.

Hättet ihr den Fuchs gesehen,
Auf der flachen Schüssel hausen,
Neidisch müßtet ihr gestehen:
Welch ein Appetit zum Schmausen!

Wenn der Vogel, ganz bedächtig,
Sich auf einem Fuße wiegte,

Hals und Schnabel, zart und schmächtig,
Zierlich nach den Fischlein schmiegte.

Dankend freuten sie beim Wandern
Sich der Tauben, sich der Fischchen;
Jeder spottete des andern
Als genährt am Katzentischchen.

*

Willst nicht Salz und Schmalz verlieren,
Mußt, gemäß den Urgeschichten,
Wenn die Leute willst gastieren,
Dich nach Schnauz und Schnabel richten.

[Auf L.G. Kosegarten]

Laßt nach vielgeprüftem Leben
Hier den edlen Pilgrim ruhn!
Ehrt sein Wollen und sein Streben,
Wie sein Dichten und sein Tun.

Vor den Wissenden sich stellen,
Sicher ists in allen Fällen!
Wenn du lange dich gequälet,
Weiß er gleich, wo dir es fehlet;
Auch auf Beifall darfst du hoffen,
Denn er weiß, wo du's getroffen.

AN GRÄFIN MARIE VON EINSIEDEL
geboren Jena, den 18. Oktober 1819
Zum Tauftage, den 30. Oktober 1819, treuliches Eingebinde

Töchterchen! nach trüben Stunden
Zu der Eltern Lust erschienen,
Hast so jung das Glück gefunden,

Den Geliebtesten zu dienen.
Mögest du den frohsten Stunden
Ihres Lebens blühend grünen.

HEUT UND EWIG

Unmöglich ists, den Tag dem Tag zu zeigen,
Der nur Verworrnes im Verworrnen spiegelt,
Und jeder selbst sich fühlt als recht und eigen,
Statt sich zu zügeln, nur am andern zügelt;
Da ists den Lippen besser, daß sie schweigen,
Indes der Geist sich fort und fort beflügelt.
Aus Gestern wird nicht Heute; doch Äonen,
Sie werden wechselnd sinken, werden thronen.

Voss *contra* Stolberg! ein Prozeß
Von ganz besonderm Wesen,
Ganz eigner Art; mir ist indes,
Das hätt ich schon gelesen.
Mir wird unfrei, mir wird unfroh,
Wie zwischen Glut und Welle,
Als läs ich ein *Capitolo*
In Dantes grauser Hölle.

RÄTSEL

Ein Werkzeug ist es, alle Tage nötig,
Den Männern weniger, den Frauen viel,
Zum treusten Dienste gar gelind erbötig,
Im Einen vielfach, spitz und scharf. Sein Spiel
Gern wiederholt, wobei wir uns bescheiden:
Von außen glatt, wenn wir von innen leiden.
Doch Spiel und Schmuck erquickt uns nur aufs neue,
Erteilte Lieb ihm erst gerechte Weihe.

IDEALE

Der Maler wagts mit Götter-Bildern,
Sein Höchstes hat er aufgestellt;
Doch, was er für unmöglich hält:
Dem Liebenden die Liebste schildern,
Er wag es auch! Ein Traum wird frommen,
Ein Schattenbild ist hoch willkommen.

EINS WIE'S ANDRE

Die Welt ist ein Sardellen-Salat;
Er schmeckt uns früh, er schmeckt uns spat:
Zitronen-Scheibchen ringsumher,
Dann Fischlein, Würstlein, und was noch mehr
In Essig und Öl zusammenrinnt,
Kapern, so künftige Blumen sind –
Man schluckt sie zusammen wie *ein* Gesind.

Senior (Solo)

Hört mir zu mit gutem Willen,
Auch auf Tadel seid gefaßt!
Euer Schreien, euer Brüllen
Ist mir lange schon verhaßt.
Sitz ich immer, euer Alter,
Bei dem widerlichen Klang,
Stimmet doch einmal den Psalter
Zu harmonischem Gesang.

Chor (Unisono)

Wir probierens, guter Alter,
Mäßigen der Stimme Klang.
Schlage du nur selbst den Psalter
Zu harmonischem Gesang.

ALLERDINGS
Dem Physiker

»*Ins Innre der Natur*« –
O du Philister!
»*Dringt kein erschaffner Geist.*«
Mich und Geschwister
Mögt ihr an solches Wort
Nur nicht erinnern!
Wir denken: Ort für Ort
Sind wir im Innern.
»*Glückselig, wem sie nur*
Die äußre Schale weist!«
Das hör ich sechzig Jahre wiederholen,
Ich fluche drauf, aber verstohlen;
Sage mir tausend tausendmale:
Alles gibt sie reichlich und gern;
Natur hat weder Kern
Noch Schale,
Alles ist sie mit einemmale.
Dich prüfe du nur allermeist,
Ob du Kern oder Schale seist.

Mags die Welt zur Seite weisen,
Wenig Schüler werdens preisen,
Die an deinem Sinn entbrannt,
Wenn die Vielen dich verkannt.

IMMER UND ÜBERALL

Dringe tief zu Berges Grüften,
Wolken folge hoch zu Lüften;
Muse ruft zu Bach und Tale
Tausend, aber tausendmale.

Sobald ein frisches Kelchlein blüht,
Es fordert neue Lieder;
Und wenn die Zeit verrauschend flieht,
Jahrszeiten kommen wieder.

APRIL

Augen, sagt mir, sagt, was sagt ihr?
Denn ihr sagt was gar zu Schönes,
Gar des lieblichsten Getönes;
Und in gleichem Sinne fragt ihr.

Doch ich glaub euch zu erfassen:
Hinter dieser Augen Klarheit
Ruht ein Herz in Lieb und Wahrheit
Jetzt sich selber überlassen,

Dem es wohl behagen müßte,
Unter so viel stumpfen, blinden
Endlich einen Blick zu finden,
Der es auch zu schätzen wüßte.

Und indem ich diese Chiffern
Mich versenke zu studieren,
Laßt euch ebenfalls verführen,
Meine Blicke zu entziffern!

[An die Frankfurter Freunde]

Verliehet ihr den goldnen Kranz,
Ihr Lieben dort am Maine,
So war es mir ein holder Glanz
Zu ewigem Vereine.
Doch hat sich bald das Blatt gewandt,
Nun wird er sich verteuern:
In meinem neuen Vaterland
Muß ich ihn jetzt versteuern.

IHRO HOHEIT DER PRINZESSIN
MARIA VON SACHSEN-WEIMAR
UND -EISENACH
MIT RAFFAELS GÄRTNERIN
zum 3. Februar 1820

Sanftes Bild dem sanften Bilde
Unsrer Fürstin widmet sich;
Solche Ruhe, solche Milde
Immerfort umschwebe dich!

Denn ein äußerlich Zerstreuen,
Das sich in sich selbst zerschellt,
Fordert inneres Erneuen,
Das den Sinn zusammenhält.

Aus dem bunten Weltbeginnen
Wende deinen holden Blick
So vertrauensvoll nach innen,
Wie aufs heilige Bild zurück.

*

Deinen Wachstum zu begrüßen,
Sammeln wir die frohen Kreise.
Jeder spräche gern die süßen
Worte jung-lebendger Weise;
Blumen wollten auch jetzunder
Schon aus ihren Knospen brechen:
Dessenthalben ists kein Wunder,
Daß sogar die Steine sprechen.

Schön und köstlich ist die Gabe,
Wohlenträtselt das Verlangen;
Daß die Weihe sie empfangen,
Bleibet aber ungewiß.

Wäre dies nicht nachzubringen?
Was *er* sittsam nicht entraubte,
Wenn *sie* sichs nun selbst erlaubte!!
Hudhud, geh und melde dies.

ZWISCHEN BEIDEN WELTEN

Einer Einzigen angehören,
Einen Einzigen verehren,
Wie vereint es Herz und Sinn!
Lida! Glück der nächsten Nähe,
William! Stern der schönsten Höhe,
Euch verdank ich, was ich bin.
Tag' und Jahre sind verschwunden,
Und doch ruht auf jenen Stunden
Meines Wertes Vollgewinn.

KRONOS ALS KUNSTRICHTER

Saturnus eigne Kinder frißt,
Hat irgend kein Gewissen;
Ohne Senf und Salz, und wie ihr wißt,
Verschlingt er euch den Bissen.

Shakespearen sollt es auch ergehn
Nach hergebrachter Weise: –
Den hebt mir auf, sagt Polyphem,
Daß ich zuletzt ihn speise.

DEM FÜRSTEN HARDENBERG
Zum 70. Geburtstag

Wer die Körner wollte zählen,
Die dem Stundenglas entrinnen,

Würde Zeit und Ziel verfehlen,
Solchem Strome nachzusinnen.

Auch vergehn uns die Gedanken,
Wenn wir in dein Leben schauen,
Freien Geist in Erdeschranken,
Festes Handeln und Vertrauen.

So entrinnen jeder Stunde
Fügsam glückliche Geschäfte.
Segen dir von Mund zu Munde!
Neuen Mut und frische Kräfte!

AN GRÄFIN O'DONELL

Hier, wo noch *ihr* Platz genannt wird,
Hier, wo noch *ihr* Becher steht,
Doch nur wenigen bekannt wird,
Was von *ihrem* Grabe weht,
Sag ich: Freundin! halte heilig,
Was dir von der Holden blieb,
Die so groß–ach, übereilig
Von den Allertreusten schied.

Uns, den Liebenden, den Treuen,
Sei nun weiter nichts begehrt;
Nur ist, wenn wir *sie* erneuen,
Unser Leben etwas wert.

TOAST ZUM
AKADEMISCHEN MITTAGSMAHL
am 22. April 1820

Abwesend ist kein Freund zu achten,
Der immer für uns denkt und strebt

Und, wie es auch die Zeiten brachten,
Für uns in gleichem Sinne lebt.
Bei Sonnenschein und Regenschauer
Ruft ein verklärter, heitrer Blick
Dem zweifelhaften Zustand Glück
Und jedem Glück die längste Dauer.

AN JULIEN

Zur Dresdner Reise

Ein guter Geist ist schon genug,
Du gehst zu hundert Geistern;
Vorüber wandelt dir ein Zug
Von großen, größern Meistern.
Sie grüßen alle dich fortan
Als feinen Jung-Gesellen
Und winken freundlich dich heran,
Dich in den Kreis zu stellen.
Du stehst und schweigst am heilgen Ort
Und möchtest gerne fragen;
Am Ende ists ein einzig Wort,
Was sie dir alle sagen.

1820 Reise nach Karlsbad

VORSCHMACK

Der echte Moslem spricht vom Paradiese,
Als wenn er selbst allda gewesen wäre,
Er glaubt dem Koran, wie es der verhieße,
Hierauf begründet sich die reine Lehre.

Doch der Prophet, Verfasser jenes Buches,
Weiß unsre Mängel droben auszuwittern
Und sieht, daß trotz dem Donner seines Fluches
Die Zweifel oft den Glauben uns verbittern.

Deshalb entsendet er den ewgen Räumen
Ein Jugendmuster, alles zu verjüngen;
Sie schwebt heran und fesselt ohne Säumen
Um meinen Hals die allerliebsten Schlingen.

Auf meinem Schoß, an meinem Herzen halt ich
Das Himmelswesen, mag nichts weiter wissen;
Und glaube nun ans Paradies gewaltig,
Denn ewig möcht ich sie so treulich küssen.

EINLASS

Huri. Heute steh ich meine Wache
Vor des Paradieses Tor,
Weiß nicht grade, wie ichs mache,
Kommst mir so verdächtig vor!

Ob du unsern Mosleminen
Auch recht eigentlich verwandt?
Ob dein Kämpfen, dein Verdienen
Dich ans Paradies gesandt?

Zählst du dich zu jenen Helden?
Zeige deine Wunden an,
Die mir Rühmliches vermelden,
Und ich führe dich heran.

DICHTER. Nicht so vieles Federlesen!
Laß mich immer nur herein:
Denn ich bin ein Mensch gewesen,
Und das heißt ein Kämpfer sein.

Schärfe deine kräftgen Blicke!
Hier! – durchschaue diese Brust,
Sieh der Lebenswunden Tücke,
Sieh der Liebeswunden Lust!

Und doch sang ich gläubger Weise:
Daß mir die Geliebte treu,
Daß die Welt, wie sie auch kreise,
Liebevoll und dankbar sei.

Mit den Trefflichsten zusammen
Wirkt ich, bis ich mir erlangt,
Daß mein Nam in Liebesflammen
Von den schönsten Herzen prangt.

Nein! du wählst nicht den Geringern!
Gib die Hand, daß Tag für Tag
Ich an deinen zarten Fingern
Ewigkeiten zählen mag.

ANKLANG

HURI. Draußen am Orte,
Wo ich dich zuerst sprach,
Wacht ich oft an der Pforte,
Dem Gebote nach.
Da hört ich ein wunderlich Gesäusel,
Ein Ton- und Silbengekräusel,
Das wollte herein;
Niemand aber ließ sich sehen,
Da verklang es klein zu klein;
Es klang aber fast wie deine Lieder,
Das erinnr ich mich wieder.

DICHTER. Ewig Geliebte! wie zart
Erinnerst du dich deines Trauten!
Was auch, in irdischer Luft und Art,
Für Töne lauten,
Die wollen alle herauf;
Viele verklingen da unten zuhauf;
Andre mit Geistes Flug und Lauf,
Wie das Flügel-Pferd des Propheten,
Steigen empor und flöten
Draußen an dem Tor.
Kommt deinen Gespielen so etwas vor,
So sollen sie's freundlich vermerken,
Das Echo lieblich verstärken,
Daß es wieder hinunterhalle,
Und sollen achthaben,
Daß in jedem Falle,
Wenn er kommt, seine Gaben
Jedem zugute kommen;
Das wird beiden Welten frommen.

Sie mögens ihm freundlich lohnen,
Auf liebliche Weise fügsam,
Sie lassen ihn mit sich wohnen:
Alle Guten sind genügsam.

Du aber bist mir beschieden,
Dich laß ich nicht aus dem ewigen Frieden;
Auf die Wache sollst du nicht ziehn,
Schick eine ledige Schwester dahin!

HURI. Wieder einen Finger schlägst du mir ein!
Weißt du denn, wieviel Äonen
Wir vertraut schon zusammen wohnen?

DICHTER. Nein! – Wills auch nicht wissen. Nein!
Mannigfaltiger, frischer Genuß,
Ewig bräutlich keuscher Kuß! –
Wenn jeder Augenblick mich durchschauert,
Was soll ich fragen, wie lang es gedauert!

HURI. Abwesend bist denn doch auch einmal,
Ich merk es wohl, ohne Maß und Zahl.
Hast in dem Weltall nicht verzagt,
An Gottes Tiefen dich gewagt;
Nun sei der Liebsten auch gewärtig!
Hast du nicht schon das Liedchen fertig?
Wie klang es draußen an dem Tor?
Wie klingts? – Ich will nicht stärker in dich dringen,
Sing mir die Lieder an Suleika vor:
Denn weiter wirst du's doch im Paradies nicht bringen.

[Gruppe › Lyrisches ‹]

Töne, Lied, aus weiter Ferne,
Säusle heimlich nächster Nähe,
So der Freude, so dem Wehe!
Blinken doch auch so die Sterne.
Alles Gute wirkt geschwinder;
Alte Kinder, junge Kinder
Hörens immer gerne.

1820 REISE NACH KARLSBAD

Zu der Apfel-Verkäuferin
Kamen Kinder gelaufen;
Alle wollten kaufen;
Mit munterm Sinn
Griffen sie aus dem Haufen,
Beschauten mit Verlangen
Nah und näher rotbäckige Wangen –
Sie hörten den Preis
Und warfen sie wieder hin,
Als wären sie glühend heiß.

Was der für Käufer haben sollte,
Der Ware gratis geben wollte!

DICHTER. Deine Liebe, dein Kuß mich entzückt!
Geheimnisse mag ich nicht erfragen;
Doch sag mir, ob du an irdischen Tagen
Jemals teilgenommen?
Mir ist es oft so vorgekommen,
Ich wollt es beschwören, ich wollt es beweisen:
Du hast einmal Suleika geheißen.

HURI. Wir sind aus den Elementen geschaffen,
Aus Wasser, Feuer, Erd und Luft,
Unmittelbar, und irdischer Duft
Ist unserm Wesen ganz zuwider.
Wir steigen nie zu euch hernieder;
Doch wenn ihr kommt, bei uns zu ruhn,
Da haben wir genug zu tun.

Denn, siehst du, wie die Gläubigen kamen,
Von dem Propheten so wohl empfohlen,
Besitz vom Paradiese nahmen,
Da waren wir, wie er befohlen,
So liebenswürdig, so charmant,
Wie uns die Engel selbst nicht gekannt.

Allein der erste, zweite, dritte,
Die hatten vorher eine Favorite;
Gegen uns warens garstige Dinger,
Sie aber hielten uns doch geringer;
Wir waren reizend, geistig, munter,
Die Moslems wollten wieder hinunter.

Nun war uns himmlisch Hochgebornen
Ein solch Betragen ganz zuwider,
Wir aufgewiegelten Verschwornen
Besannen uns schon hin und wieder;
Als der Prophet durch alle Himmel fuhr,
Da paßten wir auf seine Spur;
Rückkehrend hatt er sichs nicht versehn,
Das Flügel-Pferd, es mußte stehn.

Da hatten wir ihn in der Mitte!–
Freundlich ernst, nach Propheten-Sitte,
Wurden wir kürzlich von ihm beschieden;
Wir aber waren sehr unzufrieden.
Denn, seine Zwecke zu erreichen,
Sollten wir eben alles lenken;
So wie ihr dächtet, sollten wir denken,
Wir sollten euren Liebchen gleichen.

Unsere Eigenliebe ging verloren,
Die Mädchen krauten hinter den Ohren,
Doch, dachten wir, im ewigen Leben
Muß man sich eben in alles ergeben.

Nun sieht ein jeder, was er sah,
Und ihm geschieht, was ihm geschah.
Wir sind die Blonden, wir sind die Braunen,
Wir haben Grillen und haben Launen,
Ja, wohl auch manchmal eine Flause,
Ein jeder denkt, er sei zu Hause;
Und wir darüber sind frisch und froh,
Daß sie meinen, es wäre so.

Du aber bist von freiem Humor,
Ich komme dir paradiesisch vor;
Du gibst dem Blick, dem Kuß die Ehre,
Und wenn ich auch nicht Suleika wäre.
Doch da sie gar zu lieblich war,
So glich sie mir wohl auf ein Haar.

DICHTER. Du blendest mich mit Himmelsklarheit,
Es sei nun Täuschung oder Wahrheit,
Genug, ich bewundre dich vor allen.
Um ihre Pflicht nicht zu versäumen,
Um einem Deutschen zu gefallen,
Spricht eine Huri in Knittelreimen.

HURI. Ja, reim auch du nur unverdrossen,
Wie es dir aus der Seele steigt!
Wir paradiesische Genossen
Sind Wort- und Taten reinen Sinns geneigt.
Die Tiere, weißt du, sind nicht ausgeschlossen,
Die sich gehorsam, die sich treu erzeigt!
Ein derbes Wort kann Huri nicht verdrießen;
Wir fühlen, was vom Herzen spricht,
Und was aus frischer Quelle bricht,
Das darf im Paradiese fließen.

ST. NEPOMUKS VORABEND
Karlsbad, den 15. Mai 1820

Lichtlein schwimmen auf dem Strome,
Kinder singen auf der Brücken,
Glocke, Glöckchen fügt vom Dome
Sich der Andacht, dem Entzücken.

Lichtlein schwinden, Sterne schwinden;
Also löste sich die Seele
Unsres Heilgen, nicht verkünden
Durft er anvertraute Fehle.

Lichtlein, schwimmet! Spielt, ihr Kinder!
Kinder-Chor, o! singe, singe!
Und verkündiget nicht minder,
Was den Stern zu Sternen bringe.

HERRN CUNOS BUCHHANDLUNG
ZUM EISERNEN KREUZ

Heuer, als der Mai, beflügelt,
Wiegt in Tagen sich, den milden,
Seh ich, was die Deutschen bilden,
Auch in Böhmen abgespiegelt.
Was du bringst, im Heft und Bande,
In Formaten groß und klein,
Sei es Heil dem guten Lande,
Mögens reine Bilder sein.

1820 – 1822 Weimar und Jena

ZAHME XENIEN

[II]

Mit Bakis' Weissagen vermischt

Wir sind vielleicht zu antik gewesen;
Nun wollen wir es moderner lesen.

»Sonst warst du so weit vom Prahlen entfernt,
Wo hast du das Prahlen so grausam gelernt?«
Im Orient lernt ich das Prahlen.
Doch seit ich zurück bin, im westlichen Land,
Zu meiner Beruhigung find ich und fand
Zu Hunderten Orientalen.

Und was die Menschen meinen,
Das ist mir einerlei;
Möchte mich mir selbst vereinen,
Allein wir sind zu zwei;
Und im lebendgen Treiben
Sind wir ein Hier und Dort:
Das eine liebt zu bleiben,
Das andre möchte fort;
Doch zu dem Selbst-Verständnis
Ist auch wohl noch ein Rat:
Nach fröhlichem Erkenntnis
Erfolge rasche Tat.

Und wenn die Tat bisweilen
Ganz etwas anders bringt,
So laßt uns das ereilen,
Was unverhofft gelingt.

Wie ihr denkt oder denken sollt,
Geht mich nichts an;
Was ihr Guten, ihr Besten wollt,
Hab ich zum Teil getan.
Viel übrig bleibt zu tun,
Möge nur keiner lässig ruhn! –
Was ich sag, ist Bekenntnis
Zu meinem und eurem Verständnis.
Die Welt wird täglich breiter und größer,
So machts denn auch vollkommner und besser!
Besser sollt es heißen und vollkommner;
So sei denn jeder ein Willkommner.

Wie das Gestirn,
Ohne Hast,
Aber ohne Rast,
Drehe sich jeder
Um die eigne Last.

Ich bin so guter Dinge,
So heiter und rein,
Und wenn ich einen Fehler beginge,
Könnts keiner sein.

Ja, das ist das rechte Gleis,
Daß man nicht weiß,
Was man denkt,
Wenn man denkt;
Alles ist als wie geschenkt.

»Warum man so manches leidet,
Und zwar ohne Sünde?«
Niemand gibt uns Gehör.
Wie das Tätige scheidet,
Alles ist Pfründe,
Und es lebt nichts mehr.

1820–1822 WEIMAR UND JENA

»Manches können wir nicht verstehn.«
Lebt nur fort, es wird schon gehn.

»Wie weißt du dich denn so zu fassen?«
Was ich tadle, muß ich gelten lassen.

»Bakis ist wieder auferstanden!«
Ja! wie mir scheint, in allen Landen.
Überall hat er mehr Gewicht
Als hier im kleinen Reimgedicht.

Gott hat den Menschen gemacht
Nach seinem Bilde;
Dann kam er selbst herab,
Mensch, lieb und milde.

Barbaren hatten versucht,
Sich Götter zu machen;
Allein sie sahen verflucht,
Garstiger als Drachen.

Wer wollte Schand und Spott
Nun weiter steuern,
Verwandelte sich Gott
Zu Ungeheuern?

Und so will ich, ein- für allemal,
Keine Bestien in dem Götter-Saal!
Die leidigen Elefanten-Rüssel,
Das umgeschlungene Schlangen-Genüssel,
Tief Ur-Schildkröt im Welten-Sumpf,
Viel Königs-Köpf auf *einem* Rumpf,
Die müssen uns zur Verzweiflung bringen,
Wird sie nicht reiner Ost verschlingen.

Der Ost hat sie schon längst verschlungen:
Kalidas' und andere sind durchgedrungen;
Sie haben mit Dichter-Zierlichkeit
Von Pfaffen und Fratzen uns befreit.
In Indien möcht ich selber leben,
Hätt es nur keine Steinhauer gegeben.
Was will man denn vergnüglicher wissen!
Sakontala, Nala, die muß man küssen;
Und Megha-Duta, den Wolkengesandten,
Wer schickt ihn nicht gerne zu Seelenverwandten!

»Willst du, was doch Genesene preisen,
Das Eisen und handhabende Weisen
So ganz entschieden fliehen und hassen?«
Da Gott mir höhere Menschheit gönnte,
Mag ich die täppischen Elemente
Nicht verkehrt auf mich wirken lassen.

Als hätte, da wär ich sehr erstaunt,
Der Nabel mir was ins Ohr geraunt,
Ein Rad zu schlagen, aufm Kopf zu stehn,
Das mag für lustige Jungen gehn;
Wir aber lassen es wohl beim alten,
Den Kopf wo möglich oben zu halten.

Die Deutschen sind ein gut Geschlecht,
Ein jeder sagt: Will nur, was recht;
Recht aber soll vorzüglich heißen,
Was ich und meine Gevattern preisen;
Das übrige ist ein weitläufig Ding,
Das schätz ich lieber gleich gering.

Ich habe gar nichts gegen die Menge;
Doch kommt sie einmal ins Gedränge,
So ruft sie, um den Teufel zu bannen,
Gewiß die Schelme, die Tyrannen.

Seit sechzig Jahren seh ich gröblich irren
Und irre derb mit drein;

1820–1822 WEIMAR UND JENA

Da Labyrinthe nun das Labyrinth verwirren,
Wo soll euch Ariadne sein?

»Wie weit soll das noch gehn!
Du fällst gar oft ins Abstruse,
Wir können dich nicht verstehn.«
Deshalb tu ich Buße:
Das gehört zu den Sünden.
Seht mich an als Propheten!
Viel Denken, mehr Empfinden
Und wenig Reden.

Was ich sagen wollt:
Verbietet mir keine Zensur!
Sagt verständig immer nur,
Was jedem frommt,
Was ihr und andere sollt;
Da kommt,
Ich versichr euch, so viel zur Sprache,
Was uns beschäftigt auf lange Tage.

O Freiheit süß der Presse!
Nun sind wir endlich froh;
Sie pocht von Messe zu Messe
In dulci jubilo.
Kommt, laßt uns alles drucken
Und walten für und für;
Nur sollte keiner mucken,
Der nicht so denkt wie wir.

Nicht jeder kann alles ertragen:
Der weicht diesem, der jenem aus;
Warum soll ich nicht sagen:
Die indischen Götzen, die sind mir ein Graus?

Nichts schrecklicher kann den Menschen geschehn,
Als das Absurde verkörpert zu sehn.

Dummes Zeug kann man viel reden,
Kann es auch schreiben,
Wird weder Leib noch Seele töten,
Es wird alles beim alten bleiben.
Dummes aber vors Auge gestellt
Hat ein magisches Recht:
Weil es die Sinne gefesselt hält,
Bleibt der Geist ein Knecht.

Ihr guten Dichter ihr,
Seid nur in Zeiten zahm!
Sie machen Shakespeare
Auch noch am Ende lahm.

Im Auslegen seid frisch und munter!
Legt ihrs nicht aus, so legt was unter.

Was dem einen widerfährt,
Widerfährt dem andern;
Niemand wäre so gelehrt,
Der nicht sollte wandern.
Und ein armer Teufel kommt
Auch von Stell zu Stelle;
Frauen wissen, was ihm frommt,
Welle folgt der Welle.

»Ich zieh ins Feld!
Wie machts der Held?«
Vor der Schlacht hochherzig,
Ist sie gewonnen, barmherzig,
Mit hübschen Kindern liebherzig;
Wär ich Soldat,
Das wär mein Rat.

»Gib eine Norm zur Bürger-Führung!«
Hienieden,
Im Frieden,
Kehre jeder vor seiner Türe;

Bekriegt,
Besiegt,
Vertrage man sich mit der Einquartierung.

Wenn der Jüngling absurd ist,
Fällt er darüber in lange Pein;
Der Alte soll nicht absurd sein,
Weil das Leben ihm kurz ist.

»Was hast du uns absurd genannt!
Absurd allein ist der Pedant.«

Will ich euch aber Pedanten benennen,
Da muß ich mich erst besinnen können.

Titius, Cajus, die wohl Bekannten! –
Doch wenn ichs recht beim Licht besah,
Einer steht dem andern so nah,
Am Ende sind wir alle Pedanten.

Das mach ich mir denn zum reichen Gewinn,
Daß ich getrost ein Pedante bin.

Tust deine Sache und tust sie recht,
Halt fest und ehre deinen Orden;
Hältst du aber die andern für schlecht,
So bist du selbst ein Pedant geworden.

Wie einer denkt, ist einerlei,
Was einer tut, ist zweierlei;
Macht ers gut, so ist es recht;
Gerät es nicht, so bleibt es schlecht.

Von Jahren zu Jahren
Muß man viel Fremdes erfahren;
Du trachte, wie du lebst und leibst,
Daß du nur immer derselbe bleibst.

Wenn ich kennte den Weg des Herrn,
Ich ging' ihn wahrhaftig gar zu gern;
Führte man mich in der Wahrheit Haus,
Bei Gott! ich ging' nicht wieder heraus.

»Sei deinen Worten Lob und Ehre!
Wir sehn, daß du ein Erfahrner bist.«
Sieht aus, als wenn es von gestern wäre,
Weil es von heut ist.

Das Beste möcht ich euch vertrauen:
Sollt erst in eignen Spiegel schauen.

Seid ihr, wie schön geputzte Braut,
Bei diesem Anblick froh geblieben,
Fragt: ob ihr alles, was ihr schaut,
Mit redlichem Gesicht mögt lieben.

Habt ihr gelogen in Wort und Schrift,
Andern ist es und euch ein Gift.

X hat sich nie des Wahren beflissen,
Im Widerspruche fand ers;
Nun glaubt er alles besser zu wissen,
Und weiß es nur anders.

»Du hast *nicht* recht!« Das mag wohl sein;
Doch das zu sagen, ist klein;
Habe *mehr* recht als ich! das wird was sein.

Da kommen sie von verschiedenen Seiten,
Nord, Ost, Süd, West und anderen Weiten,
Und klagen diesen und jenen an:
Er habe nicht ihren Willen getan!
Und was sie dann nicht gelten lassen,
Das sollen die übrigen gleichfalls hassen.
Warum ich aber mich Alter betrübe?
Daß man nicht liebt – was ich liebe.

1820–1822 WEIMAR UND JENA

Und doch bleibt was Liebes immer,
So im Reden, so im Denken;
Wie wir schöne Frauenzimmer
Mehr als garstige beschenken.

Bleibt so etwas, dem wir huldgen,
Wenn wirs auch nicht recht begreifen;
Wir erkennen, wir entschuldgen,
Mögen nicht zur Seite weichen.

»Sagt! wie könnten wir das Wahre,
Denn es ist uns ungelegen,
Niederlegen auf die Bahre,
Daß es nie sich möchte regen?«

Diese Mühe wird nicht groß sein
Kultivierten deutschen Orten;
Wollt ihr es auf ewig los sein,
So erstickt es nur mit Worten.

Immer muß man wiederholen:
Wie ich sage, so ich denke!
Wenn ich diesen, jenen kränke,
Kränk auch er mich unverhohlen.

Störet ja! – mir sagts die Zeitung –
Unverletzten würdgen Ortes
Dieser jenem, heftgen Wortes,
Die beliebige Bereitung.

Was der eine will bereiten,
Einem andern wills nicht gelten;
Hüben, drüben muß man schelten:
Das ist nun der Geist der Zeiten.

Läßt mich das Alter im Stich?
Bin ich wieder ein Kind?
Ich weiß nicht, ob ich
Oder die andern verrückt sind.

»Sag nur, warum du in manchem Falle
So ganz untröstlich bist?«
Die Menschen bemühen sich alle,
Umzutun, was getan ist.

»Und wenn was umzutun wäre,
Das würde wohl auch getan;
Ich frage dich bei Wort und Ehre:
Wo fangen wirs an?«

Umstülpen führt nicht ins Weite;
Wir kehren, frank und froh,
Den Strumpf auf die linke Seite
Und tragen ihn so.

Und sollen das Falsche sie umtun,
So fangen sie wieder von vornen an;
Sie lassen immer das Wahre ruhn
Und meinen, mit Falschem wärs auch getan.

Da steht man denn von neuem still,
Warum das auch nicht gehen will.

Niemand muß herein rennen
Auch mit den besten Gaben;
Sollens die Deutschen mit Dank erkennen,
So wollen sie Zeit haben.

Das Tüchtige, und wenn auch falsch,
Wirkt Tag für Tag, von Haus zu Haus;
Das Tüchtige, wenns wahrhaft ist,
Wirkt über alle Zeiten hinaus.

1820–1822 WEIMAR UND JENA

GRUNDBEDINGUNG

Sprichst du von Natur und Kunst,
Habe beide stets vor Augen:
Denn was will die Rede taugen
Ohne Gegenwart und Gunst!

Eh du von der Liebe sprichst,
Laß sie erst im Herzen leben,
Eines holden Angesichts
Phosphorglanz dir Feuer geben.

[An Ottilie v. Goethe]

Wo ich wohne,
Zeigt die Melone:
Am Paradiese
Zunächst der Wiese
Liegt ein Garten;
Da warten
Hübsche Kinder auf mich.
Ich aber denk an dich,
In aller Tugend und Zucht
Schick ich die Frucht.

[An die Gräfin Karoline v. Egloffstein]

Der Heiden-Kaiser Valerian
Hat es mir niemals angetan,
In seinen sehr konfusen Zeiten
Mocht ich ihn keineswegs begleiten:
Denn ob ihn schon durch göttlich Walten
(Die Münze sagts) Apoll erhalten,
So sehen wir doch allzu klar,
Wie jammervoll sein Phöbus war.

Da er nun aber zu meinem Frommen
Soll von so lieben Händen kommen,

So mach ich ihm ein freundlich Gesicht;
Gute Christen, die tätens nicht.
Mutter und Tochter mögens entschuldgen,
Beiden werd ich für ewig huldgen.

So wie der Papst auf seinem Thron,
So sitzt der Akademiker auf seinem Lohn;
Er ist bepfründet, hat er mehr zu hoffen?
»Die Welt ist weit, den Narren steht sie offen.
Wir sind behäglich, können tätig ruhn;
Macht euch, ihr Toren, Tag für Tag zu tun.«

TOAST ZUM 28. AUGUST 1820
beim akademischen Gastmahl auf der Rose

Wo Jahr um Jahr die Jugend sich erneut,
Ein frisches Alter würdge Lehre beut,
Wo Fürsten reichlich hohe Mittel spenden,
Was alles kann und wird sich da vollenden,
Wenn jeder tätig froh an seinem Teil. –
Heil jedem Einzelnen! dem Ganzen Heil!

NATIONAL-VERSAMMLUNG

Auf der recht- und linken Seite,
Auf dem Berg und in der Mitten
Sitzen, stehen sie zum Streite,
All einander ungelitten.

Wenn du dich ans Ganze wendest
Und votierest, wie du sinnest,
Merke, welchen du entfremdest,
Fühle, wen du dir gewinnest.

Ach, ich kann sie nicht erwidern,
Wie ich auch daran mich freue;
Gnüg es dir an meinen Liedern,
Meinem Herzen, meiner Treue!

DER FRAU VON ZIEGESAR,
GEB. VON STEIN

zum Geburtstage

Zwar die vierundzwanzig Ritter
Ehren wir in allen Fällen;
Doch auch Fräulein sind nicht bitter,
Wenn sie sich dazwischen stellen.

Heute lasset mich beachten
Solche lieblichsten Vereine,
Wenn sie bunte Reihe machten,
Die *Ziegesar* und die *Steine*.

Kämen sämtlich angezogen
Dieser Stämme frohe Lichter,
Würden Könige gewogen
Und begrüßten sie die Dichter.

Und besonders aber Eine,
Welche wir zu segnen kamen;
Freunde nennen sie die Kleine,
Sie verdient gar viele Namen.

PARABASE

Freudig war, vor vielen Jahren,
Eifrig so der Geist bestrebt,
Zu erforschen, zu erfahren,
Wie Natur im Schaffen lebt.
Und es ist das ewig Eine,

Das sich vielfach offenbart:
Klein das Große, groß das Kleine,
Alles nach der eignen Art;
Immer wechselnd, fest sich haltend,
Nah und fern und fern und nah,
So gestaltend, umgestaltend –
Zum Erstaunen bin ich da.

INS EINZELNE

Seit vielen Jahren hab ich still
Zu eurem Tun geschwiegen,
Das sich am Tag und Tages-Will
Gefällig mag vergnügen.

Ihr denkt, woher der Wind auch weht
Zu Schaden und Gewinne,
Wenn es nach eurem Sinne geht,
Es ging' nach einem Sinne.

Du segelst her, der andre hin,
Die Woge zu erproben,
Und was erst eine Flotte schien,
Ist ganz und gar zerstoben.

Wenn ich auf dem Markte geh
Durchs Gedränge
Und das hübsche Mädchen seh
In der Menge,
Geh ich hier, sie kommt heran,
Aber drüben;
Niemand sieht uns beiden an,
Wie wir lieben.

»Alter, hörst du noch nicht auf!
Immer Mädchen!

In dem jungen Lebenslauf
Wars ein Käthchen.
Welche jetzt den Tag versüßt?
Sags mit Klarheit!«
Seht nur hin, wie sie mich grüßt,
Es ist die Wahrheit!

Wenn du am breiten Flusse wohnst,
Seicht stockt er manchmal auch vorbei;
Dann, wenn du deine Wiesen schonst,
Herüber schlämmt er, es ist ein Brei.

Am klaren Tag hinab die Schiffe,
Der Fischer weislich streicht hinan;
Nun starret Eis am Kies und Riffe,
Das Knabenvolk ist Herr der Bahn.

Das mußt du sehn und unterweilen
Doch immer, was du willst, vollziehn!
Nicht stocken darfst du, vor nicht eilen;
Die Zeit, sie geht gemessen hin.

Schwer, in Waldes Busch und Wuchse
Füchsen auf die Spur gelangen;
Hälts der Jäger mit dem Fuchse,
Ists unmöglich, ihn zu fangen.

Und so wäre manches Wunder
Wie A B Ab auszusprechen,
Über welches wir jetzunder
Kopf und Hirn im Kopf zerbrechen.

Ein großer Teich war zugefroren;
Die Fröschlein, in der Tiefe verloren,
Durften nicht ferner quaken noch springen,

Versprachen sich aber, im halben Traum:
Fänden sie nur da oben Raum,
Wie Nachtigallen wollten sie singen.
Der Tauwind kam, das Eis zerschmolz,
Nun ruderten sie und landeten stolz
Und saßen am Ufer weit und breit
Und quakten wie vor alter Zeit.

Im Dorfe war ein groß Gelag,
Man sagt', es sei ein Hochzeittag,
Ich zwängte mich in den Schenken-Saal,
Da drehten die Pärchen allzumal,
Ein jedes Mädchen mit seinem Wicht;
Da gab es manch verliebt Gesicht.
Nun fragt ich endlich nach der Braut –
Mir einer starr ins Angesicht schaut:
»Das mögt Ihr von einem andern hören!
Wir aber tanzen ihr zu Ehren,
Wir tanzen schon drei Tag und Nacht,
Und hat noch niemand an sie gedacht.«

Will einer im Leben um sich schauen,
Dergleichen wird man ihm viel vertrauen.

Tritt in recht vollem, klaren Schein
Frau Venus am Abendhimmel herein,
Oder daß blutrot ein Komet,
Gar rutengleich, durch Sterne steht,
Der Philister springt zur Türe heraus:
Der Stern steht über meinem Haus!
O weh! das ist mir zu verfänglich! –
Da ruft er seinem Nachbar bänglich:
Ach, seht, was mir ein Zeichen dräut,
Das gilt fürwahr uns arme Leut!
Meine Mutter liegt am bösen Keuch,
Mein Kind am Wind und schwerer Seuch,

Meine Frau, fürcht ich, will auch erkranken,
Sie tät schon seit acht Tag nicht zanken –
Und andre Dinge nach Bericht!
Ich fürcht, es kommt das Jüngste Gericht.

Der Nachbar spricht: Ihr habt wohl recht,
Es geht uns diesmal allen schlecht.
Doch laßt uns ein paar Gassen gehen,
Da seht Ihr, wie die Sterne stehen:
Sie deuten hier, sie deuten dort.
Bleibe jeder weislich an seinem Ort
Und tue das Beste, was er kann,
Und leide wie ein andrer Mann.

Jetzt war das Bergdorf abgebrannt,
Sieh nur, wie schnell sich das ermannt!
Steht alles wieder in Brett und Schindeln,
Die Kinder liegen in Wieg' und Windeln:
Wie schön ists, wenn man Gott vertraut!

»Neuer Scheiterhaufen ist aufgebaut,
Daß, wenn es Funken und Wind gefiele,
Gott selbst verlör in solchem Spiele.«

IHRO HOHEIT DER PRINZESSIN
AUGUSTE VON SACHSEN-WEIMAR
UND -EISENACH

MIT ELSHEIMERS AURORA

Zum 30. September 1820

Alle Pappeln hoch in Lüften,
Jeder Strauch in seinen Düften,
Alle sehn sich nach dir um;
Berge schauen dort herüber,
Leuchten schön und jauchzten lieber;
Doch der schöne Tag ist stumm.

Lust-Schalmeien will man hören,
Flöten, Hörner und von Chören
Alles, was nur Freude regt.
Selbst an seiner strengen Kette
Springt das Freundchen um die Wette,
Immer hin und her bewegt.

Und so täuschen wir die Ferne,
Segnen alle holden Sterne,
Die mit Gaben dich geschmückt.
Neue Freude, neue Lieder
Grüßen dich! Erscheine wieder,
Denn der neue Frühling blickt.

GEGENTOAST DER SCHWESTERN
ZUM 24. OKTOBER 1820,
DEM STIFTUNGS- UND AMALIENFESTE

Unser Dank, und wenn auch trutzig,
Grüßend alle lieben Gäste,
Mache keinen Frohen stutzig:
Denn wir feiern eure Feste.

Sollten aber wir, die Frauen,
Dankbar solche Brüder preisen,
Die, ins Innere zu schauen,
Immer uns zur Seite weisen?

Doch Amalien, der hehren,
Die auch euch verklärt erscheinet,
Sprechend, singend ihr zu Ehren
Sind wir doch mit euch vereinet.

Und indem wir eure Lieder
Denken keineswegs zu stören,
Fragen alle sich die Brüder,
Was sie ohne Schwestern wären?

OTTILIEN VON GOETHE

Ehe wir nun weiter schreiten,
Halte still und sieh dich um:
Denn geschwätzig sind die Zeiten,
Und sie sind auch wieder stumm.

Was du mir als Kind gewesen,
Was du mir als Mädchen warst,
Magst in deinem Innern lesen,
Wie du dir es offenbarst.

Deiner Treue sei's zum Lohne,
Wenn du diese Lieder singst,
Daß dem Vater in dem Sohne
Tüchtig-schöne Knaben bringst.

AN BERNHARD VON KNEBEL

Weimar, den 30. November 1820

Den November, den dreißigsten,
Feire stets als heiligen Tag
Mit Opfern, wie's nur dem fleißigsten,
Dem besten Sohne gelingen mag:
Denn der Vater ist heut geboren,
Der dich liebt, wie's billig ist.
Kindlein, sei ihm zugeschworen!
Freude nur bringt, was willig ist.

ANTIKE

Homer ist lange mit Ehren genannt,
Jetzt ward euch Phidias bekannt;
Nun hält nichts gegen beide Stich,
Darob ereifre niemand sich.

Seid willkommen, edle Gäste,
Jedem echten deutschen Sinn;
Denn das Herrlichste, das Beste
Bringt allein dem Geist Gewinn.

[An Marianne v. Willemer]

Du! schweige künftig nicht so lange,
Tritt freundlich oft zu mir herein;
Und laß bei jedem frommen Sange
Dir Glänzendes zur Seite sein.

Reingewaschen in Lammesblut,
Die Phrase fand ich niemals gut,
's ist ein verwegner Tropus;
Steigt reingewaschen wie ein Lamm
Die Königin aus Pöbel-Schlamm,
Das ist ein ander Opus.

Was ist denn Königs-Majestät?
Sie ist, die über alles geht,
Und läßt sich gar nicht stören;
Wie aber Pöbel-Majestät
Sich über alles alles bläht,
Mag Albion uns lehren.

LEBENSGENUSS

»Wie man nur so leben mag?
Du machst dir gar keinen guten Tag!«
Ein guter Abend kommt heran,
Wenn ich den ganzen Tag getan.

Wenn man mich da- und dorthin zerrt,
Und wo ich nichts vermag,

Bin von mir selbst nur abgesperrt,
Da hab ich keinen Tag.

Tut sich nun auf, was man bedarf,
Und was ich wohl vermag,
Da greif ich ein, es geht so scharf,
Da hab ich meinen Tag.

Ich scheine mir an keinem Ort,
Auch Zeit ist keine Zeit,
Ein geistreich-aufgeschloßnes Wort
Wirkt auf die Ewigkeit.

MYSTISCHE ERWIDERUNG

Aus düstern Klosterhallen schallen
Verhaltne Seufzer und verhallen
An unsres Herzens Bebewand;
Dann soll auch unter Purpurthronen,
Safran-Gehängen prächtig wohnen,
Dem du ein Auge zugewandt.

Alldort empfangen uns begeistet
Geschmacksgerüche; wer erdreistet
Des Doppelpaares hohen Preis?
Doch Kutt und Purpur sind ergötzlich,
Gerüche, Schmäcke überschätzlich
Dem, der sich deine Gnade weiß.

Erinnr ich mich doch spät und früh
Des lieblichsten Gesichts,
Sie denkt an mich, ich denk an sie,
Und beiden hilft es nichts.

Dem Dummen wird die Ilias zur Fibel;
Wie uns vor solchem Leser graust!
Er liest so ohngefähr die Bibel
Als wie Herr *Schöne* meinen Faust.

[Auf Pustkuchen]

»Was will von Quedlinburg heraus
Ein zweiter Wanderer traben!« –
Hat doch der Walfisch seine Laus,
Muß ich auch meine haben.

*

Der freudige Werther, Stella dann
In Kriminal-Verhören,
Vom Libanon der heilige Mann
Sind göttlich zu verehren.
So ist von Quedlinburg auch der
Falschmünzer hochzupreisen:
Gemünder Silber präget er,
Uns Korn und Schrot zu weisen.

Der Weihrauch, der euch Göttern glüht,
Muß Priestern lieblich duften:
Sie schufen euch, wie jeder sieht,
Nach ihrem Bild zu Schuften.

Im Vatikan bedient man sich
Palmsonntags echter Palmen,
Die Kardinäle beugen sich
Und singen alte Psalmen.
Dieselben Psalmen singt man auch,
Ölzweiglein in den Händen;
Muß im Gebirg zu diesem Brauch
Stechpalmen gar verwenden.
Zuletzt, man will ein grünes Reis,

So nimmt man Weidenzweige,
Damit der Fromme Lob und Preis
Auch im geringsten zeige.
Und habt ihr euch das wohl gemerkt,
Gönnt man euch das Bequeme,
Wenn ihr im Glauben euch bestärkt;
Das sind Mythologeme.

M R

Etwas ist er, muß auch was scheinen,
Denn immer etwas ist der Schein;
Nun aber in der Allgemeinen
Wird er doch immer mehr gemein.

[An Knebel]

Völligen Unsinn siegel ich hier, geschriebnes Geschreibe;
Öffn es nicht, sonst schwirrt Käfer auf Käfer umher.

Die Xenien, sie wandeln zahm,
Der Dichter hält sich nicht für lahm;
Belieben euch aber geschärftere Sachen,
So wartet, bis die wilden erwachen.

ULTIMATUM

Und so sag ich zum letzten Male:
Natur hat weder Kern noch Schale;
Du prüfe dich nur allermeist,
Ob du Kern oder Schale seist!

»Wir kennen dich, du Schalk!
Du machst nur Possen;

Vor unsrer Nase doch
Ist viel verschlossen.«

Ihr folget falscher Spur;
Denkt nicht: wir scherzen!
Ist nicht der Kern der Natur
Menschen im Herzen?

Kein Stündchen schleiche dir vergebens;
Benutze, was dir widerfahren.
Verdruß ist auch ein Teil des Lebens,
Den sollen die Xenien bewahren.
Alles verdienet Reim und Fleiß,
Wenn man es recht zu sondern weiß.

AN JULIEN

Von so zarten Miniaturen,
Wie der schönen Hand sie glücken,
Schreitest du auf breite Spuren,
Wichtiger umher zu blicken.

Heil den ernsteren Geschäften!
Seligen Erfolg zu schauen,
Einigest zu Mannes Kräften
Liebenswürdiges der Frauen.

WANDERLIED

Von dem Berge zu den Hügeln,
Niederab das Tal entlang,
Da erklingt es wie von Flügeln,
Da bewegt sichs wie Gesang;
Und dem unbedingten Triebe
Folget Freude, folget Rat;

Und dein Streben, sei's in Liebe,
Und dein Leben sei die Tat.

Denn die Bande sind zerrissen,
Das Vertrauen ist verletzt;
Kann ich sagen, kann ich wissen,
Welchem Zufall ausgesetzt
Ich nun scheiden, ich nun wandern,
Wie die Witwe trauervoll,
Statt dem einen, mit dem andern
Fort und fort mich wenden soll!

Bleibe nicht am Boden heften,
Frisch gewagt und frisch hinaus!
Kopf und Arm mit heitern Kräften,
Überall sind sie zu Haus;
Wo wir uns der Sonne freuen,
Sind wir jede Sorge los;
Daß wir uns in ihr zerstreuen,
Darum ist die Welt so groß.

Doch was heißt in solchen Stunden,
Sich im Fernen umzuschaun?
Wer ein heimisch Glück gefunden,
Warum sucht ers dort im Blaun?
Glücklich, wer bei uns geblieben,
In der Treue sich gefällt!
Wo wir trinken, wo wir lieben,
Da ist reiche, freie Welt.

GLEICHGEWINN

Geht einer mit dem andern hin,
Und auch wohl vor dem andern;
Drum laßt uns treu und brav und kühn
Die Lebenspfade wandern.
Es fällt ein jüngerer Soldat

Wohl in den ersten Schlachten;
Der andre muß ins Alter spat
Im Biwak übernachten.
Doch weiß er eifrig seinen Ruhm
Und seines Herrn zu mehren,
So bleibt sein letztes Eigentum
Gewiß das Bett der Ehren.

HOWARDS EHRENGEDÄCHTNIS

Wenn Gottheit *Kamarupa*, hoch und hehr,
Durch Lüfte schwankend wandelt leicht und schwer,
Des Schleiers Falten sammelt, sie zerstreut,
Am Wechsel der Gestalten sich erfreut,
Jetzt starr sich hält, dann schwindet wie ein Traum,
Da staunen wir und traun dem Auge kaum.

Nun regt sich kühn des eignen Bildens Kraft,
Die Unbestimmtes zu Bestimmtem schafft:
Da droht ein Leu, dort wogt ein Elefant,
Kameeles Hals, zum Drachen umgewandt,
Ein Heer zieht an, doch triumphiert es nicht,
Da es die Macht am steilen Felsen bricht;
Der treuste Wolkenbote selbst zerstiebt,
Eh er die Fern erreicht, wohin man liebt.

Er aber, Howard, gibt mit reinem Sinn
Uns neuer Lehre herrlichsten Gewinn.
Was sich nicht halten, nicht erreichen läßt,
Er faßt es an, er hält zuerst es fest;
Bestimmt das Unbestimmte, schränkt es ein,
Benennt es treffend! – Sei die Ehre dein! –
Wie Streife steigt, sich ballt, zerflattert, fällt,
Erinnre dankbar deiner sich die Welt.

ATMOSPHÄRE

»Die Welt, sie ist so groß und breit,
Der Himmel auch so hehr und weit;
Ich muß das alles mit Augen fassen,
Will sich aber nicht recht denken lassen.«

Dich im Unendlichen zu finden,
Mußt unterscheiden und dann verbinden;
Drum danket mein beflügelt Lied
Dem Manne, der Wolken unterschied.

[An die Gräfin Karoline v. Egloffstein.
Mit Fouqués › Zauberring ‹]

Ein *Zauber* wohl ziehet nach Norden,
Doch halten die *Ringe* wir fest;
Heil dir, die im eisigen Norden
Nicht Wärme der Heimat verläßt.

WANDERSEGEN

Die Wanderjahre sind nun angetreten,
Und jeder Schritt des Wandrers ist bedenklich.
Zwar pflegt er nicht zu singen und zu beten;
Doch wendet er, sobald der Pfad verfänglich,
Den ernsten Blick, wo Nebel ihn umtrüben,
Ins eigne Herz und in das Herz der Lieben.

[Mit den › Wanderjahren ‹]

Und so heb ich alte Schätze,
Wunderlichst in diesem Falle;
Wenn sie nicht zum Golde setze,
Sinds doch immerfort Metalle.
Man kann schmelzen, man kann scheiden,
Wird gediegen, läßt sich wägen;

Möge mancher Freund mit Freuden
Sichs nach seinem Bilde prägen!

*

Wüßte kaum genau zu sagen,
Ob ich es noch selber bin;
Will man mich im Ganzen fragen,
Sag ich: Ja, so ist mein Sinn.
Ist ein Sinn, der uns zuweilen
Bald beängstet, bald ergetzt
Und in so viel tausend Zeilen
Wieder sich ins gleiche setzt.

MASKENZÜGE

Die Gestalten gehn vorüber,
Masken scheinen sie zu sein;
Doch sie sind uns beiden lieber,
Uns vom edelsten Verein.

Sie sind wahr; denn wohl vernommen
Haben wir sie selbst gefühlt
Und, wie es vielleicht gekommen,
Sie zum Teile mitgespielt.

Denke nun zum vielten Male,
Was, nach sternenheller Nacht,
Holder Tag im hohen Saale
Wunderfältig dargebracht.

Eh man Theriak von Bagdad holt,
Ist der Kranke längst verschieden.

Wenn was irgend ist geschehen,
Hört mans noch in späten Tagen;

Immer klingend wird es wehen,
Wenn die Glock ist angeschlagen.
Und so laßt von diesem Schalle
Euch erheitern, viele, viele!
Denn am Ende sind wir alle
Pilgernd Könige zum Ziele.

IHRO KAISERLICHEN HOHEIT
GROSSFÜRSTIN ALEXANDRA

Der Frühling grünte zeitig, blühte froh
Narziss und Tulpe, dann die Rose so;
Auch Früchte reiften mit gedrängtem Segen
Der nah- und nähern Sonnenglut entgegen;
Sie zierten wechselnd längst ersehnte Zeit
Und schmeichelten der tiefsten Einsamkeit.
Da stellte sich dem Hocherstaunten dar
Ein hehrer Fürst und Jugend, Paar um Paar,
So gut als lieb, ehrwürdig und erfreulich;
Der innre Sinn bewahret sie getreulich,
In Frühlings-, Sommer-, Herbst- und Wintertagen
Die holden Bilder auf- und abzutragen.
So kann er dann, bei solcher Sterne Schein,
Auch wenn er wollte, niemals einsam sein.

Die echte Konversation
Hält weder früh noch Abend Stich;
In der Jugend sind wir monoton,
Im Alter wiederholt man sich.

Wer hats gewollt? wer hats getan?
So Liebliches erzielt?
Das ist doch wohl der rechte Roman,
Der selbst Romane spielt.

WILHELM TISCHBEINS IDYLLEN [I]
Titelbild

Wie seit seinen Jünglings-Jahren
Unser Tischbein sich ergeht,
Wie er Berg und Tal befahren,
Stets an rechter Stelle steht;
Was er sieht, weiß mitzuteilen,
Was er dichtet, ebenfalls;
Faunen bringt er auch zuweilen,
Frauen doch auf allen Zeilen
Des poetisch-plastischen Alls:
Also war es an der Tiber,
Wo dergleichen wir geübt,
Und noch wirkt dieselbe Fiber,
Freund dem Freunde gleich geliebt.

I

Würdige Prachtgebäude stürzen,
Mauer fällt, Gewölbe bleiben,
Daß, nach tausendjährgem Treiben,
Tor und Pfeiler sich verkürzen.
Dann beginnt das Leben wieder,
Boden mischt sich neuen Saaten,
Rank auf Ranke senkt sich nieder;
Der Natur ists wohlgeraten.

2

Schön und menschlich ist der Geist,
Der uns in das Freie weist,
Wo in Wäldern, auf der Flur,
Wie im steilen Berggehänge,
Sonnen-Auf- und Untergänge
Preisen Gott und die Natur.

3

Wenn in Wäldern, Baum an Bäumen,
Bruder sich mit Bruder nähret,

1820–1822 WEIMAR UND JENA 977

Sei das Wandern, sei das Träumen
Unverwehrt und ungestöret;
Doch wo einzelne Gesellen
Zierlich miteinander streben,
Sich zum schönen Ganzen stellen,
Das ist Freude, das ist Leben.

4

Mitten in dem Wasserspiegel
Hob die Eiche sich empor,
Majestätisch Fürstensiegel
Solchem grünen Waldesflor;
Sieht sich selbst zu ihren Füßen,
Schaut den Himmel in der Flut:
So des Lebens zu genießen,
Einsamkeit ist höchstes Gut.

5

Harren seht ihr sie, die Schönen,
Was durchs Ohr das Herz ergreife;
Flöte wird für diese tönen,
Für die andern Pans Gepfeife.

6

Heute noch im Paradiese
Weiden Lämmer auf der Wiese,
Hüpft von Fels zu Fels die Ziege;
Milch und Obst nach ewger Weise
Bleibt der Alt- und Jungen Speise.
Mutterarm ist Kinderwiege,
Vaterflöte spricht ans Ohr,
Und Natur ists nach wie vor;
Wo ihr huldiget der Holden,
Erd und Himmel silbern, golden.
Darum Heil dem Freunde sei,
Der sich fühlt so treu und frei!

7

Was die Alten pfeifen,
Das wird ein Kind ergreifen;
Was die Väter sungen,
Das zwitschern muntere Jungen.
O möchten sie zum Schönen
Sich früh und früh gewöhnen,
Und wären sie geboren
Den ziegenfüßigen Ohren.

8

Edel-ernst, ein Halbtier liegend,
Im Beschauen, im Besinnen,
Hin und her im Geiste wiegend,
Denkt er Großes zu gewinnen.
Ach, er möchte gern entfliehen
Solchem Auftrag, solcher Würde;
Einen Helden zu erziehen,
Wird Zentauren selbst zur Bürde.

9

Was wir froh und dankbar fühlen,
Wenn es auch am Ende quält,
Was wir lechzen zu erzielen,
Wo es Herz und Sinnen fehlt:
Heitre Gegend, groß gebildet,
Jugendschritt an Freundes-Brust,
Wechselseitig abgemildet,
Holder Liebe Schmerzens-Lust;
Alles habt ihr nun empfangen,
Irdisch wars und in der Näh;
Sehnsucht aber und Verlangen
Hebt vom Boden in die Höh.
An der Quelle sinds Najaden,
Sind Sylphiden in der Luft,
Leichter fühlt ihr euch im Baden,
Leichter noch in Himmels-Duft;

1820–1822 WEIMAR UND JENA

Und das Plätschern und das Wallen,
Ein- und andres zieht euch an:
Lasset Lied und Bild verhallen,
Doch im Innern ists getan.

10

Jetzo wallen sie zusammen,
Kühle kühlt und birgt die Flammen;
Tiefer unten werden Hirten
Sich zum Wonnebad entgürten;
Um den Schönsten von den dreien
Werden beide sich entzweien.
Diese fließt in offner Schwüle,
Jene, zu gewohnter Kühle,
Sucht den Liebsten in der Mühle.

11

Was sich nach der Erde senkte,
Was sich an den Boden hielt,
Was den Äther nicht erreicht,
Seht, wie es empor sich schwenkte,
Wie's auf Rohr und Ranken spielt!
Künstler-Wille macht es leicht.

12

Wenn um das Götterkind Auroren
In Finsternis werden Rosen geboren,
Sie fleucht, so leicht, so hoch gemeint,
Die Sonne ihr auf die Fersen scheint.
Das ist denn doch das wahre Leben,
Wo in der Nacht auch Blüten schweben.

13

Ohne menschliche Gebrechen,
Göttergleich mit heiterm Sinn,
Tauig Moos und Wasserflächen
Überschreitend, schwebt sie hin.
Heute floh sie, floh wie gestern,

Riß der Muse sich vom Schoß;
Ach, sie hat so lästige Schwestern,
Peinlich werden wir sie los.

14

Wirket Stunden leichten Webens,
Lieblich lieblichen begegnend,
Zettel, Einschlag längsten Lebens,
Scheidend, kommend, grüßend, segnend.

15

Ruhig Wasser, grause Höhle,
Bergeshöh und ernstes Licht,
Seltsam, wie es unsrer Seele
Schauderhafte Laute spricht.
So erweist sich wohl Natur,
Künstlerblick vernimmt es nur.

ZAHME XENIEN
[III]

Gönnet immer fort und fort
Bakis eure Gnade:
Des Propheten tiefstes Wort,
Oft ists nur Charade.

Willst du dich als Dichter beweisen,
So mußt du nicht Helden noch Hirten preisen;
Hier ist Rhodus! Tanze, du Wicht,
Und der Gelegenheit schaff ein Gedicht!

Man mäkelt an der Persönlichkeit,
Vernünftig, ohne Scheu;
Was habt ihr denn aber, was euch erfreut,
Als eure liebe Persönlichkeit?
Sie sei auch, wie sie sei.

1820–1822 WEIMAR UND JENA

Wer etwas taugt, der schweige still,
Im stillen gibt sichs schon;
Es gilt, man stelle sich, wie man will,
Doch endlich die Person.

»Was heißt du denn Sünde?«
Wie jedermann,
Wo ich finde,
Daß mans nicht lassen kann.

Hätte Gott mich anders gewollt,
So hätt er mich anders gebaut;
Da er mir aber Talent gezollt,
Hat er mir viel vertraut.
Ich brauch es zur Rechten und Linken,
Weiß nicht, was daraus kommt;
Wenns nicht mehr frommt,
Wird er schon winken.

An unsers himmlischen Vaters Tisch
Greift wacker zu und bechert frisch:
Denn Gut' und Böse sind abgespeist,
Wenns: *Jacet ecce Tibullus!* heißt.

Sage mir keiner:
Hier soll ich hausen!
Hier, mehr als draußen,
Bin ich alleiner.

»Alter Mond, in deinen Phasen
Bist du sehr zurückgesetzt.«
Freunde, Liebchen auch zuletzt
Haben nichts als Phrasen.

»Du hast dich dem allerverdrießlichsten Trieb
In deinen Xenien übergeben.«
Wer mit XXII den Werther schrieb,
Wie will der mit LXXII leben!

Erst singen wir: »Der Hirsch so frei
Fährt durch die Wälder–Lallabei–«
Mit vollem Wohlbehagen;
Doch sieht es schon bedenklich aus,
Wird aus dem Hirsch ein HirscheL,
Hat viel mehr Enden zu tragen!
In Lebens-Wald und Dickicht-Graus
Er weiß nicht da noch dort hinaus,
Das geht auf einen HirscheLL hinaus–
Heil unsern alten Tagen!!!

Habt ihr das alles recht bedacht?
So wie der Tag ist wohl vollbracht,
Ist keiner überzählig;
Verstand und Sinn ist hehr und weit,
Doch wird euch, zu gelegener Zeit,
Auch das Absurde fröhlich.

Fehlst du, laß dichs nicht betrüben:
Denn der Mangel führt zum Lieben;
Kannst dich nicht vom Fehl befrein,
Wirst du andern gern verzeihn.

Die Jugend verwundert sich sehr,
Wenn Fehler zum Nachteil gedeihen:
Sie faßt sich, sie denkt zu bereuen;
Im Alter erstaunt und bereut man nicht mehr.

»Wie mag ich gern und lange leben?«
Mußt immer nach dem Trefflichsten streben:
Des unerkannt Trefflichen wirket so viel,
Und Zeit und Ewigkeit legt ihm kein Ziel.

Alt-Tümer sind ein böses Ding,
Ich schätze sie aber nicht gering;
Wenn nur Neu-Tümer, in allen Ehren,
Auch um so vieles besser wären.

>>Irr-Tümer sollen uns plagen?
Ist nicht an unser Heil gedacht?<<
Halb-Tümer solltet ihr sagen,
Wo Halb und Halb kein Ganzes macht.

Auf Pergament Lieb und Haß geschrieben,
Ist, was wir heute hassen und lieben;
Wo käme Lieb und Haß denn her,
Wenn er nicht schon von alters wär!

Sagt nur nichts halb:
Ergänzen, welche Pein!
Sagt nur nichts grob:
Das Wahre spricht sich rein.

>>Entferne dich nicht ganz und gar,
Beruhige dich in unserm Orden!<<
Es ist alles noch, wie es war,
Nur ist es verworrner geworden.
Und was man für bedeutend hält,
Ist alles auf schwache Füße gestellt.

Was mich tröstet in solcher Not:
Gescheite Leute, sie finden ihr Brot,
Tüchtige Männer erhalten das Land,
Hübsche Mädchen verschlingen das Band;
Wird dergleichen noch ferner geschehn,
So kann die Welt nicht untergehn.

>>Wie hast du an der Welt noch Lust,
Da alles schon dir ist bewußt?<<
Gar wohl! Das Dümmste, was geschicht,
Weil ich es weiß, verdrießt mich nicht.
Mich könnte dies und das betrüben,
Hätt ichs nicht schon in Versen geschrieben.

Zum starren Brei erweitert
Sah ich den See gar eben;
Ein Stein, hineingeschleudert,
Konnte keine Ringe geben.

Ein Wut-Meer sah ich schwellend,
Gischend zum Strand es fuhr;
Der Fels, hinab zerschellend,
Ließ eben auch keine Spur.

Dreihundert Jahre sind vorbei,
Werden auch nicht wiederkommen
Sie haben Böses, frank und frei,
Auch Gutes mitgenommen;
Und doch von beiden ist auch euch
Der Fülle gnug geblieben:
Entzieht euch dem verstorbnen Zeug,
Lebendges laßt uns lieben!

Nichts ist zarter als die Vergangenheit;
Rühre sie an wie ein glühend Eisen:
Denn sie wird dir sogleich beweisen,
Du lebest auch in heißer Zeit.

Dreihundert Jahre sind vor der Türe,
Und wenn man das alles mit erführe,
Erführe man nur in solchen Jahren,
Was wir zusammen in dreißig erfahren.

Lieb und Leidenschaft können verfliegen,
Wohlwollen aber wird ewig siegen.

»Entfernst du dich, du liebe Seele,
Wie viel ist uns entrissen!«
Wenn ich euch auch nicht fehle,
Werdet ihr mich immer vermissen.

Ein Mann, der Tränen streng entwöhnt,
Mag sich ein Held erscheinen;
Doch wenns im Innern sehnt und dröhnt,
Geb ihm ein Gott – zu weinen.

»Du hast Unsterblichkeit im Sinn;
Kannst du uns deine Gründe nennen?«
Gar wohl! Der Hauptgrund liegt darin,
Daß wir sie nicht entbehren können.

Der Sinn ergreift und denkt sich was,
Die Feder eilt hiernach zu walten:
Ein flüchtig Bild, es ist gefaßt,
Allein es läßt sich nicht erhalten.

All unser redlichstes Bemühn
Glückt nur im unbewußten Momente.
Wie möchte denn die Rose blühn,
Wenn sie der Sonne Herrlichkeit erkennte!

Bedenkt, man will euch hören;
So seid nicht redefaul,
Und wollt ihr euch erklären,
So nehmt nicht Brei ins Maul.

Das Beste in der Welt
Ist ohne Dank;
Gesunder Mensch ohne Geld
Ist halb krank.

Wohl! wer auf rechter Spur
Sich in der Stille siedelt;
Im Offnen tanzt sichs nur,
Solang Fortuna fiedelt.

Du irrest, Salomo!
Nicht alles nenn ich eitel:

Bleibt doch dem Greise selbst
Noch immer Wein und Beutel.

Überall trinkt man guten Wein,
Jedes Gefäß genügt dem Zecher;
Doch soll es mit Wonne getrunken sein,
So wünsch ich mir künstlichen griechischen Becher.

Künstler! zeiget nur den Augen
Farben-Fülle, reines Rund!
Was den Seelen möge taugen:
Seid gesund und wirkt gesund.

Entweicht, wo düstre Dummheit gerne schweift,
Inbrünstig aufnimmt, was sie nicht begreift,
Wo Schreckens-Märchen schleichen, stutzend fliehn,
Und unermeßlich Maße lang sich ziehn.

Modergrün aus Dantes Hölle
Bannet fern von eurem Kreis,
Ladet zu der klaren Quelle
Glücklich Naturell und Fleiß.

Und so haltet, liebe Söhne,
Einzig euch auf eurem Stand:
Denn das Gute, Liebe, Schöne,
Leben ists dem Lebens-Band.

»Denkst du nicht auch an ein Testament?«
Keineswegs! – Wie man vom Leben sich trennt,
So muß man sich trennen von Jungen und Alten,
Die werdens alle ganz anders halten.

»Geht dir denn das von Herzen,
Was man von dir hört und liest?«
Sollte man das nicht bescherzen,
Was uns verdrießt?

Sie schelten einander Egoisten;
Will jeder doch nur sein Leben fristen.
Wenn der und der ein Egoist,
So denke, daß du es selber bist.
Du willst nach deiner Art bestehn,
Mußt selbst auf deinen Nutzen sehn!
Dann werdet ihr das Geheimnis besitzen,
Euch sämtlich untereinander zu nützen;
Doch den laßt nicht zu euch herein,
Der andern schadet, um etwas zu sein.

»Bei so verworrnem Spiele
Wird mir wahrhaftig bang!«
Es gibt der Menschen so viele,
Und es ist der Tag so lang.

Volle sechsundsiebzig Jahre sind geschieden,
Und nun, dächt ich, wäre Zeit zum Frieden:
Tag für Tag wird wider Willen klüger;
Amor jubiliert und Mars, den Krieger!

»Was lassen sie denn übrig zuletzt,
Jene unbescheidnen Besen?«
Behauptet doch *Heute* steif und fest,
Gestern sei nicht gewesen.

Vieljähriges dürft ich euch wohl vertrauen!
Das Offenbare wäre leicht zu schauen,
Wenn nicht die Stunde sich selbst verzehrte
Und immer warnend wenig belehrte;
Wer ist der Kluge, wer ist der Tor?
Wir sind eben sämtlich als wie zuvor.

»Was hast du denn? Unruhig bist du nicht,
Und auch nicht ruhig; machst mir ein Gesicht,
Als schwanktest du, magnetischen Schlaf zu ahnen.«
Der Alte schlummert wie das Kind,
Und wie wir eben Menschen sind,
Wir schlafen sämtlich auf Vulkanen.

DER VOLLKOMMENEN STICKERIN

Ich kam von einem Prälaten,
Dem die herrlichsten Stolen
Über die Schulter hingen,
Worauf unverhohlen
Wundertaten
Der Heiligen auf und nieder gingen.

Mir aber war ein andres beschert:
Lieblichste Blumen-Gehänge,
Farbenglanz und -Übergänge,
Wie Natur den Künstler belehrt;
Ein allerliebstes Frühlings-Gelände,
Mit Nadeln zierlich schattiert und gebrochen,
Daß, wäre selbst das Herz durchstochen,
Man es gewiß gar wohl empfände.
Und werd es nur zu Feiertagen
Süßer Namen und lieber Geburten tragen.

ZU MEINEN HANDZEICHNUNGEN

I. Einsamste Wildnis

Ich sah die Welt mit liebevollen Blicken,
Und Welt und ich, wir schwelgten im Entzücken;
So duftig war, belebend, immer frisch,
Wie Fels, wie Strom, so Bergwald und Gebüsch.
Doch unvermögend Streben, Nachgelalle
Bracht oft den Stift, den Pinsel brachts zu Falle;
Auf neues Wagnis endlich blieb doch nur
Vom besten Wollen halb und halbe Spur.

Ihr Jüngern aber, die ihr unverzagt
Unausgesprochnes auszusprechen wagt,
Den Sinn, woran die Hand sich stotternd maß,
Das Unvermögen liebevoll vergaß,
Ihr seid es, die, was ich und ihr gefehlt,

Dem weiten Kreis der Kunstwelt nicht verhehlt.
Und wie dem Walde gehts den Blättern allen:
Sie knospen, grünen, welken ab und fallen.

II. Hausgarten

Hier sind wir denn vorerst ganz still zu Haus,
Von Tür zu Türe sieht es lieblich aus;
Der Künstler froh die stillen Blicke hegt,
Wo Leben sich zum Leben freundlich regt.
Und wie wir auch durch ferne Lande ziehn,
Da kommt es her, da kehrt es wieder hin;
Wir wenden uns, wie auch die Welt entzücke,
Der Enge zu, die uns allein beglücke.

III. Freie Welt

Wir wandern ferner auf bekanntem Grund,
Wir waren jung, hier waren wir gesund
Und schlenderten den Sommer-Abend lang
Mit halber Hoffnung mannigfaltgen Gang.
Und wie man kam, so ging man nicht zurück:
Begegnen ist ein höchstes Liebeglück.
Und zwei zusammen sehen Fluß und Bahn
Und Berg und Busch sogleich ganz anders an.
Und wer dieselben Pfade wandernd schleicht,
Sei ihm des Zieles holder Wunsch erreicht!

IV. Geheimster Wohnsitz

Wie das erbaut war, wie's im Frieden lag,
Es kommt vielleicht vom Altertum zu Tag:
Denn vieles wirkte, hielt am selgen Fleiß,
Wovon die Welt noch keine Silbe weiß.
Der Tempel steht, dem höchsten Sinn geweiht,
Auf Felsengrund in hehrer Einsamkeit.
Daneben wohnt die fromme Pilgerschar,
Sie wechseln, gehend, kommend, Jahr für Jahr.

So ruhig harrt ein wallendes Geschlecht,
Geschützt durch Mauern, mehr durch Licht und
Und wer sich dort sein Probejahr befand, [Recht,
Hat in der Welt gar einen eignen Stand;
Wir hofften selbst uns im Asyl zu gründen:
Wer Buchten kennt, Erdzungen, wird es finden.
Der Abend war unübertrefflich schön,
Ach, wollte Gott, ein Künstler hätts gesehn!

V. Bequemes Wandern

Hier sind, so scheint es, Wandrer wohl bedacht:
Denn jeder fände Pfad um Mitternacht.
Wir sagen nicht, wir hättens oft gesehn,
Dergleichen Wege doch gelangs zu gehn;
Denn freilich, wo die Mühe war gehoben,
Da kann der Waller jede Stunde loben:
Er geht beherzt, denn Schritt für Schritt ist leicht,
So daß er fröhlich Zweck und Ziel erreicht.

O selige Jugend, wie sie, Tag und Nacht
Den Ort zu ändern innigst angefacht,
Durch wilden Bergriß höchst behaglich steigt
Und auf dem Gipfel Nebeldunst erreicht.
Man schelt es nicht, denn wohl genießt sie rein,
Auch über Wolken, heitern Sonnenschein.

VI. Gehinderter Verkehr

Wie sich am Meere Mann um Mann befestigt
Und am Gestade Schiffer überlästigt,
Die engen Pfade völlig weglos macht,
Auf Sicherheit, mehr auf Gewalt bedacht;
Bald Recht, bald Plackerei, sein selbst gewiß,
Sei's, wie es sei, und immer Hindernis,
So Tag und Nacht den Reisenden zur Last:
Es ist vielleicht zu düster aufgefaßt.

WILHELM TISCHBEINS IDYLLEN [II]

16

In dem lieblichsten Gewirre,
Wo das Bild um Bilder summt,
Dichterblick wird scheu und irre,
Und die Leier, sie verstummt.

17

Die Lieblichen sind hier zusammen,
Es ist doch gar zu viel der Flammen.
Der Überfluß erregt nur Pein,
Es sollten alle nur *eine* sein.

18

»Was trauern denn die guten Kinder?
Sie sind so jung, da hilfts geschwinder.«
Habt ihrs vergessen, alte Kinder?
Es schmerzt im Augenblick nicht minder.

19

Glücklicher Künstler! in himmlischer Luft
Bewegen sich ihm schöne Weiber.
Versteht er sich doch auf Rosenduft
Und appetitliche Leiber.

20

Hier hat Tischbein, nach seiner Art,
Striche gar wunderlich gepaart;
Sie sind nicht alle deutlich zu lesen,
Sind aber alles Gedanken gewesen.

21

Wie herrlich ist die Welt! wie schön!
Heil ihm, der je sie so gesehn!

Gar manches artig ist geschehn
Durch leichte Griffel-Spiele;
Doch, recht betrachtet, wohl besehn,
Fehlt immer Hain und Mühle.

EINS UND ALLES

Im Grenzenlosen sich zu finden,
Wird gern der einzelne verschwinden,
Da löst sich aller Überdruß;
Statt heißem Wünschen, wildem Wollen,
Statt lästgem Fordern, strengem Sollen
Sich aufzugeben ist Genuß.

Weltseele, komm, uns zu durchdringen!
Dann mit dem Weltgeist selbst zu ringen,
Wird unsrer Kräfte Hochberuf.
Teilnehmend führen gute Geister,
Gelinde leitend höchste Meister
Zu dem, der alles schafft und schuf.

Und umzuschaffen das Geschaffne,
Damit sichs nicht zum Starren waffne,
Wirkt ewiges, lebendiges Tun.
Und was nicht war, nun will es werden
Zu reinen Sonnen, farbigen Erden;
In keinem Falle darf es ruhn.

Es soll sich regen, schaffend handeln,
Erst sich gestalten, dann verwandeln;
Nur scheinbar stehts Momente still.
Das Ewige regt sich fort in allen:
Denn alles muß in Nichts zerfallen,
Wenn es im Sein-beharren will.

[Familiengruß]

Und so fang ich oben
Gleich wie billig an,
Urmama zu loben,
Die euch wohlgetan.
Dann geht meine Kunde
Zu der A-mama,
Die zu jeder Stunde
Gern die Enkel sah.
War doch je sie grämlich
Gegen diese Brut?
Sind sie unbequemlich,
Ist sie wohlgemut.
Mutter sei gegrüßet
Und auch der Papa,
Wie ihr euch versüßet
Euer Ehstands-Ja.
Und so wird Ulrike
Sticheln für und für,
Daß es wohl sich schicke
Zu der Putz-Gebühr.
Werden so die Knaben
Tag für Tage groß,
Wie sie's leidlich haben,
Gehts bei ihnen los.

WOHL ZU MERKEN

Und wenn wir unterschieden haben,
Dann müssen wir lebendige Gaben
Dem Abgesonderten wieder verleihn
Und uns eines Folge-Lebens erfreun.

So, wenn der Maler, der Poet,
Mit Howards Sondrung wohl vertraut,

Des Morgens früh, am Abend spät
Die Atmosphäre prüfend schaut,

Da läßt er den Charakter gelten;
Doch ihm erteilen luftige Welten
Das Übergängliche, das Milde,
Daß er es fasse, fühle, bilde.

Suche nicht verborgne Weihe!
Unterm Schleier laß das Starre!
Willst du leben, guter Narre,
Sieh nur hinter dich ins Freie.

Die geschichtlichen Symbole –
Töricht, wer sie wichtig hält;
Immer forschet er ins Hohle
Und versäumt die reiche Welt.

*[An Adele Schopenhauer mit einem Exemplar
von › Wilhelm Meisters Wanderjahren ‹]*

Verirrtes Büchlein! kannst unsichre Tritte
Da- oder dorthin keineswegs vermeiden;
Irrsternen zu bewegst du deine Schritte,
Und vor dem Kommen bist bereit zu scheiden.
Für diesmal aber wollen wir dich fesseln,
Du sollst mir diese Botschaft nicht verfehlen;
Sei es durch Rosen, Dornen, Veilchen, Nesseln,
Nur immer grade zu, geh zu Adelen!

PARIA

Des Paria Gebet

Großer Brahma, Herr der Mächte!
Alles ist von deinem Samen,

1820–1822 WEIMAR UND JENA

Und so bist du der Gerechte!
Hast du denn allein die Brahmen,
Nur die Rajahs und die Reichen,
Hast du sie allein geschaffen?
Oder bist auch du's, der Affen
Werden ließ und unseresgleichen?

Edel sind wir nicht zu nennen:
Denn das Schlechte, das gehört uns,
Und was andre tödlich kennen,
Das alleine, das vermehrt uns.
Mag dies für die Menschen gelten,
Mögen sie uns doch verachten;
Aber du, du sollst uns achten,
Denn du könntest alle schelten.

Also, Herr, nach diesem Flehen,
Segne mich zu deinem Kinde;
Oder eines laß entstehen,
Das auch mich mit dir verbinde!
Denn du hast den Bajaderen
Eine Göttin selbst erhoben;
Auch wir andern, dich zu loben,
Wollen solch ein Wunder hören.

Legende

Wasser holen geht die reine,
Schöne Frau des hohen Brahmen,
Des verehrten, fehlerlosen,
Ernstester Gerechtigkeit.
Täglich von dem heiligen Flusse
Holt sie köstliches Erquicken –
Aber wo ist Krug und Eimer?
Sie bedarf derselben nicht.
Seligem Herzen, frommen Händen
Ballt sich die bewegte Welle
Herrlich zu kristallner Kugel;

Diese trägt sie, frohen Busens,
Reiner Sitte, holden Wandelns,
Vor den Gatten in das Haus.

Heute kommt die morgendliche
Im Gebet zu Ganges' Fluten,
Beugt sich zu der klaren Fläche –
Plötzlich überraschend spiegelt,
Aus den höchsten Himmels Breiten
Über ihr vorübereilend,
Allerlieblichste Gestalt
Hehren Jünglings, den des Gottes
Uranfänglich schönes Denken
Aus dem ewgen Busen schuf.
Solchen schauend, fühlt ergriffen
Von verwirrenden Gefühlen
Sie das innere tiefste Leben,
Will verharren in dem Anschaun,
Weist es weg, da kehrt es wieder,
Und verworren strebt sie flutwärts,
Mit unsicher Hand zu schöpfen;
Aber ach! sie schöpft nicht mehr!
Denn des Wassers heilige Welle
Scheint zu fliehn, sich zu entfernen;
Sie erblickt nur hohler Wirbel
Grause Tiefen unter sich.

Arme sinken, Tritte straucheln,
Ists denn auch der Pfad nach Hause?
Soll sie zaudern? soll sie fliehen?
Will sie denken, wo Gedanke,
Rat und Hilfe gleich versagt? –
Und so tritt sie vor den Gatten;
Er erblickt sie, Blick ist Urteil,
Hohen Sinns ergreift das Schwert er,
Schleppt sie zu dem Totenhügel,
Wo Verbrecher büßend bluten.
Wüßte sie zu widerstreben?

1820–1822 WEIMAR UND JENA

Wüßte sie sich zu entschuldgen,
Schuldig, keiner Schuld bewußt?

Und er kehrt mit blutigem Schwerte
Sinnend zu der stillen Wohnung;
Da entgegnet ihm der Sohn.
»Wessen Blut ists? Vater! Vater!« –
Der Verbrecherin! – »Mitnichten!
Denn es starret nicht am Schwerte
Wie verbrecherische Tropfen,
Fließt wie aus der Wunde frisch.
Mutter, Mutter! tritt heraus her!
Ungerecht war nie der Vater,
Sage, was er jetzt verübt.« –
Schweige! Schweige! 's ist das ihre! –
»Wessen ist es?« – Schweige! Schweige!
»Wäre meiner Mutter Blut!!!
Was geschehen? was verschuldet?
Her das Schwert! ergriffen hab ichs;
Deine Gattin magst du töten,
Aber meine Mutter nicht!
In die Flammen folgt die Gattin
Ihrem einzig Angetrauten,
Seiner einzig teuren Mutter
In das Schwert der treue Sohn.«

Halt, o halte! rief der Vater,
Noch ist Raum, enteil, enteile!
Füge Haupt dem Rumpfe wieder,
Du berührest mit dem Schwerte,
Und lebendig folgt sie dir.

Eilend, atemlos erblickt er
Staunend zweier Frauen Körper
Überkreuzt, und so die Häupter –
Welch Entsetzen! welche Wahl!
Dann der Mutter Haupt erfaßt er,
Küßt es nicht, das tot erblaßte;

Auf des nächsten Rumpfes Lücke
Setzt ers eilig, mit dem Schwerte
Segnet er das fromme Werk.

Aufersteht ein Riesenbildnis. –
Von der Mutter teuren Lippen,
Göttlich-unverändert-süßen,
Tönt das grausenvolle Wort:
Sohn, o Sohn! welch Übereilen!
Deiner Mutter Leichnam dorten,
Neben ihm das freche Haupt
Der Verbrecherin, des Opfers
Waltender Gerechtigkeit!
Mich nun hast du ihrem Körper
Eingeimpft auf ewige Tage:
Weisen Wollens, wilden Handelns
Werd ich unter Göttern sein;
Ja, des Himmelsknaben Bildnis
Webt so schön vor Stirn und Auge –
Senkt sichs in das Herz herunter,
Regt es tolle Wutbegier.
Immer wird es wiederkehren,
Immer steigen, immer sinken,
Sich verdüstern, sich verklären,
So hat Brahma dies gewollt.
Er gebot ja buntem Fittich,
Klarem Antlitz, schlanken Gliedern,
Göttlich-einzigem Erscheinen
Mich zu prüfen, zu verführen;
Denn von oben kommt Verführung,
Wenns den Göttern so beliebt.
Und so soll ich, die Brahmane,
Mit dem Haupt im Himmel weilend,
Fühlen, Paria, dieser Erde
Niederziehende Gewalt.

Sohn, ich sende dich dem Vater!
Tröste! – Nicht ein traurig Büßen,

1820–1822 WEIMAR UND JENA

Stumpfes Harren, stolz Verdienen
Halt euch in der Wildnis fest;
Wandert aus durch alle Welten,
Wandelt hin durch alle Zeiten
Und verkündet auch Geringstem:
Daß ihn Brahma droben hört!

Ihm ist keiner der Geringste –
Wer sich mit gelähmten Gliedern,
Sich mit wild zerstörtem Geiste,
Düster, ohne Hilf und Rettung,
Sei er Brahma, sei er Paria,
Mit dem Blick nach oben kehrt,
Wirds empfinden, wirds erfahren:
Dort erglühen tausend Augen,
Ruhend lauschen tausend Ohren,
Denen nichts verborgen bleibt.

Heb ich mich zu seinem Throne,
Schaut er mich, die Grausenhafte,
Die er gräßlich umgeschaffen,
Muß er ewig mich bejammern,
Euch zugute komme das.
Und ich werd ihn freundlich mahnen,
Und ich werd ihm wütend sagen,
Wie es mir der Sinn gebietet,
Wie es mir im Busen schwellet.
Was ich denke, was ich fühle –
Ein Geheimnis bleibe das.

Dank des Paria

Großer Brahma! nun erkenn ich,
Daß du Schöpfer bist der Welten!
Dich als meinen Herrscher nenn ich,
Denn du lässest alle gelten.

Und verschließest auch dem Letzten
Keines von den tausend Ohren;
Uns, die tief Herabgesetzten,
Alle hast du neu geboren.

Wendet euch zu dieser Frauen,
Die der Schmerz zur Göttin wandelt!
Nun beharr ich, anzuschauen
Den, der einzig wirkt und handelt.

AN FREUND MELLISH

Durch Vermittlung einer Teuren
Geht ein Täschchen bis zur Elbe,
Kommt, vom Freunde zu beteuern:
Immer bleibet er derselbe.

Immer wie in Dornburgs Gauen,
Wo, beim allerbesten Weine,
Waren hell im Sonnenscheine
Berg' und Täler anzuschauen.

Du nun an der reichen Elbe,
An dem spiegelbreiten Flusse,
Weit entfernt vom trauten Kusse
Bleib auch immerfort derselbe!

Absurder Pfaffe! wärst du nicht
In Unnatur verschlämmet,
Wer hätte dir eignes Augenlicht
Vom Urlicht abgedämmet?
Du Esel! willst zur Demut mich
Demütigsten ermahnen,
Höre doch den Narrenstolz und dich
Und Pfäfferei iahnen!

Steine sind zwar kalt und schwer,
Doch das Herz ist frei und leicht.
Kommt ein Stein von Osten her,
Doppelt ist der Wunsch erreicht;
Denn es ist ganz einerlei,
Wo und wie das Herz empfindet,
Das, empfänglich, heiter, frei,
Sich auch wohl am Stein entzündet.

Auch diese will ich nicht verschonen,
Die tollen Höhl-Exkavationen,
Das düstre Troglodyten-Gewühl,
Mit Schnauz und Rüssel ein albern Spiel;
Verrückte Zierat-Brauerei,
Es ist eine saubre Bauerei.
Nehme sie niemand zum Exempel,
Die Elefanten- und Fratzen-Tempel!
Mit heiligen Grillen treiben sie Spott,
Man fühlt weder Natur noch Gott.

Auf ewig hab ich sie vertrieben,
Vielköpfige Götter trifft mein Bann,
So Wischnu, Kama, Brahma, Schiven,
Sogar den Affen Hannemann.
Nun soll am Nil ich mir gefallen,
Hundsköpfige Götter heißen groß:
O, wär ich doch aus meinen Hallen
Auch Isis und Osiris los!

AN FELIX MENDELSSOHN-BARTHOLDY

Wenn über die ernste Partitur
Quer Steckenpferdlein reiten,
Nur zu! auf weiter Töne-Flur

Wirst manche Lust bereiten,
Wie du's getan mit Lieb und Glück;
Wir wünschen dich allesamt zurück.

[An Christine Genast, geb. Böhler]

Treu wünsch ich dir zu deinem Fest
Das Beste, was sich wünschen läßt;
Doch wünscht ich mir zum Lebens-Kranze:
Dich anzuschaun in deinem Glanze,
Dich selbst in Handeln, Worten, Blicken,
Mir und den Freunden zum Entzücken.

[An Doris Böhler]

Soll sich das Leben wohlgestalten,
Muß man verstehn, die Freude festzuhalten;
Du tust in deinem Wirkungskreise
Es stets mit lieblich holder Weise,
Doch was du gibst, die Freude, das Ergötzen,
Kann nur der Genius dir ganz ersetzen.
Von mir, der ich zu fern von dir und deinem Glanze,
Flicht dieses Blatt mit ein zu deinem Lebenskranze.

DER ZIERLICHSTEN UNDINE

Gib acht! es wird dir allerlei begegnen:
Bist du im Trocknen, wird es regnen,
Zum Schwimmen wird die Welle sich versagen,
Wen aber hast du deshalb anzuklagen?
Merkst du nicht eifersüchtgen Zorn?
Ein Lächeln wird er wohl verdienen;
Und du verzeihst dem Onkel Kühleborn,
Man sagt ihm nach, er liebe selbst Undinen.

HERRN KANZLER VON MÜLLER
Weimar, den 13. April 1822

Will sichs wohl ziemen, dir zum zweiten Male
Dieselbe Gabe festlich darzubringen?
Den Dichter-Trank in deiner eignen Schale,
Und nur dazu das alte Lied zu singen?
So sei es denn! – Es bleiben alte Lieder
Den Christ-Gemeinden wie gewohnt erbaulich;
und hört er Freundes Wunsch und Segen wieder,
Er findet sie wie immer lieb und traulich.

1822 Reise nach Marienbad

HERRN BERGRAT LENZ
am Tage der Jubelfeier seiner fünfzigjährigen Dienstzeit,
dem 25. Oktober 1822

Erlauchter Gegner aller Vulkanität!
Entsetze dich nicht, wenn dieser Solennität
Sich wilde Feuerberg' und Laven
Gewaltsam eingedrungen haben.

Ein Fürst, der, immer von gutem Mut,
Auch andern gern anmutig tut,
Bestellt' es, dich von falschen Lehren,
Wofern es möglich, zu bekehren.
Neptunus aber bleibt beiseit –
Ergötz er sich im Meere weit,
Dort mag er unumschränkt gebieten.
Du laß nur glühen, sprühen, wüten;
Es deutet auf gelinde Lehren,
Zum Plutus und Pluto dich zu bekehren,
Und überdies den schönsten Sold:
Gold – aber diesmal mehr als Gold.

[An Ulrike v. Levetzow]

Genieße dies nach deiner eignen Weise,
Wo nicht als Trank, doch als beliebte Speise.

AN ZWEI GEBRÜDER,
EIFRIGE JUNGE NATURFREUNDE
Marienbad, 182–

Am feuchten Fels, den dichtes Moos versteckt,
Erblühen Blumen, flattert manch Insekt;

Scheint es auch dürr den kahlen Berg hinan,
So nährt es doch, das Schaf bewollt sich dran.
Die Wiese grünt, gehörnte Herde braunt,
Da wandeln Menschen, gut und bös gelaunt,
Genießen reichlich, spärlich, früh und spat,
Den Wunderwuchs der folgereichen Saat.
Und wenn der Kranke fast am Ziel erliegt,
So steigt die Quelle rasch, die Hoffnung siegt.
Ihr! vom Gestein hinauf zur Atmosphäre
Gedenket mein! – Dem Höchsten Preis und Ehre!

[An Ulrike v. Levetzow, mit ›Aus meinem Leben‹.
Zweiter Abteilung fünfter Teil]

Wie schlimm es einem Freund ergangen,
Davon gibt dieses Buch Bericht;
Nun ist sein tröstendes Verlangen:
Zur guten Zeit vergiß ihn nicht!

[An Ulrike v. Levetzow]

Die Gegenwart weiß nichts von sich,
Der Abschied fühlt sich mit Entsetzen,
Entfernen zieht dich hinter dich,
Abwesenheit allein versteht zu schätzen.

ÄOLSHARFEN
Gespräch

Er

Ich dacht, ich habe keinen Schmerz;
Und doch war mir so bang ums Herz,
Mir wars gebunden vor der Stirn
Und hohl im innersten Gehirn –
Bis endlich Trän auf Träne fließt,
Verhaltnes Lebewohl ergießt. –

1822 REISE NACH MARIENBAD

Ihr Lebewohl war heitre Ruh,
Sie weint wohl jetzund auch wie du.

Sie

Ja, er ist fort, das muß nun sein!
Ihr Lieben, laßt mich nur allein;
Sollt ich euch seltsam scheinen,
Es wird nicht ewig währen!
Jetzt kann ich ihn nicht entbehren,
Und da muß ich weinen.

*

Er

Zur Trauer bin ich nicht gestimmt,
Und Freude kann ich auch nicht haben:
Was sollen mir die reifen Gaben,
Die man von jedem Baume nimmt!

Der Tag ist mir zum Überdruß,
Langweilig ists, wenn Nächte sich befeuern;
Mir bleibt der einzige Genuß,
Dein holdes Bild mir ewig zu erneuern.
Und fühltest du den Wunsch nach diesem Segen,
Du kämest mir auf halbem Weg entgegen.

Sie

Du trauerst, daß ich nicht erscheine,
Vielleicht entfernt so treu nicht meine,
Sonst wär mein Geist im Bilde da.
Schmückt Iris wohl des Himmels Bläue?
Laß regnen, gleich erscheint die neue;
Du weinst! Schon bin ich wieder da.

Er

Ja, du bist wohl an Iris zu vergleichen!
Ein liebenswürdig Wunderzeichen;

So schmiegsam herrlich, bunt in Harmonie
Und immer neu und immer gleich wie sie.

In die Welt hinaus!
Außer dem Haus
Ist immer das beste Leben;
Wems zu Hause gefällt,
Ist nicht für die Welt –
Mag er leben!

ZU EINER HANDSCHRIFT
FRIEDRICHS DES GROSSEN

Das Blatt, wo seine Hand geruht,
Die einst der Welt geboten,
Ist herzustellen fromm und gut.
Preis ihm, dem großen Toten!

1822–1823 Weimar und Jena

Das Erste Weihnachtsfest

[An Marianne v. Willemer]

Da das *Ferne* sicher ist,
Nahes zu überwiegen,
Wie's der kleine Blücher ist,
Freut es sich im Siegen.
Fühlt auch erst ein zartes Blut
Einige Verlegenheit,
Bald erwacht Verwegenheit,
Liebenswürdger Übermut.

WEIHNACHTEN

Bäume leuchtend, Bäume blendend,
Überall das Süße spendend,
In dem Glanze sich bewegend,
Alt- und junges Herz erregend –
Solch ein Fest ist uns bescheret,
Mancher Gaben Schmuck verehret;
Staunend schaun wir auf und nieder,
Hin und her und immer wieder.

Aber, Fürst, wenn dirs begegnet,
Und ein Abend so dich segnet,
Daß als Lichter, daß als Flammen
Vor dir glänzten allzusammen
Alles, was du ausgerichtet,
Alle, die sich dir verpflichtet:
Mit erhöhten Geistesblicken
Fühltest herrliches Entzücken.

Es mag sich Feindliches eräugnen,
Du bleibe ruhig, bleibe stumm;
Und wenn sie dir die Bewegung leugnen,
Geh ihnen vor der Nas herum.

GOETHE UND PUSTKUCHEN
[Haude und Spener, Berliner Nachrichten,
Nr. 149, 1822]

Pusten, grobes deutsches Wort!
Niemand, wohl erzogen,
Wird am reinanständigen Ort
Solchem Wort gewogen.

Pusterich, ein Götzenbild,
Gräßlich anzuschauen,
Pustet über klar Gefild
Wust, Gestank und Grauen.

Will der Pusterich nun gar
Pfaffenkuchen pusten,
Teufelsküchenjungenschar
Wird den Teig *behusten*.

So ist denn Tieck aus unsrer Mitten
In die Schranken hervorgeritten.
Heil ihm! – Es gilt nicht *Wanderjahre*,
Noch eines Dichters graue Haare,
Noch seine Meister und seine Gesellen,
Die sich vor Mit- und Nachwelt stellen;
Es gilt, ihr mögt es leicht erproben,
Die Paare, wie sie sich *verloben*.

JULIEN

Abgeschlossen sei das Buch,
Es enthält fürwahr genug;
Was davon dich kann erfreuen,
Wird sich immerfort erneuen.
Und was mag dem Scheiden frommen
Als ein baldig Wiederkommen?

KUNST UND ALTERTUM

»Was ist denn Kunst und Altertum,
Was Altertum und Kunst?«
Genug, das eine hat den Ruhm,
Das andre hat die Gunst.

PANAZEE

»Sprich! wie du dich immer und immer erneust?«
Kannsts auch, wenn du immer am Großen dich freust.
Das Große bleibt frisch, erwärmend, belebend;
Im Kleinlichen fröstelt der Kleinliche bebend.

AN LORD BYRON

Ein freundlich Wort kommt eines nach dem andern
Von Süden her und bringt uns frohe Stunden;
Es ruft uns auf, zum Edelsten zu wandern –
Nicht ist der Geist, doch ist der Fuß gebunden.

Wie soll ich dem, den ich so lang begleitet,
Nun etwas Traulichs in die Ferne sagen?
Ihm, der sich selbst im Innersten bestreitet,
Stark angewohnt, das tiefste Weh zu tragen.

LYRISCHE DICHTUNGEN

Wohl sei ihm doch, wenn er sich selbst empfindet!
Er wage selbst, sich hochbeglückt zu nennen,
Wenn Musenkraft die Schmerzen überwindet;
Und wie ich ihn erkannt, mög er sich kennen.*

* [Später, wahrscheinlich Ende Dezember 1824, scheint Goethe ein
zweites Gedicht an Lord Byron geplant zu haben, von dem nur der
erste, an obiges Gedicht unmittelbar anknüpfende Vers bekannt ist:
O! hätt er sich gekannt, wie ich ihn kannte]

1823 Reise nach Marienbad

[An Lili Parthey]

Du hattest gleich mirs angetan,
Doch jetzt gewahr ich neues Leben:
Ein süßer Mund blickt uns gar freundlich an,
Wenn er uns einen Kuß gegeben.

[An Ulrike v. Levetzow]

Tadelt man, daß wir uns lieben,
Dürfen wir uns nicht betrüben:
Tadel ist von keiner Kraft.
Andern Dingen mag das gelten;
Kein Mißbilligen, kein Schelten
Macht die Liebe tadelhaft.

[An Ulrike v. Levetzow]

Es ist nicht gut, die Formen auszuschließen,
Denn *sub utraque* läßt sich das genießen.

[An Ulrike v. Levetzow]

Du Schüler Howards, wunderlich
Siehst morgens um und über dich,
Ob Nebel fallen, ob sie steigen,
Und was sich für Gewölke zeigen.

Auf Berges Ferne ballt sich auf
Ein Alpenheer, beeist zuhauf,
Und oben drüber flüchtig schweifen

Gefiedert weiße, luftige Streifen;
Doch unten senkt sich grau und grauer
Aus Wolkenschicht ein Regenschauer.

Und wenn bei stillem Dämmerlicht
Ein allerliebstes Treugesicht
Auf holder Schwelle dir begegnet,
Weißt du, obs heitert? ob es regnet?

[An Ulrike v. Levetzow]

Wenn sich lebendig Silber neigt,
So gibt es Schnee und Regen,
Und wie es wieder aufwärts steigt,
Ist blaues Zelt zugegen.

Auch sinke viel, es steige kaum
Der Freude Wink, des Schmerzens,
Man fühlt ihn gleich im engen Raum
Des lieb-lebendgen Herzens.

[An Ulrike v. Levetzow]

Du gingst vorüber? Wie! ich sah dich nicht;
Du kamst zurück, dich hab ich nicht gesehen –
Verlorner, unglückselger Augenblick!
Bin ich denn blind? Wie soll mir das geschehen?

Doch tröst ich mich, und du verzeihst mir gern,
Entschuldigung wirst du mit Freude finden:
Ich sehe dich, bist du auch noch so fern!
Und in der Nähe kannst du mir verschwinden.

[An Ulrike v. Levetzow, mit einer Tafel Schokolade]

Gewogen schienst du mir zu sein,
Du lächeltest der kleinsten Gabe;
Und wenn ich deine Gunst nur habe,
So ist kein Täfelchen zu klein.

GESENDET VON MARIENBAD EINER GESELLSCHAFT VERSAMMELTER FREUNDE

zum 28. August 1823

In Hygieas Form beliebts Armiden,
Im Waldgebirg sich Schlösser aufzubauen,
Verspricht dem Kranken Heil, dem Lebensmüden
Erwacht auf einmal hoffendes Vertrauen;
Dem halb Genesnen schnell zu heiterm Frieden
Entfaltet sich ein Kreis erlesner Frauen!
Dann weiß sie uns nach aller Art zu kirren,
Durch Spiel und Tanz und Neigung zu verwirren.

So wird von Tag zu Tag ein Traum gedichtet,
Dem Wachen gleich, ein labyrinthisch Wesen;
Doch zu der Ferne bleibt mein Blick gerichtet,
Wo meinem Herzen sich ein Kreis erlesen,
Wo er sich mir und ich mich ihm verpflichtet:
Dort fühl ich mich vollkommener genesen.
So trägt es mich zum ehrenvollen Feste,
Schon bin ich da. – Gesegnet alle Gäste!

AN MADAME MARIE SZYMANOWSKA

Die Leidenschaft bringt Leiden! – Wer beschwichtigt,
Beklommnes Herz, dich, das zu viel verloren?
Wo sind die Stunden, überschnell verflüchtigt?
Vergebens war das Schönste dir erkoren!
Trüb ist der Geist, verworren das Beginnen;
Die hehre Welt, wie schwindet sie den Sinnen!

Da schwebt hervor Musik mit Engelsschwingen,
Verflicht zu Millionen Tön um Töne,
Des Menschen Wesen durch und durch zu dringen,
Zu überfüllen ihn mit ewger Schöne:
Das Auge netzt sich, fühlt im höhern Sehnen
Den Götter-Wert der Töne wie der Tränen.

Und so das Herz erleichtert merkt behende,
Daß es noch lebt und schlägt und möchte schlagen,
Zum reinsten Dank der überreichen Spende
Sich selbst erwidernd willig darzutragen.
Da fühlte sich – o daß es ewig bliebe! –
Das Doppel-Glück der Töne wie der Liebe.

AN FRÄULEIN KASIMIRA WOLOWSKA

Dein Testament verteilt die holden Gaben,
Womit Natur dich mütterlich vollendet,
Vermächtnis nach Vermächtnis ausgespendet,
Zufrieden jeder, seinen Teil zu haben.
Doch wenn du Glückliche zu machen trachtest,
So wär es der, dem du dich ganz vermachtest.

[An Kasimira Wolowska]

Daß man in Güter dieser Erde
Zu teilen sich bescheiden werde,
Singt manches alt- und neue Lied.
Und wärens zarte Liebes-Gaben –
Mit wem wir sie zu teilen haben,
Das macht den großen Unterschied.

ELEGIE

Und wenn der Mensch in seiner Qual verstummt,
Gab mir ein Gott, zu sagen, was ich leide.

Was soll ich nun vom Wiedersehen hoffen,
von dieses Tages noch geschloßner Blüte?
Das Paradies, die Hölle steht dir offen;
Wie wankelsinnig regt sichs im Gemüte! –
Kein Zweifeln mehr! Sie tritt ans Himmelstor,
Zu ihren Armen hebt sie dich empor.

So warst du denn im Paradies empfangen,
Als wärst du wert des ewig schönen Lebens;
Dir blieb kein Wunsch, kein Hoffen, kein Verlangen,
Hier war das Ziel des innigsten Bestrebens,
Und in dem Anschaun dieses einzig Schönen
Versiegte gleich der Quell sehnsüchtiger Tränen.

Wie regte nicht der Tag die raschen Flügel,
Schien die Minuten vor sich her zu treiben!
Der Abendkuß, ein treu verbindlich Siegel:
So wird es auch der nächsten Sonne bleiben.
Die Stunden glichen sich in zartem Wandern
Wie Schwestern zwar, doch keine ganz den andern.

Der Kuß, der letzte, grausam süß, zerschneidend
Ein herrliches Geflecht verschlungner Minnen.
Nun eilt, nun stockt der Fuß, die Schwelle meidend,
Als trieb' ein Cherub flammend ihn von hinnen;
Das Auge starrt auf düstrem Pfad verdrossen,
Es blickt zurück, die Pforte steht verschlossen.

Und nun verschlossen in sich selbst, als hätte
Dies Herz sich nie geöffnet, selige Stunden
Mit jedem Stern des Himmels um die Wette
An ihrer Seite leuchtend nicht empfunden;
Und Mißmut, Reue, Vorwurf, Sorgenschwere
Belastens nun in schwüler Atmosphäre.

Ist denn die Welt nicht übrig? Felsenwände,
Sind sie nicht mehr gekrönt von heiligen Schatten?
Die Ernte, reift sie nicht? Ein grün Gelände,
Zieht sichs nicht hin am Fluß durch Busch und Matten?
Und wölbt sich nicht das überweltlich Große,
Gestaltenreiche, bald Gestaltenlose?

Wie leicht und zierlich, klar und zart gewoben
Schwebt, seraphgleich, aus ernster Wolken Chor,

Als glich' es ihr, am blauen Äther droben
Ein schlank Gebild aus lichtem Duft empor!
So sahst du sie in frohem Tanze walten,
Die lieblichste der lieblichsten Gestalten.

Doch nur Momente darfst dich unterwinden,
Ein Luftgebild statt ihrer festzuhalten;
Ins Herz zurück! dort wirst du's besser finden,
Dort regt sie sich in wechselnden Gestalten:
Zu Vielen bildet Eine sich hinüber,
So tausendfach, und immer, immer lieber.

Wie zum Empfang sie an den Pforten weilte
Und mich von dannauf stufenweis beglückte,
Selbst nach dem letzten Kuß mich noch ereilte,
Den letztesten mir auf die Lippen drückte:
So klar beweglich bleibt das Bild der Lieben,
Mit Flammenschrift, ins treue Herz geschrieben.

Ins Herz, das fest, wie zinnenhohe Mauer,
Sich ihr bewahrt und sie in sich bewahret,
Für sie sich freut an seiner eignen Dauer,
Nur weiß von sich, wenn sie sich offenbaret,
Sich freier fühlt in so geliebten Schranken
Und nur noch schlägt, für alles ihr zu danken.

War Fähigkeit, zu lieben, war Bedürfen
Von Gegenliebe weggelöscht, verschwunden,
Ist Hoffnungslust zu freudigen Entwürfen,
Entschlüssen, rascher Tat sogleich gefunden!
Wenn Liebe je den Liebenden begeistet;
Ward es an mir aufs lieblichste geleistet;

Und zwar durch sie! – Wie lag ein innres Bangen
Auf Geist und Körper, unwillkommner Schwere:
Von Schauerbildern rings der Blick umfangen
Im wüsten Raum beklommner Herzensleere;

1823 REISE NACH MARIENBAD

Nun dämmert Hoffnung von bekannter Schwelle,
Sie selbst erscheint in milder Sonnenhelle.

Dem Frieden Gottes, welcher euch hienieden
Mehr als Vernunft beseliget – wir lesens –
Vergleich ich wohl der Liebe heitern Frieden
In Gegenwart des allgeliebten Wesens;
Da ruht das Herz, und nichts vermag zu stören
Den tiefsten Sinn, den Sinn: ihr zu gehören.

In unsers Busens Reine wogt ein Streben,
Sich einem Höhern, Reinern, Unbekannten
Aus Dankbarkeit freiwillig hinzugeben,
Enträtselnd sich den ewig Ungenannten;
Wir heißens: fromm sein! – Solcher seligen Höhe
Fühl ich mich teilhaft, wenn ich vor ihr stehe.

Vor ihrem Blick, wie vor der Sonne Walten,
Vor ihrem Atem, wie vor Frühlingslüften,
Zerschmilzt, so längst sich eisig starr gehalten,
Der Selbstsinn tief in winterlichen Grüften;
Kein Eigennutz, kein Eigenwille dauert,
Vor ihrem Kommen sind sie weggeschauert.

Es ist, als wenn sie sagte: »Stund um Stunde
Wird uns das Leben freundlich dargeboten.
Das Gestrige ließ uns geringe Kunde,
Das Morgende – zu wissen ists verboten;
Und wenn ich je mich vor dem Abend scheute,
Die Sonne sank und sah noch, was mich freute.

Drum tu wie ich und schaue, froh verständig,
Dem Augenblick ins Auge! Kein Verschieben!
Begegn ihm schnell, wohlwollend wie lebendig,
Im Handeln, sei's zur Freude sei's dem Lieben.
Nur wo du bist, sei alles, immer kindlich,
So bist du alles, bist unüberwindlich.«

Du hast gut reden, dacht ich: zum Geleite
Gab dir ein Gott die Gunst des Augenblickes,
Und jeder fühlt an deiner holden Seite
Sich augenblicks den Günstling des Geschickes;
Mich schreckt der Wink, von dir mich zu entfernen–
Was hilft es mir, so hohe Weisheit lernen!

Nun bin ich fern! Der jetzigen Minute,
Was ziemt denn der? Ich wüßt es nicht zu sagen;
Sie bietet mir zum Schönen manches Gute,
Das lastet nur, ich muß mich ihm entschlagen.
Mich treibt umher ein unbezwinglich Sehnen,
Da bleibt kein Rat als grenzenlose Tränen.

So quellt denn fort! und fließet unaufhaltsam;
Doch nie gelängs, die innre Glut zu dämpfen!
Schon rasts und reißt in meiner Brust gewaltsam,
Wo Tod und Leben grausend sich bekämpfen.
Wohl Kräuter gäbs, des Körpers Qual zu stillen;
Allein dem Geist fehlts am Entschluß und Willen,

Fehlts am Begriff: wie sollt er sie vermissen?
Er wiederholt ihr Bild zu tausendmalen.
Das zaudert bald, bald wird es weggerissen,
Undeutlich jetzt und jetzt im reinsten Strahlen;
Wie könnte dies geringstem Troste frommen,
Die Ebb und Flut, das Gehen wie das Kommen?

*

Verlaßt mich hier, getreue Weggenossen!
Laßt mich allein am Fels, in Moor und Moos;
Nur immer zu! euch ist die Welt erschlossen,
Die Erde weit, der Himmel hehr und groß;
Betrachtet, forscht, die Einzelheiten sammelt,
Naturgeheimnis werde nachgestammelt.

Mir ist das All, ich bin mir selbst verloren,
Der ich noch erst den Göttern Liebling war;

Sie prüften mich, verliehen mir Pandoren,
So reich an Gütern, reicher an Gefahr;
Sie drängten mich zum gabeseligen Munde,
Sie trennen mich, und richten mich zugrunde.

[An Ulrike v. Levetzow]

Am heißen Quell verbringst du deine Tage,
Das regt mich auf zu innerm Zwist;
Denn wie ich dich so ganz im Herzen trage,
Begreif ich nicht, wie du wo anders bist.

1823–1828 Weimar

ZAHME XENIEN
[IV]

Laßt zahme Xenien immer walten,
Der Dichter nimmer gebückt ist.
Ihr ließt verrückten Werther schalten,
So lernt nun, wie das Alter verrückt ist.

Den Vorteil hat der Dichter:
Wie die Gemeinde prüft und probt,
So ist sie auch sein Richter;
Da wird er nun gescholten, gelobt –
Und bleibt immer ein Dichter.

Es schnurrt mein Tagebuch
Am Bratenwender:
Nichts schreibt sich leichter voll
Als ein Kalender.

»Ruf ich, da will mir keiner horchen;
Hab ich das um die Leute verdient?«
Es möchte niemand mehr gehorchen,
Wären aber alle gern gut bedient.

»Wann wird der Herr seine Freude sehn?«
Wenn er befiehlt mit Sinnen
Ehrlichen Leuten, die's recht verstehn,
Und läßt sie was gewinnen.

»Wer ist ein unbrauchbarer Mann?«
Der nicht befehlen und auch nicht gehorchen kann.

»Sage, warum dich die Menschen verlassen?«
Glaubet nicht, daß sie mich deshalb hassen;
Auch bei mir will sich die Lust verlieren,
Mit irgend jemand zu konversieren.

So hoch die Nase reicht, da mags wohl gehn;
Was aber drüber ist, können sie nicht sehn.

Geh ich, so wird der Schade größer;
Bleib ich, so wird es auch nicht besser!

»Sei einmal ehrlich nur:
Wo findest du in deutscher Literatur
Die größte Verfänglichkeit?«
Wir sind von vielen Seiten groß;
Doch hie und da gibt sich bloß
Bedauerlichste Unzulänglichkeit.

»Verzeihe mir, du gefällst mir nicht,
Und schiltst du nicht, so schneidst ein Gesicht,
Wo sämtliche loben und preisen!«
Daß, wenn man das eine von vornen bedeckt,
Das andre bleibt hinten hinaus gestreckt,
Das soll ein Anstand heißen!

»Sage, wie es dir nur gefällt,
Solch zerstückeltes Zeug zu treiben?«
Seht nur hin: für gebildete Welt
Darf man nichts anders beginnen und schreiben.

»Warum willst du das junge Blut
So schnöde von dir entfernen?«
Sie machens alle hübsch und gut,
Aber sie wollen nichts lernen.

Die holden, jungen Geister
Sind alle von *einem* Schlag:

1823–1828 WEIMAR

Sie nennen mich ihren Meister
Und gehn der Nase nach.

Mit seltsamen Gebärden
Gibt man sich viele Pein,
Kein Mensch will etwas werden,
Ein jeder will schon was sein.

»Willst dich nicht gern vom Alten entfernen?
Hat denn das Neue so gar kein Gewicht?«
Umlernen müßte man immer, umlernen!
Und wenn man umlernt, da lebt man nicht.

»Sag uns Jungen doch auch was zuliebe!«
Nun! daß ich euch Jungen gar herzlichen liebe!
Denn als ich war als Junge gesetzt,
Hatt ich mich auch viel lieber als jetzt.

Ich neide nichts, ich laß es gehn
Und kann mich immer manchem gleich erhalten;
Zahnreihen aber, junge, neidlos anzusehn,
Das ist die größte Prüfung mein, des Alten.

Künstler! dich selbst zu adeln,
Mußt du bescheiden prahlen;
Laß dich heute loben, morgen tadeln,
Und immer bezahlen.

Als Knabe nahm ich mirs zur Lehre,
Welt sei ein allerliebster Spaß,
Als wenn es Vater und Mutter wäre;
Dann – etwas anders fand ich das.

Die klugen Leute gefallen mir nicht
(Ich tadle mich selbst auch wohl zuweilen):
Sie heißen das Vorsicht,
Wenn sie sich übereilen.

»Anders lesen Knaben den Terenz,
Anders Grotius.«
Mich Knaben ärgerte die Sentenz,
Die ich nun gelten lassen muß.

»So widerstrebe! das wird dich adeln;
Willst vor der Feierstunde schon ruhn?«
Ich bin zu alt, um etwas zu tadeln,
Doch immer jung genug, etwas zu tun.

»Du bist ein wunderlicher Mann,
Warum verstummst du vor diesem Gesicht?«
Was ich nicht loben kann,
Davon sprech ich nicht.

»Bei mancherlei Geschäftigkeit
Hast dich ungeschickt benommen.«
Ohne jene Verrücktheit
Wär ich nicht so weit gekommen.

»Laß doch, was du halb vollbracht,
Mich und andre kennen!«
Weil es uns nur irremacht,
Wollen wirs verbrennen.

»Willst du uns denn nicht auch was gönnen?
Kannst ja, was mancher andre kann.«
Wenn sie mich heute verbrauchen können,
Dann bin ich ihnen ein rechter Mann.

Das alles ist nicht mein Bereich –
Was soll ich mir viel Sorge machen?
Die Fische schwimmen glatt im Teich
Und kümmern sich nicht um den Nachen.

Mit der Welt muß niemand leben,
Als wer sie brauchen will;
Ist er brauchbar und still,

Sollt er sich lieber dem Teufel ergeben,
Als zu tun, was sie will.

»Was lehr ich dich vor allen Dingen?«
Möchte über meinen eignen Schatten springen!

Sie möchten gerne frei sein.
Lange kann das einerlei sein;
Wo es aber drunter- und drübergeht,
Ein Heiliger wird angefleht;
Und wollen die alten uns nicht befreien,
So macht man sich behend einen neuen.
Im Schiffbruch jammert jedermann,
Daß keiner mehr als der andre kann.

Grenzlose Lebenspein
Fast, fast erdrückt sie mich!
Das wollen alle Herren sein,
Und keiner ist Herr von sich.

Und wenn man auch den Tyrannen ersticht,
Ist immer noch viel zu verlieren.
Sie gönnten Cäsarn das Reich nicht
Und wußtens nicht zu regieren.

Warum mir aber in neuster Welt
Anarchie gar so wohl gefällt? –
Ein jeder lebt nach seinem Sinn,
Das ist nun also auch mein Gewinn.
Ich laß einem jeden sein Bestreben,
Um auch nach meinem Sinne zu leben.

Da kann man frank und fröhlich leben:
Niemanden wird recht gegeben,
Dafür gibt man wieder niemand recht,
Machts eben gut, machts eben schlecht;
Im ganzen aber, wie man sieht,
Im Weltlauf immer doch etwas geschieht.

Was Kluges, Dummes auch je geschah,
Das nennt man Welt-Historia;
Und die Herrn Bredows künftger Zeiten
Werden daraus Tabellen bereiten,
Darin studiert die Jugend mit Fleiß,
Was sie nie zu begreifen weiß.

Wie es in der Welt so geht –
Weiß man, was geschah?
Und was auf dem Papiere steht,
Das steht eben da.

Das Weltregiment – über Nacht
Seine Formen hab ich durchgedacht:
Den hehren Despoten lieb ich im Krieg,
Verständigen Monarchen gleich hinter dem Sieg;
Dann wünscht ich jedoch, daß alle die Trauten
Sich nicht gleich neben und mit ihm erbauten.
Und wie ich das hoffe, so kommt mir die Menge,
Nimmt hüben und drüben mich derb ins Gedränge;
Von da verlier ich alle Spur. –
Was will mir Gott für Lehre daraus gönnen?
Daß wir uns eben alle nur
Auf kurze Zeit regieren können.

Ich tadl euch nicht,
Ich lob euch nicht;
Aber ich spaße.
Dem klugen Wicht
Fährts ins Gesicht
Und in die Nase.

Und wenn er ganz gewaltig niest,
Wer weiß, was dann daher entsprießt,
Und was er alles mache;
Besinnung aber hinterdrein,
Verstand, Vernunft, wo möglich rein,
Das ist die rechte Sache.

1823–1828 WEIMAR

Soll man euch immer und immer beplappern?
Gewinnt ihr nie einen freien Blick?
Sie frieren, daß ihnen die Zähne klappern,
Das heißen sie nachher Kritik.

»Du sagst gar wunderliche Dinge!«
Beschaut sie nur, sie sind geringe;
Wird Vers und Reim denn angeklagt,
Wenn Leben und Prosa das Tollste sagt?

»Du gehst so freien Angesichts,
Mit muntern, offnen Augen!«
Ihr tauget eben alle nichts,
Warum sollt ich was taugen?

»Warum bist du so hochmütig?
Hast sonst nicht so die Leute gescholten!«
Wäre sehr gerne demütig,
Wenn sie mich nur so lassen wollten.

Wenn ich dumm bin, lassen sie mich gelten;
Wenn ich recht hab, wollen sie mich schelten.

Überzeugung soll mir niemand rauben;
Wers besser weiß, der mag es glauben.

Dem ist es schlecht in seiner Haut,
Der in seinen eignen Busen schaut.

»Wohin wir bei unsern Gebresten
Uns im Augenblick richten sollen?«
Denke nur immer an die Besten,
Sie mögen stecken, wo sie wollen.

Den Reichtum muß der Neid beteuern,
Denn er kreucht nie in leere Scheuern.

Soll der Neider zerplatzen,
Begib dich deiner Fratzen.

Soll es reichlich zu dir fließen,
Reichlich andre laß genießen.

»Ist dein Geschenk wohl angekommen?«
Sie haben es eben nicht übelgenommen.

Der Teufel! sie ist nicht gering,
Wie ich von weitem spüre;
Nun schelten sie das arme Ding,
Daß sie euch so verführe.
Erinnert euch, verfluchtes Pack,
Des paradiesischen Falles!
Hat euch die Schöne nur im Sack,
So gilt sie euch für alles.

»Wenn dirs bei uns nun nicht gefällt,
So geh in deine östliche Welt.«

Ich wünsche mir eine hübsche Frau,
Die nicht alles nähme gar zu genau,
Doch aber zugleich am besten verstände,
Wie ich mich selbst am besten befände.

Wäre Gott und Eine,
So wäre mein Lied nicht kleine.

Gott hab ich und die Kleine
Im Lied erhalten reine.

So laßt mir das Gedächtnis
Als fröhliches Vermächtnis.

»Sie betrog dich geraume Zeit,
Nun siehst du wohl, sie war ein Schein.«

1823–1828 WEIMAR

Was weißt du denn von Wirklichkeit?
War sie drum weniger mein?

»Betrogen bist du zum Erbarmen,
Nun läßt sie dich allein!«
Und war es nur ein Schein,
Sie lag in meinen Armen;
War sie drum weniger mein?

Gern hören wir allerlei gute Lehr,
Doch Schmähen und Schimpfen noch viel mehr.

Glaube dich nicht allzu gut gebettet;
Ein gewarnter Mann ist halb gerettet.

Wein macht munter geistreichen Mann;
Weihrauch ohne Feuer man nicht riechen kann.

Willst du Weihrauchs Geruch erregen,
Feurige Kohlen mußt unterlegen.

Wem ich ein besser Schicksal gönnte?
Es sind die erkünstelten Talente:
An diesem, an jenem, am Besten gebrichts,
Sie mühen und zwängen und kommen zu nichts.

»Sage deutlicher, wie und wenn;
Du bist uns nicht immer klar.«
Gute Leute, wißt ihr denn,
Ob ich mirs selber war?

»Wir quälen uns immerfort
In des Irrtums Banden.«
Wie manches verständliche Wort
Habt ihr mißverstanden.

Einem unverständigen Wort
Habt ihr Sinn geliehen;

Und so gehts immer fort:
Verzeiht, euch wird verziehen.

Nehmt nur mein Leben hin in Bausch
Und Bogen, wie ichs führe;
Andre verschlafen ihren Rausch,
Meiner steht auf dem Papiere.

Besser betteln als borgen!
Warum sollen zwei denn sorgen?
Wenn einer sorgt und redlich denkt,
Kommt andrer wohl und heiter und schenkt.
Das sind die besten Intressen,
Die Schuldner und Gläubiger vergessen.

»Ich bin ein armer Mann,
Schätze mich aber nicht gering.«
Die Armut ist ein ehrlich Ding,
Wer mit umgehn kann.

Erlauchte Bettler hab ich gekannt,
Künstler und Philosophen genannt;
Doch wüßt ich niemand, ungeprahlt,
Der seine Zeche besser bezahlt.

»Was hat dich nur von uns entfernt?«
Hab immer den Plutarch gelesen.
»Was hast du denn dabei gelernt?«
Sind eben alles Menschen gewesen.

Cato wollte wohl andre strafen;
Selbander mocht er gerne schlafen.

Deshalb er sich zur Unzeit
Mit Schwiegertochter und Sohn entzweit,
Auch eine junge Frau genommen,
Welches ihm gar nicht wohl bekommen;

1823–1828 WEIMAR

Wie Kaiser Friedrich der Letzte
Väterlich auseinandersetzte.

»Was willst du, redend zur Menge,
Dich selbst fürtrefflich preisen?«
Cato selbst war ruhmredig, der Strenge;
Plutarch wills ihm gar ernst verweisen.

Man könnt erzogene Kinder gebären,
Wenn die Eltern erzogen wären.

Was ich in meinem Haus ertrag,
Das sieht ein Fremder am ersten Tag;
Doch ändert er sichs nicht zuliebe,
Und wenn er hundert Jahre bliebe.

Wie auch die Welt sich stellen mag,
Der Tag immer belügt den Tag.

Dagegen man auch nicht gerne hört,
Wenn der Tag den Tag zerstört.

Ich bin euch sämtlichen zur Last,
Einigen auch sogar verhaßt;
Das hat aber gar nichts zu sagen:
Denn mir behagts in alten Tagen,
So wie es mir in jungen behagte,
Daß ich nach alt und jung nicht fragte.

Mit sich selbst zu Rate gehn,
Immer wirds am besten stehn;
Gern im Freien, gern zu Haus,
Lausche da und dort hinaus
Und kontrolliere dich für und für,
Da horchen alt und jung nach dir.

»Ists in der Näh? Kams aus der Ferne?
Was beugt dich heute so schwer?«

Ich spaßte wohl am Abend gerne,
Wenn nur der Tag nicht so ernsthaft wär.

Gott hat die Gradheit selbst ans Herz genommen;
Auf gradem Weg ist niemand umgekommen.

Wirst du die frommen Wahrheits-Wege gehen,
Dich selbst und andere triegst du nie.
Die Frömmelei läßt Falsches auch bestehen,
Derwegen haß ich sie.

Was gibst du dir mit Lieb und Ehre
Und andern Dingen so viele Pein!
Wenn ein tüchtiger S ... nur wäre,
Die Weiber würden sämtlich zufrieden sein.

Du sehnst dich, weit hinaus zu wandern,
Bereitest dich zu raschem Flug;
Dir selbst sei treu und treu den andern,
Dann ist die Enge weit genug.

Halte dich nur im stillen rein
Und laß es um dich wettern;
Je mehr du fühlst, ein Mensch zu sein,
Desto ähnlicher bist du den Göttern.

Was hätte man vom Zeitungstraum,
Der leidigen Ephemere,
Wenn es uns nicht im stillen Raum
Noch ganz behaglich wäre!

Das Schlimmste, was uns widerfährt,
Das werden wir vom Tag gelehrt.
Wer in dem Gestern Heute sah,
Dem geht das Heute nicht allzunah,
Und wer im Heute sieht das Morgen,
Der wird sich rühren, wird nicht sorgen.

[An Marianne v. Willemer]

Myrt und Lorbeer hatten sich verbunden;
Mögen sie vielleicht getrennt erscheinen,
Wollen sie, gedenkend selger Stunden,
Hoffnungsvoll sich abermals vereinen.

[An Sulpiz Boisserée]

Von der Isar bis zum Rhein
Mahlen manche Mühlen,
Doch die Gerbermühl am Main
Ists, wohin wir zielen.

»Von wem auf Lebens- und Wissens-Bahnen
Wardst du genährt und befestet?
Zu fragen sind wir beauftragt.«

Ich habe niemals danach gefragt,
Von welchen Schnepfen und Fasanen,
Kapaunen und Welschenhahnen
Ich mein Bäuchelchen gemästet.

So bei Pythagoras, bei den Besten,
Saß ich unter zufriednen Gästen;
Ihr Frohmal hab ich unverdrossen
Niemals bestohlen, immer genossen.

ZUM 20. FEBRUAR 1824

Man ist gewohnt, daß an den höchsten Tagen
Zum Herrscherthron sich alle Völkerschaften
Nach eigner Weise zuversichtlich wagen,
Mag seltsam auch der Schmuck an ihnen haften.
Wie denn das Äußre sei von Pelz und Kragen,

Man sieht hindurch die innern Eigenschaften.
Hier bringt nun ein Korsar, zum Schein verwegen,
Einsiedlerischer Zelle stillen Segen.

IN DAS STAMMBUCH
DER FRAU HOFMARSCHALL VON SPIEGEL
Januar 1821

Der Dichtung Faden läßt sich heut nicht fassen;
Ich bitte, mir die Blätter weiß zu lassen!

Am 25. Februar 1824

Seit jenen Zeilen bis zum heutigen Tage
Sind fast zweihundert Wochen fortgeschritten,
Und immer ist es noch die alte Klage,
Als lasse sich die Muse nicht erbitten;
Doch wenn ich sie im stillen ernstlich frage,
Versetzt sie mich, mit Adlerflug, inmitten
Von jener Feier einzigen Augenblicken,
Wie es erscholl im freudigsten Entzücken:

»Nun geht es auf, das Licht der Morgenländer,
Die Tochter von Byzanz. Ihr seht sie hier!
Als Kaiserkind trägt sie die Goldgewänder,
Und doch ist sie des Schmuckes höchste Zier.
Die goldnen Schuhe, jene teuren Pfänder,
Die Liebesboten zwischen *ihm* und *ihr*,
Sie bringt der Zwerg, die frohste Morgengabe:
Ein Liebespfand ist mehr als Gut und Habe.«

Da sprach das Lied, so heiter als bedächtig,
Von König Rothers unbezwungner Kraft,
Dem, wie er schon in Waffen groß und mächtig,
Auch Liebe nun das höchste Glück verschafft.
»Als Pilger klug, als Gast freigebig, prächtig,
Hat er als Held zuletzt sie weggerafft,

Zum schönsten Glück, zum höchsten Mutterlose:
Von ihnen stammt Pipin und Karl der Große.«

Wie denn das Gute, Schöne nimmer schwindet
Und, immer wirkend, immer sich erhält,
Sich ungesäumt zum höchsten Wahren findet,
Als lebend zu Lebendigem gesellt;
Und glücklich ist, wer ihnen sich verbindet,
Beständig bleibt ihm die bewegte Welt;
So wars auch mir im Augenblick, dem süßen,
Nach langer Zeit die Freundin zu begrüßen.

ZU THAERS JUBELFEST
dem 14. Mai 1824

Wer müht sich wohl im Garten dort
Und mustert jedes Beet?
Er pflanzt und gießt und spricht kein
So schön auch alles steht. [Wort,
Das er gepfropft und okuliert
Mit sichrer, kluger Hand,
Das Bäumchen zart ist anspaliert
Nach Ordnung und Verstand.

Doch sagt mir, was es heißen soll?
Warum ist er so still?
Man sieht, ihm ist der Kopf so voll,
Daß er was andres will.
Genug, ihm wird nicht wohl dahier,
Ich fürcht, er will davon;
Er schreitet nach der Gartentür,
Und draußen ist er schon.

Im Felde gibts genug zu tun,
Wo der Befreite schweift;
Er schaut, studiert und kann nicht ruhn,
Bis es im Kopfe reift.

Auf einmal hats der Biedre los,
Wie er das Beste kann:
Nicht ruhen soll der Erdenkloß,
Am wenigsten der Mann!

Der Boden rührt sich ungesäumt
Im Wechsel jedes Jahr,
Ein Feld so nach dem andern keimt
Und reift und fruchtet bar;
So fruchtets auch von Geist zu Geist
Und nutzt von Ort zu Ort.
Gewiß, ihr fragt nicht, wie er heißt,
Sein Name lebe fort!

AN WERTHER

Noch einmal wagst du, vielbeweinter Schatten,
Hervor dich an das Tageslicht,
Begegnest mir auf neu beblümten Matten,
Und meinen Anblick scheust du nicht.
Es ist, als ob du lebtest in der Frühe,
Wo uns der Tau auf Einem Feld erquickt
Und nach des Tages unwillkommner Mühe
Der Scheidesonne letzter Strahl entzückt;
Zum Bleiben ich, zum Scheiden du erkoren,
Gingst du voran – und hast nicht viel verloren.

Des Menschen Leben scheint ein herrlich Los:
Der Tag wie lieblich, so die Nacht wie groß!
Und wir, gepflanzt in Paradieses Wonne,
Genießen kaum der hocherlauchten Sonne,
Da kämpft sogleich verworrene Bestrebung
Bald mit uns selbst und bald mit der Umgebung;
Keins wird vom andern wünschenswert ergänzt,
Von außen düsterts, wenn es innen glänzt,
Ein glänzend Äußres deckt ein trüber Blick,
Da steht es nah – und man verkennt das Glück.

1823–1828 WEIMAR

Nun glauben wirs zu kennen! Mit Gewalt
Ergreift uns Liebreiz weiblicher Gestalt:
Der Jüngling, froh wie in der Kindheit Flor,
Im Frühling tritt als Frühling selbst hervor,
Entzückt, erstaunt, wer dies ihm angetan?
Er schaut umher, die Welt gehört ihm an.
Ins Weite zieht ihn unbefangne Hast,
Nichts engt ihn ein, nicht Mauer, nicht Palast;
Wie Vögelschar an Wäldergipfeln streift,
So schwebt auch er, der um die Liebste schweift,
Er sucht vom Äther, den er gern verläßt,
Den treuen Blick, und dieser hält ihn fest.

Doch erst zu früh und dann zu spät gewarnt,
Fühlt er den Flug gehemmt, fühlt sich umgarnt.
Das Wiedersehn ist froh, das Scheiden schwer,
Das Wieder-Wiedersehn beglückt noch mehr,
Und Jahre sind im Augenblick ersetzt;
Doch tückisch harrt das Lebewohl zuletzt.

Du lächelst, Freund, gefühlvoll, wie sich ziemt:
Ein gräßlich Scheiden machte dich berühmt;
Wir feierten dein kläglich Mißgeschick,
Du ließest uns zu Wohl und Weh zurück.
Dann zog uns wieder ungewisse Bahn
Der Leidenschaften labyrinthisch an;
Und wir, verschlungen wiederholter Not,
Dem Scheiden endlich – Scheiden ist der Tod!
Wie klingt es rührend, wenn der Dichter singt,
Den Tod zu meiden, den das Scheiden bringt!
Verstrickt in solche Qualen, halbverschuldet,
Geb ihm ein Gott, zu sagen, was er duldet.

Laßt euch nur von Pfaffen sagen,
Was die Kreuzigung eingetragen!
Niemand kommt zum höchsten Flor
Von Kranz und Orden,

Wenn einer nicht zuvor
Derb gedroschen worden.

[An Marie Schmidt]

Das holde Tal hat schon die Sonne wieder
Mit Frühlingsblüt- und Blumen angefüllt,
Die Nachtigall singt immer neue Lieder
Dem Hochgefühl, das ihr entgegenquillt.
Erfreue dich der gottverliehnen Gaben!
Froh, wie er dich erschuf, will er dich haben.

[An den Grafen Kaspar v. Sternberg]

Frühlingsblüten sind vergangen,
Nun dem Sommer Früchte sprießen;
Ros und Lilie soll erlangen,
Den erhabnen Freund zu grüßen.

[Auf Delavigne]

Was reimt der Junge, der Franzos,
Uns alte Herren zu belehren!
Die Zeit ist wie der Teufel los,
Die weiß allein uns zu bekehren.

Welch hoher Dank ist dem zu sagen,
Der frisch uns an das Buch gebracht,
Das allem Forschen, allen Klagen
Ein grandioses Ende macht.

*[An die Erbgroßherzogin Maria Paulowna
mit einem Bildchen: Schloß Belvedere]*

Erleuchtet außen hehr vom Sonnengold,
Bewohnt im Innern traulich, froh und hold.
Erzeige sich dein ganzes Leben so:
Nach außen herrlich, innen hold und froh.

1823–1828 WEIMAR 1049

[An Frau v. Martius]

Mein Kind, Sie wissens nicht zu machen;
Doch Artischocken sind von allen Sachen
Die schlimmsten nicht, die unter zarten Fingern
Ihr widerspenstig Naturell verringern. –
Nimm nur den Stachel mit geschickter Kraft,
Das ist der Sinn von aller Wissenschaft.

*[In ein für Ottilie v. Goethe
bestimmtes englisches Wörterbuch]*

Dicke Bücher! vieles Wissen!
Ach! was werd ich lernen müssen!
Will es nicht in Kopf hinein,
Mag es doch im Buche sein!

FAUNTLEROY UND KONSORTEN

Will in Albions Bezirken
Man den Schriftverfälscher hängen,
Herrschers Gnade zu erwirken,
Sieht man Tausende sich drängen.

Hängt man diesen – denken viele –
Sollten wir im Sichern wandeln?
Die im Ernst so wie im Spiele
Immerfort betrüglich handeln.

Einerlei ists ganz und gar,
Ob man raube, fälsche, stehle;
Und dem schändlichsten Falsar
Juckt in Quedlinburg die Kehle.

[Herrn Rat Schellhorn]

Daß im großen Jubeljahre
Wir dein Jubiläum schmücken,
Das erlebe, das gewahre,
Treuer Diener, mit Entzücken!
Dir gelangs in stiller Sphäre,
Deinen Fürsten zu begleiten;
Werde teilhaft seiner Ehre
Bis in allerspätste Zeiten!

ZU DEM BILDE EINER HAFENSTADT
AM SCHWARZEN MEERE

Schroffe Felsen, weite Meere
Geben weder Lust noch Lehre,
Denn sie sind uns gar zu fern;
Aber jener Freund im Innern,
Seine Neigung, sein Erinnern
Leuchtet her, ein holder Stern.

ZU EINEM ÖLGEMÄLDE

An den Wurzeln heiliger Eiche
Schwillt ein Lebensquell hervor,
Und so, ohne Nachbar-Gleiche,
Wuchs die edle still empor.
Äste streckt sie, Blätterbüsche
Sonnig über glatte Flut,
Und in ewig grüner Frische
Spiegelt sich des Dankes Glut.

DER CÖLNER MUMMENSCHANZ
Fastnacht 1825

Da das Alter, wie wir wissen,
Nicht für Torheit helfen kann,
Wär es ein gefundner Bissen
Einem heitern alten Mann,

Daß am Rhein, dem vielbeschwommnen,
Mummenschar sich zum Gefecht
Rüstet gegen angekommnen
Feind, zu sichern altes Recht.

Auch dem Weisen fügt behäglich
Sich die Torheit wohl zur Hand;
Und so ist es gar verträglich,
Wenn er sich mit euch verband.

Selbst Erasmus ging den Spuren
Der *Moria* scherzend nach,
Ulrich Hutten mit *Obskuren*
Derbe Lanzenkiele brach.

Löblich wird ein tolles Streben,
Wenn es kurz ist und mit Sinn;
Heiterkeit zum Erdeleben
Sei dem flüchtigen Rausch Gewinn.

Häufet nur an diesem *Tage*
Kluger Torheit Vollgewicht,
Daß mit uns die Nachwelt sage:
Jahre sind der Lieb und Pflicht.

Lord Byron ohne Scham und Scheu
Hat sich satanischen Pakts beflissen.
Von Hammer merkt nun wohl, daß, um Poet zu sein,
Er sich dem Teufel hätt ergeben müssen.

LYRISCHE DICHTUNGEN

HERRN GRAFEN LOEBEN NACH SEINEM TODE

Nun ists geschehn! Dir hat ein herber Streich
Das schöne Lebensglück entrissen;
Drum ist es besser, auf der Stelle gleich
Die Freunde preisen, die Geliebte küssen.

[In das Stammbuch Walters v. Goethe.
Unter folgende Worte Jean Pauls:
»Der Mensch hat hier dritthalb Minuten: eine zu lächeln,
eine zu seufzen und eine halbe zu lieben; denn mitten in
dieser Minute stirbt er.«]

Ihrer sechzig hat die Stunde,
Über tausend hat der Tag.
Söhnchen! werde dir die Kunde,
Was man alles leisten mag.

SCHUL-PFORTA

Ehre, Deutscher, treu und innig
Des Erinnerns werten Schatz,
Denn der Knabe spielte sinnig,
Klopstock, einst auf diesem Platz.

An dem stillbegrenzten Orte
Bilde dich so, wie's gebührt,
Jüngling! öffne dir die Pforte,
Die ins weite Leben führt.

[Lord Byron]

Stark von Faust, gewandt im Rat
Liebt er die Hellenen;
Edles Wort und schöne Tat
Füllt sein Aug mit Tränen.

Liebt den Säbel, liebt das Schwert,
Freut sich der Gewehre;
Säh er, wie sein Herz begehrt,
Sich vor mutgem Heere!

Laßt ihn der Historia,
Bändigt euer Sehnen;
Ewig bleibt ihm Gloria,
Bleiben uns die Tränen.

[In das Stammbuch Augusts v. Goethe]

Dies Album lag so manches Jahr in Banden,
Nun richtet sichs zu frischer Wandrung auf;
Von früher Welt sind Freunde noch vorhanden,
Erneue sich ein heitrer Tageslauf.

*

Manches ward indes erfahren,
Manches auch von uns getan;
Also hier, nach zwanzig Jahren,
Fangen wir von vorne an.

[An die Gräfin Rapp, geb. v. Rothberg]

Zu dem Guten, zu dem Schönen
Werden wir uns gern gewöhnen,
An dem Schönen und dem Guten
Werden wir uns frisch ermuten:
So bedarf es deinen Wegen
Weiter keinen Reisesegen.

ZUR LOGENFEIER DES 3. SEPTEMBERS 1825

Einleitung

Einmal nur in unserm Leben,
Was auch sonst begegnen mag,

Ist das höchste Glück gegeben,
Einmal feiert solchen Tag!

Einen Tag, der froh erglänzend,
Bunten Schmucks der Nacht entsteigt,
Sich gesellig nun bekränzend
Segensvoll zum Berge neigt.

Darum öffnet eure Pforten,
Laßt Vertrauteste herein;
Heute soll an allen Orten
Liebe nah der Liebe sein!

Zwischengesang

Laßt fahren hin das allzu Flüchtige!
Ihr sucht bei ihm vergebens Rat;
In dem Vergangnen lebt das Tüchtige,
Verewigt sich in schöner Tat.

Und so gewinnt sich das Lebendige
Durch Folg aus Folge neue Kraft;
Denn die Gesinnung, die beständige,
Sie macht allein den Menschen dauerhaft.

So löst sich jene große Frage
Nach unserm zweiten Vaterland;
Denn das Beständige der irdschen Tage
Verbürgt uns ewigen Bestand.

Schlußgesang

Nun auf und laßt verlauten,
Ihr brüderlich Vertrauten!
Wie ihr geheim verehret,
Nach außen seis gekehret!
Nicht mehr in Sälen
Verhalle der Sang.

Und jubelnd übermaßen
Durchziehet neue Straßen!
Wo wir ins Leere schauten,
Erscheinen edle Bauten
Und Kranz an Kränzen
Die Reihen entlang.

So äußeres Gebäude
Verkündet innre Freude;
Der Schule Raum erheitert,
Zu lichtem Saal erweitert;
Die Kinder scheuen
Nicht Moder noch Zwang.

Nun in die luftgen Räume!
Wer pflanzte diese Bäume,
Ihr kinderfrohen Gatten?
Er pflegte diese Schatten,
Und Wälder umgrünen
Die Hügel entlang.

Die Plage zu vergessen,
Das Gute zu ermessen,
So aufgeregt als treulich,
So treusam wie erfreulich
Stimmet zusammen
In herzlichem Sang!

Wie viel *er* ausgespendet,
Auch weit und breit vollendet,
Die Unzahl sich verbündet,
Unsäglich Glück gegründet,
Das wiederholet
Das Leben entlang!

LYRISCHE DICHTUNGEN

LEUCHTENDER STERN
über Winkelwage, Blei und Zirkel

Zum Beginnen, zum Vollenden
Zirkel, Blei und Winkelwage;
Alles stockt und starrt in Händen,
Leuchtet nicht der Stern dem Tage.

*[Auf einen Besuch
des Herzogs und der Herzogin von Cumberland]*
Den 15. August 1815

Wohlerleuchtet, glühend-milde
Zog der Fluß im Abendschein,
Über Brück und Stadtgebilde
Finsternisse sanken ein.

Den 16. August

Doch am Morgen ward es klar,
Neu beganns umher zu grünen
Nach der Nacht, wo jenes Paar
Sternengleich uns angeschienen.

Ist uns Jugendmut entrissen,
Mag zum Troste dann Erfahrung
Sicher leiten zur Bewahrung
Aller, die wir treu uns wissen.

So in jetzgen Tagen träumen
Wir zurück wohl sonstig Walten
Steter Frühlingswelt uns Alten,
Um in ewig lichten Räumen
Ewge Jugend festzuhalten.

Liegt dir Gestern klar und offen,
Wirkst du Heute kräftig frei,

1823–1828 WEIMAR

Kannst auch auf ein Morgen hoffen,
Das nicht minder glücklich sei.

MIT DER JUBILÄUMS-MEDAILLE

Ehre, die uns hoch erhebt,
Führt vielleicht aus Maß und Schranken;
Liebe, die im Innern lebt,
Sammelt schwärmende Gedanken.

Mit einem zierlichst-aufgetrockneten Blumenkranze
[Von Marianne v. Willemer]

Zarter Blumen leicht Gewinde
Flecht ich dir zum Angebinde;
Unvergängliches zu bieten,
War mir leider nicht beschieden.

In den leichten Blumenranken
Lauschen liebende Gedanken,
Die in leisen Tönen klingen
Und dir fromme Wünsche bringen.

Und so bringt vom fernen Orte
Dieses Blatt dir Blumenworte;
Mögen sie vor deinen Blicken
Sich in bunten Farben schmücken!

ERWIDERUNG

Bunte Blumen in dem Garten
Leuchten von der Morgensonne,
Aber leuchten keine Wonne:
Liebchen darf ich nicht erwarten.

Sendest nun in zarten Kreisen
Die von dir gepflückten Sterne,

Zärtlich willst du mir beweisen,
Du empfindest in der Ferne,

Was ich in der Fern empfinde,
So als wär kein Raum dazwischen;
Und so blühen auch geschwinde
Die getrockneten mit frischen.

AM SIEBENTEN NOVEMBER

Meinen feierlich Bewegten
Mache Dank und Freude kund:
Das Gefühl, das sie erregten,
Schließt dem Dichter selbst den Mund.

DEM TEUERN LEBENSGENOSSEN
VON KNEBEL
zum 30. November 1825

Dir ins Leben, mir zum Ort
Leuchtete dasselbe Zeichen.
Und so ging, so geh es fort
Unsrer Freundschaft sondergleichen.

[Dem Frauenverein]

In dem Frühling gar zu süße
Wären Rosen ohne Dornen;
Hier sind Lerchen ohne Füße,
Hier sind Ritter ohne Spornen.

Wenn am Tag Zenith und Ferne
Blau ins Ungemeßne fließt,
Nachts die Überwucht der Sterne
Himmlische Gewölbe schließt,

So am Grünen, so am Bunten
Kräftigt sich ein reiner Sinn,
Und das Oben wie das Unten
Bringt dem edlen Geist Gewinn.

PINSEL UND FEDER
vom Lorbeer umwunden und von einem Sonnenblick beleuchtet

Willst du Großes dich erkühnen,
Zeigt sich hier ein doppelt Glück;
Feder wird dem Geiste dienen,
Und der Pinsel dient dem Blick.

*

Wenn der Pinsel ihm die Welt erschuf,
Wenn die Feder ihm das Wort gereicht,
Bleibt des Mimen edelster Beruf,
Daß er sich des Lorbeers würdig zeigt.

LEUCHTENDER STERN
über Winkelwage, Blei und Zirkel

Sterne werden immer scheinen,
Allgemein, auch zum Gemeinen;
Aber gegen Maß und Kunst
Richten sie die schönste Gunst.

BESCHILDETER ARM
gegen ein vorüberziehendes Wetter Bücher beschützend

Soll dich das Alter nicht verneinen,
So mußt du es gut mit andern meinen,
Mußt viele fördern, manchem nützen;
Das wird dich vor Vernichtung beschützen.

*

Alter Held schützt alte Bücher,
Doch das Wetter zieht vorüber;
Unsre holden, jungen Krieger
Schützen hübsche Mädchen lieber.

GENIUS

die Büste der Natur enthüllend

Anschaun, wenn es dir gelingt,
Daß es erst ins Innre dringt,
Dann nach außen wiederkehrt,
Bist am herrlichsten belehrt.

URNE

auf einem bunten Teppich

Offen steht sie! Doch geheime Gaben,
Zugerollt in ihrem Schoße,
Liegen ahnungsvoll die Lose:
Wers ergreift, der wird es haben.

REGENBOGEN

über den Hügeln einer anmutigen Landschaft

Grau und trüb und immer trüber
Kommt ein Wetter angezogen;
Blitz und Donner sind vorüber,
Euch erquickt ein Regenbogen.

*

Frohe Zeichen zu gewahren,
Wird der Erdkreis nimmer-müde;
Schon seit vielen tausend Jahren
Spricht der Himmelsbogen: *Friede!*

*

Aus des Regens düstrer Trübe
Glänzt das Bild, das immer neue;
In den Tränen zarter Liebe
Spiegelt sich der Engel – *Treue*.

*

Wilde Stürme, Kriegeswogen
Ras'ten über Hain und Dach;
Ewig doch und allgemach
Stellt sich her der bunte Bogen.

Große Leidenschaft waltet allda!
Fängt an vom würdigen A–papa,
Geht über auf Sohn und Töchter besunder;
Deshalb ist es kein großes Wunder,
Daß solch ein wunderlich Gelüste
Sich auch im Enkel, Urenkel brüste.

Was ist es aber? Es ist ein Geblüt,
Das sämtliche Geschlechter zieht;
's ist eben, was wir nie vergessen:
Saure Beeren, unerfreulich zu essen;
Sind sie aber verständig gekocht,
Mit mächtigem Zucker unterjocht,
Da können sie wohl schmackhaft heißen.

Drum will ich die Aieule preisen,
Die mir so sauer-süßes Gut
Zur Fülle gegeben, treugemut.
Der Wolf hingegen verzieht ein Gesicht.
Dergleichen mag er diesmal nicht.

Verwandte sind sie von Natur,
Der Frischling und das Ferkel;
So ist Herr Menzel endlich nur
Ein potenzierter Merkel.

SCHLUSSPOETIK

Sage, Muse, sag dem Dichter,
Wie er denn es machen soll?
Denn der wunderlichsten Richter
Ist die liebe Welt so voll.

Immer hab ich doch den rechten,
Klaren Weg im Lied gezeigt,
Immer war es doch den schlechten,
Düstren Pfaden abgeneigt.

Aber was die Herren wollten,
Ward mir niemals ganz bekannt;
Wenn sie wüßten, was sie sollten,
Wär es auch wohl bald genannt.

»Willst du dir ein Maß bereiten,
Schaue, was den Edlen mißt,
Was ihn auch entstellt zuzeiten,
Wenn der Leichtsinn sich vergißt.

Solch ein Inhalt deiner Sänge,
Der erbauet, der gefällt,
Und im wüstesten Gedränge
Dankts die stille, beßre Welt.

Frage nicht nach anderm Titel,
Reinem Willen bleibt sein Recht!
Und die Schurken laß dem Büttel
Und die Narren dem Geschlecht.«

AN KLINGER

mit einem Bilde des elterlichen Hauses zu Frankfurt

An diesem Brunnen hast auch du gespielt,
Im engen Raum die Weite vorgefühlt;

Den Wanderstab ins fernste Lebens-Land
Nahmst du getrost aus frommer Mutter Hand
Und magst nun gern verloschnes Bild erneun,
Am hohen Ziel des ersten Schritts dich freun.

Eine Schwelle hieß ins Leben
Uns verschiedne Wege gehn;
War es doch zu edlem Streben,
Drum auf frohes Wiedersehn!

[Zum ›Buch des Sängers‹]

So der Westen wie der Osten
Geben Reines dir zu kosten.
Laß die Grillen, laß die Schale,
Setze dich zum großen Mahle:
Mögst auch im Vorübergehn
Diese Schüssel nicht verschmähn.

Wer sich selbst und andre kennt,
Wird auch hier erkennen:
Orient und Okzident
Sind nicht mehr zu trennen.

Sinnig zwischen beiden Welten
Sich zu wiegen, laß ich gelten;
Also zwischen Ost- und Westen
Sich bewegen, sei's zum Besten!

ADLER

mit einer Leier nach oben strebend

Sollen immer unsre Lieder
Nach dem höchsten Äther dringen?
Bringe lieber sie hernieder,
Daß wir Lieb und Liebchen singen.

URNE

auf einem bunten Teppich

Kannst du die Bedeutung lesen,
Ihren Sinn verlierst du nie:
Beide sind nur tote Wesen,
Und die Kunst belebte sie.

SCHWEBENDER GENIUS ÜBER DER ERDKUGEL

mit der einen Hand nach unten, mit der andern nach oben deutend

Memento mori! gibts genug,
Mag sie nicht hererzählen;
Warum sollt ich im Lebensflug
Dich mit der Grenze quälen!
Drum, als ein alter Knasterbart,
Empfehl ich dir *docendo:*
Mein teurer Freund, nach deiner Art,
Nur *vivere memento!*

REGENBOGEN

über den Hügeln einer anmutigen Landschaft

Über Wiese, Hain und Dach
Stürzte Krieges Ungemach,
Wo nun Frühlings Lüftchen fächelt
Und der Friedens-Bogen lächelt.

STAMMBUCHS-WEIHE

Meinem lieben Wölfchen
Den 28. März 1826

Eile, Freunden dies zu reichen!
Bitte sie um eilig Zeichen,
Eilig Zeichen, daß sie lieben!

Lieben, das ist schnell geschrieben;
Feder aber darf nicht weilen,
Liebe will vorübereilen.

SCHWEBENDER GENIUS ÜBER DER ERDKUGEL

mit der einen Hand nach unten, mit der andern nach oben deutend

Zwischen oben, zwischen unten
Schweb ich hin zu muntrer Schau,
Ich ergötze mich am Bunten,
Ich erquicke mich im Blau.

PINSEL UND FEDER

vom Lorbeer umwunden und von einem Sonnenblick beleuchtet

Auf den Pinsel, auf den Kiel
Muß die Sonne freundlich blicken,
Dann erreichen sie das Ziel,
Erdensöhne zu beglücken.
Künstlern auch der Lorbeer grünt,
Wenn sie freudig ihn verdient.

AN FRAU OBERKAMMERHERRIN
VON EGLOFFSTEIN

Musterstuhl für Schmerz und Sorgen
Willst mir, teure Freundin, borgen?
Nimm ihn wieder! Trost und Segen
Soll er dir zu Häupten legen.

AN DEMOISELLE SONTAG

Ging zum Pindus, dich zu schildern;
Doch geschahs zu meiner Qual:

Unter neun Geschwister-Bildern
Wogte zweifelnd Wahl um Wahl.
Phöbus mahnt mich ab vom Streben:
Sie gehört zu unserm Reich;
Mag sie sich hieher begeben,
Findet wohl sich der Vergleich.

AN MADAME MILDER

[In ein Exemplar der › Iphigenie ‹]

Dies unschuldvolle, fromme Spiel,
Das edlen Beifall sich errungen,
Erreichte doch ein höhres Ziel:
Von Gluck betont, von dir gesungen.

ZU EINEM BILDE
VON FRANKFURT AM MAIN

Großen Fluß hab ich verlassen,
Einem kleinen mich zu weihn;
Sollte *der* doch eine Quelle
Manches Guten, Schönen sein.

Müde bin ich des Widersprechens,
Des ewigen Lanzenbrechens,
Muß doch das Feld am Ende räumen.
Muse, besänftige deinen Zorn! –
Laß mich den Traum des Lebens träumen,
Nur nicht mit Creuzer und Schorn!

[Goethes Feder an Puschkin]

Was ich mich auch sonst erkühnt,
Jeder würde froh mich lieben,

Hätt ich treu und frei geschrieben
All das Lob, das du verdient.

»Deine Werke zu höchster Belehrung
Studier ich bei Tag und bei Nacht;
Drum hab ich in tiefster Verehrung
Dir ganz was Absurdes gebracht.«

Dem aus Amerika glücklich-bereichert Wiederkehrenden,
ihrem Durchlauchtigsten Bruder *Herrn Karl Bernhard*,
Herzog von Sachsen-Weimar-Eisenach, Hoheit,
die verbundenen Brüder der Loge Amalia
zu Weimar

Das Segel steigt! das Segel schwillt!
Der Jüngling hats geträumt;
Nun ist des Mannes Wunsch erfüllt,
Noch ist ihm nichts versäumt.
So geht es in die Weite fort
Durch Wellenschaum und -Strauß;
Kaum sieht er sich am fremden Ort,
Und gleich ist er zu Haus.

Da summt es wie ein Bienenschwarm,
Man baut, man trägt herein;
Des Morgens war es leer und arm,
Um abends reich zu sein.
Geregelt wird der Flüsse Lauf
Durch kaum bewohntes Land,
Der Felsen steigt zur Wohnung auf,
Als Garten blühts im Sand.

Der Reisefürst begrüßt sodann,
Entschlossen und gelind,
Als Bruder jeden Ehrenmann,
Als Vater jedes Kind;

Empfindet, wie so schön es sei
Im frischen Gottesreich;
Er fühlt sich mit dem Wackern frei
Und sich dem Besten gleich.

Scharfsichtig Land und Städte so
Weiß er sich zu beschaun;
Gesellig auch, im Tanze froh,
Willkommen schönen Fraun;
Den Kriegern ist er zugewöhnt,
Mit Schlacht und Sieg vertraut;
Und ernst und ehrenvoll ertönt
Kanonendonner laut.

Er fühlt des edlen Landes Glück,
Ihm eignet er sich an
Und hat bis heute manchen Blick
Hinüberwärts getan.
Dem aber sei nun, wie's auch sei,
Er wohnt in unserm Schoß! –
Die Erde wird durch Liebe frei,
Durch Taten wird sie groß.

Sibyllinisch mit meinem Gesicht
Soll ich im Alter prahlen!
Je mehr es ihm an Fülle gebricht,
Desto öfter wollen sies malen!

[An Karl Streckfuß]

Von Gott dem Vater stammt Natur,
Das allerliebste Frauenbild;
Des Menschen Geist, ihr auf der Spur,
Ein treuer Werber, fand sie mild.
Sie liebten sich nicht unfruchtbar,
Ein Kind entsprang von hohem Sinn;

So ist uns allen offenbar:
Naturphilosophie sei Gottes Enkelin.

AM 28. AUGUST 1826

Des Menschen Tage sind verflochten,
Die schönsten Güter angefochten,
Es trübt sich auch der freiste Blick;
Du wandelst einsam und verdrossen,
Der Tag verschwindet ungenossen
In abgesondertem Geschick.

Wenn Freundes Antlitz dir begegnet,
So bist du gleich befreit, gesegnet,
Gemeinsam freust du dich der Tat.
Ein zweiter kommt, sich anzuschließen,
Mitwirken will er, mitgenießen,
Verdreifacht so sich Kraft und Rat.

Von äußerm Drang unangefochten,
Bleibt, Freunde, so in eins verflochten,
Dem Tage gönnet heitern Blick!
Das Beste schaffet unverdrossen:
Wohlwollen unsrer Zeitgenossen,
Das bleibt zuletzt erprobtes Glück.

[An Friedrich Wagener,
mit einem Exemplar der ›Iphigenie auf Tauris‹]

Die Freunde habens wohlgemacht!
Und wie sie gütig mein gedacht,
So bringe ihnen, fern und nah,
Den Dank hier – Iphigenia.

ADLER

mit einer Leier nach oben strebend

Guter Adler! nicht so munter
Mit der Leier fort nach oben,
Bringe lieber sie herunter,
Daß wir uns an ihr erproben;
Manches ist an uns zu loben.

GENIUS

die Büste der Natur enthüllend

Bleibe das Geheimnis teuer!
Laß den Augen nicht gelüsten!
Sphinx-Natur, ein Ungeheuer,
Schreckt sie dich mit hundert Brüsten.

PINSEL UND FEDER

vom Lorbeer umwunden und von einem Sonnenblick beleuchtet

Will der Feder zartes Walten,
Will des Pinsels mutig Schalten
Sich dem reinsten Sinn bequemen,
Kannst getrost den Lorbeer nehmen.

[Schillers Reliquien]

Im ernsten Beinhaus wars, wo ich beschaute,
 Wie Schädel Schädeln angeordnet paßten;
 Die alte Zeit gedacht ich, die ergraute.
Sie stehn in Reih geklemmt, die sonst sich haßten,
 Und derbe Knochen, die sich tödlich schlugen,
 Sie liegen kreuzweis, zahm allhier zu rasten.
Entrenkte Schulterblätter! was sie trugen,
 Fragt niemand mehr, und zierlich tätge Glieder,
 Die Hand, der Fuß, zerstreut aus Lebensfugen.

1823–1828 WEIMAR

Ihr Müden also lagt vergebens nieder,
 Nicht Ruh im Grabe ließ man euch, vertrieben
 Seid ihr herauf zum lichten Tage wieder,
Und niemand kann die dürre Schale lieben,
 Welch herrlich edlen Kern sie auch bewahrte.
 Doch mir Adepten war die Schrift geschrieben,
Die heilgen Sinn nicht jedem offenbarte,
 Als ich inmitten solcher starren Menge
 Unschätzbar herrlich ein Gebild gewahrte,
Daß in des Raumes Moderkält und Enge
 Ich frei und wärmefühlend mich erquickte,
 Als ob ein Lebensquell dem Tod entspränge.
Wie mich geheimnisvoll die Form entzückte!
 Die gottgedachte Spur, die sich erhalten!
 Ein Blick, der mich an jenes Meer entrückte,
Das flutend strömt gesteigerte Gestalten.
 Geheim Gefäß! Orakelsprüche spendend,
 Wie bin ich wert, dich in der Hand zu halten?
Dich höchsten Schatz aus Moder fromm entwendend
 Und in die freie Luft, zu freiem Sinnen,
 Zum Sonnenlicht andächtig hin mich wendend.
Was kann der Mensch im Leben mehr gewinnen,
 Als daß sich Gott-Natur ihm offenbare?
 Wie sie das Feste läßt zu Geist verrinnen,
 Wie sie das Geisterzeugte fest bewahre.

[Aus der ›Novelle‹]

 Aus den Gruben, hier im Graben
 Hör ich des Propheten Sang;
 Engel schweben, ihn zu laben,
 Wäre da dem Guten bang?
 Löw und Löwin, hin und wieder,
 Schmiegen sich um ihn heran;
 Ja, die sanften, frommen Lieder
 Habens ihnen angetan.

Engel schweben auf und nieder
Uns in Tönen zu erlaben,
Welch ein himmlischer Gesang!
In den Gruben, in dem Graben
Wäre da dem Kinde bang?
Diese sanften, frommen Lieder
Lassen Unglück nicht heran:
Engel schweben hin und wieder,
Und so ist es schon getan.

Denn der Ewge herrscht auf Erden,
Über Meere herrscht sein Blick;
Löwen sollen Lämmer werden,
Und die Welle schwankt zurück;
Blankes Schwert erstarrt im Hiebe,
Glaub und Hoffnung sind erfüllt;
Wundertätig ist die Liebe,
Die sich im Gebet enthüllt.

Und so geht mit guten Kindern
Selger Engel gern zu Rat,
Böses Wollen zu verhindern,
Zu befördern schöne Tat.
So beschwören, fest zu bannen
Liebem Sohn ans zarte Knie
Ihn, des Waldes Hochtyrannen,
Frommer Sinn und Melodie.

*[An Marianne v. Willemer,
mit einem gestickten Kopfkissen]*

Nicht solls von ihrer Seite kommen,
Sobald es einmal Platz genommen;
Mich denkend sieh es freundlich an,
Mich liebend lehne dich daran.

ADLER
mit einer Leier nach oben strebend

Bei Tag der Wolken formumformend Weben!
Bei Nacht des Sternenheeres glühend Leben!
Mit reinen Saiten wag emporzudringen,
Du wirst der Sphären ewge Lieder singen!

Ursprünglich eignen Sinn
Laß dir nicht rauben!
Woran die Menge glaubt,
Ist leicht zu glauben.

Natürlich, mit Verstand
Sei du beflissen;
Was der Gescheite weiß,
Ist schwer zu wissen.

BESCHILDETER ARM
gegen ein vorüberziehendes Wetter Bücher beschützend

Manches Herrliche der Welt
Ist in Krieg und Streit zerronnen;
Wer beschützet und erhält,
Hat das schönste Los gewonnen.

MIT EINEM BLATT
BRYOPHYLLUM CALYCINUM

Was erst still gekeimt in Sachsen,
Soll am Maine freudig wachsen;
Flach auf guten Grund gelegt,
Merke, wie es Wurzel schlägt!

Dann der Pflanzen frische Menge
Steigt in lustigem Gedränge.
Mäßig warm und mäßig feucht
Ist, was ihnen heilsam deucht.
Wenn du's gut mit Liebchen meinst,
Blühen sie dir wohl dereinst.

SCHWEBENDER GENIUS ÜBER DER ERDKUGEL

mit der einen Hand nach unten, mit der andern nach oben deutend

Und wenn mich am Tag die Ferne
Luftiger Berge sehnlich zieht,
Nachts das Übermaß der Sterne
Prächtig mir zu Häupten glüht –

Alle Tag' und alle Nächte
Rühm ich so des Menschen Los;
Denkt er ewig sich ins Rechte,
Ist er ewig schön und groß.

[Goethes Wohnhaus in Weimar]

Warum stehen sie davor?
Ist nicht Türe da und Tor?
Kämen sie getrost herein,
Würden wohl empfangen sein.

BEGEISTERUNG

Fassest du die Muse nur beim Zipfel,
Hast du wenig nur getan;
Geist und Kunst, auf ihrem höchsten
Muten alle Menschen an. [Gipfel,

1823–1828 WEIMAR 1075

STUDIEN

Nachahmung der Natur,
 Der schönen –
Ich ging auch wohl auf dieser Spur;
 Gewöhnen
Mocht ich wohl nach und nach den Sinn,
 Mich zu vergnügen;
Allein sobald ich mündig bin,
 Es sinds die Griechen!

TYPUS

Es ist nichts in der Haut,
Was nicht im Knochen ist.
Vor schlechtem Gebilde jedem graut,
Das ein Augenschmerz ihm ist.

Was freut denn jeden? Blühen zu sehn,
Das von innen schon gut gestaltet;
Außen mags in Glätte, mag in Farben gehn,
Es ist ihm schon voran gewaltet.

ABWEGE

Künstler, wirds im Innern steif,
Das ist nicht erfreulich;
Auch der vagen Züge Schweif
Ist uns ganz abscheulich.
Kommst du aber auf die Spur,
Daß du's nicht getroffen,
Zu der wahren Kunstnatur
Steht der Pfad schon offen.

MODERNES

»Wie aber kann sich Hans van Eyck
Mit Phidias nur messen?«
Ihr müßt, so lehr ich, alsogleich
Einen um den andern vergessen.

Denn wärt ihr stets bei Einer geblieben,
Wie könntet ihr noch immer lieben?
Das ist die Kunst, das ist die Welt,
Daß eins ums andere gefällt.

ZU GEMÄLDEN EINER KAPELLE

So wie Moses, kaum geboren
Gewissem Tode bestimmt,
Wunderbar ward gerettet:
So mancher, schon halb verloren,
Da der Feind eindrang ergrimmt,
Ward wieder froh und glücklich gebettet.

*

Johannes erst in der Wüste predigt:
»Seht Gottes Lamm, das von Sünden erledigt.«
Nun deutet er in die himmlischen Auen:
»Dort sollt ihr den Herrn, den erlösenden, schauen.«

[Zu einem Bild von Goethes Gartenhaus]

Übermütig siehts nicht aus,
Dieses kleine Gartenhaus;
Allen, die sich drin genährt,
Ward ein guter Mut beschert.

Flora, welche Jenas Gauen
Reich mit Blum- und Früchten schmückt,

Ist verwundert, anzuschauen,
Was ein fremder Himmel schickt.

Sorget nun, in dichten Häusern,
Daß auch hier der Wachstum frei,
Daß den allerzartsten Reisern
Hier ein ewiger Sommer sei.

IN EIN STAMMBUCH
ZUM BILDCHEN VON ULRICHS GARTEN

Daß zu Ulrichs Gartenräumen
Soll ein Verslein mir erträumen,
Ist ein wunderbarer Streich;
Denn es war von süßen Träumen
In den ländlich engen Räumen
Mir ein Frühling hold und reich.
Sollt es euch zu Lust und Frommen
Auch einmal zugute kommen,
Freut euch in dem engsten Raum.
Was beglückt, es ist kein Traum.

[In ein Stammbuch]

Lieblich ists, im Frühlings-Garten
Mancher holden Blume warten;
Aber lieblicher, im Segen
Seiner Freunde Namen pflegen:
Denn der Anblick solcher Züge
Tut so Seel als Geist Genüge,
Ja, zu Lieb und Treu bekennt
Sich der Freund, wie er sich nennt.

[In ein Notenheft]

Hörst du reine Lieder singen,
Ohr ist eins mit deiner Brust;

Siehst du Farben um dich klingen,
Wirst du deines Augs bewußt.
In das Innere zu dringen,
Gibt das Äußre Glück und Lust.

Zuerst im stillsten Raum entsprungen,
Das Lied erklingt von Ort zu Ort;
Wie es in Geist und Seel erklungen,
So hallts nach allen Seiten fort.

NETT UND NIEDLICH

Hast du das Mädchen gesehn
Flüchtig vorübergehn?
Wollt', sie wär meine Braut!

Jawohl! die Blonde, die Falbe!
Sie fitticht so zierlich wie die Schwalbe,
Die ihr Nest baut.

INS WEITE

Das geht so fröhlich
Ins Allgemeine!
Ist leicht und selig,
Als wärs auch reine.
Sie wissen gar nichts
Von stillen Riffen;
Und wie sie schiffen,
Die lieben Heitern,
Sie werden wie gar nichts
Zusammen scheitern.

REICHTUM UND BLÜTE

Blumen und Gold zugleich
Machen reich.
Goldnen Rahmen siehst du erfüllt
Mit deinem Bild.
Sieh nur, wie köstlich es ist,
Was du hast und bist.

JAHRAUS, JAHREIN

Ohne Schrittschuh und Schellengeläut
Ist der *Januar* ein böses Heut.

Ohne Fastnachtstanz und Mummenspiel
Ist am *Februar* auch nicht viel.

Willst du den *März* nicht ganz verlieren,
So laß nicht in April dich führen.

Den ersten *April* mußt überstehn,
Dann kann dir manches Guts geschehn.

Und weiterhin im *Mai*, wenns glückt,
Hat dich wieder ein Mädchen berückt.

Und das beschäftigt dich so sehr,
Zählst Tage, Wochen und Monde nicht mehr.

FÜR SIE

»In deinem Liede walten
Gar manche schöne Namen!«

Sind mancherlei Gestalten,
Doch nur *ein* Rahmen.

»Nun aber die Schöne,
Die dich am Herzen hegte?«
Jede kennt die Töne,
Die sie erregte.

Lebe wohl auf Wiedersehn!
Wenig Jahre meine Freude,
Sei mir Hoffnungs-Trost im Leide,
Du, nun als ein Engel schön.
Lebe wohl auf Wiedersehn!

DEM ABSOLUTISTEN

»Wir streben nach dem Absoluten,
Als nach dem allerhöchsten Guten.«
Ich stell es einem jeden frei;
Doch merkt ich mir vor andern Dingen:
Wie unbedingt, uns zu bedingen,
Die absolute Liebe sei.

Daß die Bibelgesellschaft
Das wunderliche Buch in die Welt schafft,
Das kann ich gar nicht überwinden,
Wenn es auch vielen Leuten gefällt;
Nur die Krämer in aller Welt
Werden sich freuen, Christen zu finden,
Denen sie denn einen Rosenkranz
Verkaufen mögen oder andern Tanz.
Wenn du nicht hättest gut reimen wollen,
Andern Tand hättest du sagen sollen.

1823–1828 WEIMAR 1081

RÄTSEL

Die besten Freunde, die wir haben,
Sie kommen nur mit Schmerzen an,
Und was sie uns für Weh getan,
Ist fast so groß als ihre Gaben.
Und wenn sie wieder Abschied nehmen,
Muß man zu Schmerzen sich bequemen.

VIELRAT

Spricht man mit jedermann,
Da hört man keinen;
Stets wird ein andrer Mann
Auch anders meinen.
Was wäre Rat sodann,
Sie zu verstehen?
Kennst du nicht Mann für Mann,
Es wird nicht gehen.

FEINDSELIGER BLICK

»Du kommst doch über so viele hinaus;
Warum bist du gleich außerm Haus,
Warum gleich aus dem Häuschen,
Wenn einer dir mit Brillen spricht?
Du machst ein ganz verflucht Gesicht
Und bist so still wie Mäuschen.«

Das scheint doch wirklich sonnenklar!
Ich geh mit Zügen frei und bar,
Mit freien, treuen Blicken;
Der hat eine Maske vorgetan,
Mit Späherblicken kommt er an –
Darein sollt ich mich schicken?

*

Was ist denn aber beim Gespräch,
Das Herz und Geist erfüllet,
Als daß ein echtes Wort-Gepräg
Von Aug zu Auge quillet!
Kommt jener nun mit Gläsern dort,
So bin ich stille, stille;
Ich rede kein vernünftig Wort
Mit einem durch die Brille.

KEIN VERGLEICH!

Befrei uns Gott von *s* und *ung*,
Wir können sie entbehren,
Doch wollen wir durch Musterung
Nicht uns, noch andre scheren.

Es schreibt mir einer: »den *Vergleich*
Von Deutschen und Franzosen«,
Und jeder Patriot sogleich
Wird heftig sich erbosen.

Kein Christenmensche hört ihm zu;
Ist denn der Kerl bei Sinnen?
Vergleichung aber läßt man zu,
Da müssen wir gewinnen.

HOMER WIEDER HOMER

Scharfsinnig habt ihr, wie ihr seid,
Von aller Verehrung uns befreit,
Und wir bekannten überfrei,
Daß Ilias nur ein Flickwerk sei.

Mög unser Abfall niemand kränken;
Denn Jugend weiß uns zu entzünden,

Daß wir ihn lieber als Ganzes denken,
Als Ganzes freudig ihn empfinden.

UNGEDULD

Immer wieder in die Weite,
Über Länder an das Meer,
Phantasien, in der Breite
Schwebt am Ufer hin und her!
Neu ist immer die Erfahrung:
Immer ist dem Herzen bang,
Schmerzen sind der Jugend Nahrung,
Tränen seliger Lobgesang.

FREIBEUTER

Mein Haus hat kein Tür,
Mein Tür hat ke Haus;
Und immer mit Schätzel
Hinein und heraus.

Mei Küch hat ke Herd,
Mei Herd hat ke Küch;
Da bratets und siedets
Für sich und für mich.

Mei Bett hat ke G'stell,
Mei G'stell hat ke Bett;
Doch wüßt ich nit enen,
Ders lustiger hett.

Mei Keller is hoch,
Mei Scheuer is tief;
Zu oberst zu unterst—
Da lag ich und schlief.

Und bin ich erwachen,
Da geht es so fort;
Mei Ort hat ke Bleibens,
Mei Bleibens ken Ort.

VALET

Sonst war ich Freund von Narren,
Ich rief sie ins Haus herein;
Brachte jeder seinen Sparren,
Wollten Zimmermeister sein.
Wollten mir das Dach abtragen,
Ein andres setzen hinauf,
Sie legten das Holz zu Schragen
Und nahmens wieder auf
Und rannten hin und wider
Und stießen einander an;
Das fuhr mir in die Glieder,
Daß ich den Frost gewann.
Ich sagt: Hinaus, ihr Narren! –
Sie ärgerten sich drob;
Nahm jeder seinen Sparren,
Der Abschied, der war grob.

Daher bin ich belehret.
Ich sitze nun an der Tür;
Wenn einer sich zu mir kehret:
Geh, ruf ich, für und für!
Du bist ein Narr, so greulich! –
Da macht er ein flämisch Gesicht:
»Du Hausherr! Wie abscheulich!
Was gibst dir für ein Gewicht!
Wir faseln ja durch die Straßen,
Wir jubeln auf dem Markt,
Wird einer wegen Unmaßen
Gar selten angequarkt;
Du sollst uns gar nichts heißen!«

*

1823–1828 WEIMAR 1085

Nun endet meine Qual!
Denn, gehn sie vor die Türe –,
Es ist besser als in den Saal.

Gedichte sind gemalte Fensterscheiben!
Sieht man vom Markt in die Kirche hinein,
Da ist alles dunkel und düster;
Und so siehts auch der Herr Philister.
Der mag denn wohl verdrießlich sein
Und lebenslang verdrießlich bleiben.

Kommt aber nur einmal herein!
Begrüßt die heilige Kapelle;
Da ists auf einmal farbig helle,
Geschicht und Zierat glänzt in Schnelle,
Bedeutend wirkt ein edler Schein.
Dies wird euch Kindern Gottes taugen,
Erbaut euch und ergetzt die Augen!

Zu Regenschauer und Hagelschlag
Gesellt sich liebeloser Tag,
Da birgst du deinen Schimmer;
Ich klopf am Fenster, poch am Tor:
Komm, liebstes Seelchen, komm hervor!
Du bist so schön wie immer.

Den Musen-Schwestern fiel es ein,
Auch Psychen in der Kunst zu dichten,
Methodice zu unterrichten;
Das Seelchen blieb prosaisch rein.

Nicht sonderlich erklang die Leier,
Selbst in der schönsten Sommernacht;
Doch Amor kommt mit Blick und Feuer –
Der ganze Kursus war vollbracht.

Ein Mägdlein trug man zur Tür hinaus
Zu Grabe;
Die Bürger schauten zum Fenster heraus,
Sie saßen eben in Saus und Braus
Auf Gut und Habe.
Da dachten sie: Man trägt sie hinaus,
Trägt man uns nächstens auch hinaus;
Und wer denn endlich bleibt im Haus,
Hat Gut und schöne Gaben –
Es muß sie doch einer haben.

ZAHME XENIEN
[V]

Gott grüß euch, Brüder,
Sämtliche Oner und Aner!
Ich bin Weltbewohner,
Bin Weimaraner;
Ich habe diesem edlen Kreis
Durch Bildung mich empfohlen,
Und wer es etwa besser weiß,
Der mags wo anders holen.

»Wohin willst du dich wenden?«
Nach Weimar-Jena, der großen Stadt,
Die an beiden Enden
Viel Gutes hat.

Gar nichts Neues sagt ihr mir!
Unvollkommen war ich ohne Zweifel.
Was ihr an mir tadelt, dumme Teufel,
Ich weiß es besser als ihr!

»Sag mir doch! von deinen Gegnern
Warum willst du gar nichts wissen?«
Sag mir doch! ob du dahin trittst,
Wo man in den Weg ?

1823–1828 WEIMAR

Jude

Sie machen immerfort Chausseen,
Bis niemand vor Wegegeld reisen kann!

Student

Mit den Wissenschaften wirds auch so gehen;
Eine jede quält ihren eignen Mann.

»Was ist denn die Wissenschaft?«
Sie ist nur des Lebens Kraft.
Ihr erzeuget nicht das Leben,
Leben erst muß Leben geben.

»Wie ist denn wohl ein Theaterbau?«
Ich weiß es wirklich sehr genau:
Man pfercht das Brennlichste zusammen,
Da stehts denn alsobald in Flammen.

»Wie reizt doch das die Leute so sehr?
Was laufen sie wieder ins Schauspiel-Haus?«
Es ist doch etwas Weniges mehr,
Als säh man grade zum Fenster hinaus.

Konversations-Lexikon heißts mit Recht,
Weil, wenn die Konversation ist schlecht,
Jedermann
Zur Konversation es nutzen kann.

Wie sollen wir denn da gesunden?
Haben weder Außen noch Innen gefunden.

Was haben wir denn da gefunden?
Wir wissen weder oben noch unten.

Mit diesem Versatilen
Scheint nur das Wort zu spielen;

Doch wirkt ein Wort so mächtig,
Ist der Gedanke trächtig.

Wenn sie aus deinem Korbe naschen,
Behalte noch etwas in der Taschen.

Sollen dich die Dohlen nicht umschrein,
Mußt nicht Knopf auf dem Kirchturm sein.

Man zieht den Toten ihr ehrenvolles Gewand an
Und denkt nicht, daß man zunächst auch wohl balsamiert
Ruinen sieht man als malerisch interessant an [wird;
Und fühlt nicht, daß man soeben auch ruiniert wird.

Und wo die Freunde verfaulen,
Das ist ganz einerlei,
Ob unter Marmor-Saulen
Oder im Rasen frei.
Der Lebende bedenke,
Wenn auch der Tag ihm mault,
Daß er den Freunden schenke,
Was nie und nimmer fault.

»Hast du das alles nicht bedacht?
Wir habens doch in unserm Orden.«
Ich hätt es gern euch recht gemacht,
Es wäre aber nichts geworden.

Noch bin ich gleich von euch entfernt,
Haß euch Zyklopen und Silbenfresser!
Ich habe nichts von euch gelernt,
Ihr wußtets immer besser.

Die Jugend ist vergessen
Aus geteilten Interessen;
Das Alter ist vergessen
Aus Mangel an Interessen.

»Brich doch mit diesem Lump sogleich,
Er machte dir einen Schelmenstreich;
Wie kannst du mit ihm leben?«
Ich mochte mich weiter nicht bemühn;
Ich hab ihm verziehn,
Aber nicht vergeben.

»Schneide so kein Gesicht!
Warum bist du der Welt so satt?«
Das weiß alles nicht,
Was es neben und um sich hat.

»Wie soll ich meine Kinder unterrichten?
Unnützes, Schädliches zu sichten,
Belehre mich!«-Belehre sie von Himmel und Erden.
Was sie niemals begreifen werden!

Tadle nur nicht! Was tadelst du nur!
Bist mit Laternen auf der Spur
Dem Menschen, den sie nimmer finden!
Was willst, ihn zu suchen, dich unterwinden?

Die Bösen soll man nimmer schelten,
Sie werden zur Seite der Guten gelten;
Die Guten aber werden wissen,
Vor wem sie sich sorglich hüten müssen.

»In der Urzeit seien Menschen gewesen,
Seien mit Bestien zusammen gewesen.«

»Sie malträtieren dich spät und früh;
Sprichst du denn gar nicht mit?«
†††Seliger Erben und Kompagnie,
Die Firma hat immer Kredit.

Das Zeitungs-Geschwister,
Wie mag sichs gestalten,

Als um die Philister
Zum Narren zu halten?

Dem Arzt verzeiht! Denn doch einmal
Lebt er mit seinen Kindern.
Die Krankheit ist ein Kapital,
Wer wollte das vermindern!

»Mit unsern wenigen Gaben
Haben wir redlich geprahlt,
Und was wir dem Publikum gaben,
Sie haben es immer bezahlt.«

Frömmigkeit verbindet sehr,
Aber Gottlosigkeit noch viel mehr.

Verständige Leute kannst du irren sehn,
In Sachen nämlich, die sie nicht verstehn.

Der Achse wird mancher Stoß versetzt,
Sie rührt sich nicht – und bricht zuletzt.

Johannis-Feuer sei unverwehrt,
Die Freude nie verloren!
Besen werden immer stumpf gekehrt
Und Jungens immer geboren.

Das Schlechte kannst du immer loben,
Du hast dafür sogleich den Lohn!
In deinem Pfuhle schwimmst du oben
Und bist der Pfuscher Schutzpatron.

Das Gute schelten? – Magsts probieren!
Es geht, wenn du dich frech erkühnst;
Doch treten, wenns die Menschen spüren,
Sie dich in Quark, wie du's verdienst.

Jeder solcher Lumpenhunde
Wird vom zweiten abgetan;
Sei nur brav zu jeder Stunde,
Niemand hat dir etwas an.

Sage mir ein weiser Mann,
Was das Mick-Mack heißen kann?
Solch zweideutig Achseltragen
Nutzen wirds nicht, noch behagen.

Ihr seht uns an mit scheelem Blick,
Ihr schwanket vor, ihr schwankt zurück
Und häufet Zeil auf Zeile.
So zerret Lesers dürftig Ohr
Mit vielgequirltem Phrasen-Flor;
Uns habt ihr nicht am Seile!
Die W. K. Fs,
Mit ihren Treffs,
Sie wirken noch eine Weile.

Der trockne Versemann
Weiß nur zu tadeln;
Ja, wer nicht ehren kann,
Der kann nicht adeln.

»So laß doch auch noch diese gelten,
Bist ja im Urteil sonst gelind!«
Sie sollen nicht die schlechten Dichter schelten,
Da sie nicht vielmal besser sind.

Deinen Vorteil zwar verstehst du,
Doch verstehst nicht, aufzuräumen;
Haß und Widerwillen säst du,
Und dergleichen wird auch keimen.

Will einer sich gewöhnen,
So sei's zum Guten, zum Schönen.

Man tue nur das Rechte,
Am Ende duckt, am Ende dient der Schlechte.

Es darf sich einer wenig bücken,
So hockt mit einem leichten Sprung
Der Teufel gleich dem Teufel auf dem Rücken.

»Der Mond soll im Kalender stehn,
Doch auf den Straßen ist er nicht zu sehn!
Warum darauf die Polizei nicht achtet?«

Mein Freund, urteile nicht so schnell!
Du tust gewaltig klug und hell,
Wenn es in deinem Kopfe nachtet.

O ihr Tags- und Splitterrichter,
Splittert nur nicht alles klein!
Denn, fürwahr! der schlechtste Dichter
Wird noch euer Meister sein.

Habe nichts dagegen, daß ihm so sei;
Aber daß michs erfreut,
Das müßt ich lügen.
Eh ichs verstand, da sprach ich frei,
Und jetzt versteh ich mancherlei;
Warum sollt ich nun schweigen,
Uns neuen Weg zu zeigen?

Das ist doch nur der alte Dreck,
Werdet doch gescheiter!
Tretet nicht immer denselben Fleck,
So geht doch weiter!

Viel Wunderkuren gibts jetzunder,
Bedenkliche, gestehs ichs frei!

Natur und Kunst tun große Wunder;
Und es gibt Schelme nebenbei.

Mit diesen Menschen umzugehen,
Ist wahrlich keine große Last:
Sie werden dich recht gut verstehen,
Wenn du sie nur zum besten hast.

O Welt, vor deinem häßlichen Schlund
Wird guter Wille selbst zunichte.
Scheint das Licht auf einen schwarzen Grund,
So sieht man nichts mehr von dem Lichte.

Mit Liebe nicht, nur mit Respekt
Können wir uns mit dir vereinen.
O Sonne, tätest du deinen Effekt,
Ohne zu scheinen!

Sie täten gern große Männer verehren,
Wenn diese nur auch zugleich Lumpe wären.

Wir

Du toller Wicht, gesteh nur offen:
Man hat dich auf manchem Fehler betroffen!

Er

Jawohl! doch macht ich ihn wieder gut.

Wir

Wie denn?

Er

Ei, wie's ein jeder tut.

Wir

Wie hast du denn das angefangen?

Er

Ich hab einen neuen Fehler begangen;
Darauf waren die Leute so versessen,
Daß sie des alten gern vergessen.

Wie mancher auf der Geige fiedelt,
Meint er, er habe sich angesiedelt;
Auch in natürlicher Wissenschaft,
Da übt er seine geringe Kraft
Und glaubt auf seiner Violin
Ein anderer, dritter Orpheus zu syn.
Jeder streicht zu, versucht sein Glück,
Es ist zuletzt eine Katzen-Musik.

Alles will reden,
Jeder will wandeln;
Ich allein soll nicht sprechen,
Noch handeln.

Sie kauen längst an dem schlechten Bissen;
Wir spaßen, die wirs besser wissen.

Das ist eine von den alten Sünden;
Sie meinen: Rechnen, das sei Erfinden.

Und weil sie so viel Recht gehabt,
Sei ihr Unrecht mit Recht begabt.

Und weil ihre Wissenschaft exakt,
So sei keiner von ihnen vertrackt.

Man soll nicht lachen!
Sich nicht von den Leuten trennen!
Sie wollen alle machen,
Was sie nicht können.

Wenn du *hast*, das ist wohl schön,
Doch du mußt es auch *verstehn*.
Können, das ist große Sache,
Damit das *Wollen* etwas mache.

Hier liegt ein überschlechter Poet.
Wenn er nur niemals aufersteht!

Hätt ich gezaudert zu werden,
Bis man mirs Leben gegönnt,
Ich wäre noch nicht auf Erden –
Wie ihr begreifen könnt,
Wenn ihr seht, wie sie sich gebärden,
Die, um etwas zu scheinen,
Mich gerne möchten verneinen.

Ein reiner Reim wird wohl begehrt;
Doch den Gedanken rein zu haben,
Die edelste von allen Gaben,
Das ist mir alle Reime wert.

Allerlieblichste Trochäen
Aus der Zeile zu vertreiben
Und schwerfälligste Spondeen
An die Stelle zu verleiben,
Bis zuletzt ein Vers entsteht,
Wird mich immerfort verdrießen.
Laß die Reime lieblich fließen,
Laß mich des Gesangs genießen
Und des Blicks, der mich versteht!

»Ein Schnippchen schlägst du doch im Sack,
Der du so ruhig scheinest;
So sag doch frank und frei dem Pack,
Wie du's mit ihnen meinest.«

Ich habe mir mit Müh und Fleiß
Gefunden, was ich suchte;

Was schiert es mich, ob jemand weiß,
Daß ich das Volk verfluchte!

Für mich hab ich genug erworben,
Soviel auch Widerspruch sich regt;
Sie haben meine Gedanken verdorben
Und sagen, sie hätten mich widerlegt.

Nur stille! nur bis morgen früh!
Denn niemand weiß recht, was er will.
Was für ein Lärm! was für eine Müh!
Ich sitze gleich und schlummre still.

Alles auch Meinende
Wird nicht vereint,
Weil das Erscheinende
Nicht mehr erscheint.

Reuchlin! wer will sich ihm vergleichen,
Zu seiner Zeit ein Wunderzeichen!
Das Fürsten- und das Städtewesen
Durchschlängelte sein Lebenslauf,
Die Heiligen Bücher schloß er auf.
Doch Pfaffen wußten sich zu rühren,
Die alles breit ins Schlechte führen;
Sie finden alles da und hie
So dumm und so absurd wie sie.
Dergleichen will mir auch begegnen;
Bin unter Dache, laß es regnen:
»Denn gegen die obskuren Kutten,
Die mir zu schaden sich verquälen,
Auch hier kann es an Ulrich Hutten,
An Franz von Sickingen nicht fehlen.«

Am Lehrling mäkelten sie,
Nun mäkeln sie am Wandrer;
Jener lernte spät und früh,
Dieser wird kein andrer.

Beide wirken im schönen Kreise
Kräftig, wohlgemut und zart;
Lerne doch jeder nach seiner Weise,
Wandle doch jeder in seiner Art.

Nein, das wird mich nicht kränken,
Ich acht es für Himmelsgabe!
Soll ich geringer von mir denken,
Weil ich Feinde habe?

Warum ich Royaliste bin,
Das ist sehr simpel:
Als Poet fand ich Ruhms Gewinn,
Frei Segel, freie Wimpel;
Mußt aber alles selber tun,
Konnt niemand fragen;
Der alte Fritz wußt auch zu tun,
Durft ihm niemand was sagen.

»Sie wollten dir keinen Beifall gönnen,
Du warst niemals nach ihrem Sinn!«
Hätten sie mich beurteilen können,
So wär ich nicht, was ich bin.

Das Unvernünftige zu verbreiten,
Bemüht man sich nach allen Seiten;
Es täuschet eine kleine Frist,
Man sieht doch bald, wie schlecht es ist.

»Der Pseudo-Wandrer, wie auch dumm,
Versammelt sein Geschwister.«
Es gibt manch Evangelium;
Hab es auch der Philister!

Ihr edlen Deutschen wißt noch nicht,
Was eines treuen Lehrers Pflicht
Für euch weiß zu bestehen;

Zu zeigen, was moralisch sei,
Erlauben wir uns frank und frei,
Ein *Falsum* zu begehen.

Hiezu haben wir Recht und Titel:
Der Zweck heiligt die Mittel.

Verdammen wir die Jesuiten,
So gilt es doch in unsern Sitten.

Ist dem Gezücht Verdienst ein Titel?
Ein Falsum wird ein heilig Mittel;
Das schmeichelt ja, sie wissens schon,
Der frommen deutschen Nation,
Die sich erst recht erhaben fühlt,
Wenn all ihr Würdiges ist verspielt.
»Doch gegen die obskuren Kutten,
Die mir zu schaden sich verquälen,
Auch mir soll es an Ulrich Hutten,
An Franz von Sickingen nicht fehlen.«

Ihr schmähet meine Dichtung;
Was habt *ihr* denn getan?
Wahrhaftig, die Vernichtung,
Verneinend fängt sie an;

Doch ihren scharfen Besen
Strengt sie vergebens an:
Ihr seid gar nicht gewesen!
Wo träfe sie euch an?

Haben da und dort zu mäkeln,
An dem äußern Rand zu häkeln,
Machen mir den kleinen Krieg.
Doch ihr schadet eurem Rufe;
Weilt nicht auf der niedern Stufe,
Die ich längst schon überstieg!

»Die Feinde, sie bedrohen dich,
Das mehrt von Tag zu Tage sich;
Wie dir doch gar nicht graut!«
Das seh ich alles unbewegt,
Sie zerren an der Schlangenhaut,
Die jüngst ich abgelegt.
Und ist die nächste reif genung,
Ab streif ich die sogleich
Und wandle neubelebt und jung
Im frischen Götterreich.

Ihr guten Kinder,
Ihr armen Sünder,
Zupft mir am Mantel –
Laßt nur den Handel!
Ich werde wallen
Und laß ihn fallen;
Wer ihn erwischet,
Der ist erfrischet.

Über Moses Leichnam stritten
Selige mit Fluch-Dämonen;
Lag er doch in ihrer Mitten,
Kannten sie doch kein Verschonen!
Greift der stets bewußte Meister
Nochmals zum bewährten Stabe,
Hämmert auf die Pustrichs-Geister;
Engel brachten ihn zu Grabe.

ZAHME XENIEN
[VI]

Lasset walten, lasset gelten,
Was ich wunderlich verkündigt!
Dürftet ihr den Guten schelten,
Der mit seiner Zeit gesündigt?

Nichts wird rechts und links mich kränken,
Folg ich kühn dem raschen Flug;
Wollte jemand anders denken,
Ist der Weg ja breit genug.

Schwärmt ihr doch zu ganzen Scharen
Lieber als in wenig Paaren,
Laßt mir keine Seite leer!
Summst umher, es wird euch glücken!
Einzeln stechen auch die Mücken,
Braucht nicht gleich ein ganzes Heer.

Da ich viel allein verbleibe,
Pflege weniges zu sagen;
Da ich aber gerne schreibe,
Mögens meine Leser tragen!
Sollte heißen: gern diktiere;
Und das ist doch auch ein Sprechen,
Wo ich keine Zeit verliere:
Niemand wird mich unterbrechen.

Wie im Auge mit fliegenden Mücken,
So ists mit Sorgen ganz genau;
Wenn wir in die schöne Welt hinein blicken,
Da schwebt ein Spinneweben-Grau;
Es überzieht nicht, es zieht nur vorüber,
Das Bild ist gestört, wenn nur nicht trüber;
Die klare Welt bleibt klare Welt:
Im Auge nur ists schlecht bestellt.

Trage dein Übel, wie du magst,
Klage niemand dein Mißgeschick;
Wie du dem Freunde Ein Unglück klagst,
Gibt er dir gleich ein Dutzend zurück!

In keiner Gilde kann man sein,
Man wisse denn zu schultern fein;
Das, was sie lieben, was sie hassen,

1823–1828 WEIMAR

Das muß man eben geschehen lassen;
Das, was sie wissen, läßt man gelten,
Was sie nicht wissen, muß man schelten,
Althergebrachtes weiterführen,
Das Neue klüglich retardieren;
Dann werden sie dir zugestehn,
Auch nebenher deinen Weg zu gehn.

Doch würden sie, könnt es gelingen,
Zum Widerruf dich pfäffisch zwingen.

Hemmet ihr verschmähten Freier
Nicht die schlechtgestimmte Leier,
So verzweifl ich ganz und gar;
Isis zeigt sich ohne Schleier,
Doch der Mensch, er hat den Star.

Die geschichtlichen Symbole –
Törig, wer sie wichtig hält;
Immer forschet er ins Hohle
Und versäumt die reiche Welt.

Einheit ewigen Lichts zu spalten,
Müssen wir für törig halten,
Wenn euch Irrtum schon genügt.
Hell und Dunkel, Licht und Schatten,
Weiß man klüglich sie zu gatten,
Ist das Farbenreich besiegt.

Die beiden lieben sich gar fein,
Mögen nicht ohne einander sein;
Wie eins im andern sich verliert,
Manch buntes Kind sich ausgebiert.
Im eignen Auge schaue mit Lust,
Was Plato von Anbeginn gewußt;
Denn das ist der Natur Gehalt,
Daß außen gilt, was innen galt.

Das wirst du sie nicht überreden,
Sie rechnen dich ja zu den Blöden,
Von blöden Augen, blöden Sinnen;
Die Finsternis im Lichte drinnen,
Die kannst du ewig nicht erfassen;
Mußt das den Herren überlassen,
Die's zu beweisen sind erbötig.
Gott sei den guten Schülern gnädig!

Mit Widerlegen, Bedingen, Begrimmen
Bemüht und brüstet mancher sich;
Ich kann daraus nichts weiter gewinnen,
Als daß er anders denkt wie ich.

Wie man die Könige verletzt,
Wird der Granit auch abgesetzt,
Und Gneis, der Sohn, ist nun Papa!
Auch dessen Untergang ist nah:
Denn Plutos Gabel drohet schon
Dem Urgrund Revolution;
Basalt, der schwarze Teufels-Mohr,
Aus tiefster Hölle bricht hervor,
Zerspaltet Fels, Gestein und Erden,
Omega muß zum Alpha werden.
Und so wäre denn die liebe Welt
Geognostisch auch auf den Kopf gestellt.

Kaum wendet der edle Werner den Rücken,
Zerstört man das Poseidaonische Reich;
Wenn alle sich vor Hephästos bücken,
Ich kann es nicht sogleich;
Ich weiß nur in der Folge zu schätzen.
Schon hab ich manches Credo verpaßt;
Mir sind sie alle gleich verhaßt,
Neue Götter und Götzen.

Je mehr man kennt, je mehr man weiß,
Erkennt man: alles dreht im Kreis;

Erst lehrt man jenes, lehrt man dies,
Nun aber waltet ganz gewiß
Im innern Erdenspatium
Pyro-Hydrophylacium,
Damits der Erden Oberfläche
An Feuer und Wasser nicht gebreche.
Wo käme denn ein Ding sonst her,
Wenn es nicht längst schon fertig wär?
So ist denn, eh man sichs versah,
Der Pater Kircher wieder da.
Will mich jedoch des Worts nicht schämen:
Wir tasten ewig an Problemen.

Keine Gluten, keine Meere
Geb ich in dem Innern zu;
Doch allherrschend waltet Schwere,
Nicht verdammt zu Tod und Ruh.

Vom lebendigen Gott lebendig,
Durch den Geist, der alles regt,
Wechselt sie, nicht unbeständig,
Immer in sich selbst bewegt.

Seht nur hin! ihr werdets fassen!
Wenn Merkur sich hebt und neigt,
Wird im Anziehn, im Entlassen
Atmosphäre schwer und leicht.

Mir genügt nicht eure Lehre:
Ebb und Flut der Atmosphäre –
Denk sichs jeder, wie er kann!
Will mich nur an Hermes halten,
Denn des Barometers Walten
Ist der Witterung Tyrann.

Westen mag die Luft regieren,
Sturm und Flut nach Osten führen,
Wenn Merkur sich schläfrig zeigt;
Aller Elemente Toben,
Osther ist es aufgehoben,
Wenn er aus dem Schlummer steigt.

Das Leben wohnt in jedem Sterne:
Er wandelt mit den andern gerne
Die selbsterwählte, reine Bahn;
Im innern Erdenball pulsieren
Die Kräfte, die zur Nacht uns führen
Und wieder zu dem Tag heran.

Wenn im Unendlichen dasselbe
Sich wiederholend ewig fließt,
Das tausendfältige Gewölbe
Sich kräftig ineinander schließt,
Strömt Lebenslust aus allen Dingen,
Dem kleinsten wie dem größten Stern,
Und alles Drängen, alles Ringen
Ist ewige Ruh in Gott dem Herrn.

Nachts, wann gute Geister schweifen,
Schlaf dir von der Stirne streifen,
Mondenlicht und Sternenflimmern
Dich mit ewigem All umschimmern,
Scheinst du dir entkörpert schon,
Wagest dich an Gottes Thron.

Aber wenn der Tag die Welt
Wieder auf die Füße stellt,
Schwerlich möcht er dirs erfüllen
Mit der Frühe bestem Willen;
Zu Mittag schon wandelt sich
Morgentraum gar wunderlich.

Sei du im Leben wie im Wissen
Durchaus der reinen Fahrt beflissen;
Wenn Sturm und Strömung stoßen, zerrn,
Sie werden doch nicht deine Herrn;
Kompaß und Pol-Stern, Zeitenmesser
Und Sonn und Mond verstehst du besser,
Vollendest so nach deiner Art
Mit stillen Freuden deine Fahrt.
Besonders wenn dichs nicht verdrießt,
Wo sich der Weg im Kreise schließt;
Der Weltumsegler freudig trifft
Den Hafen, wo er ausgeschifft.

Wie fruchtbar ist der kleinste Kreis,
Wenn man ihn wohl zu pflegen weiß.

Wenn Kindesblick begierig schaut,
Er findet des Vaters Haus gebaut;
Und wenn das Ohr sich erst vertraut,
Ihm tönt der Muttersprache Laut.
Gewahrt es dies und jenes nah,
Man fabelt ihm, was fern geschah,
Umsittigt ihn, wächst er heran;
Er findet eben alles getan,
Man rühmt ihm dies, man preist ihm das:
Er wäre gar gern auch etwas.
Wie er soll wirken, schaffen, lieben,
Das steht ja alles schon geschrieben
Und, was noch schlimmer ist, gedruckt.
Da steht der junge Mensch verduckt,
Und endlich wird ihm offenbar:
Er sei nur, was ein andrer war.

Gern wär ich Überlieferung los
Und ganz original;
Doch ist das Unternehmen groß

Und führt in manche Qual.
Als Autochthone rechnet ich
Es mir zur höchsten Ehre,
Wenn ich nicht gar zu wunderlich
Selbst Überliefrung wäre.

Vom Vater hab ich die Statur,
Des Lebens ernstes Führen,
Vom Mütterchen die Frohnatur
Und Lust zu fabulieren.
Urahnherr war der Schönsten hold,
Das spukt so hin und wieder;
Urahnfrau liebte Schmuck und Gold,
Das zuckt wohl durch die Glieder.
Sind nun die Elemente nicht
Aus dem Komplex zu trennen,
Was ist denn an dem ganzen Wicht
Original zu nennen?

Teilen kann ich nicht das Leben,
Nicht das Innen, noch das Außen,
Allen muß das Ganze geben,
Um mit euch und mir zu hausen.
Immer hab ich nur geschrieben,
Wie ichs fühle, wie ichs meine,
Und so spalt ich mich, ihr Lieben,
Und bin immerfort der Eine.

ZAHME XENIEN
[VII]

Autochthonisch, autodidaktisch
Lebst du so hin, verblendete Seele!
Komm nur heran, versuche dich! Praktisch
Merkst du verdrießlich, wie's überall fehle.

»Ich hielt mich stets von Meistern entfernt;
Nachtreten wäre mir Schmach!
Hab alles von mir selbst gelernt.« –
Es ist auch darnach!

Niemand wird sich selber kennen,
Sich von seinem Selbst-Ich trennen;
Doch probier er jeden Tag,
Was nach außen endlich, klar,
Was er ist und was er war,
Was er kann und was er mag.

Wie sind die Vielen doch beflissen!
Und es verwirrt sie nur der Fleiß.
Sie möchtens gerne anders wissen
Als einer, der das Rechte weiß.

Verfahre ruhig, still,
Brauchst dich nicht anzupassen;
Nur wer was gelten will,
Muß andre gelten lassen.

Der Würdige, vom Rhein zum Belt
Reist er, die Natur zu ergründen!
Er reise durch die ganze Welt:
Seine Meinung wird er finden.

»Ein neu Projekt ward vorgebracht;
Willst du dich nicht damit befassen?«
Habe schon mal bankrott gemacht,
Nun will ichs andern überlassen.

Wie's aber in der Welt zugeht,
Eigentlich niemand recht versteht,
Und auch bis auf den heutigen Tag
Niemand gerne verstehen vermag.

Gehabe du dich mit Verstand,
Wie dir eben der Tag zur Hand;
Denk immer: Ists gegangen bis jetzt,
So wird es auch wohl gehen zuletzt.

Es lehrt ein großer Physikus
Mit seinen Schulverwandten:
»*Nil luce obscurius!*« –
Jawohl! für Obskuranten.

Ich wollte gern sie gelten lassen,
Wenn nur auch andre sie gelten ließen;
Das will aber doch nirgend greifen und fassen –
Warum befaß ich mich mit diesen!

Ich gönnt ihnen gerne Lob und Ehre,
Könnens aber nicht von *außen* haben.
Sie sehen endlich doch ihre Lehre
In *Caffarelli* begraben.

»Sag uns doch, warum deine Galle
Immerfort ins Ferne weist?« –
Gefühlt habt ihr alle,
Aber keinen Geist.

»Warum, o Steuermann, deinen Kiel
Wendest du gerad nach dem Riffe?« –
Man begriffe nicht der Toren Ziel,
Wenn man sich nicht selbst begriffe.

»Wirst nicht bei jedem Wander-Schritt
Wie sonst wohl angezogen.« –
Ich bringe den Betrug nicht mit,
Drum werd ich nicht betrogen.

Der Dichter freut sich am Talent,
An schöner Geistesgabe;
Doch wenns ihm auf die Nägel brennt,

Begehrt er irdischer Habe.
Mit Recht soll der reale Witz
Urenkeln sich erneuern;
Es ist ein irdischer Besitz–
Muß ich ihn doch versteuern!

Was Alte lustig sungen,
Das zwitschern muntre Jungen;
Was tüchtige Herren taten,
Wird Knechten auch geraten;
Was einer kühn geleistet,
Gar mancher sich erdreistet.

Was viele singen und sagen,
Das müssen wir eben ertragen!
Ihr Guten–Großer und Kleiner–
Ihr singt euch müde und matt;
Und es singt doch keiner,
Als was er zu sagen hat.

»Wie hast du's denn so weit gebracht?
Sie sagen, du habest es gut vollbracht!«–
Mein Kind! ich hab es klug gemacht:
Ich habe nie über das Denken gedacht.

Was wir Dichter ins Enge bringen,
Wird von ihnen ins Weite geklaubt.
Das Wahre klären sie an den Dingen,
Bis niemand mehr dran glaubt.

Ein bißchen Ruf, ein wenig Ehre,
Was macht es euch für Not und Pein!
Und wenn ich auch nicht Goethe wäre,
So möcht ich doch nicht sein.

»Meinst du denn alles, was du sagst?«
Meinst du denn ernstlich, was du fragst?

Wen kümmerts, was ich meine und sage:
Denn alles Meinen ist nur Frage.

Wartet nur! Alles wird sich schicken,
Was man von mir auch denken mag;
Mein Buch bringt es einmal zu Tag
In usum Delphini mit Lücken.

DEN REIMKOLLEGEN

Möchte gern lustig zu euch treten,
Ihr macht mirs sauer und wißt nicht wie.
Gibts denn einen modernen Poeten
Ohne Heautontimorumenie?

Wer hätte auf deutsche Blätter acht,
Morgens, Mittag, Abend und Mitternacht,
Der wäre um alle seine Zeit gebracht,
Hätte weder Stunde, noch Tag, noch Nacht
Und wär ums ganze Jahr gebracht;
Das hätt ich ihm gar sehr verdacht.

Seid ihr verrückt? was fällt euch ein,
Den alten Faustus zu verneinen!
Der Teufelskerl muß eine Welt sein,
Dergleichen Widerwärtges zu vereinen.

Ein jeder denkt in seinem Dunst,
Andrer Verdienst sei winzig klein.
Bewahre jeder die Vergunst,
Auf seine Weise toll zu sein.

GEIZ

Ist der Vater auf Geld ersessen
Und nutzt sogar die Lampenschnuppen,

1823–1828 WEIMAR

Kriegen sie den Sohn in die Kluppen,
Juden und Huren, sie werdens fressen.

Ich wollt euch große Namen sagen,
Die sollten sich gar sehr beklagen,
Wenn ich sänge, wie ichs meine;
Und doch mein ichs nicht alleine:
Gar manche sind im stillen beflissen,
Bedenken Seele, Gott und Welt
Und sind zufrieden, rein zu wissen,
Was andern mißfällt.

Denk an die Menschen nicht,
Denk an die Sachen!
Da kommt ein junger Mensch.
Wird was draus machen;
Das alte Volk, es ist
Ja selbst nur Sache;
Ich bin nur immer jung,
Daß ich was mache;
Wer jung verbleiben will,
Denk, daß er mache –
Und wenns nicht Kinder sind,
In anderm Fache.

Anstatt daß ihr bedächtig steht,
Versuchts zusammen eine Strecke;
Wißt ihr auch nicht, wohin es geht,
So kommt ihr wenigstens vom Flecke.

Jeder geht zum Theater heraus,
Diesmal es war ein volles Haus;
Er lobt und schilt, wie ers gefühlt,
Er denkt, man habe für ihn gespielt.

Ob ich liebe, ob ich hasse!
Nur soll ich nicht schelten.
Wenn ich die Leute gelten lasse,
Läßt man mich gelten.

Du Narr! begünstige die Pfuscherei,
So bist du überall zu Hause.

Was waren das für schöne Zeiten!
In Ecclesia mulier taceat!
Jetzt, da eine Jegliche Stimme hat,
Was will *Ecclesia* bedeuten?

Was die Weiber lieben und hassen,
Das wollen wir ihnen gelten lassen;
Wenn sie aber urteilen und meinen,
Da wills oft wunderlich erscheinen.

Und sie in ihrer warmen Sphäre
Fühlt sich behaglich, zierlich, fein;
Da sie nicht ohne den Menschen wäre,
So dünkt sie sich ein Mensch zu sein.

Totengräbers Tochter sah ich gehn;
Ihre Mutter hatte sich an keiner Leiche versehn!

Was helfen den Jungfern alle Gaben!
Weder Augen, noch Ohren sollten sie haben.

Sich läßt die junge Frau als Heloise malen;
Will sie mit ihrem Manne prahlen?

Ich ehre mir die Würde der Frauen;
Aber damit sie Würde hätten,
Sollten sie sich nicht alleine betten,
Sollten sich an Männerwürde erbauen.

Ich habe nie mit euch gestritten,
Philister-Pfaffen! Neider-Brut!
Unartig seid ihr wie die Briten,
Doch zahlt ihr lange nicht so gut.

»Wie bist du so ausgeartet?
Sonst warst du am Abend so herrlich und hehr!«
Wenn man kein Schätzchen erwartet,
Gibts keine Nacht mehr.

Unbesonnenheit ziert die Jugend,
Sie will eben vorwärts leben;
Der Fehler wird zur Tugend.
Im Alter muß man auf sich achtgeben.

»Meinst du es redlich mit solchem Schmerz?–
Geh! Heuchlerisch ist dein Bemühn.«
Der Schauspieler gewinnt das Herz,
Aber er gibt nicht seines hin.

Welch ein wunderlich Exempel!–
Hör ich, daß man sich mokiere,
Wie man mir den hehren Tempel,
Vestas Tempel, dediziere;
Doch ich übergehe diesen
Vorwurf mit gefaßter Miene:
Denn es muß mich sehr verdrießen,
Daß ichs nur zu wohl verdiene.

»Zu Goethes Denkmal was zahlst du jetzt?«
Fragt dieser, jener und der.–
Hätt ich mir nicht selbst ein Denkmal gesetzt,
Das Denkmal, wo käm es denn her?

Ihr könnt mir immer ungescheut,
Wie Blüchern, Denkmal setzen;
Von Franzen hat er euch befreit,
Ich von Philister-Netzen.

Was ist ein Philister?
Ein hohler Darm,

Mit Furcht und Hoffnung ausgefüllt.
Daß Gott erbarm!

Bist undankbar, so hast nicht recht;
Bist du dankbar, so geht dirs schlecht:
Den rechten Weg wirst nie vermissen,
Handle nur nach Gefühl und Gewissen.

Wen die Dankbarkeit geniert,
Der ist übel dran;
Denke, wer dich erst geführt,
Wer für dich getan!

ZAHME XENIEN
[VIII]

Bin ich für 'ne Sache eingenommen,
Die Welt, denk ich, muß mit mir kommen;
Doch welch ein Greuel muß mir erscheinen,
Wenn Lumpe sich wollen mit mir vereinen!

Für und wider zu dieser Stunde
Quengelt ihr schon seit vielen Jahren;
Was ich getan, ihr Lumpenhunde!
Werdet ihr nimmermehr erfahren.

Wie mancher Mißwillige schnuffelt und wittert
Um das von der Muse verliehne Gedicht;
Sie haben *Lessing* das Ende verbittert –
Mir sollen sie's nicht!

Wer mit dem Leben spielt,
Kommt nie zurecht;
Wer sich nicht selbst befiehlt,
Bleibt immer ein Knecht.

Gut verloren – etwas verloren!
Mußt rasch dich besinnen

Und neues gewinnen.
Ehre verloren – viel verloren!
Mußt Ruhm gewinnen,
Da werden die Leute sich anders besinnen.
Mut verloren – alles verloren!
Da wär es besser, nicht geboren.

Nur wenn das Herz erschlossen,
Dann ist die Erde schön.
Du standest so verdrossen
Und wußtest nicht zu sehn.

Der Philosoph, dem ich so gern vertraue,
Lehrt, wo nicht gegen alle, doch die meisten,
Daß unbewußt wir stets das Beste leisten;
Das glaubt man gern und lebt nun frisch ins Blaue.

Der Dichter schaut in Weltgewühle,
Sieht jeden Menschen mit sich selbst befangen,
Bald heitern Sinns, bald bänglicher Gefühle;
Doch hat er Zwecke. Daß er die erlange,
Sucht er den eignen Weg zum eignen Ziele.
Was das bedeute, merkt er sich und allen,
Und was bedeutet, läßt er sich gefallen.

Gar mancher hat sich ernst beflissen,
Und hatte dennoch schlechten Lohn;
Es ist ganz eigen: wenn sie wissen,
So meinen sie, sie wüßten schon.

ERWIDERUNGEN

Wie mir dein Buch gefällt? –
Will dich nicht kränken:
Um alles in der Welt
Möchte nicht so denken.

*

Wie mir dein Buch gefällt?
Ich lasse mirs schenken;
Hie und da in der Welt
Mag man wohl so denken.

*

Es ist nicht zu schelten,
Man laß es gelten!
Ich aber bin kein Haar
Weiter, als ich war.

Du, der Gefällige,
Warum du so fürchterlich bist?
Das *zu* Gefällige
Ist ähnlich der List.

Das soll nun auch in meinen Sinn:
Zur Majestät ein Luder!
Mir wird für Schrecken siedend heiß,
Wie meine Haare weiß, so weiß
Ist auch gewiß mein Puder;
Und eine Luder-Königin
Ist auch so weiß wie Puder.

Bist eingeladen! Aber dein Gewinn
Ist nicht beim Schmause.
Wie ich eine Schöne los bin,
Bin gleich zu Hause.

Magst du jemand Feste geben,
Dem du schwer verschuldet?
Kannst du doch mit niemand leben,
Der dich allenfalls nur duldet.

Mir und dir ist niemand hold,
Das ist unser beider Schuld.

»Warum ist denn das Urteil allzu kurz?«
Ein jeder schnuffelt nach dem eignen F...

1823–1828 WEIMAR

Ich schelt euch nicht, wär es nicht Allgebrauch;
Wenn ichs täte, tätet ihrs denn auch?

Das mußt du als ein Knabe leiden,
Daß dich die Schule tüchtig reckt.
Die alten Sprachen sind die Scheiden,
Darin das Messer des Geistes steckt.

Wer mag denn gleich Vortreffliches hören?
Nur Mittelmäßige sollten lehren.

Viele Kinder, und schöne, werden gezeugt,
Weil sich auch Garstig zu Garstig neigt.
Hier schadet keineswegs das Gesicht:
Denn mit dem Gesichte zeugt man nicht.

Hier aber folgt noch allzu Vieles
In meinen Papieren lustigen Spieles;
Da nickt mir ein artig Kind ins Gesicht –
Ich weiß nicht, soll ich? Soll ich nicht?

Könnt ich vor mir selber fliehn!
Das Maß ist voll.
Ach! warum streb ich immer dahin,
Wohin ich nicht soll?

Ach! wer doch wieder gesundete!
Welch unerträgliche Schmerzen!
Wie die Schlange, die verwundete,
Krümmt sichs im eignen Herzen.

Zur Strafe, dafür es jeden graut,
Ist der Himmel neben die Hölle gebaut,
Damit die armen, verdammten Seelen
Vergeblich horchend baß sich quälen.
Drum, teure Kinder, seid fromm und gut,
Besonders hütet euch für Wankelmut.

Denn freilich sinds dergleichen Kiel' und Pfeile,
Die, hin und wider fliegend, würkend zischen,
Gehetzt in Eile, bogenhaft in Weile
In tausendfältgem Wollen sich vermischen.
Man weiß nicht: soll man? oder solls verschieben?
Nur wer sich kennt, der hat das Recht zu lieben.

Wer lebenslang dir wohlgetan,
Verletzung rechne dem nicht an.

Auch ich verharre meiner Pflicht;
Der Schatten weicht der Sonne nicht.

Eignes Geschick geht mir nicht nah,
Der ich Königinnen weinen sah.

Und ein Gewebe, sollt es ewig sein?
Zerstörts die Magd nicht, reißt die Spinn es selber ein.

Um niemand zu schelten, um niemand zu preisen,
Darf ich euch nur aufs Alte verweisen:
Denn das ist klassisch im echten Sinn,
Was ihr jetzt seid und ich jetzt bin.

Den Dichter könnt ihr mir nicht nehmen,
Den Menschen geb ich euch preis;
Auch der darf sich nicht schämen,
Greift doch an euren Steiß.

Sie werden so lange votieren und schnacken,
Wir sehen endlich wieder Kosaken;
Die haben uns vom Tyrannen befreit,
Sie befrein uns auch wohl von der Freiheit.

Läßt sich einer zur Tafel läuten,
Das Essen hat wenig zu bedeuten.

Kann die Vorsicht größer sein,
Das Unheil zu entfernen!

1823–1828 WEIMAR

Ich seh bei hellem Mondenschein
Nachtwächter mit Laternen.

Ämtchen bringen Käppchen,
Ämtchen bringen Läppchen;
Reißen oft die Kappen
Und das Kleid in Lappen.

Die Mächtigen wollte Gott verschönen –
Warum sollt ihnen das Volk nicht frönen?

Wollte Gott die Menschen belehren,
Mußt er ihnen nicht den Rücken kehren;
Und sollten sie auf ihr Bestes passen,
Mußt er sich nicht schlecht behandeln lassen.

Euer Geflüster und leises Fispeln
Mag ich am Ende nicht mehr ertragen.
Nur, stille nur! wenn alle lispeln,
Wird einer es auch am Ende sagen.

QUODLIBET

Treib es mit ihm, wie dirs gefällt,
Auch Grobheit wird dir was erwerben.
Er ist der gründlichste Schuft von der Welt,
Man kann es nie mit ihm verderben.

*

So sehr dir auch der Topf gefällt,
Was nutzen dir zuletzt die Scherben?
Er ist der gründlichste Schuft von der Welt,
Man kann es nicht mehr mit ihm verderben.

Fahre fort im Sündenleben,
Wirst den vier Winden noch Tritte geben.

Du nimmst zuletzt doch auch
Für deine Schriften,
So wie es ist der Brauch,
Reichliche Giften.

Willst du noch die Teufel bannen
Mit dem Fluch aus deutschem Herzen,
Da Tyrannen nach Tyrannen
Mark erdrücken und verscherzen?

Ihr Bestien, ihr wolltet glauben,
Ich sollte höflich sein?
Der Hund, der seine Steine kennt,
Er sch... auch auf den Stein.

Dem Hilfsbedürftgen immerdar bereit.

J.

Und du versprichst: es gilt für alle Zeit?

R.

Jetzt heiß ich Rom, dann heiß ich Menschlichkeit.

Ein jeder lese, was der Eine schrieb,
Ein jeder sage dir: du bist uns lieb.

Gott, heißt es, schied die Finsternis vom Licht,
Doch mocht es ihm nicht ganz gelingen;
Denn wenn das Licht in Farben sich erbricht,
Mußt es vorher die Finsternis verschlingen.

Die beiden lieben sich gar fein,
Mögen nicht ohneeinander sein.
Wie eins im andern sich verliert,
Manch buntes Kind sich ausgebiert.
Betrachte das nur recht mit Lust,
Was Plato von Hell und Dunkel gewußt,
Der, wie uns gegenwärtig klar,
Unter Philosophen keine Katze war.

Wer aber das Licht in Farben will spalten,
Den mußt du für einen Affen halten.
Sie sagens auch nur, weil sie's gelernt;
Das Untersuchen ist weit entfernt.

Einer machte das Hokuspokus,
Die andern fandens großen Jokus,
Und tanzen nun zu unsrer Plag
Taranteltanz bis auf diesen Tag.

Bei Saadi gedenk ich mich,
Ist hundertsechzehn Jahr alt worden.
Er hat mehr ausgestanden als ich,
Und ich bin doch von seinem Orden.

ZAHME XENIEN
[IX]

»Sag, was enthält die Kirchengeschichte?
Sie wird mir in Gedanken zunichte:
Es gibt unendlich viel zu lesen –
Was ist denn aber das alles gewesen?«

Zwei Gegner sind es, die sich boxen,
Die Arianer und Orthodoxen.
Durch viele Säkla dasselbe geschicht,
Es dauert bis an das Jüngste Gericht.

Der Vater ewig in Ruhe bleibt,
Er hat der Welt sich einverleibt.

Der Sohn hat Großes unternommen:
Die Welt zu erlösen, ist angekommen;
Hat gut gelehrt und viel ertragen,
Wie das noch heut in unsern Tagen.

Nun aber kommt der Heilig Geist,
Er wirkt am Pfingsten allermeist.
Woher er kommt, wohin er weht,
Das hat noch niemand ausgespäht.
Sie geben ihm nur eine kurze Frist,
Da er doch Erst- und Letzter ist.

Deswegen wir treulich, unverstohlen
Das alte Credo wiederholen:
Anbetend sind wir all bereit
Die ewige Dreifaltigkeit.

Mit Kirchengeschichte was hab ich zu schaffen?
Ich sehe weiter nichts als Pfaffen;
Wie's um die Christen steht, die Gemeinen,
Davon will mir gar nichts erscheinen.

Ich hätt auch können Gemeinde sagen,
Ebensowenig wäre zu erfragen.

Glaubt nicht, daß ich fasele, daß ich dichte;
Seht hin und findet mir andre Gestalt!
Es ist die ganze Kirchengeschichte
Mischmasch von Irrtum und von Gewalt.

Dreieinigkeit hab ich auch gesehn
Lebendig durcheinander wehn!
Der Heilige Geist fuhr hin und her,
Als wenn er flatternde Taube wär.
Gott der Sohn gab sein Wort dazu,
Der Vater blieb in ewiger Ruh,
Denn er wußte schon ungefähr,
Was an der ganzen Sache wär.

Christus ein Gott vom Himmel kam,
Ein Mensch auf Erden wundersam;
Als Gott und Mensch, als Mensch und Gott,

1823–1828 WEIMAR

Anbetung ward ihm, Schand und Spott;
Zuletzt zu unserer Seligkeit
Ging er durchs Grab zur Herrlichkeit.

Ihr Gläubigen! rühmt nur nicht euren Glauben
Als einzigen; wir glauben auch wie ihr.
Der Forscher läßt sich keineswegs berauben
Des Erbteils, aller Welt gegönnt – und mir.

Ein Sadduzäer will ich bleiben! –
Das könnte mich zur Verzweiflung treiben,
Wenn von dem Volk, das hier mich bedrängt,
Auch würde die Ewigkeit eingeengt;
Das wäre doch nur der alte Patsch,
Droben gäbs nur verklärten Klatsch.
»Sei nicht so heftig, sei nicht so dumm!
Da drüben bildet sich alles um.«

Ich habe nichts gegen die Frömmigkeit,
Sie ist zugleich Bequemlichkeit;
Wer ohne Frömmigkeit will leben,
Muß großer Mühe sich ergeben:
Auf seine eigne Hand zu wandern,
Sich selbst genügen und den andern
Und freilich auch dabei vertraun:
Gott werde wohl auf ihn niederschaun.

Wer Wissenschaft und Kunst besitzt,
Hat auch Religion;
Wer jene beiden nicht besitzt,
Der habe Religion.

Niemand soll ins Kloster gehn,
Als er sei denn wohlversehn
Mit gehörigem Sünden-Vorrat,
Damit es ihm so früh als spat
Nicht mög am Vergnügen fehlen,
Sich mit Reue durchzuquälen.

Den deutschen Mannen gereichts zum Ruhm,
Daß sie gehaßt das Christentum,
Bis Herrn Karolus' leidigem Degen
Die edlen Sachsen unterlegen.
Doch haben sie lange genug gerungen,
Bis endlich die Pfaffen sie bezwungen,
Und sie sich unters Joch geduckt;
Doch haben sie immer einmal gemuckt.
Sie lagen nur im halben Schlaf,
Als Luther die Bibel verdeutscht so brav.
Sankt Paulus, wie ein Ritter derb,
Erschien den Rittern minder herb.
Freiheit erwacht in jeder Brust,
Wir protestieren all mit Lust.

»Ist Konkordat und Kirchenplan
Nicht glücklich durchgeführt?«–
Ja, fangt einmal mit Rom nur an,
Da seid ihr angeführt.

EIN LUTHERISCHER GEISTLICHER
SPRICHT

Heiliger, lieber Luther,
Du schabtest die Butter
Deinen Gesellen vom Brot,
Das verzeihe dir Gott!

Bei einer großen Wassersnot
Rief man zu Hilfe das Feuer,
Da ward sogleich der Himmel rot,
Und nirgend war es geheuer:
Durch Wälder und Felder kamen gerannt
Die Blitze zu flammenden Rotten,
Die ganze Erde, sie war verbrannt,
Noch eh die Fische gesotten.

1823–1828 WEIMAR

Und als die Fische gesotten waren,
Bereitet' man große Feste;
Ein jeder brachte sein Schüsselein mit,
Groß war die Zahl der Gäste;
Ein jeder drängte sich herbei,
Hier gab es keine Faule;
Die Gröbsten aber schlugen sich durch
Und fraßens den andern vom Maule.

Glücklich, wenn nach außen ich die Augen wende,
Nur die Krätzigen besehen ihre eignen Hände.

Thema

»Für den Kammerdiener
Gibts keinen Helden!«

Ausführung

Held ist kein Kammerdiener,
Das muß ich melden.
Der Diener aber beweist
Sich nur gegen den Helden,
Wenn dieser pißt und scheißt.
Will doch auch was gelten.
Da sagt sodann der Knecht
Zu lausigen Leuten:
Mein Herr ist mir eben recht,
Hat nichts zu bedeuten.

Wenn auch der Held sich selbst genug ist,
Verbunden geht es doch geschwinder;
Und wenn der Überwundne klug ist,
Gesellt er sich zum Überwinder.

Die reitenden Helden vom festen Land
Haben jetzt gar viel zu bedeuten;
Doch, stünd es ganz in meiner Hand,
Ein Meerpferd möcht ich reiten.

Am Jüngsten Tag, vor Gottes Thron
Stand endlich Held Napoleon.
Der Teufel hielt ein großes Register
Gegen denselben und seine Geschwister,
War ein wundersam verruchtes Wesen;
Satan fing an, es abzulesen.

Gott Vater, oder Gott der Sohn,
Einer von beiden sprach vom Thron,
Wenn nicht etwa gar der Heilige Geist
Das Wort genommen allermeist:

»Wiederhols nicht vor göttlichen Ohren!
Du sprichst wie die deutschen Professoren.
Wir wissen alles, mach es kurz!
Am Jüngsten Tag ists nur ein
Getraust du dich, ihn anzugreifen,
So magst du ihn nach der Hölle schleifen.«

Wolltet ihr in Leipzigs Gauen
Denkmal in die Wolken richten,
Wandert, Männer all und Frauen,
Frommen Umgang zu verrichten!

Jeder werfe dann die Narrheit,
Die ihn selbst und andre quälet,
Zu des runden Haufens Starrheit,
Nicht ist unser Zweck verfehlet.

Ziehen Junker auch und Fräulein
Zu der Wallfahrt stillem Frieden,
Wie erhabne Riesensäulen
Wachsen unsre Pyramiden.

Ein ewiges Kochen statt fröhlichem Schmaus,
Was soll denn das Zählen, das Wägen, das Grollen?

1823–1828 WEIMAR 1127

Bei allem dem kommt nichts heraus,
Als daß wir keine Hexameter machen sollen,
Und sollen uns patriotisch fügen,
An Knittelversen uns zu begnügen.

Sagst du »Gott!«, so sprichst du vom Ganzen;
Sagst du »Welt!«, so sprichst du von Schranzen.
Hofschranzen sind noch immer die besten –
***schranzen fürchte, die allerletzten.

Die Deutschen sind recht gute Leut,
Sind sie einzeln, sie bringens weit;
Nun sind ihnen auch die größten Taten
Zum erstenmal im Ganzen geraten.
Ein jeder spreche Amen darein,
Daß es nicht möge das letztemal sein.

Was haben wir nicht für Kränze gewunden!
Die Fürsten, sie sind nicht gekommen;
Die glücklichen Tage, die himmlischen Stunden,
Wir haben voraus sie genommen.
So geht es wahrscheinlich mit meinem Bemühn,
Den lyrischen Siebensachen;
Epimenides, denk ich, wird in Berlin
Zu spät zu früh erwachen.
Ich war von reinem Gefühl durchdrungen;
Bald schein ich ein schmeichelnder Lober:
Ich habe der Deutschen Juni gesungen,
Das hält nicht bis in Oktober.

Was die Großen Gutes taten,
Sah ich oft in meinem Leben;
Was uns nun die Völker geben,
Deren auserwählte Weisen
Nun zusammen sich beraten,
Mögen unsre Enkel preisen,
Die's erleben.

Sonst, wie die Alten sungen,
So zwitscherten die Jungen;
Jetzt, wie die Jungen singen,
Solls bei den Alten klingen.
Bei solchem Lied und Reigen
Das Beste – ruhn und schweigen.

Calan empfahl sich Alexandern,
Um jenen Rogus zu besteigen;
Der König fragte, so die andern
Des Heeres auch: Was willst du zeigen? –

»Nichts zeigen will ich, aber zeigen,
Daß vor dem Könige, dem Heere,
Vor blinkend blitzendem Gewehre
Dem Weisen sichs geziemt zu schweigen.«

»Warum denn aber bei unsern Sitzen
Bist du so selten gegenwärtig?«
Mag nicht für Langerweile schwitzen,
Der Mehrheit bin ich immer gewärtig.

Was doch die größte Gesellschaft beut?
Es ist die Mittelmäßigkeit.

Konstitutionell sind wir alle auf Erden;
Niemand soll besteuert werden,
Als wer repräsentiert ist.
Da dem also ist,
Frag ich und werde kühner:
Wer repräsentiert denn die Diener?

Wie alles war in der Welt entzweit,
Fand jeder in Mauern gute Zeit;
Der Ritter duckte sich hinein,
Bauer in Not fands auch gar fein.

Wo kam die schönste Bildung her,
Und wenn sie nicht vom Bürger wär?
Wenn aber sich Ritter und Bauern verbinden,
Da werden sie freilich die Bürger schinden.

Laßt euch mit dem Volk nur ein,
Popularischen! Entschied es,
Wellington und Aristides
Werden bald beiseite sein.

Besonders, wenn die Liberalen
Die Pinsel fassen, kühnlich malen,
Man freut sich am Originalen;
Da zeigt sich nun ein jeder frei:
Er ist von Kindesbeinen tüchtig,
Besieht sich Erd und Himmel richtig,
Sein Urteil ist ihm nur gewichtig,
Die Kunst ist selbst schon Tyrannei.

Ich bin so sehr geplagt
Und weiß nicht, was sie wollen,
Daß man die Menge fragt,
Was einer hätte tun sollen.

Mir ist das Volk zur Last,
Meint es doch dies und das:
Weil es die Fürsten haßt,
Denkt es, es wäre was.

»Warum denn wie mit einem Besen
Wird so ein König hinausgekehrt?«
Wärens Könige gewesen,
Sie stünden alle noch unversehrt.

Geburt und Tod betrachtet ich
Und wollte das Leben vergessen.
Ich armer Teufel konnte mich
Mit einem König messen.

»Der alte, reiche Fürst
Blieb doch vom Zeitgeist weit,
Sehr weit!«–
Wer sich aufs Geld versteht,
Versteht sich auf die Zeit,
Sehr auf die Zeit!

»Geld und Gewalt, Gewalt und Geld,
Daran kann man sich freuen;
Gerecht- und Ungerechtigkeit,
Das sind nur Lumpereien.«

Die *gute Sache* kommt mir vor
Als wie Saturn, der Sünder:
Kaum sind sie an das Licht gebracht,
So frißt er seine Kinder.

GRABSCHRIFT
gesetzt von A. v. J.

Verstanden hat er vieles recht,
Doch sollt er anders wollen;
Warum blieb er ein Fürstenknecht?
Hätt *unser* Knecht sein sollen.

Gleichnisse dürft ihr mir nicht verwehren;
Ich wüßte mich sonst nicht zu erklären.

Seid mir willkommen, süße Buhlerinnen,
Denn ihr allein verschönt uns doch die Welt;
Ihr lasset uns im Augenblick gewinnen,
Was Prüderie uns jahrelang verhält.
Was sie nicht fühlt, sie weiß es zu ersinnen,
Wie selbstgefällig froh sie sich verstellt;
Von Eva her geschaffen zum Betrügen,
Sie kleidet nichts so gut, als wenn sie lügen.

An Venus Medicis ruht es in Frieden,
Und am Apoll von Belveder desgleichen;
Doch beide sind entschieden so geschieden,
Daß sie sich möchten gar zu gern erreichen.
So wird für Gott und Göttin, Mann und Weib
Die allerhöchste Pflicht ein Zeitvertreib.
Doch wo das Gleiche mit dem Gleichen wechselt,
An *einem* Körper wunderlich zu schauen,
Eins in das andre so hineingedrechselt,
Da überfällt mich Angst und quälend Grauen.

Und also, ein für allemal,
Der Lingam ist mir ganz fatal!

LANDSCHAFT

Das alles sieht so lustig aus,
So wohl gewaschen das Bauerhaus,
So morgentaulich Gras und Baum,
So herrlich blau der Berge Saum!
Seht nur das Wölkchen, wie es spielt
Und sich im reinen Äther kühlt!
Fände sich ein Niederländer hier,
Er nähme wahrlich gleich Quartier,
Und was er sieht und was er malt,
Wird hundert Jahre nachgezahlt.

Wie kommt dir denn das alles vor?
Es glänzt als wie durch Silberflor,
Durchscheinend ists, es steht ein Licht
Dahinter, lieblichstes Gesicht.
Durch solcher holden Lampe Schein
Wird alles klar und überrein,
Was sonst ein garstig Ungefär,
Tagtäglich, ein Gemeines wär.
Fehlts dir an Geist und Kunst-Gebühr,
Die Liebe weiß schon Rat dafür.

Dieser alte Weidenbaum
Steht und wächst als wie im Traum,
Sah des Fürstendaches Gluten,
Sieht der Ilme leises Fluten.

Freunde, flieht die dunkle Kammer,
Wo man euch das Licht verzwickt
Und mit kümmerlichstem Jammer
Sich verschrobnen Bildern bückt.
Abergläubische Verehrer
Gabs die Jahre her genug,
In den Köpfen eurer Lehrer
Laßt Gespenst und Wahn und Trug.

Wenn der Blick an heitern Tagen
Sich zur Himmelsbläue lenkt,
Beim Sirok der Sonnenwagen
Purpurrot sich niedersenkt:
Da gebt der Natur die Ehre,
Froh, an Aug und Herz gesund,
Und erkennt der Farbenlehre
Allgemeinen, ewigen Grund.

HERRN FERDINAND HILLER

Ein Talent, das jedem frommt,
Hast du in Besitz genommen;
Wer mit holden Tönen kommt,
Er ist überall willkommen.

*

Welch ein glänzendes Geleite!
Ziehest an des Meisters Seite;
Du erfreust dich seiner Ehre,
Er erfreut sich seiner Lehre.

AN FRAU HOFRÄTIN RIEMER
mit Stickmustern zu ihrem Geburtstage, verspätet

Wenn sie gleich dein Fest versäumt,
Liebes haben sie geträumt;
Heute, zwischen Schnee und Eis,
Wecken sie den heitren Fleiß.

Sage mir, mit wem zu sprechen
Dir genehm, gemütlich ist;
Ohne mir den Kopf zu brechen,
Weiß ich deutlich, wie du bist.

[An Georg Wilhelm Krüger in ein Exemplar der › Iphigenie ‹]

Was der Dichter diesem Bande
Glaubend, hoffend anvertraut,
Werd im Kreise deutscher Lande
Durch des Künstlers Wirken laut.
So im Handeln, so im Sprechen
Liebevoll verkünd es weit:
Alle menschlichen Gebrechen
Sühnet reine Menschlichkeit.

[Aus › Wilhelm Meisters Wanderjahren ‹]

Bleiben, Gehen, Gehen, Bleiben,
Sei fortan dem Tüchtgen gleich!
Wo wir Nützliches betreiben,
Ist der werteste Bereich.
Dir zu folgen, wird ein leichtes,
Wer gehorchet, der erreicht es;
Zeig ein festes Vaterland!
Heil dem Führer! Heil dem Band!

Du verteilest Kraft und Bürde
Und erwägst es ganz genau,

Gibst dem Alten Ruh und Würde,
Jünglingen Geschäft und Frau.
Wechselseitiges Vertrauen
Wird ein reinlich Häuschen bauen,
Schließen Hof und Gartenzaun,
Auch der Nachbarschaft vertraun.

Wo an wohlgebahnten Straßen
Man in neuer Schenke weilt,
Wo dem Fremdling reicher Maßen
Ackerfeld ist zugeteilt,
Siedeln wir uns an mit andern.
Eilet, eilet, einzuwandern
In das feste Vaterland.
Heil dir, Führer! Heil dir, Band!

Wie David königlich zur Harfe sang,
Der Winzerin Lied am Throne lieblich klang,
Des Persers Bulbul Rosenbusch umbangt,
Und Schlangenhaut als Wildengürtel prangt,
Von Pol zu Pol Gesänge sich erneun,
Ein Sphärentanz harmonisch im Getümmel –
Laßt alle Völker unter gleichem Himmel
Sich gleicher Gabe wohlgemut erfreun.

Catalani tat, was auch andre taten;
Große Talente sind schlecht beraten.

ZUM BILDNIS DER PRINZESS MARIE

Lieblich und zierlich,
Ruhig und hold,
Sind ihr die Treuen
Sicher wie Gold.

CHINESISCH-DEUTSCHE
JAHRES- UND TAGESZEITEN

Sag, was könnt uns Mandarinen,
Satt zu herrschen, müd zu dienen,
Sag, was könnt uns übrigbleiben,
Als in solchen Frühlingstagen
Uns des Nordens zu entschlagen
Und am Wasser und im Grünen
Fröhlich trinken, geistig schreiben,
Schal auf Schale, Zug in Zügen?

Weiß wie Lilien, reine Kerzen,
Sternen gleich, bescheidner Beugung,
Leuchtet aus dem Mittelherzen
Rot gesäumt, die Glut der Neigung.

So frühzeitige Narzissen
Blühen reihenweis im Garten.
Mögen wohl die guten wissen,
Wen sie so spaliert erwarten.

Ziehn die Schafe von der Wiese,
Liegt sie da, ein reines Grün;
Aber bald zum Paradiese
Wird sie bunt geblümt erblühn.

Hoffnung breitet lichte Schleier
Nebelhaft vor unsern Blick:
Wunscherfüllung, Sonnenfeier,
Wolkenteilung bringt uns Glück!

Der Pfau schreit häßlich, aber sein Geschrei
Erinnert mich ans himmlische Gefieder,
So ist mir auch sein Schreien nicht zuwider.

Mit indischen Gänsen ists nicht gleicherlei;
Sie zu erdulden, ist unmöglich:
Die häßlichen, sie schreien unerträglich.

Entwickle deiner Lüste Glanz
Der Abendsonne goldnen Strahlen,
Laß deines Schweifes Rad und Kranz
Kühn-äugelnd ihr entgegen prahlen.
Sie forscht, wo es im Grünen blüht,
Im Garten, überwölbt vom Blauen;
Ein Liebespaar, wo sie's ersieht,
Glaubt sie das Herrlichste zu schauen.

Der Kuckuck wie die Nachtigall,
Sie möchten den Frühling fesseln,
Doch drängt der Sommer schon überall
Mit Disteln und mit Nesseln.
Auch mir hat er das leichte Laub
An jenem Baum verdichtet,
Durch das ich sonst zu schönstem Raub
Den Liebesblick gerichtet.
Verdeckt ist mir das bunte Dach,
Die Gitter und die Pfosten;
Wohin mein Auge spähend brach,
Dort ewig bleibt mein Osten.

War schöner als der schönste Tag,
Drum muß man mir verzeihen,
Daß ich sie nicht vergessen mag,
Am wenigsten im Freien.
Im Garten wars, sie kam heran,
Mir ihre Gunst zu zeigen;
Das fühl ich noch und denke dran
Und bleib ihr ganz zu eigen.

Dämmrung senkte sich von oben,
Schon ist alle Nähe fern;
Doch zuerst emporgehoben
Holden Lichts der Abendstern!
Alles schwankt ins Ungewisse,
Nebel schleichen in die Höh;
Schwarzvertiefte Finsternisse
Widerspiegelnd ruht der See.

Nun im östlichen Bereiche
Ahn ich Mondenglanz und -Glut,
Schlanker Weiden Haargezweige
Scherzen auf der nächsten Flut.
Durch bewegter Schatten Spiele
Zittert Lunas Zauberschein,
Und durchs Auge schleicht die Kühle
Sänftigend ins Herz hinein.

Nun weiß man erst, was Rosenknospe sei,
Jetzt, da die Rosenzeit vorbei;
Ein Spätling noch am Stocke glänzt
Und ganz allein die Blumenwelt ergänzt.

Als Allerschönste bist du anerkannt,
Bist Königin des Blumenreichs genannt;
Unwidersprechlich allgemeines Zeugnis,
Streitsucht verbannend, wundersam Ereignis!
Du bist es also, bist kein bloßer Schein,
In dir trifft Schaun und Glauben überein;
Doch Forschung strebt und ringt, ermüdend nie,
Nach dem Gesetz, dem Grund, *Warum* und *Wie*.

»Mich ängstigt das Verfängliche
Im widrigen Geschwätz,
Wo nichts verharret, alles flieht,

Wo schon verschwunden, was man sieht;
Und mich umfängt das bängliche,
Das graugestrickte Netz.«–
Getrost! Das Unvergängliche,
Es ist das ewige Gesetz,
Wonach die Ros und Lilie blüht.

»Hingesunken alten Träumen
Buhlst mit Rosen, sprichst mit Bäumen
Statt der Mädchen, statt der Weisen!
Können das nicht löblich preisen.
Kommen deshalb die Gesellen,
Sich zur Seite dir zu stellen,
Finden, dir und uns zu dienen,
Pinsel, Farbe, Wein im Grünen.«

Die stille Freude wollt ihr stören?
Laßt mich bei meinem Becher Wein;
Mit andern kann man sich belehren,
Begeistert wird man nur allein.

»Nun denn! Eh wir von hinnen eilen,
Hast noch was Kluges mitzuteilen?«–
Sehnsucht ins Ferne, Künftige zu beschwichtigen,
Beschäftige dich hier und heut im Tüchtigen.

GARTENHAUS AM UNTERN PARK

Übermütig siehts nicht aus,
Hohes Dach und niedres Haus;
Allen, die daselbst verkehrt,
Ward ein guter Mut beschert.
Schlanker Bäume grüner Flor,
Selbstgepflanzter, wuchs empor;

Geistig ging zugleich alldort
Schaffen, Hegen, Wachsen fort.

HERRN GRAFEN KASPAR STERNBERG

Wenn mit jugendlichen Scharen
Wir beblümte Wege gehn,
Ist die Welt doch gar zu schön.
Aber wenn bei hohen Jahren
Sich ein Edler uns gesellt,
O, wie herrlich ist die Welt!

HERRN GRAFEN KASPAR STERNBERG
bei seiner Abreise von Weimar

Ödem Wege, langen Stunden
Unterhaltung sei gefunden
Durch des Freundes Lieb und Pflicht:
Kleine Bändchen, kurz Gedicht.

DEN VEREINIGTEN STAATEN

Amerika, du hast es besser
Als unser Kontinent, das alte,
Hast keine verfallene Schlösser
Und keine Basalte.
Dich stört nicht im Innern,
Zu lebendiger Zeit,
Unnützes Erinnern
Und vergeblicher Streit.

Benutzt die Gegenwart mit Glück!
Und wenn nun eure Kinder dichten,
Bewahre sie ein gut Geschick
Vor Ritter-, Räuber- und Gespenster-
　　　　　　　　　　[geschichten.

AN MADAME CARLYLE
nach Edinburg

Augenblicklich aufzuwarten,
Schicken Freunde solche Karten;
Diesmal aber heißts nicht gern:
Euer Freund ist weit und fern.

AN MADAME CARLYLE,
mit einer Drahtkette

Wirst du in den Spiegel blicken
Und vor deinen heitern Blicken
Dich die ernste Zierde schmücken:
Denke, daß nichts besser schmückt,
Als wenn manden Freund beglückt.

DIE NEUE SIRENE

Habt von Sirenen gehört? – Melpomenens Töchter, sie prunkten
 Zöpfumflochtenen Haupts, heiter entzückten Gesichts;
Vögel jedoch von der Mitte hinab, die gefährlichsten Buhlen,
 Denen vom küßlichen Mund floß ein verführendes Lied.
Eine geschwisterte nun, zum Gürtel ab griechische Schönheit,
 Sittig hinab zum Fuß nordisch umhüllt sie das Knie;
Auch sie redet und singt zum öst- und westlichen Schiffer,
 Seinen bezauberten Sinn, Helena läßt ihn nicht los.

 Dir, alter Jason, noch so spät
 Keimt abermal ein feindlicher Hauf:
 Als hätte man K–s Zähne gesät,
 Die Saat wächst grimmiger immer auf.

PINSEL UND FEDER
vom Lorbeer umwunden und von einem Sonnenblick beleuchtet

Rösels Pinsel, Rösels Kiel
Sollen wir mit Lorbeer kränzen:
Denn er tat von je so viel,
Zeit und Raum uns zu ergänzen.
Das Entfernte ward gewonnen,
Längst Entschwundnes stellt er vor,
Von des Vaterhofes Bronnen
Zu des Brockens wüstem Tor.
Rösels Pinseln, Rösels Kielen
Soll fortan die Sonne scheinen:
Kunstreich wußt er zu vereinen
Gut- und Schönes mit dem Vielen.

[An Johann Daniel Wagener]

Spansches hast du mir gesandt,
Deutsches folgt hieneben;
Beides ist gar wohl gekannt,
Soll auch beides leben!

Ziehn wir nun die achtzig Jahr
Durch des Lebens Mühen,
Müssen noch im Silberhaar
Unsre Pflüge ziehen.

Führt doch durch des Lebens Tor,
Traun, so manche Gleise;
Ziehn wir einst im Engelchor,
Gehts nach *einer* Weise.

[Für Fanny Mendelssohn]

Wenn ich mir in stiller Seele
Singe leise Lieder vor:

Wie ich fühle, daß sie fehle,
Die ich einzig mir erkor –
Möcht ich hoffen, daß sie sänge,
Was ich ihr so gern vertraut;
Ach, aus dieser Brust und Enge
Drängen frohe Lieder laut!

[Zu zwei englischen Taschenbüchern]

Das *Kleinod*, das *Vergißmeinnicht*,
Als gegenwärtiges, künftiges Glück,
Sie kehren gern zu dir zurück.
Zwei Schätze sinds von großem Wert,
Die alt- und junger Sinn begehrt:
Wenn *Kleinod* unsern Blick besticht,
Zum Herzen reicht *Vergißmeinnicht!*

[In das Stammbuch von Karl v. Martius]

Was hieße wohl die Natur ergründen?
Gott ebenso außen als innen zu finden.

AN FRAU KLEMENTINE
VON MANDELSLOH

Wenn Phöbus' Rosse sich zu schnell
In Dunst und Nebel stürzen,
Geselligkeit wird blendend hell
Die längste Nacht verkürzen.
Und wenn sich wieder auf zum Licht
Die Horen eilig drängen,
So wird ein liebend Frohgesicht
Den längsten Tag verlängen.

Wasserstrahlen reichsten Schwalles
Drohn den Himmel zu erreichen,

Sammel-Quellen raschen Falles
Nur vermögen so zu steigen.

Also muß die Feuerquelle
Sich im Abgrund erst entzünden,
Und die Niederfahrt zur Hölle
Soll die Himmelfahrt verkünden.

[An Carlyles Frau]
Zur Brustnadel

Wenn der Freund auf blankem Grunde
Heute dich als Mohr begrüßt,
Neid ich ihm die selge Stunde,
Wo er deinen Blick genießt.

*

Zum Armband

Dies feßle deine rechte Hand,
Die du dem Freund vertrauet;
Auch denke des, der fern im Land
Nach euch mit Liebe schauet.

DEM GROSSHERZOG CARL AUGUST
zu Neujahr 1828

Fehlt der Gabe gleich das Neue,
Sei das Alte nicht veraltet,
Wie Verehrung, Lieb und Treue
Immer frisch im Busen waltet.

Sei auch noch so viel bezeichnet,
Was man fürchtet, was begehrt:
Nur weil es dem Dank sich eignet,
Ist das Leben schätzenswert.

[In ein Exemplar von ›Hermann und Dorothea‹
für Carlyles Frau]

Edle deutsche Häuslichkeit,
Übers Meer gesendet,
Wo sich still in Tätigkeit
Häuslich Glück vollendet.

DER GEPRÜFTEN FREUNDIN
KAROLINE GRÄFIN EGLOFFSTEIN

Freundin, dir zum neuen Jahr
Bring ich schnell den Kommentar
Deiner schön geschmückten Decke.
Früheres bewährt sich treu,
Neuen Tagen sei es neu –
Und so weiter eine Strecke!

*

DAS SOGENANNTE
RÖMISCHE HAUS IM PARK

Römisch mag mans immer nennen;
Doch wir den Bewohner kennen,
Dem der echte deutsche Sinn,
Ja der Weltsinn ist Gewinn.

*

[Die Einsiedelei im Park, genannt das Kloster]

Ders gebaut vor funfzig Jahren,
Sieht es noch am Wege stehn,
Liebespaar vorübergehn,
Wie wir andern damals waren,
Als die Büsche lieblich kühlten,
Lichter in dem Schatten spielten,
Wo sich Liebende verstanden,
Immer suchten, oft sich fanden

Zu gesellig frischem Leben,
Wie wirs euch nun übergeben.

EIN GLEICHNIS

Jüngst pflückt ich einen Wiesenstrauß,
Trug ihn gedankenvoll nach Haus;
Da hatten von der warmen Hand
Die Kronen sich alle zur Erde gewandt.
Ich setzte sie in frisches Glas,
Und welch ein Wunder war mir das!
Die Köpfchen hoben sich empor,
Die Blätterstengel im grünen Flor,
Und allzusammen so gesund,
Als stünden sie noch auf Muttergrund.

So war mirs, als ich wundersam
Mein Lied in fremder Sprache vernahm.

Nicht Augenblicke steh ich still
Bei so verstockten Sündern,
Und wer nicht mit mir schreiten will,
Soll meinen Schritt nicht hindern.

Ja, ich rechne mirs zur Ehre,
Wandle fernerhin allein!
Und wenn es ein Irrtum wäre,
Soll es doch nicht eurer sein!

»Wohl kamst du durch; so ging es allenfalls.«
Machs einer nach und breche nicht den Hals.

Der Gottes-Erde lichten Saal
Verdüstern sie zum Jammertal;
Daran entdecken wir geschwind,
Wie jämmerlich sie selber sind.

Blumen sah ich, Edelsteine,
Ihr beim Lebewohl zu Handen;
Segnet sie, die Gute, Reine,
Hier am Orte, wo wir standen.

[An Gräfin Rapp, geb. v. Rothberg, beim Tode ihres einzigen Sohnes]

Weimar, das von vielen Freuden
Wie ein Frühlingsbäumchen grünt –
Warum gabst du ihr die Leiden?
Ihr, die reinstes Glück verdient.

1828 Dornburg

Nicht mehr auf Seidenblatt
Schreib ich symmetrische Reime;
Nicht mehr faß ich sie
In goldne Ranken;
Dem Staub, dem beweglichen, eingezeichnet,
Überweht sie der Wind, aber die Kraft besteht,
Bis zum Mittelpunkt der Erde
Dem Boden angebannt.
Und der Wandrer wird kommen,
Der Liebende. Betritt er
Diese Stelle, ihm zuckts
Durch alle Glieder.
»Hier! vor mir liebte der Liebende.
War es Medschnun, der zarte?
Ferhad, der kräftige? Dschemil, der daurende?
Oder von jenen tausend
Glücklich-Unglücklichen einer?
Er liebte! Ich liebe wie er,
Ich ahnd ihn!«
Suleika, du aber ruhst
Auf dem zarten Polster,
Das ich dir bereitet und geschmückt.
Auch dir zuckts aufweckend durch die Glieder.
»Er ist, der mich ruft, Hatem.
Auch ich rufe dir, o Hatem! Hatem!«

Es spricht sich aus der stumme Schmerz,
Der Äther klärt sich blau und bläuer –

LYRISCHE DICHTUNGEN

Da schwebt sie ja, die goldne Leier,
Komm, alte Freundin, komm ans Herz.

DER BRÄUTIGAM

Um Mitternacht, ich schlief, im Busen wachte
Das liebevolle Herz, als wär es Tag;
Der Tag erschien, mir war, als ob es nachte –
Was ist es mir, so viel er bringen mag?

Sie fehlte ja! mein emsig Tun und Streben
Für sie allein ertrug ichs durch die Glut
Der heißen Stunde; welch erquicktes Leben
Am kühlen Abend! lohnend wars und gut.

Die Sonne sank, und Hand in Hand verpflichtet
Begrüßten wir den letzten Segensblick,
Und Auge sprach, ins Auge klar gerichtet:
Von Osten, hoffe nur, sie kommt zurück.

Um Mitternacht, der Sterne Glanz geleitet
Im holden Traum zur Schwelle, wo sie ruht.
O sei auch mir dort auszuruhn bereitet!
Wie es auch sei, das Leben, es ist gut.

DEM AUFGEHENDEN VOLLMONDE

Willst du mich sogleich verlassen?
Warst im Augenblick so nah!
Dich umfinstern Wolkenmassen,
Und nun bist du gar nicht da.

Doch du fühlst, wie ich betrübt bin,
Blickt dein Rand herauf als Stern!
Zeugest mir, daß ich geliebt bin,
Sei das Liebchen noch so fern.

<div align="center">1828 DORNBURG</div>

So hinan denn! hell und heller,
Reiner Bahn, in voller Pracht!
Schlägt mein Herz auch schmerzlich
Überselig ist die Nacht. [schneller,

[Auf das Grab des Schauspielers Pius Alexander Wolff.
Von Goethe?]

Mögt zur Gruft ihn senken –
Doch nicht starb,
Wer solch Andenken
Sich erwarb.

AN ADAM MICKIEWICZ
mit einer angeschriebenen Feder

Dem Dichter widm ich mich, der dich erprobt
Und unsre Freundin heiter-gründlich lobt.

Früh, wenn Tal, Gebirg und Garten
Nebelschleiern sich enthüllen,
Und dem sehnlichsten Erwarten
Blumenkelche bunt sich füllen;

Wenn der Äther, Wolken tragend,
Mit dem klaren Tage streitet,
Und ein Ostwind, sie verjagend,
Blaue Sonnenbahn bereitet,

Dankst du dann, am Blick dich weidend,
Reiner Brust der Großen, Holden,
Wird die Sonne, rötlich scheidend,
Rings den Horizont vergolden.

[Abschied von Dornburg]

Schmerzlich trat ich hinein, getrost entfern ich mich wieder;

Gönne dem Herren der Burg alles Erfreuliche Gott.

1828–1832 Weimar

1626—1691 Weimar

Angedenken an das Gute
Hält uns immer frisch bei Mute.

Angedenken an das Schöne
Ist das Heil der Erdensöhne.

Angedenken an das Liebe,
Glücklich! wenns lebendig bliebe.

Angedenken an das Eine
Bleibt das Beste, was ich meine.

Willst du dir ein gut Leben zimmern,
Mußt ums Vergangne dich nicht bekümmern,
Und wäre dir auch was verloren,
Erweise dich wie neugeboren;
Was jeder Tag will, sollst du fragen,
Was jeder Tag will, wird er sagen;
Mußt dich an eigenem Tun ergötzen,
Was andre tun, das wirst du schätzen;
Besonders keinen Menschen hassen
Und das übrige Gott überlassen.

[An Samuel Rösel]

Wage der gewandte Stehler
Bündnis mit dem pfiffigen Hehler,
Bis ihn die Justiz ereilt!
Rühmen wir den kühnen Retter!

Er beseligt manchen Vetter,
Wenn er seinen Fund verteilt.

Also heiß ich euch willkommen,
Papst, Messias, Einlaßzeichen,
Hats der Retter sondergleichen
Doch dem Untergang entnommen.
Schmackhaft sei dir Glas und Schüssel!
Öffnet auch der Heiden-Schlüssel
Nicht die Tür zu Himmelsreichen.

[Zu einem Band von Goethes Werken]

Find in dieser Büchlein Reihe
Manches Alte, manches Neue!
Sie, zu ihnen wiederkehrend,
Stets erfreuend, oft belehrend.

AN DIE DAMEN
DUVAL DE CARTIGNY IN GENF

Glücklich Land, allwo Zedraten
Zur Vollkommenheit geraten!
Und zu reizendem Genießen
Kluge Frauen sie durchsüßen!
Solches löbliche Befleißen
Muß der Dichter höchlich preisen,
Wenn er kostet die Vollendung
Solcher höchst willkommnen Sendung.

TISCHLIED
zu Zelters siebzigstem Geburtstage,
dem 11. Dezember 1828

Lasset heut am edlen Ort
Ernst und Lust sich mischen,

Geist an Herzen, Ton am Wort
Feierlichst erfrischen!
Froh genießet eurer Lage,
Denn man setzt nicht alle Tage
Sich zu solchen Tischen.

Ein bedeutend ernst Geschick
Waltet übers Leben,
Denn es nimmt der Augenblick,
Was die Jahre geben.
Ist so manches Gut zerronnen,
Hat uns mehr und mehr gewonnen
Männlich kühn Bestreben.

Doch an Lethes Labetrank
Darf es heut nicht fehlen!
Treu Gefühl und frommer Dank
Walte durch die Seelen!
Lasset ewige Harmonien
Bald sich suchen, bald sich fliehen
Und zuletzt vermählen.

Unser Mann, er tat ja so;
Leb er drum! er lebe!
Werde seiner Säle froh,
Daß er nehm und gebe,
Wie bisher, im allerbesten,
Sich zu Tag- und Jahres-Festen,
Uns zulieb er strebe!

Ein dürres Blatt, im Wind getrieben,
Sieht öfters einem Vogel gleich.

[Aus ›Wilhelm Meisters Wanderjahren‹]

Ein Wunder ist der arme Mensch geboren,
In Wundern ist der irre Mensch verloren,

Nach welcher dunklen, schwer entdeckten Schwelle
Durchtappen pfadlos ungewisse Schritte?
Dann in lebendigem Himmelsglanz und -Mitte
Gewahr, empfind ich Nacht und Tod und Hölle.

Bist noch so tief in Schmerz und Qual verloren,
So bleibst du doch zum Jugendglück geboren;
Ermanne dich zu rasch gesundem Schritte!
Komm in der Freundschaft Himmelsglanz und Helle,
Empfinde dich in treuer Guten Mitte!
Da sprieße dir des Lebens heitre Quelle.

DER PANTHEIST

Was soll mir euer Hohn
Über das All und Eine?
Der Professor ist eine Person,
Gott ist keine.

[An Samuel Rösel]

Schwarz und ohne Licht und Schatten
Kommen, Röseln aufzuwarten,
Grazien und Amorinen;
Doch er wird sie schon bedienen.
Weiß der Künstler ja zum Garten
Die verfluchtesten Ruinen
Umzubilden, Wald und Matten
Uns mit Linien vorzuhexen;
Wird er auch Adelens Klecksen,
Zartumrißnen, Licht und Schatten
Solchen holden Finsternissen
Freundlich zu verleihen wissen.

VERMÄCHTNIS

Kein Wesen kann zu nichts zerfallen!
Das Ewge regt sich fort in allen,
Am Sein erhalte dich beglückt!
Das Sein ist ewig: denn Gesetze
Bewahren die lebendgen Schätze,
Aus welchen sich das All geschmückt.

Das Wahre war schon längst gefunden,
Hat edle Geisterschaft verbunden;
Das alte Wahre, faß es an!
Verdank es, Erdensohn, dem Weisen,
Der ihr, die Sonne zu umkreisen,
Und dem Geschwister wies die Bahn.

Sofort nun wende dich nach innen:
Das Zentrum findest du da drinnen,
Woran kein Edler zweifeln mag.
Wirst keine Regel da vermissen.
Denn das selbständige Gewissen
Ist Sonne deinem Sittentag.

Den Sinnen hast du dann zu trauen,
Kein Falsches lassen sie dich schauen,
Wenn dein Verstand dich wach erhält.
Mit frischem Blick bemerke freudig
Und wandle, sicher wie geschmeidig,
Durch Auen reichbegabter Welt.

Genieße mäßig Füll und Segen;
Vernunft sei überall zugegen,
Wo Leben sich des Lebens freut.
Dann ist Vergangenheit beständig,
Das Künftige voraus lebendig,
Der Augenblick ist Ewigkeit.

Und war es endlich dir gelungen,
Und bist du vom Gefühl durchdrungen:
Was fruchtbar ist, allein ist wahr –
Du prüfst das allgemeine Walten,
Es wird nach seiner Weise schalten,
Geselle dich zur kleinsten Schar.

Und wie von alters her, im stillen,
Ein Liebewerk nach eignem Willen
Der Philosoph, der Dichter schuf,
So wirst du schönste Gunst erzielen:
Denn edlen Seelen vorzufühlen
Ist wünschenswertester Beruf.

[An die Gräfin Julie v. Egloffstein]

Eiligst segnend treuer Weise,
Heil und Glück zur schönen Reise.

AN SIE

Ist das Chaos doch, beim Himmel!
Wie ein Maskenball zu achten.
Welch ein wunderlich Getümmel!
Allerlei verschiedne Trachten!

Aber ich will es benutzen
Wie die andern Maskenbälle,
Nicht mich eitel aufzustutzen;
Unbekannt auf alle Fälle

Will ich dir in Reimen sagen,
Was ich gern in Prosa sagte,
Wenn es dir, nach mir zu fragen,
Nur im mindesten behagte.

Du allein kannst mich entdecken,
Du allein wirst mich verstehen,
Willst du trösten, willst du necken –
Und so mag es weitergehen.

AN SIE

Bist du's nicht, so sei vergeben,
Daß du es im Scherz genommen;
Bist du's aber, sei ein Leben
Aus der Heiterkeit willkommen.

Und es wird sich leicht erschürfen,
Ob wir beide gleiches meinen;
Fragen wir, was wir bedürfen,
Und wir werden uns vereinen.

Wenn du kommst, es muß mich freuen,
Wenn du gehst, es muß mich schmerzen;
Und so wird es sich erneuen
Immerfort in beiden Herzen.

Fragst du, werd ich gern ausführlich
Deinem Forschen Antwort geben;
Wenn ich frage, wirst du zierlich
Mit der Antwort mich beleben.

Schmerzen, welche dich berührten,
Rühren mich in gleicher Strenge;
Wenn die Feste dich entführten,
Folg ich dir zur heitern Menge.

Drängt sich dann in Wechseltagen
Wildes Rauschen, ruhig Fließen,
Eins ist leichter zu ertragen,
Eins ist besser zu genießen.

LYRISCHE DICHTUNGEN

Prüfung braucht es! doch beizeiten
Überzeugung still und süße,
Ehe sich ein Glück bereiten,
Sich Vertraun gewinnen ließe.

Solch ein Feuer nie verlodert
In dem angefochtnen Leben;
Ist es zwar sehr viel gefodert,
Ist doch auch sehr viel gegeben.

ERINNERUNG

Er

Gedenkst du noch der Stunden,
Wo eins zum andern drang?

Sie

Wenn ich dich nicht gefunden,
War mir der Tag so lang.

Er

Dann herrlich! ein Selbander,
Wie es mich noch erfreut.

Sie

Wir irrten uns aneinander;
Es war die schöne Zeit.

PARABEL

Ich trat in meine Gartentür,
Drei Freunde, auch wohl vier.
Ich bat sie höflich zu mir ein
Und sagte: sie sollten willkommen sein;
Da in der Mitte im heitern Saal,
Stünd grade ein hübsches Frühstücksmahl.

Wollt jedem der Garten wohlgefallen,
Darin nach seiner Art zu wallen.
Der eine schlich in dichte Lauben,
Der andre kletterte nach Trauben,
Sein Bruder nach hohen Äpfeln schielt',
Die er für ganz vortrefflich hielt.
Ich sagte: die stünden alle frisch
Zusammen drin auf rundem Tisch
Und wären ihnen gar schön empfohlen.
Sie aber wollten sie selber holen;
Auch war der letzte, wie eine Maus,
Fort! wohl zur Hintertür hinaus.
Ich aber ging zum Saal hinein,
Verzehrte mein Frühstück ganz allein.

[In das Stammbuch von Auguste Jacobi]

Viel gute Lehren stehn in diesem Buche;
Summier ich sie, so heißts doch nur zuletzt:
Wohlmeinend schau umher und freundlich suche,
So findest du, was Geist und Herz ergötzt.

MIT EINEM BLATT
BRYOPHYLLUM CALYCINUM
[An Marianne v. Willemer]

Wie aus Einem Blatt unzählig
Frische Lebenszweige sprießen,
Mögst in Einer Liebe selig
Tausendfaches Glück genießen.

ADLER
mit einer Leier nach oben strebend

Guter Adler, nicht ins Weite
Mit der Leier fort nach oben!

Unsre Sängerin begleite,
Daß wir euch zusammen loben.

DEM WÜRDIGEN BRUDERFESTE
Johanni 1830

Funfzig Jahre sind vorüber,
Wie gemischte Tage flohn;
Funfzig Jahre sind hinüber
In das ernst Vergangne schon.

Doch lebendig, stets aufs neue,
Tut sich edles Wirken kund,
Freundes-Liebe, Männer-Treue
Und ein ewig sichrer Bund.

Ausgesät in weiter Ferne,
Nah, getrennt, ein ernstes Reich,
Schimmern sie, bescheidner Sterne
Leis wohltätgem Lichte gleich.

So! die Menschheit fort zu ehren,
Lasset, freudig überein,
Als wenn wir beisammen wären,
Kräftig uns zusammen sein.

ERWIDERUNG
DER VON FRANKFURT NACH WEIMAR
DEN 28. AUGUST 1830 ANGELANGTEN
FESTLICHEN GABEN

Pflegten wir kristallen Glas
Rasch mit Schaum zu füllen
Und mit Maß und ohne Maß
Durst und Lust zu stillen:
Reicht man jetzt dem heitern Zecher

Silbern, reich verzierten Becher,
Scheint es gar bedenklich.

Ward auch alt- und junger Wein
Reichlich hergespendet,
Wie die Fülle sich vom Main
Norden zugewendet:
Euren Frohsinn im Behagen
Sollen wir in guten Tagen
Dankbar mitgenießen.

Werde Silber, werde Gold,
Wie sichs ziemt, verehret;
Bleibe guter Geist euch hold,
Der im stillen lehret:
Sich ans Reine zu gewöhnen
Und im Echten, Guten, Schönen
Recht uns einzubürgern.

AN FRAU K. [Luise Kraft] IN C. [Cöln]

Erwiderung

Wenn schönes Mädchen sorgen will
Für meine Seligkeit,
So ist ihr zartes Herzchen still
Der Liebe schon geweiht;
Doch Pfarrers Wittib mahnt mich an
Aus ihrem Ofenwinkel!
Fürwahr, ich sehe nichts daran
Als Eitelkeit und Dünkel. –
Beim Heiland möcht ich euch nicht gern
Für die Empfehlung danken;
Gesunde kennen unsern Herrn
Weit besser als ihr Kranken.

DER DEMOISELLE SCHMEHLING
nach Aufführung der Hassischen ›Santa Elena al Calvario‹
Leipzig, 1771 [1767]

Klarster Stimme, froh an Sinn,
Reinster Jugendgabe,
Zogst du mit der Kaiserin
Nach dem Heiligen Grabe.
Dort, wo alles wohlgelang,
Unter die Beglückten
Riß dein herrschender Gesang
Mich, den Hochentzückten.

AN MADAME MARA
zum frohen Jahresfeste, Weimar, 1831

Sangreich war dein Ehrenweg,
Jede Brust erweiternd;
Sang auch ich auf Pfad und Steg,
Müh und Schritt erheiternd.
Nah dem Ziele, denk ich heut
Jener Zeit, der süßen.
Fühle mit, wie michs erfreut,
Segnend dich zu grüßen.

VERMÄCHTNIS
[An Marianne v. Willemer]

Vor die Augen meiner Lieben,
Zu den Fingern, die's geschrieben –
Einst mit heißestem Verlangen
So erwartet wie empfangen –
Zu der Brust, der sie entquollen,
Diese Blätter wandern sollen;
Immer liebevoll bereit,
Zeugen allerschönster Zeit.

INSCHRIFT

auf eine von vorzüglichen Miniatur-Bildern umgebene Tafel,
Lebensereignisse und Zustände eines werten Freundes, Baron v. Reutern,
vorstellend, von demselben mit größtem Talent und
bewundernswürdiger Sorgfalt ausgeführt.

April 1831

Gebildetes fürwahr genug!
Bedürft es noch der Worte?
Wie sehn des lieben Lebens Zug,
Durch Stunden schleichts und Orte.

Die hohe Gabe preisen wir,
Die grausem Unheil steuert,
Auf Weg- und Stegen Blumenzier
Dem holden Freund erneuert.

Doch jedes Auge, wie es blickt,
Wird in Bewundrung steigen,
Der Geist erhoben und beglückt
In stiller Freude schweigen.

*

Bei Absendung des Vorstehenden

Wort und Bilder, Bild und Worte
Locken euch von Ort zu Orte,
Und die liebe Phantasei
Fühlt sich hundertfältig frei.

[In das Stammbuch
von Ernestine Durand, geb. Engels]

»Donnerstag nach Belvedere!«
Und so gings die Woche fort;
Denn das war der Frauen Lehre:
Lustige Leute, lustiger Ort!
Üben wir auf unsern Zügen
Auch nicht mehr dergleichen Schwung,

Stiftet inniges Vergnügen
Heitern Glücks Erinnerung.

IN DAS STAMMBUCH DES
FRÄULEINS MELANIE VON SPIEGEL

Würd ein künstlerisch Bemühen
Rosenbüsche, wie sie blühen,
Rosenkrone, wie sie leuchtet,
Hell, von Morgentau befeuchtet,
Diesen Blättern anvertrauen,
Würdest du dein Bildnis schauen.
Wie's der Sommergarten hegt,
Bleibts in unsrer Brust geprägt.

[Auf ein Bildnis Thomas Carlyles, gezeichnet von dessen Frau]

Im Zeichen hier vermag ich nicht
Des Freundes Züge zu entdecken;
Und schnitt' er wirklich solch Gesicht,
Er würde die Natur erschrecken.

[In das Stammbuch Ludwig Döblers]

Bedarfs noch ein Diplom besiegelt?
Unmögliches hast du uns vorgespiegelt.

GEOGNOSTISCHER DANK

Haslaus Gründe, Felsensteile,
Vielbesucht und vielgenannt,
Seit der Forscher tätige Weile
Uns den Egeran genannt.

Was wir auch beginnen mochten,
War das Eine nur getan,

1828–1832 WEIMAR 1169

Wie wir klopften, wie wir pochten,
Immer wars der Egeran.

Von Aplomen, von Granaten
War genügsam nichts gedacht,
Und die geognostischen Taten
Hemmte drohend nur die Nacht.

Uns genügte, was wir fanden;
Doch, vom Glück *ihr* zugewandt,
Kam das Einzige zu Handen
Einer schönen, lieben Hand.

[*An Frau v. Martius, mit einer Artischocke*]

Gegen Früchte aller Arten,
Saftig-süßen, schmacklich-zarten,
Aus gepflegtestem Revier –
Send ich starre Disteln dir.

Diese Distel, laß sie gelten!
Ich vermag sie nicht zu schelten,
Die, was uns am besten schmeckt,
In dem Busen tief versteckt.

DEN FUNFZEHN
ENGLISCHEN FREUNDEN

Worte, die der Dichter spricht,
Treu, in heimischen Bezirken,
Wirken gleich; doch weiß er nicht,
Ob sie in die Ferne wirken.

Briten! habt sie aufgefaßt:
»Tätigen Sinn, das Tun gezügelt;
Stetig Streben, ohne Hast.«
Und so wollt ihr es besiegelt.

DANKBARE ERWIDERUNG

Dem Heiligen Vater pflegt man, wie wir wissen,
Des Fußes Hülle, fromm gebeugt, zu küssen!
Doch! wem begegnets hier im langen Leben,
Dem eignen Fußwerk Kuß um Kuß zu geben?
Er denkt gewiß an jene liebe Hand,
Die Stich um Stich an diesen Schmuck verwandt.

DEN VEREHRTEN ACHTZEHN
FRANKFURTER FESTFREUNDEN
AM 28. AUGUST 1831

Heitern Weinbergs Lustgewimmel,
Fraun und Männer, tätig, bunt,
Laut, ein fröhliches Getümmel,
Macht den Schatz der Rebe kund.

Dann der Kelter trübes Fließen
Abgewartet, hellen Most,
Jahresgabe, zu genießen,
Hoffnungsreiche Lebenskost.

Doch im Keller wirds bedenklich,
Dem Gefäß entquillt ein Schaum,
Und erstickend ziehn verfänglich
Dünste durch den düstern Raum.

Edle Kraft, in sich bewahret,
Wächst im stillsten unvermerkt,
Bis, gesteigert und bejahret,
Sie des Freundes Fest verstärkt.

Großes, redliches Bemühen
Emsig still sich fördern mag;
Jahre kommen, Jahre fliehen,
Freudig tritt es auf zum Tag.

1828–1832 WEIMAR

Künste so und Wissenschaften
Wurden ruhig-ernst genährt,
Bis die ewig musterhaften
Endlich aller Welt gehört.

[An Frau Rat Wangemann]

Von der Blüte zu den Früchten
Allerlei Natur-Geschichten,
Eigen sind sie deinem Hügel.
Löblich ists, nach Wurzeln graben;
Denn um helle Tagesgaben
Flattern alle Lebensflügel.

Von den Früchten zu den Blüten
Niemals werden wir ermüden;
Den Genuß an solchen Gaben
Siehst du hier in Erz gegraben.
Wie dich auch Natur entzückt,
Kunst sei freundlich angeblickt.

[An Zelter]

Ein Füllhorn von Blüten,
Ein zweites von Früchten,
Wie möcht ich gemütlich
Zum Feste sie richten!
Doch saust ein Gestöber
In Lüften so wild;
Wo alles erstarret,
Genieße das Bild!
Begrüße die Bilder!
Sie gingen voran,
Und andere folgen –
So fort und fortan!

BÜRGERPFLICHT

Ein jeder *kehre* vor seiner Tür,
Und rein ist jedes Stadtquartier.
Ein jeder *übe* sein Lektion,
So wird es gut im Rate stohn.

DER BEKANNTEN, ANERKANNTEN

Dich säh ich lieber selbst; doch könnt ich nur verlieren:
Wer dürfte denn dein Auge so fixieren?

Der Zauberer fordert leidenschaftlich wild
Von Höll und Himmel sich Helenens Bild:
Trät er zu mir in heitern Morgenstunden,
Das Liebenswürdigste wär friedlich ihm gefunden.

Jüngling, merke dir, in Zeiten,
Wo sich Geist und Sinn erhöht:
Daß die Muse zu *begleiten*,
Doch zu *leiten* nicht versteht.

[In ein Stammbuch]

Fromme Wünsche, Freundes Wort.
Waltet in dem Büchlein fort!

Anhang: Undatierbares

Anhang: Updated ...

War die Henne zuerst? oder war das Ei vor der Henne?
Wer dies Rätsel erlöst, schlichtet den Streit um den Gott.

Der du so nach Erfindung bangst,
Du solltest dich so sehr nicht plagen;
Wenn du eine weise Antwort verlangst,
Mußt du vernünftig fragen.

Da wächst der Wein, wo's Faß ist,
Es regnet gern, wo's naß ist,
Zu Tauben fliegt die Taube,
Zur Mutter paßt die Schraube,
Der Stöpsel sucht die Flaschen,
Die Zehrung Reisetaschen,
Weil alles, was sich rühret,
Am Schluß doch harmonieret.

Denn das ist Gottes wahre Gift,
Wenn die Blüte zur Blüte trifft;
Deswegen Jungfern und Junggesellen
Im Frühling sich gar gebärdig stellen.

EIN ABER DABEI

Es wäre schön, was Guts zu kauen,
Müßte man es nur nicht auch verdauen;

Es wäre herrlich, genug zu trinken,
Tät einem nur nicht Kopf und Kniee sinken;
Hinüber zu schießen, das wären Possen,
Würde nur nicht wieder herüber geschossen;
Und jedes Mädchen wär gern bequem,
Wenn nur eine andre ins Kindbett käm.

HANS LIEDERLICH
UND DER KAMERADE

Hans Liederlich

Ein Glas zu dem Schmatz,
Nun, das schlürft sich so süß!
Versauf ich die Schuh,
So behalt ich die Füß.
A Maid und a Wein,
Musik und Gesang:
I wollt i, so hätt i's
Das Leben entlang.

Wenn ich scheid aus diesem Elend
Und laß hinter mir ein Testament,
So wird daraus nur ein Zank
Und weiß mirs niemand keinen Dank.
Alles verzehrt vor seinem End,
Das macht ein richtig Testament.

Der Kamerade

Ein Glas zu dem Schmatz,
Nun, das schlürft sich so süß!
Behaltst du die Schuh,
Nun so schonst du die Füß.
A Maid und a Wein,
Musik und Gesang:
Bezahl sie, so hast sie
Das Leben entlang!

ETYMOLOGIE
(Spricht Mephistopheles)

Ars, Ares wird der Kriegesgott genannt,
Ars heißt die Kunst, und A... ist auch bekannt.
Welch ein Geheimnis liegt in diesen Wundertönen!
Die Sprache bleibt ein reiner Himmelshauch,
Empfunden nur von stillen Erdensöhnen;
Fest liegt der Grund, bequem ist der Gebrauch,
Und wo man wohnt, da muß man sich gewöhnen.
Wer fühlend spricht, beschwätzt nur sich allein;
Wie anders, wenn der Glocke Bimbam bammelt,
Drängt alles zur Versammlung sich hinein!
Von Können kommt die Kunst, die Schönheit
 kommt vom Schein.
So wird erst nach und nach die Sprache festgerammelt,
Und was ein Volk zusammen sich gestammelt,
Muß ewiges Gesetz für Herz und Seele sein.

Eile zu ihr,
Klein und gedrängt!
Ach, was an dir
Für Erinnerung hängt!

Ein rascher Sinn, der keinen Zweifel hegt,
Stets denkt und tut und niemals überlegt;
Ein treues Herz, das, wie empfängt, so gibt,
Genießt und mitteilt, lebt, indem es liebt;
Froh glänzend Auge, Wange frisch und rot,
Nie schön gepriesen, hübsch bis in den Tod.

Da blick ich ihn noch manchmal freundlich an
Und habe leidend viel für ihn getan.
Indes mein armes Herz im stillen brach,
Da sagt ich mir: Bald folgst du ihnen nach!

Ich trug des Hauses nun zu schwere Last,
Um seinetwillen nur ein Erdengast.

Mein Blick war auf den Himmel hin gerichtet,
Der aus den Augen quoll, den schwarzen, guten.
Da klangs: Nicht hab ich sie, sie haben mich gedichtet;
Sie mögen sich entschulden oder leiden!

Alphabetisches Verzeichnis
der Überschriften und Gedichtanfänge

ÜBERSCHRIFTEN UND GEDICHTANFÄNGE 1181

A. d. B. 392
A. d. Ph. 392
A. d. Z. 392
A Monsieur le Major
 Général de Hoff-
 mann 30
A propos Tübingen! . . 383
A song over the
 unconfidence
 toward myself 26
Aber da meinen 374
Aber, erscheint sie
 selbst 368
Aber jetzt rat ich 404
Aber nun kommt ein . . 371
Aber seht ihr in B*** . 371
Aber wenn der Tag . . . 1104
Aberwitz und Wahn-
 witz 410
Abgeschlossen sei das . 1015
Abglanz 839
Abscheu 389
Abschied (War uner-
 sättlich) 571
Abschied (Zu lieblich
 ists) 444
Abschied an den Her-
 zog Karl August . . . 291
Absurder Pfaffe!
 wärst du 1000
Abwege 1075
Abwesend ist kein
 Freund 933
Accipe facundi
 Culicem 393
Ach! auf wiesen-
 reichen 800
Ach, das ist nur mein . . 403
Ach, daß die innre 166

Ach, ich kann sie
 nicht 959
Ach! ich war auch 173
Ach! ihm mangelt
 leider 401
Ach, ihr Götter! 233
Ach, man sparte viel . . 213
Ach, mein Hals ist 316
Ach! mein Mädchen . . 334
Ach! mit diesen
 Seelen 327
Ach! sie neiget das
 Haupt 316
Ach, so drückt mein . . 209
Ach, um deine
 feuchten 824
Ach! unaufhaltsam 424
Ach, was soll der
 Mensch 215
Ach, wer bringt die . . . 280
Ach! wer doch wieder 1117
Ach, wie bist du mir . . 210
Ach! wie schrumpfen . 402
Ach, wie sehn ich
 mich 101
Ach, wie sie ›Freiheit‹ 400
Acheronta movebo . . . 400
Achilles 400
Adler (Bei Tag) 1073
Adler (Guter Adler,
 nicht ins) 1163
Adler (Guter Adler!
 nicht so) 1070
Adler (Sollen immer) . . 1063
Adler und Taube 105
Affiche 363
Agamemnon 402
Ajax 401
Ajax, Telamons Sohn! 401

ALPHABETISCHES VERZEICHNIS

Albumblatt	739
Alcibiades	404
Alexander und Cäsar	309
Alexis und Dora! (Ach! unaufhaltsam)	424
Alexis und Dora (Sag, wie)	433
All unser redlichstes	985
Alle Blüten müssen	510
Alle Freiheitsapostel	328
Alle Freude des Dichters	415
Alle gleichen wir uns	282
Alle Menschen groß und	789
Alle Neun, sie winkten	325
Alle Pappeln hoch	963
Alle schönen Sünderinnen	286
Alle Schöpfung ist	411. 416
Alle streben und eilen	420
Alle Tage	226
Alle viere, mehr und	685
Allen Formen macht er	383
Allen habt ihr die Ehre	380
Allerdings	929
Allerlieblichste Trochäen	1095
Alles an diesem Gedicht	375
Alles auch Meinende	1096
Alles beginnt der Deutsche	391
Alles erklärt sich wohl	332
Alles geben die Götter	216

Alles in der Welt läßt	620
Alles ist nicht für alle	379
Alles kann mißlingen	365
Alles kündet dich an!	655
Alles mischt die Natur	362
Alles seh ich so gerne	328
Alles war nur ein Spiel!	405
Alles, was du denkst	562
Alles will reden	1094
Alles wünsch ich	416
Allgemeine Literatur-Zeitung	359
All-Leben	736
Ἄλλως	689
Almansaris und Amanda	394
Als Allerschönste bist du	1137
Als an der Elb ich	917
Als auf einem Gut bei Kopenhagen drei Urnen gefunden wurden	180
Als das heilige Blatt	499
Als der Knabe	871
Als der Undankbare	287
Als die Tage noch	812
Als Diogenes still	281
Als du die griechischen Götter	373
Als Gellert, der geliebte	219
Als Gottes Spürhund	281
Als hätte, da wär ich	950
Als ich auf dem Euphrat	814
Als ich einmal eine Spinne	705

ÜBERSCHRIFTEN UND GEDICHTANFÄNGE

Als ich noch ein
Knabe 142
Als ich still und ruhig 338
Als kleinen Knaben . . . 876
Als kleines artges
Kind 577
Als Knabe nahm ich
mirs 1033
Als Knabe
verschlossen 775
Als Luthers Fest 902
Als Minerva, jenen . . . 242
Als noch, verkannt . . . 446
Als wenn das auf
Namen 735
Als wenn ich auf den
Maskenball 635
Als Zentauren gingen
sie 374
Also das wäre
Verbrechen 430
Also lustig sah es aus . . 869
Alsobald knallet
in G** 369
Alte, bärtige, sogar . . . 889
Alte Vasen und
Urnen! 362
Alter gesellet sich
gern 511
Alter Held schützt
alte 1060
Alter Mond, in
deinen 981
Alt-Tümer sind ein . . . 982
Am 28. August 1826 . . 1069
Am feuchten Fels 1007
Am Flusse 84
Am Flusse kannst du . . 619
Am 25. Februar 1824 . . 1044

Am heißen Quell 1027
Am Jüngsten Tag, vor 1126
Am Jüngsten Tag,
wenn 573
Am Lehrling mäkelten
sie 1096
Am 16. Februar 1814 . . 690
Am 7. November 1058
Amerika, du hast es
besser 1139
Amor als Landschafts-
maler 294
Amor als Schul-
kollege 364
Amor bleibet ein
Schalk 310
Amor, nicht das Kind 339
Ämtchen bringen 1119
Amyntas 470
An** 378
An*** 378. 839
An**** 411
An Adam Mickiewicz 1151
An Adele Schopen-
hauer 994
An Alexander
v. Humboldt 867
An Amalie v. Hend-
rich 226
An Amalie Wolff
geb. Malcolmi 656
An Annetten 55
An Belinden 171
An Bernhard
v. Knebel 965
An Bildern schleppt
ihr 865
An Carlyles Frau 1143
An Caroline Schulze . . 54

1184 ALPHABETISCHES VERZEICHNIS

An Charlotte v. Stein
 (Ach wie bist du
 mir) 210
 (Das Gänslein rot) . . 255
 (Deine Grüße hab
 ich wohl) 229
 (Der dieses Land) . . 243
 (Du machst die
 Alten jung) 225
 (Frage nicht nach
 mir) 257
 (Gewiß, ich wäre
 schon) 277
 (Herzlich bat ich die
 Muse) 264
 (Hier bildend nach) . 208
 (Ich bin eben
 nirgend) 212
 (Man will den
 Damen) 229
 (Von mehr als
 Einer) 261
 (Warum gabst du) . . 206
 (Was ich leugnend
 gestehe) 273
 (Was mir in Kopf) . . 216
 (Woher sind wir
 geboren?) 288
 (Zum Tanze schick
 ich) 239
An Christiane 336
An Christine Genast . . 1002
An Corona Schröter . . 64
An den Grafen Kaspar
 v. Sternberg 1048
An den Herzog
 Karl August
 (Durchlauchtig-
 ster!) 198

 (Du sorgtest
 freundlich) 294
 (So groß als die
 Begierde) 243
 (Zu dem erbauli-
 chen Entschluß) 337
 (Zwar bin ich
 nicht) 225
An den Obristleutnant
 v. Bock 837
An dem öden Strand . . 860
An dem reinsten Früh-
 lingsmorgen 422
An Demoiselle
 Sontag 1065
An den Geist des
 Johannes Secundus 212
An den Kuchenbäcker
 Händel 56
An den Leser 373
An den Mond,
 erste und zweite
 Fassung 216. 217
An den neuen Sankt
 Antonius 485
An den Prinzen von
 Ligne 551
An den Schlaf 32
An den verehrlichen
 Frauen-Verein 888
An den Wurzeln
 heiliger 1050
An der Finsternis 614
An des Eridanus
 Ufern 371
An des lustgen
 Brunnens 819
An deutsche
 Baulustige 363

ÜBERSCHRIFTEN UND GEDICHTANFÄNGE 1185

An die Damen Duval
de Cartigny in Genf 1156
An die Entfernte 222
An die Erwählte 355
An die Freier 405
An die Günstigen 506
An die Herren
N. O. P. 366
An die Moralisten 412
An die Obern 386
An die Philister 391
An die Stelle des 812
An die T... und D... ... 688
An die Türen will ich . 353
An die voreiligen
Verbindungsstifter .. 382
An diesem Brunnen ... 1062
An ein goldnes Herz .. 195
An ein Weihnachts-
Kind 846
An einen gewissen
moralischen
Dichter 361
An einen jungen
Prahler 50
An Fanny Caspers 841
An Felix Mendels-
sohn-Bartholdy 1001
An Frau v. Felgen-
hauer 226
An Frau Hofrätin
Riemer 1133
An Frau K. in C. 1165
An Frau Klementine
v. Mandelsloh 1142
An Frau v. Lichten-
berg 226
An Frau
v. Martius 1049. 1169

An Frau Ober-
kammerherrin
v. Egloffstein 1065
An Frau v. Stein 757
An Frau Rat Wange-
mann 1171
An die Erbgroß-
herzogin Maria
Paulowna 1048
An die Frankfurter
Freunde 930
An die Gräfin
Christine v. Brühl .. 286
An die Gräfin
Josephine 689
An die Gräfin
Julie v. Egloffstein . 1160
An die Gräfin
Karoline v. Egloff-
stein 957. 973
An die Gräfin
Konstanze
v. Fritsch 693
An die Gräfin Rapp ... 1053
An die Großeltern
Textor (Bei den
erfreulichen) 9
(Bei diesem neuen) .. 10
An die Herzogin Anna
Amalia 552
An die Herzogin Luise
(Sklaven sollten
wir) 422
(Was wir ver-
mögen) 215
(Wie alle dich
verehren) 215
(Man liebt dich
heut) 226

ALPHABETISCHES VERZEICHNIS

An die Knappschaft ... 337
An die Prinzessin
Christine v. Ligne .. 607
An die Schwester
Brion 91
An die Wand von
Lavaters Stube 179
An Doris Böhler 326
An Fräulein Kasimira
Wolowska 1022
An Fräulein
v. Schiller 916
An Freund Mellish ... 1000
An Friedrich Förster .. 917
An Friedrich Wagener . 1069
An Friedrich Wilhelm
Gotter 138
An Fritz v. Stein 282
An Fürst Biron von
Kurland 902
An Geheimrat v.
Willemer 765
An Genast 877
An Georg Wilhelm
Krüger 1133
An gewisse Kollegen .. 366
An gewisse Um-
schöpfer 374
An Grafen Paar
(Dem Scheidenden) 900
(Der Berge denke) .. 899
An Gräfin
Jaraczewska 900
An Gräfin Constanze
v. Fritsch 872
An Gräfin Karoline
v. Egolffstein 872
An Gräfin Marie
v. Einsiedel 926

An Gräfin O'Donell
(Hier, wo noch) 933
(Ich dachte dein) ... 899
An Gräfin Rapp 1146
An Hafis 902
An Herder 199
An Herders Frau 260
An Herrn Abbate
Bondi 652
An Hieronymus Peter
Schlosser 165
An Johann Christian
Kestner
(Wenn dem Papa) .. 134
(Wenn einst nach) .. 139
An Johann Daniel
Wagner 1141
An Johann Georg und
Rahel d'Orville 189
An Johann Heinrich
Merck
(Hier schick ich dir) 174
(Schicke dir hier) ... 132
An Julien (*Ein* guter
Geist) 934
An Julien
(Von so zarten) 970
An Kant 368
An Karl Kirms und
Ernst Konstantin
v. Schardt 760
An Karl Streckfuß 1068
An Karoline
v. Staupitz 291
An Kasimira
Wolowska 1022
An Klinger 1062
An Knebel 969
An Lida 245

ÜBERSCHRIFTEN UND GEDICHTANFÄNGE 1187

An Lili Parthey 1019
An Lili, in einem
 Exemplar von ›Stella‹ 198
An Lina 508
An Lord Byron 1015
An Lottchen 177
An Luise Adelheid
 v. Waldner 226
An Luise v. Göch-
 hausen
 (Der Kauz, der auf) 225
An Luise v. Göch-
 hausen und ihre
 Tee-Gesellschaft
 (O Kinder, still!) ... 256
An Luna 75
An Madame B** und
 ihre Schwestern 393
An Madame Carlyle,
 mit einer Draht-
 kette 1140
An Madame Carlyle
 nach Edinburg 1140
An Madame Mara ... 1166
An Madame Marie
 Szymanowska 1021
An Madame Milder ... 1066
An Mademoiselle
 Oeser zu Leipzig ... 76
An Marianne
 v. Willemer
 (Das das Ferne) 1013
 (Du schweige) 966
 (Eine Schachtel) ... 914
 (Myrt und Lorbeer) 1043
 (Nicht solls von
 ihrer Seite) 1072
An Marie Schmidt 1048
An mehr als Einen 387

An meine Lieder 55
An meine Mutter 55
An Mignon 445
An Ottilie v. Goethe 895. 957
An Pauline Gotter 582
An Reinhard 848
An Rosette Städel 866
An S. B. 859
An Samuel Rösel . 1155. 1158
An Schiller 457
An Schwager Kronos . 160
An Schwätzer und
 Schmierer 366
An seine Spröde 232
An seinen Lobredner .. 365
An Sie
 (Bist du's nicht) 1161
An Sie (Ist das Chaos) 1160
An Silvien 561
An Suleika 810
An Sulpiz Boisserée ... 1043
An Tischbein 561
An Trauertagen 867
An Ulrike
 v. Levetzow
 (Am heißen Quell) .. 1027
 (Die Gegenwart) ... 1008
 (Du gingst
 vorüber?) 1020
 (Du Schüler
 Howards) 1019
 (Es ist nicht gut) ... 1019
 (Genieße dies) 1007
 (Gewogen schienst
 du mir) 1020
 (Tadelt man) 1019
 (Wenn sich
 lebendig) 1020
 (Wie schlimm) 1008

An unsers himm-
lischen 981

An Uranius 568

An Venus 65

An Venus Medicis 1131

An vollen Büschel-
zweigen 822

An Werther 1046

An Zelter 1171

An zwei Gebrüder,
eifrige junge Natur-
freunde 1007

An *** zum 30. Okto-
ber 1815 839

Anacharsis dem Ersten 389

Anacharsis der Zweite . 389

Anakreons Grab 281

Analytiker 367

Anatomieren magst
du 376

Anbete du das Feuer . . 749

Anders lesen Knaben . . 1034

Andre zu kennen 635

Anekdoten von
Friedrich II. 377

Angebinde zur
Rückkehr 679

Angedenken an das
Gute 1155

Angedenken du 195

Anklage 783

Anklang 939

Anliegen 231

Anmutig Tal! du 264

Annette an ihren
Geliebten 28

Annonce 639

Anschaun, wenn es
dir 1060

Anstatt daß ihr
bedächtig 1111

Antepirrhema 911

Antike 965

Antikritik 611

Antwort 401

Antwort auf obigen
Avis 397

Antworten bei e.
gesellschaftlichen
Fragespiel 278

Äolsharfen 1008

April 930

Archiv der Zeit 359

Ärgerts jemand,
daß es 768

Aristokraten mögen
noch 386

Aristokratisch gesinnt
ist 381

Aristokratische
Hunde 386

Arm am Beutel 433

Arm an Geiste 257

Arm und kleiderlos . . . 335

Arme basaltische
Säulen! 379

Armer empirischer
Teufel! 383

Armer *Naso,* hättest . . 365

Armer Tobis, tappst . . 611

Ars, Ares wird der 1177

Artges Häuschen
hab ich 727

Astronomen seid ihr . . 407

Atmosphäre 973

Auch die undankbare 350

Auch diese will ich
nicht 1001

ÜBERSCHRIFTEN UND GEDICHTANFÄNGE 1189

Auch endlich ward
ich 892

Auch erscheint ein 432

Auch ich verharre 1118

Auch in der Ferne
dir so 856

Auch in Locken hab
ich 698

Auch mich bratet ihr
noch 380

Auch Nicolai schrieb . . 377

Auch noch hier nicht
zur 402

Auch Vergangenes
zeigt 483

Auch vernehmet im . . . 685

Auch von des
höchsten 471

Auch was die Quer . . . 153

Auch zum Lieben 364

Auf Bergen, in der 615

Auf das empfindsame
Volk 418

Auf das Grab des
Schauspielers Pius
Alexander Wolff . . . 1151

Auf Delavigne 1048

Auf dem See 179

Auf dem Umschlag
sieht 392

Auf dem Züricher See 178

Auf den Auen
wandeln 286

Auf den Kauf 746

Auf den Pinsel 1065

Auf den Redakteur
J. B. Pfeilschifter . . . 885

Auf den Schauspieler
Malcolmi 925

Auf den Widder stößt
ihr 369

Auf der recht- und
linken Seite 958

Auf die Wand des
Wirtshauses in Ems 152

Auf diesen
Trümmern 801

Auf ein Bildnis
Thomas Carlyles . . . 1168

Auf eine Forsttafel
geschrieben 196

Auf einen Besuch des
Herzogs und der
Herzogin von
Cumberland 1056

Auf ewig hab ich 1001

Auf gewisse Anfragen 379

Auf großen und auf . . 563

Auf, ihr Distichen . . . 413

Auf Kieseln im Bache 68

Auf Kotzebue 881

Auf. L. G. Kose-
garten 926

Auf Lavaters ›Lied
eines Christen an
Christus‹ 288

Auf Müllner 909

Auf Miedings Tod 249

Auf Msll. N.N. 147

Auf Nicolai 172

Auf Pergament Lieb
und 983

Auf Pustkuchen 968

Auf Sanitätsrat
Ehrmann 869

Auf schweres
Gewitter 678

Aufgelöstes Rätsel 399

Aufmunterung	374	Aus einem Briefe an		
Aug um Ohr	877	seine Schwester		
Augen leiht dir der		(Von kalten Weisen)	54	
Blinde	390	(Wenn man sie)	23	
Augen, sagt mir	930	Aus einem Briefe an		
Augenblicklich		Trapp	27	
aufzuwarten	1140	Aus einem Stamm-		
Auktion	396	buch	894	
Aus dem Singspiel		Aus einer der neuesten		
›Lida‹	216	Episteln	375	
Aus dem Zaubertal	224	Aus einer großen		
Aus den Gruben	1071	Gesellschaft	771	
Aus der ›Novelle‹	1071	Aus jenen Ländern	652	
Aus des Regens	1061	Aus Kötschaus Toren	240	
Aus düstern Kloster-		Aus Lavaters Tage-		
hallen	967	buch	152	
Aus einem Brief an		Aus tiefem Gemüt	613	
Christine	736	Aus wie vielen		
Aus einem Briefe an		Elementen	721	
Behrisch	31	Aus ›Wilhelm Meisters		
Aus einem Briefe		Wanderjahren‹	1133. 1157	
an Ch. v. Stein		Auserwählte Frauen		
(Als der Undank-		(Ferner sind)	784	
bare)	287	(Frauen sollen)	817	
(Um Mitternacht)	239	Ausnahme	390	
Aus einem Briefe an		Austausch	889	
die Gräfin Auguste		Auszuziehen versteh		
zu Stolberg	216	ich	388	
Aus einem Briefe an		Autochtonisch, auto-		
Eichstädt	552	didaktisch	1106	
Aus einem Briefe an		Autoren	128	
Herzog Karl		Axiom	231	
August	196			
Aus einem Briefe an		B. und K.	545	
Riese		B**	394	
(So wie ein Vogel)	21	B**s Taschenbuch	375	
(Die Versart)	21	Baalspfaffen	386	
(Es ist mein		Bacchus der lustige		
einziges)	24	führt	373	

ÜBERSCHRIFTEN UND GEDICHTANFÄNGE 1191

Bakis ist wieder 949
Bald, es kenne nur 419
Bald leuchtest du 122
Balde seh ich Rickchen 94
Ballade 675
Bänkelsängerlied zum
 Geburtstage des
 Grafen v. Brühl 284
Baue, Jüngling 422
Bäume leuchtend 1013
Bedarfs noch ein
 Diplom 1168
Bedecke deinen
 Himmel 161
Bedenk, o Kind! 127
Bedenklich 826
Bedenkt, man will 985
Bedeutung 412
Bedientenpflicht 368
Bedingung
 (Ewig strebst du) ... 409
Bedingung
 (Ihr laßt nicht) 773
Befindet sich einer 765
Befrei uns Gott 1082
Begeisterung 1074
Begünstigte Tiere 767
Behandelt die Frauen .. 700
Beherzigung 215
Behramgur, sagt man . 893
Bei Absendung des
 vorstehenden 1167
Bei allen Musen 232
Bei dem erfreulichen
 Anbruche des
 1757. Jahres 9
Bei dem Glanze der ... 423
Bei diesem neuen 10
Bei einer großen 1124

Bei mancherlei
 Geschäftigkeit 1034
Bei Mondeschein im .. 806
Bei Saadi gedenk ich .. 1121
Bei so verworrnem
 Spiele 987
Bei Tag der Wolken .. 1073
Beiname 719
Beispiel 775
Beispielsammlung 376
Bekenntnis heißt nach 879
Belsazer ein Drama ... 362
Benutze redlich deine . 617
Bequemes Wandern ... 990
Berechtigte Männer ... 781
Bergschloß 533
Beruf des Storches 910
Beschildeter Arm
 (Manches Herrliche) 1073
 (Soll dich das) 1059
Besonders, wenn die .. 1129
Besser betteln als
 borgen 1040
Bessern, bessern soll
 uns 381
Betrogen bist du 1039
Betrübt euch nicht 707
Bewährt den Forscher 591
Bibliothek für das
 andre Geschlecht ... 378
Bibliothek schöner
 Wissenschaften 366
Bilde, Künstler! 686
Bilden wohl kann der . 409
Bilder so wie Leiden-
 schaften 684
Bilder-Szenen
 (Ihr kommt) 863
 (Mit Säulen) 875

Bin ich für'ne Sache ...	1114	Bildung	384
Bin so in Lieb	261	Bringst du die Natur ..	874
Bist du denn nicht auch	630	Bruchstück (Und fand)	147
Bist du Gemündisches	550	Bruchstück einer Epistel	351
Bist du hier	179	Bruchstück eines	
Bist du von deiner	861	Gedichts an Dietz ...	871
Bist du's nicht, so sei ..	1161	Bruchstück zum	
Bist eingeladen!	1116	›West-östlichen	
Bist undankbar	1114	Divan‹	909
Blaß erscheinest		Buch Suleika	828
du mir	484	Buchhändler-Anzeige .	396
Blätter nach Natur	694	Bücket euch,	
Bleibe, bleibe	167	wie sichs	370
Bleibe das Geheimnis .	1070	Bulbuls Nachtlied	749
Bleiben, Gehen	1133	Bundeslied	183
Bleibt so etwas	955	Bunte Blumen	1057
Blick um Blick	855	Bürger erzieht ihr ...	409
Bliebe das Echte	359	Bürger Odysseus!	402
Blinde Kuh	90	Bürgerpflicht	1172
Blinde, weiß ich wohl	367		
Blößen gibt nur	411	Calan empfahl sich	1128
Blumen reicht die		Campes Laokoon	551
Natur	337	Cäsarn wär ich wohl	
Blumen sah ich	1146	nie	311
Blumen und Gold	1079	Catalani tat, was auch .	1134
Blumengruß	606	Cato wollte wohl	1040
Blumenkelche,		Ces lignes, mon ami ...	11
Blumenglocken	841	Charade	
Böcke, zur Linken	328	(Nichts als)	395
Borussias	393	(Zwei Worte)	579
Böse Gesellschaft	386	Charis	373
Brautnacht	57	Chinesisch-deutsche	
Breit wie lang	773	Jahres- und Tages-	
Breiter wird immer ...	397	zeiten	1135
Brich doch mit		Chloe schwöret	330
diesem	1089	Christel	140
Briefe über ästhetische		Christgeschenk	579

ÜBERSCHRIFTEN UND GEDICHTANFÄNGE 1193

Christkindlein trägt ... 627
Christlicher Herkules .. 373
Christoph Kaufmann .. 231
Christus ein Gott 1122
Chronika 1818.
 April 16 892
Cophtisches Lied
 (Geh! gehorche) 293
 (Lasset Gelehrte) ... 293
Cupido, loser 296
Currus virum miratur
 inanes 391

Da das Alter 1051
Da das Ferne 1013
Da die Metaphysik 396
Da droben (Berg-
 schloß) 533
Da droben (Schäfers
 Klagelied) 528
Da du gewiß 900
Da du nun Suleika 805
Da er nun seine
 Straße 509
Da hatt ich einen Kerl 129
Da ich viel allein 1100
Da kann man frank ... 1035
Da kommen sie 954
Da loben sie 857
Da reiten sie hin! 797
Da siehst du nun 625
Da sieht man, wie 900
Da sind sie nun! 83
Da sind sie wieder 673
Da steht man denn 956
Da wächst der Wein ... 1175
Da wird mein Herz ... 24
Da wird nicht mehr ... 701
Da, wo das Wasser ... 613

Dagegen die Bauern .. 614
Dagegen man auch
 nicht 1041
Dämmrung senkte
 sich 1137
Dank des Paria 999
Dank des Sängers 847
Dankbare Erwide-
 rung 1170
Dann ist einer durch-
 aus 622
Darf man das Volk ... 776
Das alles ist nicht 1034
Das alles sieht so 1131
Das Alter 680
Das Alter ist ein 680
Das Amalgama 362
Das Beet, schon
 lockert 864
Das Beste 773
Das Beste in der Welt 985
Das Beste möcht ich .. 954
Das Blatt, wo seine
 Hand 1010
Das Blumenchor 640
Das Blümlein
 Wunderschön 476
Das Brüderpaar 374
Das dauert schon 633
Das Desideratum 361
Das deutsche Reich ... 372
Das Ende krönt jetzt .. 23
Das Erste gibt mir
 Lust 692
Das Gänslein rot 255
Das garstige Gesicht .. 139
Das geht so fröhlich .. 1078
Das gewöhnliche
 Schicksal 412

ALPHABETISCHES VERZEICHNIS

Das Glück deiner
Tage 624
Das Göttliche
(Edel sei) 270
(Wäre sie) 408
Das grobe Organ 385
Das Größte will man . . 694
Das holde Tal hat 1048
Das hören wir alles . . . 639
Das Interim 621
Das irdische Bündel . . . 408
Das ist dein eigenes
Kind 326
Das ist die wahre Liebe 416
Das ist doch nur der . . 1092
Das ist eine von den
alten Sünden 1094
Das ist eine von den
großen Taten 619
Das ist einmal ein 889
Das ist Italien 322
Das ist mein Leib 18
Das Journal Deutsch-
land 391
Das junge Volk 623
Das *Kleinod,* das 1142
Das Leben ist ein
Gänsespiel 749
Das Leben ist ein
schlechter Spaß 850
Das Leben wohnt 1104
Das mach ich mir 953
Das Mädchen spricht . 574
Das Märchen 376
Das Meer flutet
immer 703
Das Mittel
(Warum sagst) 381
(Willst du) 411

Das Mittelmäßige 410
Das Motto 386
Das mußt du als ein . . 1117
Das Neueste aus Rom . 376
Das Opfer, das die . . . 714
Das Paket 391
Das Parterre spricht . 747
Das philosophische
Gespräch 369
Das Privilegium
(Blößen gibt nur) . . 411
(Dichter und
Kinder) 369
Das Publikum 865
Das Rechte, das ich . . . 632
Das Requisit 387
Das Schlechte kannst
du 1090
Das Schlimmste, was . 1042
Das Segel steigt! 1067
Das sind mir allzu 619
Das sogenannte
Römische Haus 1144
Das soll nun auch in . . 1116
Das Sonett 510
Das Subjekt 406
Das Tagebuch 592
Das Tüchtige,
und wenn 956
Das Unentbehrliche . . 385
Das ungleiche Ver-
hältnis 398
Das *Unser Vater* 612
Das Unvernünftige . . . 1097
Das Unverzeihliche . . . 365
Das Veilchen 131
Das Veilchen aber,
wollt 715
Das verlohnte sich . . . 376

ÜBERSCHRIFTEN UND GEDICHTANFÄNGE 1195

Das verwünschte
 Gebettel! 360
Das wär dir ein
 schönes 739
Das Wasser rauscht' . . 223
Das Weib, das Gott 226
Das Weltregiment 1036
Das Widerwärtige 361
Das Wiedersehn 341
Das wirst du sie nicht 1102
Das Wohl des
 Einzelnen 875
Das Zeitungs-
 Geschwister 413. 1089
Das züchtige Herz . . 388
Daß Araber an ihrem
 Teil 764
Daß dein Leben
 Gestalt 410
Daß der Deutsche
 doch 398
Daß des Hauses
 Glanz 695
Daß die Bibelgesell-
 schaft 1080
Daß du der Fehler 410
Daß du die gute
 Sache 687
Daß du nicht enden . . 745
Daß du zugleich
 mit dem 846
Daß Glück ihm
 günstig 636
Daß ich bezahle 717
Daß ich schweige 333
Daß ihr den
 sichersten 406
Daß ihr seht,
 wie genau 394

Daß im großen Jubel-
 jahre 1050
Daß man in Güter 1022
Daß schnell dir dieses 226
Daß sie die Kinder . . . 623
Daß sie miteinander . . 615
Daß Suleika von 805
Daß Verfassung sich . . 389
Daß von diesem
 wilden 636
Daß wir solche Dinge 907
Daß zu Ulrichs 1077
Dauer im Wechsel 511
Dauert nicht so lang . . 633
Dein Ostgeschenk
 weiß 872
Dein Testament
 verteilt 1022
Deine Grüße hab ich . . 229
Deine Kollegen
 verschreist 388
Deine Liebe, dein Kuß 941
Deine liebliche Klein-
 heit 414
Deine Muse besingt . . 362
Deine Werke zu
 höchster 1067
Deine Zöglinge
 möchten 792
Deinem Blick mich zu 815
Deinem Schreibtische 259
Deinen heiligen
 Namen 358
Deinen Namen les ich 392
Deinen Vorteil zwar . . 1091
Deinen Wachstum zu 931
Delikatesse im Tadel . . 411
Delos' ernster
 Beherrscher 499

Dem Absolutisten	1080
Dem Ackermann	281
Dem Arzt verzeiht! ...	1090
Dem aufgehenden Vollmonde	1150
Dem aus Amerika Wiederkehrenden ..	1067
Dem Dichter widm ich	1151
Dem 30. Januar 18– ..	688
Dem Dummen wird ..	968
Dem 31. Oktober 1817	882
Dem Frauenverein ...	1058
Dem Fürsten Blücher .	879
Dem Fürsten Hardenberg	932
Dem Geier gleich	219
Dem Großherzog Carl August	1143
Dem Großsprecher ...	388
Dem Heiligen Vater ..	1170
Dem Herren in der ...	456
Dem Hilfsbedürftigen	1120
Dem Himmel wachs ..	97
Dem ist es schlecht ...	1037
Dem Kellner	721
Dem Passavant- und Schüblerischen Brautpaare	154
Dem Professor Döbereiner	883
Dem Scheidenden ist .	900
Dem Schenken	721
Dem Schnee, dem Regen	208
Dem schönen Tag	655
Dem Schützen, doch ..	272
Dem teuern Lebensgenossen v. Knebel .	1058
Dem wir unsre Rettung	837
Dem würdigen Bruderfeste	1164
Dem Zudringlichen ..	394
Demut	772
Den Besten	772
Den deutschen Mannen	1124
Den Dichter könnt ihr	1118
Den Drillingsfreunden von Köln	754
Den Einzigen, Lida ...	245
Den 1. Januar 1814 ...	687
Den 2. Januar 1814 ...	687
Den Frieden kann	862
Den funfzehn englischen Freunden ...	1169
Den Gott der Pfuschereien	545
Den Gruß des Unbekannten ehre ja!	915
Den Guten	772
Den hochbestandnen Föhrenwald	792
Den kleinen Strauß ...	172
Den Männern zu zeigen	173
Den Musen-Schwestern	1085
Den November, den dreißigsten	965
Den 25. November 1798	499
Den Originalen	655
Den Philister verdrieße	385
Den Reichtum muß ..	1037
Den Reimkollegen ...	1110

ÜBERSCHRIFTEN UND GEDICHTANFÄNGE 1197

Den 6. Juni 1816 867
Den verehrten acht-
 zehn Frankfurter
 Festfreunden 1170
Den Vereinigten
 Staaten 1139
Den Vorteil hat der . . . 1031
Den Zudringlichen . . . 652
Denk an die
 Menschen 1110
Denk, o Herr! 851
Denkst du nicht auch . 986
Denkt nicht, ich geh . . 874
Denn bei den alten . . . 622
Denn freilich sinds . . . 1118
Denn steht das
 Trübste 615
Denn was das Feuer . . 613
Denn was der Mensch . 282
Der Abgebildete 754
Der Abschied 85
Der Abwesende dem
 Maskenfest 887
Der Achse wird
 mancher 1090
Der Almanach als
 Bienenkorb 390
Der alte, reiche Fürst . 1130
Der Amtmann schnell . 614
Der Antiquar 362
Der ästhetische
 Torschreiber 360
Der Autor
 (Was wär) 139
 (Wenn in) 16
Der Becher 244
Der Bekannten,
 Anerkannten 1172
Der Berge denke gern 899

Der berufene Richter . 411
Der Besuch 299
Der böse Geselle 377
Der Bräutigam 1150
Der Chinese in Rom . . 430
Der Cölner Mummen-
 schanz 1051
Der Damm zerreißt . . . 584
Der Demoiselle
 Schmehling 1166
Der Deutsche dankt . . 720
Der Deutsche ist
 gelehrt 890
Der Dichter freut sich 1108
Der Dichter schaut . . . 1115
Der Dichtung Faden . . 1044
Der dieses Bild 243
Der du des Lobs 584
Der du die frühe schon . . . 716
Der du mit deinem
 Mohne 32
Der du so nach 1175
Der du von dem
 Himmel 199
Der echte Moslem
 spricht 937
Der Edelknabe und
 die Müllerin 463
Der Eilfer 829
 (jüngere Fassung) . . 868
Der einmal ein
 Zaubrer 888
Der entschließt sich . . 636
Der erhabene Stoff . . . 362
Der Ersatz 373
Der Fischer 223
Der fliegende Fisch . . . 372
Der Frau v. Ziegesar . . 959
Der freudige Werther 968

Der Frühling grünte ..	975	Der kurzweilige	
Der Gegner	357	Philosoph	368
Der Geist und der		Der Lastträger	385
Buchstabe	367	Der Leichnam	403
Der geprüften		Der letzte Märtyrer . . .	380
Freundin Karoline		Der letzte Versuch . . .	387
Gräfin v. Egloff-		Der Leviathan und die	
stein	1144	Epigramme	375
Der getreue Eckart . . .	663	Der Liebende wird	
Der Glückliche	384	nicht	762
Der Glückstopf	360	Der Liebenden,	
Der Goldschmied-		Vergeßlichen	655
gesell	583	Der Liebsten Band . .	73
Der Gott und die		Der Maler wagts mit . .	928
Bajadere	453	Der Mann mit dem	
Der Gottes-Erde		Klingelbeutel	360
lichten	1146	Der Mensch erfährt . . .	624
Der Gräfin Titinne		Der Misanthrop	70
O'Donell	871	Der moderne Halb-	
Der Halbvogel	387	gott	373
Der hats den Engeln . .	671	Der Mond soll im	1092
Der Hausierer	389	Der moralische und	
Der Heiden-Kaiser . . .	957	der schöne	
Der Hypochonder ist .	625	Charakter	405
Der ist zu furchtsam . .	410	Der Morgen kam	274
Der junge Werther . . .	403	Der Müllerin Reue . . .	467
Der Junggesell und		Der Müllerin Verrat . .	500
der Mühlbach	465	Der Mufti las	762
Der Kaiserin		Der Musensohn	507
Abschied	604	Der Mutter schenk ich	620
Der Kaiserin Ankunft	601	Der Narr epilogiert . . .	544
Der Kaiserin Becher . .	602	Des neuen Alcinous . .	537
Der Kaiserin Platz . . .	603	Der neue Amadis	142
Der Kauz, der auf	225	Der neue Amor	341
Der Kenner	362	Der neue Kopernikus	727
Der Kommissarius . . .	367	Der neue Pausias und	
Der König in Thule . .	144	sein Blumenmädchen	435
Der Kuckuck wie die .	1136	Der Ost hat sie schon . .	950
Der Kunstgriff	361	Der Pantheist	1158

ÜBERSCHRIFTEN UND GEDICHTANFÄNGE 1199

Der Park	258	Der Türmer, der schaut	664	
Der Patriot	389	Der Unterschied	410	
Der Pfau schreit	1135	Der untreue Knabe	143	
Der Philosoph, dem ich	1115	Der Unverzeihliche	365	
Der Philosoph und der Schwärmer	408	Der vierte Teil meiner Schriften, Berlin 1779	229	
Der Plan des Werks	382	Der Virtuose	396	
Der Prophet	362	Der Vogel ist froh	617	
Der Prophet spricht	768	Der vollkommenen Stickerin	988	
Der Pseudo-Wandrer.	1097	Der Vorhang schwebet	517	
Der Purist	378			
Der Quellenforscher	383	Der Vorzug	409	
Der Rattenfänger	336	Der Wächter Zions	386	
Der Reiter kommt	243	Der wahre Genuß	62	
Der Sänger	261	Der wahre Grund	408	
Der Schatzgräber	433	Der Wandrer	108	
Der schöne Geist und der Schöngeist	405	Der Weg zum Ruhme	412	
Der Schulmeister zu Breslau	364	Der Weihrauch, der	968	
		Der Welt Lauf	380	
Der Segen wird gesprochen!	244	Der Welt Lohn	134	
		Der Wichtige	382	
Der Sinn ergreift	985	Der Widerstand	381	
Der Spiegel sagt	854	Der Wolfische Homer	392	
Der Sprachforscher	376	Der Würdige, vom Rhein	1107	
Der Storch, der sich	910			
Der Strauß, den ich	606	Der Zauberlehrling	457	
Der Strengling und der Frömmling	407	Der Zaubrer fordert	1172	
		Der Zeitpunkt	364	
Der Teleolog	361	Der Zeitungsleser sei	565	
Der Tempel ist euch	135	Der zierlichsten Undine	1002	
Der Teufel hol das	213			
Der Teufel sie ist	1038	Der zweite Ovid	365	
Der Todfeind	383	Derb und tüchtig	729	
Der Totentanz	664	Ders gebaut vor funfzig	1144	
Der treue Spiegel	382			
Der trockne Versemann	1091	Derselbe setzt sich	639	

Des Maurers Wandeln	842	Dichter, bitte die Musen	377
Des Menschen Seele	230	Dichter gleichen Bären	636
Des Menschen Tage	1069	Dichter, ihr armen	366
Des neuen Alcinous	537	Dichter lieben nicht	506
Des Paria Gebet	994	Dichter und Kinder	369
Deshalb er sich zur	1040	Dichter und Liebende	361
Desto besser! Geflügelt	400	Dichtungskraft	410
Deutsch in Künsten	358	Dicke Bücher	1049
Deutsche Kunst	413	Die Abgeschiednen betracht ich	772
Deutsche Monat- schrift	358	Die abgestutzten	871
Deutscher Genius	413	Die Adressen	379
Deutscher National- charakter	372	Die Aufgabe	372
Deutscher Parnaß	485	Die Axt erklingt	792
Deutsches Lustspiel	376	Die Bedingung doch	901
Deutschland? Aber wo	372	Die beiden lieben sich	1101. 1120
Deutschland fragt nach	374	Die Bekehrte	423
Deutschlands größte Männer	393	Die Belohnung	412
Deutschlands Revanche an Frank- reich	389	Die besten Freunde	1081
		Die Blumen, in den Wintertagen	641
Dialogen aus dem Griechischen	373	Die Blumen, so dies reiche Füllhorn	839
Dich beglückte ja	918	Die bornierten Köpfe	368
Dich ergriff mit Gewalt	283	Die Bösen soll man	1089
Dich hat Amor gewiß	259	Die Braut von Korinth	447
Dich, klein geblümt	602	Die Burg von Otranto	499
Dich, o Dämon!	358	Die deutsche Sprache	693
Dich säh ich lieber	1172	Die Deutschen sind ein gut Geschlecht	950
Dich verwirret, Geliebte	494	Die Deutschen sind recht gute Leut	1127
Dichten ist ein lustig	328	Die drei Stände	389
Dichten ist ein Übermut	729	Die dreifarbige Kokarde	402

ÜBERSCHRIFTEN UND GEDICHTANFÄNGE 1201

Die echte Konversation 975
Die Einsiedelei im Park 1144
Die endliche Ruhe 614
Die Engel stritten 783
Die erste Walpurgisnacht 503
Die Erzieher 409
Die Feier des 28. Augusts dankbar zu erwidern 921
Die Feinde, sie bedrohen 1099
Die Flut der Leidenschaft 707
Die Franzosen verstehn 857
Die Freuden 67
Die Freunde habens ... 1069
Die Freundin war 679
Die Gegenwart weiß .. 1008
Die geschichtlichen Symbole 994
Die Geschwister 281
Die Gestalten gehn ... 974
Die glücklichen Gatten 529
Die gründlichsten Schuften 546
Die *gute Sache* kommt .. 1130
Die Hauptsache 389
Die heilgen drei König' 241
Die höchste Harmonie 399
Die holden, jungen Geister 1032
Die Horen an Nicolai . 384
Die ihr Felsen und 258

Die ihrem Mann allein 341
Die Insekten 390
Die Jahre 680
Die Jahre nahmen dir 888
Die Jahre sind 680
Die Jugend ist vergessen 1088
Die Jugend verwundert 982
Die kleinen Büchlein .. 689
Die klugen Leute 1033
Die Königin steht 577
Die Kränze 247
Die Kunden 361
Die Kunst, zu lieben .. 364
Die Lehrer 281
Die Leidenschaft bringt 1021
Die Liebe wider Willen 73
Die Liebende 857
Die Liebende abermals 572
Die Liebende schreibt 572
Die Liebhaber 32
Die Lieblichen sind hier 991
Die Lust, zu reden 616
Die Lustigen von Weimar 657
Die Mächtigen wollte 1119
Die Metamorphose der Pflanzen 494
Die Mitarbeiter 388
Die Möglichkeit 380
Die Musageten 492
Die Nebel zerreißen ... 352
Die Nektartropfen ... 242
Die neue Sirene 1140

Die neuesten Geschmacksrichter	366	Die Welt, sie ist so groß	973	
Die Perle, die der	700	Die Wolle, sie ist gut	657	
Die Pest an Herrn Posselt	550	Die Xenien	385	
Die Pflanzen sämtlich	715	Die Xenien, sie wandeln	969	
Die Quellen	406	Die Zeit, sie mäht	628	
Die reitenden Helden	1125	Die Zergliederer	406	
Die schön geschriebenen	815	Die Zerstörung Magdeburgs	497	
Die schöne Nacht	64	Die zwei Marien	671	
Die Schönheit hatte	689	Dies Album lag so	1053	
Die sich herzlich oft	922	Dies fessle deine rechte	1143	
Die Sicherheit	411	Dies ist Musik	377	
Die Sonne, Helios der	840	Dies kleine Stück gehört	260	
Die Sonne kommt!	819	Dies unschuldvolle, fromme Spiel	1066	
Die Sonnenblume möchte	715	Dies wird die letzte Trän'	173	
Die Spinnerin	338	Dies zu deuten, bin	814	
Die Sprachreiniger	866	Diese Gondel vergleich	322	
Die Spröde	422	Diese Stimmen, sie	715	
Die stille Freude	1138	Diese Worte sind nicht	637	
Die Stockblinden	367	Diesem Amboß vergleich	323	
Die Systeme	407	Diesen ist alles Genuß	407	
Die Tinte macht uns	617	Dieser alte Weidenbaum	1132	
Die Triebfedern	408	Dieser ist mir der Freund	418	
Die Unberufenen	412	Dieser Musenalmanach	359	
Die Versart, die dem	21	Dieses Baums Blatt, der	824	
Die Vielwisser	407	Dieses Geschlecht ist	421	
Die Wächter sind	912	Dieses Heft Persönlichkeiten	660	
Die wandelnde Glocke	667			
Die Wanderjahre sind	973			
Die Weidtasche	385			
Die Weisen und die Leute	710			
Die Welt durchaus ist	765			
Die Welt ist ein	928			
Die Welt ist nicht aus Brei und Mus	636			

ÜBERSCHRIFTEN UND GEDICHTANFÄNGE 1203

Dieses ist das Bild 17
Dieses ist es, das
 Höchste 485
Dieses Stammbuch, wie 567
Dieses Werk ist durch-
 aus 377
Diesmal streust du 510
Diktat Goethes in
 Lavaters Tagebuch 152
Dilettant und Kritiker 133
Dilettant und
 Künstler 694
Dioskuren 403
Dir, alter Jason 1140
Dir darf dies Blatt 85
Dir hat, wie du mir ... 50
Dir ins Leben, mir 1058
Dir mit Wohlgeruch .. 810
Dir warum doch
 verliert 799
Distichen sind wir 360
Distinktionszeichen ... 379
Divan: siehe die
 einzelnen Gedichte
Doch bedingt ins 901
Doch das ist gar kein .. 628
Doch würden sie 1101
Donau in B** 373
Donnerstag nach
 Belvedere
 (Die Lustigen von
 Weimar) 657
Donnerstag nach
 Belvedere! 1167
Doppelt gibt, wer 628
Draußen am Orte 939
Draußen zu wenig 630
Drei Oden an meinen
 Freund Behrisch ... 58

Dreieinigkeit hab 1122
Dreihundert Jahre hat 882
Dreihundert Jahre
 sind vor der Türe .. 984
Dreihundert Jahre
 sind vorbei 984
Dreistigkeit 754
Dringe tief zu Berges . 929
Drohend hält euch ... 371
Drucken fördert euch
 nicht 380
Drum danket Gott 614
Dschelâl-eddîn Rumi
 spricht 701
Du aber halte dich 615
Du bestrafest die
 Mode 359
Du beweinst, du liebst
 ihn 183
Du bist auch am Rhein 812
Du bist auf immer 706
Du bist! du bist! 288
Du bist ein wunder-
 licher 1034
Du bist König und
 Ritter 419
Du bist mein und bist 224
Du bist sehr eilig 622
Du, dem die Musen ... 165
Du, der Gefällige 1116
Du erhebest uns erst .. 391
Du erstaunest, und
 zeigst 334
Du gefällst mir so
 wohl 543
Du gehst! Ich murre .. 59
Du gehst so freien
 Angesichts 1037
Du gingst vorüber? ... 1020

Du hast an schönen Tagen	796
Du hast dich dem	981
Du hast es lange genug	881
Du hast gar vielen	707
Du hast *nicht* recht!	954
Du hast so manche Bitte	708
Du hast uns oft im	66
Du hast Unsterblichkeit	985
Du hattest gleich mirs	1019
Du irrest, Salomo!	985
Du kleiner Schelm du!	818
Du kommst doch über	1081
Du kommst nicht ins	626
Du Kräftiger, sei nicht so	796
Du machst die Alten jung	225
Du magst an dir das	627
Du mit deinen braunen	739
Du mußt dich niemals	619
Du Narr! begünstige	1112
Du nimmst zuletzt	1120
Du nur bist mir der	398
Du prophetscher Vogel	345
Du sagst gar wunderliche	1037
Du Schüler Howards	1019
Du! schweige künftig	966
Du sehnst dich	1042
Du siehst so ernst	574
Du sollst mit dem Tode	625
Du sorgest freundlich	294
Du staunest über	615

Du toller Wicht	1093
Du trägst sehr leicht	620
Du treibst mirs gar	622
Du vereinigest jedes	411
Du vergehst und bist	808
Du verklagest das Weib	272
Du verkündige mir	401
Du versuchst, o Sonne	867
Du wirkest nicht	629
Du zierlicher Knabe	721
Dümmer ist nichts	704
Dummes Zeug kann man	952
Dunkel ist die Nacht	705
Dunkel sind sie	384
Durch allen Schall	761
Durch Feld und Wald	507
Durch Vermittlung einer	1000
Durch Vernünfteln wird	631
Durcheinander gleiten sie	420
Durchlauchtigster! Es	198
Durchsichtig erscheint die	613
Edel sei der Mensch	270
Edel-ernst, ein Halbtier	978
Edle deutsche Häuslichkeit	1144
Edler Schatten, du	403
Edles Organ, durch	392
Efeu und ein zärtlich	627
Égalité	694
Eh man Theriak	974
Ehe wir nun weiter	965

ÜBERSCHRIFTEN UND GEDICHTANFÄNGE 1205

Ehmals hatte man 363
Ehre, Deutscher 1052
Ehre, die uns hoch ... 1057
Ehret, wen ihr auch
 wollt! 304
Eigenheiten,
 die werden 632
Eigentum 679
Eignes Geschick geht 1118
Eile, Freunden dies zu 1064
Eile zu ihr 1177
Eiligst segnend 1160
Ein Aber dabei 1175
Ein Adlersjüngling
 hob 105
Ein alter Freund
 erscheint 694
Ein alter Mann ist stets 793
Ein andres
 (Geh! gehorche) 293
 (Mußt nicht) 668
Ein asphaltischer
 Sumpf 364
Ein beweglicher
 Körper 485
Ein bißchen Ruf 1109
Ein Blick von deinen .. 572
Ein Blumenglöckchen 693
Ein braver Mann! 618
Ein Bruder ists von ... 525
Ein deutsches Meister-
 stück 375
Ein dürres Blatt 1157
Ein Epigramm,
 ob wohl 329
Ein Epigramm sei zu
 kurz 416
Ein ewiges Kochen ... 1126
Ein freundlich Wort .. 1015

Ein frommer Maler ... 339
Ein Füllhorn von
 Blüten 1171
Ein Glas zu dem
 Schmatz 1176
Ein Gleichnis 1145
Ein grauer, trüber
 Morgen 90
Ein großer Teich war 961
Ein guter Geist ist
 schon 934
Ein Herre mit zwei
 Gesind 706
Ein Hündchen wird ... 639
Ein jeder denkt 1110
Ein jeder hat sein 236
Ein jeder *kehre* 1172
Ein jeder lese 1120
Ein junger Mensch ... 172
Ein Kaiser hat zwei .. 769
Ein Kavalier von Kopf 778
Ein klein Papier
 hast du 607
Ein kluges Volk wohnt 636
Ein Kranz ist gar viel .. 616
Ein Liebchen ist der .. 736
Ein lutherischer Geist-
 licher spricht 1124
Ein Mägdlein trug
 man 1086
Ein Mann, der Tränen 985
Ein Meister einer 508
Ein munter Lied! 284
Ein neu Projekt 1107
Ein Quidam sagt 655
Ein rascher Sinn 1177
Ein Reicher, dem ge-
 meinen Wesen zur
 Nachricht 129

Ein reiner Reim wird . .	1095
Ein Schnippchen schlägst	1095
Ein schönes Ja	618
Ein Spiegel, er ist	839
Ein strenger Mann	909
Ein Strom entrauscht .	569
Ein Talent, das jedem	1132
Ein teures Büchlein . . .	163
Ein unverschämter Naseweis	777
Ein Veilchen auf der . .	131
Ein vor allemal willst du	394
Ein Werkzeug ist es . . .	927
Ein Wunder ist der	1157
Ein zärtlich jugendlicher	107
Ein *Zauber* wohl ziehet	973
Eine Bresche ist jeder Tag	623
Eine Dritte	398
Eine einzige Nacht . . .	333
Eine Frau macht oft . .	618
Eine große Epoche . . .	364
Eine hohe Noblesse . . .	396
Eine kannt ich, sie war	413
Eine Kollektion von . .	375
Eine Liebe hatt ich . . .	322
Eine Maschine besitz ich	395
Eine nicht hält mich . .	430
Eine nur ist sie für alle	408
Eine Schachtel Mirabellen	914
Eine Schwelle hieß ins	1063
Eine spaßhafte Weisheit	368

Eine Stelle suchte	867
Eine Zweite	397
Einem ist sie die hohe	368
Einem Käsehandel	395
Einem möcht ich gefallen	483
Einem unverständigen Wort	1039
Einen Bedienten wünscht	396
Einen Chinesen sah ich	430
Einen Helden mit Lust	704
Einen langen Tag über	792
Einen wenigstens hofft ich	403
Einen wohlgeschnitzten	244
Einen zierlichen Käfig	335
Einer aus dem Chor . . .	404
Einer, das höret man . .	369
Einer Einzigen angehören	932
Einer hohen Reisenden	582
Einer machte das Hokuspokus	1121
Einer rollet daher	484
Eines ist mir verdrießlich	313
Eines kann ich verehrt	485
Eines Menschen Leben	326
Eingefroren sahen wir	420
Einheit ewigen Lichts	1101
Einige steigen als	363
Einige wandeln zu ernst	358
Einladung (Glaubst du)	390
(Mußt nicht)	756

ÜBERSCHRIFTEN UND GEDICHTANFÄNGE 1207

Einlaß 937
Einleitung zu
›Des Epimenides
Erwachen‹ 862
Einmal nur in unserm 1053
Eins und alles 992
Eins wie's andre 928
Einsam schmückt sich 482
Einsamkeit 258
Einsamste Wildnis 988
Einschränkung 209
Elegie 1022
Elegie auf den Tod des
Bruders meines
Freundes 51
Elemente 721
Eleonore 651
Elpenor 400
Elysium 120
Empiriker 406
Empirischer Quer-
kopf 383
Emsig wallet der Pilger 324
En fait d'amour 54
Endlich ist es heraus . . 399
Endlich zog man 379
Entferne dich nicht . . . 983
Entfernst du dich 984
Entgegengesetzte
Wirkung 399
Enthusiasmus
vergleich 774
Entoptische Farben . . . 877
Entschuldigung 272
Entweicht, wo düstre . . 986
Entwickle deiner
Lüste 1136
Entwöhnen sollt ich
mich 571

Entzwei und gebiete! . . 633
Enweri sagts 893
Epilog zu Schillers
Glocke 552
Epiphaniasfest 241
Epirrhema 911
Episteln 346. 349
Epoche 574
Er, der einzige
Gerechte 697
Er fliegt hinweg 154
Er hat euch die
Gestirne 696
Er ist noch weit vom . . 687
Er kommt! Er naht! . . . 645
Er sucht die Ursach . . . 25
Er und sein Name 232
Ergebung 808
Ergo bibamus 590
Erhabner Groß-Papa . . 9
Erholungen. 2. Stück . 394
Eridanus 371
Erinnerung
(Gedenkst du) 1162
(Willst du) 222
Erinnr ich mich 967
Erkanntes Glück 247
Erkenne dich! –
Was hab 635
Erkenne dich! –
Was soll 634
Erklärung der
XIV. Tafel des
Werkes usw. 542
Erklärung einer
antiken Gemme 770
Erklärung eines alten
Holzschnittes 201
Erlaubt sei dir, in 656

ALPHABETISCHES VERZEICHNIS

Erlauchte Bettler hab . . 1040
Erlauchter Gegner
 aller 1007
Erleuchtet außen hehr . . 1048
Erlkönig 248
Eros, wie seh ich 282
Erreurs et vérité 362
Erschaffen und
 Beleben 717
Erst ein Deutscher 561
Erst Empfindung 812
Erst habt ihr die
 Großen 387
Erst singen wir 982
Erst sitzt er eine Weile . . 70
Erste Epistel 346
Erster Verlust 280
Erwache, Friedericke . . 96
Erwählter Fels 257
Erwiderung 1057
Erwiderung der
 festlichen Gaben . . . 1164
Erwiderungen 1115
Es darf sich einer
 wenig 1092
Es fähret die poetische
 Wut 236
Es flattert um die
 Quelle 67
Es geht eins nach dem 851
Es hat ein hübsches . . . 639
Es hatt ein Knab 133
Es hatte ein junger
 Mann 885
Es ist doch meine 583
Es ist ein schlechter . . . 639
Es ist ein Schnee 875
Es ist ein Schuß 214
Es ist gut 806

Es ist kein Mädchen . . 44
Es ist mein einziges . . . 24
Es ist nicht gut 1019
Es ist nicht zu schelten 1116
Es ist nichts in der
 Haut 1075
Es ist sehr schwer oft . 629
Es klingt so prächtig . . 841
Es lacht der Mai! 503
Es leben die Soldaten . 496
Es lehrt ein großer 1108
Es ließe sich alles 618
Es mag ganz artig sein 316
Es mag sich
 Feindliches 1014
Es nannten ihre Bücher 55
Es schlug mein Herz . . 92
Es schnurrt mein
 Tagebuch 1031
Es spricht sich aus 1149
Es stand eine herrliche 168
Es steht ein junger 770
Es war ein Kind 667
Es war ein Knabe 143
Es war ein König 144
Es war einmal ein
 Hagenstolz 39
Es wäre schön,
 was Guts 1175
Etwas ist er, muß auch 969
Etwas nützet ihr doch 368
Etwas wünscht ich 398
Etymologie
 (Ars. Ares) 1177
 (Ominos ist) 390
Euch bedaur ich am
 meisten 366
Euch bedaur ich,
 unglückselge 244

ÜBERSCHRIFTEN UND GEDICHTANFÄNGE 1209

Euch, o Grazien 309
Euch, Präkonen 420
Euer Beifall macht 37
Euer Geflüster und . . . 1119
Euphrosyne 471
Eva, verziehen sei dir . 751
Ewig strebst du
umsonst 409
Ewig wird er euch sein 485
Exempel 380

Fahre fort im 1119
Fahrt nur fort 796
Fallen ist der
Sterblichen 421
Familiengruß 993
Fassest du die Muse . . . 1074
Fauntleroy und
Konsorten 1049
Faust hat sich 393
Fehlet die Einsicht 419
Fehlst du, laß dichs
nicht 982
Fehlt der Gabe gleich . 1143
Feier der Geburts-
stunde des Erb-
prinzen 263
Feierlich sehn wir 322
Feiger Gedanken 216
Feindlicher Einfall 365
Feindschaft sei 382
Feindseliger Blick 1081
Felsen sollten nicht . . . 274
Fels-Weihegesang 117
Ferdusi spricht 757
Fern erblick ich 414
Fern von gebildeten . . 336
Ferne 258
Ferner sind allhier 784

Fetter grüne, du Laub 184
Fetwa
(Der Mufti) 762
(Hafis' Dichter-
züge) 719
Fichte und Er 384
Fichtes Wissenschafts-
lehre 359
Find in dieser
Büchlein 1156
Fische 372
Flach bedecket und . . . 281
Fliegen möchte der . . . 387
Flieh, Täubchen 130
Flinze, wenig Erz 586
Flora 359
Flora Deutschlands
Töchtern 359
Flora, welche Jenas
Gauen 1076
Fluß und Ufer 866
Formalphilosophie 383
Fort, ins Land der 365
Fortzupflanzen die
Welt 418
Frage 401
Frage in den Reichs-
anzeiger 395
Frage nicht, durch 760
Frage nicht nach mir . . 257
Frankreich faßt er 386
Frankreichs traurig
Geschick 329
Französische Lust-
spiele von Dyk 396
Franztum drängt 418
Fratzen 40
Frauen sollen nichts . . . 817
Frech und froh 303

Frech wohl bin ich	331	Fromme Wünsche	1172	
Freibeuter	1083	Frömmigkeit ver-		
Freie Welt	989	bindet	1090	
Freigebig ist der	619	Frostig und herzlos	377	
Freigebiger wird	696	Früchte bringet das		
Freilich tauchet der		Leben	510	
Mann	384	Früh, wenn Tal	1151	
Freilich walten sie noch	401	Frühling	413	
Freisinn	696	Frühling 1818	889	
Fremde Kinder, wir	417	Frühling übers Jahr	864	
Freuden des jungen		Frühlingsblüten sind	1048	
Werthers	172	Frühlingsorakel	345	
Freudig war vor vielen	959	Frühzeitiger Frühling	513	
Freuet euch des		Füllest wieder		
Schmetterlings	391	Busch und	217	
Freuet euch des		Füllest wieder's liebe		
wahren	911	Tal	216	
Freund, wer ein Lump	231	Fünf andere	750	
Freunde, bedenket		Fünf Dinge	750	
euch	399	Funfzig Jahre sind	1164	
Freunde, flieht die		Für das Gute, für das	562	
dunkle	1132	Für den Kammer-		
Freunde, treibet nur	417	diener	1125	
Freundin, dir zum		Für ewig	282	
neuen	1144	Für Fanny Mendels-		
Freundlich empfange	552	sohn	1141	
Freundlich werden	912	Für mich hab ich	1096	
Freundliches		Für Sie	1079	
Begegnen	569	Für Töchter edler		
Freut euch des	391	Herkunft	361	
Frisch! Der Wein	587	Für und wider zu		
Frisches Ei, gutes Ei	774	dieser	1114	
Frivole Neugier	376	Fürchterlich bist du	375	
Froh empfind ich mich	306	Furiose Geliebten	397	
Frohe Zeichen zu	1060	Fürsten prägen	335	
Fromm sind wir		Fürstenregel	776	
Liebende	305			
Fromme gesunde		G. d. Z.	358	
Natur!	407	Gabe von obenher	413	

ÜBERSCHRIFTEN UND GEDICHTANFÄNGE 1211

Gans 371
Ganymed 147
Ganz andre Wünsche . . 25
Ganz und gar 620
Gar mancher hat sich . . 1115
Gar manches artig ist . . 992
Gar nichts Neues sagt
 ihr 1086
Gartenhaus am untern
 Park 1138
Garve 379
Gebildetes fürwahr . . . 1167
Gebraten oder
 gesotten! 620
Gebt mir zu tun 632
Geburt und Tod 1129
Gedenkst du noch 1162
Gedichte sind gemalte 1085
Gefährliche Nachfolge 399
Gefunden 672
Gegen Früchte aller
 Arten 1169
Gegen so viel schöne . . 757
Gegenseitig 871
Gegentoast der
 Schwestern 964
Gegenwart 655
Geh! gehorche 293
Geh ich, so wird 1032
Gehab dich wohl 196
Geheimes 738
Geheimschrift 816
Geheimster Wohnsitz 989
Geheimstes 763
Gehinderter Verkehr . . 990
Geht dir denn das 986
Geht einer mit dem . . . 971
Geht mir dem Krebs . . 370
Gehts in der Welt dir . . 618

Geist und Schönheit
 im Streit 689
Geistes-Gruß 153
Geiz 1110
Gelacht! Geschrieben! 152
Gelbrot und Grün 381
Geld und Gewalt 1130
Gelehrte Zeitungen . . . 398
Gellerts Monument
 von Oeser 219
Gemüt muß verschleifen 635
Generalbeichte 527
Genialisch Treiben . . . 128
Genialische Kraft 411
Genieße dies nach
 deiner 1007
Genieße, was der
 Schmerz 628
Genius,
 (Anschaun, wenn) . . 1060
 (Bleibe das) 1070
Genug 827
Genügsam 800
Geognostischer Dank 1168
Gern erlassen wir dir . . 388
Gern hören wir allerlei 1039
Gern überschreit ich . . 327
Gern wär ich Über-
 lieferung 1105
Gerne hätt ich 684
Gerne plagt ich 378
Gesang der Geister
 über den Wassern . . 230
Geschichte eines
 dicken Mannes 377
Geschieht wohl, daß . . 146
Gesellschaft 771
Gesellschaft von
 Sprachfreunden 378

Gesendet von Marien-bad	1021	Glaubst dich zu kennen	631
Gesotten oder gebraten!	620	Glaubst du denn nicht	390
Gespräch zwischen Schildwache und Freund Hein	287	Glaubst du denn: von	854
		Glaubt nicht, daß ich	1122
Geständnis (Rede leiser)	404	Gleich den Winken des	332
Geständnis (Was ist schwer)	809	Gleich ist alles versöhnt	629
Gestehts! die Dichter	704	Gleich sei keiner	417
Gestern war es noch nicht	482	Gleich und gleich	693
		Gleich zu sein unter	627
Getretner Quark	707	Gleichgewinn	971
Gewarnt	698	Gleichnisse dürft ihr	1130
Geweihter Platz	248	Gleite fröhlich dahin	421
Gewiß, ich wäre schon	277	Glück auf den Weg	372
Gewisse Melodien	377	Glück der Entfernung	74
Gewisse Roman-helden	363	Glück und Traum	66
		Glücklich Land, allwo	1156
Gewissen Lesern	373	Glücklich nenn ich den	412
Gewogen scheinst du	1020	Glücklich, wenn nach	1125
Gewohnt, getan	666	Glückliche Fahrt	352
Gib acht! es wird dir	1002	Glücklicher Künstler!	991
Gib eine Norm	952	Glückselig ist, wer	639
Gibts ein Gespräch	796	Goethe und Pustkuchen	1014
Gieße nur, tränke nur fort	325	Goethes Feder an Puschkin	1066
Ging zum Pindus	1065	Goethes Wohnhaus in Weimar	1074
Gingo biloba	824	Goldnes Zeitalter	364
Glänzen sah ich das Meer	334	Goldstaub wirf	500
Glaube dich nicht allzu	1039	Gönnern reiche das Buch	511
Glaube mir gar und ganz	631	Gönnet immer fort und	980
Glaube nur, du hast viel	617	Göschen an die deutschen Dichter	395

ÜBERSCHRIFTEN UND GEDICHTANFÄNGE 1213

Gott Dank! daß uns so 866
Gott, Gemüt und Welt 612
Gott grüß euch,
 Brüder 1086
Gott hab ich und die . . 1038
Gott hat den
 Menschen 949
Gott hat die Gradheit 1042
Gott, heißt es, schied . . 1120
Gott sandte seinen
 rohen 868
Gott segne dich, junge 108
Götter, wie soll ich
 euch 333
Gottes ist der Orient! . 759
Gottesurteil 396
Gottheiten zwei,
 ich weiß 546
Göttlicher Morpheus . . 332
Gottsched, ein Mann . . 21
Grabschrift
 (Als Knabe) 775
 (Ich war ein Knabe) 318
Grabschrift gesetzt
 von A. v. J. 1130
Grafen Karl Harrach . . 922
Granit, gebildet 863
Grau und trüb und . . . 1060
Grausam erweiset sich 415
Grenzen der Mensch-
 heit 227
Grenzlose Lebensspein 1035
Griechische und
 moderne Tragödie . . 399
Gröblich haben wir . . 385
Groß-Eltern, da dies
 Jahr 10
Groß ist die Diana der
 Epheser 641

Große Leidenschaft . . . 1061
Große Venus,
 mächtge 65
Großen Fluß hab ich . . 1066
Großer Brahma, Herr 994
Großer Brahma! nun . . 999
Grün ist der Boden . . . 335
Grundbedingung 957
Gruß 808
Guerre ouverte 366
Gut! Brav, mein Herr 145
Gut verloren 1114
Gute Nacht! 759
Gute Nacht an
 Annetten 86
Guten Ruf mußt
 du dir 707
Guter Adler, nicht ins 1163
Guter Adler! nicht so . 1070
Guter Rat
 (Accipe facundi
 Culicem) 393
 (Geschieht wohl,
 daß) 146
Gutes tu rein aus des
 Guten Liebe! Das . . 703
Gutes tu rein aus des
 Guten Liebe! Was . . 705
Gutes zu empfangen . . 793

Ha, ich bin Herr 233
Ha! ich kenne dich 333
Hab ich euch denn 701
Hab ich gerechter-
 weis 795
Hab ich tausendmal . . . 853
Hab oft einen
 dumpfen 140
Habe nichts dagegen . . 1092

Haben da und dort	1098	Hast du die Welle	483
Haben sie von deinen	848	Hast du einmal das	
Habens gekauft,		Rechte	624
es freut	622	Hast du es so lange	793
Habt ihr das alles recht	982	Hast du nicht gute	331
Habt ihr gelogen	954	Hat der alte Hexen-	
Habt von Sirenen	1140	meister	457
Hafis' Dichterzüge	719	Hat der Tag sich kaum	757
Hafis, dir sich gleich		Hat man das Gute dir	633
zu	843	Hat Welscher-Hahn	797
Haller	402	Hatem	
Halt, Passagiere!	360	(Locken, haltet)	826
Halte das Bild der	552	(Nicht Gelegenheit)	813
Halte dich nur im		Hätt ich gezaudert	1095
stillen	1042	Hätt ich irgend wohl	767
Hand in Hand! und		Hätte Gott mich	
Lipp	355	anders gewollt	981
Hängen auch alle	375	Hätte Oken gewußt	874
Hans Adam war ein	717	Hatte sonst einer ein	687
Hans Liederlich und		Hättest du Phantasie	361
der Kamerade	1176	Hausgarten	989
Hans Sachsens		Haus-Park	432
poetische Sendung	201	Hausrecht	391
Harfenspieler		Hegire	755
(An die Türen)	353	Heidenröslein	96
(Wer nie sein Brot)	263	Heilige Familie	247
(Wer sich der Ein-		Heilige Freiheit!	386
samkeit)	246	Heilige Leute,	
Harren seht ihr sie	977	sagt man	331
Harzreise im Winter	219	Heiliger Ebusuud	720
Haslaus Gründe	1168	Heiliger, lieber Luther	1124
Hast deine Kastanien	619	Heiß mich nicht reden	353
Hast den Anker	859	Heitern Weinbergs	1170
Hast du an liebender	412	Hekate, Keusche! Dir	400
Hast du auch wenig		Helf Gott	360
genug	387	Hemmet ihr ver-	
Hast du Bajä gesehn	325	schmähten	1101
Hast du das alles nicht	1088	Herbst	416
Hast du das Mädchen	1078	Herbstgefühl	184

ÜBERSCHRIFTEN UND GEDICHTANFÄNGE 1215

Herbstlich leuchtet ... 309
Herein, o du Guter! ... 675
Herkömmlich 879
Hermann und Doro-
 thea [Elegie] 430
Herr Bruder 485
Herr *Geist,* der allen ... 689
Herr, laß dir gefallen .. 706
Herr Leonhard** 392
Herr Löbel ist ein 876
Herr Werner, ein 690
Herrin, sag, was heißt 837
Herrlich bist du wie ... 695
Herrlich ist der Orient 867
Herrn Bergrat Lenz ... 1007
Herrn Cunos Buch-
 handlung 944
Herrn Ferdinand Hiller 1132
Herrn Grafen Kaspar
 Sternberg (Ödem) .. 1139
Herrn Grafen Kaspar
 Sternberg
 (Wenn mit) 1139
Herrn Grafen Loeben 900
Herrn Grafen Loeben
 nach seinem Tode .. 1052
Herrn Kanzler
 v. Müller 1003
Herrn Karl Bernhard,
 Herzog von
 Sachsen-Weimar-
 Eisenach 1067
Herrn Obrist
 v. Geismar 837
Herrn Rat Schellhorn . 1050
Herrn Regierungsrat
 Peucer 692
Herrn Staatsminister
 v. Voigt 869

Herz, mein Herz, was 170
Herzlich bat ich die
 Muse 264
Herzog Leopold von
 Braunschweig 283
Heuchler, ferne von
 mir! 389
Heuer, als der Mai 944
Heut und ewig 927
Heute geh ich 634
Heute hast du gut 740
Heute noch im
 Paradiese 977
Heute steh ich meine . 938
Hexen lassen sich 364
Hielte diesen frühen ... 511
Hieltest du deinen 365
Hier aber folgt noch .. 1117
Hier bildend nach der 208
Hier hat Tischbein ... 991
Hier hilft nun weiter
 kein 779
Hier im Stillen gedachte 257
Hier ist Messe,
 geschwind 360
Hier ists, wo unter
 eignem 432
Hier liegt ein 1095
Hier sah ich hin, hier .. 848
Hier schick ich dir ... 174
Hier sind, so scheint es 990
Hier sind wir denn 989
Hier sind wir ver-
 sammelt 590
Hier, wo noch *ihr* Platz 933
Hierher getrabt,
 die Brust 210
Hiezu haben wir Recht 1098
Himmel, ach! so ruft .. 568

1216 ALPHABETISCHES VERZEICHNIS

Himmelan flögen sie
gern 408
Hingesunken alten
Träumen 1138
Hinter jenem Berge . . . 845
Historische Quellen . . . 390
Hoch auf dem alten . . . 153
Hochbeglückt
in deiner 813
Hochbild 840
Hochwürdiger, 's ist . . 199
Hochzeitlied 523
Höchste Gunst 810
Höchster Zweck der
Kunst 394
Höchstes hast du 680
Hoffnung
(Allen habt ihr) 380
(Schaff, das Tag-
werk) 197
Höheres und Höchstes 907
Holde Lili, warst so
lang 196
Hölle, jetzt nimm dich
in acht 400
Homer ist lange 965
Homer wieder Homer 1082
Hör auf die Worte 779
Hör auf doch, mit 794
Hör ich doch in deinen 745
Hör ich über Geduld . . 379
Hör und bewahre 800
Höre den Rat 720
Höre den Tadler! 374
Hören, Erster Jahr-
gang 358
Hörest du, Liebchen . . 319
Hörsäle auf gewissen
Universitäten 395

Hörst du reine Lieder 1077
Hört mir zu mit gutem 928
Howards Ehren-
gedächtnis 972
Hüben über den
Urnen! 402
Hudhud als einladen-
der Bote 918
Hudhud auf dem 917
Hudhud sprach 918
Hundertmal werd ichs 380
Hypochonder 213

Ich begegne einem . . . 776
Ich besänftge mein
Herz 741
Ich bin der wohl-
bekannte 336
Ich bin eben nirgend . . 212
Ich bin ein armer
Mann 1040
Ich bin euch
sämtlichen 1041
Ich bin so guter Dinge 948
Ich bin so sehr geplagt 1129
Ich bliebe gern 715
Ich dacht, ich habe 1008
Ich dachte dein, und . . 899
Ich denke dein, wenn . 355
Ich, Egoist! 629
Ich ehre mir die
Würde 1112
Ich fand mein
Mädchen 47
Ich führt einen Freund 159
Ich gedachte in der
Nacht 738
Ich ging im Felde 671
Ich ging im Walde 672

ÜBERSCHRIFTEN UND GEDICHTANFÄNGE 1217

Ich ging mit stolzem ..	734
Ich gönnt ihnen gerne	1108
Ich hab ihn gesehen! ..	279
Ich hab mein Sach	559
Ich habe gar nichts ...	950
Ich habe geliebt	666
Ich habe nichts gegen	1123
Ich habe nie mit euch ..	1112
Ich hätt auch können ..	1122
Ich hielt mich stets	1107
Ich hör es gern	795
Ich kam von einem ...	988
Ich kann nicht mit ...	687
Ich kenn ein Blümlein	476
Ich komme bald, ihr ..	91
Ich liebe mir den heitern	773
Ich möcht mich, könnt ich	16
Ich möchte dieses Buch.............	828
Ich neide nichts	1033
Ich rufe dich, verrufnes	791
Ich sah die Welt mit ...	988
Ich sah mich um	616
Ich sah mit Staunen ...	789
Ich sah, wie Doris	28
Ich schreibe jetzt von .	23
Ich soll nicht auf den ..	626
Ich tadl euch nicht	1036
Ich trat in meine	1162
Ich träumt und liebte ..	627
Ich wandle auf weiter	612
Ich war ein Knabe	213
Ich wär noch gern	688
Ich weiß, daß mir nichts	679
Ich weiß es wohl	73

Ich weiß nicht, was mir	209
Ich wollt euch große ..	1111
Ich wollt, ich wär ein ..	234
Ich wollte gern sie gelten	1108
Ich wünsche mir eine ..	1038
Ich wüßte nicht, daß ich	517
Ich zieh ins Feld!	952
Ich zweifle doch am Ernst	576
Ideale	928
Ihr Bestien, ihr wolltet	1120
Ihr edlen Deutschen ..	1097
Ihr Gläubigen! rühmt	1123
Ihr guten Dichter	952
Ihr guten Kinder	1099
Ihr Herz ist gleich	147
Ihr kommt, Gebildetes	863
Ihr könnt mir immer ..	1113
Ihr laßt nicht nach	773
Ihr lieben Leute	706
Ihr liebt, und schreibt	576
Ihr meint, ich hätt mich	621
Ihr möchtet gern den ..	545
Ihr müßt mich nicht ..	772
Ihr nennt mich einen ..	705
Ihr schmähet meine ...	1098
Ihr seht uns an mit	1091
Ihr sucht die Menschen	634
Ihr verfahrt nach	406
Ihr zählt mich immer ..	624
Ihrer sechzig hat die ..	1052
Ihrer viele wissen	632

ALPHABETISCHES VERZEICHNIS

Ihro der Kaiserin von
Frankreich Majestät 649
Ihro der Kaiserin von
Österreich Majestät 647
Ihro des Kaisers von
Österreich Majestät 645
Ihro Hoheit der
Prinzessin Auguste 963
Ihro Hoheit der
Prinzessin Maria ... 931
Ihro Kaiserl. Hoheit
der Frau Erbgroß-
herzogin 659
Ihro Kaiserl. Hoheit
Großfürstin
Alexandra 975
Ilmenau am
3. Sept. 1783 264
Im Atemholen sind ... 697
Im Auslegen seid 952
Im Dorfe war ein 962
Im düstern Wald 51
Im ernsten Beinhaus .. 1070
Im Felde schleich ich .. 51
Im Gegenwärtigen ... 727
Im Grenzenlosen sich 992
Im holden Tal 198
Im Innern ist 612
Im Namen dessen 862
Im Nebelgeriesel 106
Im neuen Jahre 688
Im Schlafgemach 57
Im Vaterlande 630
Im Vatikan 968
Im Vorbeigehn 371
Im Vorübergehn 671
Im weiten Mantel 569
Im Zeichen hier 1168
Im Zimmer wie 899

Immer bellt man 386
Immer denk ich 630
Immer für Weiber 378
Immer halt ich 321
Immer muß man 955
Immer niedlich 827
Immer strebe zum 417
Immer treibe die Furcht 408
Immer und überall ... 929
Immer war mir das
Feld 415
Immer wieder in die
Weite 1083
Immer zu, du redlicher 358
In allen guten Stunden 183
In das Album der
Fürstin Amalia
Gallitzin 341
In das güldene Schatz-
kästlein der Mutter .. 18
In das Schattenriß-
Album Friedrichs
v. Anthing 316
In das Stammbuch von? 282
In das Stammbuch
von Karoline
Bardua 568
In das Stammbuch
Heinrich v. Becks .. 337
In das Stammbuch
der Frau v. Berg ... 586
In das Stammbuch
des Grafen Emerich
Bethlen 422
In das Stammbuch
von Mr. Brak 270
In das Stammbuch
der Gräfin Christine
v. Brühl 283

ÜBERSCHRIFTEN UND GEDICHTANFÄNGE 1219

In das Stammbuch
von J. Chr. Clarus . . 11
In das Stammbuch
Ludwig Döblers . . . 1168
In das Stammbuch
von Ernestine
Durand 1167
In das Stammbuch
Ludwig Fischers . . . 876
In das Stammbuch
Augusts v. Goethe . 1053
In das Stammbuch
Walters v. Goethe . . 1052
In das Stammbuch
von Georg Gröning 70
In das Stammbuch
von Auguste
Jacobi 1163
In das Stammbuch
von J. M. R. Lenz 178
In das Stammbuch
von Bertha v. Loder 586
In das Stammbuch
von Eduard von
Loebenstein-Löbel . . 876
In das Stammbuch
von Karl v. Martius 1142
In das Stammbuch
von Fr. Max. Moors 17
In das Stammbuch
Johann Peter de
Reyniers 163
In das Stammbuch
des Zeichners
Georg Friedrich
Schmoll 152
In das Stammbuch
Friedrich Ludwig
Schröders 337

In das Stammbuch
seines Sohnes
(Gönnern reiche das
Buch) 511
(Halte das Bild) 552
In das Stammbuch
der Frau Hofmar-
schall v. Spiegel 1044
In das Stammbuch
des Fräuleins
Melanie v. Spiegel . . 1168
In das Stammbuch
von Esther Stock . . . 561
In deine Reimart 747
In deinem Herzen 226
In deinem Liede 1079
In dem Frühling 1058
In dem lieblichsten . . . 991
In den Kalender der
Frau Hofrat Kämpf 153
In der Dämmerung . . . 335
In der Dichtkunst 374
In der Gondel lag ich . 322
In der Urzeit seien 1089
In der Wüsten ein 197
In des Papillons 65
In des Weinstocks 629
In die Welt hinaus! . . . 1010
In ein Exemplar von
›Hermann und
Dorothea‹ 1144
In ein Exemplar der
›Leiden des jungen
Werthers‹ 167
In ein Notenheft 1077
In ein für Ottilie
v. Goethe bestimm-
tes englisches
Wörterbuch 1049

In ein Stammbuch
514. 564. 801. 1077. 1172

In ein Stammbuch zum
Bildchen von
Ulrichs Garten 1077

In eine Sammlung
künstlich ausge-
schnittener Land-
schaften 892

In einer Stadt einmal .. 841

In einer Stadt, wo 658

In früher Zeit,
noch froh 551

In großen Städten 69

In Harren und Krieg .. 879

In Hygieas Form 1021

In Ifflands Stamm-
buch 422

In jammervolle
Seelenfreuden 167

In Jena weiß man 673

In keiner Gilde kann .. 1100

In langweiligen
Versen 364

In meinem Revier 622

In seiner Werkstatt ... 201

In Siegesfrieden 180

In tausend Formen ... 788

In welchem Weine 852

In wenig Stunden 612

Ins Einzelne 960

Ins holde Leben 794

Ins Innre der Natur ... 929

Ins sichere willst
du dich 798

Ins Teufels Namen ... 541

Ins Weite 1078

Inschrift 1167

Invaliden Poeten 366

Invocavit wir rufen 246

Irrtum verläßt uns nie 417

Irrtum wolltest du 362

Irr-Tümer sollen 983

Isis 874

Ist das Chaos doch 1160

Ist dein Geschenk 1038

Ist dem Gezücht 1098

Ist denn das klug ... 791

Ist denn die Wahrheit 367

Ist denn so groß das .. 335

Ist der Vater auf Geld 1110

Ist dies die Frau 373

Ist doch keine
Menagerie 185

Ist endlich der Äther .. 615

Ist erst eine dunkle ... 559

Ist es denn wahr, was . 291

Ist es dir ernst, so 333

Ist es möglich!
Stern der 821

Ist Konkordat und 1124

Ist nur erst Wieland ... 395

Ist uns Jugendmut 1056

Ists in der Näh? 1041

Ists möglich, daß ich .. 763

Ja, das fehlte nur noch 389

Ja, das ist das rechte .. 948

Ja, der Mensch ist ein 361

Ja, die Augen warens .. 894

Ja! Du siehst mich 402

Ja! ich rechne mirs 1145

Ja, in der Schenke 697

Ja, Lieben ist ein groß 907

Ja, schelte nur und 626

Ja, vom Jupiter rollt .. 482

Ja! Wer eure
Verehrung 621

ÜBERSCHRIFTEN UND GEDICHTANFÄNGE 1221

Jägers Abendlied 195
Jahraus, jahrein 1079
Jahrelang schöpfen wir 366
Jahrelang steh ich 401
Jahrmarkt zu Hünfeld 734
Jambe nennt man 363
Jamben 363
Januar, Februar, März 618
J.-B. 367
Je mehr man kennt . . . 1102
Jean Paul Richter 365
Jede, wohin sie gehört 408
Jedem Besitzer das
 Seine! 389
Jedem redlichen
 Bemühn 915
Jeder Edle Venedigs . . 324
Jeder geht zum
 Theater 1110
Jeder ist doch auch ein 774
Jeder Jüngling sehnt
 sich 183
Jeder solcher
 Lumpenhunde 1091
Jeder treibe sein 397
Jeder wandle für sich . . 382
Jeder Weg zum
 rechten 915
Jeder zeigt hier, was er 420
Jedermann schürfte . . . 379
Jeglichen Schwärmer . . 335
Jenas Philister 915
Jene garstige Vettel . . . 838
Jene machen Partei . . . 510
Jene Menschen sind . . . 329
Jener fordert durchaus 407
Jener mag gelten, er . . 405
Jener steht auf der
 Erde 408

Jetzo, ihr Distichen . . . 369
Jetzo nehmt euch
 in acht 370
Jetzo wäre der Ort 370
Jetzo wallen sie 979
Jetzt, da jeglicher liest 346
Jetzt fühlt der Engel . . 92
Jetzt noch bist du
 Sibylle 393
Jetzt war das Bergdorf 963
Johanna Sebus 584
Johannes erst in der
 Wüste 1076
Johannis-Feuer
 sei 551. 1090
Josephs II. Dictum an
 die Buchhändler 395
Journal der Moden . . . 683
Journal des Luxus und
 der Moden 359
Jubiläum am
 2. Jan. 1815 757
Jugendlich kommt sie 273
Julien 1015
Julien Gräfin
 Egloffstein
 (Freundlich wer-
 den) 910
 (Reise-Segen) 915
Junge Huren,
 alte Nonnen 890
Jüngling, merke dir . . . 1172
Jüngst pflück ich 1145
Juni 845
Jupiter Pluvius, heut . . 324
Jupiters Kette 375

K** 374
K. und B. 546

Kalender der Musen und Grazien	391	Kenner und Künstler .	145
Kamtschadalisch lehrt man	363	Kennst du das herrliche	416
Kann die Vorsicht	1118	Kennst du das Land . .	272
Kannst dem Schicksal	668	Kennst du das Spiel . . .	796
Kannst du die Bedeutung	1064	Kennst du die herrliche	416
		Kestners Agape	916
Kannst du, o Grau- samer	307	Kinder werfen den Ball	417
Kannst du, schöne	520	Kinderverstand	69
Kanon	607	Kläffer	779
Kant und seine Ausleger	367	Klarster Stimme, froh an	1166
Karl von Karlsberg . . .	377	Kleid' eine Säule	620
Katechisation	127	Klein ist unter den	315
Katzenpastete	591	Kleine Blumen, kleine	93
Kaum an dem blaueren	320	Klingeln hör ich	484
Kaum daß ich dich . . .	828	Klingklang	374
Kaum hatt ich mich . .	626	Klopstock, der ist	375
Kaum wendet der edle	1102	Klopstock will uns . . .	247
Kehre nicht in diesem	198	Klug und tätig und fest	419
Kehre nicht, liebliches	327	Knabe saß ich	844
Kein Stündchen schleiche	970	Koffers führen wir nicht	360
Kein tolleres Versehn	625	Komm her! wir setzen	858
Kein Vergleich!	1082	Komm, Liebchen	766
Kein Wesen kann zu . .	1159	Komm mit, o Schöne .	233
Keine Gluten, keine . .	1103	Komm nur von	430
Keine lockt mich	414	Kommst du aus Deutschland?	404
Keinem Gärtner verdenk	391	Kommt, Brüder!	710
Keinen Reimer wird . .	731	Kommt ein wandernder	481
Keiner bescheidet sich	419	Kommt ihr den	369
Keins von allen	772	Kommt Zeit, kommt Rat	779
Kenne wohl der Männer	882	König Belsazer schmaust	362
Kenner und Enthusiast	159		

ÜBERSCHRIFTEN UND GEDICHTANFÄNGE 1223

Könige wollen das
Gute 329
Königen, sagt man . . . 258
Königlich Gebet 233
Könnt ich vor mir 1117
Könnte Menschen-
verstand 385
Konstitutionell
sind wir 1128
Konversations-
Lexikon 1087
Köpfe schaffet euch . . . 402
Kore. Nicht gedeutet! 885
Kotzebue 861
Kränken ein liebendes 416
Kriegserklärung 518
Kriegsglück 690
Kritische Studien 382
Krittler 777
Kronos als Kunst-
richter 932
Kunst, die Spröden zu 42
Kunst und Altertum . . 1015
Kunstgriff 388
Künstler! dich selbst . . 1033
Künstler, wirds im
Innern 1075
Künstler, zeiget nur . . . 986
Künstler-Lied 873
Künstlers Abendlied . . 166
Künstlers Fug und
Recht 339
Künstlers Morgenlied 135
Kurz und gut 570
Kurze Freude 379

L*** 403
La mort, en sortant . . . 30
Lächelnd sehn wir 410

Lächerlichster, du
nennst 384
Lähmung 687
Ländliches Glück 258
Landschaft 1131
Lang und schmal ist
ein 481
Lange haben die
Großen 329
Lange kann man mit . . 367
Lange neckt ihr uns . . . 366
Lange Tag' und
Nächte 210
Lange werden wir euch 387
Langeweile ist ein 623
Längst schon hätt ich . 330
Langverdorrte, halb-
verweste Blätter 229
Laß deinen süßen 856
Laß den Welten-
spiegel 910
Laß dich den Tod
nicht 400
Laß dich, Geliebte,
nicht 305
Laß dich nur in keiner 705
Laß dir gefallen 209
Laß dir von den 877
Laß doch, was du halb 1034
Laß im Irrtum sie 798
Laß mein Auge den . . . 85
Laß mich ruhen, ich . . 483
Laß Neid und Miß-
gunst 621
Laß nur der Sorge sein 622
Laß sie's nur immer . . . 633
Lasset Gelehrte sich . . . 293
Lasset heut am edlen
Ort 1156

1224 ALPHABETISCHES VERZEICHNIS

Lasset heut im edlen
Kreis 527
Lasset uns die Nacht . . 604
Lasset walten, lasset . . . 1099
Laßt euch einen Gott . . 772
Laßt euch mit dem
Volk 1129
Laßt euch nur von 1047
Laßt euch, o Diplo-
maten 816
Laßt fahren hin das . . . 1054
Laßt geschaffne Ritter 656
Läßt mich das Alter . . . 956
Laßt mich nur auf . . . 696
Laßt mich weinen! . . . 910
Laßt mit den Phäaker . 537
Laßt mir die jungen . . . 624
Laßt nach vielgeprüf-
tem 926
Läßt sich einer zur
Tafel 1118
Laßt sodann ruhig die 371
Laßt zahme Xenien . . 1031
Le véritable ami 57
Lebe wohl auf Wieder-
sehn! 1080
Leben muß man und . . 416
Lebend noch exen-
terieren 381
Lebendiges Andenken 73
Lebensart 773
Lebensgenuß 966
Lebensregel 774
Leber ist nicht wert . . . 586
Lebst im Volke 686
Legende
(Als noch) 446
(In der Wüsten) 197
(Wasser holen) 995

Lehre an den Kunst-
jünger 410
Lehret! Das ziemet 412
Lehret! Es ziemet 416
Lehrling, du
schwankest 421
Leichte Silberwolken . . 858
Leidlich hat Newton . . 381
Lesebuch 847
Letzte Zuflucht 406
Leuchtender Stern
(Sterne werden) 1059
(Zum Beginnen) 1056
Lichtlein schwimmen . 943
Lieb um Liebe, Stund 823
Lieb und Leidenschaft 984
Liebchen, ach! im 917
Liebchen, kommen
diese 508
Liebe flößest du ein . . 333
Liebe leidet nicht 794
Liebe Mutter, die 432
Liebe Mutter, es wird 886
Liebe teilet die Freud . . 514
Liebe und Tugend . . . 68
Liebe will ich liebend 685
Liebebedürfnis 299
Lieber, heiliger,
großer 212
Lieber Herr Dorville . . 189
Lieber möcht ich 401
Liebesbücher und
Jahrgedichte 637
Liebesqual ver-
schmäht 303
Liebhaber in allen
Gestalten 234
Lieblich ist des Mäd-
chens 730

ÜBERSCHRIFTEN UND GEDICHTANFÄNGE 1225

Lieblich ists, im 1077
Lieblich und zart sind 397
Lieblich und zierlich . . 1134
Lieblichen Honig gab
er 390
Liebliches 725
Lied und Gebilde 811
Lief' das Brot, wie die 619
Liegt der Irrtum nur
erst 380
Liegt dir Gestern klar 1056
Lies uns nach Laune . . 373
Lilis Park 185
Literarischer Adreß-
kalender 397
Literarischer Zodia-
kus 369
Literaturbriefe 377
Locken der Berenice . . 370
Locken, haltet mich . . . 826
Logogryph 692
Lord Byron ohne 1051
Lord Byron
(Stark von) 1052
Lucian von Samosata . . 403
Lucri bonus odor 385
Lug oder Trug? 776
Luise von Voß 375
Lust und Qual 844
Lustrum in ein
fremdes 882
Lyde 37

M*** 392
M. . . . R. 969
Mache der
Schwärmer 323
Mache zum Herrscher 324
Mächtig bist du! 482

Mächtiges Überra-
schen 569
Machts einander nur . . 631
Madame Catalani 899
Mädchen, setzt euch . . 35
Madrigal 50
Mag der Grieche 811
Mag jener dünkel-
hafte 172
Mag sie sich immer . . . 909
Magisches Netz 548
Magnetes Geheimnis . . 614
Mags die Welt zur 929
Magst du einmal mich 633
Magst du jemand
Feste 1116
Mahadöh, der Herr . . . 453
Mahomets Gesang 125
Mai 858
Mailied (Wie herrlich) 94
Mailied (Zwischen
Weizen 609
Mamsell, so launisch . . 76
Man hat ein Schimpf-
Lied 633
Man ist gewohnt, daß 1043
Man kann nicht
immer 627
Man könnt erzogene . . 1041
Man lauft, man
drängt 259
Man liebt dich heut . . . 226
Man mäkelt an der 980
Man sagt: Sie sind
ein 771
Man soll nicht lachen . . 1094
Man soll sich nicht
mit 627
Man sucht mich von . . 550

Man wills den Damen	229	Mein Mädchen im Schatten	32
Man zieht den Toten	1088	Mein Mädchen sagte	50
Manch gutes Werk hab	544	Mein Mädchen ward	141
Manche Gefahren	372	Mein süßes Liebchen!	579
Manche Töne sind mir	313	Meine Dichterglut war	626
Manchen Lakai schon	389	Meine Göttin	237
Mancherlei hast du	634	Meine Liebste wollt ich	299
Manches Herrliche der	1073	Meine Reis ist ein Faden	382
Manches können wir	949	Meine Wahl	773
Manches ward indes	1053	Meine Wahrheit bestehet	386
Mann mit zugeknöpften	776	Meine zarte Natur	398
Manso, Von den Grazien	364	Meinem Freunde v. Knebel	882
Manuskripte besitz ich	415	Meinen feierlich Bewegten	1058
Märchen, noch so	684	Meinst du denn alles	1109
Mariens Huld und	888	Meinst du, er werde	365
Märkte reizen dich	849	Meinst du es redlich	1113
Martial	404	Melde mir auch	401
März	875	Memento	668
Maskenzüge	974	*Memento mori!*	1064
Mauern seh ich gestürzt	482	Menschengefühl	233
Mäuse laufen zusammen	482	Menschenhaß! Nein	393
Medschnun heißt	701	Menschenhaß und Reue	393
Meeres Stille	352	Menschlichkeiten	381
Mehr als zwanzig	376	Mephisto scheint ganz	867
Mein altes Evangelium	165	Mephistopheles spricht	564
Mein Erbteil wie herrlich	703	Merkur!	358
Mein Haus hat kein Tür	1083	Messieurs! Es ist der	360
Mein Kind, Sie wissens	1049	Metamorphose der Tiere	565
		Mich ängstigt das	1137
		Mich erbaute zuerst	259

ÜBERSCHRIFTEN UND GEDICHTANFÄNGE 1227

Mich ergreift, ich 525
Mich freuen die vielen 626
Mich nach- und
 umzubilden 848
Mich verwirren will . . . 697
Mignon
 (Heiß mich) 353
 (Kennst du) 272
 (Nur wer) 283
 (So laßt mich) 421
Mineralogischer
 Patriotismus 379
Minerva 358
Mir gäb es keine
 größre 618
Mir genügt nicht eure 1103
Mir ist das Volk zur
 Last 1129
Mir und dir ist nie-
 mand 1116
Mir will das kranke . . . 796
Mirabellen pflanz ich . . 500
Mit Botanik gibst du
 dich 331
Mit den Wander-
 jahren 973
Mit der Eule gesiegelt 391
Mit der Jubiläums-
 Medaille 1057
Mit der Teutschen 888
Mit der Welt muß . . . 1034
Mit des Bräutigams . . . 519
Mit diesem Versatilen 1087
Mit diesen Menschen . . 1093
Mit dieser Welt ists . . . 793
Mit e. Blatt Bryo-
 phyllum calyc.
 (Was erst) 1073
 (Wie aus) 1163

Mit einem gemalten
 Band 93
Mit einem goldnen
 Halskettchen 85
Mit einem Herren
 steht 514
Mit einem zierlichst-
 aufgetrockneten 1057
Mit einer Hyazinthe . . . 224
Mit einer Zeichnung . . 148
Mit Erlaubnis 376
Mit Flammenschrift
 war 574
Mit Kirchenge-
 schichte 1122
Mit Liebe nicht, nur . . 1093
Mit meinem Willen . . . 620
Mit Narren leben . . 625. 797
Mit Säulen schmückt 875
Mit seltsamen
 Gebärden 1033
Mit sich selbst zu Rate 1041
Mit unsern wenigen . . . 1090
Mit Wahrheit und
 Dichtung 694
Mit Widerlegen,
 Bedingen 1102
Mitten im Getümmel . . 177
Mitten in dem 977
Mitternachts weint 807
Möcht ich doch wohl . 556
Möchte gern lustig . . . 1110
Modephilosophie 384
Modergrün aus
 Dantes 986
Modernes 1076
Möge dein Lebens-
 faden 394
Möge dies der Sänger 685

Möget ihr das Licht ... 874
Mögt ihr die
 schlechten 366
Mögt zur Gruft ihn ... 1151
Mohamed Schemsed-
 din 719
Monolog des
 Liebhabers 146
Moral der Pflicht und
 der Liebe 408
Moralische Schwätzer 407
Moralische Zwecke
 der Poesie 381
Morgenklagen 301
Morgennebel, Lila 119
Moses Mendelssohn .. 402
Motto auf dem Titel-
 blatt der ›Gesänge‹... 219
Mottos 388
Müde bin ich 1066
Müde war ich 326
Müller! je suis fâché ... 27
Muntre Gärten lieb
 ich 660
Muse 400
Muse, wo führst du ... 399
Muse zu den Xenien .. 404
Museen 865
Musen und Grazien in
 der Mark 428
Musen und Grazien! .. 391
Müsset im Natur-
 betrachten 911
Muß ich dich hier
 schon 400
Mußt nicht vor dem
 Tage 756
Mußt nicht wider-
 stehn 668

Musterbilder 800
Musterstuhl für
 Schmerz 1065
Mut 197
Myrt und Lorbeer 1043
Mystische
 Erwiderung 967

N. Reisen, XI. Bd.
 S. 177 383
Nach diesem
 Frühlingsregen 529
Nach Kalabrien reist .. 367
Nach Korinthus von .. 447
Nach Mittage saßen ... 89
Nachäffer 374
Nachahmung der
 Natur 1075
Nachbildung 747
Nachbildung der
 Natur 374
Nachdem einer ringt .. 792
Nachgefühl 444
Nachklang 841
Nachtgedanken 244
Nachtgesang 535
Nachtgespenster
 ziehen 500
Nachts, wann gute 1104
Nachtviole, dich geht . 414
Nächst daran strecket . 370
Nähe 232
Nähe des Geliebten ... 355
Närrisch, daß jeder ... 706
National-
 Versammlung 958
Nativität 890
Natur gab dir so
 schöne 861

ÜBERSCHRIFTEN UND GEDICHTANFÄNGE 1229

Natur und Kunst, sie .. 510
Natur und Vernunft .. 405
Naturforscher und
 Transzendental-
 philosophen 382
Nebenan gleich
 empfängt 369
Neckt euch in Breslau 372
Nehmt nur mein
 Leben 1040
Neigung besiegen ist .. 415
Nein, das ist doch
 zu arg 387
Nein, das wird mich
 nicht 1097
Nein! Du erbittest
 mich 378
Nein! frechere Wette .. 692
Nein! heut ist mir das .. 623
Nein! hier hat es keine 770
Nein, ich habe nichts .. 634
Nekrolog 365
Nelken, wie find ich .. 414
Nemesis 575
Nenne Lessing nur
 nicht 384
Nenne niemand! nur .. 886
Nennen dich den
 großen Dichter 741
Neologen 776
Nett und niedlich 1078
Neu ist der Einfall 357
Neue Heilige 286
Neue Liebe, neues
 Leben 170
Neueste Behauptung .. 399
Neueste Farbentheorie
 von Wünsch 381
Neugier 398

Neujahrslied 81
Neu-Mond und
 geküßter 618
Neuste Kritikproben .. 397
Neuste Schule 363
Newton hat sich 380
Newtonisch Weiß 611
Nicht alles ist an Eins 630
Nicht am Morgen
 allein 885
Nicht am
 Susquehanna 580
Nicht auf der grünen .. 542
Nicht Augenblicke
 steh 1145
Nicht bloß Beispiel-
 sammlung 376
Nicht doch! Aber es .. 404
Nicht Gelegenheit
 macht 813
Nicht größern Vorteil 633
Nicht ist alles Gold ... 759
Nicht jeder kann alles 951
Nicht jeder wandelt ... 616
Nicht mehr auf 1149
Nicht nur als Kabus .. 871
Nicht solls von ihrer .. 1072
Nicht über Zeit- noch
 Landgenossen 629
Nicht viel fehlt dir 397
Nicht Zukünftiges
 nur 481
Nichts als dein Erstes . 395
Nichts ist der
 Menschheit 396
Nichts ist zarter als die 984
Nichts kann er leiden .. 383
Nichts leichter als
 dem 634

Nichts soll werden das	374
Nichts taugt Ungeduld	636
Nichts vom Vergänglichen	794
Nichts wird rechts und	1100
Nicolai	382
Nicolai entdeckt die	383
Nicolai reiset noch	382
Niedergangen ist die	708
Niederträchtigers wird	637
Niemand liebst du	330
Niemand muß herein	956
Niemand soll ins Kloster	1123
Niemand wird sich selber	1107
Nikias, trefflicher Mann	470
Nimm dem Prometheus	417
Nimms nicht übel	376
Noch bin ich gleich von	1088
Noch ein Paar (Ja, Lieben ist)	907
Noch einmal wagst du	1046
Noch ist es Tag	703
Noch spukt der	621
Nord und West	755
Not lehrt beten	324
Novemberlied	272
Nun auf und laßt	1054
Nun denn! Eh wir	1138
Nun erwartet denn auch	359
Nun, Freund, bist du	403
Nun ists geschehn!	1052

Nun sitzt der Ritter	91
Nun, so legt euch	759
Nun verlaß ich diese	64
Nun weiß man erst	1137
Nur das feurige Roß	411
Nur das Leichtere trägt	405
Nur die Fläche bestimmt	420
Nur fort, du braune Hexe	467
Nur heute, heute nur	618
Nur Luft und Licht	196
Nur stille! nur bis	1096
Nur wenig ists	789
Nur wenn das Herz	1115
Nur wer die Sehnsucht	283
Nur Zeitschriften	386
O daß der Sinnen	856
O des süßen Kindes	247
O du, die in dem	54
O du loses, leidig liebes	301
O fände für mich	67
O Freiheit süß der Presse	951
O gib, vom weichen	535
O Händel, dessen Ruhm	56
O! hätt er sich gekannt	1016
O ich Tor! Ich rasender	401
O ihr Tags- und Splitterrichter	1092
O Kinder, still! reicht	256

ÜBERSCHRIFTEN UND GEDICHTANFÄNGE 1231

O! laß die Jammer-
Klagen 798
O liebliche Therese! . . . 90
O Magdeburg
die Stadt 497
O Schöne mit dem 291
O schönes Mädchen . . 231
O Vater alles wahren . . 129
O wären wir weiter . . . 663
O Welt, vor deinem . . . 1093
O Welt! Wie
schamlos 757
O wie achtet ich sonst 333
O wie fühl ich in
Rom 308
O wie ist die Stadt 428
O wie lallt das Kind . . . 607
O wie schätz ich euch 378
O wie selig ward mir . . 808
Ob der Koran 802
Ob dich der Genius . . . 379
Ob die Menschen 364
Ob du der Klügste 420
Ob du wachst 420
Ob ich dich liebe 90
Ob ich Irdsches denk . . 697
Ob ich liebe, ob ich
hasse 1111
Ob Mutter? Tochter? . . 885
Obgleich kein Gruß . . 55
Ode an Herrn Profes-
sor Zachariae 52
Ödem Wege, langen . . 1139
Oedipus reißt die
Augen 399
Offen steht sie! 1060
Offen zeigt sich 552
Offenbar Geheimnis . . 748
Offne Tafel 673

Öffnet die Koffers 360
Öffnet die Schranken! 396
Oft erklärtet ihr euch . . 319
Oft in tiefen 492
Oft, wenn dir jeder
Trost 632
Öfters nahmst du das . . 388
Oftmals hab ich geirrt 334
Ohne das mindeste
nur 363
Ohne menschliche
Gebrechen 979
Ohne Schrittschuh 1079
Ohne Umschweife 635
Ohne Wein kanns
uns 178
Ominos ist dein
Name 390
Ophiuchus 371
Otez-moi la
grammaire 29
Ottilien v. Goethe 965

Panazee 1015
Pantheon der Deut-
schen. I. Band 393
Parabase 959
Parabel
(In einer Stadt) 658
(Ich trat in meine) . . 1162
Parabeln 508
Parabolisch 607
Paria 994
Pegasus, von Schiller . . 398
Peregrinus Proteus . . . 403
Perfektibilität 556
Pfahl im Fleisch 384
Pfarrer Cyllenius 363
Pfeifen hör ich fern . . . 869

Pfingsten 718

Pflegten wir
 kristallen 1164

Phänomen 725

Phantasie 410

Philine 353

Philister und Schön-
 geist 405

Philomele 259

Philosophische
 Querköpfe 383

Phlegyasque
 miserrimus 401

Phöbos und Hermes . . 499

Physiognomische
 Reisen 228

Pilgers Morgenlied . . . 119

Pinsel und Feder
 (Auf den Pinsel) 1065
 (Rösels Pinsel) 1141
 (Wenn der Pinsel) . . 1059
 (Will der Feder) 1070
 (Willst du Großes) . . 1059

Pöbel! wagst du zu
 sagen 405

Poetische Gedanken
 über die Höllen-
 fahrt Jesu
 Christi 11

Porphyrogeneta 402

Prächtig habt ihr
 gebaut 407

Prangt mit den
 Farben 414

Preise dem Kinde die . . 418

Preisfrage der
 Akademie nützli-
 cher Wissenschaf-
 ten 395

Priester werden 879

Prinzen und Grafen . . . 395

Probatum est 771

Problem 587

Professor
 Historiarum 397

Prometheus 161

Prooemion 862

Prosaische Reimer 365

Prüft das Geschick
 dich 703

Pusten, grobes
 deutsches 1014

Pygmalion 39

Querkopf! schreiet 383

Quodlibet 1119

Rastlose Liebe 208

Rätsel
 (da sind sie) 673
 (Die besten) 1081
 (Ein Bruder) 525
 (Ein Werkzeug) 927
 (Viel Männer) 769

Raum und Zeit hat
 man 376

Raum und Zeit,
 ich empfind es 415

Rechenschaft 587

Rede leiser, mein
 Freund 404

Regen und Regen-
 bogen 678

Regenbogen
 (Aus des Regens) . . . 1061
 (Frohe Zeichen) 1060
 (Grau und trüb) 1060
 (Über Wiese) 1064

ÜBERSCHRIFTEN UND GEDICHTANFÄNGE 1233

(Wilde Stürme) 1061
Reget sich was, gleich 385
Reich ist an Blumen ... 413
Reichen Beifall hattest
du 925
Reicher Blumen
goldne 765
Reichsanzeiger 392
Reichte die schädliche 243
Reichtum und Blüte ... 1079
Rein zuerst sei das
Haus 368
Reinecke Fuchs (Vor
Jahrhunderten) 393
Reiner Bach, du ent-
stellst 382
Reingewaschen in 966
Reisezehrung 571
Reißt der schöne
Wahn 800
Reitest du bei einem .. 809
Repräsentant ist jener . 405
Republiken hab ich ... 419
Rettung 141
Reuchlin! wer will sich 1096
Rezensent 129
Rezension 397
Richtet den
herrschenden 416
Ringe, Deutscher,
nach 413
Ritter Kurts Brautfahrt 519
Römisch mag mans ... 1144
Römische Elegien
(Saget, Steine) 303
(Schwer erhalten
wir) 317
(Hörest du, Lieb-
chen) 319

Rösels Pinsel 1141
Ros und Lilie 727
Rosenknospe, du bist . 413
Ruf ich, da will mir ... 1031
Ruhig am Arsenal 324
Ruhig soll ich hier 794
Ruhig Wasser, grause 980
Rührt sonst einen 384

's ist so viel Heimweh 152
Sachen, so gestohlen .. 396
Sachen, so gesucht 396
Sag, du hast wohl viel 818
Sag ichs euch, geliebte . 241
Sag mir doch! von ... 1086
Sag mir, warum dich .. 776
Sag mir, was ein 625
Sag mir, worauf die
Bösen 792
Sag nur, warum du ... 956
Sag nur, wie trägst du 795
Sag uns doch, warum . 1108
Sag uns Jungen 1033
Sag, was enthält die ... 1121
Sag, was könnt uns ... 1135
Sag, was zählst du? ... 483
Sag, wie kommst du .. 433
Sage deutlicher, wie
und 1039
Sage, Freund, wie find 403
Sage mir ein weiser ... 1091
Sage mir keiner 981
Sage mir, mit wem zu 1133
Sage mir, was das für .. 865
Sage mir, Was mein
Herz 696
Sage, Muse, sag dem .. 1062
Sage, tun wir nicht
recht 329

Sage, warum dich	1032	Schaffen wohl kann sie	410	
Sage, wie es dir nur	1032	Scharfsinnig habt ihr	1082	
Sage, wie du lebst du?	333	Schauspielerin	397	
Saget, Steine, mir an	303	Schenke		
Sagst du »Gott!«, so	1127	(Heute hast)	740	
Sagt es niemand, nur	737	(Nennen dich)	741	
Sagt nur nichts halb	983	Schenke, komm!	768	
Sagt, was füllet das	414	Schenke spricht	739	
Sagt, wem geb ich	335	Schicke dir hier den	138	
Sagt! wie könnten wir	995	Schicke dir hier in	132	
Sagt, wo steht in	389	Schillers Almanach		
Sah ein Knab ein	96	von 1796	391	
Sah gemalt, in Gold	921	Schillers Reliquien	1070	
Sakontala	338	Schillers Würde der		
Salomons güldne		Frauen	398	
Worte	168	Schilt nicht den		
Sämtliche Künste	326	Schelmen	857	
Sanftes Bild dem		Schinks Faust	393	
sanften	931	Schlaf ich, so schlaf		
Sangreich war dein	1166	ich	620	
Sankt Johannes im		Schlafsegen	244	
Kot	325	Schläfst du noch		
Sankt Nepomuks		immer	325	
Vorabend	943	Schlechter Trost	807	
Sarah kocht' unserm	153	Schlimm ist es, wie	708	
Sarkophagen und		Schlummer und		
Urnen	321	Schlaf	281	
Saß ich früh auf einer	294	Schlüssel liegen im		
Saturnus eigne Kinder	932	Buche	483	
Schach Sedschan und		Schlußpoetik	1062	
seinesgleichen	761	Schmerzlich trat ich	1152	
Schade, daß die Natur	362	Schneide so kein		
Schade, daß ein Talent	368	Gesicht!	1089	
Schade fürs schöne	394	Schneider-Courage	214	
Schadenfreude	65	Schneidet, schneidet	382	
Schadet ein Irrtum	417	Schon ein Irrlicht	380	
Schädliche Wahrheit	417	Schon entrunzelt sich	328	
Schäfers Klagelied	528	Schön erhebt sich	414	
Schaff, das Tagwerk	197	Schön und köstlich	931	

ÜBERSCHRIFTEN UND GEDICHTANFÄNGE 1235

Schön und mensch-
 lich 976
Schon vom Gifte 551
Schon wälzen schnelle 52
Schöne Kinder tragt
 ihr 326
Schönheit 409
Schönheit ist ewig
 nur 409
Schönste Tugend 83
Schöpfung durch
 Feuer 379
Schreckensmänner
 wären 387
Schreib die Journale . . 388
Schreibt er in Neski . . . 857
Schriften für Damen
 und Kinder 378
Schroffe Felsen, weite 1050
Schüler macht sich 323
Schul-Pforta 1052
Schütte die Blumen . . . 435
Schwänden dem
 inneren 415
Schwärmt ihr doch . . . 1100
Schwarz und ohne
 Licht 1158
Schwarz und Weiß 615
Schwarzer Schatten
 ist 695
Schwebender Genius
 (Memento mori!) . . 1064
 (Und wenn) 1074
 (Zwischen oben) . . . 1065
Schweizeralpe 475
Schweizerlied 638
Schwer erhalten wir . . . 317
Schwer, in Waldes
 Busch 961

Schwester von dem . . . 75
Schwimme, du
 mächtige 421
Séance 432
Sechs Begünstigte des 751
Sechsundzwanzig
 Groschen gilt 636
Seefahrt 210
Segenspfänder 761
Seh ich an andern 629
Seh ich den Pilgrim . . . 322
Seh ich die Werke der 772
Seh ich zum Wagen . . . 734
Sehen möcht ich dich . . 384
Sehet auch, wie ihr in . 370
Sehet, wie artig der . . . 397
Sehnsucht
 (Dies wird) 173
 (Was zieht) 536
Seht den Felsenquell . . 125
Seht den Vogel! er 484
Seht ihr in *Leipzig* 372
Sei das Werte solcher . . 686
Sei das Wort die Braut 697
Sei deinen Worten 954
Sei die Zierde des 915
Sei du im Leben wie . 1105
Sei einmal ehrlich nur 1032
Sei gefühllos! 60
Sei doch nicht so frech 329
Seid, geliebte kleine . . . 55
Seid ihr da glücklich . . 371
Seid ihr verrückt? 1110
Seid ihr, wie schön . . . 954
Seid mir willkommen . 1130
Seid, o Geister des
 Hains 258
Seid willkommen, edle 966
Sein Handgriff 388

1236 ALPHABETISCHES VERZEICHNIS

Seine Antwort	401	Sie haben wegen der	825
Seine Meinung sagt er	382	Sie kann nicht enden	573
Seine Schüler hörten	381	Sie kauen längst	1094
Seine Toten mag der	981	Sie machen immerfort	1087
Seit einigen Tagen	717	Sie malträtieren dich	1089
Seit jenen Zeilen bis	1044	Sie möchten gerne frei	1035
Seit sechzig Jahren	950	Sie sagen: das mutet	622
Seit vielen Jahren	960	Sie saugt mit Gier	607
Seitwärts neigt sich	327	Sie schelten einander	987
Sektions-Wut	381	Sie streiten mit der	615
Selbst ein so himm-		Sie täten gern große	1093
lisches	247	Sie werden so lange	1118
Selbst erfinden ist schön	511	Sie wollten dir keinen	1097
Selbstbetrug	517	Sieben gehn verhüllt	482
Selbstgefühl	774	Sieben Jahre nur	393
Selige Sehnsucht	737	Sieben Städte zankten	392
Selten erhaben und		Siebenschläfer	751
groß	372	Sieh! das gebändigte	551
Seltsam ist Propheten		Sieh in diesem	148
Lied	8	Sieh, wir segnen dich	606
Sendschreiben an		Siehe, schon nahet der	421
J. H. Merck	165	Siehest du Wieland, so	403
Setze mir nicht, du	721	Siehst du das, wie ich	
Setze nur immer		es	812
Mottos	388	Siehst du die Pome-	
Sibyllinisch mit mei-		ranze?	232
nem	1068	Sieht man den schön-	
Sich im Respekt zu	704	sten	649
Sich in erneutem	510	Silvestre de Sacy	914
Sich läßt die junge	1112	Sind die im Unglück	775
Sich selbst zu loben	859	Sind die Zimmer	499
Sich zu schmücken	499	Sind es Kämpfe	548
Sich betrog dich	1038	Sind Könige je	614
Sie entzückt mich	415	Singen sie Blumen	890
Sie fährt in alles rasch	874	Singest nicht in	353
Sie glauben, mitein-		Sinnreich bist du	378
ander	622	Sisyphus	402
Sie haben dich,		Sitz ich allein	893
heiliger	748	Sklaven sollten wir	422

ÜBERSCHRIFTEN UND GEDICHTANFÄNGE 1237

So der Westen wie der 1063
So groß als die Be-
 gierde 243
So hab ich endlich 894
So hab ich wirklich . . . 222
So hoch die Nase 1032
So ihr Beiden 760
So ist denn Tieck 1014
So komm denn auch . . 630
So laß doch auch noch . 1091
So laßt mich scheinen 421
So laßt mir das
 Gedächtnis 1038
So leitet zu des
 Schlosses 716
So sag mir doch, wie . . 767
So schauet mit 911
So schließen wir 637
So sehr dir auch der . . . 1119
So sei doch höflich! . . . 860
So soll die orthogra-
 phische Nacht 639
So still und so sinnig! . 799
So traurig, daß in 708
So verwirret mit 327
So wälz ich ohne 128
So wandelt hin 887
So war es schon 564
So weit bracht es 893
So widerstrebe! 1034
So wie der Papst 958
So wie ein Vogel 21
So wie Moses 1076
So wie Titania 224
Sogar dies Wort hat . . 612
Solang man nüchtern . 733
Solche Bande darf sich 909
Soldatenlied zu
 Wallensteins Lager . 496

Soldatentrost 770
Soll auch das Wort . . . 690
Soll dein Kompaß 614
Soll denn dein Opfer-
 rauch 693
Soll der Neider 1038
Soll dich das Alter nicht . 1059
Soll es reichlich zu dir 1038
Soll ich dir die Gegend 705
Soll ich von Smaragden 826
Soll man dich nicht . . . 705
Soll man euch immer . . 1037
Soll sich das Leben . . . 1002
Sollen dich die Dohlen 1088
Sollen die Menschen . . 776
Sollen immer unsre . . . 1063
Sollt einmal durch 726
Sollt es wahr sein 228
Sollt ich mich denn . . . 570
Sollt ich nicht ein 695
Sommer 415
Sommernacht 708
Sonst war ich Freund . 1084
Sonst warst du so weit 947
Sonst, wenn man den . 850
Sonst, wie die Alten . . . 1128
Sorge 198
Sorge! sie steiget 415
Sorglos über die
 Fläche 197
Soviel wir von ihm zu 640
Spaltet immer das
 Licht! 406
Spansches hast du mir 1141
Spät erklingt, was früh 683
Spiegel der Muse 499
Spottgedicht auf
 Gleim und
 J. G. Jacobi 130

Sprache	127	Strenge Fräulein zu	747	
Sprich! unter welchem	859	Studien	1075	
Sprich! wie du dich	1015	Stürzt der rüstigste	421	
Sprich, wie werd ich	484	Suche nicht verborgne	994	
Sprichst du von Natur	957	Suche nicht vergebne	625	
Sprich man mit	1081	Suleika		
Sprichwort bezeichnet	634	(Ach, um)	824	
Sprichwörtlich		(Hochbeglückt)	813	
(Das wär dir)	739	(Was bedeutet)	820	
(Was wärst du)	652	(Wie mit)	843	
(Wenn ich den		Suleika spricht	854	
Scherz)	616	Sulzer	402	
Spruch, Widerspruch	772	Supplement zu		
Spude dich, Kronos!	160	Schillers Glocke	800	
Stammbuchs-Weihe		Süß, den sprossenden	323	
(Eile, Freunden)	1064	Süße Freundin, noch	341	
(Muntre Gärten)	660	Süße Sorgen	315	
Stämme wollen gegen	797	Süßes Kind, die	779	
Stark von Faust	1052	Symbolum	842	
Statt den Menschen	563			
Staub ist eins der	736	Tabulae votivae	388	
Stehn und diese weiten	685	Tadeln ist leicht	412	
Steht vor dem		Tadelt man, daß wir	1019	
Finstern	615	Tadle nur nicht!	1089	
Steil wohl ist er	367	Tage der Wonne	513	
Steine sind zwar kalt	1001	*Talisman* in Karneol	761	
Sterilemque tibi		Talismane werd ich	759	
Proserpina vaccam	400	Tantalus	401	
Sterne werden immer	1059	Taschenbuch	359	
Stiftungslied	514	Tassos Jerusalem, von		
Still doch von deinen	363	Manso	364	
Stille kneteten wir	363	Tausend Fliegen hatt		
Stirbt der Fuchs,		ich	619	
so gilt	89	Teilen kann ich nicht	1106	
Stoßgebet		Teilt euch wie Brüder!	404	
(Vor dem)	379	Teutscher Merkur,		
(Vor Werthers		9. Stück, 1802	541	
Leiden)	173	Theophagen	407	
Stoßseufzer	213	Theoretiker	406	

ÜBERSCHRIFTEN UND GEDICHTANFÄNGE 1239

Thou knowst how 26
Tief aus dem Herzen .. 219
Tiefe Stille herrscht ... 352
Timur spricht 855
Tischlied 525
Tischlied zu Zelters
 70. Geburtstage 1156
Titelstrophen für die
 ›Leiden des jungen
 Werthers‹ 183
Titius, Cajus, die wohl 953
Toast zum 28. Aug.
 1820 958
Toast zum akadem.
 Mittagsmahl 933
Toast zum Landtage .. 875
Töchterchen! nach 926
Töchtern edler Geburt 361
Tolle Zeiten hab ich .. 329
Töne, Lied, aus weiter 940
Toren hätten wir wohl 376
Totalität 778
Tote Sprachen 413
Totengräbers Tochter 1112
Trage dein Übel, wie
 du 1100
Trauerloge 860
Trauerreglement 660
Traun, ein schönes 582
Traurig, Midas, war .. 334
Treffliche Künste
 dankt 406
Treib es mit ihm, wie . 1119
Treibet das Handwerk 366
Treu wünsch ich dir .. 1002
Triebst du doch bald .. 799
Trierische Hügel 339
Trilogie der Leiden-
 schaft ... 1021. 1022. 1046

Trink! o Jüngling 74
Tritt in recht vollem .. 962
Triumph der Schule . 357
Triumph der Tugend . 45
Triumvirat 545
Trocken bist du und .. 358
Trocknet nicht,
 trocknet 185
Trost 400
Trost in Tränen 547
Trüge gern noch 688
Trunken müssen wir .. 700
Tu nur das Rechte 617
Tuberose, du ragest ... 414
Tulpen, ihr werdet ... 414
Tun die Himmel sich
 auf 483
Tust deine Sache 953
Tut dir jemand 628
Tut ein Schilf sich 696
Typus 1075

Über**** 640
Über allen Gipfeln 236
Über Berg und Tal ... 796
Über das Herz zu
 siegen 409
Über die Wiese, den
 Bach 128
Über ein Ding wird
 viel 623
Über meines Liebchen 738
Über Moses Leichnam 1099
Über Tal und Fluß 445
Über Wetter- und
 Herren-Launen 773
Über Wiese, Hain und 1064
Überall trinkt man 986
Überall will jeder 704

Übermacht, ihr könnt	731
Übermütig sichts nicht aus, Dieses kleine	1076
Übermütig sichts nicht aus, Hohes Dach	1138
Übers Niederträchtige	746
Überschriften dazu	377
Überspringt sich der Witz	410
Übertreibung und Einseitigkeit	398
Überzeugung soll mir	1037
Übrigens haltet euch ja	371
Ufm Bergli	638
Ultimatum (Und so)	969
(Wollt' ich)	550
Um Mitternacht	887
Um Mitternacht ging	887
Um Mitternacht, ich	1150
Um Mitternacht, wenn	239
Um niemand zu schelten	1118
Um so gemeiner es ist	330
Umgekehrt	775
Umsonst, daß du	62
Umstülpen führt nicht	956
Umwälzung	387
Unbedeutend sind doch	379
Unbegrenzt	745
Unbesonnenheit ziert	1113
Und abermals Menschlichkeiten	381
Und die Liebe, die	416
Und doch bleibt was	955
Und doch haben sie	749
Und ein Gewebe	1118
Und fand, als ich mich	147
Und frische Nahrung	179
Und ich geh meinen	209
Und nun erhebt sich	853
Und selbst den Leuten	637
Und sie in ihrer warmen	1112
Und so Ade	895
Und so bleibt auch	615
Und so fang ich oben	993
Und so geschahs	552
Und so haltet, liebe	986
Und so heb ich alte	973
Und so kommt wieder	613
Und so sag ich zum	969
Und so tändelt ich mir	334
Und so will ich	949
Und sollen das Falsche	956
Und sollst auch DU	791
Und wärst du auch zum	652
Und warum geht es nicht	886
Und warum sendet	856
Und was die Menschen	947
Und was bleibt denn	637
Und was im *Pend Nameh*	730
Und was sich zwischen	614
Und weil ihre Wissenschaft	1094
Und weil sie so viel Recht	1094
Und wenn die Tat	947
Und wenn er ganz	1036
Und wenn man auch den	1035

ÜBERSCHRIFTEN UND GEDICHTANFÄNGE 1241

Und wenn mich am
Tag 1074
Und wenn sie zuletzt . . 561
Und wenn was umzu-
tun 956
Und wenn wir 993
Und wer durch alle . . . 613
Und wer franzet oder . 854
Und wie das Trübe . . . 615
Und will das Licht . . . 615
Und wird das Wasser . . 613
Und wo die Freunde . . 1088
Ungebildet waren wir 624
Ungebühr 368
Ungeduld 1083
Ungezähmt so wie ich 810
Ungleiche Heirat 247
Unglück bildet den . . . 282
Unglückliche
Eilfertigkeit 400
Unglückselige Zeit! . . . 359
Unmöglich ists, den
Tag 927
Unmögliche Vergel-
tung 388
Unschuld 83
Unschuldige
Schwachheit 375
Uns gaben die Götter . 120
Unser Dank, und 964
Unsere Reihen störtest 384
Unserm Meister, geh! . 914
Unsre Gedichte nur . . . 375
Unsre Poeten sind 398
Unsre Tragödie
spricht 399
Unsere liegen noch . . . 390
Unter allen, die von
uns 365

Unter diesen Lorbeer-
büschen 485
Unter halb verwelkten 718
Unter vier Augen 394
Unterschieden ist
nicht 341
Unvermeidlich 738
Unvermutete
Zusammenkunft . . . 403
Unwiderstehlich muß . 64
Urania 358
Urne
(Kannst du) 1064
(Offen steht) 1060
Ursprünglich eignen
Sinn 1073
Ursprüngliches 771
Urworte. Orphisch . . . 879

Va te sévrer 57
Valet 1084
Vanitas! vanitatum 559
Vaudeville à Mr. Pfeil 29
Veilchen bring ich 117
Venezianische
Epigramme 321
Verdammen wir die . . . 1098
Verdienst 387
Verdoppelte sich der . . 614
Verfahre ruhig, still . . . 1107
Verfehlter Beruf
(Schade, daß) 368
(Schreckens-
männer) 387
Verfließet, vielgeliebte 84
Verfluchtes Volk! 688
Vergebliche Müh 717
Verirrtes Büchlein! . . . 994
Verkehrte Wirkung . . . 384

Verleger von P**
Schriften 395

Verliehet ihr den 930

Vermächtnis
(Kein Wesen kann) 1159
(Vor die Augen) . . . 1166

Vermächtnis altpersi-
schen Glaubens 785

Vernünftige Betrach-
tung 378

Verpflanze den schönen . 58

Verschiedene Dressu-
ren 386

Verschiedene Empfin-
dungen an Einem
Platze 279

Verschon uns, Gott . . . 704

Verschwiegenheit 860

Verstand 409

Verstanden hat er 1130

Verständige Leute 1090

Versuchung 243

Versunken 698

Versus memoriales
(*Flinze*) 586
(*Invocavit*) 246
(*Leber*) 586

Verteilet euch nach
allen Regionen 532

Vertrauen 778

Verwandte sind sie . . . 1061

Verweile nicht, und
sei 635

Verweilst du in der
Welt 701

Verwünschter weiß
ich 690

Verzeihe mir, du ge-
fällst mir nicht 1032

Verzeiht einmal dem . . 791

Verzweifelt nicht, ihr . . 42

Viel Geduldetes 872

Viel Gewohnheiten . . . 632

Viel gute Lehren 1163

Viel Männer sind 769

Viel Rettungsmittel . . . 622

Viel von Künsten 422

Viel Wunderkuren . . . 1092

Viele Bücher genießt
ihr 373

Viele der Veilchen 413

Viele duftende
Glocken 414

Viele Gäste wünsch
ich 673

Viele Kinder, und
schöne 1117

Viele Köche versalzen 621

Viele Läden und
Häuser 359

Viele Lieb hab ich 628

Viele rühmen, sie habe 394

Viele sahn dich mit . . . 337

Vieles gibt uns die Zeit 552

Vieles hab ich ver-
sucht 325

Vieles hast du ge-
schrieben 387

Vieles kann ich
ertragen 330

Vieles reicht ich
meinen 685

Vieljähriges dürft ich . . 987

Vielrat 1081

Vier Frauen 784

Vier Gnaden 764

Vier Jahreszeiten 413

Vier Tieren auch 767

ÜBERSCHRIFTEN UND GEDICHTANFÄNGE 1243

Visitator 360
Volk und Knecht und 823
Voll Locken kraus . . . 698
Volle sechsundsiebzig 987
Völlig charakterlos ist . 399
Völligen Unsinn
siegelt 969
Vollmondnacht 837
Vom Berge 179
Vom heutgen Tag 703
Vom Himmel sank in . 748
Vom Himmel steigend 807
Vom Vater hab ich die 1106
Von allen Dingen, die 837
Von allen schönen . . . 356
Von Berges Luft 869
Von deinem Liebes-
mahl 916
Von dem Berge zu den 970
Von dem unsterb-
lichen 377
Von der Blüte zu den . 1171
Von der Isar bis zum . . 1043
Von Gott dem Vater . . 1068
Von Heiligen
Männern 793
Von Jahren zu Jahren 953
Von kalten Weisen . . . 54
Von Marianne v.
Willemer (Zarter
Blumen) 1057
Von mehr als Einer . . . 261
Von Osten nach
Westen 336
Von Osten will das
holde 688
Von Sängern hat man 847
Von so zarten
Miniaturen 970

Von stiller Wollust . . . 45
Von wem auf Lebens- 1043
Von wem ich es habe . . 214
Vor dem Aristokraten 379
Vor dem Raben nur . . 370
Vor den Wissenden
sich 926
Vor die Augen meiner 1166
Vor Gericht 214
Vor Jahrhunderten
hätte ein Dichter . . . 393
Vor vierzehn Tagen . . 263
Vor Werthers Leiden . . 173
Vorklage 686
Vormals im Leben
ehrten 400
Vorn herein liest sich . . 398
Vornehm nennst du . . . 368
Vornehm schaut ihr . . . 406
Vorsatz 385
Vorschlag zur Güte
(Du gefällst) 543
(Teilt euch) 404
Vorschmack 937
Vorspruch zum Auf-
satz ›Carlsbad‹ 855
Vorspruch zum
St. Rochusfest zu
Bingen 855
Vorüber führt ein 690
Voß contra Stolberg! . . 927
Vossens Almanach . . . 358
Votivtafeln von Schil-
ler und Goethe 405
V R. 890

Wachstum 577
Wage der gewandte . . . 1155
Wagt ihr, also bereitet 565

Wahnsinn ruft man ...	481	Warmes Lüftchen,	
Wahrheit		weh	734
(Eine nur ist)	408	Warnung	
Wahrheit ist niemals ..	406	(Am Jüngsten Tag)	573
Wahrheit sag ich euch	386	(So wie Titania)	224
Wahrlich, es füllt mit ..	375	(Unsrer liegen)	390
Wahrlich, es scheint nur	420	(Wecke den)	277
Wahrlich, nichts		Wärt ihr, Schwärmer .	405
Lustigers	404	Wartet nur! alles wird	1110
Wallstein, Tragédie en		Warum bekämpfst du	881
cinq actes	584	Warum bin ich	
Wanderers Gemüts-		vergänglich	416
ruhe	746	Warum bist du,	
Wanderers Sturmlied ..	101	Geliebter	313
Wanderlied	970	Warum bist du so	1037
Wandersegen	973	Warum denn aber bei .	1128
Wandrer und		Warum denn wie mit .	1129
Pächterin	520	Warum du nur oft so ..	806
Wandrers Nachtlied		Warum erklärst du's ..	795
(Der du von dem) ..	199	Warum gabst du uns ..	206
(Über allen Gipfeln)	236	Warum hat dich das ...	631
Wann magst du dich ..	628	Warum ich Royaliste	
Wann wird der Herr ..	1031	bin	1097
War die Henne zuerst .	1175	Warum ich wieder	
War doch gestern dein	475	zum Papier	572
Wär ich ein häusliches	331	Warum ist alles so ...	587
Wär nicht das Auge ...	556	Warum ist denn das	
Wär schöner als der ...	1136	Urteil allzu kurz? ...	1116
War unersättlich nach		Warum ist Wahrheit ..	892
viel	571	Warum leckst du dein .	326
Wäre der Rubin mir ..	718	Warum magst du ge-	
Wäre doch das		wisse	635
Blättchen	799	Warum man so man-	
Wäre Gott und Eine ..	1038	ches	948
Wäre Natur und Genie	394	Warum mir aber in ...	1035
Wäre sie unverwelk-		Warum nur die hüb-	
lich	409	schen	797
Währt ihr		Warum, o Steuermann	1108
Schwärmer 405.	417	Warum plagen wir	378

ÜBERSCHRIFTEN UND GEDICHTANFÄNGE 1245

Warum sagt du uns
das 381
Warum schiltst du 390
Warum siehst du Tina 283
Warum stehen sie da-
vor 1074
Warum tadelst du 390
Warum tanzen
Bübchen 614
Warum treibt sich das . 323
Warum uns Gott so . . . 631
Warum verzeiht mir . . 394
Warum werden die . . . 630
Warum will sich 418
Warum willst du das . . 1032
Warum willst du dich 791
Warum willst du nicht 795
Warum zauderst du so 628
Warum ziehst du mich 171
Was alle wollen, weißt 902
Was Alte lustig
sungen 1109
Was ärgerst du dich . . . 632
Was auch als Wahrheit 556
Was bedächtlich
Natur 247
Was *bedeutet* dein
Werk? 412
Was bedeutet die 820
Was belohnet den
Meister 412
Was brachte Lokman . . 706
Was das entsetzlichste 364
Was dem Auge dar
sich 877
Was dem einen 952
Was dem Enkel so wie 635
Was den Jüngling 511
Was der August nicht 739

Was der berühmte 377
Was der Dichter 1133
Was der für Käufer . . . 941
Was der Mensch als . . 567
Was die Alten pfeifen . 978
Was die Großen Gutes 1127
Was die Weiber lieben 1112
Was doch Buntes dort . 725
Was doch die größte . . 1128
Was du dem Publikum 134
Was du mit Händen . . . 385
Was eben wahr ist 635
Was ein christliches . . 362
Was ein weiblich Herz 278
Was erschrickst du? . . . 484
Was erst still gekeimt . 1073
Was es gilt 874
Was euch die heilige . . 902
Was fragst du viel 621
Was gehst du, schöne . 514
Was gibst du dir mit . . 1042
Was gibt uns wohl 624
Was Gutes zu denken 687
Was haben wir denn . . 1087
Was haben wir nicht . . 1127
Was hast du denn? 987
Was hast du uns
absurd 953
Was hat dich nur von . . 1040
Was hat dir das arme . . 637
Was hätte man vom . . . 1042
Was heißt denn
Reichtum 811
Was heißt du denn . . . 981
Was heißt zärtlicher . . 411
Was helfen den Jung-
fern 1112
Was hieße wohl die . . . 1142
Was hilfts dem 861

Was hör ich draußen ..	261
Was ich dort gelebt ...	855
Was ich in meinem Haus	1041
Was ich leugnend	273
Was ich mich auch sonst	1066
Was ich mir gefallen	629
Was ich nicht weiß	631
Was ich sagen wollt ...	951
Was? Ihr mißbilliget ..	855
Was im Leben uns	686
Was in der Schenke ...	850
Was in der Zeiten	616
Was in Frankreich	405
Was ist das Heiligste? .	419
Was ist denn aber beim	1082
Was ist denn deine	792
Was ist denn die	1087
Was ist denn Kunst ...	1015
Was ist ein Philister? ..	1113
Was ist heilig?	419
Was ist schwer zu	809
Was klagst du über ...	703
Was krähst du mir	778
Was lassen sie denn ...	987
Was lehr ich dich	035
Was machst du an der	894
Was mich tröstet	983
Was mir in Kopf und .	216
Was mit mir das	331
Was mit mir die	866
Was nicht Ich ist	359
Was nicht zusammen- geht	652
Was nur Einer vermag	374
Was nutzt die glühende	146
Was räucherst du nun	631

Was reich und arm! ...	127
Was reimt der Junge ..	1048
Was schmückst du	707
Was schnitt dein Freund	633
Was sich nach der Erde	979
Was sie im Himmel ...	408
Was soll der Stolz	738
Was soll ich nun vom	1022
Was soll ich viel lieben	634
Was soll mir euer Hohn	1158
Was Spelunke nun sei	331
Was trauern denn die ..	991
Was uns ärgert, du gibst	385
Was uns gefällt und ...	567
Was uns Günstiges ...	561
Was unterm Monde ...	70
Was verkürzt mir die Zeit	750
Was viele singen und ..	1109
Was Völker sterbend ..	564
Was wär ein Gott, der	612
Was wär ich ohne dich	139
Was waren das für	1112
Was widert dir der Trank	771
Was will die Nadel	614
Was will von Quedlinbg.	968
Was willst du, daß von	799
Was willst du lange ...	628
Was willst du mit den	798
Was willst du, redend	1041
Was willst du untersu- chen	762
Was wir denn sollen? ..	795

ÜBERSCHRIFTEN UND GEDICHTANFÄNGE 1247

Was wir Dichter ins ... 1109
Was wir froh und 978
Was wir in Gesell-
schaft 684
Was wir vermögen ... 215
Was wird mir jede
Stunde 895
Was zieht mir das Herz 536
Wasser holen geht 995
Wasser ist Körper 420
Wasserfülle, Landes-
größe 866
Wasserstrahlen
reichsten 1142
Wechsel 68
Wechsellied zum
Tanze 233
Wecke den Amor
nicht 277
Weichet, Sorgen, von
mir 315
Weihnachten 1013
Weil du doch alles 392
Weil du vieles ge-
schleppt 385
Weil so viel zu sagen .. 916
Weimar, das von
vielen 1146
Wein, er kann dir nicht 852
Wein macht munter ... 1039
Weise die Rose nicht
ab 514
Weiß hat Newton 332
Weiß wie Lilien, reine 1135
Weissagungen des
Bakis
(Sind die Zimmer) .. 499
(Wahnsinn ruft
man) 481

Weißt du, worin der
Spaß 799
Weit und schön ist die 323
Weite Welt und breites 878
Welch ein Getümmel .. 249
Welch ein glänzendes . 1132
Welch ein heftig Ge-
dränge 324
Welch ein himm-
lischer 258
Welch ein lustiges
Spiel 333
Welch ein Mädchen
ich 325
Welch ein verehrendes 547
Welch ein Wahnsinn .. 328
Welch ein wunderlich 1113
Welch ein Zustand! ... 740
Welch eine bunte 705
Welch erhabner
Gedanke 357
Welch hoher Dank ... 1048
Welch ungewöhnli-
ches 11
Welch Vermächtnis .. 785
Welche Frau hat einen 618
Welche Schrift ich 415
Welche Verehrung ... 361
Welchen Hofmann ich 420
Welchen Leser ich 418
Welcher Unsterb-
lichen 237
Weltseele 532
Wem die Verse gehö-
ren 372
Wem ich ein besser ... 1039
Wem wohl das Glück 629
Wem zu glauben ist ... 417
Wen die Dankbarkeit . 1114

Wen du nicht verlässest .	101	Wenn einem Mädchen	68
Wen ein guter Geist ...	894	Wenn einen würdigen	139
Wende die Füßchen ...	327	Wenn einer auch sich ..	795
Wenige Treffer sind ...	361	Wenn einer schiffet	623
Wenn am Tag Zenith	1058	Wenn einst nach	139
Wenn auch der Held ..	1125	Wenn Gott so schlech-	
Wenn auf beschwer-		ter	704
lichen	332	Wenn Gottheit	
Wenn dem Papa sein ..	134	*Kamarupa*	972
Wenn der Freund auf ..	1143	Wenn ich auf dem	960
Wenn der Jüngling ...	953	Wenn ich dein ge-	
Wenn der Körper ein ..	809	denke	827
Wenn der Mensch die	806	Wenn ich den Dieben	335
Wenn der Pinsel ihm ..	1059	Wenn ich den Scherz ..	616
Wenn der schwer		Wenn ich doch so	
Gedrückte	895	schön	518
Wenn der uralte	227	Wenn ich dumm bin ...	1037
Wenn die Liebste zum	860	Wenn ich kennte den	
Wenn die Reben		Weg	954
wieder	444	Wenn ich, liebe Lili ...	179
Wenn die Zweige	561	Wenn ich mal unge-	
Wenn dirs bei uns nun	1038	duldig	775
Wenn dirs in Kopf		Wenn ich mir in stiller	1141
und	773	Wenn ich nun gleich ..	573
Wenn du am breiten ...	961	Wenn ich nun im	
Wenn du auf dem		holden	539
Guten	732	Wenn ihrs habt und ...	813
Wenn du darnach		Wenn im Unendlichen	1104
was	152	Wenn in den ersten	16
Wenn du dich im		Wenn in Wäldern	
Spiegel	855	Baum	976
Wenn du dich selber ...	772	Wenn, in Wolken und	332
Wenn du *hast,* das ist ..	1095	Wenn jemand sich	
Wenn du laut den	419	wohl	617
Wenn du mir sagst, du	309	Wenn Kindesblick	1105
Wenn durch das Volk	575	Wenn Kranz auf	
Wenn ein Edler gegen	625	Kranz	878
Wenn ein kluger		Wenn links an Baches	728
Mann	618	Wenn man auch nach ..	707

ÜBERSCHRIFTEN UND GEDICHTANFÄNGE 1249

Wenn man fürs Künf-
tige 617
Wenn man sie in ein . . . 23
Wenn man zwanzig . . . 86
Wenn mit jugend-
lichen 1139
Wenn nicht alles mich 397
Wenn Phöbus' Rosse . . 1142
Wenn schönes Mäd-
chen 1165
Wenn sich der Hals . . . 481
Wenn sich lebendig . . . 1020
Wenn sie aus deinem . . 1088
Wenn sie gleich dein
Fest 1133
Wenn über die ernste . . 1001
Wenn um das
Götterkind 979
Wenn von dem stillen 884
Wenn vor dem Glanz . . 603
Wenn was irgend ist . . . 974
Wenn wir dich,
o Vater 883
Wenn zu den Reihen . . 248
Wenn zu der Regen-
wand 725
Wenns jemand ziemt . . 651
Wer aber das Licht 1121
Wer aber recht be-
quem 619
Wer auf die Welt
kommt 865
Wer befehlen kann 702
Wer bescheiden ist 773
Wer da? 287
Wer das Dichten will . . 914
Wer dem Publikum . . . 626
Wer den Dichter will . . 914
Wer die Körner wollte 932

Wer etwas taugt 981
Wer geboren in
bös'sten 703
Wer glaubts? 380
Wer Gott ahnet 631
Wer Gott vertraut 612
Wer hats gewollt 975
Wer hätte auf deutsche 1110
Wer immerdar nach . . . 564
Wer in der Welt-
geschichte lebt 792
Wer in mein Haus 706
Wer ist das würdigste 419
Wer ist denn der 633
Wer ist denn wirklich 419
Wer ist der edlere 418
Wer ist der
glücklichste 552
Wer ist der Wütende . . 402
Wer ist ein unbrauch-
barer Mann? 1031
Wer ist zum Richter . . . 411
Wer kann gebieten 738
Wer kauft Liebes-
götter? 356
Wer kömmt! Wer
kauft 81
Wer Lacerten gesehn . . 330
Wer lebenslang dir 1118
Wer mag denn gleich . . 1117
Wer Marmor hier 641
Wer mit dem Leben . . . 1114
Wer müht sich wohl . . . 1045
Wer nie sein Brot 263
Wer Ohren hat, soll . . . 620
Wer recht will tun 627
Wer reitet so spät 248
Wer schweigt, hat
wenig 705

1250 ALPHABETISCHES VERZEICHNIS

Wer sich der Einsam-
keit 246
Wer sich nicht nach
der 617
Wer sich selbst und . . . 1063
Wer uns am strengsten ‹ 630
Wer vernimmt mich? . . 299
West-östlicher Divan:
siehe die einzelnen
Gedichte
Wer will denn alles 779
Wer will der Menge . . . 795
Wer wird von der
Welt 702
Wer Wissenschaft und 1123
Westen mag die Luft . . 1104
What pleasure, God! . . 31
Wichtig wohl ist die . . . 406
Widmung von ›Erwin
und Elmire‹ an Lili
Schönemann 172
Wie aber kann sich
Hans 1076
Wie alle dich verehren 215
Wie alles war in der
Welt 1128
Wie an dem Tag, der . . 879
Wie auch die Welt sich 1041
Wie auf dem u fortan . . 395
Wie aus Einem Blatt . . . 1163
Wie beklag ich es tief . . 419
Wie bist du so
ausgeartet 1113
Wie das erbaut war 989
Wie das Gestirn 948
Wie David königlich . . 1134
Wie dem hohen
Apostel 329
Wie des Goldschmieds 831

Wie die Blüten heute . . 586
Wie die Nummern 398
Wie die Pflanzen 616
Wie doch, betriegeri-
scher 795
Wie doch ein einziger 367
Wie du mir oft,
geliebtes 232
Wie du mir, so ich dir 776
Wie du Vertrauen 551
Wie einer denkt, ist . . . 953
Wie einer ist, so ist 717
Wie es dampft und
braust 586
Wie es dir nicht im 794
Wie es in der Welt so . . 1036
Wie etwas sei leicht . . . 703
Wie fruchtbar ist der . . 1105
Wie gerne säh ich 797
Wie hast du an der
Welt 983
Wie hast du's denn so 1109
Wie herrlich ist die
Welt 991
Wie herrlich leuchtet . . 94
Wie ich so ehrlich 849
Wie ihr denkt oder 948
Wie im Auge mit 1100
Wie im Morgenglanze 147
Wie im Winter die Saat 415
Wie irrig wähnest du . . 800
Wie ist denn wohl 1087
Wie ist dirs doch so . . . 798
Wie Kirschen und 631
Wie kommts, daß du
so 547
Wie kommts, daß man 705
Wie konnte *der* denn . . . 634
Wie lange harren wir . . 647

ÜBERSCHRIFTEN UND GEDICHTANFÄNGE

Wie mag ich gern 982
Wie man die Könige .. 1102
Wie man Geld und
 Zeit 684
Wie man mit Vorsicht 799
Wie man nur so leben 966
Wie mancher auf der .. 1094
Wie mancher Mißwil-
 lige 1114
Wie mir dein Buch
 gefällt? Ich 1116
Wie mir dein Buch
 gefällt? Will 1115
Wie mit innigstem 843
Wie nimmt ein
 leidensch. 686
Wie reizt doch das 1087
Wie schlimm es 1008
Wie seit seinen 976
Wie sich am Meere ... 990
Wie sie die Glieder ... 388
Wie sie klingeln 323
Wie sie knallen 391
Wie sie mit ihrer
 reinen 407
Wie sind die Vielen ... 1107
Wie sitzt mir das
 Liebchen 871
Wie so bunt der Kram 685
Wie soll ich meine ... 1089
Wie sollen wir denn .. 1087
Wie sollt ich heiter 827
Wie ungeschickt habt . 703
Wie verfährt die Natur 418
Wie, von der künst-
 lichsten 326
Wie? Wann? und Wo? 612
Wie weißt du dich
 denn 949

Wie weit soll das noch 951
Wie wir dich unsrer ... 568
Wie wir einst so
 glücklich 684
Wie wollten die
 Fischer 631
Wieder einen Finger .. 940
Wiederfinden 821
Wiederholung 380
Wiegenlied dem jun-
 gen Mineralogen
 Wolfgang v.
 Goethe 890
Wieland, wie reich ist . 365
Wieland zeigt sich nur . 358
Wie's aber in der Welt 1107
Wieviel Äpfel
 verlangst 484
Wilde Stürme 1061
Wilhelm Tischbeins
 Idyllen[] 976
Wilhelm Tischbeins
 Idyllen[] 991
Will der Feder zartes .. 1070
Will der Knabe nicht .. 270
Will der Neid sich
 doch 704
Will einer in die Wüste 621
Will einer sich gewöh-
 nen 1091
Will ich die Blumen .. 338
Will ich euch aber 953
Will in Albions
 Bezirken 1049
Will Licht einem
 Körper 615
Will sichs wohl ziemen 1003
Will Vogelfang dir
 nicht 619

Willkommen und
Abschied 92
Willkommen! Weimar
1814 715
Willst dich nicht gern 1033
Willst du alles vertil-
gen 383
Willst du das Gute tun 624
Willst du der getreue . . 717
Willst du dich als
Dichter 980
Willst du dich am
Ganzen 613
Willst du dich deines . . 694
Willst du dir aber 617
Willst du dir ein
gut 774. 1155
Willst du dir ein
hübsch 774
Willst du Großes dich 1059
Willst du immer
weiter 222
Willst du in Deutsch-
land 411
Willst du ins Unendli-
che 613
Willst du jenem den . . . 410
Willst du, mein Sohn . . 418
Willst du mich
sogleich 1150
Willst du mit mir
hausen 625
Willst du mit reinem . . 332
Willst du nichts
Unnützes 623
Willst du noch die
Teufel 1120
Willst du schon
zierlich 421

Willst du uns denn
nicht 1034
Willst du, was doch . . . 950
Willst du der Weihrauchs . 1039
Willst lustig leben 616
Willst nicht Salz 926
Wink 749
Winter 420
Wir begegnen dem . . . 640
Wir haben dir Klatsch 865
Wir hörens oft und . . . 592
Wir kennen dich, du . . 969
Wir litten schon durch 909
Wir Modernen, wir
gehn 399
Wir quälen uns 1039
Wir reiten in die Kreuz 779
Wir sind emsig 763
Wir sind vielleicht 947
Wir singen und sagen 523
Wir sollen auf unsern . 866
Wir sollten denn doch 683
Wir streben nach dem 1080
Wir versichern auf
Ehre 396
Wir wandern ferner . . . 989
Wir werden nun recht 152
Wird der Poet nur 367
Wird nur erst der
Himmel 686
Wird uns eine rechte . . 623
Wirket Stunden 980
Wirkung in die Ferne . 577
Wirst du deines-
gleichen 614
Wirst du die frommen 1042
Wirst du in den
Spiegel 1140
Wirst nicht bei jedem . 1108

ÜBERSCHRIFTEN UND GEDICHTANFÄNGE 1253

Wisse, daß mir sehr ...	708	Wohl! wer auf rechter	985
Wissenschaft	368	Wohl zu merken	993
Wissenschaftliches		Wohlerleuchtet	1056
Genie	367	Wohlfeile Achtung ...	372
Wißt ihr denn, auf wen	783	Wollen die Menschen	625
Wißt ihr denn, was ...	852	Wollt', ich lebte noch .	550
Wißt ihr, wie auch der	419	Wollt ihr wissen, woher	129
Wißt ihr, wie ich		Wollt ihr zugleich den	361
gewiß	328	Wollte Gott die	
Witz und Verstand ...	410	Menschen	1119
Wo Anmaßung mir ...	624	Wollet ihr in Leipzigs	1126
Wo die Rose hier blüht	281	Wonne der Wehmut ..	185
Wo hast du das	699	Wonniglich ists, die ...	317
Wo ich wohne	957	Worauf alles an-	
Wo ist der Lehrer	631	kommt?	632
Wo ist einer, der sich ..	746	Worauf kommt es	754
Wo Jahr um Jahr	958	Worauf lauerst du	403
Wo kluge Leute	852	Wort und Bilder	1167
Wo man mir Guts . 829.	868	Worte, die der Dichter	1169
Wo Parteien entstehn	418	Worte sind der Seele ..	886
Wo recht viel		Wunderglaube	764
Widerspruch	797	Wunderlichstes Buch ..	847
Wo willst du, klares ...	465	Wundern kann es mich	
Woche für Woche zieht ..	392	nicht, daß Menschen	331
Wofür ich Allah	706	Wunsch eines jungen	
Woher der Freund	500	Mädchens	67
Woher ich kam?	904	Würd ein künstlerisch	1168
Woher sind wir		Würdige Pracht-	
geboren	288	gebäude	976
Wohin du trittst	582	Würdiger Freund, du .	349
Wohin er auch die ...	282	Wüßte kaum genau ...	974
Wohin willst du	1086	Wüßte nicht, was sie ..	619
Wohin wir bei			
unsern	1037	X hat sich nie des	
Wohin? Wohin?	463	Wahren	954
Wohl kamst du		Xenien 360. 399.	404
durch	1145	Xenien nennt ihr	404
Wohl unglückselig		Xenien von Schiller	
ist	620	und Goethe	360

Zahme Xenien [I]	791	Ziblis		35
Zahme Xenien [II]	947	Ziehn die Schafe		1135
Zahme Xenien [III]	980	Zierde wärst du		414
Zahme Xenien [IV]	1031	Zieret Stärke den		
Zahme Xenien [V]	1086	Mann		314
Zahme Xenien [VI]	1099	Zierlich denken und		627
Zahme Xenien [VII]	1106	Zigeunerlied		106
Zahme Xenien [VIII]	1114	Zu dem Bilde einer		
Zahme Xenien [IX]	1121	Hafenstadt		1050
Zart Gedicht, wie	226	Zu dem erbaulichen		337
Zarte, schattende		Zu dem Guten, zu dem		1053
Gebilde	892	Zu den ›Xenien‹		
Zarter Blumen leicht	1057	(Komm nur)		430
Zehnmal gelesne		(Auch erscheint)		432
Gedanken	392	Zu der Apfel-Verkäu-		
Zeichen der Jungfrau	370	ferin		941
Zeichen der Wage	370	Zu des einzigen Tages		601
Zeichen der Zeit	779	Zu des Rheins		
Zeichen der Zwillinge	369	gestreckten		855
Zeichen des Bärs	370	Zu einem anonymen		
Zeichen des Fuhr-		Gedicht		551
manns	369	Zu einem Band von		
Zeichen des Krebses	370	Goethes Werken		1156
Zeichen des Löwen	370	Zu einem Bilde von		
Zeichen des Pegasus	371	Frankfurt a. M.		1066
Zeichen des Raben	370	Zu einem Bild von		
Zeichen des Schützen	371	Goethes Garten-		
Zeichen des Skorpions	371	haus		1076
Zeichen des Stein-		Zu einem Gedicht		
bocks	371	von F. Haug		693
Zeichen des Stiers	369	Zu einem Ölgemälde		1050
Zeichen des Wasser-		Zu einem Stich Frank-		
manns	371	furts		869
Zeichen des Widders	369	Zu einer Ansicht von		
Zeig ich die Fehler	796	Burg Windeck		812
Zeit und Zeitung	776	Zu einer Ansicht von		
Zeitmaß	282	Frankfurt am Main		812
Zelebrität	563	Zu einer eigenen		
Zerbrach einmal eine	764	Zeichnung		122

ÜBERSCHRIFTEN UND GEDICHTANFÄNGE 1255

Zu einer Handschrift
 Friedrichs des
 Großen 1010
Zu einer zeitgenössi-
 schen Karikatur 517
Zu Ephesus ein 461
Zu erfinden, zu 873
Zu Gemälden einer
 Kapelle 1076
Zu genießen weiß im .. 695
Zu Goethes Denkmal 1113
Zu Herders Abhand-
 lung ›Nemesis‹ 273
Zu lieblich ists, ein
 Wort 444
Zu meinen Hand-
 zeichnungen 988
Zu Regenschauer und 1085
Zu Thaers Jubelfest ... 1045
Zu unsres Lebens oft .. 564
Zu verschweigen
 meinen 694
Zu was Ende die 395
Zu was will er ein 22
Zu Wolkes Sprach-
 lehre 639
Zu würdiger Umge-
 bung 659
Zu Zeichnungen von
 Rosette Städel 866
Zu zwei englischen
 Taschenbüchern ... 1142
Zucht 406
Züchte den Hund ... 619
Zu den ›Vier
 Jahreszeiten‹ 510
Zueignung
 (Da sind) 83
 (Der Morgen) 274

Zueignung an Prinzeß
 Karoline 567
Zuerst im stillsten
 Raum 1078
Zugemeßne Rhyth-
 men 748
Zum Andenken des
 28. August 1815 812
Zum Armband 1143
Zum Beginnen, zum .. 1056
Zum Bildnis der Prin-
 zeß Marie 1134
Zum Buch des Sängers 1063
Zum 21. Juni 1808 580
Zum Geburtstag
 (Möge dein) 394
 (Wenn Kranz) 878
Zum Kessel sprach ... 901
Zum neuen Jahr 515
Zum 16. Februar 1812 641
Zum starren Brei 984
Zum Tanze schick ich 239
Zum 20. Februar 1824 1043
Zünde mir Licht an ... 311
Zur Abbildung eines
 Kristalls 863
Zur Abwechslung 363
Zur Erbauung an-
 dächtiger 373
Zur Erinnerung guter 178
Zur Erinnerung
 trüber 877
Zur Logenfeier des
 3. Sept. 1825 1053
Zur *Nation* euch zu
 bilden 372
Zur Strafe, dafür es ... 1117
Zur Trauer bin ich
 nicht 1009

Zwanzig Begriffe wurden	396	Zwiespalt	728
Zwanzig Jahre ließ ich	886	Zwischen beiden Welten	932
Zwar bin ich nicht seit	225	Zwischen dem Alten ..	515
Zwar die vierund-zwanzig	959	Zwischen Felsen wuchsen	209
Zwei der feinsten	331	Zwischen heut und morgen	617
Zwei Personen, ganz ..	925	Zwischen Lavater und Basedow	151
Zwei Worte sind es	579		
Zweie seh ich!	481	Zwischen oben, zwischen	1065
Zweierlei Arten gibt es	419		
Zweimal färbt sich	484	Zwischen Weizen und Korn	606
Zweite Epistel	349		
Zweite Sura	152		

Goethe im Insel-
und Suhrkamp Verlag

Werke

Insel-Goethe

Sechs Bände. Herausgegeben von Emil Staiger, Walter Höllerer, Hans-J. Weitz, Norbert Miller u. a. 3886 Seiten. Leinenausgabe. Kartonierte Sonderausgabe

Goethe Geschenkausgabe in 6 Bänden

Herausgegeben vom Insel Verlag

Briefwechsel

Briefwechsel Goethe-Schiller

Neu herausgegeben von Emil Staiger. Leinenausgabe. insel taschenbuch 250

Goethes Briefwechsel mit Marianne und Johann Jakob Willemer

Herausgegeben von Hans-J. Weitz. Leinenausgabe. Lederausgabe

Briefe an Auguste Gräfin zu Stolberg

Herausgegeben von Jürgen Behrens. Insel-Bücherei 1015

Einzelausgaben

Anschauendes Denken

Herausgegeben von Horst Günther insel taschenbuch 550

Dichtung und Wahrheit

insel taschenbücher 149/150/151. Insel-Bibliothek Leinen. Leder

Faust, Erster Teil

Faksimile-Ausgabe. Lederausgabe

Faust, Zweiter Teil

Faksimile-Ausgabe. Lederausgabe

Faust I

Mit Illustrationen von Eugène Delacroix und einem Nachwort von Jörn Göres. insel taschenbuch 50

Faust II

Mit Federzeichnungen von Max Beckmann insel taschenbuch 100

Faust, Erster und Zweiter Teil

Dünndruckausgabe. Leinen. Leder

Faust

3 Fassungen. insel taschenbuch 625

Gedichte in zeitlicher Folge

2 Bände. Herausgegeben von Heinz Nicolai insel taschenbuch 350. Leinenausgabe. Lederausgabe

Gedichte in einem Band

Leinenausgabe

Gespräche mit Eckermann

Herausgegeben von Fritz Bergemann. Dünndruck. Lederausgabe. insel taschenbuch 500

Hermann und Dorothea

Mit zehn Kupfern von Catel. insel taschenbuch 225

Iphigenie auf Tauris

Herausgegeben von Eberhard Hauffe Insel-Bücherei 1014

Das Hohelied

Herausgegeben von Hermann Timm insel taschenbuch 600

Insel-Almanach auf das Jahr 1982

Goethe. Zu Bildern. Kartoniert. Herausgegeben von Christoph Michel

Italienische Reise

Mit 40 Zeichnungen des Autors. Herausgegeben von Christoph Michel. 2 Bände. insel taschenbuch 175

Tagebuch der italienischen Reise 1786

Mit Skizzen und Zeichnungen des Autors
insel taschenbuch 176

Leben des Benvenuto Cellini

insel taschenbuch 525

Erfahrung der Geschichte

Herausgegeben von Horst Günther
insel taschenbuch 650

Frühes Theater. Klassisches Theater

Herausgegeben und mit einem Nachwort versehen von
Dieter Borchmeyer. insel taschenbuch 675. 700

Die Leiden des jungen Werthers

Faksimile-Ausgabe. Lederausgabe

Die Leiden des jungen Werther

Mit einem Essay von G. Lukacs und Illustrationen von
Chodowiecki. Mit einem Nachwort von Jörn Göres
insel taschenbuch 25
Leinenausgabe. Lederausgabe

Die Leiden des jungen Werther

Mit einem Essay von G. Lukacs und Illustrationen von
Chodowiecki. Mit einem Nachwort von Jörn Göres
insel taschenbuch 25

Lektüre für Augenblicke

Herausgegeben von Gerhart Baumann

Goethes Liebesgedichte

Ausgewählt und herausgegeben von H. G. Gräf
insel taschenbuch 275

Goethes schönste Gedichte

Ausgewählt von Jochen Schmidt. Insel-Bücherei 1013

Maximen und Reflexionen

Mit den Erläuterungen Max Heckers und vier
Faksimiles. insel taschenbuch 200
Insel Bibliothek. Leinen

Goethes Novellen

Herausgegeben von Katharina Mommsen
insel taschenbuch 425

Reineke Fuchs

Mit Stahlstichen und Federzeichnungen von Wilhelm
Kaulbach. insel taschenbuch 125

Reise-, Zerstreuungs- und Trostbüchlein.
1806–1807

77 z. T. vierfarbige Tafeln. Herausgegeben von
Christoph Michel. insel taschenbuch 400
Als Lederausgabe in limitierter Auflage

Römische Elegien

Faksimile der Handschrift und Transkription.
Insel-Bücherei 1010

Das ›Tagebuch‹ Goethes und Rilkes
›Sieben Gedichte‹

Erläutert von Siegfried Unseld. Insel-Bücherei 1000

Über die Deutschen

Herausgegeben von Hans-J. Weitz
insel taschenbuch 325

Die Wahlverwandtschaften

Mit einem Essay von Walter Benjamin
insel taschenbuch 1

Die Wahlverwandtschaften

Leinenausgabe. Lederausgabe

West-östlicher Divan

Herausgegeben von Hans-J. Weitz mit Essays von
Hofmannsthal, Loerke und Krolow
insel taschenbuch 75

Wilhelm Meisters Lehrjahre

insel taschenbuch 475

Wilhelm Meisters Wanderjahre

insel taschenbuch 575

Annette. Jugendgedichte
Überliefert von Goethes Freund Behrisch
Faksimile-Ausgabe

Tagebuch der ersten Schweizer Reise 1775
Herausgegeben von Hans-Georg Dewitz
insel taschenbuch 300

Goethes letzte Schweizer Reise 1797
Dargestellt von Barbara Schnyder-Seidel
insel taschenbuch 375

Literatur über Goethe

Goethe. Sein Leben in Bildern und Texten
Herausgegeben von Christoph Michel. Gestaltet von
Willy Fleckhaus. Leinenausgabe

Goethes Leben und Werk in Daten
und Bildern
Herausgegeben von Bernhard Gajek und Franz Götting
unter Mitarbeit von Jörn Göres

Goethe – seine äußere Erscheinung
Literarische und künstlerische Dokumente seiner Zeit-
genossen. Zusammengetragen von Emil Schaeffer

Goethe und Charlotte von Stein
Von Walter Hof

Mommsen, Katharina
Goethe und 1001 Nacht. suhrkamp taschenbuch 674

Mommsen, Katharina
Kleists Kampf mit Goethe. Mit 10 Abbildungen. suhr-
kamp taschenbuch 513

Jahrbuch der Sammlung Kippenberg
Neue Folge Band I

Jahrbuch der Sammlung Kippenberg
Neue Folge Band II

Jahrbuch der Sammlung Kippenberg
Neue Folge Band III

Wirkungen Goethes in der Gegenwart
Von Hans Carossa. Insel-Bücherei 53

Goethe in Hessen
Von Dietmar Grieser. Leinenausgabe

Goethe Bildnisse
6 Insel-Karten

Henel, Heinrich – Goethezeit
Gesammelte Aufsätze. Leinen

Mein Goethe
suhrkamp taschenbuch 781

Goethe. Ein Versuch über den Erfolg
Von Hans Mayer. Bibliothek Suhrkamp 367

Martin Walser
Drama. In Goethes Hand